시 대 에 듀

독학사 3단계

― 컴퓨터공학과 ―

소프트웨어공학

SD에듀
(주)시대고시기획

머리말

학위를 얻는 데 시간과 장소는 더 이상 제약이 되지 않습니다. 대입 전형을 거치지 않아도 '학점은행제'를 통해 학사학위를 취득할 수 있기 때문입니다. 그중 독학학위제도는 고등학교 졸업자이거나 이와 동등 이상의 학력을 가지고 있는 사람들에게 효율적인 학점인정 및 학사학위취득의 기회를 줍니다.

학습을 통한 개인의 자아실현 도구이자 자신의 실력을 인정받을 수 있는 스펙으로서의 독학사는 짧은 기간 안에 학사학위를 취득할 수 있는 가장 빠른 지름길로 많은 수험생들의 선택을 받고 있습니다.

독학학위취득시험은 1단계 교양과정 인정시험, 2단계 전공기초과정 인정시험, 3단계 전공심화과정 인정시험, 4단계 학위취득 종합시험의 1~4단계까지의 시험으로 이루어집니다. 4단계까지의 과정을 통과한 자에 한해 학사학위취득이 가능하고, 이는 대학에서 취득한 학위와 동등한 지위를 갖습니다.

이 책은 독학사 시험에 응시하는 수험생들이 단기간에 효과적인 학습을 할 수 있도록 다음과 같이 구성하였습니다.

01 핵심이론
다년간 출제된 독학학위제 평가영역을 철저히 분석하여 시험에 꼭 출제되는 내용을 '핵심이론'으로 선별하여 수록하였으며, 중요도 체크 및 이론 안의 '더 알아두기'를 통해 심화 학습과 학습 내용 정리를 효율적으로 할 수 있게 하였습니다.

02 OX문제
장별로 'OX문제'를 수록하여 해당 학습영역의 중요사항을 한 번 더 점검할 수 있도록 하였습니다.

03 실제예상문제
해당 출제영역에 맞는 핵심포인트를 분석하여 풍부한 '실제예상문제'를 수록하였습니다.

04 최종모의고사
최신 출제유형을 반영한 최종모의고사를 통해 자신의 실력을 점검해 볼 수 있으며, 실제 시험에 임하듯이 시간을 재고 풀어보면 시험장에서 실수를 줄일 수 있을 것입니다.

편저자 드림

B D E S

독학학위제 소개

독학학위제란?

「독학에 의한 학위취득에 관한 법률」에 의거하여 국가에서 시행하는 시험에 합격한 사람에게 학사학위를
수여하는 제도

- ✓ 고등학교 졸업 이상의 학력을 가진 사람이면 누구나 응시 가능
- ✓ 대학교를 다니지 않아도 스스로 공부해서 학위취득 가능
- ✓ 일과 학습의 병행이 가능하여 시간과 비용 최소화
- ✓ 언제, 어디서나 학습이 가능한 평생학습시대의 자아실현을 위한 제도
- ✓ 학위취득시험은 4개의 과정(교양, 전공기초, 전공심화, 학위취득 종합시험)으로 이루어져 있으며 각
  과정별 시험을 모두 거쳐 학위취득 종합시험에 합격하면 학사학위취득

독학학위제 전공 분야 (11개 전공)

국어
국문학

영어
영문학

심리학

경영학

법학

행정학

컴퓨터
공학

가정학

유아
교육학

정보
통신학

간호학

※ 유아교육학 및 정보통신학 전공 : 3, 4과정만 개설
※ 간호학 전공 : 4과정만 개설
※ 중어중문학, 수학, 농학 전공 : 폐지 전공으로 기존에 해당 전공 학적 보유자에 한하여 응시 가능

※ SD에듀는 현재 4개 학과(심리학과, 경영학과, 컴퓨터공학과, 간호학과) 개설 완료
※ 추가로 2개 학과(국어국문학과, 영어영문학과) 개설 진행 중

독학학위제 시험안내

과정별 응시자격

단계	과정	응시자격	과정(과목) 시험 면제 요건
1	교양	고등학교 졸업 이상 학력 소지자	• 대학(교)에서 각 학년 수료 및 일정 학점 취득 • 학점은행제 일정 학점 인정 • 국가기술자격법에 따른 자격 취득 • 교육부령에 따른 각종 시험 합격 • 면제지정기관 이수 등
2	전공기초		
3	전공심화		
4	학위취득	• 1~3과정 합격 및 면제 • 대학에서 동일 전공으로 3년 이상 수료 (3년제의 경우 졸업) 또는 105학점 이상 취득 • 학점은행제 동일 전공 105학점 이상 인정 (전공 28학점 포함) → 22.1.1. 시행 • 외국에서 15년 이상의 학교교육과정 수료	없음(반드시 응시)

응시 방법 및 응시료

• 접수 방법 : 온라인으로만 가능
• 제출 서류 : 응시자격 증빙 서류 등 자세한 내용은 홈페이지 참조
• 응시료 : 20,400원

독학학위제 시험 범위

• 시험과목별 평가 영역 범위에서 대학 전공자에게 요구되는 수준으로 출제
• 시험 범위 및 예시문항은 독학학위제 홈페이지(bdes.nile.or.kr) − 학습정보 − 과목별 평가영역에서 확인

문항 수 및 배점

과정	일반 과목			예외 과목		
	객관식	주관식	합계	객관식	주관식	합계
교양, 전공기초 (1~2과정)	40문항×2.5점 =100점	–	40문항 100점	25문항×4점 =100점	–	25문항 100점
전공심화, 학위취득 (3~4과정)	24문항×2.5점 =60점	4문항×10점 =40점	28문항 100점	15문항×4점 =60점	5문항×8점 =40점	20문항 100점

※ 2017년도부터 교양과정 인정시험 및 전공기초과정 인정시험은 객관식 문항으로만 출제

합격 기준

• 1~3과정(교양, 전공기초, 전공심화) 시험

단계	과정	합격 기준	유의 사항
1	교양	매 과목 60점 이상 득점을 합격으로 하고, 과목 합격 인정(합격 여부만 결정)	5과목 합격
2	전공기초		6과목 이상 합격
3	전공심화		

• 4과정(학위취득) 시험 : 총점 합격제 또는 과목별 합격제 선택

구분	합격 기준	유의 사항
총점 합격제	• 총점(600점)의 60% 이상 득점(360점) • 과목 낙제 없음	• 6과목 모두 신규 응시 • 기존 합격 과목 불인정
과목별 합격제	• 매 과목 100점 만점으로 하여 전 과목(교양 2, 전공 4) 60점 이상 득점	• 기존 합격 과목 재응시 불가 • 1과목이라도 60점 미만 득점하면 불합격

시험 일정

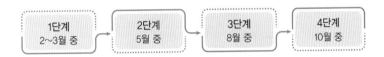

| 1단계
2~3월 중 | → | 2단계
5월 중 | → | 3단계
8월 중 | → | 4단계
10월 중 |

• 컴퓨터공학과 3단계 시험 과목 및 시험 시간표

구분(교시별)	시간	시험 과목명
1교시	09:00~10:40 (100분)	인공지능 컴퓨터네트워크
2교시	11:10~12:50 (100분)	임베디드시스템 소프트웨어공학
중식	12:50~13:40 (50분)	
3교시	14:00~15:40 (100분)	프로그래밍언어론 컴파일러
4교시	16:10~17:50 (100분)	컴퓨터그래픽스 정보보호

※ 시험 일정 및 시험 시간표는 반드시 독학학위제 홈페이지(bdes.nile.or.kr)를 통해 확인하시기 바랍니다.

※ SD에듀에서 개설되었거나 개설 예정인 과목은 빨간색으로 표시했습니다.

독학학위제 과정

대학의 교양과정을 이수한
사람이 일반적으로 갖추어야 할
학력 수준 평가

1단계
교양과정 01

각 전공영역의 학문을 연구하기
위하여 각 학문 계열에서 공통적
으로 필요한 지식과 기술 평가

02 **2단계**
전공기초

각 전공영역에서의 보다
심화된 전문 지식과 기술 평가

3단계
전공심화 03

학위를 취득한 사람이 일반적으로
갖추어야 할 소양 및 전문 지식과
기술을 종합적으로 평가

04 **4단계**
학위취득

GUIDE
독학학위제 출제방향

국가평생교육진흥원에서 고시한 과목별 평가영역에 준거하여 출제하되, 특정한 영역이나 분야가 지나치게 중시되거나 경시되지 않도록 한다.

교양과정 인정시험 및 전공기초과정 인정시험의 시험방법은 객관식(4지택1형)으로 한다.

단편적 지식의 암기로 풀 수 있는 문항의 출제는 지양하고, 이해력·적용력·분석력 등 폭넓고 고차원적인 능력을 측정하는 문항을 위주로 한다.

독학자들의 취업 비율이 높은 점을 감안하여, 과목의 특성상 가능한 경우에는 학문적이고 이론적인 문항뿐만 아니라 실무적인 문항도 출제한다.

교양과정 인정시험(1과정)은 대학 교양교재에서 공통적으로 다루고 있는 기본적이고 핵심적인 내용을 출제하되, 교양과정 범위를 넘는 전문적이거나 지엽적인 내용의 출제는 지양한다.

이설(異說)이 많은 내용의 출제는 지양하고 보편적이고 정설화된 내용에 근거하여 출제하며, 그럴 수 없는 경우에는 해당 학자의 성명이나 학파를 명시한다.

전공기초과정 인정시험(2과정)은 각 전공영역의 학문을 연구하기 위하여 각 학문 계열에서 공통적으로 필요한 지식과 기술을 평가한다.

전공심화과정 인정시험(3과정)은 각 전공영역에 관하여 보다 심화된 전문적인 지식과 기술을 평가한다.

학위취득 종합시험(4과정)은 시험의 최종 과정으로서 학위를 취득한 자가 일반적으로 갖추어야 할 소양 및 전문지식과 기술을 종합적으로 평가한다.

전공심화과정 인정시험 및 학위취득 종합시험의 시험방법은 객관식(4지택1형)과 주관식(80자 내외의 서술형)으로 하되, 과목의 특성에 따라 다소 융통성 있게 출제한다.

독학학위제 단계별 학습법

1단계

평가영역에 기반을 둔 이론 공부!

독학학위제에서 발표한 평가영역에 기반을 두어 효율적으로 이론 공부를 해야 합니다. 각 장별로 정리된 '핵심이론'을 통해 핵심적인 개념을 파악합니다. 모든 내용을 다 암기하는 것이 아니라, 포괄적으로 이해한 후 핵심내용을 파악하여 이 부분을 확실히 알고 넘어가야 합니다.

2단계

시험 경향 및 문제 유형 파악!

독학사 시험 문제는 지금까지 출제된 유형에서 크게 벗어나지 않는 범위에서 비슷한 유형으로 줄곧 출제되고 있습니다. 본서에 수록된 이론을 충실히 학습한 후 '실제예상문제'를 풀어 보면서 문제의 유형과 출제의도를 파악하는 데 집중하도록 합니다. 교재에 수록된 문제는 시험 유형의 가장 핵심적인 부분이 반영된 문항들이므로 실제 시험에서 어떠한 유형이 출제되는지에 대한 감을 잡을 수 있을 것입니다.

3단계

'실제예상문제'를 통한 효과적인 대비!

독학사 시험 문제는 비슷한 유형들이 반복되어 출제되므로 다양한 문제를 풀어 보는 것이 필수적입니다. 각 단원 끝에 수록된 '실제예상문제' 및 '주관식 문제'를 통해 단원별 내용을 제대로 학습했는지 꼼꼼하게 체크합니다. 이때 부족한 부분은 따로 체크해 두고 복습할 때 중점적으로 공부하는 것도 좋은 학습 전략입니다.

4단계

복습을 통한 학습 마무리!

이론 공부를 하면서, 혹은 문제를 풀어 보면서 헷갈리고 이해하기 어려운 부분은 따로 체크해 두는 것이 좋습니다. 중요 개념은 반복학습을 통해 놓치지 않고 확실하게 익히고 넘어가야 합니다. 마무리 단계에서는 '최종모의고사'를 통해 실전연습을 할 수 있도록 합니다.

COMMENT

합격수기

> 저는 학사편입 제도를 이용하기 위해 2~4단계를 순차로 응시했고 한 번에 합격했습니다.
> 아슬아슬한 점수라서 부끄럽지만 독학사는 자료가 부족해서 부족하나마 후기를 쓰는 것이 도움이 될까 하여
> 제 합격전략을 정리하여 알려 드립니다.

#1. 교재와 전공서적을 가까이에!

학사학위취득은 본래 4년을 기본으로 합니다. 독학사는 이를 1년으로 단축하는 것을 목표로 하는 시험이라 실제 시험도 변별력을 높이는 몇 문제를 제외한다면 기본이 되는 중요한 이론 위주로 출제됩니다. SD에듀의 독학사 시리즈 역시 이에 맞추어 중요한 내용이 일목요연하게 압축·정리되어 있습니다. 빠르게 훑어보기 좋지만 내가 목표로 한 전공에 대해 자세히 알고 싶다면 전공서적과 함께 공부하는 것이 좋습니다. 교재와 전공서적을 함께 보면서 교재에 전공서적 내용을 정리하여 단권화하면 시험이 임박했을 때 교재 한 권으로도 자신 있게 시험을 치를 수 있습니다.

#2. 아리송한 용어들에 주의!

진법 변환, 부울대수, 컴퓨터 명령어, 기억장치, C프로그래밍 언어 등 공부를 하다 보면 여러 생소한 용어들을 접할 수 있습니다. 익숙하지 않은 기본 개념들을 반복해서 보면서 숙지하고 점차 이해도를 높여나가는 학습이 합격에 도움이 된다고 생각합니다.

#3. 시간확인은 필수!

쉬운 문제는 금방 넘어가지만 지문이 길거나 어렵고 헷갈리는 문제도 있고, OMR 카드에 마킹도 해야 하니 실제로 주어진 시간은 더 짧습니다. 1번에 어려운 문제가 있다고 해서 1번에서 5분을 허비하면 쉽게 풀 수 있는 마지막 문제들을 놓칠 수 있습니다. 문제 푸는 속도도 느려지니 집중력도 떨어집니다. 그래서 어차피 배점은 같으니 아는 문제를 최대한 많이 맞히는 것을 목표로 했습니다.
① 어려운 문제는 빠르게 넘기면서 문제를 끝까지 다 풀고 ② 확실한 답부터 우선 마킹하고 ③ 다시 시험지로 돌아가 건너뛴 문제들을 다시 풀었습니다. 확실히 시간을 재고 문제를 많이 풀어봐야 실전에 도움이 되는 것 같습니다.

#4. 문제풀이의 반복!

어떠한 시험도 그렇듯이 문제는 많이 풀어볼수록 좋습니다. 이론을 공부한 후 실제예상문제를 풀다보니 부족한 부분이 어딘지 확인할 수 있었고, 공부한 이론이 시험에 어떤 식으로 출제될 지 예상할 수 있었습니다. 그렇게 부족한 부분을 보충해가며 문제유형을 파악하면 이론을 복습할 때도 어떤 부분을 중점적으로 암기해야 할 지 알 수 있습니다. 이론 공부가 어느 정도 마무리되었을 때 시계를 준비하고 최종모의고사를 풀었습니다. 실제 시험시간을 생각하면서 예행연습을 하니 시험 당일에는 덜 긴장할 수 있었습니다.

> 학위취득을 위해 오늘도 열심히 학습하시는 동지 여러분에게도 합격의 영광이 있으시길 기원하면서 이만 줄입니다.

이 책의 구성과 특징

01

| 제 1 장 | 소프트웨어 공학 소개 |

제 1 절 소프트웨어 공학이론

공학의 정의부터 살펴보자면, 인류의 이익을 위해서 과학적 원리, 지식, 도구 등을 활용하여 새로운 제품이나 도구 등을 만드는 것이라고 볼 수 있다. 이를 대입해보면 소프트웨어 공학은 인류의 이익을 위해서 소프트웨어와 관련된 원리, 지식, 도구 등을 활용하여 새로운 제품이나 도구을 만드는 것이라고 볼 수 있는데, 더 학문적인 개념으로 살펴보자면 소프트웨어의 개발·운용·유지보수 등의 생명주기 전반을 체계적이고 서술적이며 정량적으로 다루는 학문이라고 볼 수 있다. 소프트웨어 공학(Software Engineering)은 전문적인 소프트웨어를 개발하는 데 있어서 어떻게 개발할지, 무엇을 개발할지와 같은 방법, 도구, 이론을 모두 포함한 포괄적인 개념이다. 무작정 개발을 시작하지 않고 기능적(Functional), 비기능적(Non-Functional)인 부분들을 고려해 체계적으로 진행하는 것이다.

1 소프트웨어 공학의 필요성 중요도 ★★

핵심이론

독학사 시험의 출제 경향에 맞춰
시행처의 평가영역을 바탕으로
과년도 출제문제와 이론을
빅데이터 방식에 맞게 선별하여
가장 최신의 이론과 문제를
시험에 출제되는 영역 위주로 정리하였습니다.

02

OX문제

장별로 핵심이론을 학습한 후,
해당 영역에서 가장 중요한 부분을 중심으로
큰 뼈대를 확인하고 정리할 수 있도록
OX문제를 수록하였습니다.

제1장

OX 로 점검하자

※ 다음 지문의 내용이 맞으면 O, 틀리면 ✕를 체크하시오. [1 ~ 12]

01 소프트웨어는 컴퓨터를 작동하기 위한 프로그램들의 집합이다. ( )
>>> 소프트웨어는 컴퓨터를 작동하기 위한 프로그램들의 집합이다. 1967년에 존 터키 박사가 소프트웨어라는 명칭을 처음 사용하였으며, 운영체제와 응용 프로그램을 포함하고 있다.

02 소프트웨어 공학은 소프트웨어를 개발하기 위해 요구사항 분석부터 개발하기 전 과정을 관리하는 방법이다. ( )
>>> 소프트웨어 공학은 요구사항 분석부터 유지보수까지 전 과정을 체계적으로 관리하는 방법을 말한다.

03 비복잡성이란 소프트웨어 개발 과정은 복잡하고 비표준화되어 이해와 관리가 어려운 것을 의미한다. ( )
>>> 복잡성이란 개발 과정이 복잡하고 비표준화되어 이해와 관리가 어려움을 뜻한다.

04 소프트웨어의 신뢰도(reliability)는 사용자가 소프트웨어를 신뢰하는 정도이며, 오랜 시간 작동되고, 알려진 치명적 오류가 없으며, 오류발생 후에 무난히 복구되며 강건하다는 의미를 포함한다. ( )
>>> 소프트웨어 신뢰도는 사용자가 소프트웨어를 신뢰하는 정도이다.

03

| 제 1 장 | 실제예상문제 |

01 다음 중 소프트웨어 공학에 대한 설명으로 옳지 않은 것은?
① 소프트웨어를 개발하기 위해 요구사항 분석부터 유지보수까지 또는 개발과정부터 관리하는 전 과정을 체계적으로 관리하는 방법을 말한다.
② 소프트웨어 공학은 소프트웨어를 설계, 개발, 사용, 유지보수 하는 데 필요한 전반적인 과정을 문서화하는 것이다.
③ 소프트웨어 제품의 체계적 생산과 유지보수에 관련된 기술적·관리적인 원리이다.
④ 시스템 개발에 있어서 기술적인 사항만 기술하면 된다.

해설 & 정답
01 소프트웨어 공학에서 시스템 개발에 있어서는 기술적 사항과 비기술적인 사항을 포함해야 한다.

실제예상문제

독학사 시험의 경향에 맞춰
전 영역의 문제를 새롭게 구성하고
지극히 지엽적인 문제나 쉬운 문제를 배제하여
학습자가 해당 교과정에서 필수로
알아야 할 내용을 문제로 정리하였습니다.
풍부한 해설을 통해 이해를 쉽게 하고
문제를 통해 이론의 학습내용을 반추하여
실제시험에 대비할 수 있도록 구성하였습니다.

04

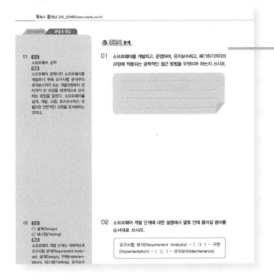

주관식 문제

다년간 각종 시험에 출제된 기출문제 중
주관식으로 출제될 만한 문제들을 엄선하여
가공 변형 후 수록하였으며,
배점이 큰 '주관식 문제'에 충분히
대응할 수 있도록 구성하였습니다.

05

최종모의고사

'핵심이론'을 공부하고,
'실제예상문제'를 풀어보았다면 이제
남은 것은 실전 감각 기르기와 최종 점검입니다.
'최종모의고사(총 2회분)'를
실제 시험처럼 시간을 두고 풀어보고,
정답과 해설을 통해 복습한다면
좋은 결과가 있을 것입니다.

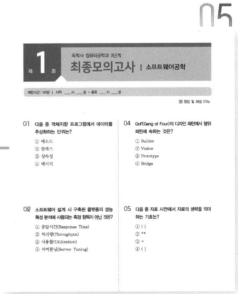

CONTENTS

목차

제1장

소프트웨어 공학 소개

I wish you the best of luck!

제 1 장 소프트웨어 공학 소개

제 1 절 소프트웨어 공학이란

공학의 정의부터 살펴보자면, 인류의 이익을 위해서 과학적 원리, 지식, 도구 등을 활용하여 새로운 제품이나 도구 등을 만드는 것이라고 볼 수 있다. 이를 대입해보면 소프트웨어 공학은 인류의 이익을 위해서 소프트웨어와 관련된 원리, 지식, 도구 등을 활용하여 새로운 제품이나 도구 등을 만드는 것이라고 볼 수 있는데, 더 학문적인 개념으로 살펴보자면 소프트웨어의 개발·운용·유지보수 등의 생명주기 전반을 체계적이고 서술적이며 정량적으로 다루는 학문이라고 볼 수 있다. 소프트웨어 공학(Software Engineering)은 전문적인 소프트웨어를 개발하는 데 있어서 어떻게 개발할지, 무엇을 개발할지와 같은 방법, 도구, 이론을 모두 포함한 포괄적인 개념이다. 무작정 개발을 시작하지 않고 기능적(Functional), 비기능적(Non-Functional)인 부분들을 고려해 체계적으로 진행하는 것이다.

1 소프트웨어 공학의 필요성 중요 ★★

소프트웨어 공학이 필요한 이유는 프로그램을 개발하는 데 중요하기 때문이다. 그 필요성을 당연히 받아들이는 것보다는 이유를 정확히 알아야 실제 개발을 진행할 때 문제를 효율적으로 해결할 수 있다.

(1) 비용의 문제

현재 우리가 사용하는 PC의 비용은 하드웨어보다 소프트웨어에 대한 비용이 더욱 더 커지고 있다. 비용은 돈을 포함해 시간, 노력 등과 같은 개발에 필요한 모든 것이라는 의미를 담고 있다. 기술의 발전으로 다양한 분야와 장치에 들어가는 소프트웨어는 개발하는 비용뿐만 아니라, 유지·보수하는 비용도 증가하고 있는 추세이다. 따라서 소프트웨어 공학은 이와 같은 문제를 최소화하기 위해 효율적인 소프트웨어를 개발하는 것에 중심을 두고 있다. 때문에 효율적인 소프트웨어란 비용적인 문제가 최소화되는 것을 의미한다.

(2) 시스템 복잡도의 향상

기술의 발전으로 시스템의 복잡도는 상당히 증가하고 있다. 이전에 불가능했던 기술들이 이제 아무렇지 않게 사용되고 있다. 이를테면 인공지능, 빅데이터와 같은 복잡한 기술을 적용한 소프트웨어를 빠르게 개발해서 고객에게 전달해야 한다. 더 커지고 복잡해진 시스템을 고객에게 빠르게 전달하려니 완성도가 떨어지고 급기야 개발에 실패하는 상황이 발생하고 있다. 이를 방지하기 위해선 미리 계획을 세워놓고 체계적으로 진행할 필요가 있다.

모든 프로젝트에 같은 기술이 사용되지는 않는다. 새로운 기술을 적용해서 메소드를 작성하려면 그에 따른 비용이 발생한다. 시간이 지날수록 비용이 증가할 수밖에 없는 구조이다. 하지만 고객은 더 싸고 오래 쓸 수 있는 소프트웨어를 원하는 상황에서, 우리가 소프트웨어 공학을 고려한다면 오히려 빠르고 쉽게 개발할 수 있다.

2 소프트웨어 공학의 정의

소프트웨어는 컴퓨터를 작동하기 위한 프로그램들의 집합이다. 1957년에 존 터키 박사가 소프트웨어라는 명칭을 처음 사용하였으며, 운영체제와 응용프로그램들을 포함하고 있다. 현재 소프트웨어는 컴퓨터뿐만 아니라 스마트폰 및 최신 기기들을 구동하거나 실행하기 위한 프로그램들의 집합체이며, 하드웨어를 동작시켜 사용자가 작업을 편리하게 수행하도록 하는 프로그램을 말한다.

소프트웨어 공학은 소프트웨어를 개발하기 위해 요구사항 분석부터 유지보수까지 또는 개발과정부터 관리까지 전 과정을 체계적으로 관리하는 방법을 말한다. 소프트웨어 공학에 대한 다양한 정의는 다음과 같다.

- 국제전지전자기술자협회(IEEE) : 소프트웨어를 개발하고, 운영하며, 유지보수하고, 폐기하기까지의 과정에 적용되는 시스템적 접근 방법을 말한다.
- 베리 보엠(Barry Boehm) : 프로그램을 설계하고 개발하여 유지보수와 운용을 하는 데 있어서 필요한 문서를 작성하여 개발에 실제로 적용하는 것이다.
- 리차트 페얼리(Richard E. Fairley) : 품질, 효율, 비용, 일정에 관하여 경영학적 기반을 공학적으로 접근 방법을 제시하였다.
- 프리츠 바우어(Fritz Bauer) : 컴퓨터 하드웨어에서 신뢰성 있게 운용되는 소프트웨어를 경제성 있게 개발하기 위해 공학적 원리를 응용하고 확립시킨 이론이다.

제 2 절   소프트웨어의 특성

1 소프트웨어의 특성 중요 ★★

소프트웨어의 특징은 소프트웨어 공학과 연관된다. 또한, 소프트웨어 개발은 건물을 짓기 위한 과정이나 비행기를 만드는 과정과 유사하다. 소프트웨어 공학은 소프트웨어를 설계, 개발, 사용, 유지보수하는 데 필요한 전반적인 과정을 문서화하는 것이다. 소프트웨어를 개발하는 것은 쉬운 일이 아니며, 요즘 들어 성공률은 더 낮은 편이다. 소프트웨어의 특징은 다음과 같다.

소프트웨어는 무형이며 직접적으로 만질 수 없고 비형상화되어 물질적인 성질을 가지고 있지 않은 반면, 하드웨어는 만질 수 있고 형상화된 물질적인 성질을 가지고 있다. 즉, 서로 상반된 개념이다. 소프트웨어는 물건처럼 형상화된 것이 아니며, 소프트웨어의 결과물은 추상적인 개념이다. 소프트웨어는 중간 중간 설계 및 개발에 대해 변경이 용이하고 오류에 대한 수정이 쉬우며, 요구사항 분석이 언제든지 변경될 수 있다. 이를 소프트웨어의 유연성 또는 순응성이라고 한다. 다만, 소프트웨어를 변경하기 위한 테스트 작업과 요구 사항에 대한 검증 작업의 변경이 쉽지는 않다. 소프트웨어는 전혀 마모되지는 않는다. 다음은 하드웨어 고장률을 시간 함수로 보여주는 욕조 곡선이다.

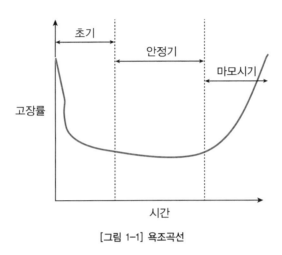

[그림 1-1] 욕조곡선

소프트웨어는 없어지지는 않지만, 환경에 따른 변화 또는 시대에 따른 변화에 따라 개발품을 바꾸거나 새로 제작해야 하는 상황이 생기기 마련이다. 반면 하드웨어는 초기에는 고장률이 높은 편이지만, 문제를 발견하고 수정한 후에는 일정 시간이 지나면 안정화된다. 그러나 오랜 사용 또는 시간으로 인해 기계 부품들이 고장되거나 마모되면 고장률도 높아진다. 다음은 소프트웨어 고장률을 그래프로 표현한 것이다.

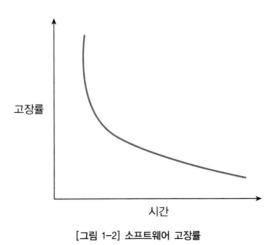

[그림 1-2] 소프트웨어 고장률

소프트웨어 유지보수는 많은 부분 설계를 변경하도록 요구한다. 소프트웨어를 사용하기 위해서는 주위 환경 변화에 즉각 변화를 할 수 있도록 유지보수 작업을 수행해야 한다.

① **상품성** : 개발이 완료된 제품(소프트웨어)은 상품화된다.
② **견고성** : 소프트웨어를 부분적으로 수정하면 소프트웨어 전체에 영향을 미칠 수 있다. 그러므로 수정이나 변경이 용이하지 않다.
③ **복잡성** : 소프트웨어 개발 과정은 복잡하고 까다롭기 때문에 개발된 산출물에 대한 표준화가 필요하다.
④ **순응성** : 소프트웨어에 대한 사용자의 요구사항이나 환경 변화에 맞춰 빠르게 변경할 수 있다.
⑤ **비가시성** : 소프트웨어의 개발이 완료될 때까지는 소프트웨어의 개발품이 어떤지 알 수가 없고, 완성되기 전까지는 코드에 의존한다.
⑥ **비마모성** : 소프트웨어는 마모되거나 없어지지 않는다.
⑦ **비제조성** : 하드웨어는 제작을 하지만, 소프트웨어는 논리적인 사고를 가지고 개발하게 된다.
⑧ **비과학성** : 소프트웨어 개발을 위해서는 시간, 인력, 노력이 필요하며 절차 중심이 된다.
⑨ **복제성** : 소프트웨어는 무한하게 복제가 가능하며, 언제든지 복제가 가능하다. 단, 복제할 때는 저작권 문제에 대해 고려해봐야 한다.

2 소프트웨어의 분류

(1) 시스템 소프트웨어

시스템 소프트웨어는 컴퓨터 사용자가 손쉽게 컴퓨터를 쓸 수 있게 도와주는 동시에 컴퓨터 시스템을 효율적으로 운영해주는 기능을 갖춘 프로그램의 집단이다. 시스템 소프트웨어는 컴퓨터 하드웨어의 제작 회사에 의해 제공되며 흔히 운영체제(OS)라고 한다.
시스템 소프트웨어의 종류로는 운영체제, 언어번역 프로그램, 유틸리티 프로그램이 있다.

• 운영체제 : 운영체제는 하드웨어 자원을 관리하면서 또 다른 시스템 소프트웨어와 응용 소프트웨어의 실행에 도움을 제공하며, 사용자와 하드웨어 사이에서 중재자 역할을 수행한다. 대표적인 운영체제로 윈도우, 리눅스, 유닉스 등이 있다.
• 언어번역 프로그램 : 언어번역 프로그램은 프로그래머가 작성한 프로그램을 컴퓨터가 이해할 수 있는 형식으로 번역하는 프로그램으로 어셈블러, 컴파일러, 인터프리터 등으로 구분할 수 있다.

(2) 응용 소프트웨어

일반 사용자들이 특정한 용도에 맞게 활용하기 위해 작성된 소프트웨어이다. 응용 소프트웨어의 종류는 워드프로세서, 스프레드시트, 프레젠테이션 프로그램, 데이터베이스 관리 시스템, 그래픽 프로그램, 통신 프로그램이 있다.

- 워드프로세서 : 문서의 작성, 편집, 인쇄 등의 기능을 수행하는 프로그램으로 한글, 워드 등이 있다.
- 스프레드시트 : 수식을 쉽게 계산해주고 통계 처리 등의 기능을 수행하는 프로그램으로, 엑셀이 대표적이다.
- 프레젠테이션 프로그램 : 도표, 도형, 애니메이션 효과 등을 이용하여 발표 자료를 쉽게 작성하는 프로그램으로, 파워포인트가 대표적이다.
- 데이터베이스 관리 시스템 : 데이터베이스를 관리하며 다른 응용 프로그램들이 데이터베이스를 공유하고 사용할 수 있는 환경을 제공하는 프로그램으로 오라클, 액세스 등이 있다.
- 그래픽 프로그램 : 원하는 그림을 그리거나 만들어진 이미지를 수정하는 기능을 가진 프로그램으로 포토샵, 페인트샵 프로, 일러스트레이터 등이 있다.
- 통신 프로그램 : 네트워크를 이용해서 데이터를 주고받는 프로그램으로, 웹 브라우저, FTP, 텔넷 등이 있다.

3 좋은 소프트웨어의 기준 중요 ★★

소프트웨어의 특성을 좌우하는 여러 품질 기준이 존재한다. 사용성(usability)이나 신뢰도(reliability)와 같이 사용자가 인지할 수 있는 것을 외부 품질이라고 한다. 내부 품질의 향상은 개발자가 외부 품질을 개선하는 데 도움을 줄 수 있다(예 잘 작성된 요구사항, 설계 문서).

(1) 소프트웨어의 신뢰도(reliability)

사용자가 소프트웨어를 신뢰하는 정도이다. 오랜 시간 작동되며, 알려진 치명적 오류가 없으며, 오류 발생 후에 무난히 복구되며 강건하다는 의미를 포함한다. 소프트웨어 고장 함수가 욕조 곡선과 유사한 형태를 가지는 경우가 있다.

① 버그를 수정하거나 새로운 기능을 추가하면서 새롭게 생기는 오류 때문이다.
② 예상하지 못했던 기반 하드웨어나 운영체제를 변경하는 경우가 생긴다.
③ 사용자가 SW에 익숙해지면서 적정 용량이나 성능을 초과하는 입력을 주어 SW가 스트레스를 받게 되고, 충분히 테스트되지 못한 기능들이 사용되어 오류가 발생한다.

(2) 소프트웨어의 정확성(correctness)

신뢰도와 아주 밀접한 관계가 있다. 신뢰도와의 차이점은 소프트웨어의 행위가 요구사항에 비추어 아주 작은 차이가 있는 경우에도 이것을 결함으로 간주한다는 것이다.

(3) 소프트웨어의 성능(performance)

지정된 시간 안에 컴퓨터 시스템에서 처리할 수 있는 작업량이다.

(4) 소프트웨어의 사용성(usability)

본래의 설계 목적에 따라 효율성 있게 사용할 수 있는 정도이며, prototyping 기술을 적용하여 개발되면 사용성을 높일 수 있다.

(5) 소프트웨어의 상호운용성(interoperability)

소프트웨어 시스템이 다른 시스템과 공존하며 협력할 수 있는 능력을 의미한다.

(6) 소프트웨어의 유지보수성(maintainability)

소프트웨어는 유연하기 때문에 변경되기 쉽다. 유지보수 작업에는 새로운 기능 추가, 기존 기능 개선, 환경의 변화에 따른 기존 기능의 수정, 그리고 존재하는 오류를 수정하는 경우가 해당한다.

(7) 소프트웨어의 이식성(portability)

다른 환경에서 쉽게 동작이 가능하다면 소프트웨어의 이식성이 좋다고 한다.

(8) 소프트웨어의 검사성(verifiability)

위에서 기술한 품질 요소들을 포함하여 소프트웨어의 속성들을 쉽게 검사할 수 있는 경우에 검사성이 좋다고 한다. 측정하는 손쉬운 방법 중 하나는 성능이나 정확성과 같은 품질 요소를 검사하기 위한 코드를 삽입하는 것이다.

(9) 소프트웨어의 추적성(traceability)

요구사항들 간의 또는 요구사항, 시스템 설계, 소스 코드 간의 관계를 정의하고 기록하며 유지할 수 있는 방법이 있어야 추적성이 높다고 말할 수 있으며, 다음과 같은 관계 정보가 유지되어야 한다.

① 요구사항으로부터 요구사항을 제안한 관련자를 파악
② 관련성이 있는 요구사항들을 파악
③ 요구사항으로부터 관련 설계 문서를 파악
④ 설계 문서로부터 관련 코드 조각을 파악
⑤ 요구사항으로부터 테스트 계획서를 파악
⑥ 테스트 계획서로부터 테스트 케이스를 파악

제 3 절 소프트웨어 위기 현상

1970년대에는 하드웨어가 급속히 발전하였으나, 소프트웨어는 느리게 발전하였다. 그래서 소프트웨어의 개발 속도가 하드웨어 속도에 미치지 못하고, 소프트웨어에 대해 사용자들이 요구하는 부분을 바로 처리할 수 없는 문제가 발생하였다. 즉, 소프트웨어 위기(Software Crisis)는 소프트웨어의 복잡성과 개발환경 변화에 맞춰 빠르게 변하지 못했기 때문이라는 것이다. 다음은 소프트웨어 위기 현상을 그래프로 표현한 것이다.

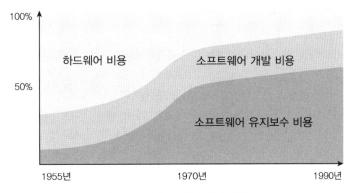

[그림 1-3] 소프트웨어 위기 현상

(1) 소프트웨어의 위기의 원인

① 논리적인 소프트웨어의 특징을 이해하지 못한다.

② 소프트웨어의 품질이나 유지보수는 생각하지 않고 프로그래밍에만 치중하여 요구사항을 처리하지 못한다.

③ 소프트웨어 생산력이 사용자들이 요구하는 부분을 따라가지 못한다.

사용자들이 컴퓨터에 대해서 지식이 많아질수록 요구사항은 많아지지만, 소프트웨어를 개발하기 위한 생산력은 감당하기 어렵다. 개발자의 수가 사용자의 수보다 적기 때문이다.

④ 소프트웨어의 품질이 향상되지 않으면 유지보수도 어렵다.

요구사항 명세서가 정확하지 않으면, 유지보수 또한 어려움을 겪는다.

⑤ 개발 일정이 계획대로 실행되지는 않는다.

(2) 소프트웨어 위기의 결과

① 개발 인력 부족과 그로 인한 인건비 상승이 발생한다.

② 소프트웨어 성능 및 신뢰성이 부족하다.

③ 소프트웨어 개발 기간 지연으로 인해 개발 비용이 증가한다.

④ 정확한 요구사항이 아닐 경우 유지보수가 어렵고, 이에 따른 비용이 증가한다.

⑤ 소프트웨어의 생산성이 저하된다.

⑥ 소프트웨어의 품질 저하가 발생한다.

⑦ 관리자의 소프트웨어에 대한 전문지식이 부족하면 결과물이 성능이 저하된다.

제 4 절   소프트웨어 개발 단계

1 정의

현실에서 소프트웨어 개발을 위한 프로세스에는 많은 유형이 있지만, 정확하게 수행할 수 있도록 여러 가지 방법이 필요하다. 기본적인 활동은 공통적으로 소프트웨어에 대한 요구를 정확히 파악하여 요구사항 명세서를 작성하고, 명세서를 통해 소프트웨어를 설계하고 구현한 후, 소프트웨어 개발품에 대한 검증을 거쳐 필요에 따라 수정을 하거나 새로운 부분을 개발하고 소프트웨어에 대한 유지보수를 하여 소프트웨어를 진화시키는 것이다. 이후 더 이상 사용할 수 없는 상태가 되면 소프트웨어 폐기의 단계를 거치게 된다.

이때, 특정 관점에서 소프트웨어 프로세스를 단순화하여 표현한 모델을 소프트웨어 개발 생명주기(Software Development Life Cycle : SDLC 모델)라고 하며, 이를 프로세스 패러다임이라고도 하는데, 특정 소프트웨어 공학의 프로세스를 만들기 위해 계획부터 유지보수까지 전 과정을 표현한 하나의 프레임워크 또는 틀이라고 생각할 수 있다.

> **더 알아두기**
>
> • SDLC 모형
> 사용자가 원하는 요구사항을 분석하고 문서로 기술하여 요구사항 명세서를 만들고, 명세서를 기반으로 설계와 구현을 통해 개발품을 만들어낸다. 검증을 통해 결과물이 정확히 개발되었는지 완성도를 확인하고 사용한다. 사용 중에 필요한 부분에 대한 부분적 수정 또는 새로운 사항을 추가하여 유지 관리를 수행하게 되고 더 이상 사용할 수 없을 때는 개발품을 폐기하는 일련의 과정을 말한다.
>
> • 개발방법론
> 소프트웨어를 개발할 때 생산성을 높이거나 효율성을 높이기 위해 어떻게 하면 좋을지 그 방법을 정리해 놓은 것이다.

2 역할

- 의뢰인, 개발자, 관리자가 서로 공동 의식을 가지고 의견을 조율하여 요구사항을 정확히 파악한다.
- 개발자와 관리자가 공동체 의식을 가지고 프로젝트 개발에 필요한 표준 용어를 사용한다.
- 개발 비용 산정과 개발 계획을 수립하여 완성품에 대한 초석을 잡는다.
- 일정, 예산, 인원에 대한 정확한 분배를 하는 데 도움이 된다.
- 소프트웨어 개발 과정에 대해서 명확히 구분을 지으며, 개발 단계가 어디까지 왔는지 분명하게 파악한다.
- 개발 일정 지연이나 비용 추가에 대한 부분을 쉽게 파악할 수 있다.
- 모든 단계에서 문서화시켜 프로젝트 관리를 정확히 파악할 수 있도록 문서에 대한 작성 상황에 대해 개발자에게 알려준다.

3 소프트웨어 개발 단계 중요 ★★★

소프트웨어를 체계적으로 개발하고 관리하기 위해 개발 과정을 단계별로 나누어 구분한다. 소프트웨어 개발 생명주기는 그 규모나 방법론에 따라 여러 가지 정의가 있는데, 대체로 '요구사항 분석(Requirement Analysis), 설계(Design), 구현(Implementation), 테스팅(Testing), 유지보수(Maintenance)' 단계로 구성된다. 이 과정에도 프로젝트 특성에 따라 여러 종류의 모델이 있다.

(1) 요구사항 분석(Requirement Analysis)

소프트웨어 개발의 실제적인 첫 단계로 사용자의 요구에 대하여 이해하는 단계이며, 문제 분석 단계라고도 한다. 개발할 소프트웨어의 기능과 제약조건, 목표 등을 사용자와 함께 정확히 정의하는 단계이다. 또한, 전체 개발 과정에서 개발 비용을 감소시킬 수 있는 결정적인 단계이다.

초기에 요구사항을 잘 분석하여 정의하고 관리하기 위해 투자한다면 전체 소프트웨어 개발 기간이나 비용의 초과 및 품질 저하를 미연에 방지할 수 있다. 개발하고자 하는 소프트웨어의 성격을 정확히 파악하여 이를 토대로 개발 방법과 필요한 자원 및 예산을 설정한 후 요구 명세서를 작성할 수 있다.

(2) 설계(Design)

물리적 실현의 첫 단계이며, 서브 시스템들로 이루어지는 시스템 구조를 결정하고, 서브 시스템들을 하드웨어나 소프트웨어 등의 구성요소에 할당한다. 설계는 품질에 직접적인 영향을 주며, 설계가 제대로 되지 않으면 시스템의 안정감이 저하되고 유지보수도 어려워진다.

설계 단계에서는 앞서 정의한 기능을 실제로 수행하기 위한 방법을 논리적으로 결정하는 단계이며 크게 시스템, 프로그램, UI(User Interface) 설계로 나뉜다. 시스템 구조 설계는 시스템을 구성하는 내부 프로그램이나 모듈 간 관계와 구조를 설계하고, 프로그램 설계는 프로그램 내의 각 모듈에서 처리 절차나 알고리즘을 설계한다. UI(User Interface) 설계는 사용자 인터페이스를 설계하고 시스템을 사용하기 위해 사용자에게 보이는 부분을 설계한다.

(3) 구현(Implementation)

구현 단계는 설계 단계에서 논리적으로 결정한 문제 해결 방법을 프로그래밍 언어를 통해 실제 프로그램으로 작성하는 단계이다. 이때 프로그래밍 기법은 구조화 프로그래밍과 모듈 프로그래밍 두 개로 나눈다.

구조화 프로그래밍은 조건문, 반복문을 사용하여 프로그램을 작성하고 순차 구조, 선택 구조, 반복 구조 등의 세 가지 제어문을 이용하여 표현한다. 구조가 명확하여 정확성 검증과 테스트 및 유지보수가 쉽다는 장점도 있다.

모듈 프로그래밍은 프로그램을 여러 개의 작은 모듈로 나누어 계층 관계로 구성하는 프로그래밍 기법으로 모듈별로 개발과 테스트 및 유지보수가 가능하며, 모듈의 재사용이 가능하다.

소프트웨어 구현 단계의 목표는 설계 명세를 기반으로 요구사항을 만족할 수 있도록 프로그래밍하는 것이다. 프로그램은 상세 설계나 사용자 지침서에 기술된 것과 일치하도록 코딩한다. 구현 단계에서 가장 중요한 작업 중 하나는 코딩 표준을 정하고, 이를 기반으로 명확하게 코드를 작성하는 것이다.

(4) 테스팅(Testing)

테스팅 단계는 개발한 시스템이 요구사항을 만족하는지, 실행 결과가 예상한 결과와 정확하게 맞는지를 검사하고 평가하는 일련의 과정이다. 시스템이 정해진 요구사항을 만족하는지, 예상과 실제 결과의 차이에 대해 수동 또는 자동화된 방법을 동원하여 검사하고, 평가하는 일련의 과정을 의미한다. 테스팅은 소프트웨어 품질 보증을 위한 마지막 단계로 소프트웨어의 품질 확보를 위해 결함을 찾아내는 일련의 작업이며, 개발한 소프트웨어의 품질에 대한 평가와 품질 향상을 위한 수정 작업을 포함하고 있다. 구현 단계에서 미처 발견하지 못한 오류를 발견할 수 있기 때문에 매우 중요한 과정으로 테스트는 3가지 단계가 있다. 첫 번째 단계인 단위 테스트(Unit Test)는 시스템의 최소 구성요소가 되는 모듈에 대해서 개별적으로 시행하고, 두 번째 단계인 통합 테스트(Integration Test)에서는 단위 테스트를 통과한 모듈을 점진적으로 연결하여 확장해나가면서 전체 시스템으로 완성하여 통합적으로 시스템을 테스트한다. 세 번째 단계인 인수 테스트(Acceptance Test)는 완성된 시스템을 인수하기 위해서 실제 자료를 사용하는 최종 테스트 단계이다.

(5) 유지보수(Maintenance)

유지보수 단계는 시스템이 인수되고 설치된 후 일어나는 모든 활동을 말한다. 커스터마이징, 구현, 테스트 등 모두 이 단계에 포함되므로 소프트웨어 생명주기에서 가장 긴 기간을 차지한다. 유지보수의 유형에는 '수정, 적응, 완전, 예방'의 4가지가 있다.

수정 유지보수(Corrective Maintenance)는 발견된 오류의 원인을 찾아 수정하여 문제를 해결하기 위한 것이다. 적응 유지보수(Adaptive Maintenance)는 시스템과 관련된 외부 환경의 변화에 적응하기 위한 수정이다. 완전 유지보수(Perfective Maintenance)는 기능이나 성능 향상을 위해 수정하는 것이다. 예방 유지보수(Preventive Maintenance)는 이해성과 유지보수성의 개선을 위한 수정이다.

○×로 점검하자

※ 다음 지문의 내용이 맞으면 ○, 틀리면 ×를 체크하시오. [1 ~ 12]

01 소프트웨어는 컴퓨터를 작동하기 위한 프로그램들의 집합이다. (　　)

>>>🔍 소프트웨어는 컴퓨터를 작동하기 위한 프로그램들의 집합이다. 1957년에 존 터키 박사가 소프트웨어라는 명칭을 처음 사용하였으며, 운영체제와 응용 프로그램들을 포함하고 있다.

02 소프트웨어 공학은 소프트웨어를 개발하기 위해 요구사항 분석부터 개발까지 전 과정을 관리하는 방법이다. (　　)

>>>🔍 소프트웨어 공학은 요구사항 분석부터 유지보수까지 전 과정을 체계적으로 관리하는 방법을 말한다.

03 비복잡성이란 소프트웨어 개발 과정은 복잡하고 비표준화되어 이해와 관리가 어려운 것을 의미한다. (　　)

>>>🔍 복잡성이란 개발 과정이 복잡하고 비표준화되어 이해와 관리가 어려움을 뜻한다.

04 소프트웨어의 신뢰도(reliability)는 사용자가 소프트웨어를 신뢰하는 정도이며, 오랜 시간 작동되고, 알려진 치명적 오류가 없으며, 오류발생 후에 무난히 복구되며 강건하다는 의미를 포함한다.
(　　)

>>>🔍 소프트웨어 신뢰도는 사용자가 소프트웨어를 신뢰하는 정도이다.

05 다른 환경에서 쉽게 동작이 가능하다면 소프트웨어의 유지보수성이 좋다고 한다. (　　)

>>>🔍 다른 환경에서 쉽게 동작이 가능하다면 소프트웨어의 이식성이 좋다고 한다.

06 소프트웨어 위기는 소프트웨어가 단순하고 소프트웨어의 개발 환경 변화에 맞춰 빠르게 변하지 못하는 것을 의미한다. (　　)

>>>🔍 소프트웨어 위기는 소프트웨어가 복잡하고 소프트웨어의 개발 환경 변화에 빠르게 적응하지 못하는 것을 의미한다.

07 소프트웨어 생산력이 향상될수록 소프트웨어 위기는 줄어든다. (　　)

>>>🔍 소프트웨어 생산력이 사용자들이 요구하는 부분을 따라가지 못하기 때문에 소프트웨어 위기가 발생한다.

정답 **1** ○ **2** × **3** × **4** ○ **5** × **6** × **7** ○

08 일반 관점에서 소프트웨어 프로세스를 단순화하여 표현한 모델은 소프트웨어 개발 생명주기(Software Development Life Cycle : SDLC) 모델이다. (   )

>>>◯ 소프트웨어 개발 생명주기 모델은 특정 관점에서 소프트웨어 프로세스를 단순화하여 표현한 모델이다.

09 소프트웨어 개발 단계는 '요구사항 분석–설계–테스팅–구현–유지보수' 순이다. (   )

>>>◯ 소프트웨어 개발 단계는 '요구사항 분석–설계–구현–테스팅–유지보수' 순이다.

10 구현 단계에서는 설계 단계에서 논리적으로 결정한 문제 해결 방법을 프로그래밍 언어를 통해 실제 프로그램을 작성한다. (   )

>>>◯ 구현 단계는 설계 단계에서 논리적으로 결정한 문제 해결 방법을 프로그래밍 언어를 통해 실제 프로그램을 작성하는 단계이다.

11 첫 번째 단계인 통합 테스트는 시스템의 최소 구성요소가 되는 모듈에 대해서 개별적으로 시행한다. (   )

>>>◯ 첫 번째 단계인 단위 테스트(Unit Test)는 시스템의 최소 구성요소가 되는 모듈에 대해서 개별적으로 시행한다.

12 유지보수 단계에서 적응 유지보수(Adaptive Maintenance)는 시스템과 관련된 외부 환경의 변화에 적응하기 위한 수정이다. (   )

>>>◯ 유지보수 단계에는 '수정, 적응, 완전, 예방' 4가지가 있으며, 적응 유지보수는 시스템과 관련된 외부 환경의 변화에 적응하기 위한 수정이다.

실제예상문제

해설 & 정답   checkpoint

01 다음 중 소프트웨어 공학에 대한 설명으로 옳지 **않은** 것은?

① 소프트웨어를 개발하기 위해 요구사항 분석부터 유지보수까지 또는 개발과정부터 관리까지 전 과정을 체계적으로 관리하는 방법을 말한다.

② 소프트웨어 공학은 소프트웨어를 설계, 개발, 사용, 유지보수하는 데 필요한 전반적인 과정을 문서화하는 것이다.

③ 소프트웨어 제품의 체계적 생산과 유지보수에 관련된 기술적·관리적인 원리이다.

④ 시스템 개발에 있어서 기술적인 사항만 기술하면 된다.

> **01** 소프트웨어 공학에서 시스템 개발에 있어서는 기술적 상황과 비기술적인 사항을 통합해야 한다.

02 다음 중 소프트웨어의 특징이 **아닌** 것은?

① 복잡성
② 마모성
③ 비제조성
④ 복제성

> **02** 소프트웨어의 특징인 비마모성은 소프트웨어가 마모되거나 없어지지 않는 것을 뜻한다.

03 다음 중 소프트웨어 위기 발생 요인과 거리가 **먼** 것은?

① 소프트웨어 생산성 향상
② 소프트웨어 특징에 대한 이해 부족
③ 소프트웨어 관리의 부재
④ 소프트웨어 품질의 미흡

> **03** 프로그램 생산성이 향상될수록 좋은 품질의 개발품이 나온다. 이는 소프트웨어 위기와는 관련이 없다.

정답 01 ④ 02 ② 03 ①

안심Touch

checkpoint 해설 & 정답

04 소프트웨어 위기(Software Crisis)는 소프트웨어의 복잡성과 개발환경 변화에 빠르게 변하지 못했기에 초래되었다.

04 컴퓨터 발전 과정에서 소프트웨어 개발속도가 하드웨어 개발속도를 따라가지 못해서 사용자들의 요구사항을 감당할 수 없는 상황이 발생했다. 이 현상을 무엇이라고 하는가?

① 소프트웨어 오류
② 소프트웨어 위기
③ 소프트웨어 테스트
④ 소프트웨어 디버깅

05 하드웨어의 발전은 거의 정점을 이뤘고 소프트웨어의 개발에 대한 수요가 점차 늘어나고 있는 추세이다.

05 다음 중 소프트웨어 위기를 가져온 원인에 해당하지 <u>않는</u> 것은?

① 소프트웨어 규모 증대와 복잡도에 따른 개발 비용 증가
② 프로젝트 관리 기술의 부재
③ 소프트웨어 개발 기술에 대한 훈련 부족
④ 소프트웨어 수요의 감소

06 소프트웨어 개발의 생산성에 영향을 미치는 것은 소프트웨어 사용자의 능력이 아닌 개발자의 능력이다.

06 소프트웨어 개발의 생산성에 영향을 미치는 요소로 가장 거리가 먼 것은?

① 프로그래머의 능력
② 팀 의사 전달
③ 제품의 복잡도
④ 소프트웨어 사용자의 능력

정답 04 ② 05 ④ 06 ④

07 공학적 관점에서 좋은 소프트웨어에 대한 설명으로 적합하지 <u>않은</u> 것은?

① 사용법, 구조의 설명, 성능, 기능이 이해하기 쉬워야 한다.
② 사용자 수준에 따른 적당한 사용자 인터페이스를 제공한다.
③ 실행 속도가 빠르고, 소요 기억용량을 많이 차지할수록 좋다.
④ 유지보수가 용이해야 한다.

08 소프트웨어 공학에 대한 설명으로 거리가 <u>먼</u> 것은?

① 소프트웨어 공학이란 소프트웨어의 개발, 운용, 유지보수 및 파기에 대한 체계적인 접근 방법이다.
② 소프트웨어 공학은 소프트웨어 제품의 품질을 향상시키고 소프트웨어 생산성과 작업 만족도를 증대시키는 것이 목적이다.
③ 소프트웨어 공학의 궁극적 목표는 최대의 비용으로 계획된 일정보다 가능한 한 빠른 시일 내에 소프트웨어를 개발하는 것이다.
④ 소프트웨어 공학은 신뢰성 있는 소프트웨어를 경제적인 비용으로 획득하기 위해 공학적 원리를 정립하고 이를 이용하는 것이다.

09 공학적으로 잘된 소프트웨어(Well Engineered Software)에 대한 설명으로 옳지 <u>않은</u> 것은?

① 소프트웨어는 유지보수가 용이해야 한다.
② 소프트웨어는 신뢰성이 높아야 한다.
③ 소프트웨어는 사용자 수준과 무관하게 일관된 인터페이스를 제공해야 한다.
④ 소프트웨어는 충분한 테스팅을 거쳐야 한다.

07 좋은 소프트웨어는 소요 기억용량을 많이 차지하면 안 된다. 좋은 소프트웨어는 사용자가 쉽게 이해하는 인터페이스를 제공하고, 유지보수가 용이하며, 사용법이나 성능, 구조, 기능이 이해하기 쉬워야 한다.

08 소프트웨어 공학은 소프트웨어 품질과 생산성 향상을 목적으로 한다.

09 공학적으로 잘 작성된 소프트웨어의 특징에는 사용자 요구사항 충족, 높은 신뢰성, 유지보수의 용이성, 쉬운 인터페이스, 충분한 테스팅 수행 등이 있다.

정답 07 ③ 08 ③ 09 ③

10 좋은 소프트웨어 기준으로 소프트웨어의 사용성(usability), 소프트웨어의 상호운용성(interoperability), 소프트웨어의 성능(preformance), 소프트웨어의 신뢰도(reliability), 소프트웨어의 검사성(verifiability)을 들 수 있다.

10 다음 중 좋은 소프트웨어의 기준으로 옳지 않은 것은?

① 소프트웨어의 사용성(usability)
② 소프트웨어의 구조적 명확성(structural clarity)
③ 소프트웨어의 성능(preformance)
④ 소프트웨어의 신뢰도(reliability)

11 관리자의 소프트웨어에 대한 전문지식이 부족하면 결과물의 성능이 저하된다.

11 다음 중 소프트웨어 위기의 결과가 아닌 것은?

① 개발 인력의 부족과 그로 인한 인건비 상승이 발생한다.
② 소프트웨어 성능 및 신뢰성이 부족하다.
③ 소프트웨어 개발 기간 지연으로 인해 개발 비용이 증가한다.
④ 관리자의 소프트웨어에 대한 전문지식이 과하면 결과물의 성능이 떨어진다.

12 비가시성 : 소프트웨어가 개발이 완료될 때까지는 소프트웨어의 개발품이 어떤지 알 수가 없고, 완성되기 전까지는 코드에 의존한다.

12 다음 중 소프트웨어 특징과 그 설명이 옳지 않은 것은?

① 상품성 : 개발이 완료된 제품(소프트웨어)은 상품화된다.
② 비제조성 : 하드웨어는 제작을 하지만, 소프트웨어는 논리적인 사고를 가지고 개발하게 된다.
③ 순응성 : 소프트웨어에 대한 사용자의 요구사항이나 환경 변화에 맞춰 빠르게 변경할 수 있다.
④ 가시성 : 소프트웨어가 개발이 완료되는 중간 중간에 개발품을 확인할 수 있다.

정답 10② 11④ 12④

13 다음 중 시스템 소프트웨어의 종류가 <u>아닌</u> 것은?

① 유틸리티 프로그램
② 포토샵
③ 운영체제
④ 언어번역 프로그램

13 시스템 소프트웨어는 컴퓨터 사용자가 손쉽게 컴퓨터를 쓸 수 있게 도와주는 동시에 컴퓨터 시스템을 효율적으로 운영해주는 기능을 갖춘 프로그램의 집단이다. 시스템 소프트웨어의 종류로 운영체제, 언어번역 프로그램, 유틸리티 프로그램이 있다.

14 다음 중 응용 프로그램과 그 설명으로 옳지 <u>않은</u> 것은?

① 워드 프로세서 : 문서의 작성, 편집, 인쇄 등의 기능을 수행하는 프로그램으로 한글, 워드 등이 있다.
② 프레젠테이션 프로그램 : 수식을 쉽게 계산해주고 통계 처리 등의 기능을 수행하는 프로그램으로, 엑셀이 대표적이다.
③ 그래픽 프로그램 : 원하는 그림을 그리거나 만들어진 이미지를 수정하는 기능을 가진 프로그램으로 포토샵, 페인트샵 프로, 일러스트레이터 등이 있다.
④ 통신 프로그램 : 네트워크를 이용해서 데이터를 주고받는 프로그램으로 웹 브라우저, FTP, 텔넷 등이 있다.

14 • 스프레드시트 : 수식을 쉽게 계산해주고 통계 처리 등의 기능을 수행하는 프로그램으로, 엑셀이 대표적이다.
• 프레젠테이션 프로그램 : 도표, 도형, 애니메이션 효과 등을 이용하여 발표 자료를 쉽게 작성하는 프로그램으로, 파워포인트가 대표적이다.

정답 13 ② 14 ②

안심Touch

✔ 주관식 문제

01

01 **정답**
소프트웨어 공학

해설
소프트웨어 공학이란 소프트웨어를 개발하기 위해 요구사항 분석부터 유지보수까지 또는 개발과정부터 관리까지 전 과정을 체계적으로 관리하는 방법을 말한다. 소프트웨어를 설계, 개발, 사용, 유지보수하는 데 필요한 전반적인 과정을 문서화하는 것이다.

소프트웨어를 개발하고, 운영하며, 유지보수하고, 폐기하기까지의 과정에 적용되는 공학적인 접근 방법을 무엇이라 하는지 쓰시오.

02 **정답**
㉠ 설계(Design)
㉡ 테스팅(Testing)

해설
소프트웨어 개발 단계는 대체적으로 요구사항 분석(Requirement Analysis), 설계(Design), 구현(Implementation), 테스팅(Testing), 유지보수(Maintenance) 단계로 구성된다. 이 과정도 프로젝트 특성에 따라 여러 종류의 모델이 있다.

02 소프트웨어 개발 단계에 대한 설명에서 괄호 안에 들어갈 용어를 순서대로 쓰시오.

요구사항 분석(Requirement Analysis) – (㉠) – 구현 (Implementation) – (㉡) – 유지보수(Maintenance)

03 다음 설명에서 괄호 안에 들어갈 용어를 쓰시오.

> (   ) 단계에서는 설계 단계에서 논리적으로 결정한 문제 해결 방법을 프로그래밍 언어를 통해 실제 프로그램으로 작성한다.

03 정답
구현

해설
구현 단계에서는 설계 단계에서 논리적으로 결정한 문제 해결 방법을 프로그래밍 언어를 통해 실제 프로그램으로 작성한다.

04 다음 설명에서 괄호 안에 들어갈 용어를 쓰시오.

> 소프트웨어의 (   )은/는 오랜 시간 작동되고, 알려진 치명적 오류가 없으며, 오류발생 후에 무난히 복구되며 강건하다는 의미를 포함한다.

04 정답
신뢰도(reliability)

해설
소프트웨어의 신뢰도는 사용자가 소프트웨어를 신뢰하는 정도를 의미한다. 오랜 시간 작동되고, 알려진 치명적 오류가 없으며, 오류발생 후에 무난히 복구되며 강건하다는 의미를 포함한다.

05 **정답**
수정, 적응, 완전, 예방
해설
유지보수의 유형은 크게 4가지로 구
분하며 수정, 적응, 완전, 예방이다.

05 유지보수 단계는 시스템이 인수되고 설치된 후 일어나는 모든
활동을 말하며 커스터마이징, 구현, 테스트 등 모두 이 단계에
포함되므로 소프트웨어 생명주기에서 가장 긴 기간을 차지한다.
유지보수의 유형 4가지가 무엇인지 모두 쓰시오.

제2장

소프트웨어 개발 프로세스

I wish you the best of luck!

제 2 장   소프트웨어 개발 프로세스

제 1 절   프로세스 모델 개요

현실에서 소프트웨어 개발을 위한 프로세스에는 많은 유형이 있지만, 정확하게 수행할 수 있도록 여러 가지 방법이 필요하다. 기본적인 활동은 공통적으로 소프트웨어에 대한 요구를 정확히 파악하여 요구사항 명세서를 작성하고, 명세서를 통해 소프트웨어를 설계하고 구현한 후, 소프트웨어 개발품에 대한 검증을 거쳐 필요에 따라 수정을 하거나 새로운 부분을 개발하고 소프트웨어에 대한 유지보수를 하여 소프트웨어를 진화시키는 것이다. 이후 더 이상 사용할 수 없는 상태가 되면 소프트웨어 폐기의 단계를 거치게 된다.

제 2 절   선형순차(폭포수) 모델 중요 ★★★

1 개요

폭포수 모델(Waterfall Model)은 원래 항공 방위 소프트웨어 시스템 개발 경험으로 소개되었으며, 그 후 1970년대 소프트웨어 공학에서 널리 사용하였다. 소프트웨어 개발 초기에는 개발을 주먹구구식으로 하다 보니 체계가 없었고 분석과 설계가 중심이 아닌 개발에 초점을 맞췄다. 초기 개발은 소규모 소프트웨어 개발이기 때문에 문제가 없었지만, 시간이 지나면서 대형 소프트웨어 개발이 늘어나게 되고, 개발 중심의 소프트웨어 개발에 문제점이 발생하게 되었다. 이를 해결하기 위해서 **분석, 설계, 개발, 테스트, 유지보수 등의 순차적 단계를 수행하는 모델**이 등장하였다.
일반적인 폭포가 아래로 물이 떨어지듯이 폭포수 모델은 각 단계가 순차적으로 진행된다. 각 단계의 결과가 정확하면 다음 단계로 넘어가고, 또는 결과가 정확하지 않을 경우에는 다음 단계로 넘어가지 않는다. 즉, 현재 단계에 문제가 있으면 피드백해서 그 전 단계로 돌아가고 문서나 결과가 확실하면 다음 단계로 넘어간다.
폭포수 모델은 가장 널리 사용되고 단순하며 확실한 응용분야에 적합하다. 또한, 개발품을 일반 사용자가 사용할 경우에 적합하고 개발자가 아닌 사용자를 교육시키는 제품에 대한 매뉴얼을 작성할 수 있다. 만약 두 개 이상의 방법이 제시되면 수행하지 않는다.

2 개발 순서

타당성 검토 → 계획 → 요구 분석 → 설계 → 구현(코딩) → 시험(검사) → 유지보수

[그림 2-1] 폭포수 모델 개발 순서

(1) 타당성 검토

① 소프트웨어 개발의 필요성에 대한 타당성 검증을 하고 소프트웨어 개발 여부에 대하여 결정
② 타당성 조사서

(2) 계획

① 사용자가 원하는 기능이나 비기능을 정의
② 소프트웨어 기능과 제약 조건을 정의하는 명세서를 작성
③ 모호하고 불확실한 부분에 대한 것을 정확히 명세화함
④ 요구사항 정의서

(3) 요구 분석

① 문제 영역과 사용자가 원하는 내용을 이해하기 위한 단계
② 개념 모델, 프로세스 정의

(4) 설계

① 요구사항 분석에서 도출된 내용을 이용하여 개발자가 식별할 수 있도록 도구를 이용하여 문서로 작성
② 개략 설계, 상세 설계, 논리·물리 설계

(5) 구현(코딩)

① 개발자가 개발에 필요한 언어를 이용하여 실행 코드를 완성하는 단계
② 개발코드, 단위 테스트

(6) 시험(검사)

① 프로그램을 실행할 때 발생하는 오류를 발견하고 수정하는 단계
② 통합 테스트, 시스템 테스트, 인수 테스트

(7) 유지보수

① 개발 후 소프트웨어를 사용하는 데 있어서 오류가 발생하거나 새로운 기능을 추가해야 할 때 일어나는 개발 활동
② 적응 유지보수, 결함 유지보수 등

3 장단점

(1) 장점

① 폭포수 모델이 가장 오래되었고 적용 사례 및 성공 사례도 많다.

② 일반적인 단계를 유지하기 때문에 이해하기 쉽다.

③ 단계별 문서작업을 거치기 때문에 관리가 용이하다.

④ 단계별 정의가 분명하고, 전체 과정을 이해하기 쉽다.

⑤ 산출물의 관리와 적용이 쉽기 때문에 기준점을 제시할 수 있다.

(2) 단점

① 초기에 프로젝트에 대한 요구사항을 분석하기가 어렵다.

② 개발이 중심이어서 개발이 구체화되기 전인 초기에 중요한 부분을 놓칠 수 있다.

③ 개발시점에서는 요구사항을 변경하기가 쉽지 않다.

④ 프로젝트의 후반부에 개발품을 볼 수 있다.

⑤ 대형 프로젝트에 사용하기는 힘들다.

⑥ 많은 시간과 노력을 들여 각 단계별 문서화에 치중하게 된다.

⑦ 요구사항의 변경이나 오류가 발생하면 일정이 변경되거나 자원 요소가 증가한다.

⑧ 각 단계별로 종료를 하지 않으면 다음 단계로 넘어가기 힘들고, 각 단계별 문서화를 요구한다.

제 3 절 프로토타입 모델 중요 ★

1 개요

프로토타입 모델(Prototype Model, 원형 모델)은 개발품을 완성하기 전에 시제품을 제작하여 확인한 후, 개발품을 만들 수 있는 모델이다. 폭포수 모델이 초기에 요구사항을 명확히 알 수 없고 요구사항을 실제로 구현할 수 있는지 확인할 수 없기 때문에 대형 프로젝트에 적용하기에는 어려움이 있었다. 이 부분을 해결하기 위해 먼저 시제품을 개발하여 요구사항에 대해 정확히 구현할 수 있는지 여부를 확인하고 프로젝트를 계속 진행할지, 폐기할지 결정할 수 있는 단계가 있다. 사용자 요구사항의 일부분을 시제품(Prototype)으로 완성하여 사용자에게 검증을 받는다. 이때, 요구사항의 불분명한 부분이나 예기치 못한 문제점을 정확히 뽑아 낼 수 있어 더욱 완벽하고 좋은 품질의 완성품을 만들어 낼 수 있다는 특징이 있다. 프로토타입 모델의 주요 특징은 다음과 같다.

- 시제품은 사용자와 소프트웨어 사이의 화면에 중점을 두어 개발한다.
- 소프트웨어의 일부거나 소프트웨어 모델을 만드는 과정으로서 요구사항을 정확하게 반영한 소프트웨어를 구현하는데, 이는 추후 구현 단계에서 사용될 틀이 된다.
- 순차적인 폭포수 모델의 단점을 보완하기 위한 모형이다.
- 요구사항 분석 단계에서 프로토타입을 사용하며 시제품이 완성되어 평가가 끝난 후에 개발이 승인되면 여러 모델을 이용하여 소프트웨어 개발을 시작한다.
- 프로토타입은 개발 단계 안에서 유지보수가 이루어지는 것으로 볼 수 있다.

2 개발 순서

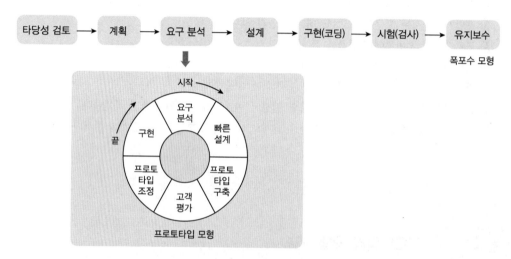

[그림 2-2] 프로토타입 모델 개발 순서

3 장단점

(1) 장점

① 요구사항을 분석하여 첫 번째 시제품을 만들어 사용자에게 피드백을 하기 때문에 사용자는 개발이 완료될 때까지 개발품에 대한 불안함을 해소할 수 있다.

② 시제품을 구현하기 때문에 사용자의 요구사항에 쉽게 대응할 수 있는 방법이다.

③ 시제품을 통한 점증적 단계로 프로젝트의 규모나 기능이 점차적으로 축소되므로 프로젝트를 관리하기 쉽다.

④ 인터페이스가 먼저 개발되기 때문에 사용자의 요구사항을 정확히 알아낼 수 있고, 이 단계를 여러 번 반복적으로 작업하기 때문에 알 수 없던 오류에 대해서 빨리 찾아낼 수 있다.

⑤ 시제품은 좋은 품질의 개발품에 대한 요구사항을 명세화할 수 있는 기초를 제공한다.

⑥ 프로토타입은 사용자와 개발자가 서로 공동으로 참여하는 모델이다.

⑦ 요구사항을 충실히 반영하며, 요구사항의 변경이 용이하다.

⑧ 최종 결과물이 만들어지기 전에 의뢰자가 최종 결과물의 일부 또는 모형을 볼 수 있다.

⑨ 사용자가 정확히 알지 못하는 기능이나 혼동하기 쉬운 부분에 대해서 명확히 할 수 있다.

(2) 단점

① 시제품은 대부분 인터페이스 위주이기 때문에 실제 소프트웨어와의 차이가 발생할 수 있다.

② 단기간에 시제품을 완성해야 하기 때문에 주먹구구식 코드가 발생할 수 있다.

③ 요구사항을 정확히 정의하지 못하면 개발할 때 기능들을 제대로 구현하지 못할 수 있다.

④ 기능적으로 분해하기 어려운 문제들이 있으며, 또한 중요 기능들이 시스템의 여러 부분으로 나누어 배치되는 경우가 있다.

⑤ 요구사항들을 적당한 크기의 모듈로 나누기 어렵다.

제 4 절 점증적 모델 중요 ★★

1 개념

점증적 모델(Incremental Model)은 소프트웨어의 기능들을 점증적으로 완성해 가는 모델이다. 즉, 사용자 요구사항의 일부분 또는 제품의 일부분만을 개발하고 점진적 또는 반복적으로 개발하여 최종적으로 사용자 요구사항에 부합하는 시스템을 완성해가는 개발 모델이다. 시스템을 여러 단계로 나누어 릴리즈하는 방법으로, 단계적 프로세스를 사용한다. 점증적인 방법과 반복적인 방법을 병행하여 사용하기도 한다.

2 특징

- 서브시스템 증분을 따로 개발한 후 통합하는 형태
- 각 서브시스템을 병행 개발하여 개발기간 단축 가능
- 증분이 너무 많아질 경우 프로젝트 관리에 어려움이 있음
- 폭포수 모델의 변형된 형태

3 개발 순서

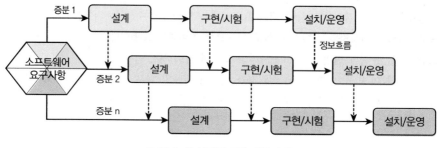

[그림 2-3] 점증적 모델 개발 순서

4 장단점

(1) 장점

① 핵심 증분을 먼저 개발하므로 사용자는 시스템을 비교적 일찍 사용하는 것이 가능
② 릴리즈 방식을 통해 요구사항 변화에 대응하는 것이 용이
③ 여러 증분으로 쪼개므로 각 증분의 관리가 용이
④ 먼저 개발되는 핵심 증분이 반복적으로 테스트되는 효과가 있음

(2) 단점

① 현실적으로 기능적 분해가 어려움
② 증분들을 개발하기 전에 요구사항을 명확하게 정의해야 함
③ 새로운 요구가 추가됨에 따라 시스템 구조는 저하될 수 있음(하드코딩)

(3) 점증적 모델의 적합성

폭포수 모델에 비해 유연하며, 기능 추가에 초점을 맞추고 있다. 이는 이미 구현된 기능도 언제든 바뀔 수 있어야 함을 뜻한다. 점증적 모델은 기능 변경에 대한 과정은 정의하지 않는다.

제 5 절 　 진화형 모델 중요 ★★★

1 　 개념

여러 개의 모듈로 분해하고 각각을 점증적으로 개발하여 인도하는 소프트웨어 프로세스 모델이다. 초기 버전을 만들고 요구사항을 정제하여 새로운 버전을 개발하는 작업을 반복하면서 시스템을 완성해 가는 방식이다. 분명한 요구사항과 시스템의 범위를 정하는 노력이 선행되어야 한다. 한 번의 진화 단계에서 프로토타이핑을 통해 요구사항을 보완해야 한다. 최종 버전이 나온 후 유지보수 단계로 들어가야 한다.

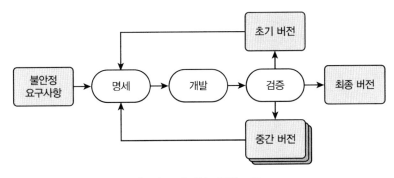

[그림 2-4] 반복 진화형 모델

2 　 특징

- 요구사항을 명확히 정의하기 어려울 때 사용한다.
- 증분 설계가 다음 설계에 반영된다.
- 프로토타입을 재사용하여 시스템을 진화시킨다.
- 진화 단계가 거듭될 때마다 릴리즈 버전을 명확히 표기한다.

3 　 장단점

(1) 장점

요구사항이 완성되지 못한 경우에도 초기 버전을 만들고 점차적으로 명확한 요구사항을 도출한다.

(2) 단점

① 관리적 관점에서 개발 비용의 예상이 힘들고 재작업이 잦아지면 종료 시점이 늦춰질 가능성이 크다.
② 공학적 관점에서 잦은 수정 작업은 소프트웨어 구조에 악영향을 주어 유지보수에 문제가 생기게 된다.

4 고려사항

- 50만 라인 이하의 중소형 시스템에 적합
- 대형 시스템에서 사용자 인터페이스를 개발하는 경우에 적합
- 폭포수 모델을 사용하는 경우에도 프로토타이핑 방법을 먼저 적용하기도 함

5 진화형 모델의 구성 요소

생명주기	설명
핵심 요구사항 개발	요구사항의 핵심적인 부분을 프로토타입으로 개발
1단계 진화	핵심 요구사항을 통해 개발된 것을 토대로 피드백 받아 요구사항 진화
N단계 진화	피드백을 통해 N-1 단계까지 개발된 것을 토대로 요구사항 진화
피드백	프로토타입 개발을 통해 필요한 요구사항을 다음 진화 개발에 반영

6 점증적 모델과의 차이점

- 진화형 모델은 요구사항이 불안정하고 명확하지 못할 때 사용
- 진화형 모델은 명확히 이해할 수 없는 새로운 기술을 적용할 때 사용
- 진화형 모델은 한꺼번에 모든 기능을 포함해 인도해야 하는 경우 사용
- 점증적 모델은 요구사항의 중요도에 따라 작업 순서를 정함

[점증적 모델과 진화형 모델 비교]

구분	점증적 모델	진화형 모델
방식	시스템의 일부를 서브 시스템화하여 구현·반복한 후, 결합하여 완성해 나감	핵심 요구사항을 프로토타입으로 개발 후 추가 요구사항이나 개선사항을 추가하여 발전시켜 나감
특징	• 병행 개발이 가능 • 증분이 많아질 경우, 프로젝트 어려움 • 폭포수 모델의 변형	• 고객 요구사항이 불명확할 때 사용 • 프로토타입의 재사용 • 전체적인 릴리스 계획이 잡혀 있어야 함
장점	대규모 조직에서 병행 개발로 인한 시간 단축 가능	고객 요구사항 반영이 용이
단점	과도한 증분 시 프로젝트 위험 증가	고객 요구사항이 많을 경우 일정이 지연될 수 있음

제 6 절 나선형 모델 중요 ★★★

1 개념

나선형(spiral) 모델은 1988년에 USC의 보헴 교수가 처음 제안한 모델이다. 폭포수 모델과 프로토타입 모델의 장점과 위험 분석을 추가하여 만들어낸 모델이다. 폭포수 모델의 전체 생명주기에 프로토타입을 이용한 시제품을 제작하고 위험 분석을 미리 계획하여 사용하고 소프트웨어를 개발하면서 생기는 위험을 최소화하도록 관리하려는 주목적을 가지고 있다.

나선형처럼 돌듯이 여러 번의 생명주기 개발 과정을 거쳐 시제품을 점진적으로 완성시키며 최종 소프트웨어를 개발하는 것으로 점진적으로 완벽한 시스템을 개발하는 모델이다.

2 개발 순서

나선형 모델은 업무 영역(Task Region)이라는 여러 개의 작업 단위로 나누어지며 각 작업 단계는 4단계로 나뉜다.

[그림 2-5] 나선형 모델 개발 순서

(1) 계획 및 정의(Planning)

요구사항을 분석하고 개발 목적, 제약 조건 등을 설정하여 프로젝트 계획을 수립한다.

(2) 위험 분석(Risk Analysis)

초기의 요구사항에 대해서 위험요소를 분석하고, 위험요소에 대한 평가가 이루어져서 프로젝트를 진행할지, 중단할지 결정하는 단계이다.

(3) 개발 단계(Engineering)

위험요소에 대해 평가한 후, 개선된 프로토타입(시제품)을 개발한다.

(4) 고객 평가(Customer Evaluation)

개발과정에서 나온 결과(시제품)를 평가한다.

3 장단점

(1) 장점

① 폭포수 모델과 프로토타입 모델의 장점과 위험 분석 요소를 파악할 수 있는 모델로서 시스템을 개발할 때 생기는 위험요소를 최소화하여 관리하고자 하는 것이 주목적이다.
② 위험 분석 단계에서 위험요소를 제거하기 때문에 소프트웨어 개발의 완성도가 높아진다.
③ 시제품을 완성할 때 위험요소를 제거하는 기법으로 다른 프로세스 모델을 포함할 수 있다.
④ 폭포수 모델보다 사용자의 요구사항을 즉각적으로 반영할 수 있다.
⑤ 가장 현실적인 모형으로, 대규모 프로젝트나 큰 시스템에 적합하다.

(2) 단점

① 초기에 요구사항 분석이 잘못될 경우, 위험요소를 발견하지 못하고 프로젝트를 진행하게 되면 많은 비용이 들며 프로젝트가 실패할 수 있다.
② 위험요소를 제거하기 위해 요구사항 분석을 변경하면 소프트웨어의 전체 구조가 망가질 수 있다.
③ 위험 분석 평가에 의존하기 때문에 개발과 유지보수를 명확히 구분하기 어렵다.
④ 위험 평가 시 오류를 발견하지 못하면 치명적인 오류 및 완성품에 큰 문제가 발생할 수 있다.
⑤ 최신 기법으로 성공 사례 및 사용 사례가 많지 않다.

4 고려사항

나선형 모델은 위험 관리를 지원하는 프로세스의 프레임워크(프로세스 생성기)로 개발조직에 맞춰 변형될 수 있는 모델이다. 위험은 프로젝트 수행이나 제품의 품질에 악영향을 주는 잠재 요소이며, 실험적이고 복잡한 대형 프로젝트에 위험 관리를 적용하면 적당하다.

제 7 절 V 모델 중요 ★★

1 개념

V 모델은 폭포수 모델의 확장 형태로 분석이나 설계단계에 상응하는 테스트 단계가 존재한다. 테스트 작업을 중요시하여 적정 수준의 품질 보증을 지원한다.

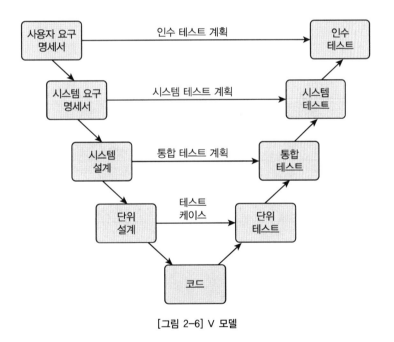

[그림 2-6] V 모델

2 특징

① 개발 단계의 작업을 확인하기 위해 테스트 작업을 수행한다.
② 생명주기 초반부터 테스트 작업을 지원한다.

③ 코드뿐만 아니라 요구사항과 설계결과도 테스트할 수 있어야 한다.

④ 폭포수 모델에 비해 반복과 재처리 과정이 명확하다.

⑤ 테스트 작업을 단계별로 구분하므로 책임이 명확해진다.

⑥ V(= Verification) 모델인 만큼 폭포수 모델에 비해서 테스팅 분야가 강조된다(단위·통합 테스팅).

[Verification & Validation의 상호 비교]

구분	Verification	Validation
활동 대상	제품 생산 활동(과정)	생산된 제품 대상(결과)
목적	올바르게 개발하는지 검증	올바르게 개발되었는지 확인
활동 기간	각 단계별 수행	시작과 종료 단계
관점	Internal 관점(개발자)	External 관점(사용자)
테스트 유형	Inspection, Peer Review	단위, 통합, 시험, 인수 테스트

⑦ 요구 분석, 시스템 설계, 상세 설계가 단위 테스팅, 통합 테스팅, 시스템 테스팅과 1대1 매칭(설계사항 테스트)

　㉠ 단위 테스팅 : 한 모듈 안에 들어가는 상세 설계를 테스팅

　㉡ 통합 테스팅 : 시스템의 설계를 테스팅

　㉢ 시스템 테스팅 : 인터페이스와 전체 시스템의 기능을 테스팅

[단계별 테스트 유형]

단계	테스트 방법
단위 테스트	구현 단계에서 프로그램 개발자에 의해 수행
통합 테스트	모듈을 결합, 하나의 시스템으로 구성하여 테스트
시스템 테스트	통합 모듈에 대한 시스템적(비기능적) 테스트
인수 테스트	사용자의 만족 여부를 테스트하는 품질 테스트
설치 테스트	시스템을 설치하면서 수행, HW-SW 연결성 등 테스트

3 장단점

(1) 장점

세세한 테스팅으로 오류를 줄일 수 있다. 오류가 거의 없다는 것은 신뢰도가 높다는 것으로, 높은 신뢰도를 요구하는 프로젝트(예 의료 산업, 원전 제어)에 적합하다.

(2) 단점

반복이 없기 때문에 변경사항을 다루기 어렵다. 즉, 이미 작업이 끝나버리면 변경이 쉽지 않다.

4 V 모델의 적용

(1) 높은 신뢰성을 요구하는(생명이 달린 자동차 소프트웨어 등) 프로젝트에 적용

(2) 매우 세밀하게 테스팅을 진행하기 때문에 소프트웨어 신뢰도가 높음

제 8 절 통합 프로세스(UP) 모델 중요 ★★

1 정의

통합 프로세스(UP : Unified Process) 모델은 각각의 생명주기를 가지는 여러 번의 반복을 거쳐 수행되는 모델이다. 객체지향 분석 및 설계 중심의 프로젝트에서 많이 사용되는 대표적인 반복적·점증적 프로세스이다. UP 모델은 여러 번의 테스트 단계를 거쳐 사용자의 의견을 반영하고 원하는 시스템을 개발하는 데 근접할 수 있도록 개발 단계를 여러 번 반복하는 시스템으로 반복적·점진적 모델이라고도 한다. 생명주기를 반복할 때마다 작동하는 소프트웨어(release version)가 나오고 반복이 거듭될수록 향상되어 최종 시스템으로 발전한다. 단계별 활동은 도입, 구체화(정체), 구축, 전이, 산출 단계로 구성되어 있으며, 각 단계마다 요구사항 정의, 분석, 설계, 구현, 테스트의 5단계 과정을 반복적으로 수행하면서 시스템을 개발하는 방법이다.

2 특징

대부분 대규모 프로젝트인 경우 한 번에 프로젝트가 완성되지는 않는다. 사용자의 요구사항, 분석, 설계, 구현을 통해 시스템이 개발되는데 이 과정을 여러 번 반복하여 완성도가 높은 품질 좋은 시스템을 구현한다. 완벽한 시스템을 위해 유스케이스를 기반으로 생명주기가 여러 번 반복적이고, 점진적으로 개발된다. 또한, 명세서 중심이 아닌 아키텍처 중심의 개발을 선호하고 있으며, 대규모 프로젝트에 활용하기 때문에 위험관리를 중요시한다.

3 개발 단계

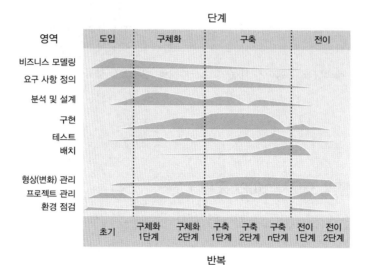

[그림 2-7] 통합 프로세스(UP)의 개발 단계

단계	내용
도입 (inception)	• 개발의 기초가 되는 아이디어 도출 • 투자비용 대비 효과 분석 • 사업의 타당성 및 프로젝트의 실현 가능성 확인 • 소프트웨어 개발 목표 수립 • 프로젝트의 개발 범위 파악 • 비용과 기간 산정 • 프로젝트 계획 • 프로젝트의 위험요소 발굴 • 사용자의 전체 요구사항 이해 및 정의 • 사용자와 의사 교환할 수 있는 프로토타입 개발 • 몇 가지 요구사항의 명확화 • 액터(actor)와 유스케이스(use case) 도출 • 유스케이스의 일부만 상세하게 기술 • 아키텍처 후보군 발굴 • 반복에 대한 계획과 평가 수행 • 전체 요구사항을 대략적으로 이해하는 데 중점을 둠 • 구현 및 평가에 대한 비중은 상대적으로 낮음
구체화, 상세 (elaboration)	• 대부분의 유스케이스 도출, 개괄적인 아키텍처를 만들어냄 • 아키텍처 수립 • 상세한 프로젝트 계획 • 요구사항의 기능 요소에 대한 문서화 • 도입 단계에서 파악한 요구사항을 상세하게 분석 • 유스케이스를 확실히 파악 • 아키텍처 계획 수립

	• 핵심 아키텍처 설계 • 아키텍처 설명서 작성 • 첫 번째 반복을 통한 산출물로 아키텍처 프로토타입 생성 • 생성된 첫 번째 프로토타입을 다음 단계의 아키텍처 기준선으로 활용 • 프로젝트 수행을 방해하는 중대한 위험요소들을 찾아 위험 축소 및 제거 • 반복에 대한 계획과 평가 수행 • 이 단계가 끝나면 유스케이스 모델은 대략 80% 정도 완료
구축 (construction)	• 구현 작업이 가장 많이 이루어지고, 베타 릴리즈가 만들어짐 • 완성된 프로토타입을 기반으로 인수 가능하고 최초 실행 가능한 버전의 소프트웨어 개발 • 모든 개발 요소 구현 • 작성된 평가 기준을 사용한 단위 테스트 및 통합 테스트 수행 • 소프트웨어의 완성도를 위한 마무리 작업
전이 (transition)	• 개발된 모듈에 대해 베타 테스트 실시 • 사용자에게 배포 가능한 단위로 묶는 작업 수행 • 소프트웨어 배치 및 인수 테스트 • 버그 제거 및 요구 성능 미흡 시 튜닝 활동 • 베타 테스트가 완료되고 인수 테스트를 거쳐 사용자에게 전달 • 소프트웨어 제품과 사용자 설명서 등 단계별로 생성된 최종 산출물을 사용자에게 인도 • 사용자가 활용할 수 있도록 교육을 지도
산출 (production)	• 모든 단계에서 공통적으로 이루어지는 작업 • 일반적인 생명주기 프로세스의 배포 활동과 비슷 • 단계가 진행되는 동안 소프트웨어 사용을 모니터하여 운영환경을 지원하며 결점 보고서와 변경 요구를 제출하고 평가

4 장단점

(1) 장점

프로젝트를 완성하는 데 장애가 될 수 있는 위험요소들을 파악하고, 위험도가 높을수록 프로젝트 초기에 처리 방안을 찾아 해결하기 때문에 사전에 위험을 감소시킬 수 있다. 또한, 우선순위가 높은 코드를 먼저 개발하고, 그 다음 중요한 코드를 만들며 이전에 만들었던 코드를 붙여나가는 방식을 사용한다. 그러므로 아키텍처 자체에 큰 흔들림이 없어서 좋은 품질의 시스템을 만들 수 있다.

(2) 단점

대규모의 프로젝트에 활용하기 때문에 문서의 양이 굉장히 많으며, 여러 번 반복을 하는 모델은 일정 관리와 프로젝트 진행 사항의 관리가 어렵기 때문에 단계별 구분이 명확하지 않다. 하지만 단점을 극복하여 최근에는 소프트웨어를 개발하는 모델에 가장 가깝고 가장 많이 사용하는 방식이다.

제 **9** 절   **애자일 방법**

1 애자일 원리와 지침

(1) 등장배경

애자일(agile) 방법은 개발자들이 설계와 문서에 치중하다 보면 시스템에 집중을 못하는 경우가 있어, 시스템에 초점을 두는 방법이다. 사용자가 빈번하게 요구사항을 변경하면 요구사항 정의, 분석, 설계에 대한 문서화 작업을 많이 하게 된다. 이때 애자일 방법은 사용자의 요구사항에 중점을 두어 문서화를 최소화한 시스템을 구현하여 사용자에게 빨리 제공할 수 있는 방법이다. 프로젝트를 진행하는 동안 반복적으로 진행을 하여 일정 주기마다 시제품을 생성하고 테스트와 검증을 통해 빠르게 프로젝트를 진행하는 방법이다.

애자일의 종류로는 익스트림 프로그래밍(XP), Scrum, Crystal, Adaptive Software Development, Feature-Driven Development 등이 있다.

(2) 애자일 4대 가치

① 공정과 도구보다 "개인과 상호작용"(Individuals and interactions over processes and tools)
② 포괄적인 문서보다 "작동하는 소프트웨어"(Working software over comprehensive documentation)
③ 계약 협상보다 "고객과의 협력"(Customer collaboration over contract negotiation)
④ 계획을 따르기보다 "변화에 대응하기"(Responding to change over following a plan)

(3) 애자일 개발 12가지 실행 지침 중요 ★

> - 유용한 소프트웨어를 빠르고 지속적으로 제공하여 고객을 만족시킨다.
> - 개발 막바지라도 요구사항 변경을 적극 수용한다.
> - 몇 개월이 아닌 몇 주 단위로 실행되는 소프트웨어를 제공한다.
> - 고객과 개발자가 프로젝트 기간에 함께 일한다.
> - 개발에 대한 참여 의지가 확실한 사람들로 팀을 구성하고 필요한 개발 환경과 지원을 제공하며 일을 잘 끝낼 수 있도록 신뢰한다.
> - 같은 사무실에서 얼굴을 맞대고 의견을 나눈다.
> - 개발의 진척도를 확인하는 1차 기준은 작동하는 소프트웨어이다.
> - 지속 가능한 개발을 장려하고 일정한 속도로 개발을 진행한다.
> - 기술적 우수성과 좋은 설계에 지속적인 관심을 기울이면 민첩성이 향상된다.
> - 단순화를 추구한다.
> - 최상의 아키텍처, 명확한 요구사항, 최상의 설계는 자기 스스로 일을 주도하는 조직적인 팀으로부터 나온다.
> - 더 효과적인 팀이 될 수 있는 방안을 정기적으로 깊이 고민하고 그에 따라 팀의 행동을 조정한다.

[폭포수 모형과 애자일 방법의 비교]

구분	폭포수 모형	애자일 방법
새로운 요구사항 반영	어려움	지속적으로 반영
고객과의 의사소통	적음	지속적임
테스트	마지막에 모든 기능을 테스트	반복되는 일정 주기가 끝날 때마다 테스트
개발 중심	계획, 문서(매뉴얼)	고객

2 XP(eXtreme Programming) 모델 중요 ★★★

(1) XP(eXtreme Programming)의 정의

1990년대 초에 Kent Beck에 의해 고안된 개발 방법론이며 UP의 단점을 보완하여 UP 모델을 간단하게 만든 모델이다. 사용자의 빈번한 요구사항 변경에도 비용이 개발기간에 상관없이 일정하게 유지되도록 하는 것을 목적으로 하며, 문서작업보다는 프로그래밍에 중점을 두는 모델이다. 사용자의 피드백을 수용하기 위해서 여러 번의 릴리즈를 반복하고, 사용자와 개발자가 함께 상주하고 서로의 의견을 주고받으면서 완벽한 시스템을 만드는 데 중점을 두고 있다.

급변하는 e-비즈니스 환경에서 SW 개발 분야의 다양한 변화를 수용하고, 대응할 수 있는 방법이며, 문서에 대한 부담을 줄이면서 변화에 쉽게 대응하며 고객의 입장에 초점을 맞춘 새로운 방법이다. XP에서는 개발자, 관리자, 사용자의 역할이 구분되어야 하며, 개발자는 분석, 설계, 테스트, 코딩, 시스템 통합을 수행하고 각 업무에 대한 난이도를 측정한다. 관리자는 고객과 개발자가 함께 일을 할 수 있도록 지원하며 개발활동을 지시, 정리하고 결과를 보고한다. 사용자는 시스템에 대한 요구사항을 정리하여 우선순위를 결정한다.

(2) 특징

① 프로세스 중심보다 사람 중심의 방법이다.

② 5~10명의 프로그래머와 사용자가 한 장소에서 함께 일한다.

③ 개발은 점진적으로 자주 이루어진다.

④ 10인 이하의 개발 규모에 적합하나 큰 규모에서도 성공사례가 속속 나타나고 있다.

⑤ 사용자가 원하는 새로운 기능을 스토리 형태로 작성한다.

⑥ 짝(Pair Programming)을 이뤄 단위 테스트를 실시한다.

⑦ 요구사항, 아키텍처, 디자인 등은 언제든지 발생한다.

⑧ 널리 사용되고 있는 애자일 소프트웨어 개발 방법론 중 하나이다.

⑨ 요구사항의 변화가 개발 후반이라고 해도 반갑게 수용해야 한다.

⑩ 작동하는 소프트웨어를 사용자에게 자주 전달해야 한다(수주 단위에서 수개월 단위로 이루어져야 함).

⑪ 프로그래머와 관리자는 프로젝트 기간 동안 매일 같이 작업한다.

⑫ 적절한 환경과 지원이 필요하다.

⑬ 프로젝트 진행 시, 정보 전달을 위해서는 직접 만나서 대화하는 게 가장 효율적이다.

⑭ 일정한 개발속도를 유지하며, 동작하는 소프트웨어를 만들어 작업 진척도를 확인한다.

⑮ 좋은 설계가 우수한 기술을 지원할 수 있다.

⑯ 작업량을 최소로 하기 위해서 적절한 일정이 필요하다.

⑰ 최고의 구조, 요구사항, 디자인은 자체적으로 구성한 팀에서 나온다.

(3) 장점

XP 모델의 장점은 테스트 코드를 먼저 작성함으로써, 디버깅에 시간이 오래 걸리지 않아 개발 속도가 빠르며 코드의 유지보수가 용이하다는 것이다.

> **! 더 알아두기 Q**
>
> **XP의 5가지 핵심 가치**
> - 의사소통(Communication) : 프로그래머들 간, 팀과 고객들 간의 대화방법을 강조한다.
> - 단순성(Simplicity) : 소프트웨어 개발은 단순한 것이 좋으나, 반드시 단순하게 개발할 필요는 없다. 상황에 따라 복잡해질 수도 있다.
> - 피드백(Feedback) : 소프트웨어 개발이 시작되면 가급적 빠른 시일 내에 그리고 자주 고객으로부터 피드백을 받는 것이 좋다.
> - 용기(Courage) : 고객의 요구사항 변화에 능동적인 대처를 할 수 있는 용기가 필요하다.
> - 존중(Respect) : 팀 기반의 활동 중 팀원 간의 상호존중을 강조한다.

(4) XP의 12가지 실천사항

애자일은 가벼운 프로세스 방법론의 공통적인 특성을 정의하는 말인데, 2001년 1월에 각 방법론의 전문가들이 모인 '애자일 연합(agile alliance)'에서 서로의 공통점을 찾아 '애자일 선언문'이라는 공동 선언서를 발표한다. 이때를 기점으로 애자일 프로세스가 주목을 받으면서 여러 회사에서 채택하기 시작했다. 애자일 선언문은 다음과 같은 가치를 추구한다.

> - 프로세스와 도구 중심이 아닌, 개개인과의 상호 소통을 중시한다.
> - 문서 중심이 아닌, 실행 가능한 소프트웨어를 중시한다.
> - 계약과 협상 중심이 아닌, 고객과의 협력을 중시한다.
> - 계획 중심이 아닌, 변화에 대한 민첩한 대응을 중시한다.

폭포수 모델이 계획, 프로세스, 프로젝트 관리, 문서(산출물) 같은 것에 중점을 둔다면, 애자일은 고객과의 협업, 빠른 시간 안에 고객이 작동해볼 수 있는 소프트웨어, 환경과 고객의 변화에 능동적으로 대처하는 것을 강조하고 있다.

XP는 12가지의 실천사항이 있는데 계획 세우기, 소규모 릴리스, 상징, 단순한 디자인, 지속적인 테스팅, 리팩토링, 짝 프로그래밍, 공동 코드 소유, 지속적인 통합, 주당 40시간 업무, 현장 고객 지원과 코딩 표준으로 구성된다.

[애자일 12가지 실천사항]

구분	내용
계획 세우기	최고의 우선순위는 고객에게 빠르고, 지속적으로 가치 있는 SW를 제공해 고객을 만족시키는 것
소규모 릴리즈	짧은 주기로 작은 규모의 프로그램을 반복하여 개발
상징(메타포)	소프트웨어에 대하여 기호를 이용하여 활용
단순한 디자인	복잡한 구조가 아닌 단순한 구조의 설계
지속적인 테스팅	개발 후, 검사를 수행
리팩토링	개발 후반의 요구사항 변경에도 좋은 품질을 위해 지속적으로 개선
짝 프로그래밍	가장 좋은 구현방법과 전략을 고민
공동 코드를 소유	누구나 코드를 수정하고 함께 소유하는 개념
지속적인 통합	매번 코드를 통합하고 빌드
주당 40시간 업무	단순성으로 인한 작업량을 최소로 하는 방법은 필수적
현장 고객	사용자와 개발자가 한 공간에 상주
코딩 표준	표준 코딩을 지향

(5) XP의 프로세스

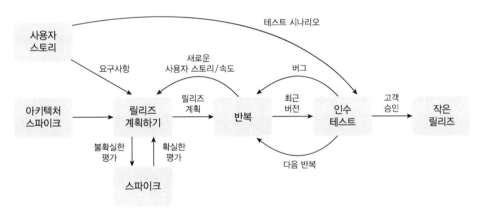

[그림 2-8] XP의 프로세스(절차)

① 사용자 스토리

㉠ 사용자 스토리는 일종의 요구사항이다.

㉡ 기존의 폭포수 모델이나 나선형 모델에서 모델의 생명주기와 비슷하다.

㉢ 사용자가 원하는 시스템의 기능을 간단한 시나리오로 표현한 것이다. 각 스토리 테스트 케이스가 작성되면 개발자는 어떤 것을 구현해야 하는지 더욱 명확히 초점을 맞출 수 있다. 또한 승인 테스트를 만드는 토대가 된다. 일반적인 요구사항 명세서와는 다르며, 사용자 중심의 명세서를 작성한다. 개발자가 구현할 때 어려움이 있을 경우, 사용자를 만나 구체적인 작업에 대해서 들을 수 있고 그 부분을 구현에 반영할 수 있다.

② 아키텍처 스파이크

　　㉠ 사용자 스토리를 만들 때 가장 어려워 힘든 문제에 대해 아키텍처 스파이크를 만든다. 이는 기술적, 설계상 어려운 문제를 해결하기 위한 것이다.

　　㉡ 처리해야 할 문제 외의 다른 조건들은 무시하고 시스템을 만든다.

　　㉢ 만드는 목적은 사용자 중심의 사용자 스토리를 가지고 개발 일정에 대해 계획하도록 하는 것이다.

③ 릴리즈 계획

　　㉠ 계획에 따라 시스템을 구현하기 위해 프로젝트 일정을 더 작게 분할할 수 있다.

　　㉡ 사용자 스토리가 만들어지면 계획에 따라 시스템을 구현하기 위해 프로젝트 일정을 더 작게 세분화한다.

　　㉢ 각 주기가 시작될 때마다 릴리즈 계획을 한다.

　　㉣ 각 주기는 1~3주 정도로 정하고 시스템의 개발을 완수하기 위한 일정을 계획하는 단계이다.

　　㉤ 시스템을 구축하기 위해 어떤 사용자의 사용자 스토리를 선택할 것인지 결정한다.

　　㉥ 각 주기에 할 일이 너무 없거나 많으면 일정에서 처리할 사용자 스토리를 더하거나 뺀다.

　　㉦ 계획 일정에 포함되어 있지 않은 부분은 다음 주기에 포함시킨다.

④ 반복(주기 개발)

　　㉠ 각 주기의 길이를 일정하게 유지하면 프로젝트 진행에 대한 계획이 쉬워진다.

　　㉡ 각 주기마다 해야 할 일을 주기 계획회의를 통해 결정한다. 미리 계획하는 것은 좋지 않다.

　　㉢ 주기 일정이 결정되면 주기 계획일정을 엄수한다.

⑤ 인수 테스트

　　㉠ 주기 개발이 이루어질 시스템의 구현이 완료되면 구현된 부분에 대한 테스트를 수행한다.

　　㉡ 주기가 시작되면 주기 계획에서 고른 사용자 스토리를 가지고 승인 테스트를 만든다. 이때 사용자가 참여해 구현될 코드를 검사할 시나리오를 만들며, 블랙박스 테스트를 한다.

　　㉢ 사용자는 승인 테스트가 올바르게 만들어졌는지, 실패한 테스트의 중요도를 확인한다. 또한 승인 테스트는 나중에 회귀(regression) 테스트로도 쓰인다.

⑥ 작은 릴리즈

　　㉠ 작고 빈번한 릴리즈를 통해 반복적으로 고객에게 결과물을 전달하고 평가받는다.

　　㉡ 릴리즈에 포함된 반복(주기 개발)이 완료되면 최종적으로 사용자의 승인을 거쳐 릴리즈한다.

　　㉢ 사용자의 요구사항을 만족하는 시스템을 만들고 위험요소를 최소화하도록 한다.

(6) 짝(Pair) 프로그래밍 　중요 ★

① 정의

두 명의 사람이 한 작업대에서 짝을 이루어 함께 개발 작업을 하는 것을 말한다. 한 사람은 코딩을 하고 다른 사람은 코딩 과정을 검사하면서 대략 30분마다 두 사람의 역할을 바꾼다. 항상 두 명이 짝을 이루는 것은 아니고 개발 팀의 모든 개발자가 짝을 이루어 작업하는 것을 말한다.

② 특징

혼자 작업하는 것에 비해 일의 능률이 두 배 이상일거라 생각하지만, 실제 짝 프로그래머의 개발 능률은 각자의 작업을 하기 때문에 두 배 이상이 될 수 없다. 짝 프로그래밍을 하는 이유는 오류를 줄이고 시험 테스트 동안 발견된 오류를 빠르게 수정할 수 있어 시간을 줄일 수 있기 때문이다.

③ 장점

　㉠ 소프트웨어의 개발에 집중할 수 있고 간단하다.

　㉡ 적어도 두 사람이 코드를 살피기 때문에 비형식적 검토가 가능하다.

　㉢ 두 사람이 독립적으로 작업하는 것보다 생산성이 떨어지지 않는다.

　㉣ 시스템 코드에 대한 소유권과 지식을 공유하고 문제 해결에 대한 책임을 팀이 진다.

　㉤ 코드 개선을 위한 리팩토링을 장려한다.

　㉥ 개발 팀의 모든 개발자들이 모두 한 번씩 짝 프로그래밍을 한다면, 코드를 이해하기 쉬우며, 서로 공유하기도 쉽다.

　㉦ 고급 개발자와 초급 개발자가 한 팀이 되면 고급 개발자가 멘토의 역할을 할 수도 있다.

④ 단점

　㉠ 고급 개발자와 초급 개발자가 한 팀이 되면 고급 개발자에게 업무가 가중될 수 있고 초급 개발자는 부담감을 느낄 수도 있다.

　㉡ 대기업과 같은 체계적으로 일을 해야 하는 곳에서는 적합하지 않다.

　㉢ 혼자 개발하기를 원한다면 짝 프로그래밍을 권장하기 어렵다.

　㉣ 고급 개발자가 혼자 개발하는 편이 초급 개발자와 짝을 이루어 개발하는 것보다 비용과 생산성에서 더 좋을 수 있다.

3 스크럼(Scrum) 중요 ★★

(1) 개요

스크럼(Scrum)은 애자일 프로세스 중 하나로서 소프트웨어 개발을 위해 고안되었으나, 개발이 아닌 팀 운영에도 적용 가능한 방법론이다. 스크럼이란 럭비에서 반칙으로 경기가 중단된 경우 양 팀의 선수들이 럭비공을 가운데 두고 상대팀을 밀치기 위해 서로 대치해 있는 대형을 말한다. 스프린트(sprint)라는 30일 주기를 기반으로 진행한다. 스프린트란 특정 기간을 의미한다. UP를 구체화한 UML 기반의 프로세스이며, 반복·점진적인 특성은 애자일 방식에 충분히 적용 가능하다. 확약, 전념, 정직, 존중, 용기의 5가지 가치를 중점으로 둔다. 따라서 솔루션에 적용할 것들의 우선순위를 매기고 목록으로 열거하여 나누어 개발을 진행하고, 일일회의 및 점검을 통해 한 일을 목록에서 제거하고 우선순위를 참고하여 할 일을 분배하는 등의 방식을 취한다. 반복 계획과 트래킹에 중점을 가지고 있다.

스크럼은 팀원 스스로가 스크럼 팀을 구성(self-organizing)해야 하며 개발 작업에 관한 모든 것을 스스로 해결할 수 있어야 한다.

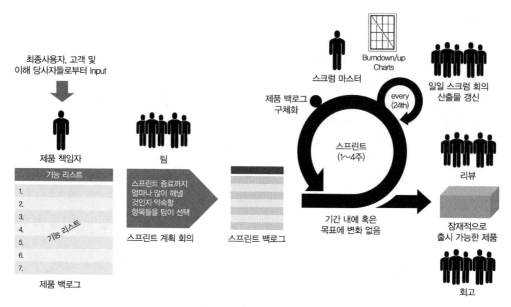

[그림 2-9] 애자일 스크럼

(2) 주요 특징

① 솔루션에 포함할 기능 또는 개선점에 대한 우선순위를 부여하라.

② 개발 주기는 1~4주 정도로 하고 개발 주기마다 실제 동작할 수 있는 결과를 제공하라.

　너무 짧으면 개발(분석/설계/개발/테스트)할 수 있는 시간이 부족하고, 너무 길면 느슨해지고 재작업의 양도 늘어나므로 적용해보면서 필요 시 조율을 거친다.

③ 개발 주기마다 적용할 기능이나 개선에 대한 목록을 제공하라.

　해당 주기의 목표를 작성하지 않으면 목적을 잃은 기능 목록이 될 수 있다.

④ 매일 15분 정도의 Scrum meeting을 가져라.

　Scrum meeting은 공유를 하는 자리이며, 보고하는 자리가 아니다. 교과서적으로 Scrum meeting은 개발 팀원만 참여해야 하고, 팀원이 아닌 사람은 발언 기회가 없다고 한다. 개인적인 생각으로는 수평문화가 되어 있는 Agile Culture의 팀이라면 제품 책임자(PO) 및 관리자가 함께 참석하여 공유하면 좋다고 생각한다. 이들도 참석한다면 이 프로젝트와 관련되어 한 일/할 일/이슈를 공유해야 한다. 안 그러면 한 팀이 아닌 관리자 모드로 돌아선다.

⑤ 항상 팀을 우선으로 생각하라.

　자신의 업무보다 주변 이슈가 더 급하면 도와줘야 한다. 마치 배에 구멍이 나면 그 문제 해결이 1순위이다.

⑥ 원활한 의사소통을 위하여 구분 없는 열린 공간과 마음을 유지하라.

(3) 스크럼의 가치

① **약속**
  ㉠ 팀의 목표 달성을 목적으로 개개인이 공약한 목표 달성을 위해 팀에 헌신하며, 이를 달성하기 위해 필요한 모든 권한을 부여하라!
  ㉡ 스크럼 팀은 하나이며, 팀 멤버들은 서로를 신뢰해야 한다. 스크럼 팀 멤버들은 이 기간 동안 스프린트에 전념할 것을 약속하고, 최상의 솔루션을 찾기 위해 지속적으로 개선하는 데 전념한다.

② **용기**
  ㉠ 옳은 일을 할 수 있도록 팀원 간 갈등과 도전을 위한 용기를 가져라!
  ㉡ 스크럼 중에 팀은 정확한 해답이 없는 어려운 문제에 직면할 수 있다. 스크럼 팀은 최선의 솔루션에 도달하기 위해 열린 마음을 가지고 어려운 질문을 던지고 솔직하게 답하는 용기를 가져야 한다.

③ **집중**
  ㉠ 할 일을 하라. 모든 노력과 기술은 성공을 위해 집중하고, 그 외는 걱정(신경 쓰지) 마라!
  ㉡ 스크럼 팀은 스크럼 스프린트를 수행할 때 제품 백로그에서 업무를 수행한다. 스크럼 팀은 스프린트가 끝날 때까지 결과물을 완료하기 위해 백로그에서 선택한 업무에 집중한다.

④ **열린 마음**
  ㉠ 프로젝트에 대한 모든 내용을 투명하게 공개하라!
  ㉡ 스크럼 중 모든 것이 완벽하게 진행되지는 않을 것이다. 스크럼 팀 멤버들은 개인적으로 배울 수 있고 제품이나 프로세스를 개선하는 데 도움이 되는 새로운 아이디어와 기회에 열린 마음을 가져야 한다.

⑤ **존중**
  ㉠ 경력과 경험이 사람을 만든다. 팀원들을 존중하라!
  ㉡ 협업은 스크럼의 핵심이다. 팀의 협업을 지원하기 위해 팀 멤버들은 다른 멤버, 스크럼 마스터, 스크럼 프로세스를 존중해야 한다.

(4) 주요 역할자

① **제품 책임자(PO : Product Owner)**
  제품 백로그를 관리·통제할 수 있는 권한을 가진 사람으로 제품 책임자는 단 한 명이어야 한다. 이해관계자들 중 개발될 제품에 대한 이해도가 높고 요구사항을 책임지고 의사결정할 사람으로 선정하는데 주로 개발 의뢰자나 사용자가 담당한다.
  고객 및 조직 가치에 기반을 두어 제품 백로그(Backlog) 항목들을 우선순위로 결정하고 매 스프린트의 결과를 검토하여 우선순위를 지속적으로 조정·관리한다. 팀원들은 백로그에 스토리를 추가할 수는 있지만, 우선순위를 정할 수 없다.

> **더 알아두기**
>
> - 백로그(Backlog) : 제품 개발에 필요한 요구사항을 모두 모아 우선순위를 부여해 놓은 목록
> - 스토리(Stroy) : 백로그에 담겨질 요구사항은 단어 형태로 표현할 것이 아니라 '사용자는 게시판을 글을 쓰기 위해 로그인을 한다.'와 같이 이야기를 서술하는 형태로 표현해야 한다. 백로그에 작성되는 요구사항을 스토리 또는 사용자 스토리라고 한다.

② **스크럼 마스터(Scrum Master)**

스크럼의 가치와 실천법에 대한 이해를 바탕으로 현장에 맞는 실천법을 정립하여 실제로 프로젝트에 실행될 수 있도록 이끌어야 한다.

일일 스크럼 회의(Daily Scrum Meeting)를 주관하여 팀의 진척도를 화인하고 팀의 생산성에 악영향을 미치는 정책, 절차, 구조를 공론화하여 처리한다.

기존의 프로젝트 관리자와는 달리 업무를 지시·통제하지 않으며, 팀의 성공적인 목표 달성을 돕기 위해 필요한 자원을 지원하거나 장애물을 제거하는 조력자 역할을 수행한다.

③ **개발 팀(DT : Development Team)**

제품 책임자와 스크럼 마스터를 제외한 모든 팀원으로 개발자 외에도 디자이너, 테스터 등 제품 개발을 위해 참여하는 모든 사람이 대상이 된다. 보통 최대 인원은 7~8명이 적당하다.

④ **스크럼 팀(Scrum Team)**

프로젝트 수행에 필요한 모든 역량을 갖춘 팀으로 이를 위해 관련된 모든 부서로부터 팀원이 구성되며, 팀원은 자신의 전문 영역에 고정되지 않고 다 같이 팀 과제를 수행한다. 자율 관리(self-managing) 조직으로 제3자의 명령을 받지 않고, 팀 스스로 업무 분량과 목표 및 달성 방안을 결정하며 자신이 약속한 목표를 달성할 책임이 있다. 스프린트 후에 필요한 인력을 보충하거나 필요 없는 팀원을 내보낼 수 있다(self-organizing).

(5) 주요 용어

① **스프린트(Sprint)**

과제가 진행되는 주기를 지칭하는 것으로 1~4주로 구성되며 하나의 스프린트가 끝나면 곧바로 다음 스프린트가 시작된다. 스프린트를 진행하는 동안 기간, 과제 가감 등의 변경은 불가능하다. 개발 담당자에게 할당된 태스크는 보통 할 일(To Do), 진행 중(In Progress), 완료(Done)의 상태를 갖는다.

② **제품 백로그(Product Backlog)**

제품 완성에 필요한 특성, 기능, 개선점 등 제품의 모든 요구사항을 우선순위에 따라 나열한 목록이다. 제품 백로그는 확정·고정된 것이 아니라 사업 환경이나 변화에 따라 지속적으로 업데이트된다. 우선순위가 높은 백로그는 낮은 백로그보다 더 명확하고 상세하게 기술된다. 제품 백로그에 작성된 사용자 스토리를 기반으로 전체 일정 계획인 릴리즈 계획(Release Plan)을 수립한다.

③ **스프린트 백로그(Spring Backlog)**

하나의 스프린트 동안 완료할 과제들의 목록이다.

④ **일일 스크럼 회의(Daily Scrum Meeting)**

모든 팀원이 매일 약속된 시간에 약 15분 정도의 짧은 시간 동안 진행 상황을 점검한다. 회의는 보통 서서 진행하며, 남은 작업 시간은 소멸 차트(Burn-down Chart)에 표시한다.

⑤ **스프린트 검토 회의(Sprint Review)**

부분 또는 전체 완성 제품이 요구사항에 잘 부합되는지 사용자가 포함된 참석자 앞에서 테스팅을 수행한다. 스프린트의 한 주당 한 시간 내에서 진행한다. 제품 책임자(Product Owner)는 개선할 사항에 대한 피드백을 정리한 후 다음 스프린트에 반영할 수 있도록 제품 백로그를 업데이트한다.

⑥ **스프린트 회고(Sprint Retrospective)**

스프린트 주기를 되돌아보며 정해놓은 규칙을 잘 준수했는지, 개선할 점은 없는지 등을 확인하고 기록한다. 해당 스프린트가 끝난 시점에서 수행하거나 일정 주기로 수행한다.

(6) 스크럼 진행 순서

① PO는 제품의 요구기능(User Story)과 우선순위를 제품 백로그로 정한다.

② PO가 정한 제품의 우선순위에서 어디까지 작업을 할지 팀과 조율한다.

③ 스프린트 목표를 구현 가능하도록 팀에서 스프린트 백로그를 작성한 뒤 작업을 할당한다.

④ 스프린트를 진행하는 동안, 매일 정해진 장소와 시간에 모든 개발 팀원이 참여하는 일일 스크럼 회의를 가진다.

⑤ 매회의 스프린트가 종료할 때마다, 스프린트 리뷰(Review)를 통해 만들어진 제품을 검토하고 개선사항을 이해한다.

⑥ 제품의 리뷰를 통해 제품의 지속적 개선사항 도출이 끝나면, 스프린트 회고(Retrospective)를 통해 팀의 개발 문화(프로세스)에 대한 개선의 시간을 갖는다.

⑦ 다음 스프린트에서 수행할 백로그를 PO와 필요 인원이 모여 선정하고 계획하는 시간을 갖는다.

4 컴포넌트 기반 개발 모델 중요 ★★★

(1) 개념

컴포넌트 기반 개발 모델(CBD : Component Based Development)은 완성도가 높은 개발품을 재사용하거나 상용 컴포넌트들을 이용하여 조립하고 응용 프로그램을 완성할 수 있도록 한 부품 형태의 모델이다. 이미 개발된 컴포넌트를 조립하여 소프트웨어를 개발하는 과정이며, 개발하고자 하는 요구사항을 컴포넌트를 이용하여 정의하고 설계를 완성한다. 기존에 개발된 컴포넌트를 그대로 활용할 수도 있고, 새로운 기능을 추가하거나 변경을 할 수 있도록 한다. 이는 캡슐화와 재사용성을 도입하여 개발을 빠르게 진행할 수 있도록 한다. 객체지향 언어 외에 구조적 언어로도 구현 가능하다. 컴포넌트 기반 개발 모델은 핵심 요소인 재사용성을 향상시켜 소프트웨어의 생산성을 높일 수 있도록 한다. 독립적인 업무 또는 기능을 수행하는 소프트웨어 모듈인 컴포넌트들을 기반으로 기존 컴포넌트들을 조립하거나 신규로 개발하는 모델이다.

> **! 더 알아두기** 🔍
>
> 컴포넌트는 객체지향 언어에서 사용하는 재사용성이 높은 함수와 비슷한 개념이다. 하나 이상의 프로그램들을 하나의 단위로 관리하는 패키지이며 독립된 배포 단위이다.

(2) 특징

① 개발 생산성을 높이고 좋은 품질의 소프트웨어를 빠르게 개발할 수 있다.

② 제공하는 인터페이스와 요구되는 인터페이스 명세, 수행 코드, 검증 코드, 설계 등을 패키지라고 한다.

③ 인터페이스를 통한 다른 컴포넌트와의 상호작용을 할 수 있다.

④ 서로 독립적인 배포 단위를 가지고 있는 패키지이다.

⑤ 인터페이스와 구현 화면을 구분할 수 있다.

⑥ 독립적인 컴포넌트들 간의 조립을 위해 연결하기 위한 인터페이스가 필요하다.

⑦ 네트워킹을 통합하기 위해 개방형 표준에 따른 정보들 간의 상호 운용성이 필요하다.

(3) 장단점

① 장점

㉠ 기존에 여러 시스템에서 사용되었던 것을 활용하므로 충분히 신뢰성이 검증된다.

㉡ 이미 소프트웨어의 일부가 존재한다면, 이에 대한 비용은 비교적 정확하게 예측 가능할 것이다.

㉢ 각 도메인 분야에서 전문가들에 의해 만들어진 소프트웨어를 사용하는 것이 가능하다.

㉣ 표준 컴포넌트들을 이용하여 UI나 Menu 등이 만들어지고, 이를 재사용한다면 소프트웨어의 일관성을 유지하고, 표준화하기가 훨씬 용이하다.

㉤ 표준 컴포넌트들을 재사용하는 소프트웨어에 대한 개발과 검증시간을 절약할 수 있다.

② 단점

㉠ 컴포넌트들을 재사용하는 소프트웨어 코드가 제공되지 않는 경우, 시스템 변화 등에 따른 유지보수 비용이 크게 증가할 위험이 있다.

㉡ CASE가 재사용을 지원하지 않을 수도 있고, 해당 도구를 기존 개발 환경에 통합하기 어려울 수도 있다.

㉢ 개발자는 다른 개발자가 만든 소프트웨어를 가져다 쓰기보다 직접 만들려고 하는 경향이 있다.

㉣ 재사용을 위한 컴포넌트를 하나하나 잘 관리하는 것은 어렵다.

㉤ 실제로 컴포넌트를 사용하기 위해서는 적합한 컴포넌트를 찾고, 명세를 이해하고, 이를 시스템에 적용하기 위한 공부 및 시스템에 통합시키기 위한 수정이 필요하다.

(4) CBD 프로세스

[그림 2-10] CBD 프로세스 순서

① **요구사항 명세(Requirements specification)**
요구사항 개발에 대한 명세를 구체화한다.

② **컴포넌트 분석(Component analysis)**
요구사항 명세서가 작성되면 필요한 컴포넌트를 열거하고, 만약 찾는 컴포넌트가 없을 경우 일부라도 제공하는 컴포넌트를 찾는다.

③ **요구사항 수정(Requirements modification)**
일부 제공하는 컴포넌트를 이용하여 필요한 부분에 대한 컴포넌트를 개발하거나 수정한다.

④ **재사용을 이용한 시스템 설계(System design with reuse)**
재사용될 컴포넌트를 고려해서 기존의 프레임워크를 사용하여 시스템 설계에 필요한 프레임워크를 구성한다.

⑤ **개발과 통합(Development and integration)**
재사용된 컴포넌트를 이용하여 새로운 시스템을 만들고 통합한다.

⑥ **시스템 검증**
시스템 검증을 통해 기존의 컴포넌트를 조합하여 새로운 컴포넌트를 개발하였는지 타당성 검증을 한다.

(5) 컴포넌트 기반 소프트웨어 공학

① **정의**
컴포넌트 기반 소프트웨어 공학(CBSE : Components Based Software Engineering)은 기존의 컴포넌트들을 조립하여 소프트웨어를 개발하는 과정이다. 각각의 모양을 가지고 있는 레고들을 이용하여 원하는 모델을 만들어 내는 과정과 동일하다.
소프트웨어에 대한 수요 및 변화가 급증하고 있는데, 개발자들 역시 이에 맞추어서 소프트웨어를 신속하게 개발해야 했다. 컴포넌트 설계(Component Architecture)란 이전에는 객체 또는 함수 등을 한 모듈로 하였다면, 이젠 여러 개의 모듈이 결합된 컴포넌트를 하나의 모듈로 관리하고 다른 모듈과 접근할 수 있는 인터페이스를 기반으로 소프트웨어를 조립 또는 구성하는 설계를 뜻한다.

② **특징**
㉠ 소프트웨어 개발에 재사용이 가능한 컴포넌트를 기반으로 시스템 설계와 구현을 위한 것이다.
㉡ 처음부터 프로그래밍을 하는 것이 아니라 이미 표준화로 만들어져 있는 컴포넌트들을 조립함으로써 소프트웨어 개발품을 만드는 것이다.

ⓒ 자동화와 생산성 향상을 위하여 생산 기간을 단축하는 데 도움이 된다.

ⓔ 표준화된 컴포넌트(모듈)들을 이용하기 때문에 소프트웨어의 품질 향상과 비용 절감이 된다.

> **⚠ 더 알아두기 🔍**
>
> 컴포넌트 개발(Component Development : CD)은 완전한 소프트웨어를 개발하는 게 아니라 필요한
> 재사용 가능한 부품을 만드는 과정이다.

(6) 컴포넌트 기반 소프트웨어 공학의 필수 요소

① 완전한 명세화를 위해 인터페이스와 컴포넌트를 구분해야 하고, 컴포넌트가 변경되더라도 인터페이스에 영향을 미치면 안 된다.

② 표준 컴포넌트를 사용하여 컴포넌트의 통합을 쉽게 한다.

③ 분산되어 있는 컴포넌트를 활용하기 위해서는 네트워크 통신을 위한 미들웨어를 지원해야 한다.

④ 각 컴포넌트에 대한 규격과 절차가 수립되어야 하며, 컴포넌트 버전 관리가 가능해야 한다.

(7) 객체지향 프로그래밍과 CBD의 비교

객체지향(Object Oriented)이란 사물에 중점을 두어 절차 없이 객체에 사건을 두어 처리하는 과정이다.
즉, 객체를 기반으로 사건에 따라 진행되는 것이다.

구분	객체지향 프로그래밍	CBD
개발 중심	개발자가 프로그래밍을 세밀하게 해야 함	개발자가 애플리케이션을 업무진행에 필요한 부분에 중점을 둠
필요한 기술	고급 기술을 가진 개발자	기존의 컴포넌트들을 조합할 수 있는 개발자
상호 운영성	서로 다른 플랫폼이나 환경에서는 상호 운영하기 어려움	다른 객체나 컴포넌트들을 연결할 수 있음
시스템 위험성	각 프로젝트별 개발과정이 복잡하여 위험요소가 발생할 수 있음	완성된 컴포넌트를 조립하기 때문에 프로젝트 위험이 감소함
재사용	코드 중심	실행 중심
상속성	재사용성을 위한 상속 활용	재사용성을 이용하지만, 상속을 배제
적용 언어	객체지향 언어	모든 언어

(8) CBD 개발 절차

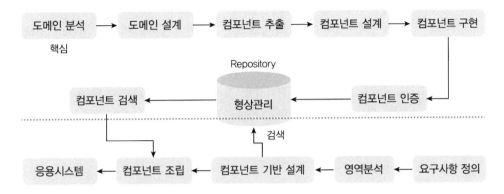

[그림 2-11] CD와 CBD 개발 순서

5 4GT(4th Generation Techniques) 모델 중요 ★

(1) 정의

4GT(4th Generation Techniques)는 사용자와 개발자가 쉽게 접근하고 사용할 수 있는 4세대 언어(4th Generation Language)를 이용하여 개발자가 분석한 요구사항 명세서로부터 원시 코드를 자동으로 생성할 수 있게 해주는 모델이다. 소프트웨어 특징을 파악하면 개발하기가 용이하다. 사람이 알기쉬운 자연어에 가까우며 CASE 도구의 표기법을 사용하여 소프트웨어를 명세화하는 것이 용이하도록 소프트웨어를 명세화하는 데 중점을 둔다.

최근에 나오는 CASE 도구들에서는 요구사항 분석을 이용하여 구현까지 한 번에 전환이 가능하다. 대표적인 도구는 4GL이다. 이는 소규모 응용에서는 비절차적인 4세대 언어(4GL)를 사용하여 요구사항 수집 단계에서 구현 단계로 직접 전환할 수 있는 특성을 가지고 있다. 현재 정보 시스템 응용 분야에서 사용하고 있다.

(2) 개발 순서

[그림 2-12] 4GT 개발 순서

(3) 장단점

① 요구사항 명세서가 CASE 도구를 통해 쉽게 설계 단계로 만들어져서 개발 시간이 단축되기 때문에 생산성이 향상된다.

② 4세대 언어를 사용하므로 원시 코드를 자동으로 생성한다.

③ 대규모 소프트웨어 개발에 4GT를 사용하면 분석 설계를 검증하는 데 많은 비용이 추가된다.

④ 중소규모의 프로젝트에는 설계 시간이 감소된다.

⑤ 현재 4GT 기법은 많이 활용되지 못한다.

⑥ 현재 4GT 도구들은 실행 코드로 전환되지만, 정교한 언어로 전환되지는 않는다.

⑦ 사용하지 않아도 되는 코드들이 생성되어 수정하기가 어렵다.

제 10 절 모델 비교 분석

모델	장점	단점
폭포수 모델	• 선형 모델로 단순하고 이해가 쉬움 • 단계별로 정형화된 접근 방법과 체계적 문서화가 가능 • 프로젝트 진행 상황을 명확히 알 수 있음	• 요구사항을 완벽하게 작성해야 함 • 변경을 수용하기가 어려움 • 시스템의 동작을 후반에나 볼 수 있음 • 대형 프로젝트에 적용하기 어려움 • 문서화를 위한 노력이 지나침 • 위험 분석 결여 및 일정의 지연 가능성이 큼
프로토타입 모델	• 프로젝트의 실현 가능성, 소프트웨어의 개발 가능성을 판단할 수 있음 • 개발자와 사용자 간의 의사소통이 명확해짐 • 기능적 요구사항 외에도 성능이나 유용성 등의 품질 요구를 할 수 있음 • 시스템을 미리 사용함으로써 사용자 교육 효과가 있음 • 개발 단계에서 유지보수가 일어나는 효과가 있음	문서화가 힘들며 관리자는 진척 사항을 제어하기 힘들어짐
나선형 모델	• 대형 프로젝트에서 위험 관리를 통해 성공 가능성을 높일 수 있음 • 프로젝트 특성이나 개발 조직에 맞게 변형될 수 있음	• 경험이 부족하여 충분히 검증되지 못했음 • 모델 자체가 복잡함 • 프로젝트 관리가 어려움
컴포넌트 기반 개발 모델	• 소프트웨어 개발에 재사용이 가능 • 표준화된 컴포넌트들을 이용하여 개발 • 자동화와 생산성 향상을 위하여 생산 기간 단축 • 소프트웨어의 품질 향상과 비용 절감	• 유지보수 비용이 증가 • CASE가 재사용을 지원하지 않을 수도 있고 해당 도구를 기존 개발 환경에 통합하기 어려움 • 컴포넌트 라이브러리를 생성하고 관리하는 비용이 추가

4GT (4th Generation Tech niques) 모델	• CASE 도구를 이용하여 개발 시간이 단축되기 때문에 생산성이 향상 • 중소규모의 프로젝트에는 적합(설계 시간이 감소)	• 대규모 프로젝트에는 부적합 • 현재 4GT 기법은 많이 활용되지 못함 • 현재 4GT 도구들은 실행 코드로 전환되지만, 정교한 언어로 전환이 어려움 • 불필요한 코드가 많고 유지보수가 어려움
UP 모델	• 프로젝트 초기에 위험요소를 찾고 감소시킬 수 있음 • 우선순위 높은 코드를 중심으로 작업 • 최근 소프트웨어를 개발하는 모델에 가장 가깝고 가장 많이 사용하는 방식	• 대규모의 프로젝트에 활용하기 어려움 • 반복 모델을 사용하여 단계별로 명확히 구분하기 어려움
XP 모델	• 소프트웨어의 개발에 집중할 수 있음 • 적어도 두 사람이 코드를 살피기 때문에 비형식적 검토가 가능 • 두 사람이 협업을 하기 때문에 생산성이 높음 • 코드의 소유권과 지식을 팀이 책임짐 • 코드 개선을 위한 리팩토링을 장려 • 짝 프로그래밍으로 개발 • 고급 개발자와 초급 개발자가 한 팀이 되면 고급 개발자가 멘토의 역할을 할 수 있음	• 고급 개발자와 초급 개발자가 한 팀을 이루기 어려울 수 있음 • 대기업 같은 곳에서는 활용하기 어려움 • 개발을 혼자 하는 프로그래머는 짝 프로그래밍을 하기 어려움 • 고급 개발자가 혼자 개발하는 편이 비용과 생산성이 높을 수 있음

O×로 점검하자

※ 다음 지문의 내용이 맞으면 O, 틀리면 ×를 체크하시오. [1 ~ 12]

01 폭포수 모델은 소프트웨어 개발 과정의 앞 단계가 끝나야만 다음 단계로 넘어갈 수 있는 선형 순차적 모델이다. (　　)

>>>◯ 폭포수 모델은 각 단계별 작업이 끝나야만 다음 단계로 넘어갈 수 있다.

02 나선형 모델은 시스템의 일부 혹은 시스템의 모형을 만드는 과정으로 요구된 소프트웨어의 일부를 구현하여 추후 구현 단계에서 사용될 골격 코드가 되는 모형이다. (　　)

>>>◯ 문제의 설명은 프로토타입 모델을 뜻한다. 나선형 모델은 반복적인 작업을 수행하는 점증적 모델이다.

03 나선형 모델은 비용이 많이 들거나 시간이 많이 소요되는 대규모 프로젝트에 활용하면 좋다.
(　　)

>>>◯ 나선형 모형의 단점에는 (i) 경험이 부족하여 충분히 검증되지 못했음 (ii) 모델 자체가 복잡함 (iii) 프로젝트 관리가 어려움 등이 있다. 따라서 나선형 모델은 대규모 프로젝트에 활용하기엔 부적절하다.

04 보헴이 제안한 모델은 프로토타입 모델이다. (　　)

>>>◯ 보헴이 제안한 모델은 나선형 모델이다.

05 4GT 모델은 CASE 도구를 이용하여 개발 시간이 단축되기 때문에 생산성이 향상된다는 장점을 가지고 있다. (　　)

>>>◯ 4GT 모델은 개발자가 분석한 요구사항 명세서로부터 원시 코드를 자동으로 생성할 수 있게 해주는 모델이다.

06 UP 모델은 대규모 프로젝트에 활용할 수 있는 모델이다. (　　)

>>>◯ UP(Unified Process) 모델은 통합 프로세스 모델이다. 각각의 생명주기를 가지는 여러 번의 반복을 거쳐 수행되는 모델이며, 대규모 프로젝트에는 사용하기 어렵다.

07 XP 모델은 문서 작업보다는 프로그래밍에 중점을 두는 모델이다. (　　)

>>>◯ XP 모델은 사용자의 빈번한 요구사항 변경에도 불구하고 비용이 개발 기간에 상관없이 일정하게 유지되도록 하는 것을 목적으로 하며, 문서 작업보다는 프로그래밍에 중점을 두는 모델이다.

정답 **1** O **2** × **3** × **4** × **5** O **6** × **7** O

08 스크럼(Scrum)은 애자일 프로세스 중 하나로서 소프트웨어 개발을 위해 고안되었으나, 개발이 아닌 팀 운영에도 적용 가능한 방법론이다. (   )

≫≫〇 스크럼(Scrum)은 애자일 프로세스 중 하나로서 소프트웨어 개발을 위해 고안되었으나, 개발이 아닌 팀 운영에도 적용 가능한 방법론이다.

09 스크럼의 개발 팀(DT)은 스크럼의 가치와 실천법에 대한 이해를 바탕으로 현장에 맞는 실천법을 정립하여 실제로 프로젝트에 실행될 수 있도록 이끌어야 한다. (   )

≫≫〇 문제는 스크럼 마스터에 대한 설명이다. 스크럼 개발 팀(DT)은 제품 책임자와 스크럼 마스터를 제외한 모든 팀원으로 개발자 외에도 디자이너, 테스터 등 제품 개발을 위해 참여하는 모든 사람이 대상이 된다.

10 스프린트 검토 회의(Sprint Review)는 부분 또는 전체 완성 제품이 요구사항에 잘 부합되는지 사용자가 포함된 참석자 앞에서 테스팅을 수행한다. (   )

≫≫〇 스프린트 검토 회의(Sprint Review)에서는 부분 또는 전체 완성 제품이 요구사항에 잘 부합되는지 사용자가 포함된 참석자 앞에서 테스팅을 수행한다.

11 스크럼의 가치 중에 용기는 "옳은 일을 할 수 있도록 팀원 간 갈등과 도전을 위한 용기를 가져라!" 이다. (   )

≫≫〇 스크럼의 가치 중 용기는 "옳은 일을 할 수 있도록 팀원 간 갈등과 도전을 위한 용기를 가져라"이다. 스크럼 중에 팀은 정확한 해답이 없는 어려운 문제에 직면할 수 있다. 스크럼 팀은 최선의 솔루션에 도달하기 위해 열린 마음을 가지고 어려운 질문을 던지고 솔직하게 답하는 용기를 가져야 한다.

12 컴포넌트 기반 개발 모델(CBD : Component Based Development)은 완성도가 높은 개발품을 새로운 모듈을 만들어서 조립하고 응용 프로그램을 완성할 수 있도록 한 부품 형태의 모델이다. (   )

≫≫〇 컴포넌트 기반 개발 모델(CBD : Component Based Development)은 완성도가 높은 개발품을 재사용하거나 상용 컴포넌트들을 이용하여 조립하고 응용 프로그램을 완성할 수 있도록 한 부품 형태의 모델이다.

정답 **8** ○ **9** × **10** ○ **11** ○ **12** ×

안심Touch

01 프로토타입 모형은 사용자의 요구사항을 정확히 파악하기 위해 실제 개발될 소프트웨어에 대한 견본품을 만들어 최종 결과물을 예측하는 모형이다. 프로토타입은 '요구 분석 단계'에서 사용하게 되며, 프로토타입의 평가가 끝나고 개발이 승인되면 다른 모형을 이용하여 본격적인 개발이 이루어진다.

01 프로토타입 모형(Prototyping Model)에 대한 설명으로 옳지 <u>않은</u> 것은?

① 개발 단계에서 오류 수정이 불가하므로 유지보수 비용이 많이 발생한다.
② 최종 결과물이 만들어지기 전에 의뢰자가 최종 결과물의 일부 또는 모형을 볼 수 있다.
③ 시제품(프로토타입)은 발주자나 개발자 모두에게 공동의 참조 모델을 제공한다.
④ 시제품(프로토타입) 구현 단계의 구현 골격이 될 수 있다.

02 전통적인 개발 방법인 SDLC는 '요구 분석 – 설계 – 구현(코딩) – 테스트 – 유지보수' 순으로 개발주기가 이루어진다.

02 소프트웨어 공학의 전통적인 개발 방법인 선형순차 모형의 순서를 옳게 나열한 것은?

① 구현 → 분석 → 설계 → 테스트 → 유지보수
② 유지보수 → 테스트 → 분석 → 설계 → 구현
③ 분석 → 설계 → 구현 → 테스트 → 유지보수
④ 테스트 → 설계 → 유지보수 → 구현 → 분석

정답 01 ① 02 ③

03 CASE(Computer Aided Software Engineering)에 대한 설명으로 옳지 <u>않은</u> 것은?

① 소프트웨어 모듈의 재사용성을 봉쇄하여 개발 비용을 절감할 수 있다.

② 소프트웨어 품질과 일관성을 효율적으로 관리할 수 있다.

③ 소프트웨어 생명주기의 모든 단계를 연결시켜 주고 자동화시켜 준다.

④ 소프트웨어의 유지보수를 용이하게 수행할 수 있도록 해준다.

03 CASE는 소프트웨어 모듈의 재사용이 가능하고 개발 비용을 절감할 수 있다.

04 다음 중 컴포넌트 개발에 대한 설명이 옳지 <u>않은</u> 것은?

① 각 프로젝트별 개발과정이 복잡하여 위험요소가 발생할 수 있다.

② 개발자가 애플리케이션에서 업무진행에 필요한 부분에 중점을 둔다.

③ 재사용성을 이용하지만, 상속을 배제한다.

④ 다른 객체나 컴포넌트들을 연결할 수 있다.

04 컴포넌트 개발의 특징은 소프트웨어 개발에서 재사용이 가능, 표준화된 컴포넌트들을 이용하여 개발, 자동화와 생산성 향상을 위하여 생산 기간 단축, 소프트웨어의 품질 향상과 비용 절감 등이다. 객체지향 프로그래밍은 각 프로젝트별 개발 과정이 복잡하여 위험요소가 발생할 수 있다.

05 다음 중 XP의 핵심가치 및 그 설명이 옳지 <u>않은</u> 것은?

① 의사소통(Communication) : 프로그래머들 간, 팀과 고객들 간의 대화 방법을 강조한다.

② 피드백(Feedback) : 소프트웨어 개발이 시작되면 가급적 빠른 시일 내에 그리고 자주 고객으로부터 피드백을 받는 것이 좋다.

③ 용기(Courage) : 코드를 작성하기 전에 테스트 케이스를 먼저 작성하는 용기이다.

④ 단순성(Simplicity) : 팀 기반의 활동 중 팀원 간의 상호존중을 강조한다.

05 • 단순성(Simplicity) : 소프트웨어 개발은 단순한 것이 좋으나 반드시 단순하게 개발할 필요는 없다. 상황에 따라 복잡해질 수 있다.
• 존중(Respect) : 팀 기반의 활동 중 팀원 간의 상호존중을 강조한다.

정답 03 ① 04 ① 05 ④

06 익스트림 프로그래밍은 소규모 프로젝트에 적합하고 개발에 대한 비중이 높다. 문서화를 간략화하고 사용자의 요구사항 분석에 집중하며, 개발에 가속도를 내기 위한 것이다. 익스트림 프로그래밍의 실천사항에는 공동 코드를 소유하는 것이 포함된다.

06 다음 중 익스트림 프로그래밍(XP)에 대한 설명으로 옳은 것은?

① 중소규모 프로젝트보다 대규모 프로젝트에 적용이 적합하다.

② 개발되는 코드에 대한 집단적 소유권(collective ownership)을 갖는다.

③ 요구사항 분석 및 설계에 대한 비중을 높일 수 있다.

④ 문서화 작업으로 발생하는 부하가 증가된다.

07 스크럼 개발 과정은 '스프린트 계획 회의 – 스프린트 – 일일 스크럼 회의 – 스크린트 검토 회의 – 스프린트 회고' 순이다.

07 다음 중 스크럼 개발 과정을 진행 순서에 맞게 올바르게 나열한 것은?

> ㉠ 일일 스크럼 회의
> ㉡ 스프린트
> ㉢ 스프린트 회고
> ㉣ 스프린트 검토 회의
> ㉤ 스프린트 계획 회의

① ㉤-㉠-㉡-㉢-㉣

② ㉤-㉡-㉠-㉣-㉢

③ ㉡-㉤-㉠-㉣-㉢

④ ㉡-㉠-㉤-㉣-㉢

08 스크럼 마스터는 스크럼의 가치와 실천법에 대한 이해를 바탕으로 현장에 맞는 실천법을 정립하여 실제로 프로젝트에 실행될 수 있도록 이끌어야 한다.

08 스크럼의 팀 구성 요소 중 스크럼의 가치와 실천법에 대한 이해를 바탕으로 현장에 맞는 실천법을 정립하여 실제로 프로젝트에 실행될 수 있도록 이끌어야 하는 역할을 담당하는 것은 누구인가?

① 스크럼 마스터(SM)

② 제품 책임자(PO)

③ 고객(Customer)

④ 개발팀(DT)

정답 06 ② 07 ② 08 ①

09 다음 중 진화형 모델의 특징이 <u>아닌</u> 것은?

① 요구사항을 명확히 정의하기 어려울 때 사용한다.

② 증감 설계가 다음 설계에 반영된다.

③ 프로토타입을 재사용하여 시스템을 진화시킨다.

④ 진화 단계가 거듭될 때마다 릴리즈 버전을 명확히 표기한다.

09 진화형 모델의 특징
- 요구사항을 명확히 정의하기 어려울 때 사용한다.
- 증분 설계가 다음 설계에 반영한다.
- 프로토타입을 재사용하여 시스템을 진화시킨다.
- 진화 단계가 거듭될 때마다 릴리즈 버전을 명확히 표기한다.

10 V 모델의 특징에 대한 설명으로 옳지 <u>않은</u> 것은?

① 개발 단계의 작업을 확인하기 위해 테스트 작업을 수행한다.

② 생명주기 초반부터 테스트 작업을 지원한다.

③ 코드뿐만 아니라 요구사항과 설계 결과도 테스트할 수 있어야 한다.

④ 프로토콜(점증형) 모델에 비해 반복과 재처리 과정이 명확하다.

10 V 모델은 점증형 모델이 아닌 폭포수 모델에 비해 반복과 재처리 과정이 명확하다.

11 나선형 모델의 작업 단계를 진행 순서에 맞춰 올바르게 나열한 것은?

① 계획 및 정의(Planning) – 위험 분석(Risk Analysis) – 개발 단계(Engineering) – 고객 평가(Customer Evaluation)

② 계획 및 정의(Planning) – 개발 단계(Engineering) – 위험 분석(Risk Analysis) – 평가(Customer Evaluation)

③ 위험 분석(Risk Analysis) – 계획 및 정의(Planning) – 개발 단계(Engineering) – 고객 평가(Customer Evaluation)

④ 계획 및 정의(Planning) – 개발 단계(Engineering) – 고객 평가(Customer Evaluation) – 위험 분석(Risk Analysis)

11 나선형 모델의 작업 단계는 '계획 및 정의 – 위험 분석 – 개발 단계 – 고객 평가' 순이다.

정답   09 ②   10 ④   11 ①

안심Touch

12 • 재사용을 이용한 시스템 설계(System design with reuse) : 재사용될 컴포넌트를 고려해서 기존의 프레임워크를 사용하여 시스템 설계에 필요한 프레임워크를 구성한다.
• 개발과 통합(Development and integration) : 재사용된 컴포넌트를 이용하여 새로운 시스템을 만들고 통합한다.

12 다음 중 CBD 프로세스에 대한 설명으로 옳지 <u>않은</u> 것은?

① 요구사항 명세(Requirements specification) : 요구사항에 대한 개발에 대한 명세를 구체화한다.

② 컴포넌트 분석(Component analysis) : 요구사항 명세서가 작성되면 필요한 컴포넌트를 열거하고, 만약 찾는 컴포넌트가 없을 경우 일부라도 제공하는 컴포넌트를 찾는다.

③ 요구사항 수정(Requirements codification) : 일부라도 제공하는 컴포넌트를 이용하여 필요한 부분에 대한 컴포넌트를 개발하거나 수정한다.

④ 재사용을 이용한 시스템 설계(System design with reuse) : 재사용된 컴포넌트를 이용하여 새로운 시스템을 만들고 통합한다.

13 XP의 주요 실천 방법에는 짝 프로그래밍, 공동 코드 소유, 테스트 주도 개발, 전체 팀, 계속적인 통합, 리팩토링, 소규모 릴리즈 등이 있다.

13 XP(eXtreme Programming)의 기본원리로 볼 수 <u>없는</u> 것은?

① Linear Sequential Method

② Pair Programming

③ Collective Ownership

④ Continuous Integration

14 나선형 모형(Sprial Model)은 폭포수 모형과 프로토타입 모형의 장점에 위험 분석 기능을 추가한 모형으로, 나선형을 따라 돌 듯이 여러 번의 소프트웨어 개발 과정을 거쳐 점진적으로 완벽한 최종 소프트웨어를 개발하는 과정이다.

14 여러 번의 개발 과정을 거쳐 완벽한 최종 소프트웨어를 개발하는 점진적 모형으로, 보험이 제안한 소프트웨어 생명주기 모델은 무엇인가?

① 나선형 모델

② 폭포수 모델

③ 4GT 모델

④ 프로토타입 모델

정답 12 ④ 13 ① 14 ①

15 점증적 모델(Incremental Model)에 대한 설명으로 옳지 <u>않은</u> 것은?

① 서브시스템 증분을 따로 개발한 후 통합하는 형태이다.
② 증분이 너무 많아질 경우 프로젝트 관리에 어려움이 있다.
③ 각 서브시스템을 병행 개발하여 개발기간 단축이 가능하다.
④ 나선형 모델의 변형된 형태이다.

15 점증적 모델은 제품이 완성될 때까지 점진적으로 보완되고 추가적으로 테스트되며, 점증적 모델의 특징은 다음과 같다.
• 서브시스템 증분을 따로 개발한 후 통합하는 형태
• 각 서브시스템을 병행 개발하여 개발기간 단축 가능
• 증분이 너무 많아질 경우 프로젝트 관리에 어려움이 있음
• 폭포수 모델의 변형된 형태

정답 15 ④

안심Touch

01 정답
제품 백로그(Product Backlog)

해설
제품 백로그(Product Backlog)는 제품 완성에 필요한 특성, 기능, 개선점 등 제품의 모든 요구사항을 우선순위에 따라 나열한 목록이다.

02 정답
진화형 모델

해설
진화형 모델은 여러 개의 모듈로 분해하고 각각을 점증적으로 개발하여 인도하는 소프트웨어 프로세스 모델이다. 초기 버전을 만들고 요구사항을 정제하여 새로운 버전을 개발하는 작업을 반복하면서 시스템을 완성해 가는 방식이다.

✅ **주관식 문제**

01 다음 설명에서 괄호 안에 들어갈 용어를 쓰시오.

> (   )은/는 제품 완성에 필요한 특성, 기능, 개선점 등 제품의 모든 요구사항을 우선순위에 따라 나열한 목록이다.

02 다음 설명에서 괄호 안에 들어갈 용어를 쓰시오.

> (   )은/는 여러 개의 모듈로 분해하고 각각을 점증적으로 개발하여 인도하는 소프트웨어 프로세스 모델이다. 초기 버전을 만들고 요구사항을 정제하여 새로운 버전을 개발하는 작업을 반복하면서 시스템을 완성해 가는 방식이다.

03 XP의 실천사항에 대한 설명에 맞게 괄호 안에 들어갈 용어를 순서대로 쓰시오.

- (㉠)은/는 짧은 주기로 작은 규모의 프로그램을 반복하여 개발
- (㉡)은/는 복잡한 구조가 아닌 단순한 구조의 설계

03 정답
㉠ 소규모 릴리즈
㉡ 단순한 디자인
해설
XP의 실천사항 12가지는 계획 세우기, 소규모 릴리즈, 상징(메타포), 단순한 디자인, 지속적인 테스팅, 리팩토링, 짝 프로그래밍, 공동 코드를 소유, 지속적인 통합, 주당 40시간 업무, 현장 고객, 코딩 표준이다. 이 중에서 소규모 릴리즈는 짧은 주기로 작은 규모의 프로그램을 반복하여 개발하는 것, 단순한 디자인은 복잡한 구조가 아닌 단순한 구조의 설계를 의미한다.

04 코드 리뷰(Code Review)의 기능을 직접적으로 수행할 수 있는 XP(eXtreme Programming)의 실무 관행(Practice)을 일컫는 용어를 쓰시오.

04 정답
짝 프로그래밍
해설
짝 프로그래밍(Pair Programming)이란 두 명의 사람이 한 작업대에서 짝을 이루어 함께 개발 작업을 하는 것을 의미한다.

05 **정답**

스크럼(Scrum) 모델

해설

애자일 프로세스 중 하나로서 소프트웨어 개발을 위해 고안되었으나, 개발이 아닌 팀 운영에도 적용 가능한 방법론이다. 스크럼은 팀원 스스로가 스크럼 팀을 구성(self-organizing)해야 하며 개발 작업에 관한 모든 것을 스스로 해결할 수 있어야 한다.

05 다음 설명과 연관이 있는 프로세스 모델을 쓰시오.

- 애자일 프로세스 중 하나로서, 소프트웨어 개발을 위해 고안되었으나 개발이 아닌 팀 운영에도 적용 가능한 방법론이다.
- 스프린트 주기를 되돌아보며 정해놓은 규칙을 잘 준수했는지, 개선할 점은 없는지 등을 확인하고 기록한다.
- 회의는 보통 서서 진행하며, 남은 작업 시간은 소멸 차트(Burn-down Chart)에 표시한다.
- 프로젝트 수행에 필요한 모든 역량을 갖춘 팀으로 이를 위해 관련된 모든 부서로부터 팀원이 구성되며, 팀원은 자신의 전문 영역에 고정되지 않고 다같이 팀 과제를 수행한다.

제3장

소프트웨어 프로젝트 관리

I wish you the best of luck!

제3장 소프트웨어 프로젝트 관리

프로젝트 관리 연구소(Project Management Institute)는 '프로젝트'를 '고유한 제품, 서비스 또는 결과를 만들기 위해 수행된 임시 노력'으로 정의하였다.
프로젝트 관리는 특정 요구사항에 따라 프로젝트를 완성하기 위해 지식, 기술, 도구 및 기술을 적용하는 연습이다. 주어진 기간 내에 최소의 비용으로 사용자를 만족시키는 시스템을 개발하기 위한 전반적인 활동이다.

제 1 절 프로젝트 관리의 중요성

1 프로젝트 관리의 중요성 중요 ★★★

프로젝트라는 단어는 일상적으로 많이 사용한다. 학교에서 팀 과제를 하거나 교수님과의 연구 과제 또는 회사 업무에서도 신제품 개발 또는 리뉴얼 개발 과정 등에 대해 프로젝트라는 단어를 사용한다. **프로젝트는 주어진 시간과 비용을 이용하여 업무를 완수하는 과정을 말한다.**
프로젝트란 원하는 결과를 얻기 위해 시스템에 대한 계획을 수립하고 사용자 요구사항을 분석, 설계, 구현 및 유지보수 등의 작업을 수행하는 과정을 말한다. 프로젝트의 특성은 일시성(Temporary), 유일성(Unique), 점진적 구체화(Progressive Elaboration)가 있다.
프로젝트의 성공 여부는 주어진 시간과 비용에 맞게 좋은 품질의 시스템을 만들어 내는 것에 달려 있으며, 프로젝트 계획과 수행 결과를 비교하여 평가할 수 있다.
소프트웨어의 프로젝트는 눈에 바로 보이는 것이 아닌 무형이기 때문에 프로젝트를 완수하는 과정을 문서화시켜서 표현한다. 이때 문서는 프로젝트를 수행하는 작업을 보여주고 프로젝트의 성공 여부를 판별할 수 있는 기준점이 된다.
프로젝트 관리란 프로젝트의 개발 일정에 대해 계획하고 사용자가 원하는 대로 비용과 시간을 조율하여 품질 좋은 결과가 나올 수 있도록 관리하는 부분이다. 또한, 공학뿐만 아니라 모든 분야의 관리에 중요한 부분이다. 프로젝트를 완수하기 위해서는 예산과 일정을 관리하며 결과물이 나오기 전까지의 과정에 대해 문서를 통해 무형인 소프트웨어를 관리하여 프로젝트의 성패를 판가름할 수 있다.
프로젝트의 목적은 시스템에 대해 정확한 목표, 제약조건을 명확히 구분 짓는 것이다. 프로젝트 관리를 위해서 관리자가 프로젝트를 표준에 따라 계획 및 일정 관리를 통하여 개발 일정을 맞추고 관리·감독하는 것이 중요하다.

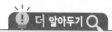

프로젝트 관리가 중요한 이유
- 보다 예측 가능한 프로젝트 계획 및 실행 프로세스
- 프로젝트 예산, 일정 및 범위 지침 준수
- 프로젝트의 장애물을 해결하고 문제를 더 빠르고 쉽게 에스컬레이션
- 관련 비즈니스 가치가 없는 프로젝트의 식별 및 종료
- 효율적인 작업
- 팀 전체 및 팀 내 협업 향상
- 위험 식별 및 계획

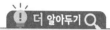

PMBOK의 프로젝트는 유일한 제품이나 서비스를 만들기 위해 수행되어야 할 일시적인 행동을 말한다. PMBOK의 프로젝트 관리란 프로젝트 요구사항을 충족시키는 데 필요한 지식, 기술 및 기법 등을 프로젝트 활동에 적용하는 것이다.

(1) 프로젝트 관리

관리란 '일이 되게 하는 것(The work that makes a work)'으로서 특정한 목적으로 프로젝트를 체계적이고 성공적으로 수행하기 위해 관리하는 것이다. 프로젝트 관리는 **프로젝트 전 과정에 걸쳐 일정, 예산, 주요활동 및 산출물에 대해 관리하는 것**이다. 프로젝트 관리는 프로젝트 요구사항을 충족시키기 위해 지식, 기능, 도구 및 기법을 프로젝트 활동에 적용하는 것이다. 시스템을 개발하기 위해 문제를 파악하고 할당한 프로세스와 인적 자원을 배치하여 활용하기 위한 과정이다. 소프트웨어 개발 계획을 세우고 분석, 설계, 구현 등의 작업을 통제하는 것으로 소프트웨어 생명주기의 전 과정에 걸쳐 진행되며, 소프트웨어 프로젝트를 성공적으로 수행하기 위해서는 수행할 작업의 범위, 필요한 자원, 수행 업무, 이정표, 비용 추진 일정들을 알아야 한다. 제한된 시간과 비용으로 좋은 품질의 시스템을 개발하여 고객에게 제공하는 것이다.

관리 활동은 다양한 지식, 도구, 기법 및 기술을 적용하는 것이 수반된다. 프로젝트 관리 노력의 규모와 정교함은 프로젝트의 규모, 복잡성, 수행 기간, 이해관계자들 간의 역학 관계와 관련이 있다.

[그림 3-1] PDCA 관리 사이클

PDCA(Plan-Do-Check-Action)의 관리 사이클은 전 과정에 반복 적용하는 것을 기본으로 하며 효과적인 목표와 효율성을 위해 활용한다. PDCA는 계획(Plan)을 세우고 실행하고(Do) 결과를 점검하여 (Check) 개선할 수 있도록 대책을 세우는(Action) 관리 기법이다. 일상에서도 PDCA 관리 기법을 활용하고 있다. 예로 초등학교 때 방학 계획표라든지, 품질 관리에 대한 부분 등 여러 분야에서 사용되고 있다.

계획(Plan)은 어떤 업무를 시작하기 위해 목표를 확립하고 이를 달성하기 위한 활동 계획을 세우는 과정이다. 실행(Do) 과정에서는 계획을 확인하고 수립된 시스템(계획, 규정, 지침, 표준 등)에 따라 실제로 일을 수행한다. 또한 실행이 계획대로 이루어지고 있는지 현재 상태를 확인하고 계획과 대비하는 작업이 이루어진다. 점검(Check) 과정은 실행 상태를 감시하고 심각한 이상이 감지되었을 경우 근본 원인을 파악하고 해결책을 강구하며 개선할 수 있는 대안을 제시한다. 조치(Action)는 점검을 통해 도출한 대안을 적용하여 계획을 조정한다.

① **계획 수립**

프로젝트 목적을 기술하고 이를 달성하기 위한 업무와 성취해야 할 일들을 결정한다. 프로젝트 계획 수립을 통해 여러 가지 위험 요소를 최소화한다. 시스템 정의서와 프로젝트 계획서가 산출물로 나온다.

> • 시스템 정의서 : 문제 기술, 시스템 정당화, 프로젝트 목표, 제약사항, 추진전략
> • 프로젝트 계획서 : 생명주기 모델, 기본 일정, 예산, 팀의 구성, 관리 기준, 완료 조건

프로젝트 계획에 따라 소프트웨어 품질이 결정되므로 계획 단계에서 프로젝트 관리자의 임무는 매우 중요하다.

② **실행**

프로젝트가 수행될 환경을 조성하고 조직 구성, 팀원 선발 등 참여할 인력을 교육시킨다.

③ **점검**

계획 대비 프로젝트의 척도를 점검하고 변경 사항을 승인하는 등의 작업을 프로젝트 전 기간 동안 수행한다.

④ **조치**

수행 결과의 완전성을 점검하고 프로젝트를 종료한다.

사람은 프로젝트에 크게 영향을 미치거나 또는 영향을 받는다. 이러한 사람을 프로젝트 이해관계자 (stakeholder)라고 한다. 프로젝트의 중요한 성공 요인 중의 하나는 프로젝트 이해관계자들의 기대를 충족시키는 것이다. 프로젝트 이해관계자는 프로젝트 후원자(Project Sponsor), 프로젝트 관리자, 고객(사용자), 개발자 등 이해관계가 있는 사람들이다.

> • 프로젝트에 관련된 모든 이해당사자
> • 프로젝트 결과에 영향을 받는 사람
> • 프로젝트 관리자, 팀원, 고객, 임원, 스폰서 등 다양한 요구 집단을 총괄하는 개념

(2) 프로젝트 계획

프로젝트의 계획은 고객으로부터 주어진 문제를 명확히 정의하여 업무에 대해 파악하며 조사하고 분석해 나가는 과정이다. 프로젝트 계획은 요구사항 분석을 하는 단계이다. 프로젝트 계획 수립을 위해 시스템 정의서(system definition)를 작성하여 시스템의 해결방법과 기능, 성능, 고객의 특징, 개발, 운영, 유지보수, 인수 단계에 대해서 기준을 정의한다. 프로젝트 계획을 수립할 때는 고려할 사항이 있다.

> • 프로젝트 복잡도
> • 프로젝트에 대한 위험성
> • 과거 프로젝트 정보의 가용성(재사용성)
> • 프로젝트에 대한 구조적 불확실성의 정도
> • 프로젝트 규모 파악(제일 먼저 작업해야 함)

2 프로젝트 관리 모델 중요 ★★

(1) PMBOK(Project Management Body of Knowledge)

국제기구인 PMI에서 개발한 프로젝트 관리 지식 체계 지침서이다. 이는 제작한 프로젝트의 관리 프로세스 및 지식 체계이다. 프로젝트의 착수, 기획, 실행, 감시 및 통제, 종료를 위한 5가지의 범주로 분류되며 각 범주는 프로세스의 모임으로 정의되어 프로세스 그룹(Process Group)이라고 한다.

(2) 프로젝트 프로세스

프로젝트 프로세스(Project Process)는 프로젝트의 요구사항을 만족시키기 위하여 지식, 기능, 도구 및 기법을 프로젝트 활동에 적용하기 위한 과정을 의미한다.

프로젝트 프로세스는 입력(input)을 받아 가공 처리하여 새로운 결과물을 만들어 내는 과정이다. 각 프로세스는 입력, 프로세스에 사용되는 도구 및 기법, 결과물로 정의할 수 있고, 이때 서로 간에 상호작용을 한다.

프로세스 ITO(Inputs, Tools and Techniques, Outputs)의 구조는 다음과 같다.

- 입력(Inputs) : 프로세스를 수행하기 위한 문서, 자료, 정보, 계획서
- 도구와 기법(Tools and Techniques) : 입력된 입력물을 가공 처리하여 프로세스의 산출물을 만들기 위한 방법
- 산출물(Outputs) : 프로세스에 입력된 내용을 가공 처리하여 산출된 결과물, 즉, 문서

프로젝트 프로세스는 서로 상이한 요구와 기대를 가지는 이해관계자 사이의 경쟁적 요구의 균형이 필요하며, 식별된 요구사항과 식별되지 않은 요구사항 충족이 필요하다.

(3) 프로젝트 관리 프로세스 그룹

PMBOK 가이드라인에서 제시하는 프로젝트 관리 프로세스는 5개 범주로 구분되며 총 47개의 프로세스가 있고 24개의 기획 프로세스가 있다. 5개의 그룹은 착수, 계획, 실행, 통제, 종료이다. PMBOK 지침서에 정의되어 있는 47개의 모든 프로세스를 적용할 필요는 없고 각각의 프로젝트에 맞는 프로세스를 선정하여 사용하면 된다.

① 착수 프로세스 그룹

착수 프로세스 그룹(initiating process group)은 **프로젝트 시작을 공식적으로 승인받기 위해 프로세스들로 구성하여 수행하는 활동이다.** 프로젝트 착수 과정에서 변경에 드는 비용은 가장 낮고 위험 수준은 가장 높다. 프로젝트 헌장 개발 프로세스는 새로운 프로젝트를 시작하기 위해 공식적인 승인을 받기 위한 것이다. 프로젝트 헌장이 문서화되고 승인되면 프로젝트가 공식적으로 인가된다. 헌장 작성은 프로젝트 스폰서가 담당한다. 실무에서는 프로젝트 매니저가 작성하고 프로젝트 스폰서에게 승인을 받기도 한다. 이때 프로젝트 매니저에게 프로젝트에 착수할 수 있는 권한을 부여한다.

 더 알아두기

프로젝트 헌장(project chart)
- 프로젝트를 공식적으로 승인하는 문서(계약서, 제안서, 제안 요청서)
- 프로젝트에 대한 시작일, 종료일
- 프로젝트 범위 및 요구사항, 설명
- 프로젝트 관리자의 책임 사항 및 권한 부여

---

② 기획 프로세스 그룹

프로젝트 계획을 세우는 단계로 프로젝트 목표를 달성하기 위해 요구되는 활동을 계획하는 모임이다. PM(프로젝트 매니저)의 역할은 모든 관리 계획을 세우고 요구사항을 수집 및 정의하며 일정을 산정하여 WBS(Work Breakdown Structure)로 작성하는 것이다. 프로젝트 범위와 비용을 식별하고 일정을 개발하여 프로젝트 관리 계획을 수립한다. 프로세스와 프로세스들 사이의 상호작용과 의존도

가 높아 진행과정에서 계획에 변경이 이루어지면 다른 각 부분에 큰 영향을 준다. 프로젝트 범위는 비용, 일정 및 기간, 위험 요소, 조달 등 프로젝트를 관리하는 부분이다. 이때 PM의 역할은 통합 관리와 의사소통 관리를 하는 것이며, 전체적인 프로젝트 목표 및 방향을 제시하고 개발하는 것이다.

> **💡 더 알아두기 🔍**
>
> **WBS**
> 기획 프로세스 그룹에서 산출물 중심의(Deliverable-Oriented) 프로젝트 요소들의 그룹으로, 프로젝트의 범위를 이해하는 데 사용하며 하위 레벨일수록 자세하게 나타난다. 표현법은 Chart Form으로 나타내고 상하 승인 레벨로 구분한다.

③ **실행 프로세스 그룹**

프로젝트를 실행하고 관리하며 프로젝트 요구사항을 달성하고 프로젝트 관리 계획서에 정의된 작업을 완수하기 위해 수행되어야 하는 프로세스이다. PM은 통합 관리를 하며 품질 관리, 인적자원 관리, 의사소통 관리 및 조달 관리를 한다. 프로젝트 팀은 개발을 진행하고 필요한 물자들을 조달받는다. 프로젝트 관리자는 품질 관리를 통하여 품질을 확보하고 이해관계자 등을 관리하여 프로젝트가 잘 진행되고 완수될 수 있도록 한다. 모든 자원을 활용하여 계획대로 실행하는 것이며, 요구사항 분석을 완수하기 위해 정의된 관리 계획을 정확하게 지키는 것이다.

④ **감시 및 통제 프로세스 그룹**

프로젝트를 관리하고 결과물을 검증하는 단계이며 현재 진행 중인 프로젝트 상태를 인식하여 감시하고 프로젝트 관리 계획과 프로젝트 성과 기준선을 비교하는 프로세스들로 이루어진다. PM의 역할은 인적자원 관리를 제외한 모든 부분에서 확인할 수 있다. 일정이 초기 계획대로 진행되는지 체크하고, 예산이 계획대로 사용되는지 그리고 위험 요소 및 품질을 체크하여 성과를 보고한다. 프로젝트 관리 계획에 벗어나는 부분을 수정하고 예방 조치하는 것이다.

⑤ **종료 프로세스 그룹**

프로젝트가 종료되는 단계이며 **프로젝트를 공식적으로 종료하기 위해 필요한 프로세스이다.** 프로젝트를 적절히 종료하기 위해 모든 프로세스 그룹에 정의된 프로세스들을 검증하고 공식화한다. PM의 역할은 완료 보고 및 프로젝트를 종료하는 것이다. 모든 프로세스에 맞는 문서 및 결과물이 있는지 확인하고 완료보고서를 작성한다. 부서장의 승인이 나면 프로젝트는 종료된다.

[그림 3-2] 프로젝트 관리 프로세스 그룹 관리 순서

(4) 프로젝트 관리 지식 영역

각 프로젝트 관리 지식 영역(Project Management Knowledge Area)은 10개의 지식 영역을 가지고 있으며, 프로젝트 시작부터 종료까지 10개의 문제를 해결하기 위한 영역으로 구분된다. 각 지식 영역 내의 프로세스들은 같은 지식을 공유할 수 있도록 모아진 것이며, 서로 밀접하게 상호작용하고 다른 지식 영역 프로세스들과도 상호작용한다.

지식 영역	프로세스 그룹				
	착수 (Initiating)	기획 (Planning)	실행 (Executing)	감시 및 통제 (Monitering & Controlling)	종료 (Closing)
통합 (Intergration)	프로젝트 헌장 개발	프로젝트 관리 계획서 개발	프로젝트 실행 지시 및 관리	• 프로젝트 작업 감시 및 통제 • 통합 변경 • 통제 수령	프로젝트 또는 단계 종료
범위 (Scope)		• 요구사항 수집 • 범위 정의 • WBS 생성		• 범위 검증 • 범위 통제	
시간 (Time, Schedule)		• 활동 정의 • 활동순서 배열 • 활동자원 산정 • 활동기간 산정 • 일정개발		일정 통제	
원가 (Cost)		• 원가 산정 • 예산 수립		원가 통제	
품질 (Quality)		품질기획	품질 보증 수행	품질 통제 수행	
인적자원 (Human Resources)		인적자원 기획	• 프로젝트팀 확보 • 프로젝트팀 개발 • 프로젝트팀 관리		
의사소통 (Communication)		의사소통 기획	• 정보 배포 • 이해관계자 기대사항 관리	성과 보고	
위험 (Risk)		• 위험관리 기획 • 위험식별 • 정략적 위험 분석 • 위험대응 기획		위험 감시 및 통제	
조달 (Procurement)		조달 기획	조달 수행	조달 관리	조달 종료
이해관계자 (Stakeholder)	이해관계자 식별	이해관계자 참여 계획 수립	이해관계자 참여 관리	이해관계자 참여 감시	

① **프로젝트 통합 관리 지식 영역**

프로젝트 통합 관리(project integration management)는 관련 요소들 간에 일관성과 통일성을 부여하는 것이다. 즉, 관리 목적은 다양한 요소들이 서로 균형을 이루며 프로젝트를 진행하는 것이다. 다양한 프로젝트 관리 활동들을 식별, 정의, 결합, 조정하는 프로세스 및 활동으로 구성되어 있다. 프로젝트 헌장 개발, 프로젝트 관리 계획서 개발 및 프로젝트 종료 프로세스를 포함한다.

② **프로젝트 범위 관리 지식 영역**

프로젝트 범위 관리(project scope management)는 프로젝트를 성공적으로 마무리하기 위해 필요한 작업들을 프로젝트에 포함시켜 필요한 프로세스들을 구성하는 것이다. 프로젝트를 통해 제공하기로 합의한 제품 및 서비스의 총합이다. 프로젝트 목적을 달성하기 위해 꼭 필요한 일들을 최소한의 노력으로 완전하게 수행해야 한다.

③ **프로젝트 시간 관리 지식 영역**

프로젝트 시간 관리(project time management)는 활동을 착수하고 종료하는 시점 및 이 시점들 사이의 진행 기간을 관리하는 것이다. 필요한 활동들의 수행 순서와 시점과 기간을 조정하여 프로젝트를 시기적절하게 완료한다. 프로젝트를 일정에 맞게 완료하기 위해서 필요한 사항을 프로세스에 포함한다.

④ **프로젝트 원가 관리 지식 영역**

프로젝트 원가 관리(project cost management)는 프로젝트 목적을 달성하기 위하여 지불한 또는 희생한 각종 자원을 화폐단위로 측정한 것이다. 프로젝트가 승인받은 예산 내에서 완료된다. 승인된 예산 범위 안에서 비용 계획이나 편성 및 통제하는 프로세스를 포함한다.

⑤ **프로젝트 품질 관리 지식 영역**

프로젝트 품질 관리(project quality management)는 품질에 대해 필요한 부분을 충족시킬 수 있는 모든 산출물에 대한 것이다. 프로젝트를 통해 산출물에서 필요한 부분들이 충족되는 것을 보증한다. 품질 정책, 목표 및 책임을 결정하여 프로젝트에 필요한 부분을 만족시키도록 하는 수행 조직의 모든 활동을 포함한다.

⑥ **프로젝트 인력 관리 지식 영역**

프로젝트 인력 관리(project human resources management)는 프로젝트 성공에 활용할 수 있는 모든 사람들과 그들의 지식, 경험 기술 및 역량을 갖추는 것과 관련이 있다. 프로젝트 인력을 잘 활용하기 위해서 인적 자원 계획, 팀 확보, 팀 개발, 팀 관리를 필요로 한다. 프로젝트 계획을 수립하기 위해서 많은 부분에 참여한다.

⑦ **프로젝트 의사소통 관리 지식 영역**

프로젝트 의사소통 관리(project communication management)는 이해관계자들 간에 프로젝트 관련 정보를 전달하고 공유하는 행위 및 그 과정을 말한다. 또한 프로젝트 정보가 필요한 시기가 언제이고 언제 생성, 수집, 배포, 저장 및 폐기하는지도 포함한다.

⑧ **프로젝트 위험 관리 지식 영역**

프로젝트 위험 관리(project risk management)는 프로젝트의 성공에 유리하거나 불리한 영향을 미치는 부분에 대하여 분석하고 통제하는 것이다. 긍정적인 사건의 발생 확률과 결과는 극대화하고 부정적 사건의 발생 확률과 결과는 최소화한다. 리스크 관리 계획, 리스크 식별, 리스크 감시 등을 포함한다.

⑨ **프로젝트 조달 관리 지식 영역**

프로젝트 조달 관리(project procurement management)는 프로젝트 팀 외부로부터 작업의 수행을 위해 필요한 제품, 서비스 또는 결과의 구매 또는 취득을 위한 프로세스이다. 조달 대상 자원을 최적의 원천으로부터 최적의 조건으로 필요 시점에 필요 기간 동안 제공한다. 조달 계획 수립, 조달 수행, 조달 관리를 포함한다.

⑩ **프로젝트 이해관계자 관리 지식 영역**

프로젝트 이해관계자 관리(project stakeholder management)는 팀/고객과의 프로젝트 성공을 위한 이해관계자 식별 및 관리, 참여 전략이다. 이해관계자가 기록부를 작성한다.

(5) 프로젝트에서 프로세스 그룹 간 상호작용

한 단계 또는 하나의 프로젝트에서 프로세스 그룹 간에는 상호작용을 한다. 프로젝트 관리 프로세스 그룹에서는 각각의 산출물들이 만들어진다. 각 프로세스는 여러 방법으로 중첩되거나 상호작용하며, 개별적 또는 단발성이 아닌 반복적으로 수행된다.

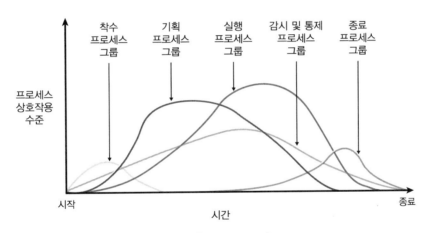

[그림 3-3] PMBOK 프로세스

> **💡 더 알아두기 🔍**
>
> • PMBOK 가이드라인은 착수, 기획, 실행, 감시/통제, 종료의 5가지 범주가 있다.
> • 관리 프로세스 그룹들 사이의 상호작용은 PDCA(계획-실행-점검-조치) 사이클 모델을 기반으로 한다.

(6) 프로젝트 관리의 3P

소프트웨어는 다른 제품과 달리 눈에 보이는 것이 아닌 무형인 특징을 가지고 있다. 소프트웨어 프로젝트 관리는 생산성과 품질을 향상하는 게 가장 중요한 목적이다. 생산성과 품질을 높이기 위해서는 3가지의 중요한 요소가 있다. 사람(People)·프로세스(Process)·문제(Problem)이며, 이를 3P라고 부른다.

> **더 알아두기** 🔍
>
> • **3P** : 사람(People), 프로세스(Process), 문제(Problem)
> • **4P** : 사람(People), 프로세스(Process), 제품(Product), 프로젝트(Project)

다음은 3P에 대한 간략한 정의이다.

① **사람**

    ㉠ 선임 매니저(Senior Manger) : 전반적인 프로젝트를 관리하고 최종 결정을 내리는 사람, 프로젝트에 대한 방향을 설정하는 사람, 인적 자원

    ㉡ 프로젝트 매니저(Project Manager) : 실제 프로젝트에 대해 계획하고, 조직 구성을 하며, 실무 개발자를 관리하는 사람

    ㉢ 개발자(Engineer) : 공학자, 실무자, 개발 업무를 담당하는 전문 개발자

    ㉣ 고객(Customer) : 사용자의 요구사항을 전달하는 사람

    ㉤ 최종 사용자 : 개발된 완성품을 실제 사용하는 사람

② **프로세스**

    ㉠ 프로젝트 수행에 필요한 프레임워크(전체적 작업계획)를 제공, 작업 계획

    ㉡ 프로세스는 프로젝트 관리 3P에서 제품, 사람, 기술 등을 고려해야 함

③ **문제**

    ㉠ 프로젝트의 비용, 정보, 기능, 성능 등을 고려하여 제약 사항을 식별해야 함. 문제 인식

    ㉡ 복잡한 문제를 분석할 때 소프트웨어 범위를 결정하는 데 내용, 정보목적, 기능과 성능 그리고 제약조건을 고려

    ㉢ 복잡한 문제는 분할과 정복을 적용하여 각 기능 단위로 분해하여 해결해야 함

소프트웨어 프로젝트가 복잡할수록 계획은 완벽해야 하며 관리가 더욱 필요하다. 대형 프로젝트에는 많은 인력과 예산이 투입되기 때문에 체계적으로 관리하고 통제할 필요가 있다. 관리기법을 이용하여 최소 비용으로 최적의 품질을 가지는 시스템을 개발하는 것이 목적이다.

제 **2** 절   프로젝트 계획 수립 중요★★

소프트웨어를 개발하기 위해서는 계획 수립이 먼저 수행되어야 한다. 프로젝트 계획은 프로젝트를 수행하는 데 있어서 모든 분야의 프로젝트를 관리하기 위한 요소이다.

프로젝트를 완수하기 위해 필요한 사항들에 대해서 작업이 계획되어 있어야 한다. 프로젝트 범위, 프로젝트에 필요한 자원, 프로젝트 일정, 프로젝트 비용 등 미리 예측하는 작업이 필요하다. 프로젝트 관리자는 범위, 자원, 일정, 비용 등 미리 계획하고 예측하도록 프로젝트 활동에 적용할 수 있도록 해야 한다.

프로젝트를 관리하는 사람은 프로젝트 계획을 기초로 하여 개발에 관한 전체적인 부분을 관리한다. 프로젝트 관리자의 역할은 산출물과 개발에 따른 순서를 관리하는 것이다. 프로젝트 관리자가 지원, 비용, 일정 등을 합리적으로 예측하도록 프로젝트 툴을 제공해야 한다.

프로젝트 계획을 통해 소프트웨어 결과물에 대한 위험성을 미리 예측하여 프로젝트의 실패 요인을 최소화해야 한다.

1 소프트웨어 프로젝트 계획서 작성

프로젝트 계획서를 작성하는 것은 프로젝트를 진행하는 데 있어서 중요한 부분이다. 소프트웨어 프로젝트 계획서 작성은 프로젝트의 규모와 자원, 성격에 따라 다양한 형태의 문서를 작성할 수 있다. 프로젝트 계획서를 작성하는 데 있어서 필수적으로 포함해야 할 부분들이 있다.

1. 소프트웨어 프로젝트 개요 　1.1 프로젝트 명명 기간 　1.2 프로젝트 목표 　1.3 프로젝트 범위 2. 프로젝트 조직 　2.1 프로젝트 조직도 　2.2 책임 및 역할 　2.3 인력 투입 계획 　2.4 프로젝트 환경 　　2.4.1 하드웨어 자원 　　2.4.2 소프트웨어 자원 3. 프로젝트 산출물 　3.1 WBS 4. 프로젝트 수행 일정 　4.1 프로젝트 추진 일정 　4.2 단계별 세부 일정	5. 품질 관리 　5.1 품질 보증 방안 　5.2 보고 및 검토 계획 　5.3 테스트 계획 6. 형상 관리 　6.1 형상 관리 개요 　6.2 형상 관리 대상 　6.3 형상 관리 절차 　6.4 형상 변경 위원회 7. 위험 관리 8. 의사소통 관리 9. 성능 시험 관리 10. 참고문헌

(1) 소프트웨어 프로젝트 개요

프로젝트 목적과 명명기간, 프로젝트 범위 및 약어나 용어에 대해서 정의를 한다.

(2) 프로젝트 조직

개발 조직에 대해서 정의를 한다.

(3) 프로젝트 수행 일정

추진 일정을 간트 차트를 이용하고 세부 일정을 설정한다.

(4) 형상 관리

명시된 제공할 작업 범위의 개발에 있어서 작성되는 모든 공식 문서 산출물과 프로그램 코드에 대한 프로젝트 수행팀의 형상 관리 활동 및 절차를 포함한다.

(5) 성능 시험 관리

단위 테스트, 통합 테스트, 인수 테스트에 대해 설정한다.

2 프로젝트 관리 도구

(1) 개요

업무에 적합한 도구를 선택할 때는 비즈니스 요구사항을 먼저 파악하고 이를 고려 중인 도구에 맞추는 것이 중요하다. 다음은 프로젝트 관리 도구를 검토할 때 고려해야 할 7가지 중요한 기능이다.

① 프로젝트 계획

간트 차트든, 칸반보드나 간단한 스프레드시트든 계획과 일정 관리는 모든 프로젝트 관리 도구의 핵심이어야 한다.

② 커스터마이징

모든 기업은 일하는 방식이 다르다. 커스터마이징 또는 수정이 가능한 프로젝트 관리 도구를 사용하여 회사에 적합한 시스템, 프로세스 또는 협업을 지원한다.

③ 팀 협업

팀은 내부 및 고객과의 접촉을 유지해야 한다. 협업 도구에는 파일을 저장하고 공유하면서 실시간으로 커뮤니케이션할 수 있는 방법이 포함되어야 한다.

④ 자동화

사용자 간에 업무를 수동으로 전달하는 작업(예 콘텐츠 팀이 초안을 작성하여 디자인 팀에게 이메일을 보내는 작업)이 최근에는 필요하지 않게 되었다. 최첨단 자동화를 통해 시간을 절약할 수 있는 도구를 사용한다.

⑤ 자원 관리

누가, 언제, 무엇을 하느냐가 프로젝트의 핵심 구성 요소이다. 또한 추적하기 가장 어려운 요소이기도 하다. 프로젝트에 배정된 개인이나 팀은 다른 일을 하는 경우가 꽤 많다. 작업을 제시간에 완료하는 것이 매우 중요하므로 실용적인 프로젝트 관리 도구를 사용하여 스케줄링, 시간 추적 등을 정확하게 관리할 수 있도록 한다.

⑥ 보고 및 예산 책정

우수한 프로젝트 관리 도구는 현재 어떤 시점에 놓여 있는 프로젝트를 이해하는 데 도움이 되는 강력한 보고서를 제공해야 한다. 이러한 보고서는 방해 요소 및 사용된 시간과 비용을 식별하여 리소스를 적절하게 재할당할 수 있도록 해야 한다.

⑦ 단순성 및 사용 편의성

도구가 너무 복잡하고 사용하기 어려운 경우, 기능이 아무리 좋더라도 대부분의 사람들은 그 도구를 사용하지 않게 된다. 기업은 고된 교육에 시간과 비용을 들일 여유가 없으며 처음부터 직관적인 도구를 선택해야 한다.

(2) 종류

프로젝트 관리 도구에는 Teamgantt, Microsoft Office Project, Canva, Wrike 및 엑셀 간트 차트가 있다.

① Teamgantt

Teamgantt는 사용자가 쉽고 눈에 띄게 프로젝트를 관리할 수 있기 때문에 프로젝트 스케줄링에 있어 매우 좋은 옵션이다. TeamGantt를 사용하면 태스크, 시간표, 팀 과제 등 기본 사항을 얻을 수 있다. TeamGantt를 훌륭하게 만드는 것은 프로젝트 관리 사고방식과 철학에 대한 이해를 돕고 이를 제품에 확실히 적용할 수 있게 한다.

㉠ 기준선

㉡ 드래그 엔 드롭

㉢ 하나의 Gantt 관리도에서 다중 프로젝트 뷰

㉣ 게스트 권한

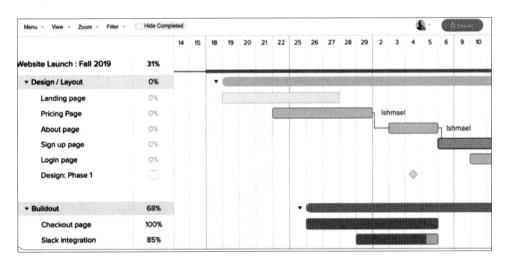

② Microsoft Office Project

간트 차트라면 우선 선택은 당연히 프로젝트(Project)이다. 마이크로소프트에 의해 출하된 범용형 프로젝트 관리 소프트는 국제적으로 인기가 많으며, 현대 이론과 방법을 관리하는 많은 성숙한 프로젝트들이 응집되어 있어 관리자에게 시간, 자원, 원가의 계획과 통계를 실현하도록 할 수 있다. 미리 채워진 풀다운 메뉴 등 프로젝트 관리자에게 친숙한 일정 관리 기능을 통해 프로젝트 관리 소프트웨어의 교육 시간을 단축하고 계획을 간소화할 수 있다. Microsoft Project는 공식 가격이 특히 비싸기 때문에 중소기업에게는 수지가 맞지 않을 수 있다.

③ Canva

프로젝트 관리 툴인 Canva는 간단한 간트 차트를 만들 수 있다는 장점을 가지고 있다. 온라인 디자인을 지원하고 복잡한 소프트웨어를 배우지 않아도 전문가급 간트 차트를 쉽게 만들 수 있다. Canva 라이브러리는 다양한 데이터 시각화 요소를 가지고 있어 원하는 스타일을 선택할 수 있다.

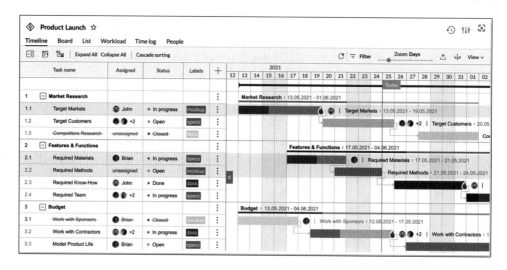

④ Wrike

Wrike에서는 조직 설계가 중요하다. 배정자, 작업 이름, 시작 및 종료 날짜와 함께 테이블 뷰의 역할을 한다. 보기 쉽고 이해하기도 매우 쉽다. 프로젝트 관리 툴은 프로젝트 내에서 필요한 부분을 조정하고 어떤 변경사항에도 계속 집중할 수 있기 때문에 팀원들 간의 원활한 의사소통이 가능하도록 하여 미팅의 필요성을 최소화할 수 있다.

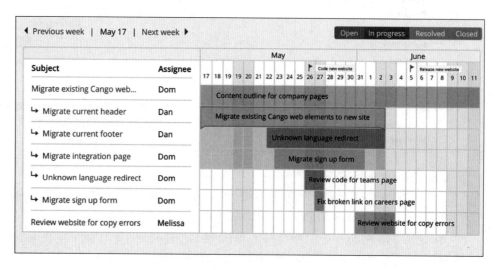

제 3 절 　소프트웨어 프로젝트 비용 추정

소프트웨어 프로젝트 비용 추정은 소프트웨어를 개발하기 위해 필요한 노력 및 기간을 예측하여 비용을 산정하는 작업을 말한다. 소프트웨어 프로젝트 추정 비용을 예측하기 위해서는 다음을 고려해야 한다.

- 프로젝트 관리 후반까지 프로젝트 비용 예측에 대해서 가능한 한 연기한다.
- 이미 수행된 유사 프로젝트나 경험했던 프로젝트를 참고한다.
- 프로젝트를 잘게 분리하여 예측할 수 있도록 분해기법을 이용한다.
- 하나 이상의 경험적 예측(실험) 모델을 활용한다.
- 자동화 도구를 도입하여 활용한다.

1 　비용과 노력 추정 모델(경험적 추정, 델파이, 알고리즘 기법) 중요 ★

비용을 산정하기 위해서는 과거의 유사한 프로젝트를 기반으로 하여 자동으로 산정하기 위한 공식을 사용한다. 산출하는 방법은 하향식과 상향식으로 분류할 수 있다.

(1) 하향식(top-down) 산정 방법

과거의 유사한 경험을 바탕으로 전문 지식이 많은 개발자들이 참여한 회의를 통해 비용을 산정하는 비과학적인 방법이다. 프로젝트의 전체 비용을 산정한 후 각 작업별로 비용을 세분화한다. 하향식 산정 방법에는 전문가의 감정 기법과 델파이 산정 기법이 있다.

① **전문가의 감정 기법**

전문가의 감정 기법은 조직 내에 있는 경험과 지식을 많이 가지고 있는 두 명 이상의 전문가에게 비용 산정을 의뢰하는 기법이다. 즉, 경험이 많은 전문가들이 프로젝트를 수행하는 데 어느 정도의 비용이 들어가는지 평가하고 비용을 산정한다.

　㉠ 특징
- 경험이 많은 두 명 이상의 전문가에게 비용 산정 의뢰
- 개인적이고 주관적인 판단
- 간편하고 편리하게 개발 비용 산정
- 의뢰자와 신뢰도가 형성되면 개발 비용 산정이 쉬움
- 전문가들의 의견이 편파될 수 있는 분위기에 영향을 받지 않도록 조정자(coordinator)를 둠

　㉡ 장점
- 전문가들이 평가하고 비용을 산정하여 신뢰성을 가지며 간편하다.
- 짧은 시간 안에 프로젝트 비용을 산정해야 할 때 사용하면 편리하다.

　㉢ 단점
- 전문가의 경험에 의존을 해야 해서 전문성이 떨어질 경우 정확한 산정이 불가능하다.
- 객관적인 판단이 불가능하고 수학에 의한 계산이 아니므로 비과학적이다.

- 유사한 프로젝트를 경험으로 새로운 프로젝트를 판단하기 쉽기 때문에 과소평가하는 잘못을 초래할 수 있다. 이런 단점을 보안하기 위해서 델파이 산정 기법이 등장하였다.

② **델파이 산정 기법(Delphi method)**

델파이 산정 기법은 전문가 감정 기법의 주관적인 판단을 보완하기 위해서 한 명의 조정자(coordinator)와 여러 명의 전문가로 구성되어 의견을 종합하여 산정하는 기법이다. 한 명의 의견이 아닌 여러 명의 의견일치를 위한 기법이다.

㉠ 특징
- 무기명으로 진행하여 권위적인 분위기는 어느 정도 줄어든다.
- 특정인의 의견을 반영하는 것이 아닌 다수의 의견일치를 위한 것이다.

㉡ 장점
- 한 명이 전문가가 아닌 여러 명의 전문가들이 다른 시각에서 산정하여 합의를 도출하기 때문에 산정하는 방법이 정확하다.
- 여러 의견을 수렴하기 때문에 위험성이 높은 프로젝트에 활용도가 높다.

㉢ 단점
- 전문가를 통하여 산정해야 하지만 전문가가 없을 경우 신뢰성이 떨어진다.
- 의견을 일치시키는 것이 반드시 최상의 방법은 아니다.

㉣ 비용 산정 과정

> ① 조정자는 각 비용 산정 요원에게 시스템 정의서와 산정한 비용 내역을 기록할 서식을 제공한다.
> ② 산정 요원들은 정의서를 분석하여 익명으로 그들 나름대로의 비용을 산정한다.
> ③ 조정자는 산정 요원들의 반응을 요약하여 배포한다.
> ④ 산정 요원들은 이전에 산정한 결과를 이용하여 다시 익명으로 산정한다.
> ⑤ 요원들 간의 의견이 거의 일치할 때까지 이 과정을 반복한다.

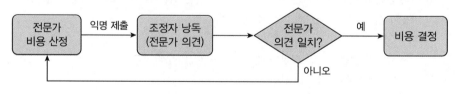

[그림 3-4] 델파이 산정 기법

(2) 상향식(bottom-up) 산정 방법 중요 ★★★

상향식 산정 기법은 프로젝트의 세부 작업 단위별로 비용을 산정한 후 전체 비용을 합산하여 산정하는 방법이다. 상향식 산정 기법에는 LOC(Line of Code, 원시 코드 라인 수) 기법, 개발 단계별 인월수 기법, 수학적 기법 등이 있다.

① **LOC(Line of Code, 원시 코드 라인 수) 산정 기법**

㉠ 정의

LOC 산정 기법은 소프트웨어 각 기능의 원시 코드 라인 수의 비관치, 낙관치, 기대치를 측정하여

예측치를 구하고 이를 이용하여 비용을 산정하는 기법이다. 프로젝트를 관리하는 목적으로 가장
효율적이고 PERT(Project Evaluation and Review Technique)의 예측 공식을 이용한다.

$$\bullet \text{ 작업예측치(E)} = \frac{\text{낙관치} + (4 \times \text{기대치}) + \text{비관치}}{6}$$

$$\bullet \text{ 작업편방편차} = (\frac{\text{비관치} - \text{낙관치}}{6})^2$$

ⓛ 특징
- 측정이 간편하고 이해하기 쉽다.
- 예측치를 이용하여 생산성, 노력, 개발 기간 등의 비용을 산정할 수 있다.
- 프로그램을 평가하고 검토하는 데 이용한다.
- 유지보수 비용을 산출하는 곳에도 사용된다.

ⓒ 단점
- 소프트웨어 개발자의 노력이나 능력을 비용 산정에 포함시킬 수 없다.
- 소프트웨어 개발 프로세스 초기에는 적용될 수 없다는 한계가 있다.

- 노력(인월) = 개발 기간 × 투입 인원 = LOC / 1인당 월평균 생산 코드 라인 수
- 개발 비용 = 노력(인월) × 1인 인건비(단위비용)
- 개발 기간 = 노력(인월) / 투입 인원
- 생산성 = LOC / 노력(인월)

📄 예제

LOC 기법에 의하여 예측된 총 라인 수가 50,000라인, 개발에 참여할 수 있는 프로그래머가
10명, 프로그래머들의 평균 생산성이 월간 100라인일 때 개발되는 소요 시간은?

풀이
- 노력(인월) = LOC / 1인당 월평균 생산 코드 라인 수 = 50,000 / 100 = 500
- 개발 기간 = 노력(인월) / 투입인원 = 500 / 10 = 50개월

② **개발 단계별 인월수(Effort Per Task) 산정 기법**
개발 단계별 인월수 산정 기법은 LOC 기법을 보완하기 위한 기법으로 각 기능들을 구현하기 위해
필요한 노력(인월)을 생명주기의 각 단계별로 비용을 산정하는 기법이다. LOC 기법보다는 비교적
더 정확하게 산정할 수 있다.

(3) 상향식과 하향식 비용 산정 방법 비교

상향식 비용 산정	하향식 비용 산정
• 처음에는 각 모듈 또는 서브시스템을 개발하는 비용을 산정하고 합산하여 전체 비용을 산정 • 시스템 자원의 비용은 고려하지 못할 수도 있음 • 업무분류구조, 연산방식에 의한 비용 산정 방법 등	• 전체 시스템 차원에서 비용 산정 • 시스템 차원의 비용에 초점 • 인력비용은 유사한 과거 프로젝트의 비용을 검사함으로써 추정 • 개발 모듈에 대한 여러 가지 기술적인 요인을 간과할 수 있음 • 전문가의 감정, 그룹에 의한 산정, 델파이 비용 산정 기법

2 규모 기반 모델(COCOMO) 중요 ★★★

(1) COCOMO 모델

① **정의**

COCOMO 모델은 보헴(Boehm)이 제안한 것으로 원시 프로그램의 규모인 LOC(원시 코드 라인 수)에 의한 비용 산정 기법이다. COnstructive COst MOdel의 약자이다. 63개의 실제 소프트웨어 개발 프로젝트를 대상으로 분석한 결과에 기초하여 만들어졌다. 1981년 초기 COCOMO 모델은 발전하여 1995년 COCOMO II로 확장되었다.

② **특징**

㉠ 원시 프로그램 규모인 LOC에 의한 비용 산정 기법이며 하향식 모델이다.

㉡ 개발할 프로젝트의 규모를 예측하고 소프트웨어의 종류에 따라 다르게 책정되는 비용 산정 방정식에 대입하여 비용을 구한다.

㉢ 비용 견적의 강도 분석 및 유연성이 높다.

㉣ 같은 규모의 프로젝트라도 프로젝트 성격에 따라 비용이 다르게 산정된다.

㉤ 비용 산정 결과는 인월(Man-Month)로 나타낸다.

㉥ 작은 규모의 프로젝트 기록을 통계 분석하여 얻은 결과를 반영한 모델이다.

㉦ 주로 중소규모의 프로젝트 비용을 산정하는 데 적합하다.

③ **장단점**

㉠ 비용을 평가하는 요소들을 통제할 수 있다.

㉡ 비교적 적은 소규모 프로젝트 기록을 통계 분석하고 결과를 반영하는 데 유리하다.

㉢ 중소규모의 프로젝트에서 비용 산정을 추정하는 데 유리하다.

㉣ 소프트웨어 라인 수에 따라 결정되는 LOC 기법처럼 라인 수가 정확하면 문제가 되지 않지만, 라인 수가 부정확하면 비용 산정을 예측하기가 어렵다.

㉤ 프로그래밍 언어의 영향을 받는다.

④ **COCOMO 모델의 구성**

㉠ COCOMO 모델은 3가지 단계로 구성된다.

> 첫째, 프로젝트 규모를 바탕으로 기본 공식에 대입하여 대략적인 노력 추정을 계산한다.
> 둘째, 프로젝트에 대한 속성을 비교하여 가중치를 결정한다.
> 셋째, 구해진 예측값에 가중치를 곱하여 노력 추정치를 구한다.

㉡ COCOMO 모델의 기본 단계의 공식은 다음과 같다.

$$MM = c \times (KDSI)^k$$

- MM은 한 사람이 한 달 동안 소요되는 단위인 인원-월(MM : Man-Month)이다.
- KDSI(Kilo-line Delivered Source Instruction)는 완성될 소프트웨어 시스템 규모의 크기를 나타내는 단위인 1,000라인의 규모를 말한다.
- c와 k는 상수이다.

㉢ COCOMO 모델은 소프트웨어의 유형을 크게 세 가지로 분류하는데 단순형(organic), 중간형(semi-detached), 내장형(embedded)이 있다.

프로젝트 유형	공식(c & k)	내용
단순형 (organic)	$MM = 2.4 \times (KDSI)^{1.05}$	• 상대적으로 단순하고 소규모인 소프트웨어 • 이미 팀이 잘 알고 있는 일괄 자료처리, 비즈니스 자료처리, 과학 기술 계산용도의 응용 시스템에 사용 • 안정적인 개발환경인 경우
중간형 (semi-detached)	$MM = 3.0 \times (KDSI)^{1.12}$	• 단순형과 임베디드의 중간형 • 트랜잭션 처리 시스템이나 운영체제, 데이터베이스 관리 시스템 • 크기와 복잡성 면에서 중간 정도의 소프트웨어
내장형 (embedded)	$MM = 3.6 \times (KDSI)^{1.20}$	• 규모가 크고 복잡한 소프트웨어 • 프로젝트 제약조건도 많고 일정이 촉박한 경우에 사용 • 하드웨어 포함된 실시간 시스템 • 미사일 유도, 신호기 제어 시스템

⑤ **COCOMO 모델의 종류**

COCOMO는 비용 산정 단계 및 적용 변수의 구체화 정도에 따라 기본형(Basic), 중간형(Intermediate), 발전형(Detailed)으로 구분할 수 있다.

기본형(Basic) COCOMO	기본형(Basic) COCOMO는 소프트웨어의 크기(생산 코드 라인 수)와 개발 유형만을 이용하여 비용을 산정하는 모형이다.
중간형(Intermediate) COCOMO	중간형(Intermediate) COCOMO는 기본형 COCOMO의 공식을 토대로 사용하나 여러 가지 다른 요인에 의해 비용을 산정하는 모형이다.
발전형(Detailed) COCOMO	발전형(Detailed) COCOMO는 중간형 COCOMO를 보완하여 만들어진 방법으로 개발 공정별로 보다 자세하고 정확하게 노력을 산출하여 비용을 산정하는 모형이다.

각각의 모델 종류를 구하는 공식은 다음과 같다.

기본형 COCOMO	• 개발 노력(Effort, MM, PM) = a × (KDSI)^b • 개발 기간(TDEV) = c × (MM)^d • 적정 투입 인원(FPS) = MM / TDEV • 인적 비용(COST) = MM × 인당 월평균 급여
중간형 COCOMO	• 개발 노력(MM) = 기본 COCOMO의 MM × <u>요인별 노력 승수</u> • 개발 기간(TDEV) = c × (MM)^d • 적정 투입 인원(FPS) = MM / TDEV • 인적 비용(COST) = MM × 인당 월평균 급여
발전형 COCOMO	• 중간형 COCOMO 산정 공식을 그대로 사용하되, 노력 승수를 다음과 같이 적용하여 산정한다. • 노력 승수 = 개발 공정별 노력 승수 × 개발 공정별 가중치

📋 예제

14,000라인의 응용프로그램을 작성해야 되는 프로젝트의 비용을 COCOMO의 Basic 모델을 이용하여 개발 노력, 개발 기간, 개발 인원을 계산하시오(단, 계산에서 상수 a = 2.4, b = 1, c = 0.5, d = 1로 가정한다).

풀이

- Basic COCOMO 모델의 계산
  - 개발 노력(Effort, MM) = a × (KDSI)^b
  - KDSI = 라인 수 / 1000
  - 개발 기간(TDEV) = c × (MM)^d
  - 적정 투입 인원(FPS) = MM / TDEV
  - 인적 비용(COST) = MM × 인당 월평균 급여
- KDSI는 14,000 / 1,000 = 14
- 개발 노력(E) = 2.4 × 14 = 33.6MM
- 개발 기간(D) = 0.5 × 33.6 = 16.8Month
- 개발 인원(N) = 33.6 / 16.8 = 2명

---

(2) COCOMO II 중요 ★

① 정의

1995년에 발표된 모델로서 **재사용성을 강화하고 요구분석 및 요구변경을 반영할 수 있으며 컴포넌트들을 이용하여 조립·개발하는 환경에 적용하기 위해** 작성되었다.

② 기본 공식

$$E = bS^Cm(X)$$

기초 소요노력 예측값이 bS^c이며, $m(X)$는 비용승수의 벡터이다. 각 단계에 적용되는 비용승수를 나타낸다.

③ **필요성**

COCOMO는 설계 이전의 시기는 산정하기 어려운데, COCOMO II는 진행 정도별 산정 모델을 제시하고 있다. COCOMO는 재사용 적용이 어려웠던 반면, COCOMO II는 컴포넌트, 프레임워크 환경을 지원하고 서브 시스템별로 개별 산정 지원이 가능하다. 또한 COCOMO II는 OO(Object-Oriented)와 CBD(Component Based Development) 지원을 한다.

④ **COCOMO II의 세 가지 모델**

COCOMO II는 프로젝트의 진행된 정도에 따라 다음과 같이 세 가지 다른 모델을 제시하고 있다.

응용 합성 (Application Composition Model)	• 작은 팀이 몇 주의 기간 동안 개발하는 경우에 사용 • 주로 GUI Builder나 컴포넌트들을 이용하여 조립 및 개발하는 경우에 사용 • 컴포넌트 개수, 복잡도, 객체점수/애플리케이션 점수라고 부르는 규모 척도로 이용
초기 설계 (Early Design Model)	• 비교적 개발 초기 단계에서 주로 사용되며 실제 개발할 소프트웨어의 크기, 운영 환경의 특성, 프로젝트에 참여할 관련자, 수행할 프로세스의 세부사항 등에 대한 정보가 부족할 때 사용 • 소프트웨어 프로젝트 또는 초기 시스템의 데이터가 일부밖에 없는 환경에서 적용 가능
설계 이후 (Post-Architecture Model)	• 가장 세부적인 COCOMO II 모델로 소프트웨어 생명주기가 확립된 후에 사용되며 소프트웨어를 개발하고 유지보수하는 동안 사용 • 소프트웨어 프로젝트에 대한 상세한 자료가 존재하는 경우에 적용 가능 • 기능 점수와 LOC를 규모 척도로 이용 • 17개의 Multiplicative Cost와 5개의 Scaling Cost Driver를 사용하여 비용 산출 • Const Driver의 값은 Very Low부터 Extra-High까지 6단계로 구성

3 기능 점수(function point) 모델 중요 ★

(1) 정의

기능 점수(function point) 모델은 1970년대에 IBM의 알브레트(Allan J. Albrecht)에 의해 처음 개발되었다. 사용자의 관점에서 소프트웨어가 제공하는 기능을 측정하는 방법이며 주로 논리적 설계를 기초로 사용자에게 제공되는 소프트웨어의 기능을 정량화하여 소프트웨어의 규모를 산정하는 방법이다. 주로 데이터를 관리하는 소프트웨어에 적합하다. 측정의 초점을 '소프트웨어가 어떻게 구현되었는지'에서 '사용자가 어떠한 기능을 요구했는지'로 이동시킴으로써 LOC의 제약 사항을 해결할 수 있도록 설계하였다. 기능 점수의 항목에는 외부 입력, 외부 출력, 외부 조회, 내부 논리 파일, 외부 인터페이스 파일이 있다.

(2) 특징

① 기능적인 사용자 요구사항을 측정

개발 언어나 개발자의 능력, 개발 기간에 따른 측정 방법에 대한 부분은 배제하고 사용자의 기능 요구사항에 기반하기 때문에 코드 수를 분석하는 방법보다는 상대적으로 객관적인 규모 측정이 가능하다고 평가받는다.

② 외부 사용자 관점에서 측정

외부 사용자 관점에서 객관적인 수치를 이용해 소프트웨어 시스템의 규모를 나타낸다.

③ 소프트웨어 전체 생명주기에 걸쳐서 적용

개발 라이프 사이클 전 과정에서 반복적으로 활용할 수 있다.

④ 방법론 및 물리적 또는 기술적 요소와 무관하게 측정

프로그래밍 언어와 상관없이 일정하고, 개발 기술 및 품질 수준과는 독립적이며, 측정이 매우 간단하고 일관성을 가진다.

(3) 장점

기능 점수 모델은 프로그래밍 언어와 무관하게 객관적인 애플리케이션 복잡도를 가지고 산정하기에 적합하다. 또한 조직에 관계없이 애플리케이션 복잡도 계산에 일관성을 유지할 수 있으며, 초기 프로젝트 단계에서 사용할 수 있다.

(4) 기능 점수 항목

소프트웨어의 규모와 복잡도는 사용자에게 제공되는 트랜잭션과 이를 지원하는 데이터에서 찾을 수 있다. 요구사항 분석부터 시작하며 사용자에게 제공되는 소프트웨어의 기능들을 5가지 핵심 항목으로 나누고 항목에 가중치를 추가한 후, 주어진 가중치의 합으로 구성한다. 또한, 프로젝트 특성에 따라 다르게 부여할 수 있다.

항목	내용
외부 입력 (EI, External Input)	• 애플리케이션 외부 • 사용자 또는 다른 응용 프로그램으로부터 애플리케이션 안으로 자료를 가져오는 기본 프로세스 또는 트랜잭션
외부 출력 (EO, External Output)	• 애플리케이션 외부 • 애플리케이션 경계 밖으로 자료를 가져가는 프로세스 또는 트랜잭션
외부 조회 (EQ, External Inquiry)	애플리케이션의 응답을 온라인 출력의 형태로 내보내게 하는 온라인 입력
내부 논리 파일 (ILF, Internal Logical File)	• 애플리케이션 내부 • 존재하는 데이터를 논리적으로 모아놓는 것
외부 인터페이스 파일 (EIF, External Interface File)	• 애플리케이션 외부 • 외부에 있는 데이터이며 애플리케이션에서 사용할 수 있는 정보를 제공

(5) 기능 점수 추정 방법

측정 유형을 결정하는 것이 가장 먼저 필요하다. 개발되는 애플리케이션이 어떠한 시점과 목적에 의해 만들어지는지를 고려하여 측정 유형을 결정한다. 측정 유형은 크게 세 가지로 구분된다.

개발 프로젝트 기능 점수 (DFP : Development Project Function Point)	신규 개발 프로젝트를 진행하려는 경우에 사용자에게 제공하는 기능을 측정하는 것이다. 개발 프로젝트 기능 점수 측정의 일차적인 목표는 프로젝트를 진행하기 위해 필요한 예산, 인력 시간 등을 예측하는 것이다.
개선 프로젝트 기능 점수 (EFP : Enhancement Project Function Point)	기존 애플리케이션에 대한 변경을 측정하는 것으로 유지보수 프로젝트의 개선 요구사항이 밝혀진 시점에 계산된다. 현재 사용 중인 애플리케이션에 새롭게 추가되는 기능, 삭제되는 기능, 변경되는 기능에 대해서 측정한다. 유지보수 프로젝트를 진행하는 경우, 유지보수에 필요한 인력이나 비용을 산정할 때 적용할 수 있다.
애플리케이션 기능 점수 (AFP : Application Function Point)	현재 운용 중인 애플리케이션에 대한 기능을 측정하는 것이다. 설치된 애플리케이션의 기능 점수를 측정하는 이유는 향후에 또 다른 개선 요구사항이 발생하는 경우에 애플리케이션의 개선 작업을 토털 아웃소싱 형태로 계약하여 진행하게 되면 운영 중인 애플리케이션에 대한 기능 점수를 토대로 개선 작업에 대한 규모를 측정해야 하기 때문이다. 현재 애플리케이션의 기능 규모와 추가, 수정, 삭제될 기능을 측정하여 비용을 산정하고 계약을 맺어야 한다.

(6) 기능 점수 측정 프로세스

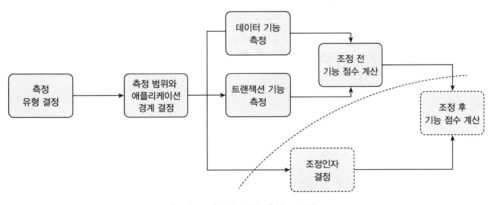

[그림 3-5] 기능 점수 측정 프로세스

- 측정 유형 결정은 프로젝트 또는 응용 시스템 개발 프로젝트 기능 점수 측정, 유지보수 프로젝트 기능 점수 측정, 응용 패키지 기능 점수 측정 중 하나를 선택한다.
- 측정 범위와 애플리케이션 경계 식별은 기능 점수 계산에 포함될 기능성을 정의하는 것으로, 측정 대상이 되는 소프트웨어와 사용자 간의 경계를 정의한다.
- 데이터 기능 유형 측정(Data Function)은 내부 및 외부 자료 요구사항을 만족시키기 위해 사용자에게 제공되는 기능들을 말한다.
- 트랜잭션 기능 유형 측정은 데이터를 처리하기 위해 사용자에게 제공되는 기능들을 말한다.

- 조정치 결정(VAF, Value Adjustment Factor)은 응용 시스템 사용자에게 제공되는 전반적인 기능성인 보정계수를 결정하는 것으로, 14개의 시스템 특성으로 이루어져 있으며 각 시스템 특성의 영향 정도는 0에서 5까지의 척도로 평가한다.

[기능 점수의 영향도 측정(14개 항목)]

시스템 특성	영향도 평가 기준
• 데이터 통신의 필요 정도 • 분산 처리의 정도 • 처리 속도 • 사용 빈도 • 처리율 • 온라인 자료 입력 • 온라인 수정 • 처리의 복잡성 • 사용자 편이성 • 이식성 • 재사용성 • 설치 용이성 • 작동 편의성 • 다중 설치성	• 0 : 영향력이 전혀 없거나 존재하지 않음 • 1 : 사소한 영향 • 2 : 어느 정도 영향 • 3 : 보편적인 영향 • 4 : 중요한 영향 • 5 : 강력한 영향
총 영향도(TDI)	

- 조정 후 기능 점수 계산(AFP, Adjusted Function Point)은 계산 유형별(개발 프로젝트, 유지보수 프로젝트, 응용 패키지)로 해당 공식을 사용하여 계산을 수행한다.

4 Putnam 모델

Putnam 모델은 소프트웨어 생명주기의 전 과정 동안에 사용될 노력의 분포를 가정해주는 모델이다. 푸트남(Putnam)이 제안한 것으로 생명주기 예측 모형이라고도 한다. 시간에 따른 함수로 표현되는 Rayleigh-Norden 곡선의 노력 분포도를 기초로 한다. Putnam 모델은 대형 프로젝트의 노력 분포 산정에 이용되는 기법이다. 개발 기간이 늘어날수록 프로젝트 적용 인원의 노력이 감소한다.

📁 **산정 공식**

$$개발\ 노력(MM) = \frac{L^3}{C_k^3 \cdot Td^4}$$

- L : 원시 코드 라인 수
- Td : 개발 시간
- C_k : 환경 상수
  (빈약 환경 = 2,000, 좋은 환경 = 8,000, 최적 환경 = 12,000)

제 4 절 소프트웨어 프로젝트 일정 계획

1 일정 계획의 이해

(1) 개요

프로젝트 일정 계획은 프로세스를 이루는 소작업을 파악하고 예측된 노력을 각 소작업에 분배하며, 소작업의 순서와 일정을 정하는 것을 말한다.

소프트웨어 개발 기간의 지연을 방지하고 프로젝트가 계획대로 진행되도록 일정을 계획한다. 계획된 일정은 프로젝트의 진행을 관리하는 데 기초 자료가 된다. 계획된 일정과 프로젝트의 진행도를 비교하여 차질이 있을 경우 여러 조치를 통해 조정할 수 있다. 프로젝트 일정 계획을 위해 PERT/CPM, 작업분할구조(WBS), 간트 차트 등이 사용된다.

(2) 기본 원칙

> ① 분할 : 프로젝트는 관리 가능한 여러 개의 작업으로 분할되어야 한다.
> ② 상호 의존성 : 분할된 각 작업들 간에 어떤 관계가 있는지 상호 의존성이 결정되어야 한다.
> ③ 시간 할당 : 각 작업에 시간을 할당해야 한다.
> ④ 노력 확인 : 소프트웨어 개발에 참여할 팀원들에 맞게 시간이 할당되었는지 확인해야 한다.
> ⑤ 책임성 : 계획된 작업은 특정 팀에게 할당되어야 한다.
> ⑥ 정의된 산출물, 이정표 : 각 작업들은 정의된 산출물과 이정표를 가지고 있어야 한다.

소규모 프로젝트에서는 한 사람이 프로젝트를 진행할 수 있지만, 대규모 프로젝트에서는 혼자 작업이 어렵기 때문에 많은 사람이 참여해야 할 때 사람과 사람 간의 관계를 어떤 노력으로 풀어낼 것인가가 중요하다. Brooks의 법칙은 '진행 중 새로운 인력을 투입할 경우 적응기간과 부작용으로 인해 일정을 지연시키고 혼란을 가져올 수 있다.'라고 하였다. 이건 사람과 노력 사이의 관계를 말한다.

(3) 프로젝트 일정 관리 순서

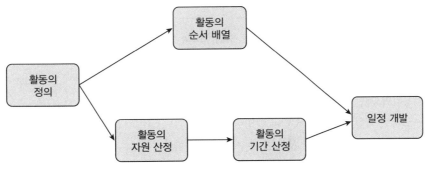

[그림 3-6] 프로젝트 일정 관리 순서

① **활동의 정의** : 프로젝트에 요구되는 활동(액티비티)들이 정의되어 작업 패키지로 식별된다.
② **활동의 순서 배열** : 활동 간의 논리적인 관계와 의존도를 문서화하고 활동의 순서를 배열한다.
③ **활동의 자원 산정** : 각 일정 활동을 수행하기 위해 필요한 자원의 수요를 산정한다.
④ **활동의 기간 산정** : 각 활동에 배치된 자원을 고려하여 개별 활동 수행에 필요한 시간을 추정한다.
⑤ **일정 개발** : 활동 순서, 자원 요구사항, 수행 기간 등 앞의 4단계 프로세스들을 바탕으로 일정을 개발한다.

2 업무 정의 및 분해(WBS) 중요 ★★

(1) 정의

WBS는 작업분할구조(Work Breakdown Structure)의 약자이며 프로젝트 수행을 위한 개발 업무를 계층적으로 보여주는 것이다. 1957년 미 국방성에서 PERT(Program Evaluation Review Technique)와 함께 개발하였다. 프로젝트 목표를 달성하고 필요한 결과물을 산출하기 위해 프로젝트 팀이 실행할 작업을 산출물 중심으로 분할한 계층 구조 체계이며, 소규모 작업단계로 구성하며 나누어진 각 작업에 대한 우선순위, 상관관계를 도출하여 구조적으로 표현한다. 작업분할구조(WBS)는 프로젝트가 어떤 작업으로 이루어지는지를 알아내는 것이며, CPM은 이들 작업을 어떤 순서로 할 것인가를 정하는 것이다.

(2) WBS의 작성 절차도

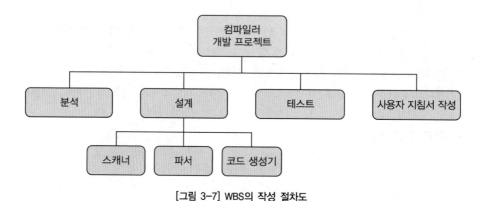

[그림 3-7] WBS의 작성 절차도

(3) 특징

① 사용자와 개발자 간의 의사소통 도구로 사용한다.
② 프로젝트 팀원의 책임과 역할이 분명하다.
③ 필요 인력과 일정 계획을 세우는 데 기초로 활용한다.
④ 개발비 산정을 위해 기초 자료로 사용한다.

⑤ 성과 측정 및 조정 시 기준선으로 사용한다.
⑥ 프로젝트 업무 내용을 한눈에 볼 수 있고 관리가 편하다.

3 일정 계획 방법(간트 차트, 네트워크 차트)

(1) 간트 차트(Gantt Chart) 중요 ★

① 정의

간트 차트는 **프로젝트를 이루는 소작업별로 언제 시작하고 언제 끝나야 하는지를 한 눈에 볼 수 있도록 그린 프로젝트 일정표**를 의미한다. 프로젝트의 각 작업들이 언제 시작하고 언제 종료되는지에 대한 작업 일정을 막대 도표를 이용하여 표시하는 프로젝트 일정표로, 시간선(Time-Line) 차트라고도 한다.

② 특징

간트 차트를 통해 중간 목표 미달성 시 그 이유와 기간을 예측할 수 있다. 또한 사용자와의 문제점이나 예산의 초과 지출 등도 관리할 수 있다. 간트 차트는 자원 배치와 인원 계획에 유용하게 사용되며, 다양한 형태로 변경하여 사용할 수 있다.

간트 차트에서 작업 경로는 표시할 수 없으며, 계획의 변화에 대한 적응성이 약하다. 또한 계획 수립 또는 수정 때 주관적 수치에 기울어지기 쉽다.

간트 차트는 이정표, 작업 일정, 작업 기간, 산출물로 구성되어 있으며 수평 막대의 길이는 각 작업(Task)의 기간을 나타낸다.

작업 일정 / 작업 단계	이정표												산출물
	1	2	3	4	5	6	7	8	9	10	11	12	
계획	■												시스템 계획서 프로젝트 정의서
분석		■											요구 분석 명세서
기본 설계			■										기본 설계서
상세 설계				■									상세 설계서
사용자 지침서			■										사용자 지침서
시험 계획					■								시험 계획서
구현							■						원시 코드
통합 테스트										■			시스템 통합 계획서
시스템 테스트											■		시스템
인수 테스트												■	개발 완료 보고서

[그림 3-8] 간트 차트

(2) PERT/CPM 중요 ★★

① PERT(Program Evaluation and Review Technique)

㉠ 개요

PERT는 **프로그램을 평가하고, 검토하는 프로젝트 관리 기법**이다. 프로젝트 진행 상황을 통계적인 방법으로 파악하고 이를 통해 일정 계획 및 통제를 할 수 있도록 고안되었다. 즉, 액티비티의 작업시간(기간)을 추정하기 위한 기법을 말한다. 1958년 미국 해군의 라리스 잠수함용 미사일의 개발을 관리하기 위해서 부즈알렌앤드해밀턴사가 개발하였으며 행위 네트워크(Activity Network) 또는 선행(Precedence) 다이어그램이라고도 한다.

㉡ 특징

- 과거에 경험이 없어서 소요 기간 예측이 어려운 소프트웨어에서 사용한다.
- 노드와 간선으로 구성되며 원 노드에는 작업을, 간선(화살표)에는 낙관치, 기대치, 비관치를 표시한다.
- 결정 경로, 작업에 대한 경계 시간, 작업 간의 상호 관련성 등을 알 수 있다.
- 주로 대형 프로젝트의 일정 계획을 위해 만들었는데 작업의 소요시간이 명확하지 않을 때는 일정 계획에서 불확실성을 고려하는 방법도 있다.
- 단계 중심의 일정 계산을 하며, 구성 활동의 선후 관계 파악이 매우 중요하다.
- 프로젝트에 사용되는 각 작업의 낙관시간, 가능시간, 비관시간을 사용하여 각 단계별 종료시기를 결정하는 방법이 있다.

㉢ 공식

다음과 같은 PERT 공식을 이용하여 작업 예측치를 계산한다.

- 3가지 예측시간은 베타 확률분포를 가진다.
- t_o(낙관적 시간, optimistic time) : 모든 상황이 순조롭게 진행될 때 작업 수행에 소요되는 시간
- t_m(통상적 시간, most likely time) : 상황이 보통일 때 작업 수행에 소요되는 시간
- t_p(비관적 시간, pessimistic time) : 상황이 안 좋을 때 작업 수행에 소요되는 시간

기대소요시간	분산
$t_e = \dfrac{(t_o + 4t_m + t_p)}{6}$	$\sigma_t{}^2 = \left(\dfrac{t_p - t_o}{6}\right)^2$

㉣ 단계

첫째, 성공적인 프로젝트의 완료를 위한 모든 업무를 파악한다.
둘째, 각 작업 단위들의 의존도에 따라 작업 단위 순서를 결정한다.
셋째, 각 작업 단위 사이의 관계를 파악한다.
넷째, 각 작업 단위의 추정 시간을 계산한다.
다섯째, 전체 프로젝트의 스케줄링을 결정한다.

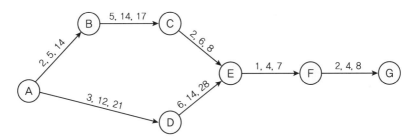

[그림 3-9] PERT 네트워크 구성

② CPM(Critical Path Method)

㉠ 정의

CPM은 프로젝트 완성에 필요한 작업을 나열하고 작업에 필요한 소요 기간을 예측하는 데 사용하는 기법이다. 1956년 Dupont사와 Remington사가 Plant의 화학 처리 공장의 건설 계획을 조직적으로 추진하며 설계 및 건설을 위해 공동 개발하였으며, 건설 공사와 같이 단위 작업이 확정적 소요 시간을 갖는 프로젝트인 경우에 적합하다. 프로젝트에 필요한 작업을 나열하고, 작업에 필요한 소요기간을 예측하는 데 사용하며, 과거에 경험이 있는 프로젝트에 주로 적용한다.

㉡ 특징

- 노드와 간선으로 구성된 네트워크로 노드는 작업을, 간선은 작업 사이의 전후 의존 관계를 나타내며 여러 가지로 변형이 가능하다.
- 원형 노드는 각 작업을 의미하며 각 작업 이름과 소요 기간을 표시하고, 박스 노드는 이정표(Milestones)를 의미하며 박스 노드 위에는 예상 완료 시간을 표시한다.
- 간선을 나타내는 화살표의 흐름에 따라 각 작업이 진행되며, 전 작업이 완료된 후 다음 작업을 진행할 수 있다.
- 각 작업의 순서와 의존 관계, 어느 작업이 동시에 수행될 수 있는지를 한눈에 볼 수 있다.
- 경영층의 과학적인 의사결정을 지원하며, 효과적인 프로젝트의 통제를 가능하게 해 준다.
- 예산을 측정하기 위해 개발 기간을 설정하려고 하는 일정 계획 방법으로, 임계경로(Critical Path) 방법에 의한 프로젝트에서 최근 완료 시간을 구하는 데 사용한다.
- 반복 사업 및 경험이 있는 사업에 주로 이용한다.

㉢ 임계경로(Critical Path)

하나의 제품을 개발하기 위한 여러 경로 중에서 제품이 완성되기까지 가장 많은 기간을 소요하는 경로를 말한다.

> ### 더 알아두기 🔍
>
> **PERT/CPM 네트워크를 통해 계산될 수 있는 경계시간(Boundary Time)**
> • 모든 선행 작업들이 가능한 한 최단시간 내에 완성될 때 한 작업이 시작될 수 있는 가장 빠른 시간
> • 최소의 프로젝트 완료시간이 지연되기 전에 작업 개시를 위한 가장 늦은 시간
> • 가장 빠른 완료 시간 : 가장 빠른 개시 시각과 작업 기간의 합
> • 가장 늦은 완료 시간 : 가장 늦은 개시 시각과 작업 기간의 합
> • 총 자유 시간 : 네트워크 임계경로를 일정대로 유지하기 위해 작업에 허용된 남은 시간의 양인 전체 여유 시간

ⓔ CPM 네트워크의 박스에는 작업의 시작일과 완성일을 표시한다. 이것으로 각 작업에 대한 CPM 네트워크를 사용한 일정 계획 순서는 다음과 같다.

> 첫째, 프로젝트의 규모를 추정한다.
> 둘째, 각 단계에서 필요한 작업들을 분할한다.
> 셋째, 각 작업의 상호 의존 관계를 CPM 네트워크로 나타낸다.
> 넷째, 일정 계획을 간트 차트로 나타낸다.

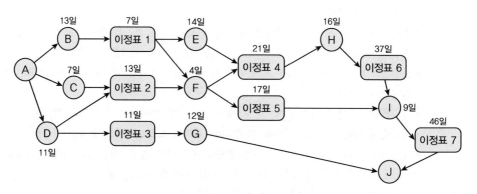

[그림 3-10] CPM 네트워크 구성

간선을 나타내는 화살표의 머리에 있는 작업은 화살표의 꼬리에 있는 작업이 끝날 때까지는 시작될 수 없다. 이정표는 프로젝트의 중요한 중간 결과를 완성하였다는 표시로, 이정표의 일을 완성하지 못하면 일정을 수정해야 한다.

[PERT와 CPM 비교]

항목	PERT	CPM
특징	• 단계중심의 일정 계산 • 구성 활동의 선후 관계 파악이 중요	• 원가 절감이 목적 • Activity 중심의 일정 계산
장점	• 경험적 교훈이 없는 경우 • 불확실성이 높은 경우 • 세 가지 추정치 사용	• 경험적 교훈이 있는 경우 • 불확실성이 적은 경우 • 한 가지 추정치 사용
단점	경험적 교훈이 없고 주관적인 판단으로 인해 정확성이 떨어짐	경험적 교훈이 없는 경우 추정의 정확성이 떨어짐
적용사례	미해군 미사일 개발 프로젝트	듀폰 화학 공장 프로젝트

제 5 절 조직 계획

프로젝트 조직 계획은 프로젝트를 수행하기 위해 참여하는 각 구성원들의 역할을 할당하고 서로 어떤 방법을 통해 협력할 것인가를 정의하는 것이다. 또한, 소프트웨어를 개발하는 데 있어서 매우 중요한 부분이며 많은 영향을 미친다.

프로젝트를 완성하기 위해서는 프로젝트 단위로 팀을 구성하여 수행한다. 프로젝트 수행 기간, 작업의 특성, 팀 구성원 사이의 의사 교류 횟수에 의해 팀 구성 방법이 달라질 수 있다. 프로젝트 팀 구성은 의사결정권이 누구에게 있느냐에 따라 분산형 팀 구성, 중앙집중형 팀 구성, 계층적 팀 구성으로 나눌 수 있다.

1 분산형 팀 구성

분산형 팀 구성은 팀원 모두가 의사결정에 참여하는 객관적인 구성 방식으로, 민주주의식 팀 구성이라고도 한다. 팀장이 따로 없고 팀원 전체가 합의하였을 때 의사결정하는 방식이며, 팀원의 참여도와 작업 만족도가 높다. 팀 구성원 각자가 서로의 일을 검토하고 다른 구성원이 일한 결과에 대하여 같은 그룹의 일원으로서 책임을 진다. 여러 사람의 의사가 교류되므로 복잡하고 이해되지 않는 문제가 많은 장기 프로젝트 개발에 적합하다. 링 모양의 구조를 가지며 이는 모든 구성원이 동등한 레벨에 있음을 보여준다. 팀 구성 방법 중 가장 많은 의사소통 경로를 갖는 구조이지만, 의견이 너무 많아 합의점을 찾는 데 오래 걸릴 수 있다는 단점은 있다.

$$\text{의사소통 경로의 수} = \frac{n(n-1)}{2}$$

• n : 팀원 수

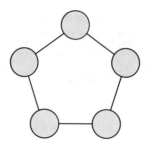

[그림 3-11] 분산형 팀 구성

2 중앙집중형 팀 구성

중앙집중형 팀 구성은 한 관리자가 의사결정을 하고 팀 구성원들은 그 결정에 따르는 구성 방식으로, **책임 프로그래머 팀 구성**이라고도 한다. 프로젝트 수행에 따른 모든 권한과 책임을 한 명의 관리자[책임(고급) 프로그래머]에게 위임하고, 기술 및 관리 지원을 위해 인력을 투입하는 형태이다. 책임 프로그래머에 의해 의사결정이 이루어져서 결론 도출이 빠르며 의사 교환 경로를 줄일 수 있다. 한 사람에 의해서 프로젝트가 결정되기 때문에 소규모 프로젝트에 적합하다. 프로젝트의 성공 여부는 책임 프로그래머에 의해서 결정되며 그만큼 책임 프로그래머의 책임이 막중하다. 또한, 책임 프로그래머의 능력에 따라 프로젝트의 성공 여부도 판가름될 수 있다.

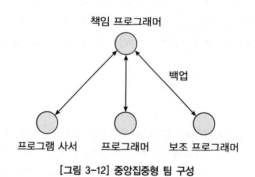

[그림 3-12] 중앙집중형 팀 구성

3 계층적 팀 구성

계층적 팀 구성은 분산형 팀 구성과 중앙집중형 팀 구성의 장점만 수용하여 만든 혼합 형태로, **혼합형 팀 구성**이라고도 한다. 5~7명의 초급 프로그래머를 작은 그룹으로 만들고 각 그룹을 고급 프로그래머가 관리하게 한다. 경험자(고급 프로그래머)와 초보자를 구별한다.

프로젝트 리더와 고급 프로그래머에게 지휘 권한을 부여하고, 의사 교환은 초급 프로그래머와 고급 프로그래머에게 분산한다. 기술 인력이 관리를 담당하게 되어 좋은 기술력을 사장시킬 수 있으며, 기술 인력이 업무 관리 능력을 갖추지 못하면 프로젝트를 완수할 수 없다는 단점이 있다.

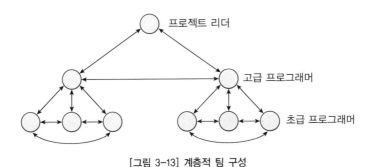

[그림 3-13] 계층적 팀 구성

제 6 절 위험 관리

1 위험 분석의 이해

(1) 정의

위험 관리는 **프로젝트 추진 과정에서 예상되는 위험을 미리 예상하고 이에 대한 적절한 대책을 수립하는 일련의 활동**을 의미한다. 프로젝트 추진 과정에서 예상되는 돌발 상황들을 미리 예상하고 이에 대한 대책을 수립하는 일련의 활동이며, 위험의 불확실성을 감소시키고 손실에 대비하는 작업을 한다. 위험을 식별한 후 발생 확률을 계산하고, 그 영향을 추산하여 위험에 대비하는 비상 계획을 마련한다. 핵심 요소는 일정, 원가, 품질, 기술, 인력 등을 관리하여 성공적인 완료와 프로젝트의 위험 요소에 대해 효과적으로 대체할 수 있는 전략과 체계적인 방법을 제시한다.

위험 분석은 **프로젝트 결과에 심각한 영향을 미칠 수 있는 중요한 부분**이다. 위험을 식별한 후 발생 확률을 산정하고 그 영향을 추산하여 해당 위험에 대비하는 비상 계획을 마련해야 한다. 또한, 성공적으로 프로젝트를 완수하기 위해서는 사전에 위험 요소에 대해서 예방하는 일련의 활동이 필요하다. 위험을 식별한 후 분석 및 평가를 실시한다. 이때 위험표(위험의 내용, 종류, 발생 확률, 영향력 등을 포함)를 작성하는데 이를 통해 직관적인 위험을 알 수 있다. 그 후에는 계획을 수립하고 위험 감시 및 조치를 실시한다.

(2) 위험의 분류

종류	내용
프로젝트 위험 (Project Risk)	프로젝트 계획을 위협하는 것으로 일정이 지연되고 비용이 증가하게 된다.
기술 위험 (Technical Risk)	소프트웨어의 품질이나 시기를 위협하는 것으로 구현이 어려워지거나 불가능하게 된다.
비즈니스 위험 (Business Risk)	소프트웨어 생존 가능성을 위협하는 것으로 원치 않는 제품이나 전략에 맞지 않는 제품 등을 개발하게 된다.
인력 부족, 예산 관리, 일정 관리, 사용자 요구사항 변경	

2 위험의 종류 중요 ★★

소프트웨어 개발 시 일반적인 위험 요소에는 인력 부족, 예산 관리, 일정 관리, 사용자 요구사항 변경 등이 있다. 위험의 종류로는 알려진 위험(Known Risk), 예측 가능한 위험(Predictable Risk), 예측 불가능한 위험(Unpredictable Risk)이 있다.

종류	내용
알려진 위험	프로젝트와 연관된 정보, 기술적 대응, 정보 등과 연관된 위험
예측 가능한 위험	기존의 프로젝트를 수행하면서 발생한 위험
예측 불가능한 위험	기존의 프로젝트와 다른 새로운 프로젝트를 수행하면서 발생한 위험

(1) 알려진 위험(Known Risk)

프로젝트 계획서, 기술적 환경, 정보 등에 의해 발견될 수 있는 위험으로, 프로젝트와 연관된 정보, 기술적 대응, 정보 등과 연관된 위험이다.

(2) 예측 가능한 위험(Predictable Risk)

과거 경험으로부터 예측할 수 있는 위험, 다시 말해 기존의 프로젝트를 수행하면서 발생한 위험이다.

더 알아두기

예측 가능한 위험 항목
• 제품 크기 : 제작 또는 수정될 소프트웨어의 크기에 대한 위험
• 비즈니스 영향 : 관리나 영업에 대한 위험
• 고객 특성 : 고객의 부당한 요구, 의사소통과 관련된 위험
• 프로세스 정의 : 소프트웨어 개발 과정상의 위험
• 개발 환경 : 개발에 사용되는 도구 및 지원상의 위험
• 기술진의 규모와 경험 : 기술진의 규모 및 프로젝트 경험과 관련된 위험

(3) 예측 불가능한 위험(Unpredictable Risk)

사전에 예측이 매우 어려운 위험이며, 기존 프로젝트와 다른 새로운 프로젝트를 수행하면서 발생한 위험이다.

3 위험 관리 절차 🔒★★

위험 관리의 절차는 '위험 식별, 위험 분석 및 평가, 위험 관리 계획, 위험 감시 및 조치' 순이다. 소프트웨어 개발에 방해가 되는 요소를 파악하고(위험 요소 식별), 위험 요소의 발생 확률과 영향도를 평가한 뒤(위험 분석), 분석한 결과에 따라 위험 우선순위를 정하여 그에 맞게 대책을 세우는 것이다.

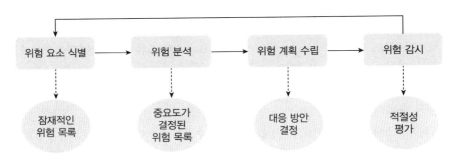

[그림 3-14] 위험 관리 절차

(1) 위험 요소 식별

알려지거나 예측 가능한 위험 요소를 파악하는 작업으로, 위험 항목 점검 목록을 작성하여 활용한다. 위험 관리에서 가장 중요한 일은 프로젝트 수행에 영향을 주는 위험 요소를 파악하는 것이다. 일단 위험 요소를 찾아내야 예방하거나 최소화하는 등 여러 대안이 나올 수 있다.

위험 요소를 찾는 방법에는 팀원들이 모여 발생 가능한 위험 요소에 대해 브레인스토밍해서 도출하는 방법과 이전에 유사한 프로젝트를 진행할 때 발생한 위험 요소를 참조하는 방법이 있다. 이때는 경험 많은 개발자들의 의견을 듣는 것도 매우 중요할 것이다.

위험 요소를 찾는 것이 가장 우선적으로 이루어져야 하지만, 찾은 위험 요소의 원인을 규명하는 일도 해결책을 강구하는 데 매우 중요하다. 그러므로 위험 요소 식별 과정에서 위험 요소를 찾고 원인도 알아내야 한다. 그렇다면 어떤 위험 요소가 있고 그 원인은 무엇일까?

대표적인 것이 개발자들의 이직이다. 전자 제품 개발 등과 달리 소프트웨어 개발은 사람이 중심이다. 그러므로 개발 도중에 유능한 개발자가 이직하면 일정에 상당한 차질이 생긴다. 새로운 개발자를 바로 투입한다고 해결될 문제도 아니다. 그러면 개발자가 이직하는 원인을 찾아보고 대책을 세워야 할 것이다. 이직 이유는 다양하겠지만 급여 문제, 과중한 업무, 팀원 내의 관계 문제 정도가 가장 큰 원인으로 꼽힐 것이다. 관리자는 프로젝트 진행 중에 이직 문제가 발생하지 않도록 평소에 개발자들과 충분히 대화하여 개발자들의 고민을 알고 있어야 한다.

요구사항의 변경도 개발 일정에 영향을 준다. 설계와 구현은 완료된 요구 분석 명세서를 기준으로 작업하는데, 요구사항이 계속 변하고 점차 증가하면 예상보다도 더 많은 영향을 줄 수 있다. 요구사항이 계속 변경되거나 추가되는 원인은 요구사항 파악 단계에서 시간을 많이 할애하지 못해 사용자와 충분한 대화를 나누지 못했거나 요구사항을 잘못 파악했기 때문이다. 그렇다면 계획 단계에서 요구사항 파악 시간을 충분히 확보해야 할 것이다. 그리고 유사한 프로젝트를 많이 경험한 분석가를 투입하여 사용자의 요구보다 더 앞서 새로운 기능들을 제공해야 할 것이다.

(2) 위험 분석

프로젝트에 내재한 위험 요소를 인식하고 그 영향을 분석하는 활동으로, 위험 추산(Risk Estimation) 작업을 통해 수행된다. 가능한 모든 위험 요소와 영향을 분석하여 의사결정에 반영한다. 위험 요소에 대해 효과적이지 못한 관리는 프로젝트를 실패하는 결과도 가져올 수 있다. 위험 추산을 위해 위험표(Risk Table)를 작성하여 활용한다.

위험 요소를 식별했다면 그 위험 요소로 인해 위험이 발생할 가능성과 영향력을 판단해야 한다. 이는 쉬운 일이 아니므로 과거 프로젝트에서 데이터와 위험을 분석한 경험이 많은 개발자에 의존해 판단하게 되는데, 이 과정이 바로 위험 분석이다.

(3) 위험 계획 수립

식별된 위험 요소에 대해서는 위험의 영향을 최소화할 수 있도록 위험 관리 계획 수립이 필요하다. 이는 이전 프로젝트의 경험을 토대로 프로젝트 관리자의 판단과 경험에 의존하게 된다. 식별된 위험 요소의 위험을 관리하기 위해 전략을 찾는 과정이다. 위험 원인을 파악하는 일은 위험 요소 식별 과정에서 진행되므로 이 과정에서는 특히 위험을 처리하는 위험 대응 방안을 잘 세워야 한다. 예를 들어, 요구사항이 계속 변경되면 고객과 그 문제를 재협의할 수도 있고, 고객 입장에서 개발비가 많다고 하면 금년의 개발 범위를 줄이고 연차적으로 개발하는 방법을 제시할 수도 있다.

- 위험 회피(Risk Avoidance) : 위험이 발생될 것을 예상하고 회피하는 것
- 위험 감시(Risk Monitoring) : 위험 요소 징후들을 계속적으로 인지하는 것
- 위험 관리(Risk Management) 및 비상 계획(Contingency Plan) 수립

위험 회피 전략이 실패할 경우 위험에 대해 관리하고 대비책과 비상 계획을 세운다.

(4) 위험 감시

지속적인 위험의 감시, 새로운 위험 식별, 위험 감소 계획 실행 및 그 영향을 평가하는 것이다. 즉, 위험 요소 징후들에 대하여 계속적으로 인지하는 것이다.

OX로 점검하자

※ 다음 지문의 내용이 맞으면 ○, 틀리면 ×를 체크하시오. [1 ~ 21]

01 프로젝트 관리란 프로젝트에 대한 개발 일정에 대해 계획하고 사용자가 원하는 대로 비용과 시간을 조율하여 품질이 좋은 결과가 나올 수 있도록 관리하는 부분이다. (   )

>>>◯ 프로젝트 관리는 주어진 기간 내에 최소의 비용으로 사용자를 만족시키는 시스템을 개발하기 위한 전반적인 상태를 말한다.

02 프로젝트 관리 대상에는 계획 관리, 품질 관리, 고객 관리가 있다. (   )

>>>◯ 프로젝트 관리 대상에는 계획 관리, 품질 관리, 위험 관리가 있다.

03 3P는 사람, 문제, 프로젝트이다. (   )

>>>◯ 3P는 사람, 문제, 프로세스이다.

04 PMBOK 가이드라인은 착수, 기획, 실행, 테스트, 감시·통제, 종료의 6가지 범주가 있다.

(   )

>>>◯ PMBOK 가이드라인은 착수, 기획, 실행, 감시·통제, 종료의 5가지 범주가 있다.

05 프로젝트 위험은 소프트웨어의 품질이나 시기를 위협하는 것으로 구현이 어려워지거나 불가능하게 된다. (   )

>>>◯ 기술 위험은 소프트웨어의 품질이나 시기를 위협하는 것으로 구현이 어려워지거나 불가능하게 된다. 프로젝트 위험은 프로젝트 계획을 위협하는 것으로 일정이 지연되고 비용이 증가하게 된다.

06 프로젝트 범위(project scope)는 소프트웨어 결과물이나 서비스를 제공하기 위하여 수행해야 하는 일의 범위를 말한다. (   )

>>>◯ 프로젝트 계획을 수립하기 위해서 프로젝트 범위, 자원, 추정, 일정 등을 고려해야 한다. 프로젝트 범위(project scope)는 소프트웨어 결과물이나 서비스를 제공하기 위하여 수행해야 하는 일의 범위를 말한다.

07 프로젝트 일정은 소프트웨어를 개발하기 위해 필요한 노력 및 기간을 예측하여 비용을 산정하는 작업을 말한다. (   )

>>>◯ 프로젝트 추정(project cost)은 소프트웨어를 개발하기 위해 필요한 노력 및 기간을 예측하여 비용을 산정하는 작업을 말한다.

정답 **1** ○ **2** × **3** × **4** × **5** × **6** ○ **7** ×

안심Touch

08 소프트웨어 프로젝트 자원에는 인적 자원, 사용 가능한 소프트웨어 자원, 시스템 자원이 있다.

( )

>>>◯ 사용 가능 소프트웨어 자원이 아니라 재사용 가능한 소프트웨어 자원이다.

09 소프트웨어 프로젝트 추정에서 상향식 비용 산정 기법에는 전문가 감정 기법과 델파이 산정 기법이 있다. ( )

>>>◯ 소프트웨어 프로젝트 추정에서 하향식 비용 산정 기법에는 전문가 감정 기법, 델파이 산정 기법이 있다.

10 전문가 감정 기법은 델파이 산정 기법의 주관적인 판단을 보완하기 위해서 한 명의 조정자(coordinator)와 여러 명의 전문가로 구성되어 의견을 종합하여 산정하는 기법이다. ( )

>>>◯ 델파이 산정 기법은 전문가 감정 기법의 주관적인 판단을 보완하기 위해서 한 명의 조정자(coordinator)와 여러 명의 전문가로 구성되어 의견을 종합하여 산정하는 기법이다. 전문가의 감정 기법은 조직 내에 있는 경험과 지식을 많이 가지고 있는 두 명 이상의 전문가에게 비용 산정을 의뢰하는 기법이다.

11 LOC 산정 기법에서 노력(인월)은 '개발 기간 × 투입 인원'이다. ( )

>>>◯ 노력(인월) = 개발 기간 × 투입 인원 = LOC / 1인당 월평균 생산 코드 라인 수

12 원시 프로그램의 규모인 LOC(원시 코드 라인 수)에 의한 비용 산정 기법은 COCOMO 모델이다.

( )

>>>◯ COCOMO 모델은 보엠(Boehm)이 제안한 것으로 원시 프로그램의 규모인 LOC(원시 코드 라인 수)에 의한 비용 산정 기법이다. 63개의 실제 소프트웨어 개발 프로젝트를 대상으로 분석한 결과에 기초하여 만들어졌다. 1981년의 초기 COCOMO 모델은 발전하여 1995년 COCOMO II로 확장되었다.

13 COCOMO 모델의 소프트웨어 유형에는 organic, detached, embedded가 있다. ( )

>>>◯ COCOMO 모델의 소프트웨어 유형에는 organic(단순형), semi-detached(중간형), embedded(내장형)가 있다.

14 기능 점수(FP)는 사용자의 관점에서 SW가 제공하는 기능을 측정하는 방법이며 주로 논리적 설계를 기초로 사용자에게 제공되는 소프트웨어의 기능을 정량화하여 소프트웨어의 규모를 산정하는 방법이다. ( )

>>>◯ 기능 점수 모델은 사용자의 관점에서 SW가 제공하는 기능을 측정하는 방법이며 주로 논리적 설계를 기초로 사용자에게 제공되는 소프트웨어의 기능을 정량화하여 소프트웨어의 규모를 산정하는 방법이다. 기능 점수의 항목에는 외부입력, 외부출력, 외부조회, 내부논리파일, 외부인터페이스파일이 있다.

정답 **8** × **9** × **10** × **11** ○ **12** ○ **13** × **14** ○

15 COCOMO II 모델은 소프트웨어 생명주기의 전 과정 동안에 사용될 노력의 분포를 가정해주는 모델이다. (　　)

>>>🔍 Putnam 모델은 소프트웨어 생명주기의 전 과정 동안에 사용될 노력의 분포를 가정해주는 모델이다.

16 프로젝트 일정 관리에는 활동 정의, 활동 순서 재배열, 활동 자원 산정, 활동 기간 산정, 일정 개발이 있다. (　　)

>>>🔍 프로젝트 일정 관리에는 활동 정의, 활동 순서 배열, 활동 자원 산정, 활동 기간 산정, 일정 개발이 있다.

17 CPM은 단계 중심의 일정 계산을 하는 기법이고, 경험적 교훈이 없고 예측이 어려운 소프트웨어에서 사용한다. (　　)

>>>🔍 CPM은 프로젝트 완성에 필요한 작업을 나열하고 작업에 필요한 소요 기간을 예측하는 데 사용하는 기법이다. PERT는 프로그램을 평가하고, 검토하는 프로젝트 관리 기법으로 경험적 교훈이 없어서 예측이 어려운 소프트웨어에서 사용한다.

18 WBS는 작업분할구조(WBS : Work Breakdown Structure)의 약자이며 프로젝트 수행을 위한 개발 업무를 계층적으로 보여주는 것이다. (　　)

>>>🔍 WBS는 작업분할구조(Work Breakdown Structure)의 약자이며 프로젝트 수행을 위한 개발 업무를 계층적으로 보여주는 것이다. 프로젝트 목표를 달성하고 필요한 결과물을 산출하기 위해 프로젝트 팀이 실행할 작업을 산출물 중심으로 분할한 계층 구조 체계이며, 소규모 작업단계로 구성되고 나누어진 각 작업에 대한 우선순위, 상관관계를 도출하여 구조적으로 표현한다.

19 간트 차트는 프로젝트를 이루는 소작업별로 언제 시작하고 언제 끝나야 하는지를 한 눈에 볼 수 있도록 그린 것으로, 프로젝트 일정표를 의미한다. (　　)

>>>🔍 간트 차트는 프로젝트를 이루는 소작업별로 언제 시작하고 언제 끝나야 하는지를 한 눈에 볼 수 있도록 그린 것으로, 프로젝트 일정표를 의미한다. 프로젝트의 각 작업들이 언제 시작하고 언제 종료되는지에 대한 작업 일정을 막대 도표를 이용하여 표시하는 프로젝트 일정표로, 시간선(Time-Line) 차트라고도 한다.

20 프로젝트 팀 구성은 분산형 팀 구성, 중앙집중형 팀 구성, 계층적 팀 구성으로 나눌 수 있다. (　　)

>>>🔍 프로젝트 팀 구성은 의사결정권이 누구에게 있느냐에 따라 분산형 팀 구성, 중앙집중형 팀 구성, 계층적 팀 구성으로 나눌 수 있다.

21 분산형 팀 구성은 한 관리자가 의사결정을 하고 팀 구성원들은 그 결정에 따르는 구성 방식으로, 책임 프로그래머 팀 구성이라고도 한다. (　　　)

>>>🔍 분산형 팀 구성은 팀원 모두가 의사결정에 참여하는 객관적인 구성 방식으로, 민주주의식 팀 구성이라고도 한다. 중앙집중형 팀 구성은 한 관리자가 의사결정을 하고 팀 구성원들은 그 결정에 따르는 구성 방식으로, 책임 프로그래머 팀 구성이라고도 한다. 계층적 팀 구성은 분산형 팀 구성과 중앙집중형 팀 구성의 장점만 수용하여 만든 혼합형이다.

01 다음 중 효과적인 프로젝트 관리를 위한 3P를 옳게 나열한 것은?

① People, Priority, Problem
② People, Problem, Process
③ Power, Problem, Process
④ Problem, Process, Priority

3P는 사람(People), 프로세스(Process), 문제(Problem)이고, 4P는 사람(People), 프로세스(Process), 제품(Product), 프로젝트(Project)이다.

02 다음 중 PDCA 관리 사이클에 대한 설명으로 옳지 <u>않은</u> 것은?

① 계획(Plan)은 어떤 업무를 시작하기 위해 목표를 확립하고 이를 달성하기 위한 활동 계획을 세우는 과정이다.
② 데이터 수집(Data) 과정에서는 데이터를 모아 한 곳에 수집한다.
③ 점검(Check) 과정은 실행 상태를 감시하고 심각한 이상이 감지되었을 경우 근본 원인을 파악하고 해결책을 강구하며 개선할 수 있는 대안을 제시한다.
④ 조치(Action)는 점검을 통해 도출한 대안을 적용하여 계획을 조정한다.

02 실행(Do) 과정에서는 계획을 확인하고 수립된 시스템(계획, 규정, 지침, 표준 등)에 따라 실제로 일을 수행한다.

03 소프트웨어 프로젝트를 계획하는 데 있어 예측(Estimation)의 대상으로 거리가 <u>먼</u> 것은?

① 비용
② 일정
③ 성능
④ 위험요인

03 소프트웨어 영역 결정을 위해 기능, 성능, 신뢰도, 비용, 일정, 참여인원수, 요구되는 노력, 제약조건 등이 예측의 대상이 된다.

정답 01② 02② 03④

04 위험은 프로젝트 결과에 심각한 영향을 미칠 수 있는 잠재된 부분이다. 위험 분석 단계에서 위험의 종류로는 프로젝트 위험, 비즈니스 위험, 기술 위험이 있다. 개발 위험은 개발 단계에서 예측할 수 있다.

04 다음 중 위험 분석 단계에서 위험의 분류가 <u>아닌</u> 것은?

① 프로젝트 위험(Project Risk)
② 개발 위험(Development Risk)
③ 비즈니스 위험(Business Risk)
④ 기술 위험(Technical Risk)

05 프로젝트 의사소통은 상대방의 의도를 스스로 추측하여 판단하고 자신의 아이디어 및 생각에 대해 상대방의 수용을 얻기 위함이며, 자신이 전달하는 의미와 의도를 상대방에게 이해받기를 위한 부분이다.

05 다음 중 프로젝트 의사소통의 목적을 설명한 것으로 가장 거리가 먼 것은?

① 상대방의 의도를 스스로 추측하여 판단하기 위한 것이다.
② 자신이 전달하는 의미와 의도를 상대방에게 이해받기 위한 것이다.
③ 자신의 아이디어 및 생각에 대해 상대방의 수용을 얻는 것이다.
④ 상대방의 행동이나 변화를 유도하는 것이다.

06 프로젝트 계획을 수립하기 위한 고려사항에는 프로젝트 범위, 프로젝트 자원, 프로젝트 추정, 프로젝트 일정이 있다.

06 다음 중 프로젝트 계획을 수립하기 위한 고려사항이 <u>아닌</u> 것은?

① 프로젝트 범위
② 프로젝트 자원
③ 프로젝트 일정
④ 프로젝트 관리

정답 04 ② 05 ④ 06 ④

07 다음 설명에 해당하는 것은?

> 소프트웨어를 개발하기 위해 필요한 노력 및 기간을 예측하여 비용을 산정하는 작업을 말한다.

① 프로젝트 추정
② 프로젝트 일정
③ 프로젝트 범위
④ 프로젝트 자원

07 프로젝트 추정(project estimation)은 소프트웨어를 개발하기 위해 필요한 노력 및 기간을 예측하여 비용을 산정하는 작업을 말한다.

08 다음 중 프로젝트를 신뢰성 있게 예측하는 방법으로 현실성이 <u>부족한</u> 것은?

① 예측을 가능한 한 뒤로 미룬다.
② 이미 수행된 유사 프로젝트를 참고한다.
③ 프로젝트를 상대적으로 잘게 분리하여 예측한다.
④ 경험적 예측 모델을 활용한다.

08 예측을 뒤로 미룬다는 것은 훨씬 정확한 예측을 가능하게 하지만 현실성이 떨어지는 방법이다.

09 다음 중 중앙집중식 팀 구성에 관한 설명으로 옳지 <u>않은</u> 것은?

① 소프트웨어 개발팀을 중앙집중형으로 관리하는 방법에는 책임 프로그래머팀이 있다.
② 프로그램 사서(Program Librarian)는 프로그램 리스트, 설계문서, 테스트 계획 등을 관리한다.
③ 중앙집중식 팀 구성은 한 사람에 의하여 통제할 수 있는 비교적 소규모 문제에 적합하다.
④ 보조 프로그래머는 요구 분석과 설계, 중요한 부분의 프로그래밍 및 모든 기술적 판단을 내린다.

09 중앙집중형 팀 구성은 한 관리자가 의사결정을 하고 팀 구성원들은 그 결정에 따르는 구성 방식으로, 책임 프로그래머 팀 구성이라고도 한다. 프로젝트 수행에 따른 모든 권한과 책임을 한 명의 관리자[책임(고급) 프로그래머]에게 위임하고, 기술 및 관리 지원을 위해 인력을 투입하는 형태이다.

정답 07① 08① 09④

10 분산형 팀 구성은 민주주의식 팀 구성이므로, 자유롭게 서로 의사를 교류할 수 있어서 장기 프로젝트에 적합하다.

10 다음 중 분산형 팀 구성에 관한 설명으로 옳지 <u>않은</u> 것은?

① 의사결정을 민주주의식으로 하며 팀 구성원의 작업만족도를 높이고 이직률을 낮게 한다.

② 팀 구성원 각자가 서로의 일을 검토하고 다른 구성원이 일한 결과에 대하여 같은 그룹의 일원으로서 책임을 진다.

③ 팀 구성원 사이의 의사교류를 활성화시키므로 복잡한 장기 프로젝트에 적합하지 않다.

④ 링 모양의 구조는 계층 없이 전체 팀 구성원이 동등한 레벨에 있다는 것을 나타낸다.

11 프로젝트 계획에 있어서 개발될 소프트웨어의 영역을 결정하는 것이 우선이며, 개발 영역을 결정하는 주요 요소에는 데이터와 소프트웨어의 기능, 성능, 제약조건, 인터페이스 등이 있다.

11 소프트웨어 프로젝트 계획 수립 시 소프트웨어 영역(Software Scope) 결정 사항에 포함되지 <u>않는</u> 것은?

① 기능

② 성능

③ 위험성

④ 제약조건

12 COCOMO의 모형에는 organic, semi-detached, embedded의 3가지 모드가 있다.

12 다음 중 COCOMO의 프로젝트 모드에 해당하지 <u>않는</u> 것은?

① organic mode

② semi-detached mode

③ medium mode

④ embedded mode

정답 10 ③ 11 ③ 12 ③

13 COCOMO 비용 예측 모델에 대한 설명으로 옳지 <u>않은</u> 것은?

① B. Boehm이 제안한 원시 프로그램의 규모에 의한 비용 예측 모형이다.

② 소프트웨어의 종류에 따라 다르게 책정되는 비용 신장 방정식을 이용한다.

③ COCOMO 방법은 가정과 제약조건이 없이 모든 시스템에 적용할 수 있다.

④ 같은 규모의 프로그램이라도 그 성격에 따라 비용이 다르게 생성된다.

13 COCOMO 비용 예측 모델은 프로그램의 크기나 종류에 따라 비용이 다르게 측정하는 모델이므로 어떤 종류인가라는 가정이 비용 책정에 영향을 준다.

14 COCOMO 기법에 의한 소프트웨어 모형에 속하지 <u>않는</u> 것은?

① Basic COCOMO

② Putnam COCOMO

③ Intermediate COCOMO

④ Detailed COCOMO

14 COCOMO 모델은 보헴(Boehm)이 제안한 것으로 원시 프로그램의 규모인 LOC(원시 코드 라인 수)에 의한 비용 산정 기법이다. COCOMO 기법에는 Basic, Detailed, Intermediate가 있다.

15 COCOMO 모델에 대한 설명으로 옳지 <u>않은</u> 것은?

① Bohem이 제시한 비용 추정 모델이다.

② 비용 추정 단계 및 적용변수의 구체화 정도에 따라 기본형(Basic), 중간형(Intermediate), 진보형(Advanced) 모델로 구분할 수 있다.

③ 비용 견적의 강도 분석 및 비용 견적의 유연성이 높아 소프트웨어 개발비 견적에 널리 통용되고 있다.

④ 기본형(Basic) 모형은 단순히 소프트웨어의 크기와 개발 모드에 의해서 구해진다.

15 COCOMO의 초기 모델 구분에는 organic, semi-detached, embedded가 있었으나 이 모델이 최근의 상황에 더 알맞게 약간 진보되었는데 이것을 Advanced Model이라 하고 그 구분에는 Basic, Intermediate, Detailed가 있다.

정답   13 ③   14 ②   15 ②

안심Touch

16 KLOC는 비용 예측에 사용되는 단위로 코딩의 라인 수를 의미하며, 'Kilo Line Of Code'의 약자이다.

16 다음 중 프로젝트 일정 계획과 관련이 가장 <u>적은</u> 것은?

① CPM
② WBS
③ PERT
④ KLOC

17 CPM 네트워크를 사용한 일정 계획 순서

첫째, 프로젝트의 규모를 추정한다.
둘째, 각 단계에서 필요한 작업들을 분할한다.
셋째, 각 작업의 상호 의존 관계를 CPM 네트워크로 나타낸다.
넷째, 일정 계획을 간트 차트로 나타낸다.

17 CPM 네트워크를 사용한 일정 계획에 필요한 작업들을 순서대로 나열한 것은?

> ㉠ 각 작업의 상호 의존 관계를 CPM 네트워크로 나타낸다.
> ㉡ 일정 계획을 간트 차트로 나타낸다.
> ㉢ 프로젝트의 규모를 추정한다.
> ㉣ 각 단계에 필요한 작업들을 분리한다.

① ㉢ - ㉣ - ㉠ - ㉡
② ㉣ - ㉢ - ㉠ - ㉡
③ ㉢ - ㉣ - ㉡ - ㉠
④ ㉣ - ㉠ - ㉢ - ㉡

18 일정 계획은 작업에 대한 시간표라고 할 수 있으므로 프로젝트 개발 기간 중 투입되는 노력과 비용 기준은 거리가 멀다.

18 일정 계획 방법에서 이용되는 PERT/CPM(Program Evaluation and Review Technique/Critical Path Method)이 제공하는 도구가 <u>아닌</u> 것은?

① 프로젝트 개발 기간을 결정하는 임계경로
② 통계적 모델을 적용해서 개별작업의 가장 근접한 시간 측정 기준
③ 정의 작업에 대한 시작시간을 정의하여 작업들 간의 경계시간 계산
④ 프로젝트 개발 기간 중 투입되는 노력과 비용 기준

정답 16 ④ 17 ① 18 ④

19 다음 중 기능 점수 모델의 특징이 <u>아닌</u> 것은?

① 기능적 사용자 요구사항을 측정
② SW 전체 생명주기에 걸쳐서 적용
③ 애플리케이션의 경계
④ 내부 사용자 관점에서 측정

20 다음은 무엇에 관한 설명인가?

> • 프로젝트를 이루는 소작업별로 언제 시작하고 언제 끝나야
>   하는지를 한 눈에 볼 수 있도록 그린 프로젝트 일정표를 의
>   미한다.
> • 프로젝트의 각 작업들이 언제 시작하고 언제 종료되는지에
>   대한 작업 일정을 막대 도표를 이용하여 표시하는 프로젝트
>   일정표로, 시간선(Time-Line) 차트라고도 한다.

① CPM
② Gantt Chart
③ WBS
④ PERT

21 다음 중 Gantt chart에 포함되지 <u>않는</u> 사항은?

① 이정표
② 작업일정
③ 작업기간
④ 주요 작업경로

---

19 기능 점수 모델은 사용자의 관점에서 SW가 제공하는 기능을 측정하는 방법이며 주로 논리적 설계를 기초로 사용자에게 제공되는 소프트웨어의 기능을 정량화하여 소프트웨어의 규모를 산정하는 방법이다. 기능 점수 모델은 외부 사용자 관점에서 측정한다.

20 간트 차트는 프로젝트를 이루는 소작업별로 언제 시작하고 언제 끝나야 하는지를 한 눈에 볼 수 있도록 그린 프로젝트 일정표를 의미한다.

21 Gantt chart는 이정표, 작업일정, 작업기간, 산출물로 구성되어 있다.

정답 19 ④ 20 ② 21 ④

22 • 외부 인터페이스 파일 : 외부에 있
는 데이터이며 애플리케이션에서
사용할 수 있는 정보를 제공
• 외부 출력 : 애플리케이션 경계 밖
으로 자료를 가져가는 프로세스 또
는 트랜잭션

22 다음 중 기능 점수의 항목과 그 설명의 연결이 옳지 <u>않은</u> 것은?

① 외부 입력 : 사용자 또는 다른 응용 프로그램으로부터 애플리
케이션 안으로 자료를 가져오는 기본 프로세스 또는 트랜잭션
② 외부 출력 : 외부에 있는 데이터이며 애플리케이션에서 사용
할 수 있는 정보를 제공
③ 외부 조회 : 애플리케이션의 응답을 온라인 출력의 형태로 내
보내게 하는 온라인 입력
④ 내부 논리 파일 : 존재하는 데이터를 논리적으로 모아놓는 것

23 • 하향식 산정 기법 : 전문가의 감정
기법, 델파이 산정 기법
• 상향식 산정 기법 : LOC, 개발 단계
별 인원 수 기법, 수학 기법
• 수학적 기법 : COCOMO, Putnam,
기능 점수(FP) 모델

23 다음 중 수학적 산정 기법이 <u>아닌</u> 것은?

① COCOMO
② Putnam
③ 델파이
④ 기능 점수(FP)

정답 22 ② 23 ③

✔ 주관식 문제

01 위험 관리 절차에 대한 설명에서 괄호 안에 들어갈 용어를 순서대로 쓰시오.

> (㉠) – 위험 분석 – (㉡) – 위험 감시

01 **정답**
㉠ 위험 요소 식별
㉡ 위험 계획 수립

해설
위험 관리 절차는 '위험 요소 식별 – 위험 분석 – 위험 계획 수립 – 위험 감시' 순이다.
① 위험 요소 식별
알려지거나 예측 가능한 위험 요소를 파악하는 작업으로, 위험 항목 점검 목록을 작성하여 활용한다.
② 위험 분석
프로젝트에 내재한 위험 요소를 인식하고 그 영향을 분석하는 활동으로, 위험 추산(Risk Estimation) 작업을 통해 수행된다.
③ 위험 계획 수립
식별된 위험 요소에 대해서는 위험의 영향을 최소화할 수 있도록 위험 관리 계획 수집이 필요하다.
④ 위험 감시
지속적인 위험의 감시, 새로운 위험 식별, 위험 감소 계획 실행 및 그 영향을 평가하는 것이다.

02 LOC 기법에 의하여 예측된 총 라인 수가 25,000라인일 경우 개발에 투입될 프로그래머의 수가 5명이고, 프로그래머들의 평균 생산성이 월당 500라인일 때, 개발에 소요되는 시간이 얼마인지 쓰시오.

02 **정답**
10개월

해설
• LOC(Line Of Code)는 제품의 직접 측정에 사용되는 방법이다.
• 25,000 / (5 × 500) = 10개월

안심Touch

03 정답

Semi-detached 프로젝트

해설

[문제 하단의 표 참조]

03 비용 예측에서 원시 프로그램의 규모에 의한 방법 중 트랜잭션 처리시스템이나 운영체제, 데이터베이스 관리 시스템 등의 30만 라인 이하의 소프트웨어를 개발하는 유형은?

프로젝트 유형	공식(c & k)	내용
중간형 (semi-detached)	$PM = 3.0 \times (KDSI)^{1.12}$	• 단순형과 임베디드의 중간형 • 트랜잭션 처리 시스템이나 운영체제, 데이터베이스 관리 시스템 • 크기와 복잡성 면에서 중간 정도의 소프트웨어

04 정답

㉠ 활동의 순서 배열
㉡ 활동의 기간 산정

해설

프로젝트 일정 관리

• 활동 정의 : 프로젝트에 요구되는 활동(액티비티)들이 정의되어 작업 패키지로 식별된다.
• 활동의 순서 배열 : 활동 간의 논리적인 관계와 의존도를 문서화하고 활동의 순서를 배열한다.
• 활동의 자원 산정 : 각 일정 활동을 수행하기 위해 필요한 자원의 수요를 산정한다.
• 활동의 기간 산정 : 각 활동에 배치된 자원을 고려하여 개별 활동 수행에 필요한 시간을 추정한다.
• 일정 개발 : 활동 순서, 자원 요구사항, 수행 기간 등 앞의 4단계 프로세스를 바탕으로 일정을 개발한다.

04 프로젝트 일정 관리의 순서에 대한 설명에서 괄호 안에 들어갈 용어를 순서대로 쓰시오.

활동 정의 - (㉠) - 활동의 자원 산정 - (㉡) - 일정 개발

05 다음 설명에 해당하는 것이 무엇인지 쓰시오.

> • 프로젝트를 이루는 소작업별로 언제 시작하고 언제 끝나야
>   하는지를 한 눈에 볼 수 있도록 그린 것으로, 프로젝트 일정
>   표를 의미한다.
> • 프로젝트의 각 작업들이 언제 시작하고 언제 종료되는지에
>   대한 작업 일정을 막대 도표를 이용하여 표시하는 프로젝트
>   일정표로, 시간선(Time-Line) 차트라고도 한다.

해설 & 정답   checkpoint

05 **정답**
간트 차트

해설
간트 차트는 프로젝트를 이루는 소
작업별로 언제 시작하고 언제 끝나
야 하는지를 한 눈에 볼 수 있도록
그린 것으로, 프로젝트 일정표를 의
미한다. 중간 목표 미달성 시 그 이유
와 기간을 예측할 수 있으며, 사용자
와의 문제점이나 예산의 초과 지출
등도 관리할 수 있게 한다. 또한 자원
배치와 인원 계획에 유용하게 사용
된다.

여기서 멈출 거예요? 근지가 바로 눈앞에 있어요.
마지막 한 걸음까지 SD에듀가 함께할게요!

제4장

소프트웨어 품질

I wish you the best of luck!

제 4 장 소프트웨어 품질

제 1 절 소프트웨어 품질의 이해

1 소프트웨어와 품질 중요 ★★★

(1) 개요

품질(Quality)이란 제품이나 서비스가 가지고 있어야 하는 명시적 또는 묵시적 요구를 만족시키는 특성을 의미한다. 좋은 소프트웨어 품질은 사용자가 요구한 대로 기능을 제공해주고 유용하게 사용할 수 있는 것을 의미한다. 좋은 품질의 소프트웨어가 가진 특성은 사용자 관점에서는 요구 기능 제공, 좋은 사용성, 신뢰성, 지속 발전을 의미하며, 개발자 관점에서는 좋은 설계 구조, 유지보수 용이, 테스트 용이, 이식 용이 등을 의미한다.

소프트웨어 품질이란 고객의 요구사항을 최대치로 만족시킬 수 있도록 소프트웨어 성능과 기능을 정확하게 제공하고 사용자가 사용하기 편리하도록 하는 정도를 의미한다. 품질 관리(Quality Control)는 주어진 요구사항에 맞는 소프트웨어를 개발하기 위해 소프트웨어 개발의 전 과정 동안 이루어지는 모든 활동과 그 활동의 결과로 생산되는 산출물에 대한 품질을 통제하고 보증하기 위한 작업을 의미한다.

(2) 소프트웨어 품질 특성

기능성	• 명시된 요구와 묵시된 요구를 만족하는 기능을 제공하는 소프트웨어 제품 능력 • 부특성 : 적합성, 정확성, 상호 호환성, 유연성, 보안성
신뢰성	• 규정된 조건에서 사용될 때 규정된 성능 수준을 유지할 수 있는 능력 • 사용자가 오류를 방지할 수 있도록 하는 SW 제품의 능력 • 부특성 : 성숙성, 오류 허용성, 회복성
사용성	• 사용자에 의해 쉽게 이해되고 학습되며, 선호할 수 있게 하는 SW 제품의 능력 • 부특성 : 이해성, 운용성, 습득성
효율성	• 투입된 자원에 대하여 제공되는 성능의 정도 • 요구되는 기능을 수행하기 위해 필요한 자원의 소요 정도 • 부특성 : 실행 효율성, 자원 효율성
유지보수성	• 운영 환경, 요구사항, 기능적 사양에 따른 SW의 수정, 개선 등 변경될 수 있는 능력 • 부특성 : 해석성, 안정성, 변경 용이성, 시험성
이식성	• SW가 다른 HW, SW 등의 환경으로 옮겨질 수 있는 능력 • 다른 환경으로 이전되는 SW 능력의 정도 • 부특성 : 적응성, 일치성, 이식 작업성, 치환성

(3) 주요 소프트웨어 품질 모델

구분	제품 관점	프로세서 관점
특징	제품 측정, 제품 검증, 제품 확인	소프트웨어 프로세스 향상과 심사
방법	기능성, 신뢰성, 사용성, 효율성, 유지보수성, 이식성 평가	프로세스 준수 여부 평가
표준 및 방법	ISO/IEC 9126, 14598, 12119, 25000(SQuaRE)	ISO 9000, ISO/IEC 12207, SPICE, CMM, CMMI
장점	• 모든 종류의 소프트웨어에 적용 • 전문적 판단의 객관화	• 많은 종류의 제품에 적용 • 검사 기간이 짧고 인증 비용이 절감됨
단점	• 전수 시험의 비용 및 시간 소모 • 최신 소프트웨어 평가가 어려움	• 상대적으로 품질을 보증 못함 • 혁신적 소프트웨어에 적용 곤란

(4) 소프트웨어 품질 측정 방법

① **정의**

소프트웨어 측정이란 소프트웨어의 코드, 개발 프로세스를 수치화하여 정량적으로 나타내는 것이다.

② **방법**

㉠ 직접 측정
- 하나의 묶음으로 소프트웨어의 크기를 측정하는 방법
- 비용, 일정, 공수, LOC, 메모리 크기, 에러 등을 측정

㉡ 간접 측정
- 직접 측정 값을 계산해 소프트웨어의 품질을 측정하는 방법
- 기능, 품질, 복잡도, 신뢰도, 유지보수성, 효율성 등을 측정

③ **소프트웨어 측정 종류**

㉠ 품질 척도 : 사용자 요구사항에 대한 소프트웨어의 품질 척도를 명시적, 묵시적으로 표시

㉡ 생산성 척도 : 소프트웨어 엔지니어링 절차에 대한 출력에 초점을 둠

㉢ 기술적 척도 : 논리적 복잡도, 모듈화 정도 등 소프트웨어의 특성에 초점을 둠

㉣ 크기 중심 척도 : 소프트웨어 엔지니어링 절차에 따른 산출물 크기를 직접 측정하여 수집

㉤ 인간 중심 척도 : 개발자의 태도, 툴, 방법의 효율성에 대한 정보 수집

㉥ 기능 중심 척도 : 간접 측정에 의한 정보

---

2 **품질 보증과 품질 비용**

(1) 품질 보증

① **정의**

소프트웨어 품질 보증(SQA : Software Quality Assurance)은 소프트웨어 개발 과정 전체에 적용되는 품질 보호 활동(Umbrella activity)이다. 소프트웨어 품질 보증 활동은 소프트웨어 개발 초기에 소프트웨어의 특성과 요구사항을 철저히 파악하여 품질 목표를 설정하고, 개발 단계에서는 정형

기술 검토를 통하여 품질 목표의 충족 여부를 점검하며, 개발 후에는 테스트와 시험 과정을 거치는 것이다. 당연히 있어야 할 품질과 실현되는 품질을 일치시키려는 노력이 필요하고, 품질 관리가 효과적으로 이루어져 품질이 적정 수준에 있다는 것을 보증하려는 것이다. 소프트웨어 품질 보증은 소프트웨어를 개발할 때 과학적인 관리 기법을 적용하여 사용자가 요구하는 제품의 품질을 체계적이며 경제적으로 달성하려는 활동들의 집합이라 정의할 수 있다.

② 소프트웨어 품질 보증의 특징

　ⓐ 사용자 요구사항의 최대 만족을 통해 생산성을 향상

　ⓑ 개발 과정에서 품질 문제를 조기에 발견하고 조치

　ⓒ 납기 준수, 제품의 견고성

　ⓓ 비용과 노력 절감, 생산성 향상, 재사용성 증가

　ⓔ 제품의 확장성

(2) 품질 비용 중요 ★★

품질 비용의 사전적 의미는 재료비, 인건비, 장비 사용비 등 제품 생산의 직접 비용 이외에 불량 감소를 위한 품질 관리 활동 비용을 기간 원가로 계산한 것이다. 소프트웨어의 품질 비용은 프로젝트를 완수하기 위해서 내부 및 외부적으로 필요한 전반적인 비용을 의미한다. Six Sigma의 COPQ(Cost Of Poor Quality)와 유사한 개념이다. 품질 비용은 예방 비용(Prevention Cost), 평가 비용(Appraisal Cost), 내부 실패 비용(Internal Failure Cost), 외부 실패 비용(External Failure Cost)으로 구분된다.

[소프트웨어 품질 관리에 드는 비용]

요소	내용
예방 비용 (Prevention Cost)	• 소프트웨어 개발 전에 에러 방지에 드는 비용 • 데이터베이스 설계 계획, 프로젝트 품질 계획
평가 비용 (Appraisal Cost)	• 개발 중인 소프트웨어를 요구사항과 일치시키는 데 드는 비용 • 검토 계획 작성, 확인과 검증, 인스펙션, Review, 점검 및 기술 검토
내부 실패 비용 (Internal Failure Cost)	• 소프트웨어를 고객에게 전달하기 전 발생하는 비용 • 재작업, 오작동, 재고 초과, 납품 지연, 폐기
외부 실패 비용 (External Failure Cost)	• 고객에게 납품 후 발생한 서비스와 관련된 비용 • 반품, 손해배상, 보증, 이미지 실추

3 품질 관점과 품질 목표

(1) 품질 관점

① 관리자 관점

소프트웨어를 개발하는 회사의 관리자 입장에서는 처음에 계획된 개발 비용과 개발 기간 안에 개발이 완료되어 추가 비용 부담이 발생하지 않는 소프트웨어를 좋은 소프트웨어라고 생각할 수 있다. 물론 고객이 요구하는 기능과 성능을 만족해야 함은 기본이다.

② **개발자 관점**

프로그래머 입장에서 좋은 품질의 소프트웨어란 개발하기 쉬워야 하고 사용 중에 내용을 추가하거나 개발된 코드를 수정할 때도 쉽고 편리하게 변경할 수 있어야 한다. 따라서 코딩 표준에 맞게 개발된 프로그램이 좋은 소프트웨어라고 할 수 있다.

③ **유지보수자 관점**

유지보수자는 다른 개발자에 의해 개발된 소프트웨어를 수정 및 보완하는 개발자를 말한다. 따라서 다른 개발자가 작성한 코드가 코딩 규칙 및 표준을 따르고 주석문이 많이 포함되어 있어 쉽게 파악하고 읽을 수 있는, 즉 가독성이 높고 쉽게 이해할 수 있게 개발된 소프트웨어가 좋은 소프트웨어라고 생각할 수 있다.

④ **구매 담당자 관점**

소프트웨어를 구매하여 필요한 부서의 사용자에게 전달해야 하는 구매 담당자는 일단 값이 싼 소프트웨어에 관심이 먼저 간다. 물론 이때도 소프트웨어가 사용자에게 필요한 기능과 성능을 갖추어야 함은 당연하다.

⑤ **사용자 관점**

개발된 소프트웨어를 이용하여 업무를 수행하는 사용자 입장에서는 배우기 쉽고, 사용하기에 편리하며, 다양한 기능을 제공하고, 응답 시간 또한 빨라야 좋은 소프트웨어라고 할 수 있다. 즉, 소프트웨어를 처음 사용하는 사람과 숙련된 사용자 모두를 만족시켜야 한다.

(2) 품질 목표 중요 ★★★

소프트웨어의 품질은 기능, 성능, 만족도 등 소프트웨어에 대한 요구사항을 얼마나 충족하는가를 나타내는 소프트웨어 특성의 총체이다. 소프트웨어의 품질은 사용자의 요구사항을 충족시킴으로써 확립된다.

품질 경영을 실시하는 여건은 기업에 따라 다르므로 품질 목표는 그 회사의 실정에 맞게 설정해야 한다. 기업의 당면과제와 품질 목표는 계속 변화되므로 품질 목표를 설정하는 것은 일회적이 아니라 영속적이어야 한다.

소프트웨어 공학에서 고품질의 소프트웨어(High Quality Software)는 '주어진 기간 동안 책정되어 있는 예산을 활용하여 최상의 소프트웨어를 개발하는 것'으로 정의되고 있다. 품질 표준은 명확하게 정의된 소프트웨어의 특성을 의미한다. 품질 표준은 소프트웨어의 품질을 평가하는 기준 항목으로 사용된다. 소프트웨어 품질 요소에는 소프트웨어의 운용에서 나타나는 특성, 소프트웨어의 변경에서 요구되는 특성, 새로운 환경에 대한 적응에서 요구되는 특성 등 3가지 요소가 있다. 다음은 소프트웨어 품질 요소를 표로 정리하였다.

구분		내용
운용 특성	정확성 (Correctness)	사용자의 요구사항을 충족시키는 정도
	신뢰성 (Reliablility)	정확하고 일관된 결과로 요구된 기능을 오류 없이 수행하는 시스템 능력의 정도
	효율성 (Efficiency)	최소한의 처리 시간과 기억 장소를 소유하여 요구된 기능을 수행하는 시스템 능력을 의미하는 정도

	무결성 (Integrity)	허용하지 않은 사용이나 자료의 변경을 제어하는 정도
	사용 용이성 (Usability)	소프트웨어를 쉽게 배우고 사용할 수 있는가의 정도
변경 특성	검사 용이성 (Testability)	소프트웨어를 쉽게 검사할 수 있는가의 정도
	유지보수 용이성 (Maintainability)	사용자의 기능 변경의 필요성을 만족하기 위하여 소프트웨어를 진화하는 것이 가능한 정도
	유연성 (Flexibility)	소프트웨어 품질 목표 중 새로운 요구사항에 접하여 쉽게 수정될 수 있는 시스템의 능력을 요구하는 것의 정도
적응 특성	이식성 (Portability)	다양한 하드웨어 환경에서도 운용 가능하도록 쉽게 수정될 수 있는 정도
	상호운용성 (Interoperability)	다른 소프트웨어와 정보를 교환할 수 있는 정도
	재사용 (Reusability)	계산용 라이브러리와 같이 이미 만들어진 프로그램을 사용하는 것의 정도

요구자가 원하는 소프트웨어의 품질을 구분하여 품질 요소의 주관적인 중요성과 품질의 측정 및 검증 방법 등을 요구사항 명세서에 기록해야 한다.

① 소프트웨어 운용 특성은 정확성(Correctness), 신뢰성(Reliablility), 효율성(Efficiency), 무결성(Integrity), 사용 용이성(Usability)과 관련이 있다.

정확성 (Correctness)	사용자의 요구사항을 충족시키는 정도
신뢰성 (Reliablility)	정확하고 일관된 결과로 요구된 기능을 오류 없이 수행하는 시스템 능력의 정도
효율성 (Efficiency)	최소한의 처리 시간과 기억 장소를 소유하여 요구된 기능을 수행하는 시스템 능력을 의미하는 정도
무결성 (Integrity)	허용하지 않은 사용이나 자료의 변경을 제어하는 정도
사용 용이성 (Usability)	소프트웨어를 쉽게 배우고 사용할 수 있는가의 정도

② 소프트웨어의 변경 수용 능력은 검사 용이성(Testablility), 유지보수 용이성(Maintainability), 유연성(Flexibility)과 관련이 있다.

검사 용이성 (Testability)	소프트웨어를 쉽게 검사할 수 있는가의 정도
유지보수 용이성 (Maintainability)	사용자의 기능 변경의 필요성을 만족하기 위하여 소프트웨어를 진화하는 것이 가능한 정도
유연성 (Flexibility)	소프트웨어 품질 목표 중 새로운 요구사항에 접하여 쉽게 수정될 수 있는 시스템의 능력을 요구하는 것의 정도

③ 소프트웨어의 적응 능력은 이식성(Portability), 상호운용성(Interoperability), 재사용성(Reusability) 과 관련이 있다.

이식성 (Portability)	다양한 하드웨어 환경에서도 운용 가능하도록 쉽게 수정될 수 있는 정도
상호운용성 (Interoperability)	다른 소프트웨어와 정보를 교환할 수 있는 정도
재사용 (Reusability)	계산용 라이브러리와 같이 이미 만들어진 프로그램을 사용하는 것의 정도

제 2 절 제품의 품질 특성과 평가 모델

프로세스 품질 관리와 개선을 위한 노력은 소프트웨어 제품의 품질에 영향을 준다. 고객과 개발자 관점에서 제품의 의미가 다르다.

1 맥콜(McCall)의 품질 요소 중요 ★

McCall의 품질 요소는 사용자가 요구하는 소프트웨어 제품의 품질을 구체화하였으며, 소프트웨어의 품질에 영향을 미치는 요소들을 세 가지 측면으로 분류하고 적용할 수 있는 기준을 제시하였다. 좋은 소프트웨어 제품 품질을 위해 작성 코드뿐만 아니라 소프트웨어에서 발생하는 문서(요구사항 명세서, 매뉴얼, 보고서) 들까지도 포함하고 있다. McCall의 품질 요소는 크게 제품 운영(product operation), 제품 개선(product revision), 제품 변환(product transition)으로 분류할 수 있다.

[McCall의 소프트웨어 품질 요인들]

제품 운영	제품 개선	제품 변환
정확성, 신뢰성	유지보수성	이식성
사용성, 무결성	시험성	재사용성
효율성	유연성	상호운용성

(1) 제품 운영(product operation)

개발된 소프트웨어를 사용자가 사용할 수 있는지 판단할 수 있는 품질 요소이다.

① **정확성(correctness)** : 개발된 소프트웨어가 사용자의 요구 명세와 얼마나 일치하는지의 정도이다.

② **신뢰성(reliability)** : 소프트웨어가 항상 정확하게 동작하고 있는지의 정도를 나타낸다. 또한, 사용자, 개발자, 관리자에게 중요한 부분이 될 수 있다.

③ **사용성(usability)** : 사용자가 사용이 용이하게 하는 정도이다.

④ **무결성(integrity)** : 허가되지 않은 접근을 통제하는 요소이다.

⑤ **효율성(efficiency)** : 소프트웨어의 기능을 수행할 때 걸리는 시간과 노력이 얼마나 필요한지에 대한 것이다.

(2) 제품 개선(product revision)

개발된 소프트웨어의 변경을 쉽고 편하게 할 수 있도록 만든 정도를 나타내는 품질 요소이다.

① **유지보수성(maintainability)** : 운영 중인 프로그램 내의 에러를 수정하는 데 드는 노력이다.

② **시험성(testability)** : 소프트웨어가 의도하는 기능을 수행하는지를 확인하기 위하여 테스트하는 데 드는 노력이다.

③ **유연성(flexibility)** : 운영 중인 소프트웨어를 변경하는 데 드는 노력이다.

(3) 제품 변환(product transition)

개발된 소프트웨어를 다른 형태로 변환하기 쉽게 만든 정도를 나타내는 품질 요소이다.

① **이식성(portability)** : 하나의 운영 환경(하드웨어와 소프트웨어)에서 다른 환경으로 소프트웨어를 옮기는 데 드는 노력이다.

② **재사용성(reusability)** : 다른 애플리케이션에서 재사용할 수 있는 정도이다.

③ **상호운용성(interoperability)** : 다른 시스템과 인터페이스가 상호작용이 가능한 정도이다.

2 ISO/IEC 9126 모델

(1) 정의

소프트웨어 제품 품질을 내·외부적으로 사용자 관점에서 측정하기 위한 품질 특성과 품질 평가의 Metric을 정의한 국제 표준이며, 사용자 관점에서 본 소프트웨어 품질 특성에 대한 표준을 제시하였다.

(2) 특징

① 소프트웨어 제품에 요구되는 품질을 정량적으로 평가한다.

② 사용자, 개발자, 평가자 모두에게 품질 평가 지침 역할을 가지고 있다.

③ 최상위 품질 목표 달성을 위해 6개의 품질 특성, 21개의 부품질 특성, 부품질 특성을 개량적으로 측정하기 위해 '내·외부 척도(Metric)나 품질인자'까지 계층 구조로 세분화하여 표현한다.

(3) ISO 9126의 구조

ISO 9126은 품질 특성 6개와 부품질 특성 21개를 정의한 ISO 9126-1 및 ISO 9126-2, 3, 4로 구성되어 있다.

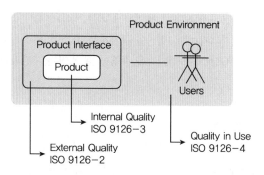

[그림 4-1] ISO 9126의 구조

(4) ISO 9126의 품질 모델 및 특성 [중요] ★★★

① **기능성(functionality)** : 명시된 요구와 내재된 요구를 만족하는 기능을 제공하는 소프트웨어 제품 능력을 의미한다.

② **신뢰성(reliability)** : 규정된 조건에 사용될 때 규정된 성능 수준을 유지할 수 있는 능력 및 사용자가 오류를 방지할 수 있도록 하는 소프트웨어 제품의 능력을 의미한다.

③ **사용성(usability)** : 시스템을 사용하는 데 드는 노력과 사용자의 평가를 나타내는 특성을 의미한다.

④ **효율성(efficiency)** : 투입된 자원에 대하여 제공되는 성능 정도, 요구되는 기능을 수행하기 위해 필요한 자원의 소요 정도이다.

⑤ **유지보수성(maintainability)** : 운영 환경과 요구사항 및 기능적 사양에 따른 소프트웨어의 수정, 개선 등 변경될 수 있는 능력을 의미한다.

⑥ **이식성(portability)** : 소프트웨어가 다른 하드웨어나 소프트웨어 등의 환경으로 옮겨질 수 있는 능력, 다른 환경으로 이전될 수 있는 소프트웨어 능력의 정도를 의미한다.

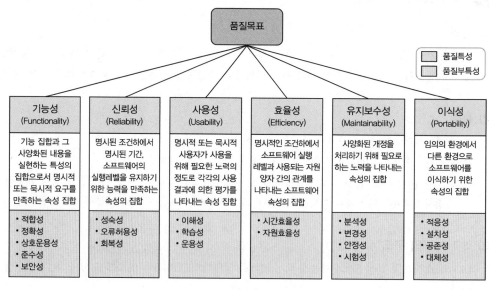

[그림 4-2] ISO 9126의 품질 모델

(5) ISO 9126의 부특성

품질 특성	부특성	설명
기능성	적합성 (suitability)	지정된 작업과 사용자 목적을 위한 적절한 기능들을 제공
	정확성 (accuracy)	올바른 결과를 제공할 수 있는 능력
	상호운용성 (interoperability)	하나 이상의 명세된 시스템과 상호작용할 수 있는 능력
	보안성 (security)	권한이 없는 사람 혹은 시스템은 정보를 읽거나 변경하지 못하게 하도록 정보를 보호하는 능력
	준수성 (compliance)	응용과 관련된 표준, 관례, 법적 규제 및 유사한 규정을 지키는 능력
신뢰성	성숙성 (maturity)	소프트웨어 내의 결함으로 인한 고장을 피할 수 있는 능력
	결함 내구성 (fault tolerance)	소프트웨어 결함이 발생했을 때 명세된 성능 수준을 유지할 수 있는 능력
	복구성 (recoverability)	고장 발생 시 명세된 성능 수준을 재유지하고 직접적으로 고장의 영향을 받은 데이터를 복구시키는 능력
사용성	이해성 (understandability)	특정 작업과 사용 조건에서 어떻게 사용될 수 있는지를 사용자가 이해할 수 있도록 하는 능력
	학습성 (learnability)	사용자가 그 응용을 학습할 수 있도록 하는 능력
	운용성 (operability)	사용자가 소프트웨어 제품을 운영하고 제어할 수 있도록 하는 능력
	매력성 (attractiveness)	사용자에 의해 선호되는 소프트웨어 제품의 능력
효율성	시간효율성 (time behaviour)	명시된 조건에서 그 기능을 수행할 때 적절한 반응 및 처리시간과 처리율을 제공하는 능력
	자원효율성 (resource utilization)	명시된 조건에서 그 기능을 수행할 때 적절한 양과 종류의 자원을 사용하는 능력
유지보수성	분석성 (analyzability)	소프트웨어의 결함이나 고장의 원인 혹은 변경될 부분들의 식별에 대한 진단을 가능하게 하는 소프트웨어 제품의 능력
	변경성 (changeability)	변경 명세가 구현될 수 있도록 하는 능력
	안정성 (stability)	소프트웨어의 변경으로 인한 예상치 않은 결과를 최소화하는 능력
	시험성 (testability)	변경된 소프트웨어가 확인될 수 있는 능력

이식성	적응성 (adaptability)	고려 대상인 소프트웨어의 목적으로 제공되는 것 이외의 활동 및 수단을 적용하지 않고 다른 명세된 환경으로 변경될 수 있는 능력
	설치성 (installability)	명세된 환경에 설치될 수 있는 소프트웨어 제품의 능력
	공존성 (co-existence)	공통 자원을 공유하는, 동일 운영 환경에서 도입된 서로 다른 소프트웨어가 간섭이나 충돌 없이 병행하여 서로 잘 운영될 수 있는 소프트웨어 제품의 능력
	대체성 (replaceability)	동일한 환경에서 동일한 목적으로 지정된 다른 소프트웨어 제품을 대신하여 사용될 수 있는 능력

(6) 관계자 관점에 따른 품질 특성

관점	품질 속성	설명
발주자	최소 비용	최소 비용으로 최대의 품질 확보
	생산성	투자 대비 향상된 생산성
	통합성	타 소프트웨어와의 상호연동
사용자	이해 편리성	쉬운 이해 및 교육, 사용 정도
	사용 편리성	사용자 중심의 인터페이스 제공
	기능의 정확성	기능이 요구와 일치하는 정도

3 ISO/IEC 12119(software package-quality requirement & testing)

패키지 소프트웨어의 일반적인 제품 품질 요구사항 및 테스트를 위한 국제 표준 규격이다. 규격 내용은 품질, 지침, 세부 인증 등이고 ISO/IEC 12119 요건 사항은 명확화, 유사 문서 정의, 변경(가능)성, 환경 명세, 보안성 등이다. 그리고 제품 설명서, 사용자 문서, 실행 프로그램으로 구성되어 있다.

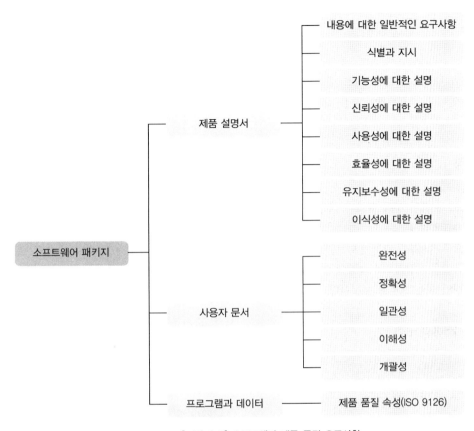

[그림 4-3] 소프트웨어 제품 품질 요구사항

4 ISO/IEC 14598(software product evaluation process)

(1) 정의

ISO/IEC 14598은 소프트웨어 제품 평가에 대한 표준으로 품질 평가 절차를 '평가 요구사항 설정', '평가 명세', '평가 설계', '평가 수행' 등 4단계로 구분한다. 소프트웨어 개발 과정 또는 개발된 제품 형태의 소프트웨어의 품질을 객관적으로 측정하고 평가하는 과정이다.

(2) 도입 배경

① 소프트웨어 제품에 대해 기술력을 공인받아서 대외적인 이미지 제고와 신뢰성 확보를 하기 위함이다.
② 개발자 또는 개발사의 자발적인 소프트웨어 품질 향상을 위한 노력에 동기부여를 하기 위함이다.
③ 소프트웨어 품질이 제품 선택을 위한 가장 중요한 요소로 대두되어 관리가 필요하다.

5 ISO/IEC 25000(SQuaRE 프로젝트) 중요 ★★★

(1) 정의

ISO/IEC 25000(SQuaRE 프로젝트)은 국제표준화기구(ISO)에서 제정한 소프트웨어 품질 평가 통합 모델의 표준안이다. 소프트웨어 품질 측정 평가 통일성을 위해 ISO 9126, ISO 14598 등을 통합한 프레임워크(SQuaRE)이다.

(2) 제정 목적

① 복잡성 제거

기존 소프트웨어 품질 평가에 대한 표준 시리즈의 혼란 제거 및 일관성을 제공하는 것이다.

② 통합 프레임워크

품질 요구 명세부터 평가에 이르는 통합된 표준 지침을 제공하는 것이다. 국제표준화 목적은 소프트웨어 품질을 계량적으로 측정할 수 있는 품질 척도 등을 정의하고 품질 요구사항, 품질 평가 모델 수립 방안 등을 제공하는 것이다.

(3) ISO/IEC 25000 구성

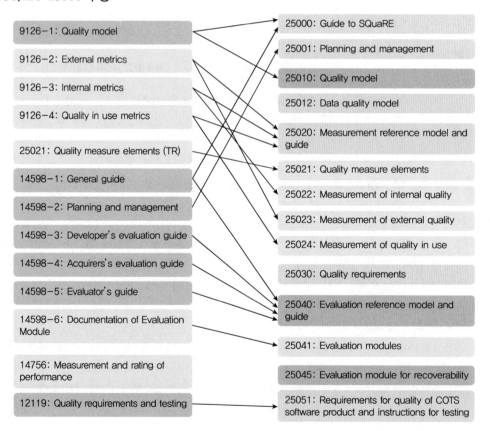

[그림 4-4] ISO/IEC 25000 구성

(4) ISO/IEC 25000의 구성 요소

① 품질 요구사항(quality requirement)
② 품질 관리(quality management)
③ 품질 모형(quality model)
④ 품질 측정(quality measurement)
⑤ 품질 평가(quality evaluating)

(5) 활용 방안

기존 표준을 체계화하고 하나의 틀에서 관리하기 위해 SQuaRE 프레임워크 개발이 이루어진 것이며, 새로운 표준 제정에 따른 적합성을 고려하기 위해 기존 모델에 반영하는 작업이 필요하다.

제 3 절 프로세스 품질 모델과 개선 모델

1 ISO 12207 모델과 프로세스 표준 중요 ★★★

(1) 개요

국제 표준 ISO/IEC 12207은 체계적인 소프트웨어의 획득, 공급, 개발, 운영 및 유지보수를 위해서 소프트웨어 생명주기 공정(SDLC Process) 표준을 제공함으로써 소프트웨어 개발자들이 개발 및 관리에서 동일한 언어로 의사소통을 할 수 있는 기본 틀을 제공한다. 또한 다양한 형태의 소프트웨어 개발과 관리에 적용할 수 있는 방법, 액티비티, 단위 업무를 정의한다. 만들어진 배경은 공급자와 전달자와의 의사소통을 위한 공통적인 수단이 필요했기 때문이다. 이에 따라 소프트웨어의 획득, 공급, 개발, 운영, 유지보수 전 단계에 걸쳐 공통의 표준화된 언어의 필요성이 대두되었다. 또한, 소프트웨어 생명주기에서 예측 가능한 소프트웨어 개발 시스템, 공학적 개발, 관리 지원으로 생산성 향상 방안 등이 필요하였다. 국제 표준 ISO/IEC 12207의 특징은 다음과 같다.

> • 소프트웨어 생명주기 프로세스의 공통 프레임워크를 가지고 있다.
> • '무엇을 할 수 있다.'라는 기본 개념을 가지고 있다.
> • 또한, 특정한 생명주기 모델이나 방법 등을 고려하지 않는다.

(2) 주요 프로세스별 활동

ISO 12207의 주요 프로세스는 다음과 같다.

주요 프로세스	내용
기본 생명주기 프로세스	획득 프로세스, 공급 프로세스, 개발 프로세스, 운영 프로세스, 유지보수 프로세스
지원 생명주기 프로세스	품질 보증, 검증, 확인, 합동검토, 감사, 문서화, 형상 관리, 문제해결 프로세스
조직 생명주기 프로세스	관리 프로세스, 기반구조 프로세스, 훈련 프로세스, 개선 프로세스

① 기본 생명주기 프로세스

프로세스	내용
획득 (aquisition)	소프트웨어 제품이나 서비스를 취하기 위한 활동
공급 (supply)	시스템, 소프트웨어 제품이나 서비스를 공급하기 위한 활동
개발 (development)	소프트웨어에 관한 제품을 정의하고 개발하는 활동
운영 (operation)	실제 사용자가 컴퓨터 시스템을 운영하는 데 있어 실제 환경에 맞게 필요한 사항을 제공해주는 활동
유지보수 (maintenance)	소프트웨어 제품에 대한 문제점 해결 또는 추후 새로운 기능을 추가하는 등의 서비스를 할 수 있는 유지보수에 대한 활동

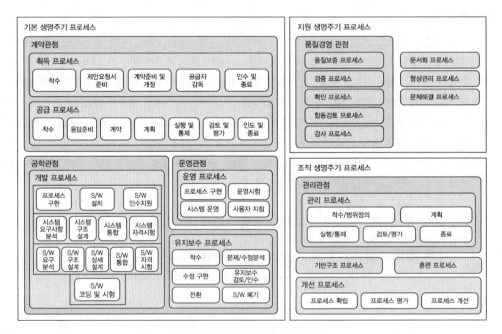

[그림 4-5] ISO 12207의 주요 프로세스

② **지원 생명주기 프로세스**

프로세스	내용
품질 보증 (quality assurance)	소프트웨어에서 제시한 요구사항에 맞아야 하고 객관적으로 보증하기 위한 활동
검증 (verification)	프로젝트에 대한 소프트웨어를 검증하기 위한 활동
확인 (validation)	소프트웨어에 대한 완성품을 확인하기 위한 활동
합동검토 (joint review)	소프트웨어에 대한 상태나 완성도에 대한 평가를 위한 활동
감사 (audit)	요구사항, 계획 및 계약에 대하여 적합성을 결정하기 위한 활동
문서화 (documentation)	프로세스에서 산출되는 모든 데이터에 대한 기록을 하기 위한 활동
형상 관리 (configuration management)	문서 관리 및 구성 관리를 위한 활동
문제 해결 (problem resolution)	프로세스 중 문제가 발생한 부분에 대하여 분석하고 제거하기 위한 활동

③ **조직 생명주기 프로세스**

Tailoring을 위한 기본 활동을 정의하며, 프로젝트 차이를 가능한 한 많이 고려하도록 한다.

프로세스	내용
기반구조 (infrastructure)	생명주기에 대한 기반구조를 위한 활동
관리 (management)	프로젝트를 진행하는 데 있어 프로젝트를 관리하기 위한 기본적인 관리 활동
개선 (improvement)	조직 생명주기에 대한 정의, 분석, 통제, 개선을 위한 기본 활동
훈련 (training)	생명주기에 필요하고 부합하는 사람을 제공하기 위한 활동

조직 생명주기 프로세스의 적용방법은 다음과 같다.

- 프로젝트의 특징에 맞게 조정하여 적용한다.
- 소프트웨어 심사모델인 SPICE 도입을 검토한다.
- 조직의 품질정책 및 교육 수준을 고려한다.

2 ISO 9000과 품질경영시스템 중요 ★★★

(1) 정의

ISO 9000은 국제 표준화 기구(International Organization for Standardization)에서 품질 경영에 관한 국제 규격을 제정한 것으로 품질 인증을 위한 검증 요건에 맞춰 품질경영시스템을 구축하고 이에 따라 실행하는 것이다.

기업이 자사의 제품이나 서비스를 이용하는 고객에 대해 기본적인 품질경영시스템을 지속적으로 유지함을 보증하는 일련의 국제규격으로, 제품이나 서비스의 기술 기준을 정한 것이 아니라 그 업무에 관한 방법이나 절차를 규정하는 규격인 것이다.

ISO 9000은 1987년에 국제 규격으로 발행한 것으로서, 우리나라에서는 1993년에 산업표준화법에 의한 한국산업규격 KS A 9000 시리즈로 도입하였고 기본적으로 5종으로 구성되어 있다.

(2) 특징

① 기업의 품질 경영과 품질 보증 체계에 대한 국제 규격이다.
② 제품 자체가 아닌 계획과 과정 중심의 품질 관리 체계를 규정한다.
③ 기업의 품질 시스템의 공개를 제도화한 국제 규격이다.
④ 제3자인 인증기관에서 수준을 판정하도록 하는 인증 제도이다.
⑤ 규격은 매 5년마다 개정을 원칙으로 한다.

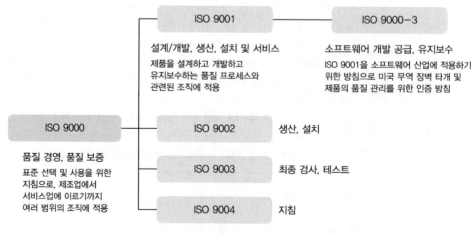

[그림 4-6] ISO 9000 품질 요소의 구성도

(3) ISO 9000 Family

1976년 영국의 품질 인증기관인 BSI의 발의로 1987년 ISO 9000 시리즈가 정식 명칭으로 정착되어 전 산업에서 인정을 받게 되었으며, 1994년 ISO 9000 패밀리로 개정되었다. 다음은 ISO 시리즈의 내용이다.

- ISO 9000 : 품질경영시스템에 대한 기본 사항의 서술 및 용어 정의
- ISO 9001 : 조직의 능력을 실증하기 위한 품질경영시스템에 대한 요구사항
- ISO 9004 : 품질경영시스템의 효과성뿐만 아니라 효율성도 고려하는 지침으로, 이 규격의 목표는 성과 개선과 고객 만족 및 이해관계자의 만족임
- ISO 19011 : 품질경영시스템 및 환경경영시스템 감사·심사에 대한 지침

다음은 ISO 9000 시리즈 인증의 종류이다.

- ISO 9000 : 품질경영시스템
- ISO 14000 : 환경경영시스템
- ISO/TS 16949 : 자동차 분야
- ISO 13485 : 의료기기 분야
- TL 9000 : 정보통신 분야
- AS 9100 : 우주항공 분야

(4) ISO 9000 시리즈 인증 절차

1. 기본 계획 수립
2. 컨설팅 기관 선정
3. 교육
   3.1 품질마인드 교육 – 전 직원
   3.2 ISO 9000 기본 교육 – 전 직원
   3.3 부문별 교육 – 기획, 영업, 설계, 구매, 생산, A/S 등
   3.4 내부 심사원 교육 – 시스템 점검을 위한 내부 심사원 대상자
   3.5 인증 심사 전 교육 – 심사 준비 사항, 심사 방법 등
4. 문서화
   4.1 프로세스 파악(Process Mapping)
   4.2 단위 프로세스 문서화(규정, 절차 등)
   4.3 하부 문서 작성(지침서, 기술 표준 등)
   4.4 품질계획서 작성
5. 실행 및 보완
   5.1 실행 계획 수립
   5.2 실행

> 5.3 내부 심사 및 시정 조치
> 5.4 경영 검토
> 5.5 최종 점검
> 6. 인증
> 6.1 인증기관 선정
> 6.2 문서 심사
> 6.3 본 심사(현장 심사)
> 6.4 인증 심사 시정 조치
> 6.5 인증서 취득

추진 계획을 수립하며, 인증 목표를 설정하고 TFT(Task Force Team)를 구성한다. 추진기간 및 소요예산은 회사의 규모나 직원 수, 제품의 종류, 업무의 복잡성, 업무활동 체계, 시설 현황 등을 감안하여 결정해야 한다.

(5) ISO 9000 인증에 따른 기대 효과

① 기업(조직)의 시스템 체계 확립을 통한 품질 향상, 원가 절감, 생산성 향상

② 기업 이미지 제고로 신뢰성 증대(매출 증대 및 수출장벽 극복)

③ 품질 혁신과 기술 개발의 노하우 축적을 통한 기업 경쟁력 강화

④ 업무 표준화 및 책임과 권한의 명확화를 통한 업무 효율성 증대

⑤ 제조물 책임(PL) 제도에 대한 최적의 대응책

⑥ 예방 활동의 극대화로 실패율 감소

⑦ 고객 만족도 및 신뢰성 향상

⑧ 체계적인 절차 및 방법 설정으로 재해를 예방하고 사고율을 감소

⑨ 개선 활동을 통한 지속적 성장에 기여

3 SPICE(ISO 15504) 모델 `중요` ★★

(1) 개요

SPICE(Software Process Improvement and Capability dEtermination) 모델은 ISO에서 1995년에 지정한 소프트웨어 프로세스를 평가하기 위한 심사 과정이며, 인증 규격이다. 프로젝트의 평가를 위해 기존의 ISO 9001 방식을 도입하였지만 소프트웨어 특성과 프로세스적 기반에 문제점이 발생하였다. 이 문제점을 해결하기 위해 CMMI, ISO 9001 등의 장점만을 활용하여 통합한 새로운 평가 모델이 SPICE 모델이다. 즉, 여러 프로세스 개선 모형을 국제 표준으로 통합한 ISO의 소프트웨어 프로세스 모형이며 소프트웨어 프로세스에 대한 개선 및 능력 측정 기준이다. 1995년 ISO/IEC 15504라는 규격으로 완성된 프로세스 평가를 위한 모델과 심사 기준 과정을 제시하였다. SPICE는 다음의 3가지의 목적을 위해 제정되었다.

① 개발기관이 프로세스 개선을 위하여 스스로 평가한다.
② 기관에서 정한 요구조건을 만족하는지 개발조직이 스스로 평가한다.
③ 계약을 맺기 위하여 수탁기관의 프로세스를 평가한다.

(2) 출현 배경

ISO 9000-3이 소프트웨어 특성과 프로세스적인 부분에 대해서 개선을 못하여 등장하게 되었다. 'What'에 대한 것만 있고 'How'에 대해서는 없는 ISO 12207의 단점을 해결하였다.

(3) SPICE의 특징

① ISO 12207 소프트웨어 공학 생명주기의 프로세스를 포함하는 프로세스와 프로세스 능력을 2차원으로 평가하는 모델이다.
② 소프트웨어 사업자의 능력 평가 수단으로 사용이 가능하다.
③ 다수의 프로세스 심사 모델인 CMM, ISO 9000 등의 장점을 수용한 통합 모델이다.
④ 미국과 유럽을 포함한 나라에서 공통적으로 소프트웨어 프로세스에 적용하고 있다.

(4) SPICE의 프로세스 수행 능력 차원 6단계

[그림 4-7] SPICE 프로세스 수행 능력 6단계

① **수준 0 - 불안전**
기본 활동을 수행하지 않는 단계로 프로세스의 작업 산출물이나 결과를 기대하기 어려운 수준이다.

② **수준 1 - 수행**
㉠ 해당 프로세스의 목적은 달성하지만 계획되거나 추적되지 않는다.
㉡ 정의된 산출물을 산출한다.
㉢ 수행되어야 할 조치가 거의 없거나 쉽게 인식이 불가능한 상태이다.

③ **수준 2 - 관리**
프로세스 수행이 계획되고 관리되어 작업 산출물이 규정된 표준과 요구에 맞아야 한다. 수준 1과 차이는 정해진 시간이나 자원의 한도 안에서 프로세스를 수행하며 정해진 품질 요구사항을 만족하는 산출물을 만든다는 것이다.

④ **수준 3 – 확립**

    ㉠ 표준 프로세스를 사용하여 계획되고 관리한다.

    ㉡ 소프트웨어 공학 원리에 근거하여 프로세스를 정의하고 이용하여 프로세스를 수행하고 관리한다.

    ㉢ 수준 2와의 차이는 프로세스에 정의된 성과를 달성할 수 있도록 표준으로 정의된 프로세스를 사용한다는 것이다.

⑤ **수준 4 – 예측**

    ㉠ 표준 프로세스 능력에 대하여 정량적인 이해와 성능이 예측된다.

    ㉡ 작업 후 정량적인 산출물의 품질을 보증한다.

    ㉢ 수준 3과 차이는 정해진 성과를 달성하기 위해서 표준 프로세스를 수행하여 결과는 일정한 한도 내에서 통제한다는 것이다.

⑥ **수준 5 – 최적화**

    ㉠ 정의된 프로세스와 표준 프로세스가 지속적으로 개선된다.

    ㉡ 창의적 아이디어와 기술의 시험적 적용, 정의된 목표를 위해 결과 분석을 하여 개선이 가능하다.

    ㉢ 현재 프로젝트만이 아니라 수행될 프로세스에 대하여도 목표를 잘 만족시킬 수 있다.

(5) 프로세스 영역

프로세스 범주는 5개이고 세부적 사항은 40개로 구분되어 있으며, 실행 여부와 작업의 산출물에 대한 결과 여부에 대해 판정한다. ISO 12207의 소프트웨어 생명주기 프로세스를 기반으로 하고 있으며 각 프로세스마다 목적을 달성하기 위한 기준이 제시되어야 한다.

프로세스	그룹	설명
기초 프로세스	CUS (고객-공급자)	• Customer-Supplier • 인수, 공급, 요구도출, 운영 등
	ENG (공학)	• Engineering • 시스템과 소프트웨어 개발, 유지보수 등
지원 프로세스	SUP (지원)	• Support • 문서화, 형상, 품질 보증, 검증, 확인, Review, 감사, 문제 해결
조직 프로세스	MAN (관리)	• Management • 프로젝트 관리, 품질 관리, 위험 관리
	ORG (조직)	• Organization • 조직배치, 개선활동, 인력 관리, 측정도구, 재사용

① **고객-제공자 프로세스(Customer-Supplier)**

완성된 제품을 고객에게 전달하며, 제품을 정확히 운용하기 위한 프로세스이다. 발주, 인수, 공급, 요구도출, 운영 등으로 구분된다.

② **공학 프로세스(Engineering)**

시스템과 소프트웨어 개발, 유지보수로 되어 있다. 소프트웨어에 대한 명세화, 코딩 및 유지보수로 구분된다.

③ **지원 프로세스(Support)**

문서화, 형상, 품질 보증, 검증, 확인, Review, 감사, 문제 해결로 구분된다.

④ **관리 프로세스(Management)**

MAN1~MAN4, 프로젝트 관리, 품질 관리, 위험 관리로 구분된다.

⑤ **조직 프로세스(Organization)**

업무에 대한 목표 달성을 위한 프로세스이다. ORG1~ORG6, 조직배치, 개선활동, 인력 관리, 기반 관리, 측정도구, 재사용으로 구분된다.

(6) 프로세스 수행능력 차원(Process Capability Dimension)

① Organization Unit(OU : 수행조직 단위)이 특정 프로세스를 달성하거나 혹은 달성 목표로 가능한 능력 수준

② 0~5까지 총 6개의 Capability Level로 구성됨

③ 조직에 단일 성숙도가 아닌 프로세스별로 능력 수준을 제시하고 평가 결과는 프로세스 프로파일로 문서화되어 있다.

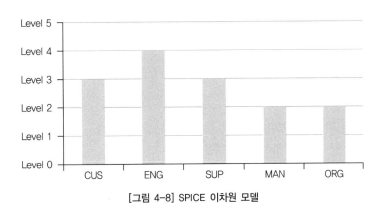

[그림 4-8] SPICE 이차원 모델

4 CMMI 모델 중요 ★★★

(1) 개념

CMMI(Capability Maturity Model Integration)는 소프트웨어 영역에 일부 적용되던 부분을 확장하고 하드웨어, 소프트웨어, 시스템 등을 하나의 프로세스 툴로 통합하여 기업의 프로세스 활동에 전반적으로 적용할 수 있도록 제공하는 모델을 의미한다. 즉, 여러 가지 CMM 모형을 통합한 것이며, 동일한 능력을 가지는 여러 조직을 평가하는 벤치마크로 사용하기도 한다.

CMMI는 성숙도를 5단계로 나눌 수 있다. 각 단계에서 주어진 목적을 달성하기 위해 각 레벨마다 성숙도를 만족시켜야 하는 요구사항들을 프로세스 영역으로 지정한다. 프로세스 영역은 조직이 프로젝트를 성공적으로 수행하기 위해 요구되는 관리 분야라고 할 수 있다.

(2) 출현 배경

1980년 후반 미국 국방성(DOD, Department of Defense)에서 카네기멜론 대학교와 손을 잡고 소프트웨어 공학 연구소(SEI, Software Engineering Institute)를 신설하였고, 1991년에 소프트웨어의 효율과 품질을 일관성 있게 평가하는 방법을 찾아내도록 의뢰하였으며, 그 결과 CMM 모델이 개발되었다. CMM은 개발된 소프트웨어 품질의 일관성을 유지하기 위한 **프로세스 개선 성숙도 모델**이다. 또한, CMM은 소프트웨어 제품 개발에 필요한 프로세스로서 모범적인 실무 지침을 제시하고 기준을 제공한다.

CMM은 성숙도를 5단계로 나누어 점증적으로 프로세스를 개선 및 비전에 맞도록 유도하는 로드맵을 제시하였고, 기본적인 방법이 국방성의 개발뿐만 아니라 민간 소프트웨어 개발업체에서도 인정을 받으면서 널리 활용되기 시작하였다. 그러나 다수 모델의 적용에 드는 비용 절감 요구가 확산되고, 프로세스 통합 및 소규모 조직 활용 요구는 증가하였다. CMM뿐만 아니라 SEI 등 여러 모델이 추가로 개발되고, 소프트웨어 사용 환경의 변화, 기존 모델 등과의 중복 문제 등을 해결하기 위하여 새로운 모델의 필요성이 대두되었다. 또한, 기존 CMM의 서로 다른 구조, 용어와 성숙도 측정 방법 등의 차이로 개발에 문제가 발생하였고 SW-CMM의 소프트웨어 개발 프로세스에서 일부를 개선할 필요성이 대두되면서 CMMI가 점차 발전하였다.

CMMI는 사용자가 소프트웨어에서 어떤 점이 부족하고 어떤 점이 강한지 발견하기 위하여 평가하는 기준이며, 개발자가 스스로 판단하여 프로세스 능력을 평가하고 개선의 방향을 설정할 수도 있다.

(3) CMMI 목적

① 프로세스와 산출물을 지원하기 위해 통합 제품군을 제공한다.
② 프로세스 개선을 위해 지속적인 투자를 유도한다.
③ 심사 방법과 훈련 교재를 포함하는 통합 모델을 제시한다.
④ 소프트웨어 시스템 및 제품을 모두 지원하는 프로세스 평가 모델이다.
⑤ 소프트웨어 프로세스 평가에만 집중된 CMM의 단점을 해결한다.

(4) 특징

해당 프로세스 영역에서 조직의 모든 사람 특히 경영 관리자가 동의하고 법제화하여 그 업무를 실행할 수 있는 기본적인 정의와 합의가 되어 있는지 표현한다. 다양한 CMM 모델을 통합한 프로세스 성숙도 모델로 다양한 분야에 적용할 수 있는 공통의 프레임워크 및 통합된 평가 방법(SCAMPI)을 제공한다. 다양한 모델(SW-CMM, SE-CMM, IPD-CMM 등)의 통합을 통해 불일치성 및 중복성을 제거하고, 모델 적용에 드는 비용 절감하며, 동일한 용어와 일관성 있는 형태를 제시하여 기존 모델보다 명확하게 이해할 수 있도록 개선을 한다.

(5) CMMI 모델 구성

성공적으로 프로젝트를 수행하기 위해 요구되는 4가지 프로세스 범주가 있다. 프로젝트 관리(project management), 프로세스 관리(process management), 엔지니어링(engineering), 지원 프로세스(support)가 있고, 이들 프로세스 그룹은 총 22개의 프로세스 영역으로 구성된다.

프로젝트 관리	엔지니어링	프로세스 관리	지원
• 프로젝트 계획 수립 • 프로젝트 모니터링 및 통제 • 협력 업체 관리 • 통합 프로젝트 관리 • 위험관리 • 정량적 프로젝트 관리	• 요구사항 관리 • 요구사항 개발 • 기술적 솔루션 • 제품 통합 • 검증 • 확인	• 조직차원의 프로세스 개선 • 조직 차원의 프로세스 정립 • 조직 차원의 교육 훈련 • 조직 차원의 프로세스 성과 관리 • 조직 차원의 혁신 활동 전개	• 형상관리 • 프로세스/제품 품질 보증 • 측정 및 분석 • 의사결정 분석 및 해결 • 근본 원인 분석 및 해결

[그림 4-9] CMMI 모델 구성

① CMMI의 성숙도 수준에 따른 단계적인 모델

레벨	초점	주요 프로세스
1 (initial)	기본 프로젝트 관리	• 개인의 의존도가 높음 • 일정이나 비용과 같은 관리 프로세스 중심
2 (managed)	프로젝트 관리	• 요구사항 관리 • 프로젝트 계획 수립 • 프로젝트 모니터링 및 통제 • 협력 업체 관리 • 측정 분석 • 프로세스/제품품질 보증 • 형상 관리
3 (defined)	공학 프로세스 표준화	• 요구사항 개발 • 기술적 솔루션 • 제품 통합 • 검증 • 확인 • 조직 차원의 프로세스 개선 • 조직 차원의 프로세스 정립 • 조직 차원의 교육훈련 • 통합 프로젝트 관리 • 위험 관리 • 의사결정 분석 및 해결
4 (quantitatively managed)	정량적 프로젝트	• 조직의 프로세스 성과 관리 • 정량적 프로젝트 관리
5 (optimizing)	지속적 프로세스	• 조직 차원의 혁신 활동 전개 • 근본 원인 분석 및 해결

② CMMI 적용 방식은 연속적 표현 모형과 단계적 표현 모형이 있다.

연속적 표현 모형은 기존 심사모형인 SE-CMM인 경우, 본인이 원하는 프로세스 모델에서 제시하는 전체 영역을 적용하여 평가받고 영역별 수준을 조직의 성숙 수준으로 가져온다. TOP-DOWN 방식이 더 세분화된 분류가 가능하며 24개의 프로세스 영역에 대해 0부터 5까지 등급을 부여한다. 관계를 개별적으로 또는 그룹으로 고려하여 각 관계의 이용을 평가한다. 성숙도 평가는 하나의 값이 아니라 각 프로세스나 프로세스 그룹에 대한 조직의 성숙도를 나타내는 값들의 집합이다.

장점은 본인이 필요한 요구사항에 따라 개선하기 위한 프로세스를 선택·지정할 수 있다는 것이다. 또한, 서로 다른 유형을 가진 조직은 프로세스 개선을 위한 다른 요구사항을 가질 수도 있다.

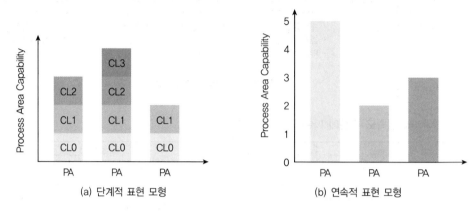

(a) 단계적 표현 모형   (b) 연속적 표현 모형

[그림 4-10] 단계적 표현 모형과 연속적 표현 모형

단계적 표현 모형은 기존 심사 모형이 SW-CMM인 경우, 요구되는 여러 프로세스 영역 중 조직의 필요성 등에 따라 특정 영역을 선택하여 적용하고 평가받을 수 있다. 나머지 영역에 대해 추가적으로 적용하여 전체 영역을 평가받을 수도 있다. BOTTOM-UP 방식이며 소프트웨어 CMM 모델에 적합하고 조직의 시스템 개발과 관리 프로세스가 평가되어 1부터 5까지의 성숙도 단계를 가지고 있다. 각 단계에서 달성해야 하는 목표를 기술하며 프로세스 개선은 각 수준별 필요한 부분을 위해 모델의 낮은 단계에서 높은 단계로 이동하여 달성된다.

장점은 소프트웨어 CMM에 적합하다는 것을 제외하더라도 조직을 위한 분명한 개선 경로를 정의한다는 것이다. 단점은 처음부터 높은 단계에서 목표를 도입하는 것이 좋을 수 있다는 것이다. 그러나 너무 높은 성숙 단계를 정하였을 때 평가 능력에 대해 오해하기 쉽다.

(6) CMMI 성숙도 레벨 6단계

레벨	내용
0 (incomplete)	프로세스가 없는 상태
1 (performed)	정의된 기본 프랙티스들이 수행되고 있는 상태
2 (managed)	주어진 목표를 달성하기 위해서 하나의 프로세스가 개별 프로젝트나 팀별로 계획 및 수행되고 추적 통제되고 있음
3 (defined)	조직 표준 프로세스를 테일러링 가이드에 따라 조정하며 개별 조직이나 프로젝트에 적합한 프로세스를 개발하고 이에 따라 해당 조직이 활동들을 관리한다는 것
4 (quantitatively managed)	프로세스의 수행을 정량적인 수치로 계산하여 관리한다는 것
5 (optimized)	하나의 프로세스를 반복 수행한 결과로 변동의 일반적인 원인에 대해 분석하고 이를 개선하면서 변동의 범위를 지속적으로 줄여나가는 것

제 4 절 품질 보증 활동

1 정의

소프트웨어 품질 관리는 소프트웨어 생명주기 동안에 이루어지는 모든 활동과 그 결과로 생산되는 산출물에 대한 품질을 통제, 보증하기 위한 활동이다. 소프트웨어 품질 관리는 소프트웨어 품질 보증과 소프트웨어 품질 평가로 이루어진다.

> 소프트웨어 품질 관리 = 소프트웨어 품질 보증 + 소프트웨어 품질 평가

소프트웨어 품질 보증 활동은 소프트웨어 품질 확보를 위한 요구로서, 소프트웨어를 개발, 운용, 유지보수하기 위한 방법론, 프로세스의 제정과 실행을 포함한다.

2 일반적인 품질 보증 작업 중요 ★★

① 소프트웨어 품질 확보를 위한 요구를 제정(각종 요구사항 제정 및 관리에 초점)
② 소프트웨어를 개발, 운용, 유지보수하기 위한 방법론, 프로세스의 제정과 실행(개발 과정을 관리하는 데 초점)
③ 소프트웨어 제품의 품질을 평가 및 관련 문서, 프로세스, 품질에 영향을 미치는 activity를 평가하기 위한 방법론, 프로세스의 제정과 실행(제품 자체의 품질 관리에 초점)

품질 요구 제정,
실시 및 관리

〈품질 요구 사항의 예〉
설계 요구사항
유지·보수 요구사항
운용 요구사항

소프트웨어 품질 보증

소프트웨어 품질
평가방법론

〈방법론〉
프로덕트(개발 중, 개발 후)
활동(표준 준수 여부)
방법론(기술적 정확성)

절차 제정 및 관리
〈방법론〉
요구분석
설계, 코딩
문서화
형상관리
운용 및 유지·보수

[그림 4-11] 소프트웨어 품질 보증

3 **품질 보증 조직**

품질 보증 조직은 소프트웨어 품질 보증 활동과 개발 조직의 구분이 필요하며, 품질 평가와 관리를 위한 객관적인 시각 요구가 필요하다. 그리고 (기준 이하의) 작업의 반복 또는 개선 유도를 한다.

(1) 소프트웨어 품질 보증 작업의 활동

소프트웨어 품질 보증 작업의 활동은 관리적 활동과 기술적 활동으로 구분된다. 관리적 활동은 소프트웨어 개발에 필요한 조직에 대해 표준화 방법론을 적용한다. 기술적 활동은 개발 조직에 필요한 방법론을 정의한다.

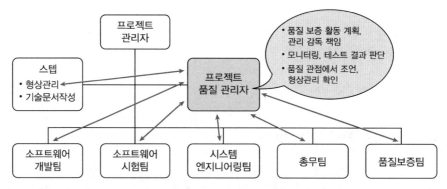

[그림 4-12] 소프트웨어 품질 보증 작업의 활동

(2) 품질 보증 작업

소프트웨어 제품과 요구사항이 일치하는지의 검토를 하며, 제3자의 입장에서 수행한다.

① IEEE의 표준에서 제안하는 기본적인 검토 작업(IEEE 730, 1989)

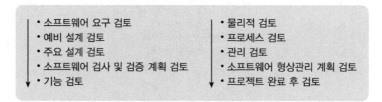

[그림 4-13] IEEE730 기본적인 검토 작업

② 품질 보증을 위한 검토 작업

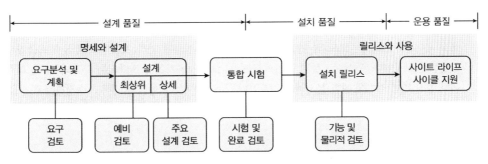

[그림 4-14] 품질 보증을 위한 검토 작업

4 소프트웨어 품질 보증 기법 및 절차

(1) 소프트웨어 품질 보증 기법 중요 ★★★

종류	설명
워크스루 (Walk Through)	개발자 위주, 비공식적인 검토 과정
검토 (Review)	요구 명세서와의 일치 여부 검토 (개발자, 관리자, 사용자, 외부 전문가 참여)
검사 (Inspection)	소프트웨어 구성 요소들의 정확성 평가 (전문가 검토, 공식적 평가, 수정 지침 제시)

(2) 소프트웨어 품질 보증 절차

순서	절차	설명
1	품질 보증 계획 수립	수행할 품질 보증 활동에 따라 평가대상의 산출물 또는 프로세스 선정
2	품질 활동 검토	소프트웨어를 생산하는 개발 활동에 대한 검토를 실시
3	품질 측정 및 평가	정의된 품질 목표에 따라 실제 품질을 측정하고 기준별 평가를 실시
4	문서화 및 승인·통보	해당 품질 활동에 대한 문서화와 승인 → 승인된 평가 결과를 조직 및 구성원에게 통보

(3) 소프트웨어 품질 보증 활동

구분	검증(Verification)	확인(Validation)
관점	개발자	사용자
개념	명시된 기능의 올바른 수행 확인 과정	올바른 소프트웨어 개발 입증 과정
목적	프로그램과 명세서의 일치 정도	프로그램 명세서의 활용 가능성

5 품질 제어

(1) 정의

품질 제어는 프로세스, 코드 및 관련 문서가 품질 보증 절차에 따라 개발되고 품질 목표를 만족하는지 확인하는 활동이다. 명세서·설계 문서·코드의 검토, 사용자에게 전달되는 문서의 검토, 테스트 계획이나 형상 관리 절차에 관한 문서들을 검토한다. 품질 제어는 결함을 발견하고 수정하는 목적을 가지며, 품질 보증은 사전 예방 활동이다. 제품을 대상으로 하는 것을 품질 제어, 프로세스를 대상으로 하는 것을 품질 보증으로 보기도 한다.

(2) 목적

① **명세서와 일치하는지 확인** : 요구 명세서, 설계문서, 코드 등을 검토
② **계획, 표준 및 지침에 맞게 개발되었는지 확인** : 테스트 계획이나 형상 관리 절차에서 나오는 문서들을 검토
③ **변경이 적절히 구현되었는지 확인** : 프로세스에 따라 활동을 수행하는지 검토
　　㉠ 공식 기술 검토(FTR)
　　　　제품의 완전성, 정확성, 일관성, 기술적 타당성, 효율성 및 표준과 지침의 준수 여부를 조사하는 공식적 회의
　　㉡ 인스펙션
　　　　공식 기술 검토 전이나 테스트를 수행하기 전에 설계 문서나 코드를 작성자가 아닌 동료나 전문가 팀이 검토하는 것이다. 회의 전에 필요한 자료를 참가자에게 나누어 사전 검토 작업을 하고 회의 참석, 코드 인스펙션의 경우 범하기 쉬운 흔한 오류의 발견에 초점을 둠
　　㉢ 코드 워크스루
　　　　알고리즘이나 코드상의 경로를 따라가면서 결함을 찾을 목적의 비공식적 검토 방법으로 작성자 본인이 다른 구성원들과 질의 응답함

6 확인과 검증 중요 ★★★

(1) 확인(validation)

① 확인은 사용자의 입장에서 소프트웨어가 만족스러운지를 평가하는 프로세스이다.
② 소프트웨어가 고객이 의도한 요구사항에 따라 구현되었음을 보장하는 활동이다.
③ '고객이 의도한 환경이나 사용 목적에 맞게 제품을 올바르게 만들고 있음'을 보장한다.
④ 요구사항 명세서와 설계 명세서에 따라 소프트웨어를 구현하였는지, 소프트웨어에 버그가 있는지를 평가하는 프로세스이다.
⑤ 사용자에게 소프트웨어를 보여주기 전에 타당성(Validation) 검사는 반드시 수행해야 한다. 오류나 누락이 존재하는 소프트웨어는 고객에게 신뢰를 줄 수 없기 때문이다.

⑥ ANSI/IEEE에서는 확인이 개발 과정 중이나 종료 시점에서 시스템 또는 소프트웨어가 고객의 요구사항들을 만족하는지 여부를 평가하는 프로세스라고 하였다.

⑦ 개발 프로세스의 처음과 말미에 수행되는 점검 활동이라고 할 수 있다.

⑧ 프로젝트 후반에 수행하는 확인 시험(Validation Test)은 만들어진 소프트웨어가 정말 고객이 원하는 것인지, 고객의 요구사항을 만족하는지를 입증하는 시험이다.

(2) 검증(verification)

① 개요

㉠ 소프트웨어가 정확한 요구사항에 부합하여 구현되었음을 보장하는 활동이다.

㉡ 제품을 올바르게 만들고 있는가?(Are we building the product right? ; Boehm, 1979)

㉢ 소프트웨어가 특정 요구조건을 만족시키는가를 결정하기 위해 개발과정 중 또는 끝에 소프트웨어를 평가하는 과정이다.

㉣ 특정 결과물이 명세대로 만들어졌는지 검증하는 과정으로서 리뷰와 같은 정적 테스트뿐만 아니라 단위, 통합, 시스템 테스트까지도 포함하고 있다.

② 검증의 추적

㉠ 전방향 추적(forward tracing) : 특정 요구사항에 대해 라이프 사이클 각 단계의 산출물인 추적 항목을 추적하는 것이다. 요구사항을 만족시키도록 개발하기 위해 반드시 필요하다.

㉡ 방향 추적(backward tracing) : 다양한 단계의 산출물의 추적 항목으로부터 요구사항 출처까지 추적하는 것이다. 변경이 요구되어 재시험하는 과정인 회귀 테스트(regression test) 등을 수행할 때 유용하다.

㉢ 검증 행렬(verification matrix)은 2차원의 테이블을 사용하여 행에는 기능 번호 또는 프로세스 번호를 사용하고 열에는 모듈 이름을 사용한다.

7 정적 검토(동료 검토, 검토 회의, 인스펙션) 중요 ★★

정적 검토는 프로그램을 컴퓨터에서 수행시키지 않고 원시코드를 직접 검토해 보는 것이다. 코딩한 사람이 비공식적으로 프로그램을 분석하거나 공식적인 검토 회의를 열거나 자동화 도구를 사용할 수 있다. 정적 검토의 목적은 코드에 있는 오류나 잠재적 오류를 찾아내고 디버깅에 유용한 정보를 생성하는 것이다. 정적 검토에는 정형 검토와 비정형 검토가 있다.

(1) 정형 검토와 비정형 검토

① 정형 검토

㉠ 정의

정형 검토(FTR, Formal Technical Review)는 소프트웨어 기술자들에 의해 수행되는 소프트웨어 품질 보증 활동이며, 일반적으로 가장 많이 사용하는 기법이다. 또한, 프로젝트 기간 동안 산출물의 오류를 발견하기 위한 공식적인 활동이다. 검토 회의(Walk through), 검열(Inspection), 라운드 로빈(Round Robin) 등이 있으며 이는 모두 회의 형태로 수행된다.

ⓛ 목적

산출물에 대한 기능, 논리에 대한 오류에 대해서 발견하고 설계 및 구현 과정에서 요구사항과 일치하는지를 검증하며, 소프트웨어가 미리 정해진 기준에 맞추어 개발되고 있는지를 점검하는 것이다. 정형적 기술 검토 회의를 통해 오류를 초기에 잡아내는 것이 프로젝트를 관리하기 편하며 좋은 품질의 소프트웨어가 개발될 수 있다.

> • 조기에 결함 발견 및 예방을 통한 품질 비용 최소화
> • 요구자의 요구사항과 일치하며 표준에 따라 구현되었는지 검증
> • 기능과 로직의 오류 발견
> • 프로젝트 관리의 편리성 증대

ⓒ 참여 인원과 검토 시간

참여 인원은 3~5명이 적당하며, 검토 시간도 2시간을 넘기지 않는 것이 이상적이다. 그러나 실제 대형 프로젝트에는 참여자가 20~30명인 경우도 있고, 회의 시간도 하루 종일 걸리는 경우가 있다.

ⓔ 장점

• 적은 비용으로 수정이 가능하다.

• 프로젝트 팀의 의사소통이 원활하다.

• 오류를 초기에 발견하기 쉽다.

• 검사한 결과물에 대해서 문서화한다.

• 개발자들은 새로운 기법을 배울 수도 있다.

❗ 더 알아두기 🔍

정형 검토 지침 사항
• 의제를 제한하고 문제 영역을 명확히 표현하라!
• 참가자의 수를 제한하고 사전 준비를 강요하라!
• 논쟁과 반박을 제한하라!
• 개발자가 아닌 제품의 검토에 집중하라!
• 해결책이나 개선책에 대해서는 논하지 마라!

② **비정형 검토(ITR, Informal Technical Review)**

소프트웨어 개발 과정에서 생성되는 문서, 프로그램과 같은 산출물을 동료와 함께 책상에서 검사하는 것으로 제품을 검토할 목적으로 하는 간단한 만남 등이 여기에 속한다. 비정형 검토에는 개별 검토, 동료 검토, 검토 회의(워크스루)가 있다.

(2) 동료 검토(Peer Review)

① 개요

동료 검토(Peer Review)는 시스템이나 시스템 컴포넌트 또는 소프트웨어 프로그램의 결함이나 개선 사항을 발견하기 위하여 개발 당사자를 제외한 주변 동료가 시스템 문서 및 프로그램 코드(code)를 검토·분석하고 개선 사항을 제안하는 작업이다. 가장 손쉬운 방법이며, 상대적으로 덜 형식적인 방법이다(Informal Technical Review). 동료 검토에는 인스펙션(Inspection)과 워크스루(Walk through)가 있다.

한편, 공식 검토의 네 가지 핵심 요소는 다음과 같다.

> • 문제를 찾는다.
> • 규칙을 따른다.
> • 검토를 위한 준비를 선행한다(사전 준비).
> • 결과를 작성한다.

동료 검토는 실제적으로는 비공식적이기 때문에 종종 위 네 가지 요소들이 생략되기도 한다. 비공식적으로 개발자가 동료 개발자들과 코드를 검토할 수 있다.

② 검토 절차

㉠ 사전 준비
㉡ 검토 회의
㉢ 후속 조치

(3) 검토 회의(Walk through)

① 정의

검토 회의(Walk through, 워크스루)는 개발자 위주이며, 비공식적인 검토와 개발에 참여한 팀들로 구성되어 있다. 이미 작성된 산출물의 오류를 발견하기 위하여 개발 업무에 관련된 인력이 하는 재검토 작업으로 문제점을 초기에 발견하기 위함이다. 분석가가 주체가 되어 적은 인원으로 짧은 시간 내에 작업하는 비정형 검토이다.

관리자를 제외하고 1명의 피검사자와 3~5명의 검사자로 구성된다. 회의를 통해 문제점을 찾아내지만 검출된 문제점은 워크스루 동안 해결하지 않으며, 기록만 하고 회의 종료 후 피검사자가 해결한다. 소프트웨어의 특정 부분을 검토하는 데 목적을 두고 상세 설계 부분에 대해 검토한다.

② 특징

㉠ 소프트웨어 개발의 각 단계에서 개최하는 기술 평가(검토) 회의
㉡ 소프트웨어 구성 요소와 같은 작은 단위를 검토
㉢ 오류의 조기 검출을 목적으로 하며 발견된 오류는 문서화함
㉣ 검출된 오류는 검토 회의 기간 동안 해결하지 않고 검토 회의 후에 해결
㉤ 3~5명이 검토에 참여해야 하며 검토 회의 시간은 두 시간 이내로 해야 함
㉥ 검토를 위한 자료를 미리 배포하여 검토하도록 하며, 미리 검토하는 시간은 2시간 이내로 한다.

③ 기술 리뷰(Technical review)

㉠ 기술 리뷰는 문서화되고, 동료와 기술적인 전문가를 포함하는 집단의 결함 탐지(defect-detecting)를 위해 정의된 프로세스이다.

㉡ 관리자의 참가 없이 동료가 리뷰를 하는 방식으로 수행한다.

㉢ 이상적인 방법은 훈련된 조정자(작성자가 아닌)에 의해 주도되는 것이다.

㉣ 때때로 체크 리스트, 리뷰 리포트, 발견 사항의 리스트를 사용하고 관리자가 참여한다.

㉤ 상당히 비형식적인 것에서부터 매우 형식적인 것까지 다양하게 검토한다.

㉥ 주된 목적은 논의, 결정, 대안 사항의 평가, 결함(defect)의 발견, 기술적인 문제 해결, 명세와 표준의 준수 확인 등이다.

④ 워크스루 주요 절차

수행 절차	입력물	산출물
1. 계획 수립 　1.1 계획 확정 　1.2 계획 공지	프로젝트 계획서 품질 활동 계획서	워크스루 계획 수립
2. 준비 　2.1 체크리스트 작성 　2.2 대상 산출물 준비	품질 활동 계획서 고객 요구사항 추적표 표준 체크리스트	체크리스트 작성 워크스루 대상 산출물
3. 실시 　3.1 진행방법 설명 　3.2 실시	체크리스트 워크스루 대상 산출물	워크스루 결과 입력
4. 결과 정리 　4.1 지적사항 정리 　4.2 보완조치 계획 수립 　4.3 지적사항 보완 　4.4 보완 결과 확인	워크스루 결과	워크스루 지적사항 입력

⑤ 워크스루 적용 가이드

㉠ 프로젝트 계획서나 품질 활동 계획서상의 일정과 프로젝트 일정이 많이 차이가 나는 경우, PM(프로젝트 매니저)과 QAO(품질 관리 담당자)는 프로젝트 계획서상의 공정을 다시 한 번 검토해 보아야 한다.

㉡ 워크스루 실시 1주일 전에 개발자들이 작성한 산출물을 중간검토(비공식 검토)를 실시하여 워크스루 실시에 차질이 없는지 확인해야 한다.

㉢ 워크스루 실행 시 프로젝트 팀 이외의 전문 인력을 참여시켜 검토를 받는 것도 품질을 높일 수 있는 좋은 방법이다.

㉣ 고객과 협의되어야 할 사항은 별도로 정리하여 고객 검토 수행 시 해결될 수 있도록 한다.

㉤ QAO는 워크스루 보완 기일에 최종 보완사항을 확인한 후 종합관리시스템에 완료 처리를 한다.

(4) 인스펙션

① 정의

인스펙션(Inspection)은 작성자의 동료들이 산출물에 대한 검토를 수행하는 공식적인 품질 검토 활동을 의미한다. 소프트웨어 항목에 대한 오류나 개선사항을 파악하기 위해 수행하는 공식적인 검토 활동이다. 수정사항은 결함으로 구분되어 관리할 수도 있다.

② 특징

ⓒ 검토 회의를 발전시킨 형태이다.

ⓒ 소프트웨어 개발 단계에서 산출된 결과물의 품질을 평가하고 이를 개선시키는 데 사용한다.

ⓒ 검열 팀은 관련 분야에 대해 훈련을 받은 1~4명의 요원으로 구성한다.

ⓒ 참여자는 중재자, 현재 워크플로 책임자, 다음 워크플로 책임자, SQA(Software Quality Assurance) 멤버로 구성한다.

ⓒ 참여자는 검열 항목에 대한 체크 리스트를 이용하여 작업을 수행한다.

③ 목적

ⓒ 인스펙션은 리뷰보다 엄격하고 정형화되어야 한다.

ⓒ 인스펙션은 체크 리스트 등을 사용하여 결함이 있는 사실을 찾아내야 한다.

ⓒ 인스펙션은 개발한 개발자가 오류에 대하여 직접 수정하도록 한다.

④ 인스펙션 대상

요구사항, 설계 등의 문서 산출물, 개발 단계의 소스

⑤ 인스펙션의 역할

역할	내용
진행자 (Moderator)	• 의장 역할 • 인스펙션 계획 • 검토자 선정
작성자 (Author)	• 검토 대상 산출물을 작성(문서, 코드) • 검토 결과 조치
제출자 (Reader)	• 작성자를 대신해 객관적이고 정확하게 검토 대상의 자료 제출 • 인스펙션에서 작성자보다 객관적인 입장에서 의견 제시
검토자 (Inspector)	• 인스펙션 전에 검토 대상을 충분히 검토 • 결함 발견 노력 • 결함 해결보다는 의견 제시
기록자 (Recorder)	• 인스펙션에서 나온 모든 의견을 기록 • 종료 후 기록을 정리 및 문서화

⑥ 인스펙션 프로세스

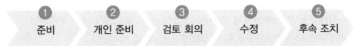

[그림 4-15] 인스펙션 프로세스

㉠ 준비

- 작성자가 인스펙션을 요청한다.
- 진행자는 검토 대상이 검사할 만한 수준인지 확인한다.
- 인스펙션은 복잡도가 있어야 한다.
- 1~2시간 이내에 검토가 끝나도록 한다(기능명세는 3~5p, 코드는 200라인 이내).

㉡ 개인 준비

- 인스펙션 팀원들이 검토 자료를 받고 인스펙션 공지를 받았을 때 시작한다.
- 자료 배포는 인스펙션 회의 2일 전에는 전달한다.
- 사전 설명회를 개최할 수 있다.
- 사전에 개별적으로 검토한다.
  - 이해하기 어려운 부분을 표시하고 메모
  - 가능한 모든 결함을 발견(잠재적 버그, 결함 등)
  - 결함은 진행자가 제공한 템플릿에 기록
  - 품질 향상을 위한 제안을 메모

㉢ 검토 회의

- 발견한 결함을 논의한다.
- 결함 해결책은 논의하지 않는다.
- 기록자는 논의되는 내용을 기록한다.
- 반복되는 결함은 한 번만 논의하고, 이후 반복된 결함에 대해서는 위치만 표시한 후 넘어간다.
- 인스펙션 회의가 끝나면 진행자는 참여자들의 결함 기록을 회수한다.
- 발견한 결함에 대한 상세한 검토가 필요할 경우 충분한 시간을 두고 결정한다.
- 진행자는 발견한 결함을 종합한다.
- 인스펙션의 재시행 여부, 인스펙션 유형 등을 작성자에게 알려준다.
- 폐회한다.

㉣ 수정

- 작성자는 발견된 결함을 확인하고 필요한 조치를 한다.
- 조치가 완료된 후 인스펙션 진행자와 재인스펙션이 필요한지 여부를 상의한다.

㉤ 후속 조치

- 진행자는 인스펙션에서 발견된 결함이 모두 수정되었는지 확인한다.
- 경우에 따라 인스펙션 팀원들의 도움을 받을 수 있다.
- SW 품질 관리자 및 관계자들에게 종합보고를 제출한다.
- 인스펙션을 종료한다.

⑦ 인스펙션 처리 절차

[그림 4-16] 인스펙션 처리 절차

⑧ 검토 지침

- 검토 대상을 검사하기 용이하게 하고 명확하게 준비한다.
- 인스펙션에 관한 질문과 체크 리스트를 제공한다.
- 인스펙션 회의가 2시간 이내에 진행되도록 분량을 제한한다.
- 코드 인스펙션은 시간당 100~200라인, 명세서 검토는 시간당 3~5페이지 정도
- 인스펙션 팀은 5명을 넘어서는 안 된다.
- 적어도 2일 전에 인스펙션 관련 자료를 배포한다.
- 진행자 역할은 인스펙션이 어떻게 수행되는지 잘 아는 사람이 맡아야 한다.
- 인스펙션 회의의 목적, 협의 사항, 시간 제한을 반드시 정하고 진행해야 한다.
- 인스펙션 회의 시, 팀이 인스펙션이 아닌 일을 하는 것을 허용하면 안 된다.
- 발견된 결함은 반드시 문서화한다.
- 인스펙션 회의 시 결함의 해결책을 찾거나 수정하려는 시도는 없어야 한다.
- 주제에서 벗어난 질문은 하지 말아야 한다.
- 작성자가 아닌 검토 대상에 대해 평가해야 한다.
- 상대방을 존중해야 한다.

(5) 검토 기법 비교

구분	검토시점	검토대상	진행주체	검토규정	검토산출물	후속처리
워크스루	개발 산출물 작성 중	중간 산출물	산출물 작성자	없음		
인스펙션	개발 산출물 작성 완료 시	개발 산출물 완성본	훈련된 리더	있음	인스펙션 결과서, 결함 리포트	검토 재작업 후속처리 확인 프로세스
공식검토	각 개발 단계 종료 시점	단계별 전체 산출물	훈련된 리더	있음	공식검토 결과서, 후속 작업 계획	승인 결과에 따른 후속처리

소프트웨어 신뢰도

소프트웨어 신뢰도(software reliability)는 프로그램이 주어진 시간 동안 주어진 조건에서 요구되는 기능을 수행할 수 있는 능력을 말한다. 즉, 프로그램이 주어진 환경에서 주어진 시간 동안 오류 없이 작동할 확률을 의미한다. 소프트웨어의 품질을 평가하는 다른 표준과는 달리 과거의 자료와 개발상의 자료를 이용하여 측정 및 예측이 가능하다. 하드웨어 신뢰성 측정의 기본 이론을 근거로 측정한다. 한 프로그램이 주어진 시점에서 요구사항에 따라 운영되는 확률을 의미한다.

1 소프트웨어 결함

결함은 소프트웨어나 하드웨어에 내재되어 있는 특성이 문제를 만들어내는 상태이다. 실행 중에 소프트웨어나 하드웨어 결함이 발생하고 시스템 상태가 잘못된 경우에도 시스템이 동작을 계속한다. 결함 발생이 시스템 장애로 이어지지 않도록 잘못된 상태를 감지하고 정정한다.

결함은 소수의 특정 모듈에 집중되어 발생한다. 같은 리소스를 들여 결함 1개가 발생한 A모듈, 결함 5개가 발생한 B모듈이 있다면 B모듈에서 더 많은 결함이 발견될 확률이 높다.

소프트웨어의 생명은 품질이다. 이때 결함이 많은 소프트웨어는 상품 가치가 떨어진다. 소프트웨어는 사용자에게 인도되기 전에 철저히 테스트를 받아야 한다.

소프트웨어 결함에는 시스템의 신뢰성을 향상시키기 위해 사용될 세 가지 보완적인 접근법이 있으며, 이를 결함의 종류라고 한다. 결함의 종류는 결함 회피, 결함 감지, 결함 내성이다.

결함 회피 (Fault Avoidance)	– 설계 및 프로그래밍 오류를 피하는 소프트웨어 개발 방식으로 시스템에 도입되는 결함을 최소화함 – 강한 자료형 언어 사용, 포인터와 같이 오류가 발생하기 쉬운 요소 사용 최소화
결함 감지 및 정정 (Fault Detection & Correction)	– 검증 및 확인(V & V) 프로세스를 통해 결함을 발견하고 제거함 – 체계적인 테스팅, 디버깅, 정적 분석
결함 내성 (Fault Tolerance)	– 실행 중에 결함이나 시스템의 예기치 못한 행동을 감지하여 시스템 장애가 일어나지 않도록 시스템을 설계 – 결함 내성 아키텍처 : 중복되고 다양한 하드웨어 및 소프트웨어를 포함한다.

2 가용성과 신뢰도 척도

(1) 가용성과 신뢰도 측정

가용성은 주어진 시점에서 시스템이 운영 중이고 요청된 서비스를 제공할 확률이 높다는 것을 의미한다. 가용성은 장애 횟수뿐만 아니라 수리 시간의 영향을 받는다. 수리 시간이 적게 걸리는 시스템이 가용성이 더 좋은 시스템이다. 시스템에 따라 가용성 또는 신뢰성이 더 중요하다.

소프트웨어 신뢰성은 프로그램이 주어진 환경에서 주어진 시간 동안 오류 없이 작동할 확률을 의미한다. 소프트웨어 내부에 오류가 있으면 소프트웨어 작동에 치명적일 수 있다. 신뢰성은 상대적인 품질 요소이고, 정확성은 절대적인 품질 요소이다. 소프트웨어 신뢰성은 측정과 예측이 가능하며, 우수한 소프트웨어 개발 계획은 소프트웨어 신뢰성 프로그램의 주요 요소이다. 따라서 신뢰성은 운용상의 고장 빈도에 의해서 좌우된다는 것을 알 수 있다. 고장이 자주 일어나는 시스템은 당연히 신뢰성이 낮은 시스템이다. 하지만 운용 단계에 들어간 시스템의 실제적인 신뢰성을 측정하는 것은 단지 현재 시스템의 신뢰성을 나타낼 뿐 어떤 의미 있는 정보가 될 수 없다.

보통 신뢰성을 목표로 정하고 그 기준을 만족하는 시스템을 인도하여 사용자가 운용하여야 하기 때문에, 시스템의 운용 단계 이전에 신뢰성이 측정되어야 한다. 운용 상태의 고장을 가장 잘 반영하는 것이 시험 단계에서 발견된 결함들이다. 따라서 시험 단계에서 모아진 결함 정보들을 통계적인 방법으로 분석해서 미래의 즉, 운용 단계의 고장 빈도를 예측할 수 있게 만든 통계적 모형이 신뢰성 모델이다. 시험 단계에서 모아진 결함 정보들을 분석한 패턴은 다음과 같은 특성을 가진다. 시험 단계에서 결함이 발견되고 제거되는 계속적인 작업을 통해서 시스템 내의 결함이 줄어드는 경향을 가지게 된다. 즉, 시스템에 내재된 결함의 수가 감소하여 신뢰성이 점차 승가하게 된다. 고장이 발생하는 간격이 처음에는 매우 좁았지만, 시험을 거치면서 결함이 제거되기 때문에 고장의 간격이 점차 넓어지게 된다. 이렇게 신뢰성이 점차 증가하는 모형을 반영한 것을 소프트웨어 신뢰성 성장 모델(SRGM, Software Reliability Growth Model)이라고 한다.

신뢰성 모델은 입력 값으로 시험에서 얻어진 결함 정보와 시험 이전 단계에서 정량적으로 측정될 수 있는 신뢰성에 영향을 미칠 수 있는 측정치들을 사용하여, 결과 값으로 고장 간격(The Time To Next Failure), 남아 있는 결함 수(The Number Of Remaining Faults), 소프트웨어 신뢰성 함수(Software Reliability Function), 결함 밀도 함수(Fault Density Function)와 같은 시험의 지속 여부와 인도 시점에 대한 의사결정의 정보를 산출해낸다. 소프트웨어 개발 단계에서의 소프트웨어 신뢰성 평가방법은 초기 신뢰성 예측(Early Prediction) 방법과 사후 신뢰성 추정(Late Estimation) 방법으로 나누어 생각할 수 있으며, 이를 그림으로 표현하면 다음과 같다.

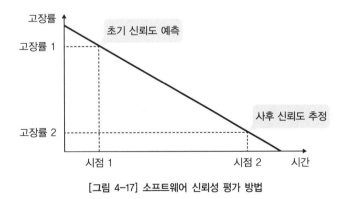

[그림 4-17] 소프트웨어 신뢰성 평가 방법

가용성은 장애 횟수뿐만 아니라 수리 시간의 영향을 받는다. 수리 시간이 적게 걸리는 시스템이 가용성이 더 좋은 시스템이다. 신뢰성과 가용성은 밀접하게 관련되어 있지만, 때로는 시스템에 따라 어떤 하나가 다른 하나보다 더 중요하게 되기도 한다.

(2) 소프트웨어 신뢰성 측정

신뢰성 척도는 시스템이 주어진 운영 환경에서 시스템 장애를 일으킬 확률이다.

> • 온 디맨드 고장 확률(POFOD : Probability of Failure On Demand)은 시스템 서비스에 대한 요구가 시스템 장애를 일으킬 확률이다.
> • 고장 발생 비율(ROCOF : Rate of Occurrence of Failure)은 어떤 시간 간격(또는 시스템 실행 횟수) 동안 발생할 수 있는 시스템 장애 횟수이며, 고장 간 평균 시간(MTTF : Mean Time To Failure)의 역수이다. 이 척도는 특정 시간 간격(예 1시간) 또는 시스템 실행 횟수에서 발생할 수 있는 시스템 장애의 확률수를 나타낸다.
> • MTTF는 시스템 장애 간의 시간 단위 평균이다. 한 시간당 두 번의 고장이 있을 때의 ROCOF는 고장 평균 시간이 30분임을 의미한다.
> • 가용성 척도(AVAIL : availability)는 서비스 요구가 있을 때 시스템이 운영 중일 확률이다.
>
> > 가용성 = 운영시간 / 전체시간
>
> AVAIL은 서비스에 대한 요구가 있을 때 시스템이 가동 중일 확률이므로, 0.9999의 가용성은 평균적으로 시스템이 운영 시간의 99.99% 동안 사용 가능함을 의미한다.

소프트웨어의 간단한 신뢰성 측정은 MTBF를 이용한다.

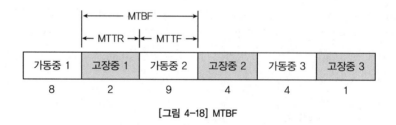

[그림 4-18] MTBF

① **MTBF(Mean Time Between Failure)** : 평균 고장 간격으로, 수리가 가능한 시스템이 고장이 난 후부터 다음 고장이 날 때까지의 평균 시간을 말한다.

$$\text{MTBF} = \text{MTTF} + \text{MTTR}$$

② **MTTF(Mean Time To Failure)** : 평균 가동 시간으로, 수리가 불가능한 시스템의 사용 시점부터 고장이 발생할 때까지의 가동 시간 평균이며, 고장 평균 시간이라고도 한다.

예 워드 프로세서의 MTTF가 500이라면 500시간 단위마다 한 번의 고장이 발생

$$\text{MTTF} = \frac{\text{가동중1} + \text{가동중2} + \text{가동중3} + \cdots + \text{가동중}n}{n}$$

③ **MTTR(Mean Time To Repair)** : 평균 수리 시간으로, 시스템에 고장이 발생하여 가동하지 못한 시간들의 평균을 말한다.

$$MTTR = \frac{고장중1 + 고장중2 + 고장중3 + \cdots + 고장중n}{n}$$

④ **신뢰도(가용성) 측정** : 시스템의 총 운용시간 중 정상적으로 가동된 시간의 비율을 말한다.

　예 AVAIL = MTTF / (MTTF + MTTR) × 100% = (a1 + a2 + a3) / (a1 + a2 + a3 + b1 + b2 + b3) × 100%

$$신뢰도 = \frac{MTBF}{MTBF + MTTR} \times 100\% = \frac{MTTF}{MTTF + MTTR} \times 100\% = \frac{MTTF}{MTBF} \times 100\%$$

⑤ **ROCOF(Rate of Occurrences of Failures)** : 고장 발생 비율로, 규칙적인 서비스 요청이 들어오는 시스템의 신뢰도 측정에 사용된다.

　예 예약 시스템의 ROCOF가 0.002라면 1,000회의 요청 중 2회의 오류가 발생한다는 의미

(3) 신뢰성의 특징

① 일정 시간 동안 의도된 기능을 고장 없이 실행할 수 있는 프로그램 능력이다.

② 내재된 결함이 있더라도 고장으로 연결되지 않거나 결과가 심각하지 않다면 신뢰성이 있을 수 있다.

③ 결함은 시스템 고장을 야기할 수 있는 잠재적 요인이며 고장은 결함이 노출되어 오작동을 일으키는 것이다.

④ 소프트웨어 고장은 일시적일 수 있으며 특정 입력에 대해서만 잘못된 결과를 내기도 한다.

○×로 점검하자

※ 다음 지문의 내용이 맞으면 ○, 틀리면 ×를 체크하시오. [1 ~ 23]

01 소프트웨어 품질의 요소에는 소프트웨어의 운용에서 나타나는 특성, 소프트웨어의 변경에서 요구되는 특성, 새로운 환경에 대한 적응성의 3가지가 있다. (   )

》》○ 소프트웨어 품질 요소에는 소프트웨어의 운용에서 나타나는 특성, 소프트웨어의 변경에서 요구되는 특성, 새로운 환경에 대한 적응에서 요구되는 특성 등 3가지가 있다.

02 McCall의 품질 요소는 크게 제품 운영, 제품 개선, 제품 제거로 분류할 수 있다. (   )

》》○ McCall의 품질 요소는 크게 제품 운영(product operation), 제품 개선(product revision), 제품 변환(product transition)으로 분류할 수 있다.

03 ISO/IEC 9126은 소프트웨어 제품 품질을 내/외부적으로 사용자 관점에서 측정하기 위한 품질 특성과 품질 평가의 Metric을 정의한 국제 표준이다. (   )

》》○ ISO/IEC 9126은 소프트웨어 제품 품질을 내/외부적으로 사용자 관점에서 측정하기 위한 품질 특성과 품질 평가의 Metric을 정의한 국제 표준이며, 사용자 관점에서 본 소프트웨어 품질 특성에 대한 표준을 제시하였다.

04 ISO 9126의 품질 모델은 기능성(functionality), 신뢰성(reliability), 사용성(usability), 효율성(efficiency), 유지보수성(maintainability), 이식성(portability)이 있다. (   )

》》○ ISO 9126은 품질 특성 6개와 부특성 21개를 정의한 ISO 9126-1 및 ISO 9126-2, 3, 4로 구성되어 있다.

05 ISO/IEC 14598은 패키지 소프트웨어의 일반적인 제품 품질 요구사항 및 테스트를 위한 국제 표준 규격이다. (   )

》》○ ISO/IEC 12119(software package-quality requirement & testing)는 패키지 소프트웨어의 일반적인 제품 품질 요구사항 및 테스트를 위한 국제 표준 규격이다. ISO/IEC 14598은 소프트웨어 제품 평가에 대한 표준으로 품질 평가 절차를 '평가 요구사항 설정', '평가 명세', '평가 설계', '평가 수행' 등 4단계로 구분한다.

06 ISO/IEC 25000(SQuaRE 프로젝트)은 국제표준화기구(ISO)에서 제정한 소프트웨어 품질 평가 통합 모델의 표준안이다. (   )

》》○ ISO/IEC 25000은 SQuaRE이라고도 하며, 소프트웨어 품질을 평가하기 위한 국제 표준 문서로, 소프트웨어 품질 평가 모델로부터 시작해 전체적인 품질 평가를 위한 표준 방안을 제시한다.

정답 **1** ○ **2** × **3** ○ **4** ○ **5** × **6** ○

07 ISO/IEC 25000의 구성 요소는 품질 요구사항, 품질 관리, 품질 모형, 품질 측정의 4가지이다. ( )

🔍 ISO/IEC 25000의 구성 요소는 품질 요구사항(quality requirement), 품질 관리(quality management), 품질 모형(quality model), 품질 측정(quality measurement), 품질 평가(quality evaluating)이다.

08 품질 비용에는 예방 비용(Prevention Cost), 평가 비용(Appraisal Cost), 내부 실패 비용(Internal Failure Cost), 외부 실패 비용(External Failure Cost)이 있다. ( )

🔍 소프트웨어의 품질 비용은 프로젝트를 완수하기 위해서 내/외부적으로 필요한 전반적인 비용을 의미한다. Six Sigma의 COPQ(Cost of Poor Quality)와 유사한 개념이며 예방 비용(Prevention Cost), 평가 비용(Appraisal Cost), 내부 실패 비용(Internal Failure Cost), 외부 실패 비용(External Failure Cost)로 구분된다.

09 소프트웨어 품질 관리에는 소프트웨어 품질 보증과 소프트웨어 품질 후기가 있다. ( )

🔍 소프트웨어 품질 관리에는 소프트웨어 품질 보증과 소프트웨어 품질 평가가 있다.

10 정형기술검토는 검토 회의(Walk through), 검열(Inspection), 라운드 로빈(Round Robin)으로 구분된다. ( )

🔍 정형기술검토는 검토 회의(Walk through), 검열(Inspections), 라운드 로빈(Round Robin)으로 구분된다.

11 검토 회의(Walk through, 워크스루)는 작성자의 동료들이 산출물에 대한 검토를 수행하는 공식적인 품질 검토 활동을 의미한다. ( )

🔍 검토 회의(Walk through, 워크스루)는 개발자 위주로 이루어지는 비공식적인 검토 과정이며, 비공식적인 검토 및 개발에 참여한 팀들로 구성되어 있다.

12 소프트웨어 정확도는 프로그램이 주어진 시간 동안 주어진 조건에서 요구되는 기능을 수행할 수 있는 능력을 말한다. ( )

🔍 소프트웨어 신뢰도는 프로그램이 주어진 시간 동안 주어진 조건에서 요구되는 기능을 수행할 수 있는 능력을 말한다.

13 SPICE는 프로세스 상태를 벤치마킹하고 어떤 부분을 향상시킬 것인지 전략을 선택하는 프로세스를 개선하기 위해 프로세스 성숙도를 위한 모델을 제시하였다. ( )

🔍 CMMI는 프로세스 상태를 벤치마킹하고 어떤 부분을 향상시킬 것인지 전략을 선택하는 프로세스를 개선하기 위해 프로세스 성숙도를 위한 모델을 제시하였다. SPICE는 여러 프로세스 개선 모형을 국제 표준으로 통합한 ISO의 소프트웨어 프로세스 모형이며 소프트웨어 프로세스에 대한 개선 및 능력 측정 기준이다.

정답 **7** × **8** ○ **9** × **10** ○ **11** × **12** × **13** ×

14 ISO 12207은 소프트웨어 개발자들이 개발, 관리에 있어 동일한 언어로 의사소통할 수 있는 기본 틀을 제공하기 위한 국제표준이다. (   )

》》》○ 국제표준 ISO/IEC 12207은 체계적인 소프트웨어 획득, 공급, 개발, 운영, 유지보수를 위해서 소프트웨어 생명주기 공정(SDLC Process) 표준을 제공함으로써 소프트웨어 개발자들이 개발, 관리에 있어 동일한 언어로 의사소통할 수 있는 기본 틀을 제공한다. 또한 다양한 형태의 소프트웨어 개발과 관리에 적용할 수 있는 방법, 액티비티 및 단위 업무를 정의한다.

15 SPICE에서 다루고 있는 프로세스 영역은 공학 프로세스로 한정된다. (   )

》》》○ SPICE 프로세스는 고객–제공자, 공학, 지원, 관리, 조직 프로세스로 구성되어 있다.

16 CMMI의 성숙도 수준에 따른 단계적인 모델 중 프로젝트 관리에 요구사항 관리가 포함된다.
(   )

》》》○ CMMI의 성숙도 수준에 따른 단계적인 모델 중 프로젝트 관리에는 요구사항 관리, 프로젝트 계획 수립, 프로젝트 모니터링 및 통제, 협력 업체 관리, 측정 분석 프로세스/제품품질 보증, 형상 관리 등이 포함된다.

17 CMM은 소프트웨어 개발 프로세스의 성숙도를 다루고, CMMI는 하드웨어, 네트워크 등 CMM에서 제외된 부분의 성숙도를 다룬다. (   )

》》》○ CMM은 소프트웨어 개발 프로세스의 성숙도를 다루고, CMMI는 시스템, 하드웨어, 소프트웨어 등 CMM에서 확장된 성숙도를 다룬다.

18 CMMI의 레벨 2 성숙도에 속하는 프로세스 영역 중 하나가 위험 관리이다. (   )

》》》○ CMMI의 레벨 2 성숙도에 속하는 프로세스 영역은 요구사항 관리, 프로젝트 계획 수립, 프로젝트 모니터링 및 통제, 프로세스·제품품질 보증, 형상 관리 등이다. 위험 관리는 CMMI의 레벨 3 성숙도에 속하는 프로세스 영역이다.

19 영역별로 조직의 성숙도 평가가 필요한 경우는 CMMI의 연속적 표현 모델이다. (   )

》》》○ CMMI의 연속 표현 모델은 영역별로 조직의 성숙도 평가가 필요한 경우이다.

20 결함은 소프트웨어나 하드웨어에 내재되어 있는 특성이 문제를 만들어내는 상태이다. (   )

》》》○ 결함은 소프트웨어나 하드웨어에 내재되어 있는 특성이 문제를 만들어내는 상태이다. 실행 중에 소프트웨어나 하드웨어 결함이 발생하고 시스템 상태가 잘못된 경우에도 시스템이 동작을 계속한다. 결함 발생이 시스템 장애로 이어지지 않도록 잘못된 상태를 감지하고 정정해야 한다.

정답 **14** ○ **15** ✕ **16** ○ **17** ✕ **18** ✕ **19** ○ **20** ○

21 검토 회의는 개발자 위주이며, 공식적인 검토와 개발에 참여한 팀들로 구성되어 있다. (　　)

>>>◯ 검토 회의는 개발자 위주이며, 비공식적인 검토와 개발에 참여한 팀들로 구성되어 있다.

22 인스펙션의 역할에는 진행자, 작성자, 제출자, 검토자, 수행자가 있다. (　　)

>>>◯ 인스펙션의 역할에는 진행자, 작성자, 제출자, 검토자, 기록자가 있다.

23 정적 검토는 프로그램을 컴퓨터에서 수행시키지 않고 원시코드를 직접 검토해보는 것이다.

(　　)

>>>◯ 정적 검토는 프로그램을 컴퓨터에서 수행시키지 않고 원시코드를 직접 검토해 보는 것이다. 정적 검토에는 정형 검토와 비정형 검토가 있다.

01 사용 용이성이란 소프트웨어를 쉽게 배우고 사용할 수 있는가의 정도로, 소프트웨어는 적절한 사용자 인터페이스와 문서를 가지고 있어야 한다는 것이다.

01 다음 중 소프트웨어 품질 목표에 대한 설명으로 옳지 <u>않은</u> 것은?

① 신뢰성(reliability) : 정확하고 일관된 결과를 얻기 위해 요구된 기능을 수행하는 정도

② 이식성(portability) : 다양한 하드웨어 환경에서도 운용 가능하도록 쉽게 수정될 수 있는 정도

③ 상호운용성(interoperability) : 다른 소프트웨어와 정보를 교환할 수 있는 정도

④ 사용 용이성(usability) : 전체나 일부 소프트웨어가 다른 응용 목적으로 사용될 수 있는 정도

02 품질 목표의 항목은 효율성, 융통성, 무결성, 상호운용성, 유지보수성, 이식성, 신뢰성, 정확성, 재사용성, 사용용이성 등이다.

02 소프트웨어 공학에 적용되는 품질 목표 항목 중 가장 거리가 <u>먼</u> 것은?

① 최적화(Optimizing)

② 이식성(Portability)

③ 신뢰성(Reliability)

④ 유지보수성(Maintainability)

정답 01 ④ 02 ①

03 다음 중 정형 기술 검토(FTR)의 지침 사항으로 가장 옳지 <u>않은</u> 것은?

① 제품의 검토에만 집중한다.
② 문제 영역을 명확히 표현한다.
③ 참가자의 수를 제한하고 사전 준비를 강요한다.
④ 논쟁이나 반박을 제한하지 않는다.

03 FTR의 지침사항
• 의제를 제한하고 문제 영역을 명확히 표현하라!
• 참가자의 수를 제한하고 사전 준비를 강요하라!
• 논쟁과 반박을 제한하라!
• 개발자가 아닌 제품의 검토에 집중하라!
• 해결책이나 개선책에 대해서는 논하지 마라!

04 다음 중 소프트웨어 품질 관리 위원회의 기본적인 목적으로 옳은 것은?

① 소프트웨어 품질 향상
② 표준화 준수 여부 검증
③ 문서(document)의 품질 검사
④ 사용자와의 관계 향상

04 소프트웨어 품질이란 고객의 요구사항을 최대치로 만족시킬 수 있도록 소프트웨어 성능과 기능을 정확하게 제공하고 사용자가 사용하기 편하도록 하는 것을 의미한다. 품질 관리 위원회는 품질의 성능을 향상시키는 것이 주목적이다.

05 다음 중 소프트웨어 품질 관리 기술에서 품질 목표의 항목과 거리가 <u>먼</u> 것은?

① 정확성
② 유지보수성
③ 무결성
④ S/W 종속성

05

품질 목표의 항목	정확성, 유지 보수성, 무결성
품질 목표의 항목이 아닌 것	S/W 종속성, 중복성, 복잡성, 최적화

정답   03 ④   04 ①   05 ④

안심Touch

06 McCall의 품질 요소는 크게 제품 운영(product operation), 제품 개선(product revision), 제품 변환(product transition)으로 분류할 수 있다.

06 다음 중 McCall의 품질 요소가 <u>아닌</u> 것은?

① 제품 운영(product operation)
② 제품 개선(product revision)
③ 제품 변환(product transition)
④ 제품 사용(product usability)

07 품질 비용은 예방 비용(Prevention Cost), 평가 비용(Appraisal Cost), 내부 실패 비용(Internal Failure Cost), 외부 실패 비용(External Failure Cost)으로 구분된다.

07 다음 중 품질 비용의 종류가 <u>아닌</u> 것은?

① 외부 비용(External Cost)
② 예방 비용(Prevention Cost)
③ 평가 비용(Appraisal Cost)
④ 내부 실패 비용(Internal Failure Cost)

08 효용성은 요구되는 기능을 수행하기 위해 필요한 자원의 소요 정도를 의미하며, 좋은 소프트웨어라면 자원을 쓸데없이 낭비하지 않아야 함을 뜻한다.

08 ISO 9126에 근거한 소프트웨어 품질 목표 중 명시된 조건 하에서 소프트웨어 제품의 일정한 성능과 자원 소요량의 관계에 관한 속성, 즉 요구되는 기능을 수행하기 위해 필요한 자원의 소요 정도를 의미하는 것은?

① Usability
② Reliability
③ Functionality
④ Efficiency

정답 06 ④ 07 ① 08 ④

09 다음 중 워크스루의 특징으로 거리가 **먼** 것은?

① 발견된 오류는 문서화한다.
② 오류 검출에 초점을 두고 해결책은 나중으로 미룬다.
③ 검토를 위한 자료를 사전에 배포하여 검토하도록 한다.
④ 정해진 기간과 비용으로 프로젝트를 완성시키기 위한 대책을 수립한다.

09 워크스루는 회의를 통해 문제점을 찾아내지만, 검출된 문제점은 워크스루 동안 해결하지 않으며, 기록만 하고 회의 종료 후 피검사자가 해결한다. 워크스루는 전체를 검토하기엔 어렵고 작은 일부분에 대한 검토에 적합하다.

10 다음 중 소프트웨어의 신뢰성(가용성)에 대한 설명으로 옳지 **않은** 것은?

① 과거와 개발 시의 자료를 이용하여 측정 및 예측하는 것이 불가능하다.
② 소프트웨어의 간단한 신뢰성 측정은 MTBF로 가능하다.
③ 소프트웨어의 가용성은 프로그램이 요구사항에 따라 운영되는 확률이다.
④ 가용성은 'MTTF / (MTTF + MTTR) × 100%'로 정의된다.

10 신뢰성은 주어진 시간 동안에 주어진 환경에서 프로그램이 고장 없이 운영될 확률을 의미한다. 신뢰성은 과거의 데이터와 개발 시의 데이터를 사용해서 측정 및 예측한다.

11 다음 설명에 해당하는 것은?

> 어떤 항목이나 제품이 설정된 기술적 요구사항과 일치하는가를 적절하게 확인하는 데 필요한 체계적이고도 계획적인 유형의 활동이다.

① 검열
② 품질 보증
③ 정적 분석
④ 기호 실행

11 • 검열 : 검토 회의를 발전시킨 형태, 소프트웨어 개발 단계에서 산출된 결과물의 품질을 평가하면 이를 개선시키는 데 사용
• 정적 분석 : 어떤 프로그램을 분석할 때 그 프로그램을 실행시키지 않고 그 자체를 분석하는 것
• 기호 실행 : 원시 언어에 사용하는 명령 코드로, 직접 기계의 명령 코드로 변환할 수 있는 명령

정답 09 ④　10 ①　11 ②

안심Touch

12　[문제 하단의 표 참조]

12 소프트웨어 품질 보증 절차를 순서대로 나열한 것은?

> 가. 품질 활동 검토
> 나. 품질 측정 및 평가
> 다. 품질 보증 계획 수립
> 라. 문서화 및 승인·통보

① 가-나-다-라
② 다-가-나-라
③ 다-나-가-라
④ 가-다-나-라

순서	절차	설명
1	품질 보증 계획 수립	수행할 품질 보증 활동에 따라 평가 대상의 산출물 또는 프로세스 선정
2	품질 활동 검토	소프트웨어를 생산하는 개발 활동에 대한 검토를 실시
3	품질 측정 및 평가	정의된 품질 목표에 따라 실제 품질을 측정하고 기준별 평가 실시
4	문서화 및 승인·통보	해당 품질 활동에 대한 문서화와 승인 → 승인된 평가 결과를 조직 및 구성원에게 통보

13　[문제 하단의 표 참조]

13 다음 중 프로세스 품질 평가의 유형은 무엇인가?

① CMM
② ISO/IEC 9126
③ ISO/IEC 12119
④ ISO/IEC 25000

프로세스 품질 평가	ISO/IEC 9000, ISO/IEC 12207, CMM, SPICE(ISO 15504)
제품 품질 평가	ISO/IEC 9126, ISO/IEC 14598, ISO/IEC 12119, ISO/IEC 9126, ISO/IEC 25000

정답 12 ②　13 ①

14 다음 중 용어와 그 설명이 옳지 <u>않은</u> 것은?

① 관리자 검토(Management Review)는 사용자의 요구사항이 정확하게 반영되었는지 여부를 확인하고, 프로젝트의 진척 사항에 대해 확인하며, 일정에 따라 프로젝트가 진행되는지 여부를 파악하는 것이다.

② 검토 회의(Walk through, 워크스루)는 개발자 위주로 이루어지는 비공식적인 검토 과정이며, 비공식적인 검토 및 개발에 참여한 팀들로 구성되어 있다.

③ 기술 검토(Technical Review)는 소프트웨어 개발과정에서 나타나는 결함을 초기에 발견하여 여과(filtering)하기 위해 수행하는 것이며, 비공식적 활동이다.

④ 정형 검토(FTR, Formal Technical Review)는 소프트웨어 기술자들에 의해 수행되는 소프트웨어 품질 보증 활동이다.

15 다음 중 워크스루의 특징이 <u>아닌</u> 것은?

① 소프트웨어 개발의 각 단계에서 개최하는 기술 평가(검토) 회의이다.

② 참여자는 중재자, 현재 워크플로 책임자, 다음 워크플로 책임자, SQA(Software Quality Assurance) 멤버로 구성되어 있다.

③ 오류의 조기 검출을 목적으로 하며 발견된 오류는 문서화한다.

④ 검토를 위한 자료를 미리 배포하여 검토하도록 하며, 미리 검토하는 시간은 2시간 이내로 한다.

16 다음 중 인스펙션에서의 역할에 대한 설명으로 옳지 <u>않은</u> 것은?

① 진행자 : 의장 역할, 검토자 선정

② 작성자 : 인스펙션에서 나온 모든 의견을 기록

③ 제출자 : 작성자를 대신해 객관적이고 정확하게 검토 대상의 자료 제출

④ 검토자 : 인스펙션 전 검토 대상을 충분히 검토

14 기술 검토(Technical Review)는 소프트웨어 개발 과정에서 나타나는 결함을 초기에 발견하여 여과(filtering)하기 위해 수행하는 것이다. 기술 검토에는 공식적인 검토와 비공식적인 검토가 있다.

15 인스펙션(inspection)은 작성자의 동료들이 산출물에 대한 검토를 수행하는 공식적인 품질 검토 활동을 의미한다. 인스펙션에서 참여자는 중재자이며, 현재 워크플로 책임자, 다음 워크플로 책임자, SQA(Software Quality Assurance) 멤버로 구성되어 있다.

16 인스펙션에서 작성자는 검토 대상 산출물을 작성(문서, 코드)하고 검토 결과를 조치한다. 기록자가 인스펙션에서 나온 모든 의견을 기록한다.

정답 14 ③ 15 ② 16 ②

17 인스펙션의 프로세스는 '준비-개인 준비-검토 회의-수정-후속 조치' 순이다. 준비 단계에서는 작성자가 인스펙션을 요청한다. 개인 준비 단계에서는 인스펙션 팀원들이 검토 자료를 받고 인스펙션 공지를 받았을 때 인스펙션을 시작한다. 검토 회의 단계에서는 발견한 결함을 논의한다. 수정 단계에서 작성자는 발견된 결함을 확인하고 필요한 조치를 한다. 후속 조치 단계에서 진행자는 인스펙션에서 발견된 결함이 모두 수정되었는지를 확인한다.

17 다음 중 인스펙션의 프로세스에 대한 설명으로 옳지 않은 것은?

① 준비 : 인스펙션 팀원들이 검토 자료를 받고 인스펙션 공지를 받았을 때 시작한다.

② 검토 회의 : 반복되는 결함은 한 번만 논의하고, 이후 반복된 결함에 대해서는 위치만 표시한 후 넘어간다.

③ 수정 : 작성자는 발견된 결함을 확인하고 필요한 조치를 한다.

④ 후속 조치 : SW 품질 관리자 및 관계자들에게 종합 보고를 한다.

18 ISO/IEC 12119는 규격 내용은 품질, 지침, 세부 인증 등이고 ISO/IEC 12119 요건 사항은 명확화, 유사 문서 정의, 변경(가능)성, 환경 명세, 보안성, 기타 등이다.

18 다음 중 ISO 9000의 특징이 아닌 것은?

① 규격 내용은 품질, 지침, 세부 인증 등이고 요건 사항은 명확화, 유사 문서 정의, 변경(가능)성, 환경 명세, 보안성, 기타 등이다.

② 제품 자체가 아닌 계획과 과정 중심의 품질 관리 체계를 규정한다.

③ 기업의 품질 시스템의 공개를 제도화한 국제 규격이다.

④ 제3자인 인증기관에서 수준을 판정하도록 하는 인증 제도이다.

19 • 인스펙션(inspection)은 작성자의 동료들이 산출물에 대한 검토를 수행하는 공식적인 품질 검토 활동이다.
• FTR은 소프트웨어 기술자들에 의해 수행되는 소프트웨어 품질 보증 활동이다.
• Verification은 명시된 기능의 올바른 수행을 확인하는 과정이다.

19 다음 설명에 해당하는 것은?

> 소프트웨어의 품질을 보장하기 위해 소프트웨어 공학 프로세스 방법을 모니터링하는 것이다.

① 인스펙션

② FTR

③ SQA

④ Verification

정답 17① 18① 19③

20 다음 중 CMMI 모델의 4가지 프로세스 범주가 <u>아닌</u> 것은?

① 프로젝트 관리
② 엔지니어링
③ 자원
④ 프로세스 관리

20 CMMI(Capability Maturity Model Integration)는 소프트웨어 영역에 일부 적용되던 부분을 확장하여 하드웨어, 소프트웨어, 시스템 등을 하나의 프로세스 틀로 통합하여 기업의 프로세스 활동에 전반적으로 적용할 수 있도록 제공하는 모델을 의미한다. CMMI의 모델 구성 요소는 프로젝트 관리(project management), 프로세스 관리(process management), 엔지니어링(engineering), 지원 프로세스(support)가 있고, 이들 프로세스 그룹은 총 22개의 프로세스 영역으로 이루어진다.

21 소프트웨어 개발 활동을 수행함에 있어서 시스템이 고장(Failure)을 일으키게 하며, 오류(Error)가 있는 경우 발생하는 것은?

① Fault
② Testcase
③ Mistake
④ Inspection

21 결함(fault)이란 오류 및 작동 실패의 원인으로서 소프트웨어 개발자의 설계와 다르게 동작하거나 제작 의도와 다른 결과가 발생하는 것을 말한다. 실수/실책(mistake)이란 사람이 저지른 잘못된 판단이나 결심을 주로 가리킨다.

22 소프트웨어 품질 목표 중 하나 이상의 하드웨어 환경에서 운용되기 위해 쉽게 수정될 수 있는 시스템 능력을 의미하는 것은?

① Portability
② Efficiency
③ Usability
④ Correctness

22 • 효율성(Efficiency) : 최소의 작업으로 요구되는 기능을 수행하는 정도
• 사용 용이성(Usability) : 소프트웨어를 쉽게 사용할 수 있는 정도
• 정확성(Correctness) : 사용자의 요구사항을 충족시키는 정도

정답   20 ③ 21 ① 22 ①

23 코드 인스펙션은 공식 기술 검토 전이나 테스트를 수행하기 전에 설계문서나 코드를 작성자가 아닌 동료나 전문가 팀이 검토하는 것이다. 동적 테스트 시에만 활용되는 기법이 아닌 정적 테스트에 활용되는 기법이다.

23 코드 인스펙션과 관련한 설명으로 옳지 <u>않은</u> 것은?

① 프로그램을 수행시켜보는 것 대신에 읽어보고 눈으로 확인하는 방법으로 볼 수 있다.

② 코드 품질 향상 기법 중 하나이다.

③ 동적 테스트 시에만 활용하는 기법이다.

④ 결함과 함께 코딩 표준 준수 여부, 효율성 등의 다른 품질 이슈를 검사하기도 한다.

24 ISO/IEC 25000(SQuaRE 프로젝트)은 국제표준화기구(ISO)에서 제정한 소프트웨어 품질 평가 통합 모델의 표준안이다. 소프트웨어 품질 측정 평가 통일성을 위해 ISO 9126, ISO 14598 등을 통합한 프레임워크(SQuaRE)이다. ISO/IEC 25000의 구성 요소는 품질 요구사항(quality requirement), 품질 관리(quality management), 품질 모형(quality model), 품질 측정(quality measurement), 품질 평가(quality evaluating)이다.

24 소프트웨어 품질 관련 국제 표준인 ISO/IEC 25000에 관한 설명으로 옳지 <u>않은</u> 것은?

① 소프트웨어 품질 평가를 위한 소프트웨어 품질 평가 통합 모델 표준이다.

② System and Software Quality Requirements and Evaluation으로 줄여서 SQuaRE라고도 한다.

③ ISO/IEC 25000에서는 소프트웨어의 내부 측정, 외부 측정, 사용품질 측정, 품질 측정 요소 등을 다룬다.

④ 기존 소프트웨어 품질 평가 모델과 소프트웨어 평가 절차 모델인 ISO/IEC 9126과 ISO/IEC 14598을 통합하였다.

정답 23 ③ 24 ③

25 ISO 12207의 프로세스의 종류가 <u>다른</u> 하나는?

① 관리 프로세스
② 훈련 프로세스
③ 획득 프로세스
④ 개선 프로세스

>>>○

주요 프로세스	내용
기본 생명주기 프로세스	획득 프로세스, 공급 프로세스, 개발 프로세스, 운영 프로세스, 유지보수 프로세스
지원 생명주기 프로세스	품질 보증, 검증, 확인, 합동검토, 감사, 문서화, 형상관리, 문제해결 프로세스
조직 생명주기 프로세스	관리 프로세스, 기반구조 프로세스, 훈련 프로세스, 개선 프로세스

25 ISO 12207의 주요 프로세스는 다음과 같다.
[문제 하단의 표 참조]

✅ 주관식 문제

01 소프트웨어 품질 목표 중 소프트웨어를 쉽게 배우고 사용할 수 있는 정도를 의미하는 개념을 쓰시오.

01 정답
사용 용이성(Usability)
해설
사용 용이성은 사용자 입장에서 얼마나 프로그램을 쉽게 사용 가능한가를 의미한다. 다시 말해서 사용자 입장에서 이 프로그램을 쉽게 배우고 사용할 수 있느냐를 가늠하는 소프트웨어 품질 목표 중 하나이다.

정답 25 ③

checkpoint 해설 & 정답

02 **정답**
ISO 9000

해설
국제표준화기구인 ISO(International Organization for Standardization)에서는 제품이나 서비스의 요구사항을 보완할 수 있도록 기업의 경영 체계에 대한 표준을 설정하기 위해 품질 시스템 표준인 ISO 9000 시리즈를 개발했다. ISO 9000 시리즈는 이전의 생산자 중심 제품 검사 또는 공장의 불량품을 조사해 온 품질 체계를 구매자 중심으로 바꾸고 기업이 품질 시스템을 제대로 구축하고 있는지에 초점을 두고 있다.

03 **정답**
㉠ 기술 검토(Technical Review)
㉡ 정형 기술 검토
　　(FTR, Formal Technical Review)

해설
기술 검토는 소프트웨어 개발 과정에서 나타나는 결함을 초기에 발견하여 여과(filtering)하기 위해 수행하는 것이다.
정형 기술 검토(FTR, Formal Technical Review)는 소프트웨어 기술자들에 의해 수행되는 소프트웨어 품질 보증 활동이며, 일반적으로 가장 많이 사용하는 기법이다. 정형 기술 검토는 검토 회의(Walk through), 검열(Inspection), 라운드 로빈(Round Robin)으로 구분된다.

02 다음 설명에 해당하는 것이 무엇인지 쓰시오.

> 국제표준화기구(International Organization for Standardization)에서 품질 경영에 관한 국제 규격을 제정한 것으로 품질 인증을 위한 검증 요건에 맞춰 품질경영시스템을 구축하고 이를 기초로 실행하는 것이다.

03 다음 설명에서 괄호 안에 들어갈 용어를 순서대로 쓰시오.

> - (㉠)은/는 소프트웨어 개발 과정에서 나타나는 결함을 초기에 발견하여 여과(filtering)하기 위해 수행하는 것이다.
> - (㉡)은/는 소프트웨어 기술자들에 의해 수행되는 소프트웨어 품질 보증 활동이며, 일반적으로 가장 많이 사용하는 기법이다.

04 ISO/IEC 25000의 구성 요소 5가지를 나열하시오.

---

04 정답

① 품질 요구사항
(quality requirement)
② 품질 관리
(quality management)
③ 품질 모형(quality model)
④ 품질 측정
(quality measurement)
⑤ 품질 평가(quality evaluating)

해설

ISO/IEC 25000(SQuaRE 프로젝트)은 국제표준화기구(ISO)에서 제정한 소프트웨어 품질 평가 통합 모델의 표준안이다. ISO/IEC 25000의 구성 요소는 품질 요구사항(quality requirement), 품질 관리(quality management), 품질 모형(quality model), 품질 측정(quality measurement), 품질 평가(quality evaluating)이다.

05 다음 설명에서 괄호 안에 들어갈 용어를 순서대로 쓰시오.

> 정적 검토에는 (㉠)와/과 (㉡)이/가 있다.

---

05 정답

정형 검토(FTR)과 비정형 검토(ITR)

해설

정적 검토는 프로그램을 컴퓨터에서 수행시키지 않고 원시코드를 직접 검토해 보는 것이다. 정적 검토에는 정형 검토와 비정형 검토가 있다.

여기서 멈출 거예요? 끝지가 바로 눈앞에 있어요.
마지막 한 걸음까지 SD에듀가 함께할게요!

제5장

요구사항 분석

I wish you the best of luck!

합격의 공식 **온라인 강의**

잠깐!

혼자 공부하기 힘드시다면 방법이 있습니다.
SD에듀의 동영상강의를 이용하시면 됩니다.
www.sdedu.co.kr → 회원가입(로그인) → 강의 살펴보기

제5장 요구사항 분석

요구사항 분석은 소프트웨어 개발의 실제적인 첫 단계로 개발 대상에 대한 사용자의 요구사항을 이해하고 문서화(명세화)하는 활동을 의미한다. 사용자 요구의 타당성을 조사하고 비용과 일정에 대한 제약을 설정한다.

제 1 절 요구사항의 이해

1 요구 분석의 정의와 목적 중요 ★★★

(1) 정의

요구사항 분석(Requirements Analysis)은 무언가를 개발하기 전 계획을 세우고 문제에 대해서 파악하는 것을 말하며, 소프트웨어를 개발하기 위해서 발주자나 요구자가 요구하는 사항들을 문서화하는 과정이다. 사용자가 요구하는 사항을 정확히 파악하여 주어진 문제를 해결하기 위해 분석하는 과정이며 프로젝트의 성향이나 기능, 목표, 제약 사항 등을 파악하기 위한 노력이다. 사용자가 요구하는 사항을 요구사항 명세서를 통해 명세화한다.

처음으로 사용자가 프로젝트에 관여하는 단계이며 개발자 입장이 아닌 사용자 입장의 단어들로 설명해야 하는 단계이다. 소프트웨어를 개발하기 위해서는 소프트웨어가 언제, 무엇을 얼마만큼 수행해야 하는지 알아야 하며, 이 과정을 소프트웨어 요구사항 분석 과정이라 한다.

(2) 요구사항 분석의 문제점과 해결책

요구사항 분석상의 문제점	해결 방안
• 대화(의사소통)의 어려움 • 시스템의 복잡도 • 다양한 요구의 변화 • 요구 명세서의 어려움(중복 현상, 모호함, 시험의 어려움) • 요구 분석에 대한 인식 부족	• 다이어그램, 프로토타이핑 • 구조화 분석, 객체지향 분석 • 요구 수용의 통제 강화(조직의 체계화, 제도 확립) • 요구 분석의 표기법 강화, 자동화 도구

의사소통의 문제는 사용자와 개발자의 지식 배경의 차이, 용어 불일치 등으로 인해 발생한다. 이를 해결하기 위해서 다이어그램 및 프로토타입을 이용하여 쉽게 표현한다.

소프트웨어 체계화를 위해 새로운 개념이 필요해지고, 시스템 규모와 대상이 광범위해짐에 따라 소프트웨어의 구성이 복잡해졌다. 이를 해결하기 위해 구조적 분석이나 객체지향 분석 방법을 이용한다.

사용자의 요구사항 변경은 사용자가 요구하는 표현의 부정확성, 요구사항의 반복된 변경으로 인해 분석에 어려움을 초래한다. 이를 해결하기 위해서는 수정 요구와 상반된 요구들의 수용 기술을 포함해야 한다.

- 컴퓨터 용어를 사용자 용어로 바꾸어야 하고, 사용자의 관점에서 불필요한 컴퓨터 용어의 사용을 배제하며, 컴퓨터 용어를 쉽게 설명하기보다는 배제시킨다.
- 사용자 용어를 잘 설명하려면 사용자의 문제를 이해하는 것이 우선이다.

소프트웨어의 경우 소규모부터 대규모까지 다양한 형태가 존재한다. 완벽한 개발을 완수할 수 있는 방법이나 개발 방법론은 없다. 소프트웨어를 개발하는 대상이 다양해서 새로운 분야의 개발은 기존 개발품이 없어 참조하기가 어렵다.

- 경영진 : 기업의 이윤이나 조직의 생산성 향상에 가장 큰 관심이 있다.
- 현업 부서 : 소프트웨어의 기능과 성능에 시각이 편중된다.
- 전산 요원 : 컴퓨터 기술에 집착한다.

(3) 특징

① 소프트웨어 시스템의 요구사항 분석은 설계, 코딩 및 시험과는 다른 특징을 많이 가지고 있으며, '어떻게(how)'가 아니라 '무엇(what)'에 초점이 맞춰져 있다.
② 요구사항 분석은 개발과는 다르게 고객들과 협상하여 공동의 목표를 끌어내야 한다.
③ 요구사항 분석은 성공을 목표로 하기보다는 실패나 실수를 방지하고 프로젝트 초기 단계의 중대한 실수를 최소화하는 데 그 목적이 있다.

(4) 요구사항의 목적

지식 획득, 신규 시스템에 대한 협업, 업무분석, 개선, 프로젝트 범위 추정, 조직 이해, 시스템 기능 식별

2 요구사항의 중요성

참여자들로 하여금 개발되는 소프트웨어 제품을 전체적으로 파악하도록 하여 **의사소통 시간을 절약**하게 해주는 것이다. 상세한 요구사항이 있어야만 산정이 가능하고, 이를 기반으로 계획을 세울 수 있기 때문이다.

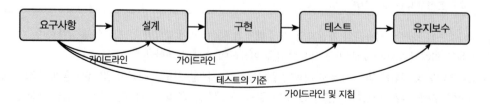

3 요구사항의 추출 중요 ★★★

요구사항 개발 프로세스가 진행되기 전에 개발 프로세스가 비즈니스 목적에 부합되는지, 예산은 적정한지 등에 대한 정보를 수집하고 평가한 보고서를 토대로 타당성 조사가 선행되어야 한다(요구사항 개발 = 요구 공학의 일종).

개발 프로세스의 적합성을 평가한 보고서를 토대로 타당성을 조사하고, 이에 대한 요구사항 개발 프로세스를 진행한다. 요구사항 개발은 고객으로부터 구현될 SW 제품의 사양을 정확히 도출하여 요구사항 명세 및 이를 분석하여 개발자들이 이해할 수 있는 형식으로 기술하는 작업이다.

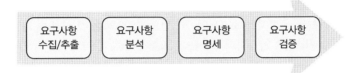

[그림 5-1] 요구사항 개발 프로세스

(1) 요구사항 수집 · 추출

의뢰자가 원하는 요구사항을 수집하는 단계이다. 요구사항 추출 방법에는 인터뷰(Interview)와 시나리오(Scenario), 브레인스토밍(Brainstorming), 설문지 조사 등이 있다.

① **인터뷰**
    ㉠ 프로젝트 참여자들과 직접적인 대화를 통해 정보를 추출하는 기법
    ㉡ 요구사항 분석가는 인터뷰 전략을 세우고 목표를 달성해야 함

② **시나리오**
    ㉠ 시스템과 사용자 간의 상호작용을 시나리오로 작성하여 시스템 요구사항을 추출
    ㉡ 시나리오에 포함해야 할 필수 정보
    ㉢ 시나리오 들어가기 전 시스템 상태
    ㉣ 정상적인 사건의 흐름
    ㉤ 정상적인 사건의 흐름에 대한 예외 흐름
    ㉥ 동시에 수행되어야 할 다른 행위의 정보
    ㉦ 시나리오의 완료 후에 시스템 상태

③ **브레인스토밍**
    ㉠ 일정한 테마에 관하여 회의 형식으로 구성원들이 자유 발언을 통해 아이디어를 얻어내는 기법
    ㉡ 단순히 아이디어를 말로만 이야기하는 것보다 설문지 조사를 통해 객관적 자료를 수집하기 때문에 물리적 한계를 극복
    ㉢ 자료 조사의 수집은 정보 평가, 정보 수집, 보고서 작성을 포함

④ **설문지법**
    ㉠ 질문사항을 만들어 우편이나 인터넷 등의 통신망으로 보내거나, 설문지를 전달하여 간접적으로 정보를 모으는 방법

ⓒ 설문지의 질문들은 명확히 이해할 수 있어야 하고, 질문의 흐름이 논리적으로 순서에 맞아야 하며, 응답자의 대답을 예상할 수 있어야 함

⑤ **요구사항 수집 · 추출의 중요성**

㉠ 고객의 최초 요구사항은 추상적임

ⓒ 요구사항은 계약 및 최초 산정의 기본이 됨

(2) 요구사항 분석

개발 대상에 대한 사용자의 요구사항 중 명확하지 않거나 모호하여 이해되지 않는 부분을 발견하고 이를 걸러내기 위한 과정이며, 추출된 고객의 요구사항을 분석 기법을 이용하여 문제점들을 분석하고 식별하는 단계이다(이 단계에서 사용자 요구사항의 타당성을 조사하고, 비용과 일정에 대한 제약조건을 설정함). 도출된 요구사항을 토대로 소프트웨어의 범위를 파악하는 것 역시 이 과정에서 수행된다. 요구사항을 분석할 때 시스템을 계층적, 구조적으로 표현해야 하고, 분석 단계가 잘못되면 이후의 설계 및 구현 단계에서도 오류를 범하게 되기 때문에 올바른 분석을 통해 설계와 구현에 필요한 정보를 제공해야 한다. 적용 기법은 시나리오 분석, 작업 분석, 구조적 분석(DFD, Data Dictionary, mini Spec), 유스케이스가 있다.

(3) 요구사항 명세

의뢰자의 요구사항을 수집하여 그 내용을 토대로 개발자들이 볼 수 있도록 문서화해야 한다. 이때 만들어지는 문서를 요구사항 명세서라고 한다. 적용 기법은 ER 모델링, SADT(구조적 분석과 디자인 기술)이다. 요구사항을 체계적으로 분석한 후 승인될 수 있도록 문서화하는 과정으로, 설계 과정에서 잘못된 부분이 확인된 경우 그 내용을 요구사항 정의서에서 추적할 수 있어야 한다. 데이터, 외부 인터페이스, 품질 요구사항은 요구사항 단위별로 개별 요구사항 명세서를 작성한다.

요구사항 명세서(Software Requirement Specification)는 분석된 요구사항을 명확하고 완전하게 기록하는 것을 의미하며, 소프트웨어 요구사항 명세서에는 소프트웨어가 수행해야 할 모든 기능과 제약 조건 등이 기술되어 있고, 이후 진행되는 소프트웨어 개발과 테스팅의 완료 승인에 대한 기준으로 사용된다. 요구사항 명세서는 의뢰자와 개발자 간 계약의 시작점이라고 볼 수 있다. 요구사항 명세서를 작성할 때 보통 기본 설계와 병행하여 진행하므로 요구사항에 변경이 있을 때에는 명세서와 설계도가 변경될 수 있으며, 형상관리 시스템으로 제어가 이루어져야 한다.

[요구사항 명세서 예시]

1. 소개
   1.1 목적
   1.2 문서 규칙
2. 전반적인 설명
   2.1 제품 관점
   2.2 사용자 클래스 및 특징
3. 시스템 기능
   3.1. 설명
   3.2 기능적 요구사항

4. 데이터 요구사항
   4.1 논리 데이터 모델
   4.2 데이터 사전
5. 외부 인테페이스 요구사항
   …
6. 품질 속성
   …

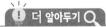 더 알아두기

요구사항의 문서화
- 기능 요구사항은 빠짐없이 완전하고 명확하게 기술
- 비기능 요구사항은 필요한 것만 명확하게 기술

(4) 요구사항 검증

개발자원을 요구사항에 할당하기 전에(개발자원 선정은 요구사항 분석 단계에서 수행함) 요구사항 명세서가 정확하고 완전하게 작성되었는지 검토하는 과정이다. 요구사항 명세서는 이해관계자들이 검토해야 하며, 요구사항 명세서의 내용이 이해하기 쉬운지, 일관성은 있는지, 회사의 기준에는 맞는지, 그리고 누락된 기능은 없는지 등을 검증한다.

※ 검증이 완료된 후에도 요구사항 관리 도구를 이용하여 요구사항 정의 문서들에 대한 형상 관리를 수행해야 한다. 사용자가 요구하는 사항이 요구사항 명세서에 올바르게 기술되었는지 검토하는 단계를 의미하며, 요구사항이 사용자가 원하는 부분을 정확히 정의하였는지 확인하고 검토한다.

프로세스	내용	적용기법
수집/추출	요구사항 및 제약 사항 발견 및 검토	인터뷰, 브레인스토밍, 프로토타이밍
분석	요구사항을 분석, 요구사항 도출 단계	시나리오 분석, 작업 분석, 구조적 분석(DFD, Data Dictionary, mini Spec), 유스케이스
명세	선정된 기능들을 정의	ER모델링, SADT(구조적 분석과 디자인 기술)
검증	요구사항에 대한 기능들 확인 및 검증	Verification, Validation

제 **2** 절 **요구사항의 종류**

1 기능적 요구사항과 비기능적 요구사항 _{중요} ★★★

요구사항의 유형은 기능적 요구사항과 비기능적 요구사항으로 구분된다.

(1) 기능적 요구사항(Function Requirement)

① 소프트웨어가 가져야 할 기능적 속성을 의미하며 문서 편집 프로그램을 예로 들면 파일 저장, 편집, 보기 기능 등을 포함한다.

② 기능적 요구는 외부 사용자에게 직접적으로 혜택을 줄 수 있는 시스템 기능이다.

③ 기능적 요구의 항목으로 제기되는 문제들은 사용자의 문제를 해결하기 위한 구현 기술과는 독립적인 사항이어야 한다. 단지 시스템이 무엇을 하는지, 어떤 기능을 하는지 기술한다.

④ 시스템이 제공해야 하는 서비스들을 기술하는 것으로서, 시스템이 특정 입력에 어떻게 반응하는지와 시스템이 특정 상황에서 어떻게 행동하는지를 기술한다. 어떤 경우에 있어서 기능적 요구사항은 시스템이 수행해서는 안 되는 부분도 기술한다.

(2) 비기능적 요구사항(Non-function Requirement)

① 제품의 품질 기준 등을 만족하기 위해 소프트웨어가 가져야 할 성능, 사용의 용이성, 신뢰도, 보안성 등의 특성이다. 시스템의 기능과 관련되지 않는 사항이다. 예를 들어, 동시 접근에 대비하는 시스템 안정화, 외부 침입에 대비하는 보안성 등이 있다.

② 시스템의 성능(performance)을 나타내는 처리량(throughput), 응답 시간(response time), 통신 수용 능력, 보안성(security), 이상 상태에서 오류 없이 가동될 신뢰성(reliability) 등이 포함된다.

③ 오류 처리 및 제약 조건, 시스템 인터페이스, 품질, 시스템 변경, 자원 관리 대책 등도 포함된다.

④ 사용자 요구사항 조사의 목적은 사용자들이 제품을 이용하여 무엇을 할 수 있기를 바라는지 그리고 특정 목적을 이루기 위한 기능을 어떻게 제공할 것인지를 이해하는 것이다.

2 사용자 요구사항과 시스템 요구사항 _{중요} ★★

(1) 사용자 요구사항

사용자 요구사항은 한마디로 요구사항 정의와 같다. 즉, 자연언어, 표, 다이어그램 등을 이용해야 한다.

> • 시스템과 제약 조건에 대한 서비스의 추상적인 상태이다.
> • 주로 관리자의 이해를 위해 쓰인다.
> • 시스템이 어떻게 개발되는지 관심이 없고 시스템의 자세한 기능에 흥미가 없는 고객 관리자와 시스템 엔드 유저들이 읽는다.

① **고려해야 할 사항**

　　㉠ 자연언어의 사용에 문제점이 많다.

　　㉡ 명확성이 부족하다.

　　㉢ 문서를 읽기 쉽게 만들면서 정확도도 잃지 않도록 하는 것은 힘들다.

　　㉣ 기능적, 비기능적 요구사항이 섞여서 요구사항에 혼란을 줄 수도 있고 여러 가지 요구사항이 혼합되면 걷잡을 수 없다.

② **해결방법**

　　㉠ 표준 양식을 개발하고 그 양식을 모든 요구사항에 적용시킨다.

　　㉡ 일관된 방식의 언어 표현을 사용한다.

　　㉢ 의무적인 요구사항 : ~해야 한다.

　　㉣ 희망 요구사항 : ~하는 것이 좋다.

　　㉤ 주요 부분을 표시하기 위해 Bold underline을 사용한다.

　　㉥ 너무 많은 컴퓨터 용어의 사용을 피한다.

(2) 시스템 요구사항

① 요구사항은 무엇(What)을 하는지에 초점을 맞추는 것이고, 설계는 어떻게(How)에 초점을 맞추는 것이다.

② 시스템의 서비스와 제약 조건에 대한 좀 더 자세한 설명이 필요하며, 주로 개발자들을 위해 쓰인다.

③ 시스템이 작동하는 것을 자세하게 알 필요가 있고 시스템 개발과 관련된 소프트웨어 개발자, 시스템 설계자, 시스템 엔드 유저들이 읽게 된다.

> • 가용성 : 사용하고자 할 때 언제라도 사용할 수 있는 정도
> • 정합성 : 데이터의 값이 서로 모순 없이 일관되게 일치하는 정도
> • 상호호환성 : 다른 소프트웨어와 정보를 교환할 수 있는 정도
> • 대응성 : 발생한 상황에 대처하는 정도
> • 이식성 : 다양한 하드웨어 환경에서도 운용 가능하도록 쉽게 수정될 수 있는 정도
> • 확장성 : 규모나 범위를 넓힐 수 있는 정도

제 3 절   요구 분석 절차

1 요구 공학

(1) 정의

① 서비스와 제약 조건의 기술이 시스템의 요구사항(Requirements)이 되며, 그것을 찾아내어 분석하고 문서화하는 과정이다.

② 고객 요구를 체계적으로 수집, 분석, 명세화, 검증 및 추적, 변경하는 요구사항 도출 및 관리 기법이다.

③ 요구사항을 파악하고 문서화하는 데 필요한 요구사항 수집/추출, 분석, 기술, 검증, 유지보수 및 관리를 포함한 전체 공정에 대한 접근 방법이다.

④ 요구사항을 관리하기 위해 생명주기 활동을 포함한다.

⑤ 요구 공학을 통해 요구 명세서(requirements specification)가 생성된다.

(2) 요구 공학의 목적

① 시스템 측면에서는 의사소통과 개발의 기준선(Base Line)을 제시한다.

② 시스템 신뢰성 측면에서는 확인 및 검증(Verification and Validation)과 변경 관리의 기준선을 제시한다.

③ 프로젝트 산정 측면에서는 비용, 일정과 계약의 기준선 역할을 한다.

2 도메인 분석

도메인은 요구의 배경을 말한다. 소프트웨어를 구축할 때 문제 자체도 중요하지만 문제가 어디에 놓여 있는가도 중요하다. 즉, 문제의 배경을 말한다.

도메인을 분석하는 것은 설계 모델링에 필요한 여러 개념과 비즈니스 파악을 위해서이다. 이러한 사항을 깊이 이해하지 않고서는 제대로 된 설계를 할 수 없다.

도메인 분석은 응용 분야에 존재하는 개념을 잘 정의하고 분석해서 시스템에 존재하는 개념으로 정립하는 단계이다. 또한, 도메인 분석은 요구의 배경을 이해해서 개발될 시스템을 설명하는 개념을 발견하는 과정이다.

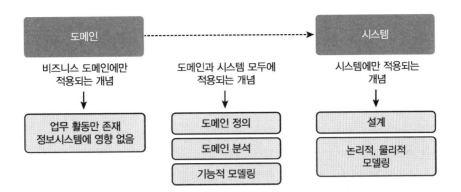

도메인 배경에는 세 가지 단계의 작업이 있다.

> • 도메인 개념 찾기
> • 도메인 사전 작성
> • 비즈니스 규칙 정리

(1) 도메인 개념

도메인 개념은 도메인의 목적, 구조, 동작을 구성하는 객체, 프로세스, 사람, 룰 같은 것들이다. 초기에 정확한 개념을 세우기 위해 용어를 바르게 정의해야 한다. 제품 출시 후에 용어를 바로잡기는 어렵다. 비즈니스에서 하나의 도메인에는 개념이 넘쳐나기 때문에 여러 가지를 유념해야 한다.

① 요구의 핵심을 발견해야 함(불필요한 것은 제외)
② 요구가 해결될 것 같은 문제를 발견
③ 문제의 요소를 발견(문제를 구성하는 요소는 중요하다고 볼 수 있음)
④ 관련된 도메인의 개념을 발견

(2) 도메인 사전

도메인 개념을 조직화한 결과물이며, 개념을 검증해야 하는 이해당사자와 개념을 이용하는 개발자에게 같은 의미로 통할 수 있게 하는 다리 역할을 한다. 요구, 인터뷰, 매뉴얼로부터 정보를 얻는다.

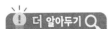 더 알아두기

의료정보 시스템에서 도메인 개념 추출
• 진료와 검사 의료 서비스의 성격에 따라 의사, 간호사, 검사원이 환자에게 예약된 적절한 의료 서비스를 제공한다.
• 도메인 개념 : 의료 서비스, 의사, 간호사, 검사원, 환자, 예약

사전 양식은 표로 구성되어 있으며, 세 가지 항목을 포함해야 한다.

- 명칭
- 타입
- 설명

(3) 비즈니스 규칙

비즈니스 규칙은 **업무에서 지키기로 한 규칙**이다. 기업이 운영되는 자세한 정책이나 규정, 절차, 가이드라인, 표준의 집합으로 비즈니스 규칙은 이들 중에 포함된 하나의 문장 또는 항목이라 할 수 있다. 사용자에게 요구해도 준비된 목록처럼 잘 정리된 비즈니스 규칙을 받기는 어렵다. 하나씩 조사하는 작업이 필요하다는 뜻이다. 비즈니스 규칙은 5가지로 나눌 수 있다.

① **사실(fact)** : 개념이 무엇인지 설명(예 결제 : 현금, 카드, 포인트)
② **추론(inference)** : 다른 사실로부터 얻은 사실(예 "20세 이하는 담배를 살 수 없다."라는 추론)
③ **제약(constraints)** : 시스템이나 외부 요소가 수행할 또는 수행하지 않을 제약을 가하는 규칙 (예 ~만 ~할 수 있다.)
④ **계산(computation)** : 공식이나 알고리즘, 계산
⑤ **액션 구동자(action enabler)** : 조건이 일치되면 액션 수행(예 ~하면 ~한다.)

3 요구사항 검토와 관리 중요 ★★★

(1) 개요

개발자원을 요구사항에 할당하기 전에 요구사항 명세서가 정확하고 완전하게 작성되었는지 검토하는 **활동**이다. 요구사항에 대해 에러가 발생하면 그것을 수정하는 데 드는 비용이 엄청나기 때문에 요구사항에 대한 검증 단계는 매우 중요한 단계이다.

분석가가 요구사항을 정확하게 이해한 후, 요구사항 명세서를 작성했는지 확인(Validation)하는 것이 필요하다. 요구사항 명세서의 내용이 이해하기 쉬운지, 일관성 있는지, 회사의 기준에는 맞는지, 누락된 기능은 없는지 등을 검증(Verificaiton)하는 것이 중요하다.

요구사항 문서는 이해관계자들이 검토하며 일반적으로 요구사항 관리 도구를 이용하여, 요구사항 정의 문서들에 대해 형상 관리를 수행한다. 다음은 요구사항을 검증할 때 사용하는 체크리스트이다.

- 유효성(Validity) : 고객의 필요를 충족하는 기능을 제공하는가?
- 일관성(Consistency) : 충돌하는 요구사항이 존재하는가?
- 완결성(Completeness) : 고객이 요구한 모든 기능이 포함됐는가?
- 현실성(Realism) : 현실적으로 실행 가능한가?
- 검증가능성(Verifiability) : 만들고 난 뒤 요구사항들을 검증할 수 있는 형태인가?

(2) 요구사항 검증 방법

① 요구사항 검토

요구사항 검토는 체계적인 매뉴얼을 통한 검토이다.

> • 검증가능성(Verifiability) : 현실적으로 검증 가능한가?
> • 이해가능성(Comprehensibility) : 요구사항들이 잘 이해됐는가?
> • 추적가능성(Traceability) : 요구사항의 출처가 명확한가?(큰 규모의 개발일수록 중요)
> • 적응가능성(Adaptability) : 변화되는 요구사항을 잘 받아들일 수 있는가?

② 프로토타이핑(Prototyping)

프로토타이핑은 실행 가능한 시스템의 모델을 사용한다.

③ 테스트 케이스 일반화(Test-case Generation)

테스트 케이스 일반화는 테스트를 만들어 검증한다.

제 4 절 요구사항의 표현

1 모델의 정의와 필요성 중요 ★★

(1) 정의

모델링은 연구 또는 개발 대상 시스템의 성능 분석이나 동작 과정 등을 알아보기 위하여 간단한 물리적 모형, 도해를 만들거나 그 시스템의 특징을 수학적으로 표현하는 과정이다. 즉, 우리의 현실세계를 필요한 정보만 추출하여 모델링으로 표현하는 것이 가능하다.

모델링은 어떤 것을 만들기 전에 만들고자 하는 부분에 대해서 이해하기 위한 목적으로 추상화(abstract) 작업을 하는 과정이다. 추상화 작업을 통해 현재의 목적과 무관한 부분을 제거시켜, 모델이 단순하고 이해하기 쉬워야 하며 모호성이 없어야 한다.

(2) 모델링의 기본 요소

모델링의 기본 요소에는 3가지가 있다.

① 표현(representation)

텍스트가 아닌 시각적인 표현을 의미한다. 도표를 사용하여 표현한 정보는 잘못을 지적하고 고치기가 쉬우며, 시스템을 요소들로 분리시키고 각 요소들 사이의 관계와 상호작용을 나타내기 편리하다.

② 규약(convention)

시각적인 표현에 대한 설명을 의미한다. 도표에 나타난 기호들에 대한 약속이며 이를 통해 애매모호한 의미가 없어져 여러 사람들이 동일하게 정보를 인식할 수 있도록 한다.

③ **상술(specification)**

시각적인 표현을 텍스트로 확증하는 과정으로 모델링 과정에서 나타난 도표의 구체적인 정의가 필요하다.

(3) 모델링을 하는 이유

① 복잡함을 잘 관리하기 위함

② 형체가 없는 소프트웨어의 구조를 시각화하기 위함

③ 다른 사람과 커뮤니케이션하기 위함

④ 문제 도메인 및 제품 요구사항을 이해하기 위함

⑤ 개발 중인 시스템을 이해하기 위함

⑥ 구현하기 전에 잠재적 솔루션을 실험해보기 위함

⑦ 기존 시스템을 문서화하기 위함

2 모델링 언어

소프트웨어에서도 미리 프로토타입으로 모델링을 제공해야 한다. 애매모호한 표현 등의 문제점을 해결하기 위해 모델링을 할 때 사용하는 기호, 표기법, 도구 등이 있다. 개발방법론에 따른 모델링 언어가 있다.

구조적 방법론	DFD(Data Flow Diagram), DD(Data Dictionary), 프로세스 명세서
정보공학 방법론	ERD(Entity Relationship Diagram)
객체지향 방법론	UML(Unified Modeling Language) 표기법

3 요구 분석 명세서 중요 ★★

소프트웨어 요구사항 명세(SRS : Software Requirement Specification)는 **요구사항에 있는 모호함과 모순을 명확하게 바꾸는 것**이다. 소프트웨어 개발 프로세스의 시작인 소프트웨어의 요구사항을 분석하고 정의하는 단계에서 작성되는 최종 산출물이다. 소프트웨어 요구사항 명세서에는 소프트웨어가 수행해야 할 모든 기능과 제약 조건 등이 기술되어 있으므로 이후 진행되는 소프트웨어 개발과 테스팅의 완료 승인에 대한 기준으로 사용된다. 요구사항을 요구사항 명세로 전환하려면 요구사항 분석이라는 정량화 작업이 필요하다.

(1) 명세화의 원리

명세화를 할 때 요구 분석의 기능 등에 대한 부분은 구현과 서로 독립되어야 한다. 또한 소프트웨어의 전반적이고 절차적인 명세화가 필요하다. 요구사항에 따른 명세화는 개념적 모델에 의해 운영해야 하며, 완전성뿐만 아니라 불안전성을 명세화에 수렴해야 한다. 부분적으로 명세화를 할 수 있고, 다른 요구 분석들과 느슨하게(Loose) 연결되어야 한다.

① 개요

요구 분석서는 사용자와 개발자가 모두 쉽게 이해해야 한다. 요구 분석서에 기술된 조건은 쌍방이 모두 동의한 것이며, 제안된 시스템에서 수행될 모든 기능을 정확히 기술해야 한다. 요구 분석서는 모든 제약 조건(반응 시간, 목표 하드웨어, 비용 한계, 사용자 특성, 언어 등)을 명시해야 하며, 시스템 인수를 위한 테스트 기준을 정한다.

② 소프트웨어 요구사항 명세서 양식

소프트웨어 요구사항 명세서의 양식을 제시하고 있는 표준인 IEEE Std. 830(IEEE Std. 830-1998 : IEEE Recommended Practice for Software Requirements Specifications)에 의한 요구사항 명세서는 다음과 같은 기본적인 양식을 갖는다.

[IEEE Std. 830의 소프트웨어 요구사항 명세서 양식]

```
Table of Contents
1. Introduction
    1.1 Purpose
    1.2 Scope
    1.3 Definitions, acronyms and abbreviations
    1.4 References
    1.5 Overview
2. Overall description
    2.1 Product perspective
    2.2 Product functions
    2.3 User characteristics
    2.4 Constraints
    2.5 Assumptions and dependencies
3. Specific requirement (See 5.3.1 through 5.3.8 for explanations of possible specific requirement. See
    also Annex A for several different ways of organizing this section of the SRS.)
Appendixes
Index
```

다음은 소프트웨어 요구사항 명세서 양식에 대한 설명이다.

> - Introduction에는 문서의 목적과 범위, 용어 정의(정의, 두문자어, 약어), 참조 등 문서의 전반적인 개요에 대한 내용이 작성된다.
> - Overall Description에는 제품 관점에서의 소프트웨어 동작이나 소프트웨어의 주요 기능, 경험이나 전문 지식을 포함한 소프트웨어 사용자의 일반적인 특성, 소프트웨어의 제약사항과 가정 및 의존성 등에 대한 내용이 기술된다. 해당 절의 경우, 명확한 요구사항을 작성하기보다는 요구사항에 대한 전반적인 내용이 기술되는데, 요구사항을 상세히 작성하는 'Specific requirement'의 이해를 돕기 위한 배경과 같은 내용이 포함된다.
> - Specific requirement에는 소프트웨어의 모든 세부적인 요구사항을 명확하게 기술하며, 명시되어야 하는 요구사항이 있다.

다음은 명시되어야 하는 요구사항이다.

㉠ 외부 인터페이스 요구사항(External Interface Requirement)

모든 소프트웨어 시스템으로의 입력과 출력에 대한 요구사항을 상세히 기술한다. 사용자 인터페이스, 하드웨어 인터페이스, 소프트웨어 인터페이스, 통신 인터페이스 등으로 분류될 수 있으며, 다음과 같은 형식의 내용이 포함된다.

> - 항목의 이름
> - 목적 상세 설명
> - 입력의 시작점 및 출력의 도착점
> - 유효범위, 정확도, 오차
> - 측정 단위
> - 시간
> - 다른 입력 및 출력과의 관계
> - Screen formats/organization
> - Window formate/organization
> - 명령 형식
> - 종료 메시지

㉡ 기능 요구사항(Functional Requirement)

소프트웨어의 입력 처리와 출력을 생성하는 처리 과정에서 발생할 수 있는 기본적인 동작에 대하여 기술하며 시스템은 "~해야 한다."의 형식으로 작성되어야 하며 다음과 같은 항목들이 포함된다.

> - 입력의 유효성 확인
> - 동작의 정확한 흐름
> - 비정상 상황에 대한 동작
> - 파라미터의 영향
> - 출력에서 입력까지의 관계

ⓒ 성능 요구사항(Function Requirement)

소프트웨어 전체적으로 사람과의 상호작용 혹은 소프트웨어에서 확인할 수 있는 정적이고 동적인 수치적 요구사항을 기술한다.

> • 정적인 수치적 요구사항(Static numerical requirement) : 소프트웨어에서 다루어지고 있는 정보의 양이나 타입과 같은 고정적인 수치적 요구사항
> • 동적인 수치적 요구사항(Dynamic numerical requirement) : 정해진 시간이 아니라 일정 시간 안에 수행해야 하는 것처럼 정해진 수치가 없는 요구사항

ⓔ 논리적 데이터베이스 요구사항(Logical Database Requirement)

데이터베이스에서 사용될 정보를 위한 논리적 요구사항에 대하여 기술하며 다음과 같은 항목을 포함한다.

> • 여러 기능에서 사용될 정보의 타입(Types of information used by various functions)
> • 사용 빈도(Frequency of use)
> • 접근 가능성(Accessing capabilities)
> • 데이터 엔티티 및 관계(Data entities and their relationships)
> • 무결성 제약 조건(integrity constraints)
> • 데이터 유지 요구사항(Data retension requirement)

ⓜ 설계 제약사항

다른 표준이나 하드웨어적 제한으로 인해 적용되는 설계적 제한사항에 대하여 기술한다.

ⓗ 소프트웨어 시스템 속성(Software System Attribute)

신뢰도(Reliability) 사용가능성(Availiability), 보안(Security), 유지보수(Maintainability), 이식성(Portability) 등의 소프트웨어 속성을 요구사항으로서 기술한다.

(2) 요구 분석 명세화 평가 기준 [중요] ★★★

① **무결성(Correctness)** : 사용자 요구와 명시된 요구 중첩 부분이 정확한 요구사항이다(사용자 리뷰 및 승인 필요).

② **일관성(Consistency)** : 명세 내용 간의 상호 모순이 없어야 한다.

③ **명확성(Unambiguousness)** : 각 요구사항 명세 내용은 하나의 의미만 보유해야 한다.

④ **완전성(Completeness)** : 기능, 성능, 속성, 설계 제약 등 전체를 포함해야 한다.

⑤ **검증성(Verifiableness)** : 요구사항 내용의 충족 여부와 달성 정도를 확인해야 한다.

⑥ **추적성(Traceability)** : 각 요구사항 근거에 대해 추적할 수 있어야 한다.

⑦ **중요성(Importance)** : 중요도와 안정성 기준 우선순위를 부여해야 한다.

⑧ **수정가능성(Modifiability)** : 요구사항 변경 시 쉽게 수정 가능해야 한다.

⑨ **기능성(Functionality)** : '어떻게'보다 '무엇을'에 관점을 두고 기술해야 한다. '어떻게 문제를 해결하는가?', '어떤 기술을 사용해야 하는가?'는 설계에서 다룰 문제이다.

(3) 좋은 요구 분석 명세서

① **형식성(Formality)** : 규격에 맞는 형식을 맞춰야 한다.

② **용이성(Usability)** : 명세화할 때 작업이 쉬워야 한다.

③ **이해성(Comprehensibility)** : 이해하기 쉬워야 한다.

④ **최소성(Minimality)** : 명세화에 최소한의 정보만을 포함한다.

⑤ **응용성(Applicability)** : 모든 사항을 설계와 구현에 적용할 수 있어야 한다.

⑥ **확장성(Extensibility)** : 명세화를 위해 언제든 확장이 가능해야 한다.

⑦ **기능성(Functionality)** : '어떻게'보다 '무엇을'에 관점을 두고 기술해야 한다. '어떻게 문제를 해결하는가?', '어떤 기술을 사용해야 하는가?'는 설계에서 다룰 문제이다.

추적이 용이하고 일관성이 있어야 높은 품질의 요구사항 명세서가 될 수 있으며 이러한 명세서를 따라 소프트웨어를 개발하게 된다면 초기에 발생할 수 있는 결함을 줄이고 유지보수 측면에서 유리한 높은 품질의 소프트웨어를 개발할 수 있을 것이다.

제 5 절 구조적 분석

1 구조적 방법

(1) 개요

C언어와 같은 구조적 프로그래밍 언어에 적합한 개발 방법론으로서 주어진 요구사항을 구현하는 데 정확한 함수 구조의 개발을 위한 절차들을 제공한다. 소프트웨어의 위기 현상을 극복하기 위한 방법으로 도형 중심의 분석용 도구 작성과 분석 절차를 이용하여 사용자 요구사항을 파악하고 문서화하는 체계적인 분석 방법이다.

데이터 흐름과 처리를 중심으로 사용자의 요구사항을 분석하는 방법이며, 분석 도구로는 자료 흐름도(DFD, Data Flow Diagram), 자료 사전(DD, Data Dictionary), 소단위 명세서(Mini Spec), 개체 관계도, 상태 전이도 등이 있다.

(2) 특징

① 도형 중심의 문서화 도구를 사용하므로 분석자와 사용자 간의 의사소통이 원활하다.

② 하향식 원리를 적용하여 세분화하기 때문에 분석의 중복성을 배제한다.

③ 사용자의 요구사항을 논리적으로 표현하기 때문에 전체 시스템을 일관성 있게 이해할 수 있다.

④ 시스템 개발 전체의 모든 단계에서 필요한 명세서를 작성할 수 있다.

⑤ 시스템 분석 시 사용자의 참여 기회가 확대되어 정확한 요구사항 작성이 가능하다.

⑥ 분석에서 설계 단계로의 전환 과정이 간편하다.

(3) 구조적 분석의 기본 원리

① 추상화 원칙

특정 대상에 대한 실체로부터 분리된 개념이나 관점, 어떻게(How)가 아닌 무엇(What)으로 표현하는 간소한 방법이다. 실체를 둘러싸고 있는 사소한 것에 의한 제약을 받지 않고 문제의 해결을 고려할 수 있게 해야 한다.

② 정형화 원칙

소프트웨어 프로젝트의 제어와 산출물의 품질관리를 위한 기초가 되며, 형식이 생각과 명령을 자동화시킬 수 있는 근거를 제공한다. 대상을 수학적 알고리즘과 같이 연구할 수 있도록 해준다.

③ 분할 정복

복잡하고 큰 시스템들을 좀 더 작고 독립적인 서브 시스템으로 나누고(분할), 작게 분할된 시스템들을 쉽게 해결하는 개념이다. 이 개념은 추상화의 원칙과 함께 복잡도를 다루는 데 있어서 강력하고도 기본적인 도구이다.

④ 계층적 구조의 개념

계층적 구조 개념은 모듈들의 상호 연관관계 및 구조에 대한 이해도 향상에 크게 도움이 된다. 많은 부서를 가진 복잡한 시스템에서 일어날 수 있는 의사소통과 제어 문제를 다룰 수 있다.

(4) 모형화 도구의 특성

① 도형적 모형

시스템을 설명할 때 텍스트보다는 도형을 통해 더 잘 설명할 수 있다.

② 하향식 분할 모형

어느 누구라도 전체 시스템을 즉시 이해한다는 것은 매우 어렵다. 시스템 각각의 구성 부분을 독자적으로 표시하고, 시스템 모형을 한 부분에서 다른 부분으로 간단히 연결할 수 있어야 한다.

③ 최소 중복 모형

중복을 최소화하여 시스템을 모형화한다(유지보수 측면에서 유리).

④ 투명적 모형

설계서를 보면서 시스템을 보는 것같이 느끼게 하는 원리이다.

⑤ 다양한 모형

여러 부류의 사용자를 만족시키기 위해 다양한 모형화 도구를 필요로 한다. 사용자, 조직, 시스템의 특성에 따라 적합한 도구를 선택해서 사용해야 한다.

2 데이터 모델링과 개체-관계 다이어그램

(1) 데이터 모델링 [중요] ★★★

모델링은 연구 또는 개발 대상 시스템의 성능 분석이나 동작 과정 등을 알아보기 위하여 간단한 물리적 모형, 도해를 만들거나 그 시스템의 특징을 수학적으로 표현하는 과정이다. 즉, 우리의 현실세계를 필요한 정보만 추출하여 모델링으로 표현하는 것이 가능하다.

모델링은 어떤 것을 만들기 전에 만들고자 하는 부분에 대해서 이해하기 위한 목적으로 추상화 (abstract) 작업을 하는 과정이다. 추상화 작업을 통해 현재의 목적과 무관한 부분을 제거시켜, 모델이 단순하고 이해하기 쉬워야 하며 모호성이 없어야 한다.

(2) 데이터 객체, 속성, 관계 중요 ★★★

① 데이터 객체(data objects)

ㄱ 데이터 객체는 소프트웨어에 의해 인식되는 여러 종류의 자료이다.

ㄴ 데이터 객체는 데이터를 모아 놓은 저장소이다.

ㄷ 실제 세계에서 사람이 생각하는 개념이나 정보의 단위이다.

ㄹ 하나의 객체는 하나 이상의 속성(attribute)으로 구성되어 있다. 각 속성은 그 객체의 성질이나 상태를 기술해 주는 역할을 한다.

ㅁ 예를 들면 학생, 사람, 회사원, 고객, 주문 공정 등을 의미한다.

(a) 엔티티와 인스턴스   (b) ERD에서 엔티티의 표현

② 데이터 속성(data attribute)

ㄱ 데이터 속성은 데이터 객체의 특성, 성질을 의미하며, 개체를 구성하는 항목이다.

ㄴ 데이터 속성은 개체에서 관리하고자 하는, 더 이상 분리되지 않는 최소 단위의 데이터들이다.

ㄷ 한 개 또는 그 이상의 데이터 속성들은 반드시 식별자로 구분되어야 한다.

ㄹ 예를 들면 학생의 학번, 이름, 나이, 성적이다. 학생을 설명할 수 있는 특징이 속성이다.

ㅁ 속성은 기본 속성, 설계 속성, 유도 속성의 3가지로 분류한다.

> • 기본 속성 : 업무 분석을 통해 현실 세계로부터 얻는 속성
> • 설계 속성 : 원래 현실 세계에는 존재하지 않지만 설계 과정에서 만들어진 속성
> • 유도 속성 : 다른 속성으로부터 계산이나 변형에 의해 나온 속성

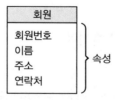

[그림 5-2] 회원 엔티티와 속성

③ 데이터 관계(data relationship)

⊙ 데이터 관계는 엔티티와 엔티티 사이의 관계(relationship)를 말한다. 즉, 관리하고자 하는 업무 영역 내의 특정한 두 개의 엔티티 사이에 존재하는 많은 관계 중 특별히 관리하고자 하는 직접적인 관계(업무적 연관성)를 의미한다.

ⓛ 데이터 관계에서는 엔티티와 엔티티가 존재의 형태 또는 행위로 서로에게 영향을 준다.

ⓒ 데이터 관계에서 두 엔티티가 관계가 있다는 것은 상호 공유한다는 의미도 가지고 있다.

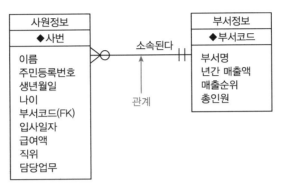

[그림 5-3] 사원정보와 부서정보의 소속이라는 관계 표현

[그림 5-4] 학생과 교수 간의 지도라는 관계 표현

(3) 개체-관계 다이어그램

① 관계의 차수(cardinality)

한 관계에서 1개의 개체와 관련지을 수 있는 다른 개체의 수이다.

⊙ 1대1(1:1, one-to-one) 관계

1:1 관계에 있는 두 엔티티는 하나로 합칠 수 있다(예 남자와 여자의 사랑 관계).

ⓛ 1대다(1:N, one-to-many) 또는 다대1(M:1, many-to-one) 관계

한 개의 개체와 다른 여러 개체가 관계를 맺는다(예 한 부서에는 사원이 여러 명 소속될 수 있지만, 사원 한명은 부서 하나에만 소속되기 때문에 두 개체의 소속 관계).

ⓒ 다대다(M:N, many-to-many) 관계

여러 개의 개체가 여러 개의 개체와 관계를 맺는다(예 한 학생이 여러 과목을 수강하고, 한 과목을 여러 학생이 수강할 때 두 개체의 수강 관계).

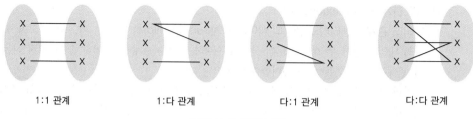

[그림 5-5] 관계와 차수

② **개체-관계 다이어그램의 예**

㉠ 교수는 학생을 지도한다.

㉡ 직원은 부서에 속하며 직원은 직원번호, 직원이름, 직급, 부서번호의 속성을 가지고 있으며

㉢ 부서는 부서번호, 부서명의 속성을 가지고 있다.

③ **개체-관계의 작성 순서**

㉠ 처음에는 주요키를 포함하여 개체(Entity)의 속성을 모두 찾아낸다.

㉡ 기본적인 개체와 주요키를 정의하며, 개체 사이의 관계를 정의한다.

㉢ 1:M 관계를 단순화하기 위해 속성 개체를 추가하며, 연관 관계를 정의하여 M:N 관계를 표현한다.

㉣ 각 개체를 정규화, 누락된 개체 점검 및 클래스 구조가 필요한지 결정한다.

3 기능 모델링과 데이터 흐름도 중요 ★★

기능 모델링(function modeling)은 시스템이 어떠한 기능을 수행하는가의 관점에서 시스템을 기술한다. 이는 데이터에 대하여 수행되는 계산에 초점을 맞춘다. 주어진 입력에 대하여 어떤 결과가 나오는가를 보여주는 관점이며 연산과 제약 조건을 묘사한다. 시스템의 기능 관점을 표현하는 기능 모델의 일반적인 표현 방법은 버블 도표(bubble charts)라고도 불리는 자료 흐름도를 이용하여 도식적으로 나타낸다. 자료 흐름도의 중요한 구성요소는 기능을 수행하는 프로세스와 자료 흐름이다.

기능 모델링에 사용되는 대표적인 분석 기법을 구조적 분석(Structured Analysis)이라 하며 자료(데이터) 흐름도와 자료(데이터) 사전에 의해 그 결과를 나타낸다.

(1) 자료 흐름도 중요 ★★★

① **개요**

㉠ 자료 흐름도(DFD, Data Flow Diagram)는 사람이나 조직의 관점이 아닌 자료의 관점에서 상황을 표현한다. 즉, 시스템의 동작 상태를 데이터 처리기의 관점이 아닌 데이터 관점에서 표현한다.

㉡ 자료 흐름도는 시스템 설계 문제를 연구하기 위해 사용된 표기법이며 그래프 이론에서 사용되었던 표기들을 사용한다.

㉢ 자료 흐름도는 사용자의 요구사항을 직접 모형화하려는 소프트웨어 공학 분야에서 편리한 표기법이다.

    ㉣ 자료 흐름도는 현재 시스템 모형화 도구로 가장 보편적으로 사용되고 있으며, 특히 시스템이 조작하는 데이터에 비해 시스템 기능이 매우 중요하고 복잡한 경우에 유용하게 사용된다.

    ㉤ 자료 흐름도는 소단위 명세서를 한 페이지에 작성할 수 있는 중요한 모형화 도구이다.

② **특징**

    ㉠ 소단위 명세서를 한 페이지에 작성할 수 있는 수준까지 시스템을 분할하기 위한 중요한 모형화 도구이다.

    ㉡ 가장 보편적으로 사용되고 있는 모형화 도구이다.

    ㉢ 기능이 매우 중요하고 복잡한 시스템에 유용하다.

    ㉣ 도형을 사용하여 그림 중심으로 표현한다.

    ㉤ 다차원적(multidimensional)이다.

    ㉥ 자료의 관점에서 상황을 표현한다. 자료의 흐름(Data Flow)에 중점을 두거나, 제어(Control)의 흐름은 중요시하지 않는다.

③ **기본 요소**

    ㉠ 외부 개체
- 단말은 **사각형**으로 나타내고 사각형 안에 단말의 명칭을 부여한다.
- 시스템의 순수 입력과 출력을 나타낸다.

    ㉡ 처리(Process)
- **원(버블 : Bubble)**으로 나타내고 원 안에는 처리가 수행하는 일 또는 처리를 수행하는 행위자를 기술한다.
- 입력되는 자료 흐름을 출력되는 자료 흐름으로 변환하는 것이다.
- 입력 자료 흐름을 출력 자료 흐름으로 변환하여 차후 소단위 명세의 대상이 된다.

    ㉢ 자료 흐름(Data Flow)
- **자료 흐름도의 구성요소들 간 접속관계(interface)**를 나타낸다.
- 대부분의 자료 흐름은 처리들 사이를 연결하지만, 자료 저장소로부터의 자료 흐름 또는 자료 저장소로의 자료 흐름을 나타낼 수 있으며 때로는 단말로부터의 자료 흐름 또는 단말로의 자료 흐름을 나타내기도 한다.
- **명칭이 부여된 화살표**로 표현한다.

    ㉣ 자료 저장소(Data Store)
- **시스템에서의 자료 저장소(파일, 데이터베이스)**를 나타낸다.
- **평행선**으로 나타내고 평행선 안에 자료 저장소의 명칭을 부여한다.

기호	의미	표기법	
		YourDon/ DeMacro	Gane/ Sarson
처리 (Process)	• 원으로 표현한다. • 입력되는 자료 흐름을 출력되는 자료 흐름으로 변환 하는 것이다.	물품 확인	물품 확인
자료 흐름 (Data Flow)	명칭이 부여된 화살표로 표현한다.	물품 코드 →	
자료 저장소 (Data Store)	평행선으로 나타내고 평행선 안에 자료 저장소의 명칭 을 부여한다.	물품대장	ID | 물품대장
단말 (Terminator)	• 단말은 사각형으로 나타내고 사각형 안에 단말의 명 칭을 부여한다. • 시스템의 순수 입력과 출력을 나타낸다.	공장	

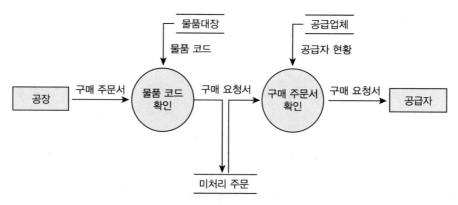

[그림 5-6] 자료 흐름 예제

④ **자료 흐름도 작성 시 주의사항**

ㄱ 입력만 있어서는 안 된다.

ㄴ 출력만 있어서도 안 된다.

ㄷ 개체 간의 데이터 흐름은 안 된다.

ㄹ 데이터 저장소 간의 데이터 흐름은 안 된다.

ㅁ 입력 데이터 흐름은 반드시 변환 후 출력 흐름을 전제로 한다.

⑤ **자료 흐름도의 작성 절차**

ㄱ 시스템 경계의 입·출력을 식별한다.

ㄴ 시스템 경계 내부를 작성한다.

ㄷ 자료 흐름을 명명한다.

ㄹ 처리를 명명한다.

ㅁ 초기화와 종료화는 고려하지 않는다.

ㅂ 사소한 오류 처리에 대해서는 생략한다.

ⓐ 제어 흐름은 표시하지 않는다.

ⓞ 검토 및 개선에 사용한다.

(2) 자료 흐름도의 확장(상세화)

① 정의

㉠ 자료 흐름도의 확장(상세화)는 요구사항 분석이 진행됨에 따라 하나의 자료 흐름도를 보다 자세히 표현하기 위해 또 다른 자료 흐름도를 생성하는 것이다.

㉡ 단계(Level) 0의 자료 흐름도는 기본 시스템 모델 또는 배경도라고 하며, 전체 소프트웨어 요소를 표시하는 하나의 프로세스(원)와 입·출력을 나타내는 화살표로 표현된다.

㉢ 각각의 프로세스에 대하여 개별적인 상세화 및 계층화가 가능하다.

㉣ 세분화 단계가 많아질수록 소프트웨어 설계와 구현 작업이 용이해진다.

㉤ Top-Down 방식에 따라 하부 기능들을 표시한다.

㉥ 상세화 수준은 업무의 복잡도에 따라 작업자가 결정한다.

㉦ Level 3~4 정도의 상세화가 바람직하다.

㉧ 최종 단계의 절차들은 프로그램으로 코딩이 가능하다.

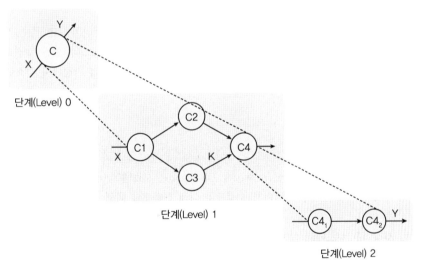

[그림 5-7] 자료 흐름 상세화(분할)

② 배경도

배경도는 분석하고자 하는 시스템과 외부 세계와의 접속 관계를 식별하기 위한 것으로 시스템 분석의 범위를 결정한다.

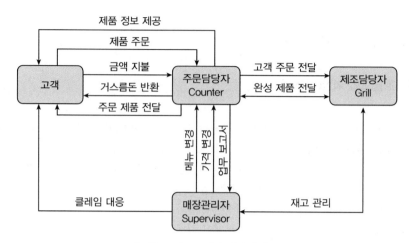

[그림 5-8] 드라이빙 예제 배경도

4 행위 모델링과 상태 전이도 중요 ★★

행위 모델링은 시간 변화에 따른 시스템의 상태(State)와 상태의 변화에 대하여 표현하는 것이다. 많이 사용되는 동적 모델링 도구로 상태 전이도(STD, State Transition Diagram)와 사건 추적도(Event Trace Diagram) 등이 있다. 외부와의 상호작용이 많은 실시간 시스템들은 동적 관점에서 시스템이 기술되어야 한다.

(1) 상태 전이도

① 정의
 ㉠ 상태 전이도(STD, State Transition Diagram)는 시스템에 어떤 일이 발생할 경우 시스템의 상태와 상태의 변화를 모델링하는 것으로 상태 전이도를 통해 개발자는 시스템의 행위를 정의할 수 있다.
 ㉡ 사각형은 시스템의 상태를 의미하며, 화살표는 상태 전이를 나타낸다.
 ㉢ 화살표의 시작 부분은 상태 전이를 일으키는 사건을 의미하며, 화살표의 끝은 사건의 결과로 발생하는 동작이다.
 ㉣ 사건(event)은 화살표의 시작으로, 상태 전이를 일으키는 사건을 의미한다.
 ㉤ 조건(condition)은 화살표의 끝 부분으로, 사건의 결과로 발생하는 동작이다.
 ㉥ 행위(action)는 시스템이 상태를 변경할 때 취하는 행위(출력 생성, 메세지 출력 등)이다.

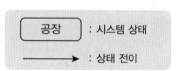

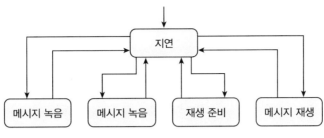

[그림 5-9] 상태 전이도 예제

(2) 사건 추적도

① 정의
사건 추적도(Event Trace Diagram)는 사건의 순서와 사건을 주고받는 객체나 시스템을 보여준다.

② 작성 순서
㉠ 시나리오를 작성한 후에는 이것에 대한 사건 추적을 한다.

㉡ 사건 추적도는 사건의 순서와 사건을 주고받는 객체나 시스템을 보여준다.

㉢ 객체나 시스템은 수직으로, 사건은 수평으로 되어 있고 사건을 보내는 객체에서 받는 객체로의 흐름은 화살표로 표시한다.

㉣ 이때 가장 먼저 할 일은 사건 추적에 참가할 객체를 선정하는 일이다.

㉤ 객체들은 시나리오로부터 찾아낼 수 있다.

㉥ 외부 객체를 뽑아낼 수 있다.

㉦ 객체를 뽑아낸 후 이것들 사이의 사건 흐름을 찾아낸다. 사건 흐름 역시 시나리오로부터 직접적으로 찾아낼 수 있다.

㉧ 일반적으로 시나리오 하나마다 사건추적이 이루어진다.

③ 예시
스타벅스의 드라이브 스루 시나리오이다.

㉠ 고객에 관한 시나리오

ⓐ 주문자는 애플리케이션을 사용한다.
ⓑ 메뉴가 주문자에게 전달된다.
ⓒ 주문자는 메뉴를 선택한다.
ⓓ 주문자는 메뉴선택 확인메시지를 받는다.
ⓔ 주문자는 결제수단을 선택한다.
ⓕ 주문자는 결제요청 메시지를 받는다.
ⓖ 주문자는 결제한다.
ⓗ 주문자는 결제정보를 확인한다.
ⓘ 가까운 매장에 주문이 들어간다(사이렌오더).
ⓙ 직원은 주문을 확인한다.

ⓛ 직원의 시나리오

> ⓐ 주문자는 매장정보를 받는다.
> ⓑ 주문자는 매장으로 차량을 진입한다.
> ⓒ 주문자의 차량정보를 시스템이 확인한다.
> ⓓ 주문자는 차량에서 상품을 기다린다.
> ⓔ 직원은 고객 주문을 확인한다.
> ⓕ 직원은 대기시간을 시스템에 전달한다.
> ⓖ 시스템은 대기시간을 주문자에게 전달한다.
> ⓗ 직원은 상품을 준비한다.
> ⓘ 직원은 주문자에게 상품을 전달한다.
> ⓙ 주문자의 차량은 매장을 빠져나간다.

ⓒ 사건 추적도

[그림 5-10] 시간 추적도 예제(스타벅스 드라이브 스루 예시)

5 프로세스(소단위) 명세 중요 ★

(1) 정의

프로세스(소단위) 명세는 **자료 흐름도상의 최하위 처리 절차를 상세하게 기술하는 데 사용하는 도구로서 프로세스 명세서라고 한다.** 자료 흐름도에 나타나 있는 처리 항목을 1~2페이지 정도의 소규모 분량으로 논리적 처리 절차를 요약하여 나타내는 명세서를 의미한다.

소단위 명세는 더 이상 쪼갤 수 없을 정도까지의 기능으로 분리한 뒤, 해당 기능에 대한 명세를 하는 것이다. 수작업 부분과 자동화 부분을 분리하는 내용이나, 설계 내용을 미리 판단하기 위한 내용을 포함하지 않는다. 소단위 명세서는 분석가의 문서이며, 자료 흐름도(DFD)를 지원하기 위하여 작성한다. 소단위 명세서는 서술 문장, 구조적 언어, 의사결정 트리, 의사결정표(판단표), 그래프 등을 이용하여 기술한다.

> **❗ 더 알아두기 🔍**
>
> • **구조적 언어**
>   한정된 단어와 문장, 제한된 구조를 사용하여 명세서를 작성하는 언어, 자연어 형식
> • **의사결정표**
>   복잡한 의사 결정 논리를 기술하는 데 사용하는 것, 주로 자료 처리 분야에서 이용

(2) 목적

입력 자료 흐름을 출력 자료 흐름으로 변환하기 위하여 어떤 일이 수행되는지를 정의하기 위해 각 처리들이 수행하는 업무 절차를 상세히 작성하는 것이다.

(3) 역할

① 자료 흐름도(DFD)상에서 설명되지 않는 처리 과정 자체를 설명한다.
② DFD의 최하위 버블 각각에 대하여 하나의 미니 명세서가 작성된다.
③ 미니 명세서는 입력 자료를 출력 자료로 변환시키기 위한 업무 내용을 기술한다.

(4) 작성 기준

① 작성 내용은 1~2페이지 내외의 분량으로 한다.
② 소단위 명세서를 이용하여 자료 흐름도를 분할하여 상세화한다.
③ 제어 구조를 사용할 때 중첩도는 3단계를 넘지 않는다. 만약 넘을 경우 의사결정표를 고려한다.

(5) 작성 도구

작성 도구를 각자에 맞는 형태로 사용하고 수정한다. 한 사람의 작성 도구를 무조건 사용할 필요는 없다. 여러 개의 작성 도구를 이용하여 작업을 진행할 수도 있다.

① 종류

⊙ 구조적 언어(Structured Language)

처리 내용을 설명하기 위해 순서형 구조, 결정형 구조, 반복형 구조 등의 제한된 제어 구조와 제한된 단어, 제한된 문장을 가지고, 말하듯이 자연어 형식으로 구성하는 방법으로 가장 보편적인 방법이다.

> 1. 순서문 : 단순히 문장들을 순서대로 기술한다.
>   문장(명령어) = 동사(V) + 목적어(O) 예 급여자료를 읽는다.
>   문장(산술식) = 자료명 + 산술 기호 예 봉급액 = 근무시간 × 시간당 임금
> 2. 선택문 : IF 또는 CASE문 사용
> 3. 반복문 : DO WHILE, REPEAT UNTIL, FOR문 사용

⊙ 프로그램 설계 언어(PDL, Program Design Language), 의사 코드

- 의사결정도(의사결정 트리, decision tree) : 조건 항목 부분과 처리 부분으로 나누어 tree(나무) 구조로 표시하여 설명한다. 의사결정표와 마찬가지로 주로 복잡한 조건이 있는 경우에 사용한다.
- 의사결정표(decision table) : 처리 내용을 설명하기 위한 표 구조로 조건 항목, 조건 기입란, 행동 항목, 행동 기입란, 규칙란으로 구성되어 있다. 주로 복잡한 조건이 있는 경우에 사용한다.

6 데이터 사전

(1) 개요

자료(데이터) 사전(DD, Data Dictionary)은 **자료 흐름도에 있는 자료를 더 자세히 정의하고 기록한 것**이며, 이처럼 데이터를 설명하는 데이터를 데이터의 데이터 또는 메타 데이터(Meta Data)라고 한다. 자료 흐름도에서 시각적으로 표시된 자료에 대한 정보를 체계적이고 조직적으로 모아 개발자나 사용자가 편리하게 사용할 수 있다.

(2) 목적

조직에 속해 있는 다른 사람들에게 특정한 자료 용어가 무엇을 의미하는지 알려주기 위하여 용어의 정의를 조정하고 취합하고 문서로 명확히 하는 것이 목적이다. 자료 흐름도에 나타나는 모든 자료의 흐름을 자료 사전에 정의한다.

(3) 자료 항목의 구성과 표기법

기호	의미	정의
=	정의(is composed of)	• 주석을 사용하여 의미를 기술 • 자료 흐름과 자료 저장소에 대한 구성내역 설명 • 자료 원소에 대하여 값이나 단위를 나타냄
+	구성(and, along with)	
{ }	반복(iteration of)	• 여러 번 반복되는 자료형을 { } 안에 기술 • { }의 좌측에는 최소 반복 횟수를 기록하고 우측에는 최대 반복 횟수를 기록 • 반복 횟수를 기록하지 않을 때는 디폴트로 최소는 0, 최대는 무한대로 나타냄
[ ]	선택(choose only one of)	택일 기호 [ ]는 |로 구분된 항목들 중 하나가 선택된다는 것을 표시
( )	생략 가능(optional)	괄호 안의 자료 항목이 기술될 수도 있고 생략될 수도 있음
**	주석(comment)	더 이상 분할되지 않는 자료 항목으로 특정한 값이나 값의 범위를 정함

(4) 자료 사전의 역할

① 우리가 이해하지 못하는 어휘들을 찾아볼 수 있는 사전과 같은 기능

② 자료 흐름도에 기술된 모든 자료에 대해 정의하는 사항

> • 자료 흐름을 구성하는 자료 항목
> • 자료 저장소를 구성하는 자료 항목
> • 자료에 대한 의미
> • 자료 원소의 단위 및 값

💡 더 알아두기 🔍

> • 실시간 소프트웨어 개발 시 : 상태 전이도 이용
> • 구조적 프로그래밍 설계 시 : NS-chart, 흐름도(Flow chart) 이용

제 **6** 절 **객체지향 분석**

1 요구사항 추출과 분석

(1) 객체지향 분석의 개요

객체지향 분석(OOA, Object Oriented Analysis)은 사용자의 요구사항을 분석하여 요구된 문제와 관련된 모든 클래스(객체), 연관된 속성과 연산, 관계 등을 정의하여 모델링하는 작업이다. 소프트웨어를 개발하기 위한 비즈니스(업무)를 객체와 속성 클래스 및 멤버, 전체와 부분 등으로 나누어서 분석한다. 분석가에게 중요한 모델링 구성 요소인 클래스, 객체, 속성, 연산들을 표현해서 문제를 모형화할 수 있게 해준다.

객체는 클래스로부터 인스턴스화되고 이 클래스를 식별하는 것이 객체지향 분석의 주요 목적이다.

(2) 객체지향 기법의 생명주기

① 객체지향 기법의 개요

객체지향 기법(Object Oriented Technique)은 현실 세계의 개체(Entity)를 기계의 부품처럼 하나의 객체(Object)로 만들어, 기계적인 부품들을 조립하여 제품을 만들듯이 소프트웨어를 개발할 때에도 객체들을 조립해서 작성할 수 있도록 하는 기법이다.

② 객체지향 기법의 생명주기

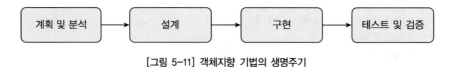

[그림 5-11] 객체지향 기법의 생명주기

㉠ 계획 및 분석(객체지향 분석, OOA)
  사용자의 요구사항을 분석하여 클래스, 속성, 연산 등을 정의하여 모델링하는 작업이다.
㉡ 설계(객체지향 설계, OOD)
  • 분석을 통해 생성한 모델을 설계 모델로 변환하는 작업이다.
  • 문제 정의 → 요구 명세화 → 객체 연산자 정의 → 객체 인터페이스 결정 → 객체 구현
㉢ 구현(객체지향 프로그래밍, OOP)
  • 객체라는 단위를 중심으로 프로그램을 개발하는 작업이다.
  • 객체 단위로 구현하기 때문에 유지보수가 쉽고 재사용이 가능하다.
  • 객체 단위로 구현하기 때문에 확장성을 제공한다.
㉣ 테스트 및 검증
  • 클래스 테스트 : 캡슐화된 클래스나 객체를 검사하는 과정이다.
  • 통합 테스트 : 객체를 결합해 프로그램을 완성시키는 과정에서의 테스트이다.
  • 스레드 기반 테스트 : 각각의 스레드를 개별적으로 테스트한다.

- 사용 기반 테스트 : 독립 클래스를 테스트한 후 종속 클래스를 테스트한다.
- 확인 테스트 : 사용자 요구사항에 대한 만족 테스트이다.
- 시스템 테스트 : 모든 요소들이 올바른 기능을 수행하는지 확인하는 테스트이다.

2 유스케이스와 사용자 스토리

(1) 정의

Use-case 다이어그램(Use-Case Diagram)은 시스템 기능에 대한 사용자 입장을 표현한 다이어그램이다. 시스템 분석가와 사용자가 시스템의 사용 방법과 목적을 결정하는 데 도움을 주는 도구이다.

① 시스템이 제공하는 기능과 이용자의 관계를 표현해야 한다.

② 시스템 분석가와 사용자가 시스템의 사용 방법과 목적을 결정하는 데 도움을 주는 도구이다.

③ 시스템 기능에 대한 사용자 입장을 표현한 다이어그램이다.

④ 유스케이스 다이어그램은 주로 분석 단계에서 수행하여 시스템 개발 전 단계에 영향을 미치며, 시스템이 제공하는 기본적인 기능을 설명해 주고 사용자와의 대화 수단으로 활용 및 내부 기능을 예측할 목적으로 사용된다.

(2) 특징

① Use-case의 기능과 목적이 아닌 이벤트 흐름이 기술된다.

② Use-case에 속한 흐름만 기술된다.

③ Use-case와 연결되지 않는 액터는 표현되지 않는다.

④ 공통 용어집에 있는 용어가 사용된다.

⑤ 직접적인 어휘가 사용된다.

⑥ 간단하고 간결한 문장으로 표현한다.

⑦ 부사는 사용되지 않는다.

⑧ 복합문은 최대한 피해서 작성된다.

(3) 구성요소

Use-case 다이어그램의 구성요소는 시스템(System), 액터(Actor), 유스케이스(Use-case), 관계(Relationship)로 구성되어 있다.

① 시스템(System)

시스템 내부에서 수행되는 기능들을 외부 시스템과 구분하기 위해 시스템 내부의 유스케이스들을 사각형으로 묶어 시스템의 범위를 표현한다.

② 액터(Actor)

시스템과 상호작용하는 모든 외부 요소로, 사람이나 외부 시스템을 의미한다.

㉠ 주액터는 시스템을 사용함으로써 이득을 얻는 대상으로, 주로 사람이 이에 속한다.

ⓒ 부액터는 주액터의 목적 달성을 위해 시스템에 서비스를 제공하는 외부 시스템으로, 조직이나 기관 등을 들 수 있다.

③ 유스케이스(Use-case)

사용자의 관점에서 시스템이 액터에게 제공하는 서비스 또는 기능을 표현한 것이다.

④ 관계(Relationship)

유스케이스 다이어그램에서 관계는 액터와 유스케이스, 유스케이스와 유스케이스 사이에서 나타날 수 있으며, 포함 관계, 확장 관계, 일반화 관계가 있다.

(4) 사용자 스토리

소프트웨어의 사용자나 구매자에게 가치를 줄 수 있는 기능을 서술하는 것이다. 사용자별로 우리가 만들 개발을 사용하게 되었을 때의 예상되는 상황을 고려하고 예측해보면서 필요한 것들을 적는 것이라고 생각하면 된다. 짧은 문장으로 이해하기 쉬운 형식이며, 해석의 여지가 있다. 사용자 스토리는 소프트웨어 요구사항 명세서, 유스케이스, 상호작용 설계 시나리오 등과는 다르며, 그 특징은 다음과 같다.

> • 생각을 아무리 많이 한다 해도, 시스템을 사전에 완벽하게 기술하지 못한다.
> • 산출물의 특징을 단순히 나열하기보다는 사용자의 목적을 고려해 보는 것이 중요하다.
> • 사용자 스토리는 유스케이스와 비슷하나, 유스케이스가 더 광범위하다.
> • 사용자 스토리의 수명은 일시적이며, 개발된 이터레이션 후에는 유지할 필요가 없다.
> • 유스케이스는 개발자와 고객이 논의한 것에 동의하기 위해 작성되며, 사용자 스토리는 릴리즈를 계획하거나 대화를 통해 상세한 요구사항을 찾기 위한 매개체로 이용된다.
> • 사용자 스토리는 분석 작업의 결과물이 아니라, 분석 작업을 위해 사용되는 도구이다.
> • 상호작용 설계 시나리오는 사용자 스토리보다 훨씬 상세하게 기술된다.
> • 전형적인 상호작용 설계 시나리오는 하나의 사용자 스토리보다 훨씬 광범위하다.
> • 하나의 시나리오는 여러 유스케이스로 구성될 수 있고, 하나의 유스케이스는 다시 많은 사용자 스토리로 구성될 수 있다.

① 사용자 스토리 구성

ⓐ 서술 : 스토리는 서술 형태로 기록된다.

ⓑ 대화 : 스토리는 대화를 통해 세부사항을 구체화한다.

ⓒ 테스트 : 스토리는 테스트를 통해 세부사항을 문서화하고 전달하며 스토리의 완료 여부를 판단한다.

즉, 다음과 같이 기술하면 된다.

> [고객/사용자]는 [목적/목표]를 위해 [필요/요구]를 원한다.

② 사용자 스토리를 사용하는 이유

ⓐ 고객의 니즈를 중심으로 서비스 제작

고객의 니즈가 반영된 형태로 할 일들이 정리되기 때문에 처음부터 끝까지 사용자의 니즈를 중심으로 개발할 수 있다.

ⓛ 자연스러운 성장

사용자 스토리를 작성하다 보면 미처 생각하지 못했던 부분들이 눈에 들어오게 되면서 더 많은 정리가 가능하다.

ⓒ 효율적인 의사소통

보고를 위한 기획안을 만들지 않고 설정한 사용자 스토리를 기반으로 자주 소통하고 단계마다의 결과를 바로 공유하고 피드백하여 빠르고 효율적으로 일을 진행할 수 있다.

사용자 스토리는 명확한 조건과 틀이 정해져 있는 것 같지 않고 대강의 방법들만 있는 것 같다. 즉, 사용자에게 필요한 기능을 중심으로 먼저 스토리를 기술하고 스토리마다 세부사항을 문서화하는 것이다.

3 Use-case 사용자 스토리 중요 ★★★

(1) Use-case의 작성절차

① 문제 설명서 작성

액터가 해당 Use-case의 목적을 달성하기 위하여 시스템과 상호작용하는 과정을 구체적으로 기술한 것으로 Use-case 다이어그램에 있는 각 Use-case에 대해 Use-case를 작성해야 한다.

유스케이스명	액터가 시스템을 통해 달성할 목적을 명확하게 하나의 문장으로 표현한다.
액터명	실제 사람의 이름이나 시스템의 이름을 사용하지 않고 시스템에서 수행하는 역할이름을 사용한다.
개요	유스케이스를 수행하는 개요를 기술한다.
사전조건	유스케이스의 기본 흐름이 올바르게 동작되기 위하여 사전에 충족되어야 하는 조건을 기술한다.
사후조건	유스케이스가 실행된 후에 만족해야 하는 조건을 기술한다.
기본흐름	시스템과 액터 사이에 목적을 달성하기 위한 기본적인 상호작용 흐름을 기술한다. 기본흐름을 수행할 때에는 어떠한 오류나 예외가 발생하지 않고 모든 것이 완전하게 수행되는 것을 전제로 한다. 기본흐름의 첫 번째 단계에서는 해당 유스케이스를 시작하는 사건을 기술한다. 이를 트리거(trigger)라고 한다.
대체흐름	기본흐름으로부터 경우에 따라 선택적으로 실행되고 다시 기본흐름으로 돌아오는 흐름이나 오류, 예외가 발생한 경우에 이를 처리하는 흐름을 기술한다.

② **액터 식별**

해당 Use-case를 사용하는 업무 담당자를 식별한다.

> 📁 **액터를 식별하기 위한 질문**
> - 누가 정보를 제공하고, 사용하고, 삭제하는가?
> - 누가 또는 어떤 조직에서 개발될 시스템을 사용할 것인가?
> - 누가 요구사항에 대해 관심을 가지고, 시스템이 만들어낸 결과에 관심이 있는가?
> - 누가 시스템이 잘 운영될 수 있도록 유지보수 및 관리를 하는가?
> - 개발될 시스템과 상호작용하는 하드웨어나 소프트웨어 시스템은 무엇인가?

③ **Use-case 도출**

업무 시나리오 기반으로 시스템이 액터에게 제공해야 하는 기능을 식별한다.

> 📁 **Use-case를 식별하기 위한 질문**
> - 액터가 원하는 시스템 제공 기능은 무엇인가?
> - 액터는 시스템에서 어떤 정보를 생성, 수정, 조회, 삭제하고 싶어 하는가?
> - 모든 기능 요구사항들을 만족할 수 있도록 Use-case가 모두 식별되었는가?

④ **액터 관계 도출**

⊙ 액터와 액터 간의 일반화 관계를 도출한다.
ⓒ 액터와 Use-case 간의 관계를 연결한다.
ⓒ Use-case와 액터의 연결에 따라 액터의 권한이 정해진다.

⑤ **Use-case 관계 도출**

Use-case 명세서 작업 또는 업무 요건 상세화를 통해 크게 묶인 Use-case를 분리 및 작게 세분화된 Use-case를 통합한다.

> 📁 **관계를 식별하기 위한 질문**
> - 연관 관계 : 액터와 Use-case 간에 상호작용이 존재하는가?
> - 포함 관계 : Use-case를 실행하기 위하여 반드시 실행되어야 하는 Use-case가 존재하는가?
> - 확장 관계 : Use-case를 실행함으로써 선택적으로 실행되는 Use-case가 존재하는가?
> - 일반화 관계 : 액터 또는 Use-case가 구체화된 다른 액터 또는 Use-case를 가지고 있는가?

> 📁 **명세서 작성 시 포함 내용**
> - Use-case 이름
> - Use-case를 수행하는 행위자
> - Use-case 내용
> - 선행 및 후행조건
> - 이벤트흐름(기본흐름, 제어흐름, 대안흐름)

(2) 예시

① 문제 설명서

> 알림 기능은 과제제출 시스템을 통해 학생들에게 제공한다. 각 수업 알림 사항(수업별 공지사항,
> 수업 자료 업로드 및 수정, 신규 과제 등록, 과제제출 임박)이 발생할 시 해당 수업의 수강생들에
> 게 SMS를 통해 공지한다.

② 액터 도출 및 식별

ㄱ 수강생
ㄴ 과제제출 시스템

③ Use-case 도출

기능 범주	사용자	기능
알림 기능	수강생 과제제출 시스템	과목 공지사항 알림
		수업자료 등록 및 수정 알림
		신규 과제 정보 알림
		• 과제제출 마감 알림 • 과제제출 마감일자 초과 알림

④ Use-case 관계 도출

> • Use-case명 : 수업자료 등록 및 수정 알림
> • 액터명 : 수강생, 과제제출 시스템
> • Use-case 개요 및 설명
>   – 과제제출 시스템이 강의실 강의 목록 게시판에 신규 게시물이 등록될 경우, 과제제출 시스템
>   에 등록된 수강생 계정의 휴대전화로 해당 내용을 SMS로 발송
>   – 동일한 주차에 속하는 게시물들은 개별 알림이 아닌 1회만 알림
>   – 게시물이 수정될 경우, 각 수정 사항에 대해서는 개별 알림
> • 제반 조건
>   강의 자료가 업로드되는 게시판은 여타 게시판이 아닌 강의 목록 게시판에 한해야 한다.

⑤ Use-case 다이어그램

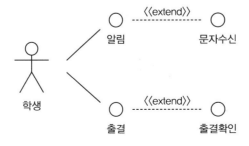

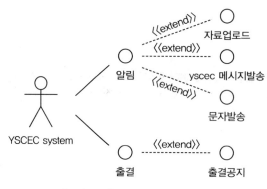

[그림 5-12] Use-case 다이어그램

4 분석 객체 모델 중요 ★★

(1) 개요

① 정보 모델링이라고도 하며 시스템에서 요구되는 객체를 찾아내어 객체들의 특성과 객체들 사이의 관계를 규명한다.

② 응용 도메인을 설명하는 개념모델로서 클래스 다이어그램으로 표현한다.

③ 사용자 관점에서 시스템을 표현한다.
다루어야 하는 개별 개념들과 그들 간의 관계를 표현한다. 개념은 클래스로 표현되며 속성과 오퍼레이션을 갖는다.

④ 객체의 종류를 구분하기 위하여 스테레오 타입을 사용하거나 이름에 접미사를 사용한다.

(2) 사용자 관점에서 시스템을 표현

① 다루어야 하는 개별 개념들로 그들 간의 관계를 표현

② 개념은 클래스로 표현되며 속성과 오퍼레이션을 가짐

(3) 엔티티/경계/제어 객체

객체의 유형을 구분함으로써 작고 특화된 객체를 만들게 되고 변경이 용이해진다.

① **엔티티 객체** : 정보 자체이다.

② **경계 객체** : 액터와 연결된 시스템 인터페이스이다.

③ **제어 객체** : Use-case의 기능을 표현한다.

(4) 객체의 종류를 구분하여 표기하는 방법

① 스테레오 타입을 사용하여 메타 정보를 추가(⟪boundary⟫, ⟪control⟫, ⟪entity⟫)

② 이름에 접미사를 사용(Resource는 엔티티 객체, LoanForm은 경계 객체, LoanControl은 제어 객체)

⟪boundary⟫ LoanForm	⟪control⟫ LoanControl	⟪entity⟫ Resource
+enterCustomerID( ) +enterResourceID( ) +approveLoan	+getCustomerInfo( ) +getResourceInfo( ) +commitLoan( )	−ISBN −title −author
		+setLoanInfo( )

5 동적 모델 중요 ★★

(1) 개요

① 객체 모델링에서 규명된 객체들의 행위와 객체들의 상태를 포함하는 라이프 사이클을 보여준다.

② 개념 모델을 확장하여 액터와 시스템의 상호작용을 표현하는 것으로 시퀀스 다이어그램, 상태 머신 다이어그램으로 표현한다.

③ 시퀀스 다이어그램

   ㉠ 단일 Use-case에서 객체들의 상호작용을 표현한다.

   ㉡ 개별 클래스에 책임을 할당한다.

   ㉢ 하나의 클래스는 소스 코드상에서 하나 이상의 구현 클래스에 대응된다.

④ 상태 머신 다이어그램

   ㉠ 단일 객체 관점에서 시스템의 행위를 표현한다.

   ㉡ 긴 생명주기와 상태 종속적 행위를 하는 객체들만을 고려하는 것이 좋다.

   ㉢ 대개 제어 객체를 대상으로 작성한다.

   ㉣ 작성 과정에서 객체의 행위를 정형화하며 빠뜨린 오퍼레이션을 발견할 수 있다.

(2) 다이어그램(Diagram)

Things와 Relationships를 모아 그림으로 표현한 것이다.

① 시퀀스 다이어그램(Sequence Diagram)

   ㉠ 인스턴스 간의 상호작용을 구조 중심으로 표현한다.

   ㉡ 객체와 객체 간의 관계와 객체들 간의 주고받는 메시지 교환을 나타낸다.

   ㉢ 콜라보레이션 다이어그램과 유사하지만 시퀀스 다이어그램은 객체들 사이의 주고받는 메시지의 순서를 강조한 다이어그램이다.

② **상태 다이어그램(State Chart Diagram)**

사건에 따라 순차적으로 발생하는 한 객체의 상태변화를 표현한다. 시스템의 실행 시 객체의 상태는 메시지를 주고받음으로써 또한 어떠한 이벤트를 받음으로써 많은 변화가 있을 수 있다. 실제 시스템에서 실행할 때 많은 객체가 생성되고 소멸된다. 이렇게 많은 객체의 상태 전부를 모두 다이어그램으로 나타내는 것은 불가능하다. 상태 다이어그램은 객체에 관하여 특정 조건에 만족하는 기간 동안의 상태를 표시하여야 한다.

O×로 점검하자

※ 다음 지문의 내용이 맞으면 O, 틀리면 ×를 체크하시오. [1 ~ 22]

01 요구사항 분석(requirements analysis)은 사용자가 요구하는 것을 파악하고 그 문제를 해결하려고 하는 과정을 말한다. (   )

>>>O 요구사항 분석(requirements analysis)은 사용자가 요구하는 것을 파악하고 그 문제를 해결하려고 하는 과정을 말한다. 요구사항 분석은 무언가를 개발하기 전 계획을 세우고 문제에 대해서 파악하는 것을 말하며, 소프트웨어를 개발하기 위해서 발주자나 요구자가 요구하는 사항들을 문서화하는 과정이다.

02 기능적 요구사항은 제품의 품질기준 등을 만족하기 위해 소프트웨어가 가져야 할 성능, 사용의 용이성, 신뢰도, 보안성 등의 특성이다. (   )

>>>O 비기능적 요구사항은 제품의 품질기준 등을 만족하기 위해 소프트웨어가 가져야 할 성능, 사용의 용이성, 신뢰도, 보안성 등의 특성이다. 기능적 요구사항은 소프트웨어가 가져야 할 기능적 속성을 의미한다.

03 요구사항 개발 단계에서는 요구사항 추출, 요구사항 분석, 요구사항 명세화 및 요구사항 검증 활동을 수행한다. (   )

>>>O 요구 공학은 크게 요구사항 개발과 요구사항 관리 단계로 구분된다. 요구사항 개발 단계에서는 요구사항 추출, 요구사항 분석, 요구사항 명세화 및 요구사항 검증 활동을 수행한다.
요구사항 관리 단계에서는 요구사항 협상, 요구사항 기준선 설정, 요구사항 변경 관리 및 요구사항 검증 활동을 수행한다.

04 요구 공학 프로세스는 '요구사항 분석 → 요구사항 수집 · 추출 → 요구사항 명세 → 요구사항 검증' 순서이다. (   )

>>>O 요구 공학 프로세스 순서는 '요구사항 수집 · 추출 → 요구사항 분석 → 요구사항 명세 → 요구사항 검증'이다.

05 구조적 분석 방법론의 분석 도구로는 자료 흐름도(DFD, Data Flow Diagram), 자료 사전(DD, Data Dictionary), 소단위 명세서(mini spec), 객체 관계도, 상태 전이도 등이 있다. (   )

>>>O 구조적 분석 방법론은 데이터 흐름과 처리를 중심으로 사용자의 요구사항을 분석하는 방법이며, 분석 도구로는 자료 흐름도(DFD, Data Flow Diagram), 자료 사전(DD, Data Dictionary), 소단위 명세서(Mini Spec), 객체 관계도, 상태 전이도 등이 있다.

06 추상화는 연구 또는 개발 대상 시스템의 성능 분석이나 동작 과정 등을 알아보기 위하여 간단한 물리적 모형, 도해를 만들거나 그 시스템의 특징을 수학적으로 표현하는 과정이다. (   )

>>>O 모델링은 연구 또는 개발 대상 시스템의 성능 분석이나 동작 과정 등을 알아보기 위하여 간단한 물리적 모형, 도해를 만들거나 그 시스템의 특징을 수학적으로 표현하는 과정이다.

정답 1 O   2 ×   3 O   4 ×   5 O   6 ×

07 소프트웨어 시스템의 3가지 관점은 기능 관점, 동적 관점, 물리적 관점이다. (   )

>>>○ 소프트웨어 시스템 3가지 관점은 기능 관점, 동적 관점, 데이터 관점이다.

08 모델링의 기본 요소로는 표현, 규약, 규칙이 있다. (   )

>>>○ 모델링의 기본 요소로는 표현, 규약, 상술이 있다.

09 개체는 데이터 객체의 특성, 성질을 의미한다. (   )

>>>○ 개체는 소프트웨어에 의해 인식되는 여러 종류의 자료를 의미하고, 속성은 데이터 객체의 특성, 성질을 의미하며, 개체를 구성하는 항목이다.

10 동적 모델링은 시스템이 어떠한 기능을 수행하는가의 관점에서 시스템을 기술한다. (   )

>>>○ 기능 모델링(function modeling)은 시스템이 어떠한 기능을 수행하는가의 관점에서 시스템을 기술한다.

11 자료 흐름도(DFD, Data Flow Diagram)는 사람이나 조직의 관점이 아닌 자료의 관점에서 상황을 표현한다. (   )

>>>○ 자료 흐름도(DFD, Data Flow Diagram)는 사람이나 조직의 관점이 아닌 자료의 관점에서 상황을 표현한다. 즉, 시스템의 동작 상태를 데이터 처리기의 관점이 아닌 데이터 관점에서 표현한다.

12 배경도는 분석하고자 하는 시스템과 외부 세계와의 접속 관계를 식별하기 위한 것으로 시스템 분석의 범위를 결정한다. (   )

>>>○ 배경도는 분석하고자 하는 시스템과 외부 세계와의 접속 관계를 식별하기 위한 것으로 시스템 분석의 범위를 결정한다.

13 행위 모델링은 시간의 변화에 따른 시스템의 동작과 제어에 초점을 맞추어 시스템의 상태(state)와 상태를 변화하게 하는 원인들을 묘사하는 것이다. (   )

>>>○ 행위 모델링은 시간의 변화에 따른 시스템의 동작과 제어에 초점을 맞추어 시스템의 상태(state)와 상태를 변화하게 하는 원인들을 묘사하는 것이다. 많이 사용되는 동적 모델링 도구로는 상태 전이도(STD, State Transition Diagram)와 사건 추적도(Event Trace Diagram) 등이 있다.

14 배경도는 시스템에 어떤 일이 발생할 경우 시스템의 상태와 상태의 변화를 모델링하는 것으로 배경도를 통해 개발자는 시스템의 행위를 정의할 수 있다. (   )

>>>○ 상태 전이도(STD, State Transition Diagram)는 시스템에 어떤 일이 발생할 경우 시스템의 상태와 상태의 변화를 모델링하는 것으로 상태 전이도를 통해 개발자는 시스템의 행위를 정의할 수 있다.

정답 **7** X **8** X **9** X **10** X **11** ○ **12** ○ **13** ○ **14** X

15   제어 명세서는 자료 흐름도에 있는 자료를 더 자세히 정의하고 기록한 것이다. (   )

>>>🔍 자료 사전(DD, Data Dictionary)은 자료 흐름도에 있는 자료를 더 자세히 정의하고 기록한 것이다. 프로세스 명세는 자료 흐름도상의 최하위 처리 절차를 상세하게 기술하는 데 사용하는 도구이다.

16   실시간 소프트웨어 개발 시 NS-chart, 흐름도(Flow chart)를 이용한다. (   )

>>>🔍 실시간 소프트웨어 개발 시에는 상태 전이도, 상태 전이표를 이용한다. 구조적 프로그래밍 설계 시에는 NS-chart, 흐름도(Flow chart)를 이용한다.

17   의사결정표(decision table)는 처리 내용을 설명하기 위한 표 구조로, 조건 항목, 조건 기입란, 행동 항목, 행동 기입란, 규칙란으로 구성된다. (   )

>>>🔍 의사결정표(decision table)는 처리 내용을 설명하기 위한 표 구조로, 조건 항목, 조건 기입란, 행동 항목, 행동 기입란, 규칙란으로 구성되어 있다. 주로 복잡한 조건이 있는 경우에 사용한다.

18   요구 분석 명세화 평가 기준에서 일관성이란 요구 분석서를 모호한 점이 없도록 간결하고 명쾌하게 써야 한다는 기준이다. (   )

>>>🔍 요구 분석 명세화 평가 기준에서 명확성(unambiguous)은 요구 분석서는 모호한 점이 없도록 간결하고 명쾌하게 써야 한다는 기준이고, 일관성(consistency)은 요구 분석서 안에 서로 모순되는 부분이 없어야 한다는 기준이다.

19   요구 분석 명세화 평가 기준에서 검증가능성(verifiableness)이란 요구 분석이 사용자의 요구 분석을 만족시키고 있는지, 개발된 시스템이 요구 분석에 기술된 내용과 일치하는지 검증할 수 있어야 한다는 기준이다. (   )

>>>🔍 검증가능성(verifiableness)이란 요구 분석이 사용자의 요구 분석을 만족시키고 있는지, 개발된 시스템이 요구 분석에 기술된 내용과 일치하는지 검증할 수 있어야 한다는 기준이다.

20   요구사항 관리 단계는 요구사항 협상, 요구사항 기준선 설정, 요구사항 변경 관리 및 요구사항 검증 활동을 수행한다. (   )

>>>🔍 요구 공학은 크게 요구사항 개발과 요구사항 관리 단계로 구분된다. 요구사항 관리 단계는 요구사항 협상, 요구사항 기준선 설정, 요구사항 변경 관리 및 요구사항 검증 활동을 수행한다. 소프트웨어 품질 프로세스 모델로 활용되고 있다.

21   요구사항 검증 방법은 요구사항 검토, 프로토타이핑, Test-Case Generation이다. (   )

>>>🔍 요구사항 검증 방법은 요구사항 검토, 프로토타이핑, Test-Case Generation이다.

정답 **15** ✕ **16** ✕ **17** ○ **18** ✕ **19** ○ **20** ○ **21** ○

안심Touch

22 모델링의 개발방법론 중 구조적 방법론은 DFD(Data Flow Diagram), DD(Data Dictionary), 프로세스 명세서, ERD(Entity Relationship Diagram)이다. (　　　)

- 구조적 방법론 : DFD(Data Flow Diagram), DD(Data Dictionary), 프로세스 명세서
- 정보공학 방법론 : ERD(Entity Relationship Diagram)
- 객체지향 방법론 : UML(Unified Modeling Language) 표기법

실제예상문제

01 요구사항 검증(Requirements Validation)과 관련된 설명으로 틀린 것은?

① 요구사항이 고객이 정말 원하는 시스템을 제대로 정의하고 있는지 점검하는 과정이다.

② 개발 완료 이후에 문제점이 발견될 경우 막대한 재작업 비용이 들 수 있기 때문에 요구사항 검증은 매우 중요하다.

③ 요구사항이 실제 요구를 반영하는지, 문서상의 요구사항은 서로 상충되지 않는지 등을 점검한다.

④ 요구사항 검증 과정을 통해 모든 요구사항 문제를 발견할 수 있다.

01 Requirements Validation(요구사항 검증)
• 실제로 고객이 원하는 바를 정의했는지를 보이는 것이다.
• 검증이 중요한 이유는 시스템을 개발하거나, 시스템이 운영 중일 경우에 발견되면 방대한 재작업 비용이 발생하기 때문이다.
• 시스템을 변경하여 요구사항 문제를 수정하는 비용은 설계 및 코딩 오류에 비하여 비용이 많이 소요된다(시스템 설계 및 구현을 변경하고, 다시 테스트해야 하기 때문).

02 요구 분석(Requirement Analysis)에 대한 설명으로 틀린 것은?

① 요구 분석은 소프트웨어 개발의 실제적인 첫 단계로 사용자의 요구에 대해 이해하는 단계라 할 수 있다.

② 요구 추출은 프로젝트 계획 단계에 정의한 문제의 범위 안에 있는 사용자의 요구를 찾는 단계이다.

③ 도메인 분석은 요구에 대한 정보를 수집하고 배경을 분석하여 이를 토대로 모델링을 하게 된다.

④ 기능적 요구에서 시스템 구축에 대한 성능, 보안, 품질, 안정 등에 대한 요구사항을 도출한다.

02 • 기능적 요구사항
 – 시스템이 수행해야 하는 행위들을 구체화한 것
 – 시스템에서 제공해야 할 기능을 정의한 것
 – 입력 기능, 출력 기능, 데이터베이스 기능, 통신 기능 등
• 비기능적 요구사항
 – 시스템이 가져야 하는 기능 이외의 요구사항
 – 시스템의 전체적인 품질이나 고려해야 하는 제약사항 등
 – 사용 용이성, 효율성, 신뢰성, 이식성, 유연성, 확장성 등
 – 성능 측면 : 응답 속도, 자원 사용량 등
 – 보안 측면 : 침입 대응, 침입 탐지, 사용자 인증, 권한 부여 등

정답 01 ④ 02 ④

안심Touch

03 DFD의 구성요소는 Process, Data Flow, Data Store, Terminator이다.

03 자료 흐름도(DFD)의 구성요소에 포함되지 <u>않는</u> 것은?

① Process
② Data Flow
③ Data Store
④ Data Dictionary

04 Data Store(자료 저장소)는 직선(단선/이중선)으로 표기한다.

04 자료 흐름도(DFD)의 각 요소별 표기 형태의 연결이 옳지 <u>않은</u> 것은?

① Process : 원
② Data Flow : 화살표
③ Data Store : 삼각형
④ Terminator : 사각형

05 단말(Terminator)은 사각형으로 표기한다.

05 DFD(Data Flow Diagram)에 대한 설명으로 거리가 <u>먼</u> 것은?

① 단말(Terminator)은 원으로 표기한다.
② 구조적 분석 기법에 이용된다.
③ 자료 흐름과 기능을 자세히 표현하기 위해 단계적으로 세분화된다.
④ 자료 흐름 그래프 또는 버블(Bubble) 차트라고도 한다.

정답 03 ④ 04 ③ 05 ①

06 자료 사전에서 자료의 생략을 의미하는 기호는?

① { }
② **
③ =
④ ( )

06 생략은 ( )로 표현한다.

07 구조적 분석에서 자료 사전(Data Dictionary) 작성 시 고려할 사항으로 옳지 <u>않은</u> 것은?

① 갱신하기 쉬워야 한다.
② 이름이 중복되어야 한다.
③ 이름으로 정의를 쉽게 찾을 수 있어야 한다.
④ 정의하는 방식이 명확해야 한다.

07 중복되지 않는 이름을 작성하는 것이 원칙이다.

08 소프트웨어 공학에서 모델링(modeling)과 관련된 설명으로 틀린 것은?

① 개발팀이 응용문제를 이해하는 데 도움을 줄 수 있다.
② 유지보수 단계에서만 모델링 기법을 활용한다.
③ 개발될 시스템에 대하여 여러 분야의 엔지니어들이 공통된 개념을 공유하는 데 도움을 준다.
④ 절차적인 프로그램을 위한 자료 흐름도는 프로세스 위주의 모델링 방법이다.

08 모델링은 초반에 하는 것이고 유지보수는 마지막 단계에 하는 것이다.

정답 06 ④ 07 ② 08 ②

09 한 사물의 명세가 바뀌면 다른 사물에 영향을 주는 관계는 의존 관계(Dependency Relationship)이다.

09 UML 모델에서 한 사물의 명세가 바뀌면 다른 사물에 영향을 주며, 일반적으로 한 클래스가 다른 클래스를 오퍼레이션의 매개변수로 사용하는 경우에 나타나는 관계는?

① Association
② Dependency
③ Realization
④ Generalization

10 ② 액터는 시스템 외부에서 시스템과 상호작용하는 사람 혹은 시스템을 말한다.
① 유스케이스 다이어그램은 사용자의 요구를 추출하고 분석하기 위해 주로 사용한다.
③ 사용자 액터는 기능을 요구하는 대상이나 시스템의 수행결과를 통보받는 사용자 혹은 기능을 사용하게 될 대상으로, 시스템이 제공해야 하는 기능인 유스케이스의 권한을 가지는 대상, 역할을 나타낸다.
④ 연동의 개념은 개방적으로 데이터를 파일이나 정해진 형식으로 넘겨주는 것을 의미한다.

10 유스케이스(Use-case)에 대한 설명으로 옳은 것은?

① 유스케이스 다이어그램은 개발자의 요구를 추출하고 분석하기 위해 주로 사용한다.
② 액터는 대상 시스템과 상호작용하는 사람이나 다른 시스템에 의한 역할이다.
③ 사용자 액터는 본 시스템과 데이터를 주고받는 연동 시스템을 의미한다.
④ 연동의 개념은 일방적으로 데이터를 파일이나 정해진 형식으로 넘겨주는 것을 의미한다.

11 사용자의 요구는 예외가 많아 열거와 구조화가 어렵다.

11 다음 중 요구사항 분석이 어려운 이유가 아닌 것은?

① 개발자와 사용자 간의 지식이나 표현의 차이가 커서 상호 이해가 쉽지 않다.
② 사용자의 요구는 예외가 거의 없어 열거와 구조화가 어렵지 않다.
③ 사용자의 요구사항이 모호하고 불명확하다.
④ 소프트웨어 개발 과정 중에 요구사항이 계속 변할 수 있다.

정답 09 ② 10 ② 11 ②

12 다음 설명에 해당하는 시스템으로 옳은 것은?

> 시스템 인터페이스를 구성하는 시스템으로, 연계할 데이터를 데이터베이스와 애플리케이션으로부터 연계 테이블 또는 파일 형태로 생성하여 송신하는 시스템이다.

① 연계 서버
② 중계 서버
③ 송신 시스템
④ 수신 시스템

12 **연계시스템 구성**
• 송신 시스템
연계할 데이터를 DB와 애플리케이션으로부터 연계테이블 또는 파일 형태로 생성하여 송신
• 수신 시스템
수신한 연계테이블, 파일 데이터를 수신시스템에서 관리하는 데이터 형식에 맞게 변환하여 DB에 저장하거나 애플리케이션에서 활용할 수 있도록 제공
• 중계 서버
송/수신 시스템 사이에서 데이터를 송수신하고, 연계데이터의 송수신 현황을 모니터링함, 연계데이터의 보안 강화 및 다중플랫폼 지원 등이 가능

13 CASE(Computer-Aided Software Engineering)의 원천 기술이 <u>아닌</u> 것은?

① 구조적 기법
② 프로토타이핑 기술
③ 정보 저장소 기술
④ 일괄처리 기술

13 CASE의 원천 기술에는 구조적 기법, 프로토타이핑 기술, 자동프로그래밍 기술, 정보 저장소 기술, 분산처리 기술이 있다.

14 UML 다이어그램이 <u>아닌</u> 것은?

① 액티비티 다이어그램(Activity diagram)
② 절차 다이어그램(Procedural diagram)
③ 클래스 다이어그램(Class diagram)
④ 시퀀스 다이어그램(Sequence diagram)

14 UML 다이어그램의 종류는 다음과 같다.
• Activity 다이어그램 : 업무의 흐름을 모델링하거나 객체의 생명주기를 표현
• Sequence 다이어그램 : 객체 간의 메시지 전달을 시간적 흐름에서 분석
• Deployment 다이어그램 : 기업 환경의 구성과 컴포넌트들 간의 관계를 표현
• Collaboration 다이어그램 : 객체와 객체가 주고받는 메시지 중심으로 작성하며, 동적 다이어그램
• Component 다이어그램 : 소프트웨어 구조를 표현
• Class 다이어그램 : 시스템의 구조적인 모습을 표현

정답 12 ③ 13 ④ 14 ②

15 요구사항 관리 도구에는 요구사항 변경으로 인한 비용 편익 분석, 요구사항 변경의 추적, 요구사항 변경에 따른 영향 평가가 있다. 그러나 기존 시스템과 신규 시스템의 성능 비교는 개발, 설계 등 구현 단계이다.

15 다음 중 요구사항 관리 도구의 필요성으로 옳지 않은 것은?

① 요구사항 변경으로 인한 비용 편익 분석
② 기존 시스템과 신규 시스템의 성능 비교
③ 요구사항 변경의 추적
④ 요구사항 변경에 따른 영향 평가

16 단계 다이어그램은 물리 화학 등에서 사용하는 다이어그램으로 요구사항 모델링과는 관계가 없다.

16 다음 중 요구사항 모델링에 활용되지 않는 것은?

① 애자일(Agile) 방법
② 유스케이스 다이어그램(Use-Case Diagram)
③ 시컨스 다이어그램(Sequence Diagram)
④ 단계 다이어그램(Phase Diagram)

17 **Use-case 구성요소와의 관계**
• 연관 : Use-Case와 actor의 관계
• 확장 : 기본 Use-Case 수행 시 특별한 조건을 만족할 때 수행할 Use-case
• 포함 : 시스템의 기능이 별도의 기능을 포함
• 일반화 : 하위 Use-Case/action이 상위 Use-Case/actor에게 기능/역할을 상속받음
• 그룹화 : 여러 개의 Use-case를 단순화하는 방법

17 기본 유스케이스 수행 시 특별한 조건을 만족할 때 수행하는 유스케이스는?

① 연관
② 확장
③ 선택
④ 특화

정답 15② 16④ 17②

해설 & 정답　checkpoint

18 데이터 모델에 있어서 ERD(Entity Relationship Diagram)는
　　무엇을 나타내고자 하는가?

　　① 데이터 흐름의 표현
　　② 데이터 구조의 표현
　　③ 데이터 구조들과 그들 간의 관계를 표현
　　④ 데이터 사전을 표현

18 • 데이터 흐름 표현 → 자료 흐름도
　　(DFD)
　• 데이터 구조 표현 → 구조도
　• 데이터 사전을 표현 → 자료 사전
　　(DD)

19 다음 중 분석용 도구로 옳지 않은 것은?

　　① 자료 흐름도
　　② 구조도
　　③ 자료 사전
　　④ 소단위 명세서

19 구조도(structure chart)는 소프트
　웨어 설계를 계층적으로 모델링한
　것을 말한다. 설계의 각 수준, 다른
　수준과의 관계, 전체 설계 구조에서
　의 위치 등을 보여주는 하향식 차트
　이다.

20 다음 중 자료 모형을 위해 ERD를 작성할 때 올바른 순서는?

　　㉠ 기본적인 엔티티와 주요키를 정의하며, 엔티티 사이의 관
　　　계를 정의한다.
　　㉡ 주요키를 포함하여 엔티티의 속성을 모두 찾아낸다.
　　㉢ 1:M 관계를 단순화시키기 위해 속성 엔티티를 추가하며,
　　　연관 관계를 정의하여 M:N 관계를 표현한다.
　　㉣ 각 엔티티를 정규화하고, 누락된 엔티티를 점검하며, 클
　　　래스 구조가 필요한지를 결정한다.

　　① ㉠ - ㉢ - ㉡ - ㉣
　　② ㉠ - ㉡ - ㉣ - ㉢
　　③ ㉡ - ㉠ - ㉢ - ㉣
　　④ ㉠ - ㉡ - ㉢ - ㉣

20 ERD의 순서
　㉡ 주요키를 포함하여 엔티티의 속성
　을 모두 찾아낸다. → ㉠ 기본적인 엔
　티티와 주요키를 정의하고 관계를 설
　정한다. → ㉢ 1:M 관계를 단순화시켜
　속성 엔티티를 추가하고 연관 관계를
　M:N으로 표현한다. → ㉣ 각 엔티티
　를 정규화하고 누락된 부분이 있는지
　다시 한 번 점검하여 결정한다.

정답　18 ③　19 ②　20 ③

21 [문제 하단의 표 참조]

21 다음 중 자료 사전에서 자료의 반복을 의미하는 것은?

① =

② ( )

③ { }

④ [ ]

>>>O

=	정의(is composed of)
+	구성(and, along with)
{}	반복(iteration of)
[]	택일(choose only one of)
()	생략가능(optional)
**	주석(comment)

22 요구사항 분석 기법에는 문서 검토, 설문 조사, 사용자 면접이 있다. 통제 및 보안 분석은 시스템 설계 사항 때 확인해야 할 부분이다.

22 시스템 개발을 위한 첫 단계는 사용자의 요구나 시스템에 대한 분석이라고 할 수 있다. 이 중 사용자의 요구사항 분석을 위해 주로 사용하는 기법이 <u>아닌</u> 것은?

① 현재 사용 중인 각종 문서 검토

② 설문 조사를 통한 의견 수렴

③ 사용자 면접

④ 통제 및 보안 분석

23 • 개체 관계도(ERD, Entitiy Relationship Diagram)는 시스템에서 처리되는 개체와 개체의 구성과 속성, 개체 간의 관계를 표현하여 자료를 모델링한다.
• 자료 사전(DD, Data Dictionary)은 자료 흐름도에 있는 자료를 더 자세히 정의한 것이다.
• 상태 전이도(STD, State Transition Diagram)는 시스템에 어떤 일이 발생할 경우 시스템의 상태와 상태 간의 전이를 모델화하는 것이다.

23 다음 중 세분화된 자료 흐름도에서 최하위 단계 프로세스의 처리 절차를 설명하는 것은?

① ERD

② Mini-spec

③ DD

④ STD

정답 21 ③ 22 ④ 23 ②

24 다음 중 요구사항의 문제점이 <u>아닌</u> 것은?

① 대화의 어려움

② 시스템의 단순화

③ 다양한 요구의 변화

④ 요구 명세서의 어려움

24 요구사항의 문제점
- 대화(의사소통)의 어려움
- 시스템의 복잡도
- 다양한 요구의 변화
- 요구 명세서의 어려움(중복 현상, 모호함, 시험의 어려움)
- 요구 분석에 대한 인식 부족

25 다음 중 기능적 요구사항의 특징이 <u>아닌</u> 것은?

① 기능적 요구는 외부 사용자에게 직접적으로 혜택을 줄 수 있는 시스템 기능이다.

② 시스템이 제공해야 하는 서비스들을 기술하는 것으로서, 시스템이 특정 입력에 어떻게 반응하는지와 시스템이 특정 상황에서 어떻게 행동하는지를 기술한다.

③ 오류 처리 및 제약 조건, 시스템 인터페이스, 품질, 시스템 변경, 자원 관리 대책이 필요하다.

④ 기능적 요구의 항목으로 제기되는 문제들은 사용자의 문제를 해결하기 위한 구현 기술과는 독립적인 사항이어야 한다.

25 기능적 요구사항(Function Requirement)은 소프트웨어가 가져야 할 기능적 속성을 의미하며, 문서 편집 프로그램을 예로 들면 파일 저장, 편집, 보기 기능 등을 포함한다.
비기능적 요구사항(Non-function Requirement)은 제품의 품질 기준 등을 만족하기 위해 소프트웨어가 가져야 할 성능, 사용의 용이성, 신뢰도, 보안성 등의 특성이다. 즉, 시스템의 기능과 관련되지 않는 사항이다. 예를 들면 동시접근으로 인한 시스템 안정화, 외부 침입으로 인한 보안성 등이다.

26 다음 중 설명이 옳지 <u>않은</u> 것은?

① 요구 공학은 서비스와 제약 조건의 기술이 시스템의 요구사항이 되며, 그것을 찾아내어 분석하고 문서화하는 과정이다.

② 요구사항 개발 단계는 요구사항 추출, 요구사항 분석, 요구사항 명세화 및 요구사항 검증으로 이루어진다.

③ 요구사항 개발 단계는 요구사항 협상, 요구사항 기준선 설정, 요구사항 변경 관리 및 요구사항 검증으로 이루어진다.

④ 요구사항 분석 방법론은 소프트웨어의 위기 현상을 극복하기 위한 방법으로 도형 중심의 분석용 도구 작성과 분석 절차를 이용한 사용자 요구사항을 파악하고 문서화하는 체계적인 분석 방법이다.

26 요구사항 관리 단계는 요구사항 협상, 요구사항 기준선 설정, 요구사항 변경 관리 및 요구사항 검증 활동을 수행한다. 소프트웨어 품질 프로세스 모델로 활용되고 있다.

정답 24 ② 25 ③ 26 ③

안심Touch

27 객체지향 방법론의 종류로는 Rumbaugh의 객체 모델링 기술(OMT, Object Modeling Technique), Booch 방법론, UML(Unified Modeling Language)이 있다. DFD(Data Flow Diagram)는 구조적 분석 도구이다.

27 다음 중 객체지향 분석 방법론의 종류가 <u>아닌</u> 것은?

① OMT
② Booch 방법론
③ UML
④ DFD

28

| 단말 : 외부 입·출력 |
| 프로세스 : 처리과정 |
| 데이터 흐름 |
| 데이터 저장소 |

28 다음 중 자료 흐름도의 구성요소에서 자료 출처와 도착지를 나타내는 기호는?

①
②
③
④

29 기본이라는 말은 Yourdon과 DeMarco의 DFD를 의미한다. 초기 데이터 흐름도는 요구사항 분석이 진행되면 점차 상세하게 된다. 즉, 데이터 흐름도의 한 버블(또는 절차)이 상세히 분석되면, 이를 기반으로 더욱 상세하게 요구사항이 분석된 데이터 흐름도를 생성할 수 있다. 이와 같이 데이터 흐름도를 상세화함에 따라 한 레벨씩 새로운 레벨을 형성한다. 버블이란 말은 공기방울 같은 모양을 의미하기 때문에 DFD에서 사용하는 기호 원을 지칭하며, 처리를 뜻한다. 배경도를 단 하나의 원으로 구성할 수는 없다.

29 다음 중 기본 DFD의 특성이라고 볼 수 <u>없는</u> 것은?

① 시스템 내의 모든 자료 흐름은 4가지의 기본 기호로 표시된다.
② 각각의 변환(처리)에 대하여 개별적인 상세화가 가능하다.
③ 변환(처리) 과정이 버블로 표현된다.
④ 배경도는 단 하나의 원으로 구성되어 level 1을 의미한다.

정답 27 ④ 28 ④ 29 ④

30 다음 중 설명이 옳지 <u>않은</u> 것은?

① 개체는 소프트웨어에 의해 인식되는 여러 종류의 자료를 의미한다.

② 속성은 데이터 객체의 특성, 성질을 뜻하며, 개체를 구성하는 항목이다.

③ 관계는 두 개 혹은 그 이상의 엔티티들 간의 의미 있는 연결을 뜻한다.

④ 개체-관계의 차수는 1:N의 관계만 있다.

> **30** 개체-관계의 차수로는 1:1, 1:N, M:N의 관계가 있다.

31 다음 중 소프트웨어 시스템의 3가지 관점이 <u>아닌</u> 것은?

① 표현 관점
② 기능 관점
③ 동적 관점
④ 데이터 관점

> **31** 소프트웨어 시스템의 3가지 관점에는 기능 관점, 동적 관점, 데이터 관점이 있다.

32 다음은 무엇에 관한 설명인가?

> 분석하고자 하는 시스템과 외부 세계와의 접속 관계를 식별하기 위한 것으로 시스템 분석의 범위를 결정한다.

① 상태 전이도
② 자료 흐름도
③ 배경도
④ 데이터 사전

> **32** 상태 전이도는 시스템에 어떤 일이 발생할 경우 시스템의 상태와 상태의 변화를 모델링하는 것이다.
> 자료 흐름도는 사람이나 조직의 관점이 아닌 자료의 관점에서 상황을 표현한다.
> 데이터 사전은 자료 사전(DD, Data Dictionary)이라고도 하며, 자료 흐름도에 있는 자료를 더 자세히 정의하고 기록한 것이다.

정답 30 ④ 31 ① 32 ③

33 프로그램 설계 언어(PDL, Program Design Language)는 의사 코드(Pseudocode)라고도 하며, 고급 프로그램 언어의 제어 구조와 자연 언어를 통합하여 사용할 수 있는 알고리즘 표기 언어이다.

34 Relationship은 개체 간의 상호작용을 의미하며, 마름모로 표현한다.

35 요구 분석 명세화 평가 기준은 무결성, 일관성, 기능성, 명확성, 검증가능성 등이다. 비기능성은 해당하지 않는다.

33 다음 설명 중 옳지 않은 것은?

① 프로그램 설계 언어는 고급 프로그램 언어의 제어 구조와 자연 언어를 통합하여 사용할 수 있는 알고리즘 표기 언어이며 원시 코드이다.
② 의사결정도는 조건 항목 부분과 처리 부분으로 나누어 트리 구조로 표시하여 설명한다.
③ 의사결정표는 처리 내용을 설명하기 위한 표 구조이다.
④ 의사결정표는 조건 항목, 조건 기입란, 행동 항목, 행동 기입란, 규칙란으로 구성된다.

34 다음 중 ERD 모델링 용어에 대한 설명으로 옳지 않은 것은?

① Entity : 여러 종류의 정보를 의미하며, 사각형으로 표현한다.
② Relationship : 개체 간의 상호작용을 의미하며, 육각형으로 표현한다.
③ Attribute : 개체에 관련된 특성을 의미하며, 타원으로 표현한다.
④ Line : 개체의 흐름을 의미하며, 선으로 표현한다.

35 다음 중 요구 분석 명세화 평가 기준이 아닌 것은?

① 일관성
② 명확성
③ 비기능성
④ 중요성

정답 33 ① 34 ② 35 ③

36 다음 설명에 해당하는 요구 분석 명세화 평가 기준은?

> '어떻게'보다 '무엇을'에 관점을 두고 기술해야 한다. '어떻게 문제를 해결하는가?', '어떤 기술을 사용해야 하는가?'는 설계에서 다룰 문제이다.

① 무결성(correctness)
② 일관성(consistency)
③ 검증가능성(verifiableness)
④ 기능성(functionality)

36 ① 무결성(correctness) : 사용자 요구와 명시된 요구 중첩 부분이 정확한 요구사항이다(사용자 리뷰 및 승인 필요).
② 일관성(consistency) : 명세 내용 간의 상호 모순이 없어야 한다.
③ 검증가능성(verifiableness) : 요구사항 내용의 충족 여부와 달성 정도를 확인해야 한다.

37 다음 중 좋은 요구 분석 명세서가 갖추어야 할 특징이 <u>아닌</u> 것은?

① 일정한 격식을 갖추어야 한다.
② 이해가 쉬워야 한다.
③ 최대한의 정보를 포함해야 한다.
④ 설계와 구현에 적용이 가능해야 한다.

37 좋은 요구 분석 명세서가 갖추어야 할 사항
- 일정한 격식을 갖추어야 한다. (formality)
- 작성이 용이한 형태여야 한다. (usability)
- 이해가 쉬워야 한다. (comprehensibility)
- 최소한의 정보만을 포함해야 한다. (minimality)
- 설계와 구현에 적용이 가능해야 한다. (applicability)
- 확장이 가능해야 한다. (extensibility)

38 다음 중 요구사항 검토에 해당하지 <u>않는</u> 것은?

① 검증가능성(Verifiability) : 현실적으로 검증 가능한가?
② 이해가능성(Comprehensibility) : 요구사항들이 잘 이해됐는가?
③ 추적가능성(Traceability) : 요구사항의 출처가 명확한가?
④ 현실성(Reality) : 현실적으로 실행 가능한가?

38 요구사항 검토는 체계적인 매뉴얼을 통한 검토이다.
- 검증가능성(Verifiability) : 현실적으로 검증 가능한가?
- 이해가능성(Comprehensibility) : 요구사항들이 잘 이해됐는가?
- 추적가능성(Traceability) : 요구사항의 출처가 명확한가?(큰 규모의 개발일수록 중요)
- 적응가능성(Adaptability) : 변화되는 요구사항을 잘 받아들일 수 있는가?

정답 36 ④ 37 ③ 38 ④

01 정답

㉠ 요구사항 분석
㉡ 요구사항 검증

해설

요구 공학 프로세스 순서는 '요구사항 수집·추출 → 요구사항 분석 → 요구사항 명세 → 요구사항 검증'이다.

- 요구사항 수집·추출 : 의뢰자가 원하는 요구사항을 수집하는 단계이다.
- 요구사항 분석 : 추출된 고객의 요구사항을 분석 기법을 이용하여 문제점들을 분석하고 식별하는 단계이다.
- 요구사항 명세 : 의뢰자의 요구사항을 수집하여 그 내용을 토대로 개발자들이 볼 수 있도록 문서화해야 한다.
- 요구사항 검증 : 사용자가 요구하는 사항이 요구사항 명세서에 올바르게 기술되었는지 검토하는 단계이다.

02 정답

표현, 규약, 상술

해설

모델링의 3가지 기본 요소는 표현, 규약, 상술이다.

- 표현(representation) : 텍스트가 아닌 시각적인 표현을 의미한다. 도표를 사용하여 표현한 정보는 잘못을 지적하고 고쳐나가기가 쉬우며 시스템을 요소들로 분리시키고 각 요소들 사이의 관계와 상호작용을 나타내기 편리하다.
- 규약(convention) : 시각적인 표현에 대한 설명을 의미한다. 도표에 나타난 기호들에 대한 약속이며 이를 통해 애매모호한 의미가 없어져 여러 사람들이 같은 정보를 인식할 수 있도록 한다.
- 상술(specification) : 시각적인 표현을 텍스트로 확증하는 과정으로 모델링 과정에서 나타난 도표의 구체적인 정의가 필요하다.

✅ 주관식 문제

01 다음 설명에서 괄호 안에 들어갈 용어를 순서대로 쓰시오.

> 요구 공학 프로세서는 '요구사항 수집·추출 → (㉠) → 요구사항 명세 → (㉡)'(으)로 되어 있다.

02 모델링의 기본 요소 3가지를 열거하시오.

03 다음 설명에 해당하는 용어를 쓰시오.

> 시스템에 어떤 일이 발생할 경우 시스템의 상태와 상태의 변화를 모델링하는 것으로 개발자는 시스템의 행위를 정의할 수 있다.

04 소프트웨어 시스템의 3가지 관점을 열거하시오.

03 **정답**
상태 전이도(STD, State Transition Diagram)
해설
상태 전이도(STD, State Transition Diagram)는 시스템에 어떤 일이 발생할 경우 시스템의 상태와 상태의 변화를 모델링하는 것으로 상태 전이도를 통해 개발자는 시스템의 행위를 정의할 수 있다.

04 **정답**
기능 관점, 동적 관점, 데이터 관점
해설
소프트웨어 시스템의 3가지 관점에는 기능 관점, 동적 관점, 데이터 관점이 있다.
• 기능 관점은 시스템이 어떠한 기능을 수행하는가의 관점에서 시스템을 기술한다.
• 동적 관점은 시간의 변화에 따른 시스템의 동작과 제어에 초점을 맞추어 시스템의 상태와 상태를 변하게 하는 원인을 묘사하는 것이다.
• 데이터 관점은 시스템에 필요한 정보를 보여줌으로써 시스템의 정적인 정보구조를 포착하는 데 사용한다.

05 **정답**
㉠ 도메인 사전 작성
㉡ 비즈니스 규칙 정리

해설
도메인 배경의 3가지 단계는 도메인 개념 찾기, 도메인 사전 작성, 비즈니스 규칙 정리이다.

• 도메인 개념은 도메인의 목적, 구조, 동작을 구성하는 객체, 프로세스, 사람, 룰 같은 것들이다.

• 도메인 사전은 도메인 개념을 조직화한 결과물이다.

• 비즈니스 규칙은 업무에서 지키기로 한 규칙이다. 기업이 운영되는 자세한 정책이나 규정, 절차, 가이드라인, 표준의 집합으로 비즈니스 규칙은 이들 중에 포함된 하나의 문장 또는 항목이라 할 수 있다.

05 다음 설명에서 괄호 안에 들어갈 용어를 순서대로 쓰시오.

> 도메인 배경에서 세 가지 단계의 작업은 도메인 개념 찾기, (㉠), (㉡)이다.

제6장

소프트웨어 설계

I wish you the best of luck!

제 6 장 | 소프트웨어 설계

제 1 절 | 소프트웨어 설계의 중요성

1 개요

IEEE-Std-610에서는 소프트웨어 설계란 본격적인 프로그램의 구현에 들어가기 전에 소프트웨어를 구성하는 뼈대를 정의해 구현의 기반을 만드는 것이라고 한다. 소프트웨어 설계는 요구사항 분석 명세서의 기능이 실현되도록 알고리즘이 해당 자료 구조를 문서화하는 것이다. 즉, 요구사항 분석 단계에서 규명된 필수기능을 어떻게 구현할 수 있는가에 대한 방법을 명시하는 것이다. 소프트웨어 설계에서 계획이나 표현은 요구사항을 만족하고 품질이 좋아야 한다. 소프트웨어를 개발하는 데 있어서 전략과 방법만 좋으면 좋은 결과물이 나오는 것이 아니기 때문에 시스템상의 오류가 들어가지 않도록 최대한 걸러주는 것이 최선의 방법이다. 소프트웨어 설계는 좋은 소프트웨어 개발을 위한 핵심 기술 및 품질 평가를 위한 지침이 되어야 한다. 제대로 된 설계가 나오지 않으면 작은 오류 수정에도 시스템 전체가 흔들릴 수 있고 안정적인 유지보수가 어렵다. 소프트웨어 설계는 외부에서 관찰 가능한 행위 명세(요구사항)에 구현을 위한 방법을 명시하고 있다. 소프트웨어 설계는 소프트웨어에 할당되는 서브시스템을 설계하는 과정이다. 설계의 산출물은 요구사항을 어떻게 구현할 것인가를 기술하여 놓은 문서이며 설계 문서(Design Document)라고 한다.

2 좋은 설계의 기준

(1) 좋은 설계는 유지보수하는 사람이 읽기 쉽고 이해하기 쉽도록 객관성 있게 작성해야 하며, 요구사항을 모두 표현해야 한다.

(2) 구현 관점에서는 데이터, 기능, 행위 영역을 설명하는 완전한 그림으로 제공해야 한다.

(3) 독립적인 기능의 특성을 나타내는 모듈로 만들어야 하며, 모듈 간의 접속 관계를 분석하여 복잡도를 감소시켜 인터페이스를 만들어서 제공해야 하고, 중복성을 최소화해야 한다.

(4) 논리적으로 특정한 기능과 부기능을 수행하는 요소들로 분할되어야 하며, 자료와 프로시저에 대한 부분을 구분하여 표현해야 한다.

(5) 소프트웨어 요소들 간에 효과적인 제어를 위해 계층적 구조를 제시해야 한다.

3 소프트웨어 설계 구분 종요★★

소프트웨어 설계는 크게 3가지 관점으로 구분된다.

첫째, 관리자적 관점에는 기본 설계(preliminary design)와 상세 설계(high level design)가 있다. 둘째, 기술적 관점에는 데이터 설계(data design), 구조 설계(architectural design), 절차 설계(procedural design)가 있다. 셋째, 사용자적 관점에는 내부 설계(internal design)와 외부 설계(external design)가 있다.

(1) 관리자적 관점

① 기본 설계는 요구사항 분석 단계에서 생성된 정보를 자료 구조와 소프트웨어 구조로 변경한다.

② 상세 설계는 기본 설계 사항을 구체적인 자료 구조와 알고리즘으로 표현한다.

(2) 기술적 관점

① 데이터 설계는 요구사항 분석 단계에서 생성된 정보를 소프트웨어를 구현하는 데 필요한 자료 구조로 변환하는 것으로, 개체-관계 다이어그램을 이용하여 정의된 개체와 관계, 자료 사전에 정의된 자료의 설명 등이 데이터 설계의 기초가 된다.

② 구조 설계는 프로그램의 구조를 개발하고, 소프트웨어 구성요소들 간의 관계를 정의하는 것이다. 프로그램이 처리하는 기능에 초점을 맞추어 모듈로 분해하고, 프로그램 전반에 걸친 자료의 흐름을 위한 인터페이스를 정의한다.

③ 절차 설계는 소프트웨어를 구성하는 모듈 간의 관계와 프로그램 구조를 정의하는 것으로 자료 흐름도, 자료 명세서, 자료 상태도 등과 모듈의 상호작용이 기초가 된다.

(3) 사용자적 관점

① 내부 설계는 시스템 내부의 조직과 세부적인 절차를 개념화하고 명세화한다.

② 외부 설계는 사용자나 다른 시스템과의 인터페이스 등 시스템 외부의 특성을 명세화한다.

(4) 소프트웨어 설계 모형

데이터 설계 - 아키텍처 설계 - 인터페이스 설계 - 절차 설계

[그림 6-1] 소프트웨어 설계 모형

① **절차 설계** : 프로그램 설계언어(PDL)로 알고리즘을 작성한다(상세 설계). 모듈이 수행할 기능을 절차적 기술로 변환한다.

② **관계 설계** : 모듈 간의 관계를 표현한다(기본 설계).

③ **구조 설계** : 구조도를 작성한다(외부 설계).

④ **데이터 설계** : 요구 분석의 자료 사전을 분석한다. 요구사항을 바탕으로 하여 필요한 자료구조를 설계한다.

제 **2** 절 **설계 프로세스**

설계 프로세스는 설계에 대한 과정이며 소프트웨어를 개발할 때 행하는 일련의 활동들을 통틀어서 말할 수 있다. 요구사항, 설계, 테스트 등의 모든 활동을 말한다.

설계 프로세스의 순서는 '구조 설계 – 추상적인 명세화 – 인터페이스 설계 – 컴포넌트 설계 – 자료 구조 설계 – 알고리즘 설계'와 같은 과정을 거친다. 그러나 설계 과정은 순차적인 단계는 아니다. 어떤 단계에서나 피드백이 나와 이전 단계에 영향을 줄 수 있고 그렇게 되면 재작업이 필요하게 된다. 또한, 각 설계 프로세스의 단계에서 나오는 행위의 결과는 명세서로 나타낸다.

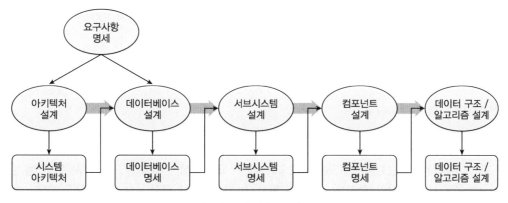

[그림 6-2] 설계 프로세스

(1) 아키텍처 설계

아키텍처 설계(architectural design)는 **프로그램 요소들 간의 관계를 정립**한다. 즉, **프로그램 구조상에 있는 각 구성 요소(모듈)들 사이의 관계**를 기술한다. 아키텍처 설계는 개발 중인 시스템에 대한 아키텍처를 결정하는 의사결정 과정이다. 시스템을 구성할 때 구현은 소프트웨어나 하드웨어 둘 중 하나로 구성하며, 시스템과 외부 시스템을 연결하는 인터페이스를 설계한다.

(2) 데이터베이스 설계

데이터베이스 설계(database design)는 **데이터의 상세한 자료 모형을 만드는 과정이며, 사용자의 다양한 요구사항을 고려하여 데이터베이스를 생성하는 과정**이다. 데이터에 대한 정의 및 구조를 설계하고 문서로 명세화한다. 데이터베이스 설계 순서는 '요구 분석 – 개념적 설계 – 논리적 설계 – 물리적 설계 – 구현' 순으로 구성되어 있다.

① 요구 분석은 데이터베이스의 사용자, 사용 목적, 사용 범위, 제약 조건 등에 대한 내용을 정리하고 명세서를 작성한다.

② 개념적 설계(E-R모델)는 정보를 구조화하기 위해 추상적 개념으로 표현하는 과정으로 개념 스키마 모델링과 트랜잭션 모델링을 병행하고, 요구사항 분석을 통해 DBMS가 독립적인 E-R 다이어그램을 작성한다.

③ 논리적 설계(데이터 모델링)는 자료를 컴퓨터가 이해할 수 있도록 특정 DBMS의 논리적 자료 구조로 변환하는 과정이다. 관계형 데이터베이스인 경우 이 단계에서 테이블을 설계하고, 정규화 과정을 거치게 된다.

④ 물리적 설계(데이터 구조화)는 논리적 구조로 표현된 데이터를 물리적 구조의 데이터로 변환하는 과정이다. 데이터베이스 파일의 저장 구조 및 액세스 경로, 인덱스의 구조와 저장 레코드의 크기, 순서, 접근 경로 등을 결정하며, 반응시간, 공간 활용도, 트랜잭션 처리량을 고려하여 설계를 해야 한다.

⑤ 데이터베이스 구현은 앞선 설계 단계에서 도출된 데이터베이스 스키마를 실제 파일로 생성하는 단계이다. 특정 DBMS에서 데이터베이스 스키마를 생성한 후 데이터를 입력하며, 응용 프로그램에서 사용하기 위한 트랜잭션을 생성한다.

(3) 서브시스템 설계

서브시스템 설계(subsystem design)는 **시스템을 구현하기 위한 시스템을 여러 서브시스템으로 나누는 것**이다. 각 서브시스템이 담당하는 기능과 제약 사항을 명세하고 다른 서브시스템과의 인터페이스를 설계한다.

(4) 컴포넌트 설계

컴포넌트 설계(component design)는 **서브시스템이 수행하는 기능을 여러 컴포넌트에 할당하고, 컴포넌트들의 인터페이스를 설계**한다.

(5) 데이터 구조와 알고리즘 설계

데이터 구조와 알고리즘 설계(data structure & algorithm design)는 **컴포넌트 내부에서 사용되는 데이터 구조와 알고리즘을 상세히 설계**한다.

1 데이터 설계 중요 ★★★

(1) 개요

데이터(Data) 설계는 설계의 첫 번째 작업으로 사용자 요구 분석 단계에서 만들어진 자료 사전을 분석하여 프로그램에 필요한 데이터를 설계하는 과정이며, 개발자의 노력이 가장 많이 드는 단계이다. 이에 비해 절차 설계는 이미 만들어진 설계 문서를 문서화하는 작업이므로 노력이 가장 적게 든다. 자료 구조가 프로그램 구조와 절차적 복잡성에 영향을 주므로 데이터 설계는 소프트웨어 품질에 큰 영향을 미친다. 데이터 설계는 자료 저장소, 자료 접근 로직, 애플리케이션 로직, 프레젠테이션 로직으로 나눈다. 자료 저장소 기능은 자료를 어떻게 보관하면 시스템의 다른 부분이 효과적으로 사용할 수 있는지가 관건이다.

데이터 설계는 데이터베이스 설계이다. 관계형 데이터베이스를 위한 주요 모델링 도구는 엔티티–관계 다이어그램(ER 다이어그램)이다. ER 다이어그램은 관계형 데이터베이스 모델링에서 가장 널리 사용되는 도구이다.

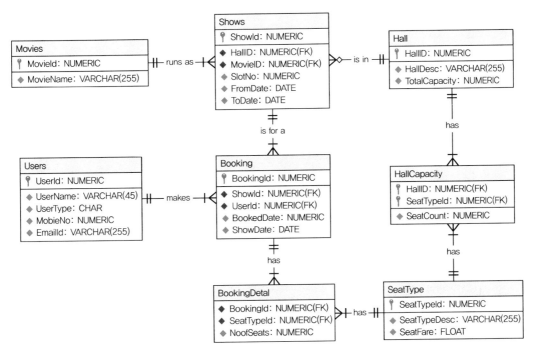

[그림 6-3] ER Diagram of the System

(2) 데이터베이스 설계 단계

① **요구사항 분석** : 데이터 및 처리 요구조건

ⓐ 개념적 설계 : DBMS의 독립적 스키마 설계, 트랜잭션(응용 프로그램) 모델링

ⓑ 논리적 설계 : 목표 DBMS에 맞는 스키마 설계, 트랜잭션 인터페이스 설계

ⓒ 물리적 설계 : 목표 DBMS에 맞는 물리적 구조 설계, 트랜잭션 세부 설계

ⓓ 구현 : 목표 DBMS DDL로 스키마 작성, 트랜잭션 작성

② 데이터 설계 시 요구사항에서 정의된 명세서를 토대로 데이터의 논리적 표현을 선택해야 한다.

③ **데이터 설계 원칙**

ⓐ 기능과 행위에 적용된 체계적 분석 원리들을 데이터에도 적용할 수 있어야 한다.

ⓑ 모든 데이터 구조와 데이터에 대해 수행되는 연산들이 식별되어야 한다.

ⓒ 데이터 사전이 만들어져 데이터와 소프트웨어 설계 모두를 정의하는 데 이용되어야 한다.

ⓓ 저수준의 데이터 설계 결정은 나중 단계에 이루어져야 한다.

ⓔ 데이터 구조는 데이터를 직접 이용하는 모듈 안에서만 표현되어야 한다.

ⓕ 유용한 데이터 구조와 그것에 적용되는 연산의 라이브러리가 개발되어야 한다.

ⓖ 소프트웨어 설계와 프로그래밍 언어는 추상 데이터 형태의 명세와 구현을 지원해야 한다.

2 아키텍처 설계 종요 ★★★

(1) 개요

아키텍처(Architecture) 설계는 **프로그램 구조를 개발하고 소프트웨어 구성요소들 간의 관계를 정의하는 것**이다. 의사결정 과정이면서 동시에 인지적인 과정이며, 시스템의 전반적인 구조와 서브시스템 간의 상호작용을 설계하는 것이다. 어떻게 설계하느냐에 따라 나머지 설계에도 영향을 미친다. 아키텍처 설계는 프로그램과 데이터 구조를 형성하고 프로그램 전반에 걸친 데이터의 흐름을 위한 인터페이스를 가능하게 한다.

(2) 아키텍처 설계를 명세화하는 방법

아키텍처 설계는 시스템 전반에 대해서 가장 큰 소프트웨어 구조인 서브시스템, 패키지, 테스트 등을 명세하며 다음과 같은 항목들을 명세화한다.

① 프로세스 전반
② 서브시스템과 컴포넌트
③ 동시성과 자원 관리
④ 다중 주소 공간에 걸친 분산
⑤ 안전성과 신뢰성 관리
⑥ 하드웨어 요소상의 소프트웨어 배치

(3) 설계 수준

① 서브시스템, 패키지 수준의 설계

서브시스템(sub system)은 **설계 단계에서 솔루션을 포함하여 시스템을 분할한 것**을 말한다. 서브시스템은 개발자 한 사람 또는 단일팀이 다룰 수 있는 작업의 규모가 될 수 있다. 시스템을 독립적인 서브시스템으로 분할하여 여러 명이나 여러 팀이 동시에 각자 맡은 서브시스템을 작업할 수 있다. 복잡한 서브시스템은 다시 한 번 서브시스템으로 분할한다.

ⓐ 클라이언트나 서버 또는 데이터베이스, 비즈니스 룰과 같은 구조적인 요소들을 정하고 이들 사이의 역할과 관계를 잘 정의한다.

ⓑ 아키텍처 설계에는 스타일이 있다.

스타일(style)은 시스템 구성요소들의 일정한 역할과 관계의 유형을 말한다. 예를 들면, 서버와 클라이언트, 파이프라인, 계층 구조 등이 있다. 아키텍처 스타일을 적용하면 공통적인 서브시스템이 서로 다른 시스템에서 계속 나타나며 시스템이 특정한 문제를 해결해 줄 수 있는 틀을 마련할 수 있다.

ⓒ 패키지 다이어그램 요소

패키지 다이어그램은 **클래스나 컴포넌트들을 그룹화시켜서 구조화하는 것**이다. 패키지 간의 의존성을 알아야 하며 C#의 네임스페이스와 유사하다. 패키지 다이어그램에서 사용하는 새로운 관계는 의존 관계이다. 의존 관계는 두 패키지 사이에 존재하는 변경 또는 의존 관계를 나타낸다.

그림요소	이름	설명
package	패키지	• 클래스의 그룹 • 관련된 요소들을 그룹화하여 상위 수준의 요소로 만들어 모델을 단순화함
------------>	의존 관계	• 패키지 사이에 의존을 나타냄 • 패키지에 변경이 가해지면 의존 패키지도 변경이 될 수 있음 • 화살표는 의존하는 패키지에서 의존당하는 패키지로 향함

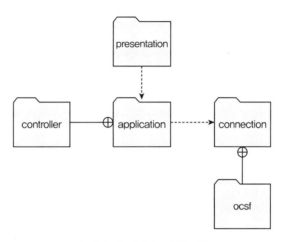

[그림 6-4] 패키지 다이어그램

ㄹ 패키지 다이어그램 그리기
  ⓐ 범위를 정한다.
  ⓑ 공통의 관계를 기반으로 클래스를 묶는다.
  ⓒ 묶은 클래스를 패키지로 모델링한다.
  ⓓ 패키지 사이의 의존 관계를 찾는다.
  ⓔ 패키지 사이의 의존 관계를 표시한다.

② **클래스 수준의 설계**

클래스(class)는 **공통된 데이터들의 집합을 모아놓은 것**을 말한다. 클래스 수준의 설계는 클래스들을 상위, 하위 관계 및 연관 관계 등을 이용하여 집합으로 묶어 수준을 구분하는 설계이다. 객체지향 프로그램의 주된 목적 중 하나는 사람들이 실제로 생각하는 방식과 유사하게 현실 세계의 시스템을 모델링하는 것이다. 데이터와 행위를 서로 상호작용하는 객체 내에 캡슐화한다. 클래스 수준의 설계 작업에는 패턴이 자주 사용된다.

3 프로시저 설계 중요 ★★

프로시저(Procedure) 설계는 데이터 설계, 아키텍처 설계, 인터페이스 설계가 이루어진 후에 수행되는 설계 작업으로 모듈이 수행할 기능을 절차적 기술로 바꾸는 것이다. 소단위 명세서, 상태 전이도의 정보가 절차 설계의 기초가 된다.

제 3 절 설계 원리

1 추상화 중요 ★★★

(1) 정의

추상화(abstraction)는 불필요하고 복잡한 세부적인 내용들을 무시하는 것으로 공통적인 특징들을 추출하여 모아놓은 것이다. 내부의 상세한 내용을 생략하고 외부 행위만을 기술하는 것으로 상세 설계와 구현 작업은 추상화되어 있는 각 모듈의 명세를 구현하는 작업이다. 추상화된 시스템 모델을 통해 시스템을 분석할 수 있다.

추상화는 공통 성질을 추출하여 슈퍼 클래스를 설정하는 것이고 기능 추상화, 데이터 추상화, 제어 추상화로 구분된다. 추상화는 내부의 상세한 내용을 생략하고 외부 행위만을 기술하는 것이며, 상세 설계와 구현 작업은 추상화되어 있는 각 모듈의 명세를 구현하는 것이다. 추상화는 전체적이고 포괄적인 개념을 설계한 후 세분화・구체화시켜 나가는 방법이다.

(2) 종류

① 기능 추상화

기능(function) 추상화는 클래스 내 메소드를 정의하는 것이며, 입력 자료를 출력 자료로 변환하는 과정을 추상화하는 방법이다. 수행하는 기능으로 모듈을 명세화한다. 기능 추상화는 전체를 작은 기능들로 분해하는 것이다(기능 중심의 분할 방법).

② 자료 추상화

자료(data) 추상화는 자료와 자료에 적용될 수 있는 기능을 함께 정의함으로써 자료 객체를 구성하는 방법이다. 자료 추상화는 객체 클래스 자체를 데이터 타입으로 사용하는 경우이다. 자료 추상화는 데이터와 데이터 조작에 필요한 오퍼레이션을 함께 묶으며, 객체의 상세한 구현 내용은 감추어지고 공개된 오퍼레이션만을 사용해야 한다.

③ 제어 추상화

제어(control) 추상화는 제어 행위에 대한 개념화, 명령 및 이벤트를 의미하며 if, for, while 등과 같은 명령어를 통해 구현된다. 제어(control) 추상화는 외부 이벤트에 대한 반응을 추상화하는 것으로 데이터가 입력되면 데이터를 처리하여 원하는 결과를 효과적으로 정할 수 있도록 하는 방법이다. 제어의 정확한 매커니즘을 정의하지 않고 원하는 효과를 정하는 데 이용한다.

2 단계적 정제

단계적 정제(stepwise refinement)는 계층 구조상에서 시스템의 주요 컴포넌트들을 찾고 그것을 낮은 수준의 컴포넌트들로 분해하는 것을 말하며, 메인 모듈의 설계에서 시작하여 단계적으로 구체화시키는 것이다. 단계적 정제는 프로그램을 추상 기계의 계층으로서 재구성하는 것이며, 하향식이라고 한다. 하향식은 시스템 명세가 명확한 경우와 모든 것을 새로 개발하는 작업에 적합하고, 상향식은 기존 컴포넌트들을 조합하여 시스템을 개발하는 경우에 적합하다.

단계적 정제에서는 추상화의 반복에 의해 세분화된다. 소프트웨어 기능에서부터 시작하여 점차적으로 구체화하고, 상세한 내역(알고리즘, 자료 구조)은 가능한 한 뒤로 미루어 가면서 진행한다.

3 모듈화 중요 ★★★

(1) 정의

① **모듈(Module)**

모듈은 서브루틴, 서브시스템, 소프트웨어 내의 프로그램, 작업 단위 등을 의미한다. 독립적으로 처리할 수 있는 구별 단위(Identifiable unit)이며, 하나 이상의 프로시저들을 포함한다. 모듈은 서브시스템(subsystem), 서브루틴(subroutine), 작업 단위(work unit)로서 시스템을 기능 단위로 구분하며 독립적으로 컴파일되고 하나의 입구와 하나의 출구를 가진다.

② **모듈화**

ⓐ 모듈화는 소프트웨어를 모듈 단위로 나누는 것을 의미하며 수행 가능한 명령어를 잘라서 작은 독립 단위로 나누어서 설계하는 것이다.

ⓑ 소프트웨어를 각 기능별로 분할하고 모듈화를 이용하여 설계하면 확장성, 융통성, 경제성 등이 향상된다.

ⓒ 모듈화는 프로그램을 작고 독립적인 단위로 분할하여 개발하는 것으로 변경에 의한 영향을 최소화한다.

ⓓ 모듈의 크기가 작을수록 읽기가 용이해서 구현시간이 적게 소요되며 구현하기도 쉽다.

(2) 특징

코딩(구현), 컴파일, 설계는 독립적으로 수행되고, 실행은 종속적으로 수행된다. 모듈은 다른 모듈을 호출할 수 있고 호출당할 수도 있다. 모듈 호출 시 매개변수를 전달하거나 전달받을 수 있다. 모듈의 기본 라인 수는 100라인 이내가 적당하다. 따로 분리시키기 때문에 모듈을 찾아서 실행하는 시간은 느리다. 다수의 사용자가 이용 가능하며, 매개변수를 통한 값의 전달을 원칙으로 한다.

(3) 장점

모듈은 구성요소들이 기능적으로 독립되어 있어 이해하기 쉽다. 또한 구성요소들을 독립된 단위로 문서화할 수 있다. 모듈은 작고 간단한 문제에 집중할 수 있으며, 테스트와 디버깅 작업이 쉽다. 그리고 재사용도 용이하다. 모듈은 독립적인 기능을 갖는 단위(unit)이므로 다른 것들과 구별할 수 있다.

(4) 모듈의 중요성

모듈은 자료 추상화를 통해 구체적인 내용을 구현한다. 단위별로 분할이 가능하며, 계층적 순서를 가지고 있다. 모듈을 통해 상위 시스템과 하위 시스템을 독립적으로 개발할 수 있고, 하위 시스템은 상위 시스템보다 구체적인 내용을 포함하고 있다.

(5) 모듈의 5가지 평가 기준

① **조립성** : 재사용 가능한 모듈들을 모아서 새로운 소프트웨어를 구현할 수 있다.
② **이해도** : 하나의 모듈을 독립적인 단위로 분할하기 때문에 작은 단위의 모듈은 이해하기 쉽고 또한 수정하기 쉽다.
③ **분해성** : 모든 모듈을 작은 단위로 분할하여 모듈의 복잡성을 줄일 수 있다.
④ **보호성** : 모듈에서 발생하는 문제점을 다른 모듈로 전달하지 않도록 한다.
⑤ **연속성** : 요구사항의 변경으로 인해 모듈을 변경할 때에는 최소한으로 변경해야 한다.

4 캡슐화와 정보은닉 중요 ★★★

(1) 정의

정보은닉(information hiding)은 모듈 내부에 포함된 절차와 자료들의 정보를 숨겨서 다른 모듈이 접근하거나 변경하지 못하도록 하는 기법이다. 모듈 간의 관계성을 최소화시키는 설계 기법으로 소프트웨어의 변경을 용이하게 한다. 객체지향에서 정보은닉은 다른 객체에게 자신의 정보를 숨기고 자신의 연산만을 통하여 접근을 허용하는 것이다.
캡슐화(Encapsulation)는 데이터(속성)와 데이터를 처리하는 함수를 하나로 묶는 것이다. 예를 들어 자판기의 자판 번호를 눌러 커피를 뽑는다. 그 안의 각종 재료는 본인이 직접 섞지 않고 또한 어떻게 섞는지에 대해서도 알 필요가 없다. 이것이 바로 정보은닉이다. 내부 자료에 대한 일관성 유지가 쉽고 객체 간 인터페이스를 활용하여 종속성을 최소화할 수 있다.

(2) 특징

① 정보은닉은 모듈 간의 불필요한 상호작용을 제거하기 위해 최소한의 정보만 보여주고 각 모듈의 자세한 처리 내용은 시스템의 다른 부분으로부터 감추어져 접근되지 않도록 하는 것이다.
② 캡슐화를 통해 모듈의 추상화와 독립성을 향상시킨다. 각 모듈은 다른 모듈과는 독립적으로 설계가 가능하다.

③ 공개 인터페이스를 제공해야 한다. 공개 인터페이스는 객체라는 캡슐에 있는 함수를 가운데 일부로 보고 함수들은 외부 객체와 정보를 주고받기 위한 통로 역할로 사용한다.

(3) 장점

① 추상화를 향상시킨다.

객체의 추상화 정도는 캡슐화와 정보은닉을 통해 이루어진다고 할 수 있다.

② 내부 데이터나 알고리즘의 변경이 용이하다.

기존 절차적 프로그래밍에서는 특정 데이터의 타입을 변경하는 경우에 있어서 해당 프로그램 내에 있는 모든 함수들 가운데 변경되는 데이터와 관련 함수를 모두 최적화해야 하는 어려움이 있었다. 그러나 객체지향에서는 정보은닉 장치가 지원되면 객체 내의 데이터나 함수를 변경할 경우, 타 객체에 영향을 주지 않고 독립적으로 쉽게 변경할 수 있다. 그리고 외부 정보와의 인터페이스를 최소화할 수 있다.

③ 모듈의 독립성을 높인다.

모듈의 독립성은 해당 모듈이 다른 모듈과의 의존도를 가지고 판단하기 때문에 해당 모듈에 대한 변경이 타 모듈에 끼치는 영향도를 가지고 측정하게 된다. 객체지향에서는 해당 객체 내에는 필요한 데이터와 함수들이 함께 존재하게 됨으로써 모듈의 독립성이 존재할 뿐 아니라 정보은닉을 통해 세부적인 데이터나 함수들을 은폐시킴으로써 모듈의 독립성을 한 차원 더 향상시킨다.

④ 확장성을 높여준다.

정보은닉은 객체 단위로 이루어지며, 한 객체에 존재하는 데이터와 함수들에 대해서 하게 된다. 따라서 일부 데이터나 함수들을 특정 객체 속으로 추가하거나 특정 객체 속에서 삭제할 경우, 객체들에 영향을 주지 않고 할 수 있다. 즉, 객체 내의 데이터나 함수의 추가 및 삭제가 용이하기 때문에 정보은닉은 확장성을 높여준다.

5 분할과 정복

어려운 문제를 해결할 때 해결하기 쉬운 일련의 작은 문제로 나누어 해결하는 방법으로 프로그램을 간략화하고 프로그래밍 과정을 세분화시키는 데 사용한다. 분할과 정복 및 계층화의 개념을 결합시켜 모듈화 프로그래밍을 넘어서 구조적 프로그래밍(Structured Programming)의 개념이 탄생하였다.

계층화의 개념(Concept of Hierarchical Ordering) 또는 구조화(Structured Design)는 분할된 여러 개의 작은 독립적인 모듈들을 트리 구조(Tree Stucture) 형식으로 계층적 구조를 이루도록 배열시켜 관리를 쉽게 하자는 원리이다.

(1) 분할과 정복(devide & conquer)

설계의 종류 중 하위 설계(Low-Level Design)가 있다. 하위 설계는 내부 구조를 상세히 나타낸다. 각 모듈의 실제적인 내부를 알고리즘 형태로 표현한다. 인터페이스에 대한 설명, 자료 구조, 변수 등에 대한 상세한 정보를 작성한다. 이때 설계의 원리에는 분할과 정복, 추상화, 단계적 분해, 모듈화, 정보은닉이 있다.

(2) 분할과 정복의 원리

① 하나의 일을 수행할 때 작은 단위로 나눈다.

② 작은 단위를 하나씩 처리하여 전체 일을 끝낸다.

③ 모듈로 나누면 모듈끼리 서로 통신하는 방법이 필요하다.

(3) 분할 형태

① 시스템은 클라이언트와 서버로 분할

② 시스템은 여러 서브시스템으로 분할

③ 서브시스템은 하나 이상의 패키지로 분할

④ 패키지는 여러 클래스로 분할

⑤ 클래스는 여러 메소드로 분할

6 구조적 분할 종요 ★

(1) 정의

구조적 분할은 소프트웨어의 구성요소인 모듈의 계층적 구성을 나타내는 것으로, 제어 계층 구조라고도 한다. 프로그램의 순서, 선택, 반복과 같은 소프트웨어의 절차적인 처리 과정을 나타내지는 않는다. 프로그램 구조는 일반적으로 트리 구조의 다이어그램으로 표기한다(사각형은 모듈을 나타냄). 프로그램 구조는 모듈들의 계층 구조, 모듈의 매개변수, 모듈들 간의 상호 연결 관계를 보여준다. 모듈들은 블랙박스로 표현되며 계층적으로 배열된다. 상위 모듈이 하위 모듈을 호출한다.

(2) 구조도의 구성요소

① 프로그램의 요소들 간의 관계를 계층적으로 표현하며 표현법은 트리 구조와 비슷하다(모듈, 라이브러리 모듈, 데이터 흐름, 제어 흐름, 호출, 선택적 호출, 반복적 호출).

모듈	사각형으로 표현
호출	화살표로 표현
제어 흐름	호출을 나타내는 화살표 옆에 호출을 표현
데이터 흐름	호출을 나타내는 화살표 옆에 표현
라이브러리 모듈	라이브러리 모듈에서 다른 모듈로 호출하는 데 표현
선택적 호출	마름모로 표현
반복적 호출	둥근 화살표로 표현

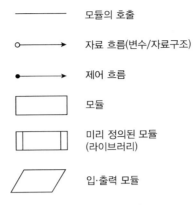

[그림 6-5] 구조도 구성요소

② **프로그램 구조를 측정하고 나타내는 데 사용되는 용어** 중요 ★★

ⓒ 깊이(depth) : 제어 단계의 수

ⓛ 넓이(width) : 제어의 전체적인 폭

ⓒ 팬-아웃(fan-out) : 한 모듈이 직접 불러 제어하는 하위 계층 모듈 수

ⓔ 팬-인(fan-in) : 주어진 모듈을 직접 불러 제어하는 상위 조정 모듈 수

ⓜ 주종적 모듈(Superordinate) : 다른 모듈을 제어(호출)하는 모듈

ⓗ 종속적 모듈(Subordinate) : 어떤 모듈에 의해 제어되는 모듈

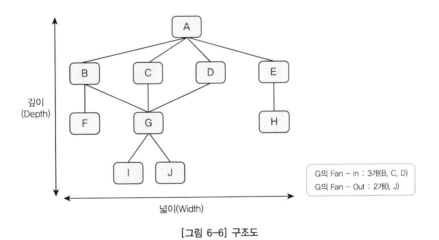

[그림 6-6] 구조도

7 상향식과 하향식 설계

시스템 명세가 명확한 경우와 모든 것을 새로 개발하는 작업에는 하향식이 적합하며, 기존 컴포넌트들을 조합하여 시스템을 개발하는 경우에는 상향식이 적합하다.

(1) 상향식 설계

① 하위 모듈에서 상위 모듈 방향으로 통합하면서 검사하는 기법으로, 가장 기본적인 컴포넌트를 먼저 설계한 다음 이것을 사용하는 상위 수준의 컴포넌트를 설계하는 것이다.

② **절차**

> 하위 모듈을 클러스터로 결합 → 드라이버 작성 → 클러스터 검사 → 드라이버 제거, 클러스터 상위로 결합

(2) 하향식 설계

① 상위 모듈에서 하위 모듈 방향으로 분할하면서 검사하는 기법이다. 계층 구조상에서 시스템의 주요 컴포넌트들을 찾고 그것을 낮은 수준의 컴포넌트들로 분해하는 것으로 단계적 정제라 하며, 메인 모듈의 설계에서 시작하여 단계적으로 구체화시키는 것이다.

② **스텁(stub)** : stub은 모듈 간에 통합 시험을 하기 위해 일시적으로 제공되는 시험용 모듈

제 4 절 구조적 설계

구조적 설계는 프로그램의 구조를 개발하고, 소프트웨어 구성요소들 간의 관계를 정의하는 것이다. 프로그램이 처리하는 기능에 초점을 맞추어 모듈로 분해하고, 프로그램 전반에 걸친 자료의 흐름을 위한 인터페이스를 정의한다. 하향식 기능 중심으로 분해하는 소프트웨어 설계 방법이다.

1 구조도(Structure chart) 중요 ★★

구조도는 모듈들의 계층 구조, 모듈의 매개변수, 모듈들 간의 상호 연결 관계를 보여주며, 모듈들은 블랙박스로 표현되고 계층적으로 배열된다. 상위 모듈이 하위 모듈을 호출한다(위에서 아래로, 좌에서 우로 해석됨). 소프트웨어 아키텍처를 표현하기 위한 다이어그램이다.

(1) 구조도의 구성요소

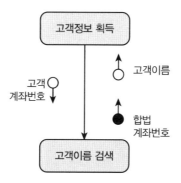

[그림 6-7] 구조도 표기법

구분	표기법	설명
모듈		• 사각형 내부에 모듈 이름 작성 • 구조도를 구성하는 기본 요소 • 단순하고 독립적인 기능을 수행하는 프로그램 컴포넌트 • 함수, 클래스, 패키지, 서브시스템 등
모듈 호출		• 모듈 사이의 호출 • 화살표 방향은 어떤 모듈이 어떤 모듈을 호출하는지 표시
데이터		모듈 사이의 통신에서 속이 비어 있는 원을 가진 화살표는 데이터 정보를 의미
제어 플래그		모듈 사이의 통신에서 속이 찬 원을 가진 화살표는 제어 플래그 정보를 의미
미리 정의된 모듈 (라이브러리)		• 라이브러리에 이미 존재하는 모듈 표현 • 개발자가 설계할 필요가 없는 모듈

① 프로그램의 요소들 간의 관계를 계층적으로 표현하며 표현법은 트리 구조와 비슷하다(모듈, 라이브러리 모듈, 데이터 흐름, 제어 흐름, 호출, 선택적 호출, 반복적 호출).

모듈	사각형으로 표현
호출	화살표로 표현
제어 흐름	호출을 나타내는 화살표 옆에 호출을 표현
데이터 흐름	호출을 나타내는 화살표 옆에 표현
라이브러리 모듈	라이브러리 모듈에서 다른 모듈로 호출하는 데 표현
선택적 호출	마름모로 표현
반복적 호출	둥근 화살표로 표현

② **프로그램 구조를 측정하고 나타내는 데 사용되는 용어** 중요 ★★★

　ⓐ 깊이(depth) : 제어 단계의 수

　ⓑ 넓이(width) : 제어의 전체적인 폭

ⓒ 팬-아웃(fan-out) : 한 모듈이 직접 불러 제어하는 하위 계층 모듈 수

ⓔ 팬-인(fan-in) : 주어진 모듈을 직접 불러 제어하는 상위 조정 모듈 수

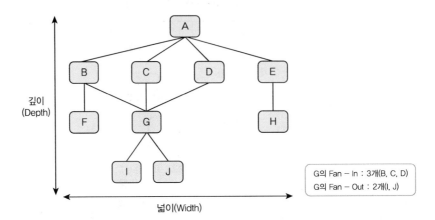

(2) 구조적 설계 절차

① **DFD 선정을 한다.**

변형될 DFD 선정 및 정제를 한다.

② **DFD 특성 파악을 한다.**

DFD의 자료 흐름이 변형흐름 특성을 갖는지 거래흐름 특성을 갖는지 파악한다.

③ **구조도를 작성한다.**

ⓐ 변형 중심 설계 방법 : 경계 표시에 의한 변형 센터를 구분한다.

ⓑ 거래 중심 설계 방법 : 거래센터 파악과 각 처리 경로 특성을 파악한다.

④ **구조도를 변형 및 개선한다.**

ⓐ DFD에서 구조도로 변형한다.

ⓑ 설계원리 혹은 휴리스틱을 이용하여 구조도를 개선한다.

(3) 구조적 설계 방법

설계 방법	특징	설명
변형 중심 설계 방법	입력 흐름 변형 센터 출력 흐름	• 선정된 DFD가 변형 흐름 특성을 가질 때 적용하는 방법 • 외부자료를 내부자료로 변형시켜 주는 경로로 입력된 자료는 '변형'되어 외부에 출력 자료로 흐르는 경우 적용 • 입력 흐름 : 입력 경로를 통해 이동하는 자료 흐름 • 변형 센터 : 입력 흐름을 변형하는 중심부 • 출력 흐름 : 출력을 유도하는 자료 흐름
거래 중심 설계 방법	단일 입력 자료 다중 처리 경로	• 선정된 DFD가 거래 흐름 특성을 가질 때 적용하는 방법 • 선정된 DFD에서 단일 입력 자료가 여러 처리 경로를 발생시키는 경우 적용

2 변환 분석

변환흐름 중심은 입력을 받아들여 시스템에서 사용할 수 있는 데이터로 정제하는 입력 흐름, 데이터를 가공 처리하는 변환 중심, 가공 처리된 정보를 받아 적당한 출력물로 변환시켜 출력시키는 출력 흐름으로 이루어져 있다.

변환 흐름에 기초한 상위 수준 프로그램에는 3가지 구성요소가 있다.

- 입력을 처리하는 입력 제어 모듈
- 변환을 처리하는 변환 제어 모듈
- 출력을 처리하는 출력 제어 모듈

3 트랜잭션 분석

트랜잭션이란 **자료나 제어 시그널 등이 어떠한 행위를 유발시키는** 것을 말한다. 트랜잭션에 기초한 프로그램 구조는 세 가지 구성요소로 이루어져 있다.

- 트랜잭션 중심으로 작용하는 모듈
- 입력을 받아들이는 모듈
- 각 동작 경로에 해당하는 하나 이상의 모듈

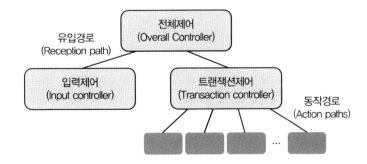

제 **5** 절 **아키텍처 설계**

아키텍처 설계(Architecture)는 프로그램 구조를 개발하고 소프트웨어 구성요소들 간의 관계를 정의하는 것이다. 의사결정 과정이면서 동시에 인지적인 과정이며, 시스템의 전반적인 구조와 서브시스템 간의 상호 작용을 설계하는 것이다. 어떻게 설계하느냐에 따라 나머지 설계에도 영향을 미친다. 아키텍처 설계는 프로그램과 데이터 구조를 형성하고 프로그램 전반에 걸친 데이터의 흐름을 위한 인터페이스를 가능하게 한다.

1 아키텍처의 중요성

(1) 설계 초기 또는 요구 명세 활동에서 이루어지며 개발 과정에 큰 영향을 미친다.

(2) 프로젝트에 참여하는 사람들 사이에는 의사소통 수단이 필요하다.

(3) 요구 공학 과정과 상세 설계의 연결고리를 가지고 있어야 한다.

(4) 주요 구성요소들을 개별적으로 명세화하기 위한 출발점이다.

2 아키텍처의 품질 속성 중요★

소프트웨어 아키텍처의 품질 속성은 소프트웨어 아키텍처가 이해관계자들이 요구하는 수준의 품질을 유지 및 보장할 수 있게 설계되었는지를 확인하기 위해 품질 평가 요소들을 시스템 측면, 비즈니스 측면, 아키텍처 측면으로 구분하여 구체화시켜 놓은 것이다.

시스템 측면에서는 '성능, 보안, 가용성, 기능성, 사용성, 변경 용이성, 확장성 등'이 있고, 비즈니스 측면에서는 '시장 적시성, 비용과 혜택, 예상 시스템 수명 등'이 있다. 아키텍처 측면에서는 '개념적 무결성, 정확성, 완결성, 구축 가능성 등'이 있다.

(1) 시스템 측면

품질 속성	내용
성능	사용자의 요청과 같은 이벤트가 발생했을 경우, 이를 적절하고 신속하게 처리하는 것이 중요
보안	허용되지 않은 접근을 통제하고, 허용된 접근에는 적절한 서비스를 제공
가용성	문제 없이 정상적으로 서비스를 제공
기능성	사용자가 요구하는 것을 만족스럽게 처리
사용성	사용자가 소프트웨어를 사용하는 데 있어서 헤매지 않고 빠르고 정확하게 구현
변경 용이성	소프트웨어가 처음 설계목표와 다른 하드웨어나 플랫폼에서도 동작이 가능하도록 구현

확장성	시스템의 용량, 처리 능력 등을 확장시켰을 때 이를 효과적으로 활용할 수 있도록 구현
기타 속성	테스트 용이성, 배치, 안정성 등

(2) 비즈니스 측면

품질 속성	내용
시장 적시성	정해진 시간에 맞춰 프로그램을 출시하는 것
비용과 혜택	• 개발 비용을 더 많이 투자하여 유연성이 높은 아키텍처를 만들 것인지 결정 • 유연성이 떨어지는 경우 유지보수에 많은 비용이 들어갈 수 있다는 것을 고려해야 함
예상 시스템 수명	시스템을 얼마나 오랫동안 사용할 것인지 고려
기타 속성	목표시장, 공개 일정, 기존 시스템과의 통합 등

(3) 아키텍처 측면

품질 측면	내용
개념적 무결성	전체 시스템과 시스템을 이루는 구성요소들 간의 일관성을 유지하는 것
정확성, 완결성	요구사항과 요구사항을 구현하기 위해 발생하는 제약사항을 모두 충족시키는 것
구축 가능성	모듈 단위로 구분된 시스템을 적절하게 분배하여 유연하게 일정을 변경할 수 있도록 하는 것
기타 속성	변경성, 시험성, 적응성, 일치성, 대체성 등

3 아키텍처 설계 원리와 설계 목표

아키텍처 설계의 출발점은 소프트웨어 시스템의 요구사항들이다. 소프트웨어 개발의 폭포수 모델은 요구사항 분석이 끝나고 설계가 시작되는 것으로 소프트웨어 개발 프로세스를 설명하지만, 이는 논리적인 순서이고, 실제로는 요구사항 분석과 아키텍처 설계는 서로 얽혀서 상당 부분 동시적으로 진행되는 활동이다. 초기 단계의 요구사항으로부터 초기 아키텍처가 만들어지면 이는 더 많은 구체적인 요구사항을 파악하는 데 이용되며 아키텍처를 더 구체화하는 데 이용되고, 이 과정이 반복되면 요구사항 명세와 아키텍처가 만들어진다. 요구사항 분석과 아키텍처 설계가 동시에 이루어지는 이유는 요구사항의 변경 및 추가가 수시로 일어나기 때문이다.

좋은 아키텍처 설계 절차는 설계의 일반 원리를 잘 적용한 설계 절차, 아키텍처 스타일에 맞게 정의된 설계 절차, 아키텍처 관점 체계의 여러 뷰의 설계 순서를 명확히 정의한 아키텍처 설계 절차이다.

아키텍처 설계 시 상용 소프트웨어 컴포넌트나 오픈소스 코드를 개발에 사용할 경우 사용자들은 이들을 사용해가면서 기능과 성능을 파악해 나가게 된다. 이러한 이유로 요구사항 분석과 아키텍처 설계가 동시에 이루어진다. 그러나 주된 이유는 사람들이 정확하지 않은 시스템의 모습이라도 눈으로 볼 수 있을 때 자신이 원하는 요구사항에 대하여 더 많은 것을 알게 되고 말할 수 있게 되기 때문이다.

4 아키텍처 스타일

유사한 애플리케이션들에서 사용되는 공통적인 아키텍처 패턴이며 미리 만들어진 시스템 설계 모델로 아키텍처 설계의 초안이 된다. 스타일에 따라 적합한 응용 분야가 있으며 장단점이 알려져 있다.

(1) 저장소 구조

저장소 구조(Storage Structure)는 대규모의 데이터를 공유하기 위한 소프트웨어 시스템에 사용할 수 있는 것으로, 데이터 중심 아키텍처(Data-centric Architecture) 또는 저장소 모델(Repository Model)이라고도 한다. 서브시스템이 중앙 저장소라 불리는 단일 데이터 구조에 접근하고 수정한다. 저장소 구조는 중앙 자료 구조(Central Data Structure)와 독립된 컴포넌트(Component)로 구성된 아키텍처이다. 큰 데이터의 이동 및 공유에 적합하며 컴포넌트 간의 통신은 이루어지지 않는다. 저장소 구조는 주로 은행 업무 시스템이나 급여 관련 시스템처럼 복잡한 자료가 계속 변경되는 업무를 처리하는 응용 시스템에 많이 적용된다.

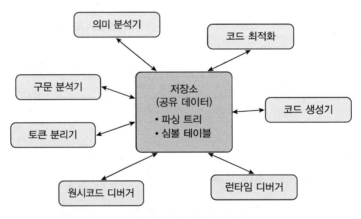

[그림 6-8] 저장소 구조

[저장소 구조 스타일의 장단점]

장점	단점
• 대량의 데이터를 저장하는 데 효과적이다. • 컴포넌트의 추가·삭제가 편리하다. • 중앙 집중화를 통해 데이터 관리가 용이하며, 보안적인 측면이 뛰어나다.	• 저장소에 오류가 발생하면 시스템 전체에 문제가 발생한다. • 데이터의 분산이 어렵다.

(2) 모델/뷰/제어(MVC : Model-View-Controller) 구조 중요 ★

① 개요

MVC 구조는 상호작용 애플리케이션을 모델, 뷰, 컨트롤러의 세 개의 컴포넌트로 구분하는 아키텍처로, 유저 인터페이스와 비즈니스 로직들을 서로 분리하여 개발하는 방법이다. 사용자 인터페이스를 시스템의 다른 부분과 분리하여 결합도를 낮추기 위한 아키텍처 스타일이다.

② **특징**

MVC 구조는 UI와 로직이 분리되어 한쪽 모듈을 수정할 때 서로 영향이 적으므로 기능 확장과 코드 유지보수가 용이하다. 전형적인 애플리케이션 객체지향 프로그래밍 구조이며, 소프트웨어 프레임워크들이 MVC 구조를 지원한다. 별도의 프레임워크를 사용하지 않더라도 MVC 구조로 설계된 소프트웨어들이 많다.

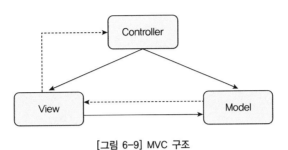

[그림 6-9] MVC 구조

③ **구성요소**

요소	내용
Model	• 애플리케이션의 핵심 기능을 포함 • 상태 변화 시 컨트롤러와 뷰에 전달
View	• 정보 표시를 관리 • 결과물 생성을 위해 모델로부터 정보를 수신
Controller	• 사용자로부터 입력을 받아 모델과 뷰에 명령을 전달 • 모델에 명령을 전달해 상태를 변경하고 뷰에 명령을 보내 표시 방법을 변경

④ **장점**

동일한 모델에 대해 다양한 뷰를 제공한다. 효율적인 모듈화가 가능하며, 모델과 뷰를 구분하므로 사용자 인터페이스에 대한 요구 사항을 적용시키는 데 용이하다.

⑤ **단점**

간단한 애플리케이션에 적용하기에는 복잡하다. 모델이 자주 변경되는 경우 업데이트 요청이 많아 뷰의 갱신이 이를 따라가지 못한다.

⑥ **분리하는 이유**

사용자 인터페이스 즉, 뷰와 컨트롤러가 도메인 지식을 나타내는 모델보다는 더 자주 변경될 수 있기 때문이다.

⑦ **Spring MVC 구조**

Spring MVC 구조는 로드 존슨이 2004년에 만든 오픈 소스 프레임워크로서 EJB(엔터프라이즈 자바 빈즈)의 문제점을 해결해 주었다. Spring MVC는 경량의 프레임워크이며, 자체적으로 MVC 프레임워크 및 트랜잭션 처리를 위한 일관된 방법을 제공한다. DI(Dependency Injection) 패턴, AOP(Aspect Oriented Programming), POJO(Plain Old Java Object)를 지원한다. 또한 JDBC, IBatis, HiberNate 등과 같은 프레임워크와 연동 지원이 가능하다. Spring MVC 구조는 다음과 같다.

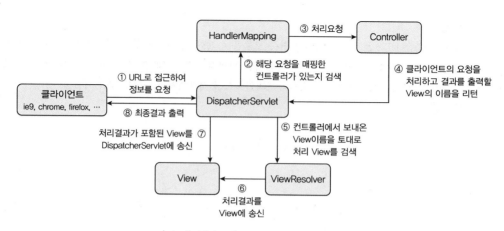

[그림 6-10] Spring MVC 구조

(3) 클라이언트/서버(Client/Server) 구조 중요 ★

① 정의

클라이언트/서버 구조는 클라이언트와 서버로 나뉘는 아키텍처를 말한다. 하나의 서버에 다수의 클라이언트가 접속하는 일대다 관계로 구성되어 있다. 서버는 하나의 중앙 서버 또는 분산된 여러 서버가 존재할 수 있다. 클라이언트/서버 구조는 서버와 클라이언트로 나뉘는 네트워크 구조로 그 예로는 게임 서버와 게임 클라이언트, 웹 브라우저와 웹 서버가 있다.

② 구성

클라이언트는 사용자로부터 입력을 받아 서버에 요청을 전달한다. 데이터베이스 트랜잭션을 구동하여 필요한 모든 데이터를 수집해준다. 서버는 수신된 요청을 수행하고 데이터의 일관성을 유지한다. 클라이언트/서버 구조는 새로운 서버의 추가 및 업그레이드가 용이하다. 데이터가 서버에 집중되어 데이터 관리가 용이하고 보안적인 측면이 뛰어나다. 그러나 서버에 네트워크 트래픽과 데이터가 집중되어 처리 비용이 급증할 수 있다.

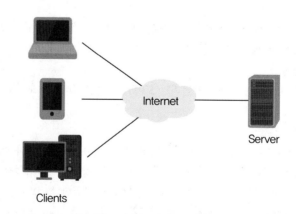

[그림 6-11] 클라이언트/서버 구조

③ 장점

클라이언트/서버(Client/Server) 구조는 데이터를 분산처리할 수 있다. 따라서 시스템을 효율적으로 사용할 수 있다. 그리고 서버를 추가하거나 기존 서버를 업그레이드하는 것이 쉽다.

④ 단점

서버와 서버 사이에 공유된 데이터 모델이 없어서 데이터 교환이 비효율적이다. 각각의 서버가 데이터 관리에 책임을 가져야 하며, 관리자가 서버를 관리하지 않으면 클라이언트는 서버에 대한 정보를 확인하기 어렵다.

(4) 데이터 흐름 구조

① 개요

데이터 흐름 구조(data-flow architecture)는 데이터의 흐름을 점진적으로 처리하는 시스템을 위한 아키텍처이며, 파이프필터 구조로 알려져 있다. 프로세싱을 위한 시스템이 각 필터에 캡슐화되어 있으며, 데이터는 인접 필터 사이의 파이프를 통해 전달되는 형태이다. 각 필터들은 상호 독립적이며 자신 앞의 필터나 뒤에 있는 필터에 대한 정보를 알 수 없다. 모든 데이터의 처리 순서는 파이프 구조와 각각의 필터를 통해 조정 가능한 이벤트에 의해 통제된다.

② 장점

데이터 흐름 구조에서 설계자는 몇 개의 필터들을 간단히 조합하여 시스템의 입·출력 행위를 이해할 수 있다. 데이터 흐름 구조는 새로운 필터를 기존의 구조에 추가하거나 통합하는 것이다. 각 필터의 독립적인 구조로 인해 다양한 시스템에 적용할 수 있는 재사용성을 가진다. 또한 각 필터들의 독립적인 수행이 가능해 동시 수행(concurrency)으로 효율 증진을 노릴 수 있다. 그리고 처리량(throughput)이나 데드락(deadlock)과 같은 특수한 분석들을 지원한다.

③ 단점

데이터 흐름 구조는 상태 정보를 공유하는 데 유연하지 못하다. 또한 각 필터 간 공통된 특성이 적어 각 필터가 전송받은 데이터를 다시 파싱(parsing)해야 하는 경우가 발생할 수 있다.

> ❗ **더 알아두기** 🔍
>
> - **처리량(throughput)** : 지정된 시간 동안 처리할 수 있는 데이터의 양
> - **데드락(deadlock)** : 둘 이상의 프로세스가 자원의 한계로 인해 처리되지 못하고 대기해 있는 상태
> - **파싱(parsing)** : 입력 데이터를 시스템 구조에 맞게 분석 및 해부하는 과정

(5) 계층 구조

① 개요

계층 구조는 계층적으로 조직화가 가능한 애플리케이션에 적합한 아키텍처이다. 각 계층이 특정 측면만을 전문적으로 다루기 때문에 응집력 있는 설계가 가능하다. 이로 인해 설계를 더욱 쉽게 이해할 수 있다. 계층 구조에서 상위 계층은 하위 계층의 서비스 제공자가 되고, 하위 계층은 상위 계층의 클라이언트가 된다고 볼 수 있다.

계층 구조는 추상화의 성질을 잘 이용한 구조이며, 복잡한 문제를 점진적이고 순차적으로 분할하여 구현할 수 있다. 한편 계층 구조는 특정 계층만을 교체해 시스템을 개선하는 것이 가능하나, 동작이 변경될 경우 단계별 재작업이 필요하다. 또한 계층 구조 구축 시 레이어의 적절한 개수나 규모를 결정하는 것에 어려움이 있다. 계층 구조로 대표적인 것은 OSI 7계층이 있다.

② **장단점**

계층 구조는 각 층을 필요에 따라 쉽게 변경할 수 있다. 그러나 계층이 여러 단계여서, 단계를 거치는 동안 성능이 저하될 수 있다.

③ **구조**

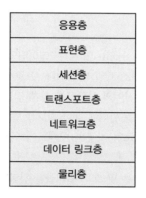

[그림 6-12] OSI 계층 구조

(6) 제어 계층 구조(프로그램 구조)

① **개요**

제어 계층 구조(프로그램 구조)는 모듈 간의 계층적 구조를 가진다. 트리 구조 기법으로 표기하며, Fan-in과 Fan-out이 있다. Fan-in은 특정 모듈에 대해 직접적으로 제어할 수 있는 모듈의 개수이며, 자신을 사용하는 모듈의 수이다. Fan-out은 하나의 모듈에 대해 직접적으로 제어할 수 있는 모듈의 개수이며, 자신이 호출하는 모듈의 수이다.

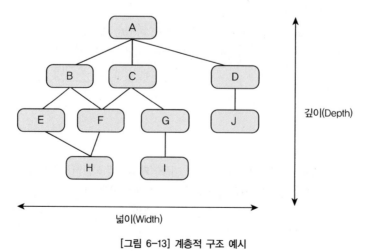

[그림 6-13] 계층적 구조 예시

㉠ Fan In : 자신을 사용하는 모듈의 수(A : 0, B : 1, C : 1, D : 1, E : 1, F : 2, G : 1, H : 2, I : 1, J : 1)

㉡ Fan Out : 자신이 호출하는 모듈의 수(A : 3, B : 2, C : 2, D : 1, E : 1, F : 1, G : 1, H : 0, I : 0, J : 0)

예제

다음은 프로그램 구조를 나타낸다. 모듈 F에서 Fan-In과 Fan-Out의 수는 얼마인가?

```
              A
         ┌────┼────┐
         B    C    D
         │  ┌─┴─┐  │
         E  F       
            │
        ┌───┴───┐
        G       H
```

풀이

- Fan-in : 3(B, C, D)
- Fan-out : 2(G, H)

---

② **설계 목표**

㉠ 요구사항 분석, 아키텍처 분석 및 설계, 아키텍처 검증 및 승인 절차로 진행

㉡ 요구사항 : 제안요청서, 인터뷰, 회의 등을 통해 구체적으로 파악, 기능 및 비기능 요구사항 및 명세

㉢ 아키텍처 분석 : 품질 요소 식별, 우선순위를 결정하여 평가 및 상세화

㉣ 아키텍처 설계 : 사용자 요구사항을 만족시킬 수 있도록 시스템 구조 설정 → 시스템 분할하여 프로그램 구조상에 있는 각 구성 모듈 사이 관계 기술

제 **6** 절 **설계 평가**

1 개념 설계 평가 방법

① 시제품을 만들어 검사한다.
② 고객의 의견을 수렴한다.
③ 경험 많은 설계자에게 결정권을 부여한다.
④ 절차를 체계적으로 적용한다.
⑤ 개념 설계 평가를 위해 여러 가지 설계 기준(design criteria)과 비교 분석한다.
⑥ 평가 결과는 최고의 설계를 선정하여 단점을 보완하거나 제시된 설계안들의 장점을 통합하여 새로운 설계를 만든다.
⑦ 설계 평가할 때 연역적 사고를 요구한다.
⑧ 설계 평가는 분석(개념 구체화), 평가(개념 비교), 종합(의사결정)의 순서를 순차적으로 반복한다.
⑨ 의사결정
　㉠ 의사결정은 개념 설계의 명칭과 평가 기준을 적은 후, 여러 개념 설계안을 비교 평가한다.
　㉡ 체계적 의사결정 방법(의사결정 행렬)은 가장 성공 가능한 설계안이 간과되어 버리는 것을 방지한다.
　㉢ 설계와 평가(기준)의 정밀도는 시간에 따라 제품에 대한 지식이 증가하므로 점점 발전한다.
　㉣ 개념설계의 평가는 가장 최적의 유일대안으로 수렴된다.

평가 기준	개념 설계							
	a	b	c	d	e	f	C	l
실행	3	1	3	2	1	2	3	3
단순성	3	0	1	1	2	3	2	3
제품원가	2	…	1	3	1	2	2	3
크기	3	…	2	3	2	2	3	3
에너지 소모	3	…	1	2	1	2	2	3
합계	14	…	8	11	7	11	12	15

매우 적절함(Very suitable)	3 points
적절함(Suitable)	2 points
보통(Marginally suitable)	1 points
부적절함(Unsuitable)	0 points

[그림 6-14] 의사결정표

2 설계 평가 단계

① 응집도는 강하고 결합도는 약해야 한다.
② 각 모듈들 간의 제어 영역은 유지되어야 한다.
③ 중복성과 복잡성을 회피하고 일반화시킨다.
④ 지나치게 제한된 모듈은 피한다.
⑤ 입력과 출력은 각각 하나를 갖는다.

제 7 절   설계 문서화

설계 문서화는 프로그램이나 응용에 관한 문서를 비롯해 컴퓨터로부터의 출력 리스트 등 눈으로 보아 읽을 수 있는 형식으로 되어 있는 기술 데이터로, 소프트웨어의 설계나 상세, 소프트웨어의 성능, 이용할 때의 주의사항을 설명한 것 등이 모두 포함된다.

1 기본 설계 명세서

(1) 개념

① 요구사항 분석 단계에서 생성된 정보를 자료 구조와 소프트웨어 구조로 변경한다.
② 기본 설계 명세서에 표현할 때는 시스템 목표/하드웨어, 소프트웨어, 사용자 인터페이스/주요 소프트웨어 기능/외부 데이터베이스/설계상의 제약사항을 포함한다.

(2) 자료 설계

설계의 첫 번째 작업이며 요구사항 분석에서 생성된 여러 모델들을 소프트웨어를 구현하는 데 필요한 자료 구조로 변환하는 것이다. 자료 구조가 프로그램 구조와 절차적 복잡성에 영향을 주므로 자료 설계는 소프트웨어 품질에 큰 영향을 미친다. 정보은닉과 자료 추상화의 개념은 자료 설계를 위한 기초를 제공한다. 자료 설계에 표현할 때는 자료 흐름도/데이터 구조 및 데이터베이스의 논리적 설계가 포함된다.

(3) 기능 설계

기능 설계는 각 모듈의 이름과 기능을 설명하고, 각 모듈의 기본 기능 설계 및 각 모듈의 인터페이스 사양에 대해서 표시한다.

(4) 물리적 설계

물리적 설계는 모듈과 데이터들 간 구조의 상호 관계에 대해서 표시한다.

(5) 요구 분석 명세서와의 관계

요구사항에서 나타난 결과를 명세서에 잘 표현한다.

(6) 제약 사항

소프트웨어, 하드웨어 성능 요구에 대해 표현한다.

(7) 예외 조건

예외 조건은 시간적·물리적 제약 조건을 표시한다.

2 상세 설계 명세서

(1) 개요

기본 설계 사항을 구체적인 자료 구조와 알고리즘으로 표현한다.

(2) 물리적 상세 설계

물리적 상세 설계에서는 데이터에 대한 구조를 기술해야 하며, 데이터베이스의 설계 단계에 대해서 명시해야 한다. 또한, 데이터베이스 설계 시 자료 사전에 대한 정의를 명확히 해야 한다. 물리적 상세 설계에 표현할 때는 데이터 구조 설계/데이터베이스 설계/모든 구체적인 자료에 대한 자료 사전 정의를 포함한다.

(3) 모듈별 상세 알고리즘

모듈별 상세 알고리즘은 각 모듈별로 설계의 구조에 대한 관계부분을 명확히 표현해야 하고, 논리적으로 절차 구조를 표현해야 한다. 모듈별 상세 알고리즘은 구체적으로 논리적 절차/데이터 구조와의 관계를 포함해야 한다.

(4) 문제 해결을 위한 프로그래밍 기법

문제 해결을 위해 알맞은 프로그래밍 방법을 찾아서 구현하는 기법이다.

(5) 초기화 절차

프로그래밍을 선정했으면, 각 모듈에 대한 초기화를 어떻게 할 것인지 결정하는 것이다.

(6) 패키지화

유사한 성격을 가지는 모듈을 패키지화한다. 예를 들면, 파일을 폴더에 관리하듯이 각 모듈을 패키지에 묶어 관리하는 것이다.

(7) 시험계획

설계에 대한 내용을 구체적으로 구현했는지, 설계 부분을 빠트리지 않았는지를 확인하기 위해 테스트 부분을 작업한다.

제 8 절 현행 시스템 및 개발 기술 환경 파악

1 현행 시스템 파악

(1) 현행 시스템 파악 절차

새로 개발하려는 시스템의 개발 범위를 명확히 설정하기 위해 현행 시스템의 구성과 제공 기능, 시스템 간의 전달 정보, 사용되는 기술 요소, 소프트웨어, 하드웨어, 네트워크의 구성 등을 파악한다.

1단계
• 시스템 구성 파악
• 시스템 기능 파악
• 시스템 인터페이스 파악

2단계
• 아키텍처 구성 파악
• 소프트웨어 구성 파악

3단계
• 하드웨어 구성 파악
• 네트워크 구성 파악

(2) 시스템 구성 파악

현행 시스템의 구성은 조직의 주요 업무를 담당하는 기간 업무와 이를 지원하는 업무로 구분하여 기술한다. 조직 내에 있는 모든 정보 시스템의 현황을 파악할 수 있도록 각 업무에 속하는 단위 업무 정보시스템들의 명칭, 주요 기능들을 명시한다.

[금융기관의 여신 관리 업무와 고객 관리 업무 시스템 현황 예시]

구분	시스템명	시스템 내용
여신관리 업무	여신기획 관리 시스템	여신기획 관리를 위한 여신요율 책정, 연간 여신운용지침 수립 등의 기능을 제공하는 시스템
	여신상담 관리 시스템	여신상담 관리를 위한 거래처정보 관리, 여신상담, 대출의향서 발급 기능을 제공하는 시스템
고객관리 업무	고객등록 처리 시스템	고객의 기본 정보를 관리하기 위한 등록, 변경, 조회 삭제 등의 기능을 제공하는 시스템

(3) 시스템 기능 파악

현행 시스템의 인터페이스에는 단위 업무 시스템 간에 주고받는 데이터의 종류, 형식, 프로토콜, 연계유형, 주기 등을 명시한다. 데이터를 어떤 형식으로 주고받는지, 통신규약은 무엇을 사용하는지, 연계유형은 무엇인지 등을 반드시 고려해야 한다.

[여신상담 관리 시스템의 인터페이스 현황 예시]

송신 시스템	수신 시스템	연동 데이터	연동 형식	통신규약	연계유형	주기
여신상담 관리 시스템	여신관리센터	연체 정보	XML	TCP/IP	EAI	하루(일)
여신상담 관리 시스템	여신금융협회	부도 정보	XML	X.25	FEP	수시

(4) 아키텍처 구성 파악

현행 시스템의 아키텍처 구성은 기간 업무 수행에 어떠한 기술 요소들이 사용되는지 최상위 수준에서 계층별로 표현한 아키텍처 구성도로 작성한다.

아키텍처 단위 업무 시스템별로 다른 경우에는 가장 핵심이 되는 기간 업무 처리 시스템을 기준으로 표현한다.

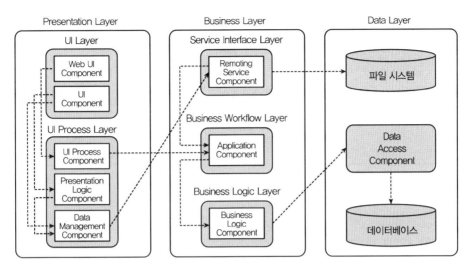

[그림 6-15] 회원 정보 관리 시스템 아키텍처 구성도

(5) 소프트웨어 구성 파악

소프트웨어 구성에는 단위 업무 시스템별로 업무 처리를 위해 설치되어 있는 소프트웨어들의 제품명, 용도, 라이선스 적용 방식, 라이선스 수 등을 명시한다. 시스템 구축비용 면에서 소프트웨어 비용이 적지 않은 비중을 차지하므로, 상용 소프트웨어의 경우 라이선스 적용 방식의 기준과 보유한 라이선스의 파악이 중요하다.

[단위 업무 시스템별 소프트웨어 현황 예시]

구분	시스템명	SW 제품명	용도	라이선스 적용 방식	라이선스 수
여신관리 업무	거래처정보 관리 시스템	Apache Tomcat	WAS	오픈 소스 Apache License	1
		MySQL	데이터베이스	GPL 또는 상용	1
		Unix	운영체제	GNU GPL	1
	대출의향서 발급 시스템	Sage	ERP	상용	1
		Oracle	데이터베이스	GPL 또는 상용	1
		Windows 10	운영체제	DSP	5

(6) 하드웨어 구성 파악

하드웨어 구성에는 단위 업무 시스템들이 운용되는 서버의 주요 사양과 수량 그리고 이중화의 적용 여부를 명시한다. 서버의 이중화는 기간 업무의 서비스 기간, 장애 대응 정책에 따라 필요 여부가 결정된다. 현행 시스템에 이중화가 적용된 경우 대부분 새로 구성될 시스템에도 이중화가 필요하므로 이로 인한 비용 증가와 시스템 구축 난이도가 높아질 가능성을 고려해야 한다.

[단위 업무 시스템별 하드웨어 현황 예시]

구분	시스템명	서버 용도	제품명	주요 사양	수량	이중화
여신관리 업무	여신정보 관리 시스템	AP 서버	HPE ProLiant D l 360 GEN10 서버	• CPU : 2.6GHz • Memory : 8G RDIMM • HDD : 300GB	1	N
		DB 서버	HPE Integrity Superdome2 서버	• CPU : 3.2GHz • Memory : 16GB RDIMM • HDD : 1TB	1	Y

(7) 네트워크 구성 파악

네트워크 구성에서는 업무 시스템들의 네트워크 구성을 파악할 수 있도록 서버의 위치, 서버 간의 네트워크 연결 방식을 네트워크 구성도로 작성한다. 네트워크 구성도를 통해 서버들의 물리적인 위치 관계를 파악할 수 있고 보안 취약성을 분석하여 적절한 대응을 할 수 있다. 네트워크 장애가 발생한 경우 발생 원인을 찾아 복구하기 위한 용도로 활용될 수 있다.

2 개발 기술 환경 파악

(1) 개발 기술 환경의 정의

개발하고자 하는 소프트웨어와 관련된 운영체제(Operating System), 데이터베이스 관리 시스템(Database Management System), 미들웨어(Middle Ware) 등을 선정할 때 고려해야 할 사항을 기술하고 오픈 소스 사용 시 주의해야 할 내용을 제시한다.

(2) 운영체제(OS : Operating System)

운영체제는 컴퓨터 시스템의 자원들을 효율적으로 관리하며, 사용자가 컴퓨터를 편리하고 효율적으로 사용할 수 있도록 환경을 제공하는 소프트웨어이다. 컴퓨터 사용자와 컴퓨터 하드웨어 간의 인터페이스로서 동작하는 시스템 소프트웨어의 일종으로 다른 응용 프로그램이 유용한 작업을 할 수 있도록 환경을 제공해 준다. 컴퓨터 운영체제의 종류에는 Windows, UNIX, Linux, Mac OS 등이, 모바일 운영체제에는 IOS, Android 등이 있다.

(3) 운영체제 관련 요구사항 식별 시 고려사항

운영체제와 관련된 요구사항 식별 시 다음과 같은 사항을 고려해야 한다.

① 가용성(프로그램이 주어진 시점에서 요구사항에 따라 운영될 수 있는 능력)
　㉠ 시스템의 장시간 운영으로 인해 발생할 수 있는 운영체제 고유의 장애 발생 가능성
　㉡ 메모리 누수(응용 프로그램이 더 이상 사용하지 않는 메모리를 반환하지 않고 계속 점유하고 있는 현상)로 인한 성능 저하 및 재가동
　㉢ 보안상 발견된 허점을 보완하기 위한 지속적인 패치 설치로 인한 재가동

② **성능**
  ⊙ 대규모 동시 사용자 요청에 대한 처리
  ⓒ 대규모 및 대용량 파일 작업에 대한 처리
  ⓒ 지원 가능한 메모리 크기(32bit, 64bit)

③ **기술지원**
  ⊙ 제작업체의 안정적인 기술 지원
  ⓒ 여러 사용자들 간의 정보 공유
  ⓒ 오픈 소스 여부(Linux)

④ **주변 기기**
  ⊙ 설치 가능한 하드웨어
  ⓒ 여러 주변기기 지원 여부

⑤ **구축 비용**
  ⊙ 지원 가능한 하드웨어 비용
  ⓒ 설치할 응용 프로그램의 라이선스 정책 및 비용
  ⓒ 유지관리 비용
  ⓔ 총 소요 비용(TCO : Total Cost of Ownership, 어떤 자산을 획득하려고 할 때 지정된 기간 동안
    발생할 수 있는 모든 직·간접 비용)

(4) 데이터베이스 관리 시스템(DBMS)

사용자와 데이터베이스 사이에서 사용자의 요구에 따라 정보를 생성해주고 데이터베이스를 관리해주는
소프트웨어이다. 기존의 파일 시스템이 갖는 데이터의 종속성과 중복성의 문제를 해결하기 위해 제안된
시스템이며, 모든 응용 프로그램들이 데이터베이스를 공용할 수 있도록 관리해 준다. 데이터베이스의
구성, 접근 방법, 유지 관리에 대한 모든 책임을 진다. 종류로는 Oracle, IBM DB2, Microsoft SQL
Server, MySQL, SQLite, MongoDB, Redis 등이 있다.

(5) DBMS 관련 요구사항 식별 시 고려사항

DBMS와 관련된 요구사항 식별 시 다음과 같은 사항을 고려해야 한다.

① **가용성**
  ⊙ 시스템의 장시간 운영으로 인해 발생할 수 있는 운영체제 고유의 장애 발생 가능성
  ⓒ DBMS의 결함 등으로 인한 패치 설치를 위한 재가동
  ⓒ 백업이나 복구의 편의성
  ⓔ DBMS 이중화 및 복제 지원

② **성능**
  ⊙ 대규모 데이터 처리 성능
  ⓒ 대용량 트랜잭션 처리 성능
  ⓒ 비용 기반 질의 최적화(사용자의 질의에 대한 최적의 실행 방법을 결정하기 위한 것으로, 질의에
    대한 다양한 실행 방법을 만들고 각각의 방법에 대해 비용을 추정함. 비용 추정은 실행에 필요한

소요 시간과 자원 사용량을 기준으로 추정하며 추정된 비용이 가장 최소인 방법을 선택하게 됨)
지원

③ **기술지원**
　㉠ 제작업체의 안정적인 기술 지원
　㉡ 여러 사용자들 간의 정보 공유
　㉢ 오픈 소스 여부(Linux)

④ **상호호환성**
　㉠ 설치 가능한 운영체제의 종류
　㉡ JDBC(Java Database Connectivity : 자바와 디비를 연결해주는 인터페이스)와 ODBC(응용 프로그램과 디비를 연결해주는 표준 인터페이스)와의 호환 여부

⑤ **구축 비용**
　㉠ 라이선스 정책 및 비용
　㉡ 유지관리 비용
　㉢ 총 소요 비용

(6) 웹 애플리케이션 서버(WAS)

정적인 콘텐츠 처리를 하는 웹 서버와 달리 사용자의 요구에 따라 변하는 동적인 콘텐츠(주식 시세 정보, 날씨 위성 정보와 같이 실시간으로 변하는 자료)를 처리하기 위해 사용되는 미들웨어이다. 웹 애플리케이션 서버가 JSP나 서블릿과 같은 프로그램을 구동하여 동적 자료를 처리한 후, 해당 정보를 웹 서버로 보내면 이를 클라이언트로 보내는 것이다.
데이터 접근, 세션 관리, 트랜잭션 관리 등을 위한 라이브러리를 제공하며, 주로 데이터베이스 서버와 연동해서 사용한다. 종류로는 Tomcat, GlassFish, JBoss, Jetty, JEUS, Resin, WebLogic, WebSphere 등이 있다.

(7) 웹 애플리케이션 서버(WAS) 관련 요구사항 식별 시 고려사항

① **가용성**
　㉠ 시스템의 장시간 운영으로 인해 발생할 수 있는 운영체제 고유의 장애 발생 가능성
　㉡ WAS의 결함 등으로 인한 패치 설치를 위한 재가동
　㉢ 안정적인 트랜잭션 처리
　㉣ WAS 이중화 지원

② **성능**
　㉠ 대규모 트랜잭션 처리 성능
　㉡ 가비지 컬렉션(GC, 실제로는 사용되지 않으면서 가용 공간 리스트에 반환되지 않는 메모리 공간인 가비지를 강제로 해제하여 사용할 수 있도록 하는 메모리 관리 기법)의 다양한 옵션

③ **기술지원**
　㉠ 제작업체의 안정적인 기술 지원
　㉡ 여러 사용자들 간의 정보 공유

ⓒ 오픈 소스 여부

④ **구축 비용**

    ㉠ 라이선스 정책 및 비용

    ㉡ 유지관리 비용

    ㉢ 총 소요 비용

(8) 오픈 소스 사용에 따른 고려사항

오픈 소스란 누구나 별다른 제한 없이 사용할 수 있도록 소스코드를 공개한 것으로 오픈 소스 라이선스를 만족하는 소프트웨어이다. 라이선스의 종류, 사용자 수, 기술의 지속 가능성을 고려해야 한다.

○×로 점검하자

※ 다음 지문의 내용이 맞으면 ○, 틀리면 ×를 체크하시오. [1 ~ 24]

01 소프트웨어 설계(Software design)는 요구사항 분석 단계를 거쳐 필요한 기능들을 구현하기 위한 방법들을 명시하는 단계이다. (   )

>>>○ 소프트웨어 설계(Software design)는 요구사항 분석 단계를 거쳐 필요한 기능들을 구현하기 위한 방법들을 명시하는 단계이다. 장치, 프로세스 그리고 시스템을 명확하고 자세하게 정의하며 실질적으로 실현이 가능하도록 관련된 기술과 원칙을 적용하는 과정이며, 설계는 개발 단계의 첫 단계이다.

02 관리자적 관점은 데이터 설계(data design), 구조 설계(architectural design), 절차 설계(procedural design)이다. (   )

>>>○ 기술자적 관점은 데이터 설계(data design), 구조 설계(architectural design), 절차 설계(procedural design)이다. 관리자적 관점은 기본 설계와 상세 설계이다.

03 구조 설계는 소프트웨어를 구성하는 모듈 간의 관계와 프로그램 구조를 정의하는 것으로 자료 흐름도, 자료 명세서, 자료 상태도 등과 모듈의 상호작용이 기초가 된다. (   )

>>>○ 구조 설계는 프로그램의 구조를 개발하고, 소프트웨어 구성요소들 간의 관계를 정의하는 것이다. 프로그램이 처리하는 기능에 초점을 맞추어 모듈로 분해하고, 프로그램 전반에 걸친 자료의 흐름을 위한 인터페이스를 정의한다.
절차 설계는 소프트웨어를 구성하는 모듈 간의 관계와 프로그램 구조를 정의하는 것으로 자료 흐름도, 자료 명세서, 자료 상태도 등과 모듈의 상호작용이 기초가 된다.

04 내부 설계는 시스템 내부의 조직과 세부적인 절차를 개념화하고 명세화한다. (   )

>>>○ 소프트웨어 설계의 사용자적 관점에서 내부 설계는 시스템 내부의 조직과 세부적인 절차를 개념화하고 명세화한다. 외부 설계는 사용자나 타 시스템과의 인터페이스 등 시스템 외부의 특성을 명세화한다.

정답 **1** ○ **2** × **3** × **4** ○

05 소프트웨어 설계 모형 구성은 '데이터 설계 – 아키텍처 설계 – 인터페이스 설계 – 절차 설계'이다.
( )

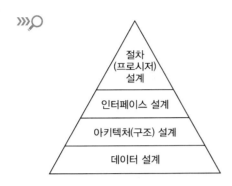

06 서브시스템 설계는 서브시스템이 수행하는 기능을 여러 컴포넌트에 할당하고, 컴포넌트들의 인터페이스를 설계한다. ( )

>>>◯ 컴포넌트 설계는 서브시스템이 수행하는 기능을 여러 컴포넌트에 할당하고, 컴포넌트들의 인터페이스를 설계한다. 서브시스템(subsystem) 설계는 시스템을 구현하기 위한 시스템을 여러 서브시스템으로 나누는 것이다.

07 추상화(abstraction)는 불필요하고 복잡한 세부적인 내용들을 무시하는 것으로 공통적인 특징들을 추출하여 모아놓은 것이다. ( )

>>>◯ 추상화란 복잡한 자료, 모듈, 시스템 등으로부터 핵심적인 개념 또는 기능을 간추려내는 것을 말한다.

08 추상화의 종류에는 기능, 제어, 순서 추상화가 있다. ( )

>>>◯ 추상화 종류에는 기능, 자료, 제어 추상화가 있다.

09 단계적 정제(stepwise refinement)는 프로그램을 추상 기계의 계층으로서 재구성하는 것이며, 상향식 방법이라고 한다. ( )

>>>◯ 단계적 정제(stepwise refinement)는 프로그램을 추상 기계의 계층으로서 재구성하는 것이며, 하향식이라고 한다. 하향식은 시스템 명세가 명확한 경우와 모든 것을 새로 개발하는 작업에 적합하고, 상향식은 기존 컴포넌트들을 조합하여 시스템을 개발하는 경우에 적합하다.

정답 **5** ◯ **6** × **7** ◯ **8** × **9** ×

안심Touch

10 MVC 구조는 상호작용 애플리케이션을 모델, 뷰, 컨트롤러의 세 개의 컴포넌트로 구분하는 아키
텍처로, 유저 인터페이스와 비즈니스 로직들을 서로 분리하여 개발하는 방법이다. (　　)

>>>O MVC 구조는 상호작용 애플리케이션을 모델, 뷰, 컨트롤러의 세 개의 컴포넌트로 구분하는 아키텍처로, 유
저 인터페이스와 비즈니스 로직들을 서로 분리하여 개발하는 방법이다. 사용자 인터페이스를 시스템의 다른
부분과 분리하여 결합도를 낮추기 위한 아키텍처 스타일이다.

11 저장소 구조는 대규모의 데이터를 공유하기 위한 소프트웨어 시스템에 사용할 수 있는 것으로
데이터 중심 아키텍처(data-centric architecture) 또는 저장소 모델(repository model)이라고
도 한다. (　　)

>>>O 저장소 구조는 대규모의 데이터를 공유하기 위한 소프트웨어 시스템에 사용할 수 있는 것으로 데이터 중심
아키텍처(data-centric architecture) 또는 저장소 모델(repository model)이라고도 한다. 서브시스템이 중
앙 저장소라 불리는 단일 데이터 구조에 접근하고 수정한다.

12 데이터 흐름 구조는 데이터의 흐름을 점진적으로 처리하는 시스템을 위한 아키텍처이며, 병렬
필터 구조로 알려져 있다. (　　)

>>>O 데이터 흐름 구조는 데이터의 흐름을 점진적으로 처리하는 시스템을 위한 아키텍처이며, 파이프필터 구조로
알려져 있다.

13 결합도는 하나의 모듈 내에 정의된 기능, 요소들 간의 관계이며, 모듈이 얼마나 잘 정리된 기능
을 수행하는가에 대한 내용이다. (　　)

>>>O 응집도는 하나의 모듈 내에 정의된 기능, 요소들 간의 관계이며, 모듈이 얼마나 잘 정리된 기능을 수행하는
가에 대한 내용이다. 결합도는 모듈 간에 상호 의존하는 정도 또는 두 모듈 사이의 연관 관계를 의미한다.

14 독립적인 모듈이 되기 위해서는 결합도는 강하고 응집도는 약해야 한다. (　　)

>>>O 독립적인 모듈이 되기 위해서는 결합도는 약하고 응집도는 강해야 한다.

15 구조적 설계는 프로그램의 구조를 개발하고, 소프트웨어 구성요소들 간의 관계를 정의하는 것이다.
(　　)

>>>O 구조적 설계는 프로그램의 구조를 개발하고, 소프트웨어 구성요소들 간의 관계를 정의하는 것이다.

정답 10 ○ 11 ○ 12 × 13 × 14 × 15 ○

16 데이터 설계(Data Structure)는 설계의 첫 번째 작업으로 요구사항 분석에서 생성된 여러 모델들을 소프트웨어를 구현하는 데 필요한 자료 구조로 변환하는 것이다. (   )

>>>◯ 데이터 설계는 요구사항 분석에서 생성된 여러 모델들을 소프트웨어를 구현하는 데 필요한 자료 구조로 변환하는 것이다. 자료 구조가 프로그램 구조와 절차적 복잡성에 영향을 주기 때문에, 데이터 설계는 소프트웨어 품질에 큰 영향을 미친다.

17 데이터베이스 설계 단계는 '물리적 설계 – 논리적 설계 – 개념적 설계 – 구현'의 순서로 이루어진다. (   )

>>>◯ 데이터베이스 설계 단계는 '개념적 설계 – 논리적 설계 – 물리적 설계 – 구현' 순으로 이루어진다.

18 패키지 다이어그램은 클래스나 컴포넌트들을 그룹화시켜서 구조화하는 것이다. (   )

>>>◯ 패키지 다이어그램은 클래스나 컴포넌트들을 그룹화시켜서 구조화하는 것이다. 패키지 다이어그램을 구성하기 위해서는 패키지 간의 의존성을 알아야 한다.

19 아키텍처 설계는 프로그램 구조를 개발하고 소프트웨어 구성요소들 간의 관계를 정의하는 것이다. (   )

>>>◯ 아키텍처 설계(Architecture)는 프로그램 구조를 개발하고 소프트웨어 구성요소들 간의 관계를 정의하는 것이다. 의사결정 과정이면서 동시에 인지적인 과정이며, 시스템의 전반적인 구조와 서브시스템 간의 상호작용을 설계하는 것이다.

20 프로시저 설계(Procedure Architecture)는 데이터 설계, 아키텍처 설계, 인터페이스 설계가 이루어진 후에 수행되는 설계 작업으로, 모듈이 수행할 기능을 절차적 기술로 바꾸는 것이다. (   )

>>>◯ 프로시저 설계(Procedure Architecture)는 모듈이 수행할 기능을 절차적 기술로 바꾸는 것이며 소단위 명세서, 상태 전이도의 정보가 절차 설계의 기초가 된다.

21 상태 전이도는 자료 흐름도상의 처리 내용을 논리적 절차에 맞게 설명한 문서이다. (   )

>>>◯ 소단위 명세서는 자료 흐름도상의 처리 내용을 논리적 절차에 맞게 설명한 문서이다. 상태 전이도는 시스템에 어떤 일이 발생할 경우 시스템의 상태와 상태 간의 전이를 모델화한 것이다.

22 테이블 설계 표기법에는 흐름도(flow chart), HIPO가 있다. (   )

>>>◯ 테이블 설계 표기법에는 의사결정표, NS Chart가 있다. 그래픽 설계 표기법에는 흐름도(flow chart), HIPO가 있다.

정답 **16** ◯ **17** ✕ **18** ◯ **19** ◯ **20** ◯ **21** ✕ **22** ✕

안심Touch

23 소프트웨어 요구사항 명세서에서 명시되어야 하는 요구사항은 외부 인터페이스 요구사항, 기능 요구사항, 성능 요구사항, 논리적 데이터베이스 요구사항이 있다. ( )

>>>🔍 소프트웨어 요구사항 명세서에서 명시되어야 하는 요구사항은 외부 인터페이스 요구사항, 기능 요구사항, 성능 요구사항, 논리적 데이터베이스 요구사항이 있다.

24 현행 시스템 파악 절차의 1단계는 시스템 구성 파악, 시스템 기능 파악, 시스템 인터페이스 파악 이다. ( )

>>>🔍 현행 시스템 파악 절차의 1단계는 시스템 구성 파악, 시스템 기능 파악, 시스템 인터페이스 파악이다. 2단계 는 아키텍처 구성 파악, 소프트웨어 구성 파악이고, 3단계는 하드웨어 구성 파악, 네트워크 구성 파악이다.

실제예상문제

01 다음 중 좋은 설계에 대한 기준이라고 할 수 <u>없는</u> 것은?

① 설계는 모듈적이어야 한다.

② 설계는 자료와 프로시저에 대한 분명하고 분리된 표현을 포함해야 한다.

③ 소프트웨어 요소들 간의 효과적 제어를 위해 설계에서 계층적 조직이 제시되어야 한다.

④ 설계는 서브루틴이나 프로시저가 전체적이고 통합적이 될 수 있도록 유도되어야 한다.

01 서브루틴이나 프로시저는 서로 간의 영향을 최소화하려고 부분으로 나누어 놓은 것이므로 전체적이고 통합적으로 유도되면 안 된다.

02 소프트웨어 설계에서 사용되는 추상화 기법에 대한 설명으로 옳지 <u>않은</u> 것은?

① 제어 추상화 : 제어의 정확한 메커니즘을 정의하지 않고 원하는 효과를 정하는 데 이용하는 방법

② 기능 추상화 : 입력 자료를 출력 자료로 변환하는 과정을 추상화하는 방법

③ 정보은닉 추상화 : 설계된 각 모듈은 자세한 처리 내용이 시스템의 다른 부분으로부터 감추어져 있는 방법

④ 자료 추상화 : 자료와 자료에 적용될 수 있는 기능을 함께 정의함으로써 자료 객체를 구성하는 방법

02 소프트웨어 설계의 3가지 추상화 기법은 제어, 기능, 자료 추상화이다. 정보은닉 추상화는 포함되지 않는다.

정답 01 ④ 02 ③

03 얼마나 많은 모듈이 주어진 모듈을 호출하는가를 나타내는 척도를 공유도(Fan-in)라고 하는데, 공유도가 높을수록 좋은 설계이다. 하나의 모듈에서 몇 개의 모듈을 호출하는가를 나타내는 척도를 제어도(Fan-out)라고 하며 이것은 보통 3개에서 7개가 적당하다.

03 다음 중 프로그램 구조에서 fan-in이 의미하는 바로 옳은 것은?

① 얼마나 많은 모듈이 주어진 모듈을 호출하는가를 나타낸다.
② 주어진 모듈이 호출하는 모듈의 개수를 나타낸다.
③ 같은 등급(level)의 모듈 수를 나타낸다.
④ 최상위 모듈에서 주어진 모듈까지의 깊이를 나타낸다.

04 정보은닉의 장점은 종속성을 높이는 것이 아니라 확장성을 높이는 것이다.

04 다음 중 정보은닉의 장점이 <u>아닌</u> 것은?

① 추상화를 향상시킨다.
② 모듈의 독립성을 높인다.
③ 종속성을 높인다.
④ 내부 데이터나 알고리즘의 변경이 용이하다.

05 소프트웨어의 설계 품질은 모듈 간의 결합도는 낮고 모듈 내부의 응집력은 높을수록 우수하다고 평가된다.

05 소프트웨어 설계의 품질을 평가하는 척도로 결합도와 응집력이 사용된다. 다음 중 가장 우수한 설계 품질은?

① 모듈 간의 결합도는 높고 모듈내부의 응집력은 높다.
② 모듈 간의 결합도는 높고 모듈내부의 응집력은 낮다.
③ 모듈 간의 결합도는 낮고 모듈내부의 응집력은 높다.
④ 모듈 간의 결합도는 낮고 모듈내부의 응집력은 낮다.

정답 03 ① 04 ③ 05 ③

해설 & 정답   checkpoint

06 다음 중 클라이언트/서버 구조에 대한 설명으로 옳지 <u>않은</u> 것은?

① 서버와 클라이언트로 나뉘는 네트워크 구조이다.

② 서버는 오직 중앙 서버 하나만 존재한다.

③ 데이터를 분산처리 할 수 있다.

④ 하나의 서버에 다수의 클라이언트가 접속하는 일대다 관계로 구성되어 있다.

06 클라이언트/서버 구조에서 서버는 하나의 중앙 서버 또는 분산된 여러 서버가 존재할 수 있다.

07 다음 중 소프트웨어 설계를 위한 지침에 대한 설명으로 옳지 <u>않은</u> 것은?

① 소프트웨어 요소 간의 효과적 제어를 위해 설계에서 계층적 자료조건이 제시되어야 한다.

② 설계는 종속적인 기능적 특성을 가진 모듈화로 유도되어야 한다.

③ 소프트웨어는 논리적으로 특별한 기능과 부 기능을 수행하는 요소들로 나누어져야 한다.

④ 설계는 자료와 프로시저에 대한 분명하고 분리될 수 있는 표현을 포함해야 한다.

07 소프트웨어 설계에서 종속성이 강하다면 결합도가 강하다는 것이므로 바람직하지 못한 설계이다.

08 다음 중 바람직한 소프트웨어 설계 지침이 <u>아닌</u> 것은?

① 적당한 모듈의 크기를 유지한다.

② 모듈 간의 접속 관계를 분석하여 복잡도와 중복을 줄인다.

③ 모듈 간의 결합도는 강할수록 바람직하다.

④ 모듈 간의 효과적인 제어를 위해 설계에서 계층적 자료 조직이 제시되어야 한다.

08 소프트웨어 설계에서 결합도는 약하고, 응집도는 강할수록 좋은 소프트웨어라고 할 수 있다.

정답   06 ②   07 ②   08 ③

09 좋은 소프트웨어 설계의 조건은 모듈적이어야 하며 두 모듈 간의 상호 의존도는 약해야 한다는 것이다.

09 다음 중 좋은 설계의 기준이 아닌 것은?

① 요구사항을 모두 표현해야 한다.

② 구현 관점에서 데이터, 기능, 행위 영역을 설명하는 완전한 그림을 제공해야 한다.

③ 독립적인 기능의 특성을 나타내는 모듈로 만들어야 한다.

④ 모듈적이어야 하며 두 모듈 간의 상호 의존도가 강해야 한다.

10 소프트웨어 설계 구분은 관리적 관점, 사용자적 관점, 기술적 관점이다.

10 다음 중 소프트웨어 설계의 3가지 관점의 구분이 아닌 것은?

① 관리적 관점

② 사용적 관점

③ 기술적 관점

④ 논리적 관점

11 관계 설계 : 모듈 간의 관계를 표현한다.

11 다음 중 소프트웨어 설계 모형에 대한 설명으로 옳지 않은 것은?

① 절차 설계 : PDL로 알고리즘을 작성한다.

② 관계 설계 : 순서 간의 관계를 표현한다.

③ 구조 설계 : 구조도를 작성한다.

④ 데이터 설계 : 요구 분석의 자료 사전을 분석한다.

정답 09 ④ 10 ④ 11 ②

12 다음 중 설계 프로세스에 대한 설명으로 옳지 <u>않은</u> 것은?

① 데이터베이스 설계는 데이터의 상세한 자료 모형을 만드는 과정이다.

② 아키텍처 설계는 프로그램 요소들 간의 관계를 정립한다.

③ 서브시스템(subsystem) 설계는 시스템을 구현하기 위한 시스템을 여러 서브시스템으로 나누는 것이다.

④ 데이터 구조 설계는 서브시스템이 수행하는 기능을 여러 컴포넌트에 할당하고, 컴포넌트들의 인터페이스를 설계한다.

12 컴포넌트 설계는 서브시스템이 수행하는 기능을 여러 컴포넌트에 할당하고, 컴포넌트들의 인터페이스를 설계한다. 데이터 구조와 알고리즘 설계는 컴포넌트 내부에서 사용되는 데이터 구조와 알고리즘을 상세히 설계한다.

13 다음 중 모듈의 평가 기준에 대한 설명으로 옳지 <u>않은</u> 것은?

① 모듈 분해성 : 문제를 작은 문제로 분해하면 문제의 복잡성을 줄일 수 있다.

② 모듈 조립성 : 재사용 가능한 컴포넌트를 모아서 새로운 시스템을 만들 수 있다.

③ 모듈 이해도 : 하나의 모듈은 독자적 단위로 이해할 수 있어야 하며, 만들고 수정하는 것이 쉬워야 한다.

④ 모듈 연속성 : 어떤 모듈의 비정상적인 상황이 다른 모듈로 파급되는 상황을 줄여야 한다.

13 [문제 하단의 표 참조]

>>>🔍

모듈의 평가 기준	
모듈 분해성	문제를 작은 문제로 분해하면 문제의 복잡성을 줄일 수 있다.
모듈 조립성	재사용이 가능한 컴포넌트를 모아서 새로운 시스템을 만들 수 있다
모듈 이해도	하나의 모듈은 독자적 단위로 이해할 수 있어야 하며, 만들고 수정하는 것이 쉬워야 한다.
모듈 연속성	요구사항의 변경이 모듈의 변경을 초래할 때 파생되는 변경을 최소화해야 한다.
모듈 보호	어떤 모듈의 비정상적인 상황이 다른 모듈로 파급되는 상황을 줄여야 한다.

정답 12 ④　13 ④

14 캡슐화(Encapsulation)는 데이터와 데이터를 처리하는 함수를 하나로 묶는 것이다. 캡슐화된 객체의 세부 내용이 외부에 은폐되어, 변경이 발생해도 오류의 파급 효과가 작다. 캡슐화된 객체들은 재사용이 용이하며, 인터페이스가 단순해지고 객체 간의 결합도가 낮아진다.

14 다음 중 객체지향의 캡슐화에 대한 설명으로 옳지 <u>않은</u> 것은?

① 결합도가 낮아진다.
② 재사용이 용이하다.
③ 인터페이스를 단순화시킬 수 있다.
④ 변경이 발생할 때 오류의 파급 효과가 크다.

15 데이터 흐름도 설계 과정은 소프트웨어를 기능적 측면에서 프로세스(Process) 단위로 분할하고 프로세스 사이의 관계로 자료 흐름을 표시하는 것이다.

(1) 정보 흐름의 유형을 설정한다.
(2) 흐름의 경계를 표시한다.
(3) 자료 흐름도를 프로그램 구조로 사상한다(변환사상).
(4) 제어 계층을 분해시켜서 정의한다.
(5) 경험적 방법으로 구체화시킨다.

15 다음 중 데이터 흐름도 설계 과정의 절차를 순서대로 올바르게 나열한 것은?

ㄱ. 자료 흐름도를 프로그램 구조로 사상한다.
ㄴ. 흐름의 경계를 표시한다.
ㄷ. 정보 흐름의 유형을 설정한다.
ㄹ. 제어 계층을 분해시켜서 정의한다.
ㅁ. 경험적 방법으로 구체화시킨다.

① ㄱ - ㄴ - ㄷ - ㄹ - ㅁ
② ㄷ - ㄴ - ㄱ - ㄹ - ㅁ
③ ㄹ - ㅁ - ㄷ - ㄴ - ㄱ
④ ㄹ - ㅁ - ㄱ - ㄴ - ㄷ

16

○	처리
▭	발생지(생산자), 종착지(소비자)
═	자료 저장소
→	데이터 흐름

16 다음 중 자료 흐름도의 구성요소가 <u>아닌</u> 것은?

① 처리
② 자료 흐름
③ 자료 저장소
④ 기수

정답 14 ④ 15 ② 16 ④

17 다음 중 HIPO에 대한 설명으로 옳지 않은 것은?

① HIPO 다이어그램에는 가시적 도표, 총체적 도표, 세부적 도표의 세 종류가 있다.

② 가시적 도표는 시스템에 있는 어떤 특별한 기능을 담당하는 부분의 입력, 처리, 출력에 대한 전반적인 정보를 제공한다.

③ HIPO 다이어그램은 분석 및 설계 도구로서 사용된다.

④ HIPO는 시스템의 설계나 시스템 문서화용으로 사용되고 있는 기법이며, 기본 시스템 모델은 입력, 처리, 출력으로 구성된다.

17 [문제 하단의 표 참조]

»»Q

종류	역할
가시적 도표	전체적인 흐름과 구조를 나타내는 도표
총체적 도표	입력, 처리, 출력의 기능을 표현한 도표
세부적 도표	총체적 도표를 세부적이고 구체적으로 표현한 도표

18 프로그램을 구성하는 기능을 기술한 것으로 입력, 처리, 출력을 기술하는 HIPO 패키지에 해당하는 것은?

① Overview Diagram

② Detail Diagram

③ Visual Table Of Contents

④ Index Diagram

18 총체적 도표(Overview Diagram)는 프로그램을 구성하는 기능을 기술한 것으로 입력, 처리, 출력에 대한 전반적인 정보를 제공한다.

정답 17② 18①

19 [문제 하단의 표 참조]

19 자료 사전(Data Dictionary)에 사용되는 기호와 의미가 올바르게 짝지어진 것은?

① { } : 자료의 생략 가능, ( ) : 자료의 선택
② ( ) : 자료의 설명, ** : 자료의 선택
③ = : 자료의 설명, ** : 자료의 정의
④ + : 자료의 연결, ( ) : 자료의 생략 가능

기호	의미	기호	의미
=	자료 정의	( )	생략
[ ]	선택	+	자료 연결
**	주석	{ }	반복
|	여러 개 중 하나(or)		

20 NS 차트는 3가지의 기본 제어 흐름 구조(순차, 반복, 선택)만으로 논리를 표현한다. 순서도의 최대 단점인 화살표가 표시되지 않으며, 기본 구조의 입력과 출력은 각각 하나만 표현한다. 전체적인 알고리즘을 볼 수 있다.

20 나씨-슈나이더만(Nassi-Schneiderman) 도표는 구조적 프로그램을 표현하기 위해 고안되었다. 이 방법에서 알고리즘의 제어 구조는 3가지로 충분히 표현될 수 있는데 이에 속하지 않는 것은?

① 선택, 다중선택(if ~ then ~ else, case)
② 반복(repeat ~ until, while, for)
③ 분기(goto, return)
④ 순차(sequential)

정답 19 ④ 20 ③

21 다음 중 사용자 인터페이스 설계 시 오류 메시지나 경고에 관한 지침으로 옳지 <u>않은</u> 것은?

① 메시지는 이해하기 쉬워야 한다.
② 오류로부터 회복을 위한 구체적인 설명이 제공되어야 한다.
③ 오류로 인해 발생할 수 있는 부정적인 내용은 가급적 피한다.
④ 소리나 색 등을 이용하여 듣거나 보기 쉽게 의미 전달을 하도록 한다.

21 사용자 인터페이스 설계 시 오류 메시지나 경고에 관한 지침은 다음과 같다. 첫째, 메시지는 이해하기 쉬워야 한다. 둘째, 오류로부터 회복을 위한 구체적인 설명이 제공되어야 한다. 셋째, 소리나 색 등을 이용하여 듣거나 보기 쉽게 의미 전달을 하도록 해야 한다.

22 다음 중 NS chart에 대한 설명으로 옳지 <u>않은</u> 것은?

① 논리의 기술에 중점을 둔 도형식 표현 방법이다.
② 연속, 선택 및 다중 선택, 반복 등의 제어논리 구조로 표현한다.
③ 주로 화살표를 사용하여 논리적인 제어구조로 흐름을 표현한다.
④ 조건이 복합되어 있는 곳의 처리를 시각적으로 명확히 식별하는 데 적합하다.

22 NS chart는 GOTO문이나 화살표를 사용하지 않는다. NS chart는 3가지의 기본 제어 흐름 구조(순차, 반복, 선택)만으로 논리를 표현한다. 기본 구조의 입력과 출력은 각각 하나만 표현하며, 전체적인 알고리즘을 볼 수 있다.

23 다음 중 데이터베이스 설계 단계에 대한 설명으로 옳지 <u>않은</u> 것은?

① 개념적 설계 : DBMS의 독립적 스키마 설계, 트랜잭션 모델링
② 논리적 설계 : 목표 DBMS에 맞는 스키마 설계, 트랜잭션 인터페이스 설계
③ 조직적 설계 : 목표 DBMS에 맞는 물리적 구조 설계, 트랜잭션 세부 설계
④ 구현 : 목표 DBMS DDL로 스키마 작성, 트랜잭션(응용 프로그램) 작성

23 조직적 설계가 아닌 물리적 설계에 대한 내용이다. 물리적 설계는 목표 DBMS에 맞는 물리적 구조 설계, 트랜잭션 세부 설계를 의미한다.

정답 21 ③ 22 ③ 23 ③

24 프로그램 설계 언어(PDL, Program Design Language)는 의사 코드(Pesudo Code)라고 한다. 영어 단어를 이용해 구조적 프로그래밍의 제어 구조를 기술하는 것이다. 하향식 접근 방식으로 논리의 전체 흐름을 표현하며, 사용자와의 의사소통을 용이하게 한다. 현재 프로그래밍 언어와 유사한 서술적 표현을 사용하며 프로그램 설계, 시스템 검토, 문서화 기법에 주로 이용된다.

24 다음 설명에 해당하는 것은?

- 의사코드(Pseudo Code)라고 한다.
- 영어 단어를 이용해 구조적 프로그래밍의 제어 구조를 기술하는 것이다.

① 프로그램 설계 언어(PDL)
② NS 도표
③ 흐름도(Flow Chart)
④ 의사결정

25 ① 데이터 중심 설계 : 저장소 모델이라고 하며 대규모 데이터를 공유하는 소프트웨어 시스템에 사용된다. 공유된 데이터베이스에 기반한 아키텍처로 저장소를 통해 상호작용한다.
② 자료 구조 중심 설계 : 요구 분석 단계에서 생성된 정보를 바탕으로 소프트웨어를 구현하는 데 필요한 자료 구조로 변환하는 방식이다.
④ 상향식 설계 : 가장 기본적인 컴포넌트를 먼저 설계한 다음 이것을 사용하는 상위 수준의 컴포넌트를 설계하는 방식이다.

25 최신 소프트웨어 제품이 전형적인 타입인 사용자 중심, 대화식 프로그램의 개발에 적합한 방식은?

① 데이터 중심 설계 방법론
② 자료 구조 중심 설계 방법론
③ 객체지향 설계 방법론
④ 상향식 설계 방법론

26 현행 시스템 분석에는 플랫폼 기능 분석, 플랫폼 성능 특성 분석, 운영체제 분석, 네트워크 분석, DBMS 분석, 비즈니스 융합 분석이 있다.

26 현행 시스템 분석에서 고려하지 않아도 되는 항목은?

① DBMS 분석
② 네트워크 분석
③ 운영체제 분석
④ 인적 자원 분석

정답   24 ①   25 ③   26 ④

27 현행 시스템 파악 절차의 3단계에 해당하는 것은?

① 하드웨어 구성 파악
② 아키텍처 구성 파악
③ 시스템 구성 파악
④ 소프트웨어 구성 파악

27 현행 시스템 파악 절차의 3단계는 하드웨어 구성 파악, 네트워크 구성 파악이다.

✔ 주관식 문제

01 다음 설명에서 괄호 안에 들어갈 용어를 순서대로 쓰시오.

> • 기술적 관점에는 데이터 설계(data design), (㉠), 절차 설계(procedural design)가 있다.
> • (㉡)는 소프트웨어를 구성하는 모듈 간의 관계와 프로그램 구조를 정의하는 것으로 자료 흐름도, 자료 명세서, 자료 상태도 등과 모듈의 상호작용이 기초가 된다.

01 **정답**
㉠ 구조 설계(architectural design)
㉡ 절차 설계
해설
• 소프트웨어 설계의 기술적 관점에는 데이터 설계, 구조 설계, 절차 설계가 있다.
• 절차 설계는 소프트웨어를 구성하는 모듈 간의 관계와 프로그램 구조를 정의하는 것으로 자료 흐름도, 자료 명세서, 자료 상태도 등과 모듈의 상호작용이 기초가 된다.

정답 27 ①

02 정답

모듈 분해성, 모듈 조립성, 모듈 이해도, 모듈 연속성, 모듈 보호

해설

① 모듈 분해성 : 문제를 작은 문제로 분해하면 문제의 복잡성을 줄일 수 있다.

② 모듈 조립성 : 재사용 가능한 컴포넌트를 모아서 새로운 시스템을 만든다.

③ 모듈 이해도 : 하나의 모듈은 독자적 단위로 이해할 수 있어야 하며, 만들고 수정하기 쉬워야 한다.

④ 모듈 연속성 : 요구사항의 변경이 모듈의 변경을 초래할 때 파생하는 변경을 최소화해야 한다.

⑤ 모듈 보호 : 어떤 모듈의 비정상 상황이 다른 모듈로 파급되는 상황을 줄여야 한다.

02 모듈의 5가지 평가기준을 나열하시오.

---

03 정답

㉠ 아키텍처 구성 파악

㉡ 소프트웨어 구성 파악

해설

현행 시스템 파악 절차의 1단계는 시스템 구성 파악, 시스템 기능 파악, 시스템 인터페이스 파악이다. 2단계는 아키텍처 구성 파악, 소프트웨어 구성 파악이고, 3단계는 하드웨어 구성 파악, 네트워크 구성 파악이다.

03 다음 설명에서 괄호 안에 들어갈 용어를 순서대로 쓰시오.

현행 시스템 파악 절차의 2단계에는 (㉠), (㉡)이/가 있다.

제7장

상세 설계

I wish you the best of luck!

제 7 장 상세 설계

모듈화는 소프트웨어를 모듈 단위로 나누는 것을 의미하며 수행 가능한 명령어를 잘라서 작은 독립 단위로 나누어 설계하는 것이다. 또한, 서브시스템, 서브루틴, 소프트웨어 내의 프로그램 또는 작업 단위(work unit) 등을 의미한다.

제 1 절 모듈화

1 기능적 독립성 중요 ★★★

기능적 독립성은 소프트웨어를 구성하는 각 모듈의 기능이 독립됨을 의미하는 것으로 모듈화, 추상화, 정보 은닉의 부산물이다. 모듈이 하나의 기능만을 수행하게끔 하고 다른 모듈과의 과도한 상호작용을 배제함으로써 이루어진다. 좋은 모듈화는 용도에 맞게 잘 구분된 기능을 가진 모듈들로 세분화하는 것이다. 기능적으로 독립된 모듈은 특정 기능을 수행하고, 다른 모듈과는 간단한 인터페이스만을 가지므로 독립성이 높은 모듈일수록 모듈을 수정하더라도 다른 모듈들에게 거의 영향을 미치지 않으며, 오류가 발생해도 쉽게 발견하고 해결할 수 있다.

개별 모듈은 독립적으로 자신에게 주어진 기능만을 수행하고 명확한 결과 값을 내놓아야 하며 다른 모듈에 대한 의존성이 높아선 안 된다. 모듈의 독립성은 결합도(Coupling)와 응집도(Cohesion)에 의해 측정되며, 독립성을 높이려면 모듈의 결합도를 약하게 하고 응집도를 강하게 하며 모듈의 크기를 작게 만들어야 한다. 결합도는 모듈의 독립성의 정도이며, 응집도는 모듈의 함수적 강도이다. 결합도와 응집도는 소프트웨어 설계 시 평가 지침이 된다.

2 응집도 중요 ★★★

응집도는 하나의 모듈 내에 정의된 기능, 요소들 간의 관계이며, 모듈이 얼마나 잘 정리된 기능을 수행하는가에 대한 내용이다. 응집도는 정보 은닉 개념을 확장한 것으로, 명령어나 호출문 등 모듈의 내부 요소들이 서로 관련되어 있는 정도, 즉 모듈이 독립적인 기능으로 정의되어 있는 정도를 의미한다. 독립적인 모듈이 되기 위해서는 각 모듈의 응집도가 강해야 한다.

응집도의 종류에는 기능적 응집도, 순차적 응집도, 교환(통신)적 응집도, 절차적 응집도, 시간적 응집도, 논리적 응집도, 우연적 응집도가 있다.

응집도가 높아지면 다른 모듈과의 의존도가 낮아지고 독립성이 강해진다. 한 모듈 내에 필요한 함수와 데이터들의 친화력을 측정하는 데 사용한다. 응집도가 높아지면 재사용성이 강화되고 품질도 향상되는 효과가 있다.

(1) 기능적 응집도

기능적 응집도(functional cohesion)는 모듈 내부의 모든 기능 요소들이 단일 문제와 연관되어 수행될 경우의 응집도를 의미한다. 한 모듈 내에서 오직 한 가지의 기능을 수행하기 위한 요소로 구성된다. 모듈 내부가 하나의 단일 기능으로 존재하는 경우로 프로그램 언어에서 지원받는 라이브러리가 모두 이에 속한다[예 printf(), scanf()]. 기능적 응집을 사용하는 예로는 미사일 궤도 계산 모듈, 제곱근 계산, 행렬 계산, 트랜잭션 레코드 입력 모듈이 있다.

(2) 순차적 응집도

순차적 응집도(sequential cohesion)는 모듈 내 하나의 활동으로부터 나온 출력 데이터를 그 다음 활동의 입력 데이터로 사용할 경우의 응집도를 의미한다. 모듈 내의 한 구성요소의 출력이 다른 구성의 입력으로 사용되는 모듈, 자료 흐름, 처리 순서를 가지고 있다. 예로는 행렬을 입력한 후 그 행렬의 역행렬을 구해서 이를 출력하는 것을 들 수 있다.

(3) 교환적 응집도

교환적 응집도(communicational cohesion)는 동일한 입력과 출력을 사용하여 서로 다른 기능을 수행하는 구성요소들이 모였을 경우의 응집도를 의미한다. 모듈이 여러 가지 기능을 수행하며 모듈 내 구성요소들이 같은 입력 자료를 이용하거나 동일 출력을 사용한다. 통신 응집, 정보 응집이라고도 한다. 예로는 같은 입력 자료를 사용하여 A를 계산한 후 B를 계산하는 경우를 들 수 있다.

(4) 절차적 응집도

절차적 응집도(procedural cohesion)는 모듈이 다수의 관련 기능을 가질 때 모듈 안의 구성요소들이 그 기능을 순차적으로 수행할 경우의 응집도를 의미한다. 모듈 내 구성요소들이 연관성이 있고 특정 순서에 의해 수행되는 경우로, 제어 흐름과 처리 순서가 있다. 관련이 없는 기능 요소가 배열된 순서로 수행되는 것으로 한 모듈 내의 활동들이 순차적으로 수행된다. 요소들이 서로 관련이 없다는 점을 제외하면 순차적 응집도와 비슷하다. 예로는 restart 루틴을 들 수 있다.

(5) 시간적 응집도

시간적 응집도(temporal cohesion)는 특정 시간에 처리되는 몇 개의 기능을 모아 하나의 모듈로 작성할 경우의 응집도를 의미한다. 모듈 내 구성요소들이 서로 다른 기능을 같은 시간대에 실행하는 경우로, 제어 신호는 있고 처리 순서는 없다. 각 기능 요소가 순서에 상관없이 특정 시점에 반드시 수행되는 기능이 모여 있는 것이다. 열린 파일을 닫을 때 예외사항이 발생한 후 호출되는 함수를 예로 들 수 있다. 오류 로그를 작성하고 사용자에게 알리는 기능이 순서에 상관없이 수행된다.

(6) 논리적 응집도

논리적 응집도(logical cohesion)는 유사한 성격을 갖거나 특정 형태로 분류되는 처리 요소들로 하나의 모듈이 형성되는 경우의 응집도를 의미한다. 여기서는 한 기능이 변경되면 모듈의 수정이 필요하다. 예로는 모든 마우스 및 키보드 입력 처리 루틴을 그룹화하는 것을 들 수 있다.

(7) 우연적 응집도

우연적 응집도(coincidental cohesion)는 모듈 내부의 각 구성요소들이 서로 관련 없는 요소로만 구성된 경우의 응집도를 의미한다. 즉, 모듈끼리 연결성이 없는 경우이다. 논리적 응집도와 유사하지만 활동이 동일한 유형이 아니며 모듈을 수정할 때마다 부작용을 유발할 가능성이 높다. 서로 관련 없는 모듈들로 구성되어 있으며 단순히 일정한 크기로 나눈 경우를 말한다.

(8) 응집도 순서

강 ↑	기능적 응집도(functional cohesion)
	순차적 응집도(sequential cohesion)
	통신적 응집도(communicational cohesion)
	절차적 응집도(procedural cohesion)
	시간적 응집도(temporal cohesion)
↓ 약	논리적 응집도(logical cohesion)
	우연적 응집도(coincidental cohesion)

[그림 7-1] 응집도 순서

3 결합도 중요 ★★★

결합도는 모듈 간에 상호 의존하는 정도 또는 두 모듈 사이의 연관 관계를 의미한다. 독립적인 모듈이 되기 위해서는 각 모듈 간의 결합도가 약해야 하며 의존하는 모듈이 적어야 한다.
결합도가 강하면 시스템 구현 및 유지보수 작업이 어렵다. 모듈 사이의 관련성이 최소가 되도록 하는 것이다. 결합도의 종류에는 자료 결합도, 스탬프 결합도, 제어 결합도, 외부 결합도, 공통 결합도, 내용 결합도가 있다.

(1) 내용 결합도

내용 결합도(content coupling)는 한 모듈이 다른 모듈의 내부 기능 및 그 내부 자료를 직접 참조하거나 수정할 때의 결합도이다. 한 모듈에서 다른 모듈의 내부로 제어가 이동하는 경우도 내용 결합도에 해당한다. 한 모듈의 변경이 다른 모듈에 영향을 미친다.

(2) 공통 결합도

공통 결합도(common couling)는 공유되는 공통 데이터 영역을 여러 모듈이 사용할 때의 결합도이다.
공통 데이터 영역의 내용을 조금만 변경하더라도 이를 사용하는 모든 모듈에 영향을 미치므로 모듈의
독립성을 약하게 만든다. 예로는 Call by Reference 기법을 이용하는 것을 들 수 있다.

(3) 외부 결합도

외부 결합도(external coupling)는 어떤 모듈에서 외부로 선언한 데이터(변수)를 다른 모듈에서 참조할
경우의 결합도이다. 참조되는 데이터의 범위를 각 모듈에서 제한할 수 있다.

(4) 제어 결합도

제어 결합도(control coupling)는 한 모듈에서 다른 모듈로 논리적인 흐름을 제어하는 데 사용하는 제
어 요소를 전달(Switch, Tag, Flag)할 경우의 결합도이다. 상위 모듈이 하위 모듈의 상세한 처리 절차
를 알고 있어 이를 통제하는 경우나 처리 기능이 두 모듈에 분리되어 설계된 경우에 발생한다. 하위
모듈에서 상위 모듈로 제어 신호가 이동하여 상위 모듈에게 처리 명령을 부여하는 권리 전도 현상이
발생하게 된다.

(5) 스탬프 결합도

스탬프 결합도(stamp coupling)는 모듈 간의 인터페이스로 배열이나 레코드 등의 자료 구조가 전달될
때의 결합도이다. 스탬프 결합도는 자료형에 의해 자료를 주고받고 이 자료 타입의 모든 원소들이 완전
히 이용되지 않는 경우이다. 데이터 타입의 변화는 다른 참조 모듈에 영향을 미치고 관련 없는 정보를
보냄으로써 모듈 간의 의존성을 증가시키는 단점이 발생한다.

(6) 자료 결합도

자료 결합도(data coupling)는 모듈 간의 인터페이스가 자료 요소로만 구성될 때의 결합도이다. 어떤
모듈이 다른 모듈을 호출하면서 매개변수나 인수로 데이터를 넘겨주고, 호출받은 모듈은 받은 데이터에
대한 처리 결과를 다시 돌려주는 것이다. 자료 결합도는 모듈 간의 내용을 전혀 알 필요가 없는 상태로
서 한 모듈의 내용을 변경하더라도 다른 모듈에는 전혀 영향을 미치지 않는 가장 바람직한 결합도이다.
데이터 요소(파라미터, 인수, 매개변수)로만 구성된 경우, Call by Value 기법을 예로 들 수 있다.

(7) 결합도 순서

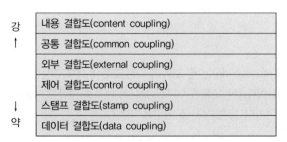

[그림 7-2] 결합도 순서도

제 2 절 클래스 설계

1 클래스 인터페이스의 정의

클래스(class)는 **공통된 데이터들의 집합을 모아놓은 것**을 말한다. 클래스 수준의 설계는 클래스들을 상위, 하위 관계 및 연관 관계 등을 이용하여 집합으로 묶어 수준을 구분하는 설계이다. 객체지향 프로그램의 주된 목적 중 하나는 사람들이 실제로 생각하는 방식과 유사하게 현실 세계의 시스템을 모델링하는 것이다. 데이터와 행위를 서로 상호작용하는 객체 내에 캡슐화한다. 클래스 수준의 설계 작업에는 패턴이 자주 사용된다.

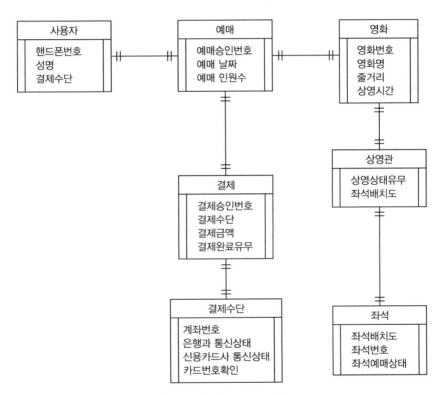

[그림 7-3] 클래스 다이어그램

2 클래스 설계 원칙

① 최소한의 공개 인터페이스

최소한의 공개 인터페이스를 제공하면 클래스를 가능한 한 간결하게 할 수 있다.

② 구현 은닉

사용자에게 영향을 주지 않고서 구현을 변경할 수 있다면 가장 유용한 클래스이다. 구현에 대한 변경 때문에 사용자 응용 프로그램 코드를 변경할 필요가 없어야 한다.

③ 견고한 생성자 설계

생성자는 객체의 초기화를 담당한다. 이것에는 속성 초기화 및 메모리 관리와 같은 문제가 포함된다. 소멸자를 제공하는 언어에서는 반드시 소멸자에 리소스를 릴리즈한다.

④ 오류 처리를 클래스 속에 설계

설계는 응용 프로그램이 충돌하는 일이 없게 하는 것이 우선적인 원칙이다. 클래스를 잘 개발하는 사람이라면 exception에 대한 처리를 해당 클래스 내에서 처리해야 한다.

⑤ 클래스 문서 작성 및 주석 사용

문서화에 대한 문제는 해당 프로젝트의 성격에 따라 달라질 것으로 보인다.

⑥ 협력하기 위한 객체 구성

클래스를 설계할 때 다른 객체가 어떻게 클래스와 상호작용하는지 반드시 알고 있어야 한다.

⑦ 재사용을 고려한 설계

상위 클래스의 기능을 하위 클래스가 그대로 활용하여 코드의 중복성을 제거하고 코드의 재사용을 목적으로 한다.

⑧ 확장성을 고려하여 설계

특정 클래스의 기능을 추가하고 수정할 때에는 상위 클래스를 상속시켜 기능을 확장시키는 것이 최상의 전략이다.

⑨ 서술형 이름 사용

누구나 이름을 읽고서 객체가 나타내는 것이 무엇인지 알 수 있어야 한다. 다양한 조직에서 이런 명명 규칙을 코딩 표준으로 지정하는 경우가 흔하다.

⑩ 이식불가 코드 추상화

이식불가 코드(특정 하드웨어 플랫폼에서만 실행되는 코드)를 사용해야만 하는 시스템을 설계할 경우 클래스로부터 코드를 추상화해야 한다. 이식불가 코드는 기본 클래스에 포함시키지 않고 래퍼 클래스로 보내야 한다.

⑪ 객체 복사 및 비교 방법 제공

클래스가 기대하는 수준의 객체 복사 및 비교 연산에 대해 고려해야 한다.

⑫ 가능한 한 작은 범위 유지

속성과 행위를 가능하면 로컬화한다는 의미이다. 가능하면 전역이 아닌 로컬 속성 행위를 사용한다.

⑬ 반복 사용

단위 테스트와 리팩토링을 적합한 인터페이스를 가질 때까지 반복한다. 리팩토링(Refactoring)이란 소프트웨어 모듈의 외부 기능을 유지한 채 내부 구조를 단순화하여 유지보수성을 향상시키는 기법이다.

⑭ **유지보수를 고려하여 설계**

분리된 코드 조각은 큰 조각의 코드보다 유지보수가 더 편하다. 유지보수를 위해 가장 좋은 방법 중 하나는 한 클래스에서 변경한 내용이 다른 클래스에 영향을 주거나 영향을 받지 않도록 하는 것이다.

⑮ **인터페이스 테스트**

인터페이스를 최소로 구현하는 것을 흔히 스텁(stub)이라고 한다. stub이란 실제 구현은 하지 않고 인터페이스에 정의된 대로 리턴을 가짜로 던지게 한다. 이렇게 stub을 이용하여 인터페이스 설계가 완료되지 않은 시점에서 구현하는 시간을 단축하고 인터페이스 설계를 좀 더 보완할 수 있다(stub 코드는 구현 완료 이후에도 삭제하지 않는다).

⑯ **객체지속성 사용**

프로그램을 실행할 때 객체를 어떤 방식으로 저장하지 않으면 개체는 그냥 소멸하고 다시는 복구할 수 없다.

3 클래스 재사용

개발시간을 단축하기 위해 기존 클래스를 이용하여 신규 클래스를 만드는 방법으로 재사용성, 응집도를 높이고 결합도를 최소화하도록 모듈화 관점에서 구현한다.

[클래스 재사용 방법]

재사용 방법	설명
화이트박스 재사용	일반화/상세화의 관계나 상속 구조를 통해 클래스의 구현사항을 재사용
블랙박스 재사용	객체의 내부는 공개하지 않고 인터페이스를 통해서 재사용
위임(화이트 + 블랙)	합성을 상속만큼 강력하게 만드는 방법으로 객체 간 결합도를 낮추는 데 사용
매개변수화 타입	타입을 정의할 때 타입이 사용하는 모든 타입을 다 지정하지 않은 채 정의

제 3 절   사용자 인터페이스 설계

인터페이스(Interface) 설계는 소프트웨어와 시스템, 사용자 등의 상호작용을 위해 어떻게 통신하는지 기술하는 과정이다. 사용자 인터페이스 설계 시 오류 메시지나 경고에 관한 지침이 필요하다. 메시지는 이해하기 쉬워야 하며, 오류로부터의 회복을 위한 구체적인 설명이 제공되어야 한다. 또한 소리나 색 등을 이용하여 듣거나 보기 쉽게 의미 전달을 하도록 해야 한다.

1 사용자 인터페이스 유형

(1) 그래픽 사용자 인터페이스(Graphic User Interface)

사용자에게 간략화된 작업 환경을 보여주고 그 속에 있는 아이콘과 텍스트로 이루어진 객체를 직접 조작함으로써 원하는 일을 수행하게 하는 인터페이스로, 일명 조작형 인터페이스라고 한다.

(2) 웹 인터페이스

인터넷과 웹 브라우저를 통하여 페이지를 열람하고 조작하는 인터페이스이다. GUI와 유사한 구성요소들이 많고 다양한 종류의 콘텐츠 즉, 하이퍼텍스트를 내비게이션바와 같은 메뉴로 표현하기 위한 인터페이스이다.

(3) 명령어 인터페이스

컴퓨터 자판을 이용하여 정해진 명령 문자열을 입력하여 시스템을 조작하는 인터페이스이다. 과거 DOS 및 UNIX 등 운영체제의 조작을 위하여 사용하던 인터페이스가 대표적인 사례이다.

(4) 텍스트 사용자 인터페이스

자연어에 가까운 문장을 입력하여 시스템을 조작하는 인터페이스이다. 인공지능이나 게임 분야에서 많이 채택하는 인터페이스로 자연어로 처리하는 기술이 필요하다.

2 사용자 인터페이스 설계 원리

(1) 일관성

사용자 인터페이스 중심으로 설계되어야 하며, 사용자가 이해하기 쉽게 애플리케이션에 적용할 수 있어야 한다.

(2) 적절한 사용자 지원

사용자가 어떤 액션을 취하였는지 아니면 오류가 발생했는지 알지 못할 때 시스템이 적절히 지원하는 것은 중요하다. 도움말이나 오류메시지를 제공하는 것이다.

(3) 적당한 피드백

사용자는 어떤 이벤트가 발생하였을 때 시스템의 반응을 기대하는데, 화면상에 메시지 박스 또는 하이 라이트 표시를 해주면 된다. 만약 피드백이 없다면 사용자는 계속 똑같은 이벤트를 보낼 것이고 결국에 는 시스템이 다운되는 현상이 생긴다. 사용자와 시스템 간의 상호작용이 정확해야 한다.

(4) 최소의 사용자 입력

사용자는 불필요한 동작을 만나면 불편해하거나 불평을 한다. 그래서 불필요한 동작을 최소화하도록 인터페이스를 설계해야 한다.

(5) 간편한 오류 처리

사용자가 시스템에 심각한 오류를 일으키지 않도록 제작한다.

3 화면 설계와 출력물 설계

(1) 화면 설계

대화형 시스템의 중요한 부분이며, 사용자의 부류가 다양한 것처럼 시스템이 수행하는 작업 자체도 다 양하다. 예를 들면, 성인 중급 사용자에게 읽기 쉬운 화면이 초등학생에게도 읽기 쉬운 화면이 된다고 단정할 수 없다.

인터페이스 설계는 먼저 화면의 크기나 글자꼴 등 자세한 사항은 뒤로 미루고 출력 자체를 설계한다. 출력의 순서에 대하여 먼저 결정한 후에 한 화면에 출력될 사항을 분류하고 한 화면 안에서 적당한 간격 과 박스, 강조, 색상, 자형 등을 고려한다. 화면 설계 원리는 다음과 같다.

① 화면을 설계하는 동안 사용자의 특성을 기억한다. 사용자 계층에 따라 다른 설계가 필요하기 때문이다.
② 논리적으로 관련 있는 항목들을 빈 줄이나 빈칸, 박스, 강조, 반전, 색상, 글자꼴 등으로 구별하기 쉽게 한다.
③ 정보를 조직적으로 표현하기 위하여 다양한 정렬 방식을 사용한다.
④ 다중 화면인 경우 화면 사이의 일관성이 중요하다.
⑤ 여러 가지 다른 배치를 시험한다.

(2) 그래픽 사용자 인터페이스(GUI)

① 개요

그래픽 사용자 인터페이스는 사용자(User)와 사물 또는 체계, 특히 기기, 컴퓨터 프로그램 등 사이의 의사소통이 가능하도록 일시적 혹은 영속적인 접근을 목적으로 만들어진 물리적, 가상적 매개체이다. 아이콘으로 원하는 내용을 선택할 수 있는데, 사용자와의 상호작용을 위해서 아이콘을 설계해야 한다. 화면을 여러 개로 구성하여 볼 수 있으며 듀얼 모니터를 이용할 수 있다.

② 장점

그래픽 사용자 인터페이스는 그래픽으로 표현되어 이해하기 쉽고 초보자가 사용하기 쉽다. 윈도우에 많은 창을 띄울 수 있고, 결과물도 그래픽으로 출력하기 편하다.

③ 단점

그래픽 사용자 인터페이스는 구성을 잘못할 경우 절차를 찾기 어려울 수 있다. 또한 아이콘 설계는 디자인을 더하기 때문에 제작이 어렵다.

(3) 언어 인터페이스 방법

① 명령어 방식

명령어 방식은 정형적인 언어(formal language)로 표현되어 있다. 운영체제, 텍스트 편집기, 모험 게임 등에 자주 사용한다. 고급 사용자에게 적합하며 어휘, 문법 규칙, 명령어의 의미를 익혀야 한다. 명령어 방식은 초보자를 위하여 문법 규칙을 도움말 형식으로 프롬프트 창에 표시한다. 명령어 설계 시 주의사항은 다음과 같다.

> ㉠ 명령어의 개수를 가능하면 적게 한다.
> ㉡ 의미 있고 구별되는 이름을 사용한다.
> ㉢ 약자는 일관성 있게 사용한다.
> ㉣ 약자가 사용되더라도 명령어가 제대로 작동하도록 한다.
> ㉤ 문법 구조는 일관성 있게 구성한다.
> ㉥ 명령어 메뉴는 중급 사용자에게 도움이 된다.

② 자연어 방식

자연어로 소프트웨어와 인터페이스를 표현하는 방식이다.

③ 기능키 방식

미리 정의된 명령어를 이용하여 하나의 키로 사용하는 인터페이스를 표현하는 방식이다.

④ 직접 조작

㉠ 간략화된 작업 환경을 보여주고 그 속의 객체를 직접 조작한다.
㉡ 아이콘으로 객체를 표현한다.
㉢ 예로는 편집기, 비디오 게임, 터치 스크린, 윈도우 시스템 등이 있다.
㉣ 마우스나 조이스틱을 사용한다.
㉤ What you see is what you get(WYSIWYG)
사용자가 현재 화면에서 보고 있는 내용과 동일한 출력 결과를 얻을 수 있다.

ⓑ 설계 시 고려사항은 다음과 같다.

> - 아이콘은 이해하기 쉬워야 한다.
> - 잘못된 유추는 피해야 한다.
> - 사용자 계층의 관습에 따라 설계한다.
> - 아이콘은 알맞은 목적에 따라 사용되어야 한다.
> - 조화 및 일관성, 배치가 중요하다

⑤ **양식 채움 인터페이스**

ⓐ 자료 입력이 많은 경우에 주로 사용된다.

ⓑ 화면에 자료 항목, 위치, 길이가 표시된다.

ⓒ 사용하려면 어느 정도의 교육이 필요하다(중급, 고급 사용자에게 적합).

ⓓ 화면 설계 구성

> - 관련 항목 모음
> - 화면 이름 작성
> - 화면의 배치(항목의 순서)
> - 입력 자료 항목의 길이
> - 정렬
> - 선택적 항목
> - 항목 간의 이동
> - 오류의 정정

⑥ **메뉴 방식**

ⓐ 개요

메뉴 방식은 초급이나 중급 사용자에게 적합하다. 메뉴 방식으로 구성할 때에는 메뉴의 구조, 동작 배치를 고려해야 한다. 메뉴의 구조에는 계층 구조, 선형 구조, 네트워크 구조가 있다. 메뉴 방식으로 구성할 때 메뉴 항목의 분류가 중요하다. 논리적으로 같은 항목은 같은 범주에 넣어야 하고 모든 경우를 포함하여 분류해야 한다. 이때, 중복된 항목과 익숙하지 않은 항목은 피해야 한다. 메뉴의 종류는 다음과 같다.

> - 단일 메뉴
> - 풀다운 메뉴
> - 고정 메뉴
> - 팝업 메뉴
> - 푸시 버튼 메뉴
> - 라디오 버튼 메뉴
> - 체크 박스 메뉴

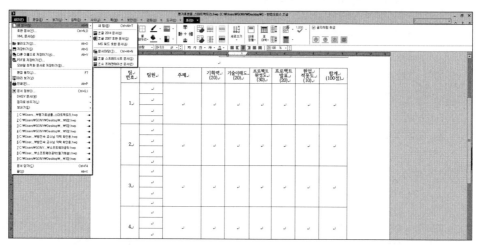

(a) 단일 메뉴

(b) 풀다운 메뉴

(c) 팝업 메뉴   (d) 라디오 버튼 메뉴   (e) 체크 박스 메뉴

[그림 7-4] 메뉴의 종류

ⓛ 장·단점

장점	단점
• 명령어에 대한 정보를 알 필요가 없다.	• 계층 구조의 명령 체계로 표현이 복잡하다.
• 메뉴가 단어로 표현되기 때문에 오타 여부가 최소화 된다.	• 초보자가 아닌 전문가가 사용하기에는 비효율적이다.
• 도움말 메뉴가 제공되기 때문에 이해하기 쉽다.	• 논리 연산 표현이 불편하거나 불가능하다.

(4) 입·출력 양식의 설계

① 입력 양식의 설계 원칙

㉠ 자료 입력 방법

ⓐ 일괄 입력 : 특정한 시각에 주기적으로 이루어지는 자료 입력 방법이다. 일괄 입력은 주로 한 번에 데이터를 모아서 처리해야 하는 월급 명세서 처리에 효율적이다.

ⓑ 온라인 입력 : 즉시 입력하여 검증이 가능하며 자료를 바로 사용할 수 있다. 온라인 입력은 바로 확인을 해야 하기 때문에 예매 사이트에 적합하다.

㉡ 입력

필요한 자료만 입력한다. 사용자가 시스템에서 조회할 수 있거나 다른 자료로부터 계산할 수 있는 자료를 입력하지 않는다. 상수 자료를 입력하지 않으며, 코드를 사용한다.

㉢ 자료 입력 화면의 설계

ⓐ 접근 제한 : 자료가 입력되는 화면 위치에 사용자가 접근하는 것을 제한해야 한다.

ⓑ 해설 제공 : 사용자가 어디서나 자료를 입력하는 방법을 알 수 있도록 해설을 제공한다.

ⓒ 보기 예시 : 사용자가 입력하는 방법을 알 수 있도록 예시를 제공한다.

ⓓ 항목의 끝 표시 : 항목의 끝을 알 수 있도록 표시한다. Enter↵ 키와 같은 특수키를 이용해 작업이 끝난 것을 알린다.

ⓔ 콤보박스 이용 : 제한된 범위를 벗어나 마음대로 입력하지 못하도록 콤보박스를 제공한다.

ⓕ 저장 전 확인 : 저장 버튼을 눌렀을 때 '정말 저장할까요?'라는 메시지를 제공해 주면 사용자는 정확하게 저장할 수 있으며, 결론적으로 정확성을 유지할 수 있다.

ⓖ 레이아웃 : 원래의 문서와 동일한 레이아웃을 제공한다.

ⓗ 레코드의 추가, 변경, 삭제, 조회 시 메시지 창을 제공한다.

㉣ 입력 오류 줄이기

ⓐ 데이터가 일정한 순서로 입력되도록 사용한다.

ⓑ 의무 입력 항목을 사용한다.

ⓒ 데이터의 타입이 정확한지 반드시 체크한다.

ⓓ 특정 값을 가져야 하는 데이터를 체크한다.

ⓔ 두 개 이상의 값을 입력해야 할 경우 일관성과 타당성을 체크한다.

ⓕ 일괄 입력할 경우 총 개수의 합이나 총계를 구한다.

㉤ 원시 문서

원시 문서는 입력 자료를 요청하고 모으는 데 사용되는 것을 말한다. 입력 설계를 할 때 데이터를 편하고 정확하게 입력할 수 있도록 원시 문서 양식을 개발해야 한다.

㉥ 입력 제어

입력 제어는 입력한 데이터가 정확하고 완전한지 확인할 수 있도록 체크하는 것이며, 정확성을 높이기 위해 사용된다. 중요한 데이터는 암호화하거나 코드화하여 사용해야 한다.

② 출력 양식의 설계 원칙

㉠ 소프트웨어의 수행 목적은 사용자가 원하는 출력물을 얻고자 하는 것이며, 이해하기 쉬워야 한다.

㉡ 출력 양식의 설계 시 고려할 사항

ⓐ 출력 매체의 종류

ⓑ 논리적 연결성
ⓒ 위치 및 배열의 중요성
ⓓ 여백의 중요성
ⓔ 즉각 반응

4 **시스템 인터페이스 설계서 작성** 중요 ★

(1) 개요

시스템 인터페이스 설계서는 시스템의 인터페이스 현황을 확인하기 위해 시스템이 갖는 인터페이스 목록과 각 인터페이스의 상세 데이터 명세를 정의한 문서로, '인터페이스 목록'과 '인터페이스 정의서'로 구성된다.

① 인터페이스 송수신 방법과 송수신 데이터 명세화 과정에서 작성한 산출물을 기반으로 작성
② 내외부 모듈 간 공통적으로 제공되는 기능과 각 데이터의 인터페이스를 확인하는 데 사용

(2) 시스템 인터페이스 목록 작성

업무 시스템과 내외부 시스템 간 데이터를 주고받는 경우에 사용하는 인터페이스에 대해 기술한 것이다. 시스템 인터페이스 목록에는 연계 업무와 연계에 참여하는 송수신 시스템의 정보, 연계 방식과 통신 유형 등에 대한 정보를 기록한다. 즉, 다음 사항들을 기록한다.

① 연계 업무
② 연계에 참여하는 송/수신 시스템의 정보
③ 연계 방식
④ 통신 유형

[시스템 인터페이스 목록]

송신				전달			수신				관련 요구 사항 ID	비고
인터 페이스 번호	일련 번호	송신 시스템 명	프로 그램 ID	처리 형태	인터 페이스 방식	발생 빈도	상대 담당자 확인	프로 그램 ID	수신 시스템 명	수신 번호		
HR_IN V_01	1	전표발 생	P_XS W_001	ON_LI NE	URL 호출	수시	YYY	P_ER P_001	매입 시스템	RCV- 001	REQ_I F_004	

(3) 시스템 인터페이스 정의서 작성

인터페이스별로 시스템 간의 연계를 위해 필요한 데이터 항목 및 구현 요건 등을 기술하는 것이다. 데이터 송/수신 시스템 간 데이터 저장소와 속성 등 상세 정보를 기록한다.

① 인터페이스 ID, 인터페이스명, 처리 유형, 통신 유형, 주기, 인터페이스 구분, 데이터 포맷 ← 인터페이스 목록 참고하여 기재

② 인터페이스 송/수신 데이터 명세를 참조하여 기재

③ 코드 매핑 규칙을 작성, 별도 처리 로직이 필요한 경우의 규칙을 기재

④ **최대 처리 횟수** : 단위 시간당 처리될 수 있는 해당 인터페이스 최대 수행 건수

⑤ **데이터 크기** : 인터페이스 1회 처리 시 소요되는 데이터의 평균 및 최대 크기

[인터페이스 정의서]

| 인터
페이스
번호 | 데이터송신시스템 | | | | | 송신
프로
그램
ID | 데이터수신시스템 | | | | | 수신
프로
그램
ID |
	시스템 명	데이터 저장소 명	속성명	데이터 타입	길이		데이터 저장소 명	속성명	데이터 타입	길이	시스템 명	
HR_IN V_01	전표 발생	급여 결과	사번	CHAR	9	P_XS W_001	매입 전표	거래자	CHAR	9	전표 매입	P_ERP _001
HR_IN V_01	전표 발생		급여 결과	NUMB ER	10	P_XS W_001	매입 전표	거래 금액	NUMB ER	10	전표 매입	P_ERP _001

[인터페이스 설계서]

인터페이스 설계서

인터페이스ID		송신시스템	
인터페이스명		수신시스템	
인터페이스설명			

INPUT PARAMETER							
No	Level	물리명	논리명	타입	길이	소수점	비교

OUTPUT PARAMETER							
No	Level	물리명	논리명	타입	길이	소수점	비교

5 미들웨어 솔루션 명세 중요 ★★★

(1) 개요

클라이언트와 서버 간의 통신을 담당하는 시스템 소프트웨어 또는 컴퓨터와 컴퓨터의 연결을 담당하는 소프트웨어로서, 중간을 의미하는 미들(middle)과 소프트웨어(software)를 의미하는 웨어(ware)의 합성어이다. 운영체제와 해당 운영체제에서 실행되는 응용 프로그램 사이에서 운영체제가 제공하는 서비스 이외의 추가적인 서비스를 제공하는 소프트웨어이다. 미들웨어는 표준화된 인터페이스를 제공함으로써 시스템 간의 데이터 교환에 일관성을 보장하고, 위치 투명성을 제공한다. 미들웨어는 통신 제공 방법이나 기능에 따라 DB, RPC, MOM, TP-Monitor, ORB, WAS 등으로 구분한다.

> ❗ 더 알아두기 Q
>
> 위치 투명성 : 액세스하려는 시스템의 실제 위치를 알 필요없이 단지 시스템의 논리적인 명칭만으로 액세스할 수 있는 것을 의미한다.

(2) 미들웨어의 종류 중요 ★

① **DB(DataBase)**

DB는 데이터베이스 벤더에서 제공하는 클라이언트에서 원격의 데이터베이스와 연결하기 위한 미들웨어이다. DB를 사용하여 시스템을 구축하는 경우, 보통 2-Tier 아키텍처라고 한다. 대표적인 DB의 종류에는 마이크로소프트의 ODBC, 볼랜드의 IDAPI, 오라클의 Glue 등이 있다.

② **RPC(Remote Procedure Call)**

RPC(원격 프로시저 호출)는 응용 프로그램의 프로시저를 사용하여 원격 프로시저를 마치 로컬 프로시저처럼 호출하는 방식의 미들웨어이다. 대표적인 RPC의 종류에는 이큐브 시스템스의 Entera, OSF의 ONC/RPC 등이 있다.

③ **MOM(Message Oriented Middleware)**

MOM(메시지 지향 미들웨어)은 메시지 기반의 비동기형 메시지를 전달하는 방식의 미들웨어이다. 온라인 업무보다는 이기종 분산 데이터 시스템의 데이터 동기를 위해 많이 사용된다. 대표적인 MOM 종류로는 IBM의 MQ, 오라클의 Message Q, JCP의 JMS 등이 있다.

④ **TP-Monitor(Transaction Processing Monitor)**

TP-Monitor(트랜잭션 처리 모니터)는 항공기나 철도 예약 업무 등과 같은 온라인 트랜잭션 업무에서 트랜잭션을 처리 및 감시하는 미들웨어이다. 사용자 수가 증가해도 빠른 응답 속도를 유지해야 하는 업무에 주로 사용된다. 대표적인 TP-Monitor의 종류에는 오라클의 tuxedo, 티맥스소프트의 tmax 등이 있다.

⑤ **ORB(Object Request Broker)**

ORB(객체 요청 브로커)는 객체 지향 미들웨어로 코바(CORBA, 네트워크에서 분산 프로그램 객체를 생성, 배포, 관리하기 위한 규격) 표준 스펙을 구현한 미들웨어이다. 최근에는 TP-Monitor의 장점인 트랜잭션 처리와 모니터링 등을 추가로 구현한 제품도 있다. 대표적인 ORB의 종류에는 Micro Focus의 Orbix, OMG의 CORBA 등이 있다.

⑥ **WAS(Web Application Server)**

WAS(앱 애플리케이션 서버)는 정적인 콘텐츠를 처리하는 웹 서버와 달리 사용자의 요구에 따라 변하는 동적인 콘텐츠를 처리하기 위해 사용되는 미들웨어이다.

㉠ 클라이언트/서버 환경보다는 웹 환경을 구현하기 위한 미들웨어이다.

㉡ HTTP 세션 처리를 위한 웹 서버 기능뿐만 아니라 미션-크리티컬한 기업 업무까지 JAVA, EJB 컴포넌트 기반으로 구현이 가능하다.

㉢ 대표적인 WAS의 종류에는 오라클의 WebLogic, IBM의 WebSphere 등이 있다.

(3) 미들웨어 솔루션 식별

미들웨어 솔루션 식별이란 개발 및 운영 환경에 사용될 미들웨어 솔루션을 확인하고 목록을 작성하는 것이다. 소프트웨어 아키텍처에서 정의한 아키텍처 구성 정보와 프로젝트에서 구매가 진행 중이거나 구매 예정인 소프트웨어 내역을 확인하여 개발 및 운영 환경에서 사용될 미들웨어 솔루션을 식별한다. 식별한 미들웨어 솔루션들에 대해 솔루션의 시스템, 구분, 솔루션명, 버전, 제조사 등의 정보를 정리한 미들웨어 솔루션 목록을 작성한다. 작성된 미들웨어 솔루션 목록은 이해관계자 등에게 전달하여 오류 및 누락을 확인하고 수정한다.

(4) 미들웨어 솔루션 명세서 작성 중요 ★★★

미들웨어 솔루션 명세서는 미들웨어 솔루션 목록의 미들웨어 솔루션별로 관련 정보들을 상세하게 기술하는 것이다.

① 미들웨어 솔루션 제품 명칭 및 버전, 제품 사용 목적 등을 솔루션에 대한 제품안내서 및 설명 자료 등을 통해 검토한다.

② 미들웨어 솔루션 제품에 대한 사용 환경과 특징 등을 솔루션 설명 자료나 관련 담당자를 통해 검토한다.

③ 미들웨어 솔루션이 지원하는 시스템 범위와 정상적인 서비스 제공을 위한 환경 구성, 제공 기능 등에 대한 제약사항이 존재하는지 제품안내서 및 기술 지원 담당자를 통해 검토한다.

④ 미들웨어 솔루션에 대한 상세 정보 및 제공 기능, 특징, 시스템 구성 환경 등에 대한 제약사항을 정리하여 솔루션에 대한 명세서를 작성한다.

(5) 수행 순서

① 개발 및 운영 환경에 사용될 미들웨어 솔루션에 대해 확인한다.

개발 및 운영 환경에서 사용될 미들웨어 솔루션의 유형 및 종류 등의 현황에 대해 확인하여 상세 정보를 기술한다.

㉠ 아키텍처 구성 정보를 검토한다.

소프트웨어 아키텍처에서 정의한 아키텍처 구성 정보를 확인하여 개발 및 운영 환경에서 사용될 미들웨어 솔루션을 식별한다.

㉡ 프로젝트의 구매 SW를 검토한다.

프로젝트에서 구매가 진행 중이거나 구매 예정인 SW 내역을 확인하여 개발 및 운영 환경에서 사용될 미들웨어 솔루션을 식별한다.

ⓒ 프로젝트에서 사용될 미들웨어 솔루션에 대해 정리한다.

아키텍처 정의 및 프로젝트 구매 SW 등을 통해 식별한 미들웨어 솔루션에 대해 솔루션의 명칭 및 버전, 제조사 정보 등을 정리한다.

ⓔ 누락된 솔루션에 대해 검토한다.

정리된 미들웨어 솔루션 정보를 이해관계자 등에게 공유하고 누락되거나 잘못 식별된 솔루션이 있는지 검토한다.

[미들웨어 솔루션 목록 작성 예시]

시스템	구분	솔루션명	버전	제조사
콘텐츠 관리 시스템	와스(WAS, Web Application Server)	Tomacat	Ver 7	아파치 소프트웨어 파운데이션 (Apache Software Foundation)
사용자 관리 시스템	와스(WAS, Web Application Server)	WebOOOO	Ver 11g	OOOO
결제 관리 시스템	와스(WAS, Web Application Server)	JeOOOO	Ver 8	OOOO
연계 관리 시스템	EAI	InOOOO	N/A	OOOO

② 미들웨어 솔루션에 대한 명세서를 작성한다.

개발 및 운영 환경에서 사용될 미들웨어 솔루션의 유형 및 종류 등의 현황에 대해 확인하여 상세 정보를 기술한다.

㉠ 제조사의 제품 소개서 내용을 검토한다.

솔루션에 대한 제품 안내서 및 설명 자료 등을 통하여 제품 명칭 및 버전, 제품 사용 목적 등에 대해 확인한다.

㉡ 솔루션의 제공 기능 및 특징 등에 대해 검토한다.

솔루션 설명 자료 검토 및 관련 담당자 확인 등을 통하여 제품에 대한 사용 환경과 특징 등에 대한 정보를 확인한다.

㉢ 솔루션의 제약사항에 대해 검토한다.

해당 솔루션이 지원하는 시스템 범위와 정상적인 서비스 제공을 위한 환경 구성, 제공 기능 등에 대해 제약사항이 존재하는지 확인한다.

㉣ 솔루션에 대한 명세서를 작성한다.

솔루션에 대한 상세 정보 및 제공 기능, 특징 및 시스템 구성 환경 등에 대한 제약사항을 정리하여 솔루션에 대한 명세서를 작성한다.

[그림 7-5] 미들웨어 솔루션 명세서 작성 목차 예시

제 4 절 디자인 패턴

1 개요

(1) 정의

① 이미 만들어져서 잘 되는 것을 처음부터 다시 만들 필요가 없다는 의미이다.

② 소프트웨어를 설계할 때 특정 상황에서 자주 사용하는 패턴을 정형화한 것이며 좋은 소프트웨어 설계를 위한 개발자들의 경험적 산물이라고 할 수 있다.

③ 소프트웨어를 설계할 때 특정 맥락에서 자주 발생하는 고질적인 문제들이 또 발생했을 때 재사용할 수 있는 훌륭한 해결책이다.

④ GoF는 "특정한 상황에서 일반적 설계문제를 해결하기 위해 상호 교류하는 수정 가능한 객체와 클래스들에 대한 설명이다."라고 하였다.

⑤ 패턴(Pattern)의 정의

    ㉠ 각기 다른 소프트웨어 모듈이나 기능을 가진 다양한 응용 소프트웨어 시스템들을 개발할 때도 서로 간에 공통되는 설계 문제가 존재하며 이를 처리하는 해결책 사이에도 공통점이 있다. 이러한 유사점을 패턴이라 한다.

ⓛ 패턴은 공통의 언어를 만들어주며 팀원 사이의 의사소통을 원활하게 해주는 아주 중요한 역할을 한다.

(2) 특징

① 경험을 통하여 얻을 수 있다.

② 특정한 형식을 갖고 체계적으로 작성되는 것이 일반적이다.

③ 패턴에는 각기 다른 추상화 수준이 존재하며 계속적으로 진화한다.

(3) 장점

① 개발자 간의 의사소통을 원활하게 한다.

디자인 패턴을 알고 있는 설계자들이 특정 문제에 대해서 공통적으로 알고 있는 패턴을 적용하여 해결하기 때문이다.

② 소프트웨어 구조 파악이 용이하다.

디자인 패턴을 적용하면 소프트웨어 개발에 있어 사용한 설계나 구조를 쉽게 이해할 수 있다.

③ 재사용을 통해 개발 시간이 단축된다.

기존에 만들어져 있던 코드를 사용하기 때문에 바로 개발에 적용할 수 있어 개발 시간이 단축된다.

④ 설계 변경 요청에 대한 유연한 대처가 용이하다.

디자인 패턴을 적용하면 새로운 소프트웨어에 빠르게 적용할 수 있다.

(4) 단점

① 객체지향 설계·구현 위주로 사용된다.

기존의 구조적 설계 및 구현에는 적합하지 않다.

② 초기 투자비용이 부담된다.

초기에 새로운 모델을 사용하기 때문에 초기 투자비용이 많이 든다.

2 디자인 패턴 구조

(1) 콘텍스트(context)

① 문제가 발생하는 상황을 기술한다. 즉, 패턴이 적용될 수 있는 상황을 나타낸다.

② 경우에 따라서는 패턴이 유용하지 못한 상황을 나타내기도 한다.

(2) 문제(problem)

① 패턴이 적용되어 해결될 필요가 있는 여러 디자인 이슈들을 기술한다.

② 이때 여러 제약사항과 영향력도 문제 해결을 위해 고려해야 한다.

(3) 해결(solution)

① 문제를 해결하도록 설계를 구성하는 요소들과 그 요소들 사이의 관계, 책임, 협력 관계를 기술한다.

② 해결은 반드시 구체적인 구현 방법이나 언어에 의존적이지 않으며 다양한 상황에 적용할 수 있는 일종의 템플릿이다.

3 패턴의 분류와 종류 ⭐⭐⭐

GoF(Gang of Four) 디자인 패턴은 소프트웨어 개발 영역에서 디자인 패턴을 구체화하고 체계화한 사람들인 에릭 감마(Erich Gamma), 리처드 헬름(Richard Helm), 랄프 존슨(Ralph Johnson), 존 블리시데스(John Vlissides)가 제안한 디자인 패턴이다.

디자인 패턴의 분류는 23가지의 디자인 패턴으로 정리하고 각각의 디자인 패턴을 생성(Creational), 구조(Structural), 행위(Behavioral) 3가지로 분류했다.

(1) 생성(Creational) 패턴

① 개요

㉠ 인스턴스를 만드는 절차를 추상화하는 패턴이다.

㉡ 이 범주에 해당하는 패턴은 객체를 생성·합성하는 방법이나 객체의 표현 방법과 (소프트웨어) 시스템을 분리한다.

㉢ 객체의 생성과 조합을 캡슐화해 특정 객체가 생성되거나 변경되어도 프로그램 구조에 영향을 크게 받지 않도록 유연성을 제공한다.

> • 클래스 생성 패턴 : 인스턴스로 만들 클래스를 다양하게 만들기 위한 용도로 상속을 사용함
> • 객체 생성 패턴 : 인스턴스화 작업을 다른 객체에게 떠넘김

② 특징

㉠ 시스템이 어떤 구체 클래스를 사용하는지에 대한 정보를 캡슐화한다.

㉡ 클래스의 인스턴스들이 어떻게 만들어지고 어떻게 서로 맞붙는지에 대한 부분을 완전히 숨긴다.

③ 생성 패턴 중에서 선택의 어려움

㉠ 프로토타입 패턴과 추상 팩토리 패턴 중 무엇을 선택할지 고민해야 할 때가 있다.

㉡ 빌더 패턴은 어떤 구성요소를 만들지 구현하는 데에 다른 생성 패턴 중 하나를 사용할 수 있다.

㉢ 원형 패턴은 자기 자신의 구현을 위해 컴포짓 패턴을 사용하기도 한다.

④ 종류

㉠ 추상 팩토리(Abstract Factory)

ⓐ 구체적인 클래스에 의존하지 않고 서로 연관되거나 의존적인 객체들의 조합을 만드는 인터페이스를 제공하는 패턴이다.

ⓑ 상세화된 서브클래스를 정의하지 않고도 서로 관련성이 있거나 독립적인 여러 객체의 군을 생성하기 위한 인터페이스를 제공한다.
- 구체적인 클래스를 분리한다.
- 제품군을 쉽게 대체할 수 있도록 한다.
- 제품 사이에 일관성을 증진시킨다.
- 새로운 종류의 제품을 제공하기 어렵다.
- 추상 팩토리에서 여러 객체군을 생성하기 위한 방법이다.

ⓛ 팩토리 메소드(Factory Method)

객체 생성 처리를 서브클래스로 분리해 처리하도록 캡슐화하는 패턴이다.

ⓒ 싱글턴(Singleton)

전역 변수를 사용하지 않고 객체를 하나만 생성하도록 하며, 생성된 객체를 어디에서든지 참조할 수 있도록 하는 패턴이다.

(2) 구조(Structural) 패턴

① 개요

ㄱ 클래스나 객체를 조합해 더 큰 구조를 만드는 패턴이다.

ㄴ 예를 들어, 서로 다른 인터페이스를 지닌 2개의 객체를 묶어 단일 인터페이스를 제공하거나 객체들을 서로 묶어 새로운 기능을 제공하는 패턴이다.

② 종류

ㄱ 컴퍼지트(Composite)

여러 개의 객체들로 구성된 복합 객체와 단일 객체를 클라이언트에서 구별 없이 다루게 해주는 패턴이다.

ㄴ 데커레이터(Decorator)

객체의 결합을 통해 기능을 동적으로 유연하게 확장할 수 있게 해주는 패턴이다.

ㄷ 적응자(Adapter)

인터페이스가 호환되지 않는 클래스들을 함께 이용할 수 있도록, 타 클래스의 인터페이스를 기존 인터페이스에 덧씌운다.

ㄹ 퍼사드(Facade)

많은 분량의 코드에 접근할 수 있는 단순한 인터페이스를 제공한다.

ㅁ 플라이웨이트(Flyweight)

다수의 유사한 객체를 생성·조작하는 비용을 절감할 수 있다.

ㅂ 프록시(Proxy)

ⓐ 접근 조절, 비용 절감, 복잡도 감소를 위해 접근이 힘든 객체에 대한 대역을 제공한다.

ⓑ 프록시 서버는 클라이언트가 자신을 통해 다른 네트워크 서비스에 간접적으로 접속할 수 있게 해주는 컴퓨터이다.

ⓒ 중계 기능을 하는 것이 바로 프록시 서버(Proxy Server)이다.

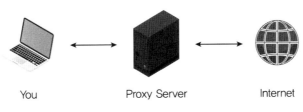

You   Proxy Server   Internet

[그림 7-6] 프록시 서버

ⓓ 프록시 서버의 종류
- Caching Proxy : 이전 클라이언트의 요청 내용과 응답 컨텐츠를 저장해 두었다가 동일한 요청이 들어오면 저장된 컨텐츠를 전송한다. 이 방법을 이용하면 트래픽을 줄이고 성능을 높일 수 있다. ISP와 대규모 회사들은 비용을 절감하기 위해서 사용한다.
- Web Proxy : WWW 트래픽에 초점이 맞춰진 프록시 서버를 의미한다. Web Proxy의 가장 일반적인 형태는 Web Cache며, 프록시 서버는 핸드폰, PDA에 맞게 웹 서버의 컨텐츠를 변환하는 일을 한다.
- Foward Proxy : 일반적으로 사용하는 프록시 방식이다. 프록시 서버는 클라이언트와 애플리케이션 서버 사이에 위치하여 클라이언트가 타겟인 서버에 애플리케이션 서비스를 요청할 때 프록시 서버로 요청을 보내게 된다. 프록시 서버가 타겟인 서버로 요청을 보낼 경우 중계한다.
- Reverse Proxy : 기본적 구성은 Foward Proxy와 동일하지만, 클라이언트는 프록시 서버의 URL로 정보를 요청한다. 이를 통해 외부로부터 애플리케이션 서버를 감출 수 있는 장점을 가지고 있다.

(3) 행위(Behavioral) 패턴

① 개요
㉠ 객체나 클래스 사이의 알고리즘이나 책임 분배에 관련된 패턴이다.
㉡ 한 객체가 혼자 수행할 수 없는 작업을 여러 개의 객체로 어떻게 분배하는지, 또 그렇게 하면서도 객체 사이의 결합도를 최소화하는 것에 중점을 둔다.

② 종류
㉠ 옵서버(Observer)
한 객체의 상태 변화에 따라 다른 객체의 상태도 연동되도록 일대다 객체 의존관계를 구성하는 패턴이다.
㉡ 상태(State)
객체의 상태에 따라 객체의 행위 내용을 변경해주는 패턴으로, 객체는 마치 클래스를 바꾸는 것처럼 보인다.
㉢ 전략(Strategy)
행위를 클래스로 캡슐화해 동적으로 행위를 자유롭게 바꿀 수 있게 해주는 패턴이다.

옵서버 (Observer)	한 객체의 상태 변화에 따라 다른 객체의 상태도 연동되도록 일대다 객체 의존 관계를 구성하는 패턴
상태 (State)	객체의 상태에 따라 객체의 행위 내용을 변경해주는 패턴, 객체는 마치 클래스를 바꾸는 것처럼 보임
전략 (Strategy)	행위를 클래스로 캡슐화해 동적으로 행위를 자유롭게 바꿀 수 있게 해주는 패턴
템플릿 메소드 (Template Method)	어떤 작업을 처리하는 일부분을 서브클래스로 캡슐화해 전체 일을 수행하는 구조는 바꾸지 않으면서 특정 단계에서 수행하는 내역을 바꾸는 패턴
명령 (Command)	실행될 기능을 캡슐화함으로써 주어진 여러 기능을 실행할 수 있는 재사용성이 높은 클래스를 설계하는 패턴
책임 연쇄 (Chain of Responsibility)	책임들이 연결되어 있어 내가 책임을 못 질 것 같으면 다음 책임자에게 자동으로 넘어가는 구조
해석자 (Interpreter)	문법 규칙을 클래스화한 구조를 갖는 SQL 언어나 통신 프로토콜 같은 것을 개발할 때 사용
반복자 (Iterator)	반복이 필요한 자료 구조를 모두 동일한 인터페이스를 통해 접근할 수 있도록 메소드를 이용해 자료 구조를 활용할 수 있도록 해줌
중재자 (Mediator)	클래스 간의 복잡한 상호작용을 캡슐화하여 한 클래스에 위임해서 처리하는 디자인 패턴
메멘토 (Memento)	Ctrl + z와 같은 undo 기능을 개발할 때 유용한 디자인 패턴으로, 클래스 설계 관점에서 객체의 정보를 저장

더 알아두기

- 생성 패턴의 종류 : 추상 팩토리, 팩토리 메소드, 싱글턴
- 구조 패턴의 종류 : 컴퍼지트(Composite), 데커레이터(Decorator), 적응자(Adapter), 퍼사드(Facade), 플라이웨이트(Flyweight), 프록시(Proxy)
- 행위 패턴의 종류 : 옵서버(Observer), 상태(State), 전략(Strategy), 템플릿 메소드(Template Method), 명령(Command), 책임 연쇄(Chain of Responsibility), 해석자(Interpreter), 반복자(Iterator), 중재자(Mediator), 메멘토(Memento)

4 디자인 패턴의 유형별 사용목적 중요 ★★★

(1) 객체 생성을 위한 패턴

① **빌더(Builder)** : 제품을 여러 단계로 나눠서 만들 수 있도록 제품 생산 단계들을 캡슐화할 때 제공한다.

② **싱글턴(Singleton)** : 어떤 클래스의 인스턴스 개수가 최대 한 개를 넘지 않도록 한다.

③ **팩토리 메소드(Factory Method)** : 생성할 구상 클래스를 서브클래스에서 결정한다.

④ **프로토타입 패턴 (Prototype Pattern)** : 어떤 클래스의 인스턴스를 만드는 것이 자원과 시간을 많이 잡아먹거나 복잡한 경우 제공한다.

⑤ **추상 팩토리 패턴 (Abstract Factory pattern)** : 클라이언트에서 구상 클래스를 지정하지 않으면서도 일군의 객체를 생성할 수 있도록 한다.

(2) 구조 개선을 위한 패턴

① **데커레이터(Decorator)** : 객체를 감싸서 새로운 행동을 제공한다.

② **브리지(Bridge)** : 구현뿐만 아니라 추상화된 부분까지 변경시켜야 하는 경우에 제공한다.

③ **어댑터(Adapter)** : 객체를 감싸서 다른 인터페이스를 제공한다.

④ **퍼사드(Facade)** : 일련의 클래스에 대해서 간단한 인터페이스를 제공한다.

⑤ **프록시(Proxy)** : 객체를 감싸서 그 객체에 대한 접근을 제어한다.

⑥ **플라이웨이트(Flyweight)** : 어떤 클래스의 인스턴스 한 개만 가지고 여러 개의 "가상 인스턴스"를 제공하고 싶을 때 제공한다.

(3) 행위 개선을 위한 패턴

① **책임 연쇄(Chain of Responsibility)** : 한 요청을 두 개 이상의 객체에서 처리하고 싶을 때 제공한다.

② **메멘토(Memento)** : 객체를 이전의 상태로 복구시켜야 하는 경우 제공한다.

③ **중재자(Mediator)** : 서로 관련된 객체 사이의 복잡한 통신과 제어를 한 곳으로 집중시키고자 할 때 제공한다.

④ **비지터(Visitor)** : 다양한 객체에 새로운 기능을 추가해야 하는데 캡슐화가 별로 중요하지 않은 경우이다.

⑤ **상태(State)** : 알고리즘의 개별 단계를 구현하는 방법을 서브클래스에서 결정한다.

⑥ **전략(Strategy)** : 교환 가능한 행동을 캡슐화하고 위임을 통해서 어떤 행동을 사용할지 결정한다.

⑦ **옵서버(Observer)** : 상태가 변경되면 다른 객체들한테 연락을 돌릴 수 있게 한다.

⑧ **반복자(Iterator)** : 컬렉션이 어떤 식으로 구현되었는지 드러내지 않으면서도 컬렉션 내에 있는 모든 객체에 대해 반복 작업을 처리할 수 있게 한다.

⑨ **해석자(Interpreter)** : 어떤 언어에 대한 인터프리터를 만들 때 제공한다.

⑩ **명령(Command)** : 요청을 객체로 감쌀 때 제공한다.

⑪ **템플릿 메소드(Template Method)** : 알고리즘의 개별 단계를 구현하는 방법을 서브클래스에서 결정한다.

제 **5** 절 **모듈 연계를 위한 인터페이스 기능 식별**

1 모듈 연계의 개요

모듈 연계는 내부 모듈과 외부 모듈 또는 내부 모듈 간 데이터의 교환을 위해 관계를 설정하는 것으로, 대표적인 모듈 연계 방법에는 EAI와 ESB 방식이 있다.

(1) EAI(Enterprise Application Integration)

기업 내 각종 애플리케이션 및 플랫폼 간의 정보 전달, 연계, 통합 등 상호 연동이 가능하게 해주는 솔루션이다. 비즈니스 간 통합 및 연계성을 증대시켜 효율성 및 각 시스템 간의 확장성을 높여준다. 구축 유형은 다음과 같다.

유형	기능
Point to Point	• 가장 기본적인 통합 방식으로, 애플리케이션을 1대1로 연결함 • 변경 및 재사용이 어려움
Hub & Spoke	• 단일 접점인 허브 시스템을 통해 데이터를 전송하는 중앙 집중형 방식 • 확장 및 유지보수에 용이 • 허브 장애 발생 시 시스템 전체에 영향을 줌
Message Bus (ESB 방식)	• 애플리케이션 사이에 미들웨어를 두어 처리하는 방식 • 확장성이 뛰어나 대용량 처리 가능
Hybrid	• Hub & Spoke와 Message Buss의 혼합방식 • 그룹 내 : Hub & Spoke / 그룹 간 : Message Bus • 데이터 병목 현상 최소화 • 한 가지 방식으로 EAI 구현 가능

(2) ESB(Enterprise Service Bus)

ESB는 애플리케이션 간 연계, 데이터 변환, 웹 서비스 지원 등 표준 기반의 인터페이스를 제공하는 솔루션이다. 애플리케이션 통합 측면에서 EAI와 유사하지만 애플리케이션보다는 서비스 중심의 통합을 지향한다.

특정 서비스에 국한되지 않고 범용적으로 사용하기 위하여 애플리케이션과의 결합도를 약하게 유지한다. 관리 및 보안 유지가 높고, 높은 수준의 품질 지원이 가능하다.

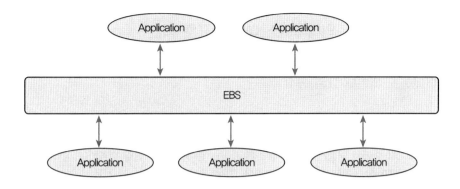

2 모듈 간 연계 기능 식별

모듈 간 공통 기능 및 데이터 인터페이스를 기반으로 모듈과 연계된 기능을 시나리오 형태로 구체화하여 식별한다. 식별된 연계 기능은 인터페이스 기능을 식별하는 데 사용된다.

구분	주요 기능	시나리오
외부 모듈	급여 계산	• 사전 조건 : 급여일자가 확정되어야 한다. • 기능 동작 시나리오 : 급여가 급여 정보에 따라 계산된다. • 사후 조건 : 전표 발생용 기본 정보가 생성된다.
	급여 결과 확인	• 사전 조건 : 급여가 계산된다. • 기능 동작 시나리오 : 개인별, 조직별, 직급별 급여 명세서가 조회된다. • 사후 조건 : 회계 전표 보고서 기준으로 전표가 발생한다.
내부 모듈	급여 전표 발생	• 사전 조건 : 회계 전표 발생에 필요한 정보를 계산한다. • 기능 동작 시나리오 : 급여 결과를 회계 정보에 맞게 변환하여 전표를 작성한다. • 사후 조건 : 입력 값과 결과 값의 정합성이 맞는지 체크한다.

3 모듈 간 인터페이스 기능 식별

- 식별된 모듈 간 관련 기능을 검토하여 인터페이스 동작에 필요한 기능을 식별
- 인터페이스 동작은 대부분 외부 모듈의 결과 또는 요청에 의해 수행되므로 외부 및 인터페이스 모듈 간 동작하는 기능을 통해 인터페이스 기능을 식별
- 내부 모듈의 동작은 외부 모듈에서 호출된 인터페이스에 의해 수행되고 결과를 나타내는 것이므로 해당 업무에 대한 시나리오를 통해 내부 모듈과 관련된 인터페이스 기능을 식별
- 식별된 인터페이스 기능 중에서 실제적으로 필요한 인터페이스 기능을 최종적으로 선별
- 식별된 인터페이스 기능은 인터페이스 기능 구현을 정의하는 데 사용

제 **6** 절 **모듈 간 인터페이스 데이터 표준 확인**

1 인터페이스 데이터 표준 개요

모듈 간 인터페이스에 사용되는 데이터의 형식을 표준화하는 것이다.

- 기존의 데이터 중에서 공통 영역을 추출하거나 어느 한 쪽의 데이터를 변환하여 정의
- 확인된 인터페이스 데이터 표준은 인터페이스 기능 구현을 정의하는 데 사용
- 모듈 간 인터페이스 데이터 표준 확인 순서
  - 데이터 인터페이스를 통해 인터페이스 데이터 표준을 확인
  - 인터페이스 기능을 통해 인터페이스 표준을 확인
  - 데이터 인터페이스와 인터페이스 기능을 통해 확인된 인터페이스 표준을 검토하여 최종적인 인터페이스 데이터 표준을 확인

2 데이터 인터페이스 확인

데이터 표준을 위해 식별된 데이터 인터페이스에서 입출력 값의 의미와 데이터의 특성 등을 구체적으로 확인한다. 확인된 데이터 인터페이스의 각 항목을 통해 데이터 표준을 확인한다.

3 인터페이스 기능 확인

데이터 표준을 위해 식별된 인터페이스 기능을 기반으로 인터페이스 기능 구현을 위해 필요한 데이터 항목을 확인한다. 확인된 데이터 항목과 데이터 인터페이스에서 확인된 데이터 표준에서 수정, 추가, 삭제될 항목이 있는지 확인한다.

4 인터페이스 데이터 표준 확인

데이터 인터페이스에서 확인된 데이터 표준과 인터페이스 기능을 통해 확인된 데이터 항목들을 검토하여 최종적으로 데이터 표준을 확인한다. 확인된 데이터 표준을 항목별로 데이터 인터페이스와 인터페이스 기능 중 출처를 구분하여 기록한다.

○×로 점검하자

※ 다음 지문의 내용이 맞으면 ○, 틀리면 ×를 체크하시오. [1 ～ 12]

01 결합도는 하나의 모듈 내에 정의된 기능, 요소들 간의 관계이며, 모듈이 얼마나 잘 정리된 기능을 수행하는가에 대한 내용이다. (　　　)

>>>○ 응집도는 하나의 모듈 내에 정의된 기능, 요소들 간의 관계이며, 모듈이 얼마나 잘 정리된 기능을 수행하는가에 대한 내용이다. 결합도는 모듈 간에 상호 의존하는 정도 또는 두 모듈 사이의 연관 관계를 의미한다.

02 응집도의 순서는 기능 – 순차 – 교환 – 절차 – 시간 – 논리 – 우연 순으로 응집도가 약한 것에서 강한 순으로 되어 있다. (　　　)

>>>○ 응집도의 순서는 기능 – 순차 – 교환 – 절차 – 시간 – 논리 – 우연 순으로 응집도가 강한 것에서 약한 순으로 되어 있다.

03 결합도는 내용 – 공통 – 외부 – 제어 – 스탬프 – 자료 순으로 결합도가 강한 것부터 약한 순으로 되어 있다. (　　　)

>>>○ 결합도의 종류에는 자료 결합도, 스탬프 결합도, 제어 결합도, 외부 결합도, 공통 결합도, 내용 결합도가 있으며, 결합도의 순서는 내용 – 공통 – 외부 – 제어 – 스탬프 – 자료 순으로 결합도가 강한 것부터 약한 순으로 되어 있다.

04 독립적인 모듈이 되기 위해서는 결합도는 강하고 응집도는 약해야 한다. (　　　)

>>>○ 독립적인 모듈이 되기 위해서는 결합도는 약하고 응집도는 강해야 한다.

05 클래스 설계 지침 중 하나는 최대한의 공개 인터페이스이다. (　　　)

>>>○ 최소한의 공개 인터페이스를 제공하면 클래스를 가능한 한 간결하게 할 수 있다.

06 미들웨어는 클라이언트와 서버 간의 통신을 담당하는 시스템 소프트웨어 또는 컴퓨터와 컴퓨터의 연결을 담당하는 소프트웨어로서, 중간을 의미하는 미들(middle)과 소프트웨어(software)를 의미하는 웨어(ware)의 합성어이다. (　　　)

>>>○ 미들웨어는 클라이언트와 서버 간의 통신을 담당하는 시스템 소프트웨어 또는 컴퓨터와 컴퓨터의 연결을 담당하는 소프트웨어로서, 중간을 의미하는 미들(middle)과 소프트웨어(software)를 의미하는 웨어(ware)의 합성어이다.

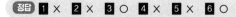

정답 **1** × **2** × **3** ○ **4** × **5** × **6** ○

07 디자인 패턴은 이미 만들어져서 잘 되는 것은 처음부터 다시 만들 필요가 없다는 의미이다.
( )

>>>◯ 디자인 패턴
① 이미 만들어져서 잘 되는 것은 처음부터 다시 만들 필요가 없다는 의미이다.
② 소프트웨어를 설계할 때 특정 상황에서 자주 사용하는 패턴을 정형화한 것이며 좋은 소프트웨어 설계를 위한 개발자들의 경험적 산물이라 할 수 있다.
③ 소프트웨어를 설계할 때 특정 맥락에서 자주 발생하는 고질적인 문제들이 또 발생했을 때 재사용할 수 있는 훌륭한 해결책이다.

08 디자인 패턴은 생성(Creational), 구조(Structural), 상태(State) 3가지로 분류한다. ( )

>>>◯ 디자인 패턴은 생성(Creational), 구조(Structural), 행위(Behavioral) 3가지로 분류한다.

09 생성 패턴은 클래스나 객체를 조합해 더 큰 구조를 만드는 패턴이다. ( )

>>>◯ 클래스나 객체를 조합해 더 큰 구조를 만드는 패턴은 구조 패턴이다. 생성 패턴은 인스턴스를 만드는 절차를 추상화하는 패턴이다.

10 행위 패턴은 객체나 클래스 사이의 알고리즘이나 책임 분배에 관련된 패턴이다. ( )

>>>◯ 행위 패턴은 객체나 클래스 사이의 알고리즘이나 책임 분배에 관련된 패턴이다. 행위 패턴에서는 한 객체가 혼자 수행할 수 없는 작업을 여러 개의 객체로 어떻게 분배하는지, 객체 사이의 결합도를 최소화하는 것에 중점을 둔다.

11 시스템 인터페이스 목록 작성은 업무 시스템과 내외부 시스템 간 데이터를 주고받는 경우에 사용하는 인터페이스에 대해 기술한 것이다. ( )

>>>◯ 시스템 인터페이스 목록 작성은 업무 시스템과 내외부 시스템 간 데이터를 주고받는 경우에 사용하는 인터페이스에 대해 기술한 것이다.

12 시스템 인터페이스 정의서는 시스템 인터페이스 현황을 확인하기 위해 시스템이 갖는 인터페이스 목록과 각 인터페이스의 상세 데이터 명세를 정의한 문서이다. ( )

>>>◯ 시스템 인터페이스 정의서는 인터페이스별로 시스템 간의 연계를 위해 필요한 데이터 항목 및 구현 요건 등을 기술하는 것이다.

정답 **7** ◯ **8** × **9** × **10** ◯ **11** ◯ **12** ×

01 다음 중 모듈(module) 설계에서 가장 좋은 결합도 상태는 어느 것인가?

① control coupling

② stamp coupling

③ common coupling

④ content coupling

02 다음 중 Myers가 구분한 응집력(cohesion)의 정도에서 가장 낮은 응집력을 갖는 단계는?

① sequential cohesion

② coincidental cohesion

③ temporal cohesion

④ functional cohesion

03 다음 중 효과적인 모듈화 설계 방안이 <u>아닌</u> 것은?

① 응집도를 높인다.

② 결합도를 낮춘다.

③ 복잡도와 중복을 피한다.

④ 모듈의 기능은 예측 불가능하도록 정의한다.

04 기능 〉 순차 〉 교환 〉 절차 〉 시간 〉 논리 〉 우연 순으로 응집도가 약해진다. 기능적 응집도는 모듈 내부의 모든 기능 요소들이 단일 문제와 연관되어 수행될 경우의 응집도이다.

04 다음 중 가장 높은 응집력을 갖는 단계는 어느 것인가?

① sequential cohesion
② coincidental cohesion
③ functional cohesion
④ procedural cohesion

05 제어 결합도에서 한 모듈이 다른 모듈에게 제어 요소를 전달하는 것은 맞지만, 여러 모듈의 공동 자료 영역을 사용하는 것은 공통 결합도에 대한 내용이다.

05 다음 중 모듈의 결합도에 관한 설명으로 옳지 <u>않은</u> 것은?

① 자료 결합도 : 모듈 간의 인터페이스가 자료 요소로만 구성된 경우
② 스탬프 결합도 : 모듈 간의 인터페이스로 배열이나 레코드 등의 자료 구조가 전달된 경우
③ 내용 결합도 : 한 모듈이 다른 모듈의 일부분을 참조 또는 수정하는 경우
④ 제어 결합도 : 한 모듈이 다른 모듈에게 제어 요소를 전달하고 여러 모듈의 공동 자료 영역을 사용하는 경우

06 내용 결합도는 한 모듈이 다른 모듈의 내부 기능 및 그 내부 자료를 직접 참조하거나 수정할 때의 결합도이다.

06 한 모듈이 다른 모듈의 내부 기능 및 그 내부 자료를 참조하는 경우, 이를 무슨 결합도라고 하는가?

① 내용 결합도
② 제어 결합도
③ 공용 결합도
④ 스탬프 결합도

정답 04 ③ 05 ④ 06 ①

07 결합도(coupling)가 강한 순서대로 옳게 나열된 것은?

① 내용 결합도 > 공통 결합도 > 제어 결합도 > 스탬프 결합도 > 데이터 결합도

② 공통 결합도 > 내용 결합도 > 제어 결합도 > 데이터 결합도 > 스탬프 결합도

③ 데이터 결합도 > 내용 결합도 > 제어 결합도 > 공통 결합도 > 스탬프 결합도

④ 공통 결합도 > 내용 결합도 > 제어 결합도 > 스탬프 결합도 > 데이터 결합도

07 [문제 하단의 그림 참조]

>>>○

강	내용 결합도(content coupling)
↑	공통 결합도(common coupling)
	외부 결합도(external coupling)
	제어 결합도(control coupling)
↓	스탬프 결합도(stamp coupling)
약	데이터 결합도(data coupling)

08 다음 중 시스템을 설계할 때 필요한 설계 지침으로 두 모듈 간의 상호 의존도를 나타내는 것은?

① 결합도
② 응집도
③ 신뢰도
④ 종합도

08 결합도는 모듈 간에 상호 의존하는 정도 또는 두 모듈 사이의 연관 관계를 의미한다.

정답 07 ① 08 ①

09 응집도는 하나의 모듈 내에 정의된 기능, 요소들 간의 관계이며, 모듈이 얼마나 잘 정리된 기능을 수행하는가에 대한 내용이다.

09 데이터 설계에 있어서, 응집력(cohesion)의 의미로 가장 적절한 것은?

① 데이터 구조들이 시스템 전반에 얼마나 연관 관계를 가지고 있는가 하는 정도
② 모듈이 개발 단계별로 얼마나 잘 정의되어 있는가 하는 정도
③ 모듈이 독립적인 기능으로 잘 정의되어 있는 정도
④ 데이터들 간의 상호 연관성의 정도

10 스탬프 결합도는 모듈 간의 인터페이스로 배열이나 레코드 등의 자료 구조가 전달될 때의 결합도이다. 스탬프 결합도는 자료형에 의해 자료를 주고받고 이 자료 타입의 모든 원소들이 완전히 이용되지 않는 경우이다.

10 다음은 무엇에 관한 설명인가?

> 배열이나 레코드 같이 두 모듈이 동일한 자료 구조를 조회할 때의 결합도이며, 자료형에 의해 자료를 주고받고 이 자료 타입의 모든 원소들이 완전히 이용되지 않은 경우이다.

① data coupling
② stamp coupling
③ control coupling
④ content coupling

11 응집도(cohesion)는 모듈 내부의 처리 요소들 간의 기능적 연관도를 의미한다. 독립적인 기능으로 정의되어 있는 정도를 뜻하며 응집도가 강할수록 좋은 소프트웨어이다. 응집도의 종류에는 기능적 응집도, 순차적 응집도, 교환적 응집도, 절차적 응집도, 시간적 응집도, 논리적 응집도, 우연적 응집도가 있다.

11 한 모듈 내의 각 구성요소들이 공통의 목적을 달성하기 위하여 서로 얼마나 관련이 있는지의 기능적 연관의 정도를 나타내는 것은?

① cohesion
② coupling
③ structure
④ unity

정답 09 ③ 10 ② 11 ①

12 다음 중 결합도 단계를 약한 순서에서 강한 순서대로 옳게 표시한 것은?

① stamp 〈 data 〈 control 〈 common 〈 content
② control 〈 data 〈 stamp 〈 common 〈 content
③ content 〈 stamp 〈 control 〈 common 〈 data
④ data 〈 stamp 〈 control 〈 common 〈 content

12 독립적인 모듈이 되기 위해서는 각 모듈 간의 결합도가 약해야 하며 의존하는 모듈이 적어야 한다. 결합도의 종류에는 자료 결합도, 스탬프 결합도, 제어 결합도, 외부 결합도, 공통 결합도, 내용 결합도가 있으며, 내용 〉 공통 〉 외부 〉 제어 〉 스탬프 〉 자료 순으로 결합도가 약해진다.

13 다음 중 결합도에 대한 설명으로 옳지 않은 것은?

① 데이터 결합도는 두 모듈이 매개변수로 자료를 전달할 때 자료 구조 형태로 전달되어 이용될 때 데이터가 결합되어 있다고 한다.
② 내용 결합도는 하나의 모듈이 직접적으로 다른 모듈의 내용을 참조할 때 두 모듈은 내용적으로 결합되어 있다고 한다.
③ 공통 결합도는 두 모듈이 동일한 전역 데이터에 접근한다면 공통 결합되어 있다고 한다.
④ 결합도는 두 모듈 간의 상호작용, 또는 의존도 정도를 나타내는 것이다.

13 데이터 결합도는 모듈 간의 인터페이스가 자료 요소로만 구성될 때의 결합도이다. 그 예로 Call by value 기법을 들 수 있다.

14 다음 중 클래스 설계 지침의 내용이 <u>아닌</u> 것은?

① 최대한의 공개 인터페이스
② 구현 은닉
③ 오류 처리를 클래스 속에 설계
④ 확장성을 고려하여 설계

14 클래스 설계 지침의 내용은 최소한의 공개 인터페이스를 요구한다.

정답 12 ④ 13 ① 14 ①

15 언어 인터페이스 방법에는 명령어
　　방식, 자연어 방식, 기능키 방식, 직
　　접 조작 방식, 양식 채움 인터페이스
　　가 있다.

15　다음 중 언어 인터페이스 방법에 해당하지 <u>않는</u> 것은?

① 명령어 방식
② 자연어 방식
③ 기능키 방식
④ 간접 조작 방식

16 GoF 디자인 패턴은 생성, 구조, 행위
　　로 분류된다.

16　다음 중 GoF 디자인 패턴의 분류가 <u>아닌</u> 것은?

① 수정 패턴
② 생성 패턴
③ 구조 패턴
④ 행위 패턴

17 사용자 인터페이스는 개발자 중심이
　　아닌 사용자가 바라보는 관점으로
　　쉽게 알아볼 수 있도록 설계되어야
　　한다.

17　사용자 인터페이스(User Interface)에 대한 설명으로 <u>틀린</u> 것은?

① 사용자와 시스템이 정보를 주고받는 상호작용이 잘 이루어지
　도록 하는 장치나 소프트웨어를 의미한다.
② 편리한 유지보수를 위해 개발자 중심으로 설계되어야 한다.
③ 배우기가 용이하고 쉽게 사용할 수 있도록 만들어져야 한다.
④ 사용자 요구사항이 UI에 반영될 수 있도록 구성해야 한다.

정답　15 ④　16 ①　17 ②

18 클라이언트와 서버 간의 통신을 담당하는 시스템 소프트웨어를 무엇이라고 하는가?

① 웨어러블
② 하이웨어
③ 미들웨어
④ 응용 소프트웨어

18 미들웨어는 클라이언트와 서버 간의 통신을 담당하는 시스템 소프트웨어 또는 컴퓨터와 컴퓨터의 연결을 담당하는 소프트웨어로서, 중간을 의미하는 미들(middle)과 소프트웨어(software)를 의미하는 웨어(ware)의 합성어이다.

19 다음 중 트랜잭션이 올바르게 처리되고 있는지 데이터를 감시하고 제어하는 미들웨어는?

① RPC
② ORB
③ TP monitor
④ WAS

19 ① RPC : 원격 프로시저를 로컬 프로시저처럼 호출하는 미들웨어
② ORB : 코바(CORBA) 표준 스펙을 구현한 미들웨어
④ WAS : 동적인 콘텐츠를 처리하기 위해 사용되는 미들웨어

20 미들웨어 솔루션의 유형에 포함되지 <u>않는</u> 것은?

① WAS
② Web Server
③ RPC
④ ORB

20 미들웨어 솔루션은 WAS, RPC, ORB이다. Web Server라는 미들웨어는 존재하지 않는다.

정답 18 ③ 19 ③ 20 ②

21 시스템의 내외부 인터페이스를 식별하고 명세를 기술하기 위해 작성하는 문서는 시스템 인터페이스 설계서이다.

22 인터페이스 ID, 인터페이스명, 처리 유형, 통신 유형 등은 시스템 인터페이스 목록에 기록하는 내용이다.

23 누락된 솔루션에 대한 검토는 미들웨어 솔루션을 확인할 때 수행한다.

21 시스템의 내외부 인터페이스를 식별하고 인터페이스의 명세를 기술하기 위해 작성하는 문서는?

① 시스템 인터페이스 제안 요청서
② 시스템 인터페이스 설계서
③ 시스템 인터페이스 요구사항 정의서
④ 시스템 인터페이스 요구사항 목록

22 다음 중 시스템 인터페이스 정의서에 대한 설명으로 옳지 <u>않은</u> 것은?

① 시스템 인터페이스 정의서에는 데이터 송수신 시스템 간의 데이터 저장소와 속성 등을 작성한다.
② 인터페이스 ID와 인터페이스명 등 기본 정보는 송수신 데이터 명세를 참고하여 기재한다.
③ 최대 처리 횟수는 단위 시간당 처리될 수 있는 해당 인터페이스 최대 수행 건수를 기재한다.
④ 데이터 크기는 해당 인터페이스 1회 처리 시 소요되는 데이터의 평균 및 최대 크기를 기재한다.

23 미들웨어 솔루션에 대한 명세서를 작성하는 방법을 설명한 것으로 옳지 <u>않은</u> 것은?

① 누락된 솔루션에 대해 검토한다.
② 제조사의 제품 소개서 내용을 검토한다.
③ 솔루션의 제공 기능 및 특징 등에 대해 검토한다.
④ 솔루션의 제약사항에 대해 검토한다.

정답 21 ② 22 ② 23 ①

24 다음 중 사용자 인터페이스의 유형이 <u>아닌</u> 것은?

① 그래픽 사용자 인터페이스

② 웹 인터페이스

③ 메뉴 인터페이스

④ 명령어 인터페이스

주관식 문제

01 다음 설명에 해당하는 응집도의 종류를 쓰시오.

> • 모듈 내부의 모든 기능 요소들이 단일 문제와 연관되어 수행될 경우의 응집도
> • 한 모듈 내에서 오직 한 가지의 기능을 수행하기 위한 요소로 구성
> • 행렬 계산, 제곱근 계산, 트랜잭션 레코드 입력 모듈, 미사일 궤도 계산 모듈 등에 사용

해설 & 정답 checkpoint

24 사용자 인터페이스 유형에는 그래픽 사용자, 웹, 명령어, 텍스트 사용자 인터페이스가 있다.

01 정답
기능적 응집(functional cohesion)
해설
기능적 응집도는 모듈 내부의 모든 기능 요소들이 단일 문제와 연관되어 수행될 경우의 응집도이다.

정답 24 ③

02 **정답**

그래픽 사용자 인터페이스(GUI)

해설

그래픽 사용자 인터페이스는 사용자 인터페이스 유형 중 하나이며, 일명 조작형 인터페이스라고도 한다.

02 **다음 설명에 해당하는 용어를 쓰시오.**

사물 또는 체계, 특히 기기, 컴퓨터 프로그램 등 사이의 의사 소통이 가능하도록 일시적 혹은 영속적인 접근을 목적으로 만들어진 물리적, 가상적 매개체이다. 아이콘으로 원하는 내용을 선택할 수 있는데, 사용자와의 상호작용을 위해서 아이콘을 설계해야 한다. 화면을 여러 개로 구성하여 볼 수 있으며 듀얼 모니터를 이용할 수 있다.

03 **정답**

미들웨어(Middleware)

해설

클라이언트와 서버 간의 통신을 담당하는 시스템 소프트웨어 또는 컴퓨터와 컴퓨터의 연결을 담당하는 소프트웨어로서, 중간을 의미하는 미들(middle)과 소프트웨어(software)를 의미하는 웨어(ware)의 합성어이다.

03 **다음 설명에 해당하는 용어를 쓰시오.**

- 클라이언트와 서버 간의 통신을 담당하는 시스템 소프트웨어 또는 컴퓨터와 컴퓨터의 연결을 담당하는 소프트웨어이다.
- 통신 제공 방법이나 기능에 따라 DB, RPC, MOM, TP-Monitor, ORB, WAS 등으로 구분한다.

04 다음 설명에서 괄호 안에 들어갈 용어를 순서대로 쓰시오.

> (㉠)은/는 구체적인 클래스에 의존하지 않고 서로 연관되거나 의존적인 객체들의 조합을 만드는 인터페이스를 제공하는 패턴이고, (㉡)은/는 어떤 클래스의 인스턴스를 만드는 것이 자원/시간을 많이 잡아먹거나 복잡한 경우에 사용하는 패턴이다.

04 정답
㉠ 추상 팩토리(Abstract Factory)
㉡ 프로토타입 패턴
 (Prototype pattern)

해설
[문제 하단의 표 참조]

추상 팩토리 (Abstract Factory)	• 구체적인 클래스에 의존하지 않고 서로 연관되거나 의존적인 객체들의 조합을 만드는 인터페이스를 제공하는 패턴 • 상세화된 서브클래스를 정의하지 않고도 서로 관련성이 있거나 독립적인 여러 객체의 군을 생성하기 위한 인터페이스를 제공
프로토타입 패턴 (Prototype pattern)	어떤 클래스의 인스턴스를 만드는 것이 자원/시간을 많이 잡아먹거나 복잡한 경우에 사용

05 **정답**
ㄱ 옵서버(Observer)
ㄴ 상태(State)
ㄷ 전략(Strategy)

해설
ㄱ 옵서버(Observer)
한 객체의 상태 변화에 따라 다른 객체의 상태도 연동되도록 일대다 객체 의존관계를 구성하는 패턴이다.
ㄴ 상태(State)
• 객체의 상태에 따라 객체의 행위 내용을 변경해주는 패턴이다.
• 객체는 마치 클래스를 바꾸는 것처럼 보인다.
ㄷ 전략(Strategy)
행위를 클래스로 캡슐화해 동적으로 행위를 자유롭게 바꿀 수 있게 해주는 패턴이다.

05 **다음 설명에서 괄호 안에 들어갈 용어를 순서대로 쓰시오.**

• (ㄱ)은/는 한 객체의 상태 변화에 따라 다른 객체의 상태도 연동되도록 일대다 객체 의존관계를 구성하는 패턴이다.
• (ㄴ)은/는 객체의 상태에 따라 객체의 행위 내용을 변경해주는 패턴이며, 객체는 마치 클래스를 바꾸는 것처럼 보인다.
• (ㄷ)은/는 행위를 클래스로 캡슐화해 동적으로 행위를 자유롭게 바꿀 수 있게 해주는 패턴이다.

06 **정답**
ORB

해설
ORB(Object Request Broker)는 객체 지향 미들웨어로 코바 표준 스펙을 구현한 미들웨어이다. 대표적인 ORB의 종류에는 Micro Focus의 Orbix, OMG의 CORBA 등이 있다.

06 **다음 설명에 해당하는 용어를 쓰시오.**

코바(CORBA) 표준 스펙을 구현한 객체 지향 미들웨어로, 최근에는 TP-모니터가 가지고 있는 장점인 트랜잭션 처리, 모니터링 등을 추가로 구현한 제품도 있다.

제8장

구현

I wish you the best of luck!

제8장 구현

소프트웨어 구현은 사용자의 요구사항과 시스템 설계서를 기반으로 코딩, 검증, 디버깅, 테스트를 통해 소프트웨어인 결과물을 생성하는 것이다. 이는 설계 단계에서 생성된 설계 명세서를 컴퓨터가 알 수 있는 모습으로 변환하는 과정이다. 소프트웨어 구현은 각 모듈을 프로그래밍 언어를 사용해 원시코드로 작성하고 문서화하는 작업이며, 설계를 철저히 반영시키고 원시코드를 간단명료하게 작성해야 한다. 또한 사용할 프로그램의 언어와 코딩 스타일 등을 결정해야 한다. 프로그래밍의 목적은 사람의 언어를 컴퓨터가 이해할 수 있는 언어로 변환해주는 것이다.

> **더 알아두기**
>
> **프로그램 가이드라인**
> - 코드의 문서화
> - 코드의 간결성
> - 코드의 명확성

제1절 코딩

1 코딩 기법

(1) 클라이언트 시스템의 소프트웨어 코딩 규칙

① **변수 초기화** : 변수를 선언하는 곳에서 초기화를 한다.

② 변수를 선언하는 위치는 지역 변수는 블록의 시작에서 선언하고, 전역 변수는 class 블록의 시작에서 선언한다.

③ **매개변수** : 2개 이상의 매개변수는 ,(쉼표)로 구분하고 공백을 둔다.

④ **문장** : 한 줄에 하나의 문장을 기록한다.

⑤ **return문** : 괄호로 값을 묶지 않는다.

(2) 서버 시스템의 소프트웨어 코딩 규칙

① 클래스에 대한 규칙

ⓐ 클래스는 영문 대문자로 시작

ⓑ 메소드는 영문 소문자로 시작

ⓒ 핸들러 메소드는 명칭에 맞는 접두어를 사용

② 변수 선언에 대한 규칙

ⓐ 변수는 '명사 + 명사'로 작성

ⓑ 한 줄에 하나의 변수를 선언

(3) 소프트웨어 리팩토링

① 정의

소프트웨어 리팩토링(Software Refactoring)은 소프트웨어 시스템의 원래 기능은 그대로 두면서 내부의 구조를 개선하는 기법이다. 소프트웨어를 보다 쉽게 이해할 수 있고 적은 비용으로 수정할 수 있도록 겉으로 보이는 동작의 변화 없이 내부 구조를 변경하는 것이다. 소프트웨어의 리팩토링을 수행하면 소스 코드를 이해하기 쉽게 만들고, 버그를 보다 빠르게 찾을 수 있도록 도와주며, 보다 적은 비용으로 유지보수할 수 있다.

코드 스멜은 읽기 어려운 프로그램, 중복된 로직을 가진 프로그램, 실행 중인 코드를 변경해야 하는 프로그램, 복잡한 조건이 포함된 프로그램을 의미한다.

② 목적

소프트웨어 리팩토링의 목적은 소프트웨어를 보다 이해하기 쉽고 수정하기 쉽도록 만드는 것이다. 소프트웨어 리팩토링을 통해 오류를 쉽게 찾을 수 있고, 코딩을 좀 더 빠르게 할 수 있다. 리팩토링은 코딩의 이해도를 높이기 위해 수행한다.

제 2 절   구조적 프로그래밍

1 구조적 프로그래밍의 의의

(1) 개요

네덜란드의 Dijkstra 교수가 구조적 설계 방법론을 소개하였다. 신뢰성 있는 소프트웨어의 생산 및 코딩의 표준화 등을 위해 개발된 방법이다. 구조적 설계는 소프트웨어의 프로시저 설계에 예상되는 연산의 수를 줄일 때 사용한다. 순차(Sequence), 조건(If then, else), 반복(Repetition) 구조만을 이용하므로 복잡도를 감소시키고 읽기 쉬우며 유지보수도 쉬운 전통적인 방법이다.

> **더 알아두기** 🔍
>
> **구조적 방법론의 주장 학자**
> (1) Dijkstra 설계 방법
>   ① GO TO 사용 배제, 구조 복잡화 회피
>   ② 단일 입구, 단일 출구 구조 주장
>
> (2) Jackson 설계 방법
>   기본, 순차, 선택, 반복의 4가지 구조 이용
>
> (3) Yourdon 설계 방법
>   ① 자료 흐름도 제안
>   ② 순차, 선택, 반복 구조 주장
>
> (4) Warnier-Orr 설계 방법
>   선택, 반복 구조만으로 프로그램 표현

(2) 구조적 프로그래밍 방법의 특징

① 표준화된 코딩 기법
② 단일 입·출력으로 처리한다.
③ 순차, 선택, 반복 구조만을 이용하여 기술한다.
  ㉠ 순차 구조(sequence) : 하나의 작업이 끝난 후에 다음 작업이 순차적으로 일어난다.
  ㉡ 선택 구조(selection) : 조건이 주어졌을 때 참이면 then 다음의 문장이 실행되고, 거짓이면 else 다음의 문장이 실행된다.
  ㉢ 반복 구조(repetition) : 조건을 만족할 때까지 특정 문장을 반복 실행한다.
④ 원시 프로그램의 명료성을 증대시킨다.
⑤ 효율성을 중시한다면 GOTO문을 사용하지 않는다.
  GOTO문을 사용한 코드는 레이블별로 정리되어 있기는 하지만, '프로그램의 제어 흐름'에 대해서 정리가 되어 있지 않다. GOTO문을 사용한 코드를 스파게티 코드라고 한다. 스파게티처럼 꼬여 있다는 뜻으로 GOTO문을 사용하지 말자는 의미이다. GOTO문을 이용하면 동적 처리와 정적 처리에 대한 프로그램 구조를 불분명하게 만들 수도 있다.

(3) 구성 요소 중요 ★★★

데이터 흐름도(DFD, Data Flow Diagram), 데이터 사전(DD, Data Dictionary), 상태 전이도(STD, State Transition Diagram), 소단위 명세서(Mini Specification) 등이 있다.

① 자료(데이터) 흐름도
  ㉠ 개요
    소프트웨어를 기능적 측면에서 프로세스(Process) 단위로 분할하고 프로세스 사이의 관계로 자료 흐름을 표시하는 것이다.

기능을 수행하는 프로세스, 자료 흐름, 자료 저장소, 외부 객체 등으로 구성되어 있다. 시간이 경과함에 따라 자료가 흐르는 관점에 맞게 처리되는 작업 절차를 흐름 중심으로 그린다.

ⓛ 자료 흐름도 설계 과정

> • 정보 흐름의 유형을 설정한다.
> • 흐름의 경계를 표시한다.
> • 자료 흐름도를 프로그램 구조로 사상한다(변환사상).
> • 제어 계층을 분해시켜서 정의한다.
> • 경험적 방법으로 구체화시킨다.
>
> ※ 변환사상이란 변환 흐름의 특성을 갖는 DFD(자료 흐름도)를 프로그램 구조로 사상하는 것이다.

ⓒ 구성요소

구분	표기법	설명
처리	○	자료를 변환시키는 처리 단위
데이터 흐름	→	• 외부 객체나 프로세스 사이에 전달되는 데이터 흐름 • 자료 흐름에는 항상 데이터명이 존재
자료 저장소	══	파일이나 데이터베이스를 의미
외부 객체(발생지, 종착지)	▭	외부에서 데이터를 주고받는 곳

ⓔ 작성 규칙

> • 명명의 원칙 : 처리의 이름은 동사형, 명사는 목적어 사용
> • 변환된 데이터 흐름의 명칭 : 데이터의 흐름이 변환될 때 새로운 이름을 사용
> • 데이터 흐름의 균형 : 입력과 출력의 흐름은 일치
> • 데이터 흐름의 분할 및 통합이 가능
> • 데이터 보존의 법칙 : 입력을 이용하면 반드시 출력 데이터가 생성
> • 지속성의 원칙 : 입력 데이터가 들어오기 전 처리할 준비
> • 영구성의 원칙 : 데이터 저장소의 데이터는 영구히 저장, 데이터 흐름에 의해 생성된 데이터는 소멸
> • 순차 처리의 원칙 : 들어온 순서대로 처리

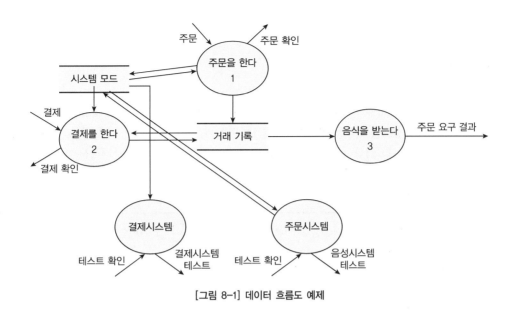

[그림 8-1] 데이터 흐름도 예제

② **자료(데이터) 사전**

㉠ 정의

자료 사전(DD, Data Dictionary)은 데이터 흐름도에서 사용되는 자료 목록에 대해 명시, 설명 및 저장해 놓은 문서이며, 데이터 흐름도에 나타나는 자료의 내용과 속성을 정의해 놓았다.

㉡ 자료 사전 기호

기호	의미	기호	의미
=	자료 정의	( )	생략
[ ]	선택	+	자료 연결
**	주석	{ }	반복
|	여러 개 중 하나(or)		

③ **상태 전이도**

상태 전이도(STD, State Transition Diagram)는 시스템에 어떤 일이 발생할 경우 시스템의 상태와 상태 간의 전이를 모델화한 것이다. 상태 전이도를 통해 개발자는 시스템의 행위를 정의할 수 있다.

④ **소단위 명세서**

소단위 명세서(Mini Specification)는 자료 흐름도상의 처리 내용을 논리적 절차에 맞게 설명한 문서로 세분화된 자료 흐름도에서 최하위 단계 프로세스의 처리 절차를 기술한 것이다. 분석가의 문서로, 자료 흐름도를 지원하기 위해 작성한 것이다. 서술 문장, 구조적 언어, 의사결정 트리, 의사결정 표, 그래프 등을 이용해 기술한다.

2 그래픽 설계 표기법

(1) 흐름도

① 개요

흐름도(flow chart)는 다이어그램의 종류 중 하나로, 어떤 일을 처리할 때 여러 종류의 상자와 이를 이어주는 화살표를 이용해 명령의 순서를 보여주는 알고리즘(algorithm)이나 프로세스(process)를 의미한다. 프로그램의 논리 구조를 표현하는 데 사용되는 표기법이다. 정해진 기호를 사용하므로 전체적인 시스템의 구조를 파악하기 쉽다.

② 순서도 기호

	단말	흐름도의 시작과 끝		카드입력	카드리더(card reader)를 통한 입력
	흐름선	작업 흐름을 명시		수동입력	키보드를 통한 입력
	준비	작업 단계 시작 전 준비 (변수 및 초기치 선언 등)		서브루틴	정의하여 둔 부프로그램의 호출
	처리	처리하여야 할 작업을 명시(변수에 계산 값 입력 등)		페이지 내 연결자	한 페이지 내의 흐름도 연결
	입·출력	일반적인 데이터의 입력 또는 결과의 출력		페이지 간 연결자	페이지가 다른 흐름도의 연결
	판단	조건에 따라 흐름선을 선택(일반적으로 참, 거짓 구분)		화면표시	처리결과 또는 메시지를 모니터를 이용하여 출력
	프린트	프린터를 이용한 출력 (서류 등의 지면에 출력)		결합	기본 흐름선에 다른 흐름선 합류

[그림 8-2] 순서도 기호

③ 순서도 작성 요령

- 기호는 반드시 흐름선으로 연결해야 한다.
- 흐름 방향 : 원칙적으로는 상 → 하, 좌 → 우로 표시하나 사선이나 루프를 형성할 때는 예외로 한다.
- 화살 표시 : 모든 흐름선에 방향을 표시한다(모두 단방향 흐름선만 존재함).
- 흐름선의 교차 : 가능한 한 상호 교차되지 않도록 그려야 한다(예외 존재함).
- 흐름선의 결합 : 여러 개의 분기선으로부터 결합되는 경우 교차점에 화살 표시를 한다.
- 흐름선의 분기 : 하나의 기호로부터 여러 개의 선이 나누어질 때 교차점에 화살 표시를 한다.
- 기호 내에 정보를 기입할 때는 정보의 흐름과는 관계없이 위에서 아래로, 좌에서 우로 기입한다.

④ 제어 구조의 종류

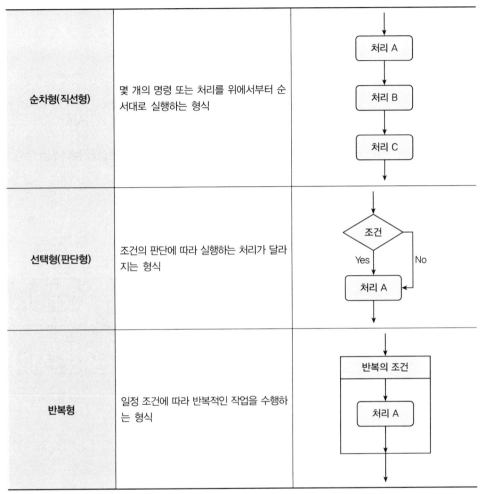

순차형(직선형)	몇 개의 명령 또는 처리를 위에서부터 순서대로 실행하는 형식	
선택형(판단형)	조건의 판단에 따라 실행하는 처리가 달라지는 형식	
반복형	일정 조건에 따라 반복적인 작업을 수행하는 형식	

(2) HIPO(Hierarchy plus Input Process Output)

① 개요

HIPO는 프로그램 설계 시 입력, 처리, 출력 과정의 기능을 도식적 방법으로 표현한 도표이며, 하향식 설계 기법 중 하나이다. 시스템의 기능을 여러 개의 고유 모듈로 분할하여 이들 간의 인터페이스를 계층 구조로 표현한다. 프로그램의 전반적인 흐름도를 파악할 수 있다.

② 특징

㉠ 입력, 처리, 출력으로 구성

㉡ 체계적인 문서 관리

㉢ 기호, 도표 사용

㉣ 기능과 자료의 의존 관계 명시

㉤ 변경과 유지보수가 용이

㉥ 여러 개의 고유 모듈로 분할 가능(HIPO CHART를 이용)

③ **장점**

　　㉠ 하향식 개발이 용이

　　㉡ 보기 쉽고 이해가 쉬움

　　㉢ 문서가 체계적임

　　㉣ 변경, 유지보수가 용이

　　㉤ 입력, 처리, 출력을 시각적으로 알아보기 쉽게 표현

④ **종류**

　　㉠ 가시적 도표

　　　가시적 도표(visual table of contents)는 시스템의 전체 기능과 흐름을 보여주는 계층(Tree) 구조이다.

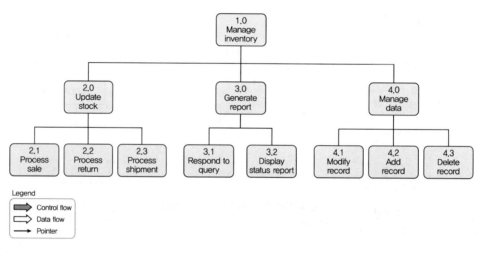

[그림 8-3] 가시적 도표

　　㉡ 총체적 도표

　　　총체적 도표(overview diagram)는 프로그램을 구성하는 기능을 기술하며 입력, 처리, 출력에 대한 전반적인 정보를 제공한다.

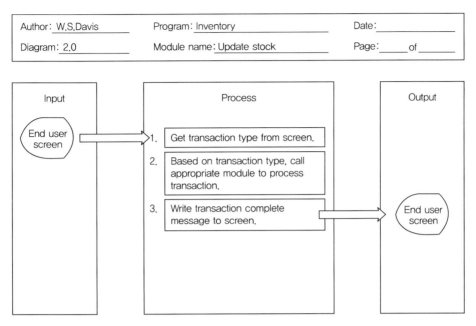

[그림 8-4] 총체적 도표

ⓒ 세부적 도표

세부적 도표(detail diagram)는 총체적 도표에 표시된 기능을 구성하는 기본 요소들을 상세히 기술하는 도표이다. 총체적 도표와 같은 모양이지만 내용이 좀 더 복잡하게 들어간 형태이다.

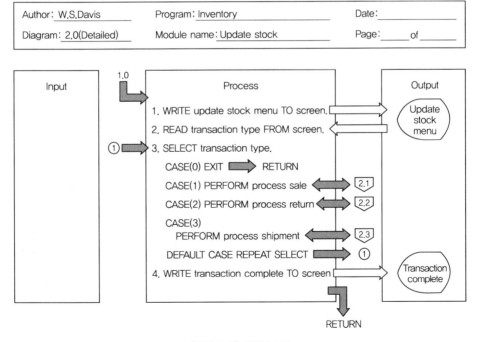

[그림 8-5] 세부적 도표

종류	역할
가시적 도표	전체적인 흐름과 구조를 나타내는 도표
총체적 도표	입력, 처리, 출력의 기능을 표현한 도표
세부적 도표	총체적 도표를 세부적이고 구체적으로 표현한 도표

3 테이블 설계 표기법

(1) 의사 결정표(decision table)

① 처리 내용을 설명하기 위한 표 구조이다.

② 조건 항목, 조건 기입란, 행동 항목, 행동 기입란, 규칙란 등으로 구성된다.

③ 주로 복잡한 조건이 있는 경우에 사용한다.

(2) NS(Nassi–Schneiderman) 차트(Chart)

① 개요

㉠ 구조적 프로그래밍 기법에 사용되는 논리 표현 중심의 도표로 고안되었다.

㉡ 논리의 기술에 중점을 둔 표의 형식으로 표현한다.

㉢ 조건이 복합되어 있는 곳의 처리를 시각적으로 명확히 식별하는 데 적합하다.

㉣ 나시(Nassi)와 슈나이더만(Schneiderman) 두 사람이 개발하였다.

㉤ 데이터 구조 설계에는 적용되지 않는다.

② NS 차트의 특징

㉠ 3가지의 기본 제어 흐름 구조(순차, 반복, 선택)만으로 논리를 표현한다.

㉡ 순서도의 최대 단점인 화살표가 표시되지 않는다.

㉢ 기본 구조의 입력과 출력은 각각 하나만 표현한다.

㉣ 전체적인 알고리즘을 볼 수 있다.

③ NS 차트의 기호

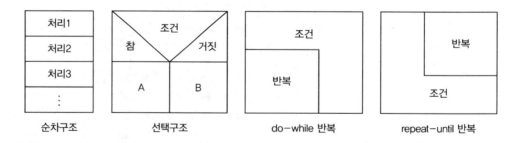

| 순차구조 | 선택구조 | do-while 반복 | repeat-until 반복 |

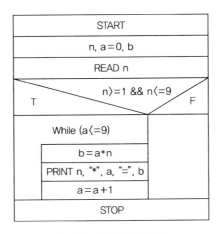

[그림 8-6] NS 차트 예제

4 프로그램 설계 언어

(1) 개요

프로그램 설계 언어(PDL, Program Design Language)는 의사 코드(Pseudo Code)라고도 한다. 영어 단어를 이용해 구조적 프로그래밍의 제어 구조를 기술하며, 하향식 접근 방식으로 논리의 전체 흐름을 표현한다. 프로그램 설계 언어는 사용자와의 의사소통을 용이하게 한다. 요즘에 사용하는 프로그래밍 언어와 유사한 서술적 표현법을 사용하여 프로그램 설계, 시스템 검토, 문서화 기법에 주로 사용한다.

(2) 장점

프로그램 설계 언어를 사용하여 세부적인 표현이 가능하다. 또한 프로그래밍 언어의 문법적 지식이 없어도 쉽게 표현할 수 있다.

[알고리즘 표현을 위한 기법 간 비교]

구분	NS 차트(NS Chart)	흐름도(Flow Chart)	의사 코드(Pseudo Code)
개념	사각형 박스로 선택, 조건, 반복의 구조적 흐름을 표현	사각형으로 작업, 마름모로 조건, 화살표로 데이터 흐름을 표현	단순 텍스트와 들여쓰기를 이용하여 알고리즘을 상세 표현
장점	표준화 가능	로직의 대표적 표현	세부적 표현 가능
단점	수직적 확장	표현의 다양성, 복잡성	사람마다 다른 표현

제 3 절 코딩 스타일 표준

(1) R. Fairley의 효율적 코딩 스타일

① 표준화된 제어 구조를 사용한다(순차, 선택, 반복).

② 사용자 정의의 데이터형을 도입한다.

③ 일관성 있는 GOTO문을 사용한다(구조적 프로그램에 사용).

④ 함수 안에 사용된 데이터 구조는 사용자에게 정보은닉을 해야 한다.

⑤ 컴파일 단위로 표준 문서를 작성한다.

⑥ 원시코드를 이해하기 쉽도록 구조를 효과적으로 구성한다.

⑦ 코드의 판독성을 높이기 위해서 주석문을 효과적으로 사용한다.

(2) 코딩 시 주의사항

① 불필요한 문장은 배제한다.

② then-if 대신에 if-else를 사용한다.

③ 복잡한 중첩 구조는 배제한다.

④ 모호한 코딩은 사용하지 말고 명확한 코딩만 작성한다.

⑤ 모듈에 매개변수 5개 이상은 자제한다.

⑥ 똑같은 문장 반복은 최소화한다.

⑦ 변수는 단일 목적으로 사용한다.

제 4 절 코드 문서화

(1) 개요

코드 문서화는 프로그램이 무엇을 수행하고 어떻게 동작하는지 이해할 수 있게 작성한 일련의 기술서를 말한다. 직접적으로 코드와 관련된 기술서를 내부 문서화라고 하고 그 외의 모든 것을 외부 문서화라고 한다.

내부 문서화는 프로그램의 특성, 데이터 구조, 알고리즘, 제어 구조 등의 요약 정보를 기술하고 있다. 또한, 정보 프로그램의 소스 코드를 읽는 사람에게 직접적으로 제공한다. 외부 문서화는 실제 코드를 한 번도 보지 않은 사람들을 위한 것이며, 외부 문서화는 컴포넌트 입장에서가 아닌 전체 시스템의 입장에서 '누가, 언제, 어디서, 무엇을, 어떻게, 왜'의 육하원칙의 질문에 답변을 하는 형식이다.

주석문은 프로그래밍의 인터페이스를 사용하고, 클라이언트와 서비스 제공자 사이에 프로그래밍 계약 관계를 정의한다.

(2) 내부 문서화

① 주석문(comments)

㉠ 프로그램 내부에 포함되는 문서 형태

㉡ 한국어나 영어 등 본인이 사용하는 언어를 이용하여 기술

㉢ 프로그램을 이해하고 유지보수하는 데 도움이 됨

㉣ 개발자 및 고객과의 대화 수단으로 사용

- 모듈의 목적을 기술하는 목적
- 인터페이스에 대한 기술
  - 호출 표본
  - 모든 인수에 대한 설명
  - 모든 종속 모듈 목록
- 중요 변수들과 이들의 사용 한계, 제한 등을 포함하는 중요 정보
- 개발 역사
  - 모듈 설계자 이름
  - 검토자의 이름과 검토 날짜
  - 수정 일자와 수정에 대한 설명

② 변수명

명사로 지정하며, 키워드를 사용하지 않는다.

③ 제어문

㉠ 논리적인 흐름에 따라 만들어져야 하며 논리적인 면에서 이해하기 쉽도록 쓴다.

㉡ 가이드라인

- 조건문에는 반드시 예외사항까지 처리한다.
- 함수를 만들 때는 함수의 길이가 너무 길거나 지나치게 짧지 않은지를 고려한다.
- 인자의 수가 지나치게 많지 않은지를 고려한다.
- 단순한 코드의 반복을 피하고 코드를 간단히 하기 위해 프로그램에 알맞은 프로그램 구조와 자료구조를 선택한다.
- 동적으로 변하는 자료를 쓰지 않는다.
- 비 정적 변수를 NULL이나 0으로 초기화하지 않는다.
- 조건연산자(?:)를 주의해서 사용한다.
- 다중 출력을 갖는 LOOP를 주의해서 사용한다.

(3) 외부 문서화

① 파일명과 파일 크기, 성능 등 총괄사항을 넣는다.

② 각 모듈별로 프롤로그 주석을 작성하고 각 모듈의 구조적 프로그래밍을 도표로 작성한다.

③ **주석문**

프로그래밍의 인터페이스를 사용하고, 클라이언트와 서비스 제공자 사이에 프로그래밍 계약 관계를 정의한다.

㉠ 주석문의 종류에는 //, /**/를 사용하는 주석문이 있다.

㉡ //는 한 줄의 코멘트를 작성할 때 사용한다.

㉢ /*...*/는 여러 줄의 코멘트를 작성할 때 사용한다.

㉣ 자바에는 /** ... */를 사용하는 시스템 주석문이 있다.

제 5 절 코드 스멜과 리팩토링

1 코드 스멜 중요 ★

(1) 개요

코드 스멜(Code Smell, 코드 냄새)은 **컴퓨터 프로그래밍 코드에서 더 심오한 문제를 일으킬 가능성이 있는 프로그램 소스 코드의 특징**을 가리킨다. 여러 가지 기준과 체크 방법이 있으며 코드 리뷰나 PR 시에 이러한 기준을 두고 상대방과 코드에 대해 소통하는 편이 여러 가지로 도움이 될 수 있다고 본다. 일반적으로 다음과 같은 기준들이 있으며 오랫동안 개발을 하다보면 어느 정도 경험에 의해서 많이 걸러지는 부분도 있다. 다시 말해 개발자가 이해하거나 유지보수하기 어려워 리팩토링의 대상이 되는 코드이다.

(2) 코드 스멜 종류

Code Smell	설명	방법
중복된 코드	소스 코드가 중복됨	• 중복된 코드를 제거 • 공통 Function으로 변경
긴 Method	Method의 내부 소스가 너무 긴 경우	적정 소스 크기로 분할
큰 Class	한 Class에 너무 많은 Member(속성)와 Method가 존재	큰 Class를 신규 Class로 분할
너무 많은 파라미터 (Parameter/인수)	Method의 파라미터 개수가 너무 많음	파라미터 개수 줄임
두 가지 이상의 이유로 수정되는 클래스 (Divergent Class)	한 Class의 Method가 2가지 이상의 이유로 수정되면, 그 Class는 한 가지 종류의 책임만을 수행하는 것이 아님	한 가지 이유만으로 수정되도록 변경(단일 책임)
여러 클래스를 동시에 수정 (Shotgun Surgery)	특정 Class를 수정하면 그때마다 관련된 여러 Class들 내에서 변경이 필요	여러 Class에 흩어진 유사한 기능을 한 곳에 모음

다른 Class를 지나치게 애용 (Feature Envy)	번번히 다른 Class로부터 데이터를 얻어 와서 기능을 수행	Method를 그들이 애용하는 데이터가 있 는 Class로 옮김
유사 데이터들의 그룹 중복 (Data Clumps)	3개 이상의 데이터 항목이 여러 곳에 중 복되어 나타남	해당 데이터들을 독립된 Class로 정의

2 리팩토링 중요 ★★★

(1) 개요

코딩 오류 가능성을 최소화하기 위해 프로그램 내에서 이해하기 어렵고 수정하기 힘들며, 확장하기 어려운 코드(= 코드 스멜)의 원래 기능을 그대로 두면서 내부 구조를 개선하는 활동이다.

원래 기능은 유지하면서 낮은 가독성, 중복된 로직, 확장 제한적 코드 등(코드 스멜, Code Smell)을 제거함으로써 SW 내부 구조를 개선하여 코드 품질을 향상시키는 SW 개선 기법이다. 외부 기능을 변경하지 않으면서 내부 구조를 개선하는 방법으로, Refactoring을 할 때는 기능을 추가해서는 안 되고, 단지 코드의 구조에만 신경을 써야 한다.

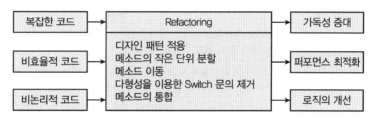

[그림 8-7] 리팩토링 개념도

(2) 리팩토링 목적

① **버그식별의 용이성** : 디버그는 아니나 숨은 버그 식별 용이
② **기능추가의 용이성** : 복잡하고 지저분한 코드 제거
③ **리뷰의 간편성** : 코드가 읽기 쉽게 되어 리뷰가 용이해짐
④ **SW 안정성 확보** : 리팩토링 통해 안정성 높은 SW 실현
⑤ **SW 신뢰성 확보** : 리팩토링 통해 신뢰성 높은 SW 실현
⑥ **SW 재사용성 증가** : 리팩토링 통해 안정성, 신뢰성 확보하여 재사용성 증가

(3) 리팩토링 과정

① 소규모의 변경(단일 리팩토링)
② 코드가 전부 잘 작동되는지 테스트
③ 전체가 잘 작동하면 다음 리팩토링 단계로 전진
④ 작동하지 않으면 문제를 해결하기 위해 리팩토링한 것을 undo하여 시스템이 작동되도록 유지

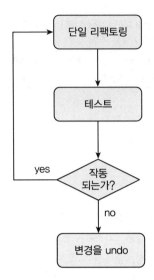

[그림 8-8] 리팩토링 과정

(4) 리팩토링 주요기법

기법	상세 설명
Extract Method	그룹으로 함께 묶을 수 있는 코드 조각기가 있으면 코드의 목적이 잘 드러나도록 메소드의 이름을 지어 별도의 메소드를 추출
Replace Temp With Query	어떤 수식의 결과 값을 저장하기 위해서 임시 변수를 사용하고 있다면, 수식을 추출해서 메소드를 만들고, 임시 변수를 참조하는 곳을 찾아 모두 메소드 호출로 교체
Move Method	메소드가 자신이 정의된 클래스보다 다른 클래스의 기능을 더 많이 사용하고 있다면, 이 메소드를 가장 많이 사용하고 있는 클래스에 비슷한 몸체를 가진 새로운 메소드 생성
Extract Class	두 개의 클래스가 해야 할 일을 하나의 클래스가 하고 있는 경우 새로운 클래스를 만들어 관련 있는 필드와 메소드를 예전 클래스에서 새로운 클래스로 이동
Rename Method	메소드의 이름이 그 목적을 드러내지 못하고 있다면 메소드의 이름 변경
Substitute Algorithm	알고리즘을 보다 명확한 것으로 바꾸고 싶을 때는 메소드의 몸체를 새로운 알고리즘으로 교체
Inline Method	메소드 몸체가 메소드의 이름만큼이나 명확할 때는 호출하는 곳에 메소드의 몸체를 넣고 메소드를 삭제

(5) 리팩토링의 고려사항

① 리팩토링 수행 전, 프로그램의 동작이 변하지 않았음을 확인하기 위한 유닛테스트 준비

② 리팩토링 자체가 디버깅이나 기능 추가구현이 아니므로 완성되지 않은 코드 또는 버그가 많은 코드에는 적용 불가

③ 초기 설계를 조금씩 현실에 맞게 개선해 나가는 리팩토링 기법은 XP(eXtream Programming)에 적절

④ 비즈니스에 대한 이해가 우선시되어야 하며 리팩토링 과정에서 실패 시 백업 및 복구 대책 중요
⑤ 리팩토링 지원도구의 적절한 활용이 필요하지만 무엇보다 전문가의 안정적인 설계와 code inspection 능력 필요

3 코딩 오류, 코드 스멜, 리팩토링 관계

[코드 스멜과 리팩토링 관계]

코드 스멜	리팩토링
중복된 코드	중복 제거
긴 메소드	메소드 크기 조정
큰 클래스	클래스 몸집 줄이기
긴 매개변수 리스트	매개변수 줄이기
두 가지 이유로 수정되는 클래스	한 가지 이유만으로 수정되도록 변경
여러 클래스를 동시에 수정	유사한 클래스를 하나의 클래스로 통합
다른 클래스를 지나치게 활용	메소드를 그들을 사용하는 클래스로 이전
유사 클래스들의 그룹 중복	해당 데이터들을 독립된 클래스로 정의
기본 데이터 타입 선호	같은 작업을 수행하는 기본 데이터의 그룹을 별도의 클래스로 생성
switch, if	다형성을 변경
병렬 상속 계층도	호출하는 쪽의 계층도는 그대로 유지하고 호출당하는 쪽을 변경
게으른 클래스	제거 또는 다른 클래스에 병합
지나친 일반화	상속 제거
임시 속성	속성을 메소드 내부로 옮김
메시지 체인	메시지 체인을 거치지 않고 직접 사용
미들맨	미들맨 역할의 객체를 제거
부적절한 친밀성	데이터 정보 은닉 처리
미완성 라이브러리 클래스	랩핑 클래스 처리
데이터 클래스	데이터를 주로 사용하는 class 내부 메소드로 이관
상속 거부	상위 클래스와 하위 클래스를 확장
주석	주석 없이도 코드를 이해할 수 있도록 코딩

제 6 절 통합 구현

통합 구현은 사용자의 요구사항에 맞춰 송·수신 모듈과 중계 모듈 간의 연계를 구현하는 것을 의미한다. 일반적인 통합 구현은 송신 시스템과 모듈, 수신 시스템과 모듈, 중계 시스템, 연계 데이터, 네트워크로 구성된다. 모듈 간의 분산이 이루어진 경우를 포함하여 단위 모듈 간의 데이터 관계를 분석하고, 이를 기반으로 한 매커니즘 모듈 간의 효율적인 연계를 구현한다.

1 단위 모듈 구현

(1) 단위 모듈(Unit Module)의 개요

① 통합 구현에서 단위 모듈 구현은 비즈니스 컴포넌트, 내외부 인터페이스 모듈, 데이터베이스 접근 모듈 등 통합 구현이 필요한 단위 컴포넌트 구현이다.

② 단위 모듈로 구현되는 하나의 기능을 단위 기능이라고 부른다.

③ 단위 모듈은 사용자나 다른 모듈로부터 값을 전달받아 시작되는 작은 프로그램을 의미하기도 한다.

④ 두 개의 단위 모듈이 합쳐질 경우 두 개의 기능을 구현할 수 있다.

⑤ 단위 모듈의 구성 요소에는 처리문, 명령문, 데이터 구조 등이 있다.

⑥ 단위 모듈은 독립적인 컴파일이 가능하며, 다른 모듈에 호출되거나 삽입되기도 한다.

⑦ 단위 모듈을 구현하기 위해서는 단위 기능 명세서를 작성한 후 입출력 기능과 알고리즘을 구현해야 한다.

(2) 단위 기능 명세서 작성

① 단위 기능 명세서는 설계 과정에서 작성하는 기능 및 코드 명세서나 설계 지침과 같이 단위 기능을 명세화한 문서들을 의미한다.

② 단위 기능 명세서를 작성하는 단계에서는 복잡한 시스템을 단순하게 구현하기 위한 추상화 작업이 필요하다.

③ 단위 기능 명세서를 작성하는 단계에서는 대형 시스템을 분해하여 단위 기능별로 구분하고, 각 기능들을 계층적으로 구성하는 구조화 과정을 거친다.

④ 단위 기능 명세서 작성 시 모듈의 독립적인 운용과 한 모듈 내의 정보가 다른 모듈에 영향을 주지 않도록 정보 은닉의 원리를 고려한다.

(3) 입출력 기능 구현

① 입출력 기능 구현 단계에서는 단위 기능 명세서에서 정의한 데이터 형식에 따라 입출력 기능을 위한 알고리즘 및 데이터를 구현한다.

② 입출력 기능 구현 단계에서는 단위 모듈 간의 연동 또는 통신을 위한 입출력 데이터를 구현한다.

③ 입출력 기능 구현 시 사용자 인터페이스인 CLI, GUI와의 연동을 고려한다.

④ 입출력 기능 구현 시 네트워크나 외부 장치와의 입출력은 무료로 공개되어 있는 Open Source API를 이용하면 간편하게 구현할 수 있다.

(4) 알고리즘 구현

① 알고리즘 구현 단계에서는 입출력 데이터를 바탕으로 단위 기능별 요구 사항들을 구현 가능한 언어를 이용하여 모듈로 구현한다.

② 알고리즘 구현 단계에서는 구현된 단위 기능들이 사용자의 요구와 일치하는지 확인하는 과정이 필요하다.

③ 구현되는 모듈 종류는 단위 기능의 종류에 따라 디바이스 드라이버 모듈, 네트워크 모듈, 파일 모듈, 메모리 모듈, 프로세스 모듈 등으로 구분한다.

　　㉠ 디바이스 드라이버 모듈 : 하드웨어 주변 장치의 동작을 구현한 모듈

　　㉡ 네트워크 모듈 : 네트워크 장비 및 데이터 통신을 위한 기능을 구현한 모듈

　　㉢ 파일 모듈 : 컴퓨터 내부의 데이터 구조 영역에 접근하는 방법을 구현한 모듈

　　㉣ 메모리 모듈 : 파일을 프로세스의 가상 메모리에 매핑/해제하는 방법, 프로세스 사이의 통신 기능을 구현한 모듈

　　㉤ 프로세스 모듈 : 하나의 프로세스 안에서 다른 프로세스를 생성하는 방법을 구현한 모듈

(5) IPC(Inter-Process Communication)

모듈 간 통신 방식을 구현하기 위해 사용되는 대표적인 프로그래밍 인터페이스 집합으로, 복수의 프로세스를 수행하여 이뤄지는 프로세스 간 통신까지 구현이 가능하다.

① IPC의 대표 메소드 5가지

　　㉠ Shared Memory : 다수의 프로세스가 공유 가능한 메모리를 구성하여 프로세스 간 통신을 수행한다.

　　㉡ Socket : 네트워크 소켓을 이용해 네트워크를 경유하는 프로세스들 간 통신을 수행한다.

　　㉢ Semaphores : 공유 자원에 대한 접근 제어를 통해 프로세스 간 통신을 수행한다.

　　㉣ Pipes & names Pipes : 선입선출 형태로 구성된 메모리를 여러 프로세스가 공유하여 통신을 수행한다.

　　㉤ Message Queuing : 메시지가 발생하면 이를 전달하는 형태로 프로세스 간 통신을 수행한다.

2 개발 지원 도구 중요 ★

(1) 통합 개발 환경(IDE ; Integrated Development Environment)

① 통합 개발 환경은 개발에 필요한 환경, 즉 편집기, 컴파일러, 디버거 등의 다양한 툴을 하나의 인터페이스로 통합하여 제공하는 것을 의미한다.

② 코드의 자동 생성 및 컴파일이 가능하고 추가 기능을 다운로드하여 추가할 수 있다.

③ 오류가 발생한 부분을 시각화하므로 수정이 용이하다.

④ 외부의 다양한 서비스와 연동하여 개발에 편의를 제공한다.

⑤ Eclipse(Java, C, C++ 등), Visual Studio(Basic, C, C++ 등), XCode(C, C++, C#, Java, AppleScript 등), Android Studio(Java, C, C++ 등), IDEA(Java, JSP, Kotlin 등)

(2) 빌드 도구

빌드는 소스 코드 파일들을 컴퓨터에서 실행할 수 있는 제품 소프트웨어로 변환하는 과정 또는 결과물을 말한다. 빌드 도구는 소스 코드를 소프트웨어로 변환하는 과정에 필요한 전처리(Preprocessing), 컴파일(Compile) 등의 작업들을 수행하는 소프트웨어를 말한다. 대표적인 도구로는 Ant, Maven, Gradle 등이 있다.

① **Ant**

 ㉠ 아파치에서 개발한 소프트웨어로, 자바 프로젝트의 공식적인 빌드 도구로 사용되고 있다.

 ㉡ XML 기반의 빌드 스크립트를 사용하며, 자유도와 유연성이 높아 복잡한 빌드 환경에도 대처가 가능하다.

 ㉢ 정해진 규칙이나 표준이 없어 개발자가 모든 것을 정의하며, 스크립트의 재사용이 어렵다.

② **Maven**

 ㉠ Ant의 대안으로 개발되었다.

 ㉡ 규칙이나 표준이 존재하여 예외 사항만 기록하면 되며, 컴파일과 빌드를 동시에 수행할 수 있다.

 ㉢ 의존성(Dependency)을 설정하여 라이브러리를 관리한다.

③ **Gradle**

 ㉠ Ant와 Maven을 보완하여 개발된 빌드 도구이다.

 ㉡ 안드로이드 스튜디오의 공식 빌드 도구로 채택된 소프트웨어이다.

 ㉢ Maven과 동일하게 의존성을 활용하며, 그루비 기반의 빌드 스크립트를 사용한다.

(3) 기타 협업 도구

① 개발에 참여하는 사람들이 서로 다른 작업 환경에서 원활히 프로젝트를 수행할 수 있도록 도와주는 도구로 협업 소프트웨어, 그룹웨어 등으로 불린다.

② 협업 도구에는 일정 관리, 업무흐름 관리, 정보 공유, 커뮤니케이션 등의 업무 보조 도구가 포함되어 있다.

③ 협업 도구는 웹 기반, PC, 스마트폰 등 다양한 플랫폼에서 사용할 수 있도록 제공된다.

[협업 도구의 종류]

프로젝트 및 일정 관리	구글 캘린더, 분더리스트(Wunderlist), 트렐로(Trello), 지라(Jira), 플로우(Flow) 등
정보 공유 및 커뮤니케이션	슬랙(Slack), 잔디(Jandi), 태스크월드(Taskworld) 등
디자인	스케치(Sketch), 제플린(Zeplin)
기타	아이디어 공유에 사용되는 에버노트(Evernote), API를 문서화하는 스웨거(Swagger), 깃의 웹호스팅 서비스인 깃허브(GitHub)

제 7 절 　인터페이스 기능 구현 정의

1 　인터페이스 기능 구현 정의의 개요

인터페이스를 실제로 구현하기 위해 인터페이스 기능에 대한 구현 방법을 기능별로 기술한 것이다.

(1) 인터페이스 기능 구현 정의의 순서

① 컴포넌트 명세서를 확인한다.
② 인터페이스 명세서를 확인한다.
③ 일관된 인터페이스 기능 구현을 정의한다.
④ 정의된 인터페이스 기능 구현을 정형화한다.

2 　모듈 세부 설계서

모듈 세부 설계서는 모듈의 구성 요소와 세부적인 동작 등을 정의한 설계서이다.

(1) 컴포넌트 명세서

컴포넌트 명세서는 컴포넌트의 개요 및 내부 클래스의 동작, 인터페이스를 통해 외부와 통신하는 명세 등을 정의한 것이다.

(2) 인터페이스 명세서

인터페이스 명세서는 컴포넌트 명세서의 항목 중 인터페이스 클래스의 세부 조건 및 기능 등을 정의한 것이다.

(3) 모듈 세부 설계서 확인

① 각 모듈 컴포넌트 명세서와 인터페이스 명세서를 기반으로 인터페이스에 필요한 기능을 확인한다.
② 컴포넌트 명세서의 컴포넌트의 개요, 내부 클래스의 클래스명과 설명 등을 통해 컴포넌트가 가지고 있는 주요 기능을 확인한다.
③ 컴포넌트 명세서의 인터페이스 클래스를 통해 인터페이스에 필요한 주요 기능을 확인한다.
④ 인터페이스 명세서를 통해 컴포넌트 명세서의 인터페이스 클래스에 명시된 인터페이스 세부 조건 및 기능을 확인한다.

(4) 인터페이스 기능 구현 정의

인터페이스의 기능, 인터페이스 데이터 표준, 모듈 세부 설계서를 기반으로 일관성 있고 정형화된 인터페이스 기능 구현에 대해 정의한다.

① **일관성 있는 인터페이스 기능 구현 정의**
ㄱ 인터페이스의 기능, 인터페이스 데이터 표준, 모듈 세부 설계서를 통해 인터페이스의 기능 구현을 정의한다.
ㄴ 정의된 인터페이스의 기능 구현에 대해 송수신 측에서 진행해야 할 절차까지 다시 세부적으로 정의한다.

② **정의된 인터페이스 기능 구현 정형화**
ㄱ 정의된 인터페이스 기능 구현을 특정 하드웨어나 소프트웨어에 의존적이지 않게 사람들이 보기 쉽고 표준화되도록 정형화한다.
ㄴ 가독성을 높이려면 프로세스 형태나 유스케이스 다이어그램 형태로 정형화한다.

3 사전에 정의된 기능에 대한 구체적인 분석

상세하게 정의된 기능 구현 정의의 내용을 토대로 어떻게 구현할 것인지 분석하는 것이다.

> 예 JSON : 비동기 브라우저/서버 통신(AJAX)을 위한 "속성-값", "키-값" 쌍으로 이루어진 데이터 객체를 전달하기 위해 인간이 읽을 수 있는 텍스트를 사용하는 개방형 표준 포맷
> 예 REST : 웹과 같은 분산 하이퍼미디어 환경에서 자원의 존재/상태 정보를 표준화된 HTTP 메소드로 주고받는 웹 아키텍처
> 예 AJAX(Asynchronous Java Script and XML) : 자바스크립트를 사용한 비동기 통신기술로, 서버와 클라이언트 간에 XML 통신 데이터를 주고받는 기술

4 인터페이스 구현

(1) 데이터 통신을 사용하는 인터페이스 구현

① **인터페이스 객체 생성 구현**
인터페이스 객체를 생성하기 위해, DB에 있는 정보를 SQL을 통해 선택하여 JSON으로 생성한다.

② **인터페이스 객체 전송 후 전송 결과를 수신 측에서 반환받도록 구현**
ㄱ 송신 측에서 JSON으로 작성된 인터페이스 객체를 AJAX를 통해 수신 측에 송신한다.
ㄴ 수신 측에서는 JSON 인터페이스 객체를 수신받고 이를 파싱 후 처리한다.
ㄷ 수신 측의 처리 결과는 송신 측에 True/False 값을 전달하여 인터페이스 성공 여부를 확인하고 전달한다.

(2) 인터페이스 객체를 사용하는 인터페이스 구현

① **송신 시스템의 인터페이스 테이블**

　㉠ 송신 관련 정보를 관리하기 위한 항목, 송신 시스템에서 필요한 항목을 구현한다.

　㉡ 인터페이스 이벤트 발생 시 인터페이스 테이블에 인터페이스 내용이 기재되도록 구현한다.

　㉢ 데이터 전송을 위해 DB Connection이 수신 측 인터페이스 테이블과 연계되도록 구현한다.

　㉣ Procedure, Trigger, Batch Job 등의 방법을 통해서 수신 테이블로 데이터를 전송하도록 구현한다.

② **수신 시스템의 인터페이스 테이블**

　㉠ 수신 관련 정보를 관리하기 위한 항목, 수신 시스템에서 필요한 항목을 구현한다.

　㉡ 수신 시스템에서는 인터페이스 데이터를 읽은 후 사전에 정의된 데이터 트랜잭션을 진행할 수 있도록 구현한다.

　㉢ 데이터를 읽을 때나 해당 트랜잭션이 진행될 때 오류가 발생하면, 오류 코드 칼럼에 정의된 오류 코드와 오류 내용을 입력하도록 구현한다.

5 인터페이스 예외 처리 방안 중요 ★★

(1) 데이터 통신을 사용한 인터페이스에서 예외 처리 방법

① **송신 측에서 예외 처리 방법**

　㉠ AJAX 호출 후 반환 값을 받아 어떻게 처리할지 호출하는 부분에서 사전 정의한다.

　㉡ 반환 값은 True/False, 예외 처리는 False 시 발생한다.

② **수신 측에서 예외 처리 방법**

　㉠ 수신 측에서 받은 JSON 객체를 처리 시에 try ~ catch 구문을 이용하여 발생한 예외를 처리하고 이를 송신 측에 전달한다.

　㉡ 별도로 예외 결과를 설정하지 않아도 에러 발생 시 에러 결과가 반환된다.

(2) 인터페이스 객체를 사용한 인터페이스에서 예외 처리 방법

인터페이스 테이블을 통하여 인터페이스 기능상 문제로 예외 상황이 발생하는 경우, 예외 처리 메시지와 함께 예외 처리가 발생한 원인을 인터페이스 이력에 기록한다.

① **송신 인터페이스 테이블에서 예외 처리 방법**

　㉠ 예외 발생 시 송신 인터페이스 테이블에 예외 유형에 따른 예외 코드와 상세한 원인을 함께 입력한다.

　㉡ 송신 인터페이스 테이블에 프로시저, 트리거 등을 통해 데이터 전송 시 발생하는 예외 유형을 정의 및 함께 입력한다.

② **수신 인터페이스 테이블에서 예외 처리 방법**

⊙ 수신 측에서 데이터가 없거나 잘못된 값을 읽을 경우 예외가 발생한다.

ⓛ 예외 발생 시 사전에 정의된 예외 코드를 입력하고 예외 발생 사유를 함께 기록한다.

ⓒ 수신 인터페이스 정보를 활용할 때 예외 발생 시, 수신 인터페이스 테이블에 별도의 예외 사항을 기록한다.

O✕로 점검하자

※ 다음 지문의 내용이 맞으면 O, 틀리면 ✕를 체크하시오. [1 ~ 11]

01 프로그램 가이드라인은 코드의 문서화, 코드의 간결성, 코드의 명확성이다. (　　)

>>>O 프로그램 가이드라인의 내용은 코드의 문서화, 코드의 간결성, 코드의 명확성이다.

02 소프트웨어 리팩토링(Software Refactoring)은 소프트웨어 시스템의 원래 기능은 그대로 두면서 내부의 구조를 개선하는 기법이다. (　　)

>>>O 소프트웨어 리팩토링(Software Refactoring)은 소프트웨어를 보다 쉽게 이해할 수 있고 적은 비용으로 수정할 수 있도록 겉으로 보이는 동작의 변화 없이 내부 구조를 변경하는 것이다. 소프트웨어의 리팩토링을 수행하면 소스 코드를 이해하기 쉽게 만들고, 버그를 보다 빠르게 찾을 수 있도록 도와주며, 보다 적은 비용으로 유지보수할 수 있다.

03 프로그램 구현은 프로그램이 무엇을 수행하고 어떻게 동작하는지 이해할 수 있게 작성한 일련의 기술서이다. (　　)

>>>O 코드 문서화는 프로그램이 무엇을 수행하고 어떻게 동작하는지 이해할 수 있게 작성한 일련의 기술서를 말한다.

04 외부 문서화는 프로그램의 특성, 데이터 구조, 알고리즘, 제어 구조 등의 요약 정보를 기술한다.
(　　)

>>>O 내부 문서화는 프로그램의 특성, 데이터 구조, 알고리즘, 제어 구조 등의 요약 정보를 기술하는 것이고, 외부 문서화는 실제 코드를 한 번도 보지 않은 사람들을 위한 것이며, 외부 문서화는 컴포넌트 입장에서가 아닌 전체 시스템의 입장에서 '누가, 언제, 어디서, 무엇을, 어떻게, 왜'의 육하원칙의 질문에 답변을 하는 형식이다.

05 통합 구현은 사용자의 요구사항에 맞춰 송·수신 모듈과 중계 모듈 간의 연계를 구현하는 것을 의미한다. (　　)

>>>O 통합 구현은 사용자의 요구사항에 맞춰 송·수신 모듈과 중계 모듈 간의 연계를 구현하는 것을 의미한다.

06 통합 모듈 구현은 비즈니스 컴포넌트, 내외부 인터페이스 모듈, 데이터베이스 접근 모듈 등 단위 구현이 필요한 통합 컴포넌트 구현이다. (　　)

>>>O 단위 모듈 구현은 비즈니스 컴포넌트, 내외부 인터페이스 모듈, 데이터베이스 접근 모듈 등 통합 구현이 필요한 단위 컴포넌트 구현이다.

정답  1 O 2 O 3 ✕ 4 ✕ 5 O 6 ✕

07 협업 도구의 종류 중 정보 공유 및 커뮤니케이션에는 슬랙(Slack), 잔디(Jandi), 태스크월드 (Taskworld) 등이 있다. (　　)

프로젝트 및 일정 관리	구글 캘린더, 분더리스트(Wunderlist), 트렐로(Trello), 지라(Jira), 플로우(Flow) 등
정보 공유 및 커뮤니케이션	슬랙(Slack), 잔디(Jandi), 태스크월드(Taskworld) 등
디자인	스케치(Sketch), 제플린(Zeplin)
기타	아이디어 공유에 사용되는 에버노트(Evernote), API를 문서화하는 스웨거(Swagger), 깃의 웹호스팅 서비스인 깃허브(GitHub)

08 NS Chart는 구조적 프로그래밍 기법에 사용되는 논리 표현 중심의 도표이다. (　　)

≫O NS Chart는 구조적 프로그래밍 기법에 사용되는 논리 표현 중심의 도표로 고안되며, 논리의 기술에 중점을 둔 표의 형식으로 표현된다.

09 프로그램 설계 언어는 의사 코드(Pesudo Code)라고 하며, 영어 단어를 이용해 구조적 프로그래 밍의 제어 구조를 기술하는 것이다. (　　)

≫O 프로그램 설계 언어(PDL, Program Design Language)는 하향식 접근 방식으로 논리의 전체 흐름을 표현 하며, 사용자와의 의사소통을 용이하게 한다.

10 HIPO는 프로그램 설계 시 입력, 처리, 출력 과정의 기능을 도식적 방법으로 표현한 도표이며, 하향식 설계 기법이다. (　　)

≫O HIPO는 시스템의 기능을 여러 개의 고유 모듈로 분할하여 이들 간의 인터페이스를 계층 구조로 표현하며, HIPO를 통해 프로그램의 전반적인 흐름도를 파악할 수 있다.

11 처리 기호는 사각형이며 자료를 변환시키는 처리 단위이다. (　　)

○ : 처리	□ : 발생지(생산자), 종착지(소비자)
── : 자료 저장소	⟶ : 데이터 흐름

제 8 장 실제예상문제

01 다음 중 **프로그램 가이드라인**이 <u>아닌</u> 것은?

① 코드의 문서화
② 코드의 간결성
③ 코드의 복잡성
④ 코드의 명확성

02 다음 중 **코딩의 기법**이 <u>아닌</u> 것은?

① 변수를 선언하는 곳에서 초기화를 한다.
② 변수를 선언하는 위치는 지역 변수는 블록의 시작에서 선언, 전역 변수는 class 블록의 시작에서 선언한다.
③ 매개변수를 사용할 때 2개 이상의 매개변수는 .(점)으로 구분하고 공백을 둔다.
④ return문을 사용할 때 괄호로 값을 묶지 않는다.

03 다음 중 **소프트웨어 리팩토링의 특징**으로 옳지 <u>않은</u> 것은?

① 중복 제거
② 긴 매개변수 리스트
③ 한 가지 이유만으로 수정되도록 변경
④ 같은 작업을 수행하는 기본 데이터의 그룹을 별도의 클래스로 생성

04 리팩토링 과정은 다음과 같다.

> (1) 소규모의 변경(단일 리팩토링)
> (2) 코드가 전부 잘 작동되는지 테스트
> (3) 전체가 잘 작동하면 다음 리팩토링 단계로 전진
> (4) 작동하지 않으면 문제를 해결하기 위해 리팩토링한 것을 undo하여 시스템이 작동되도록 유지

04 다음 중 리팩토링 과정의 순서가 올바르게 나열된 것은?

> ㉠ 코드가 전부 잘 작동되는지 테스트
> ㉡ 소규모의 변경(단일 리팩토링)
> ㉢ 전체가 잘 작동하면 다음 리팩토링 단계로 전진
> ㉣ 작동하지 않으면 문제를 해결하고 리팩토링한 것을 undo하여 시스템이 작동되도록 유지

① ㉠-㉡-㉢-㉣
② ㉡-㉠-㉣-㉢
③ ㉣-㉢-㉡-㉠
④ ㉡-㉠-㉢-㉣

05 함수 안에 사용된 데이터 구조는 사용자에게 은폐되어야 한다. → 정보은폐

05 다음 중 코딩 스타일에 대한 설명으로 옳지 <u>않은</u> 것은?

① 일관성 있는 GOTO문 사용
② 적은 수의 표준화된 제어 구조만을 사용 → 순차, 선택, 반복
③ 함수 안에 사용된 데이터 구조는 사용자에게 공유 → 정보 공유
④ 사용자 정의 데이터 타입 도입 → 문제 영역 내의 실체를 모형화

06 주석문은 개발자 및 고객과의 대화 수단으로 사용한다. 프로그램 내부에 포함되는 문서 형태이며, 본인이 사용하는 언어를 이용하여 기술한다. 프로그램을 이해하고 유지보수하는 데 도움이 된다.

06 다음 중 주석문(comment)에 대한 설명으로 옳지 <u>않은</u> 것은?

① 개발자만을 위한 언어이다.
② 프로그램 내부에 포함되는 문서 형태이다.
③ 한국어나 영어 등 본인이 사용하는 언어를 이용하여 기술한다.
④ 프로그램을 이해하고 유지보수하는 데 도움이 된다.

정답 04 ④ 05 ③ 06 ①

07 다음 중 코드 문서화에 대한 설명으로 옳지 <u>않은</u> 것은?

① 코드 문서화는 프로그램이 무엇을 수행하고 어떻게 동작하는지 이해할 수 있게 작성한 일련의 기술서를 말한다.

② 내부 문서화는 실제 코드를 한 번도 보지 않은 사람들을 위한 것이다.

③ 외부 문서화는 컴포넌트 입장에서가 아닌 전체 시스템의 입장에서 '누가, 언제, 어디서, 무엇을, 어떻게, 왜'의 육하원칙의 질문에 답변을 하는 형식이다.

④ 주석문은 프로그래밍의 인터페이스를 사용한다.

07 외부 문서화는 실제 코드를 한 번도 보지 않은 사람들을 위한 것이다. 내부 문서화는 프로그램의 특성, 데이터 구조, 알고리즘, 제어 구조 등의 요약 정보를 기술하고 있다.

08 다음 설명에 부합하는 용어로 옳은 것은?

> • 소프트웨어 구조를 이루며, 다른 것들과 구별될 수 있는 독립적인 기능을 갖는 단위이다.
> • 하나 또는 몇 개의 논리적인 기능을 수행하기 위한 명령어들의 집합이라고도 할 수 있다.
> • 서로 모여 하나의 완전한 프로그램으로 만들어질 수 있다.

① 통합 프로그램
② 저장소
③ 모듈
④ 데이터

08 모듈이란 규모가 큰 것을 여러 개로 나눈 조각이며, 소프트웨어 구조를 이루는 기본적인 단위이다.

09 다음 중 단위 모듈을 구현하는 과정에 속하지 <u>않는</u> 것은?

① 단위 기능 명세서 작성
② 입출력 기능 구현
③ 모듈 통합
④ 알고리즘 구현

09 단위 모듈의 구현 과정은 '단위 기능 명세서 작성 – 입출력 기능 구현 – 알고리즘 구현' 순으로 진행된다. 모듈 통합은 각 단위 모듈들이 모두 완성된 후 수행하는 절차이다.

정답 07 ② 08 ③ 09 ③

checkpoint **해설 & 정답**

10 빌드 도구는 소스 코드를 소프트웨어로 변환하는 과정에서 필요한 전처리(Preprocessing), 컴파일(Compile) 등의 작업들을 수행하는 소프트웨어를 의미한다.

10 다음 중 소프트웨어 빌드(Build) 도구에 대한 설명으로 알맞은 것은?

① 개발자에게 편집기, 컴파일러, 디버거 등의 다양한 기능들을 제공한다.
② 개발사 사이트에서 원하는 기능을 다운로드 받아 프로그램에 추가할 수 있다.
③ Ant, Maven, Gradle이 대표적인 통합 개발 환경 도구들이다.
④ 소스 코드 파일들을 실제 실행할 수 있는 파일로 변환해 주는 소프트웨어를 말한다.

11 한 가지 동작을 수행하는 작은 기능을 단위 기능이라고 하고, 단위 기능을 구현한 모듈을 단위 모듈이라고 한다.

11 소프트웨어 구현을 위해 필요한 여러 동작 중 한 가지 동작을 수행하는 작은 기능을 모듈로 구현하는 것은?

① 통합 모듈
② 단위 모듈
③ 컴포넌트
④ 인터페이스

12 구조적 프로그래밍 방법의 특징
• 표준화된 코딩 기법이다.
• 단일 입·출력으로 처리한다.
• 순차, 선택, 반복 구조만을 이용하여 기술한다.
• 원시 프로그램의 명료성을 증대시킨다.
• 효율성을 중시한다면 GOTO문을 사용하지 않는다.

12 다음 중 구조적 프로그래밍 방법의 특징이 아닌 것은?

① 표준화된 코딩 기법이다.
② 다중 입·출력으로 처리한다.
③ 순차, 선택, 반복 구조만을 이용하여 기술한다.
④ 원시 프로그램의 명료성을 증대시킨다.

정답 10 ④ 11 ② 12 ②

13 다음 중 HIPO의 종류가 <u>아닌</u> 것은?

① 총체적 도표
② 가시적 도표
③ 세부적 도표
④ 일반적 도표

13 HIPO의 종류에는 총체적 도표, 가시적 도표, 세부적 도표가 있다.

✅ 주관식 문제

01 다음은 무엇에 관한 설명인가?

> • 소프트웨어 시스템의 원래 기능은 그대로 두면서 내부의 구조를 개선하는 기법이다.
> • 소프트웨어를 보다 쉽게 이해할 수 있고 적은 비용으로 수정할 수 있도록 겉으로 보이는 동작의 변화 없이 내부구조를 변경하는 것이다.

01 정답
소프트웨어 리팩토링
(Software Refactoring)

해설
소프트웨어 리팩토링(Software Refactoring)은 소프트웨어 시스템의 원래 기능은 그대로 두면서 내부의 구조를 개선하는 기법이다.
소프트웨어의 리팩토링을 수행하면 소스 코드를 이해하기 쉽게 만들고 버그를 보다 빠르게 찾을 수 있도록 도와주며 보다 적은 비용으로 유지보수할 수 있다.

정답 13 ④

02 **정답**
ㄱ 내부 문서화
ㄴ 외부 문서화

해설
- 내부 문서화는 프로그램의 특성, 데이터 구조, 알고리즘, 제어 구조 등의 요약 정보를 기술하고 하고 있다.
- 외부 문서화는 실제 코드를 한 번도 보지 않은 사람들을 위한 것이다.

02 프로그램 문서화의 종류에 대한 설명에서 괄호 안에 들어갈 용어를 순서대로 쓰시오.

- (ㄱ)은/는 프로그램의 특성, 데이터 구조, 알고리즘, 제어 구조 등의 요약 정보를 기술하고 있다.
- (ㄴ)은/는 실제 코드를 한 번도 보지 않은 사람들을 위한 것이다.

03 **정답**
통합 개발 환경

해설
통합 개발 환경은 개발에 필요한 환경, 즉 편집기, 컴파일러, 디버거 등의 다양한 툴을 하나의 인터페이스로 통합하여 제공하는 것을 의미한다.

03 다음 설명에 해당하는 용어를 쓰시오.

개발에 필요한 환경, 즉 편집기, 컴파일러, 디버거 등의 다양한 툴을 하나의 인터페이스로 통합하여 제공하는 것을 의미한다.

04 다음 설명에 해당하는 개발 지원 도구를 쓰시오.

- 안드로이드 스튜디오의 공식 빌드 도구이다.
- 의존성(Dependency)을 활용하여 라이브러리를 관리한다.
- 동적 객체지향 프로그래밍 언어인 Groovy 기반의 빌드 스크립트를 사용한다.

04 정답
Gradle
해설
Gradle은 Ant와 Maven을 보완하여 개발된 빌드 도구이며, 안드로이드 스튜디오의 공식 빌드 도구로 채택된 소프트웨어이다. Gradle은 Groovy를 이용한 빌드 자동화 도구이다.

05 자료 흐름도에 대한 설명에서 괄호 안에 들어갈 용어를 쓰시오.

처리 기호는 (   )(으)로 표시하며, 자료를 변환시키는 처리 단위이다.

05 정답
원
해설

○	처리
□	발생지(생산자), 종착지(소비자)
≡	자료 저장소
→	데이터 흐름

checkpoint 해설 & 정답

06 정답
가시적 도표, 총체적 도표, 세부적 도표

해설
㉠ 가시적 도표
(visual table of contents)
시스템의 전체 기능과 흐름을 보여주는 계층(Tree) 구조
㉡ 총체적 도표(overview diagram)
프로그램을 구성하는 기능을 기술하며, 입력, 처리, 출력에 대한 전반적인 정보를 제공
㉢ 세부적 도표(detail diagram)
• 총체적 도표에 표시된 기능을 구성하는 기본 요소들을 상세히 기술하는 도표
• 총체적 도표와 같은 모양이지만 내용만 좀 더 복잡하게 들어간 형태

07 정답
㉠ 순차형(직선형)
㉡ 선택형(판단형)
㉢ 반복형

해설
흐름도의 제어 구조의 종류에는 순차형(직선형), 선택형(판단형), 반복형이 있다.
• 순차형(직선형) : 몇 개의 명령 또는 처리를 위에서부터 순서대로 실행하는 형식
• 선택형(판단형) : 조건의 판단에 따라 실행하는 처리가 달라지는 형식
• 반복형 : 일정 조건에 따라 반복적인 작업을 수행하는 형식

06 HIPO의 3가지 종류를 열거하시오.

07 다음 설명에서 괄호 안에 들어갈 용어를 순서대로 쓰시오.

흐름도의 제어 구조의 종류에는 3가지가 있다.
(㉠)은/는 몇 개의 명령 또는 처리를 위에서부터 순서대로 실행하는 형식이고, (㉡)은/는 조건의 판단에 따라 실행하는 처리가 달라지는 형식이며, (㉢)은/는 일정 조건에 따라 반복적인 작업을 수행하는 형식이다.

08 다음 설명에 해당하는 것을 쓰시오.

> • 구조적 프로그래밍 기법에 사용되는 논리 표현 중심의 도표
>   로 고안되었다.
> • 논리의 기술에 중점을 둔 표의 형식으로 표현된다.
> • 조건이 복합되어 있는 곳의 처리를 시각적으로 명확히 식별
>   하는 데 적합하다.
> • 데이터 구조 설계에는 적용되지 않는다.

해설 & 정답   checkpoint

08 정답
NS(Nassi–Schneiderman) Chart
해설
NS Chart는 구조적 프로그래밍 기
법에 사용되는 논리 표현 중심의 도
표로 고안되며, 논리의 기술에 중점
을 둔 표의 형식으로 표현된다.

여기서 멈출 거예요? 근처가 바로 눈앞에 있어요.
마지막 한 걸음까지 SD에듀가 함께할게요!

제9장

소프트웨어 테스트

I wish you the best of luck!

혼자 공부하기 힘드시다면 방법이 있습니다.
SD에듀의 동영상강의를 이용하시면 됩니다.
www.sdedu.co.kr → 회원가입(로그인) → 강의 살펴보기

제 9 장 소프트웨어 테스트

제 1 절 소프트웨어 테스트의 이해

1 테스트 원리 중요 ★

(1) 테스트의 정의

테스트(Test)는 소프트웨어 품질을 평가하는 작업이며 분석이나 설계, 코딩 결과를 최종적으로 점검하는 과정을 의미한다. 소프트웨어에 대한 요구사항의 만족도 및 예상 결과와 실제 결과의 차이점을 여러 방법을 사용하여 검사하고 평가하는 일련의 과정이며, 오류를 발견하기 위해 프로그램이나 시스템을 수행하는 과정이다. 프로그래밍이 완료된 다음에 계속해서 하는 작업이 아니라 소프트웨어 설계와 동시에 계획해야 될 작업이며, 소프트웨어 품질 기준을 만족하는지 확인하는 작업이다.

> **더 알아두기 Q**
>
> - IEEE 테스트 정의
>   소프트웨어 테스트는 수동이나 자동으로 시스템을 시험 동작시키고 평가하는 작업으로 명시된 요구를 잘 만족하는지, 즉 예상된 결과와 차이를 인식하기 위한 목적을 가진다.
>
> - 테스트의 정의
>   - Myers : '프로그램의 품질과 신뢰성을 향상시키기 위하여 에러를 발견한다.'는 예정으로 프로그램을 실행하는 과정
>   - Conger : 에러를 찾으려는 의도로 프로그램을 실행하는 과정
>   - Vliet : 소프트웨어에 있는 결함을 발견하기 위한 것

(2) 테스트의 원리

테스팅(Testing)은 소프트웨어의 규모가 점점 커지면서 최근들어 그 필요성이 더욱 강조되고 있다. 소프트웨어의 테스팅 7가지 기본 원리가 있다.

① 원리 1 - 테스팅은 결함이 존재함을 밝히는 활동이다.
   ㉠ 테스팅은 소프트웨어의 잠재적인 결함을 줄일 수 있지만 결함이 전혀 발견되지 않는 경우라도 해당 소프트웨어에 결함이 없다고 증명할 수 없다.
   ㉡ 테스팅은 결함이 존재함을 밝히는 활동이다.

② 원리 2 – 완벽한 테스팅은 불가능하다.

　　㉠ 모든 가능성(입력과 사전 조건의 모든 조합)을 테스팅하는 것은 불가능하다.

　　㉡ 일반적으로 완벽한 테스팅이 불가능한 이유는 다음과 같다.

　　　　ⓐ 무한 경로 – 프로그램에는 너무 많은 실행 경로가 있어 모두 테스트할 수 없다.

　　　　ⓑ 무한 입력 값 – 가능한 입력 값의 조합이 너무 많아서 모두 테스트할 수 없다.

　　　　ⓒ 무한 타이밍 – User Interface가 복잡하며 GUI 이벤트 발생 순서의 모든 조합을 완벽하게 테스트할 수 없다.

③ 원리 3 – 테스팅은 개발 초기에 시작해야 한다.

　　테스팅 활동은 소프트웨어 개발 주기에서 가능한 초기부터 시작해야 한다.

④ 원리 4 – 결합 집중

　　㉠ 결함은 소수의 특정 모듈에 집중되어 발생하고 고장(Failure)을 초래하는 경향을 보인다.

　　㉡ 일반적으로 결함이 집중 될 수 있는 모듈은 다음의 특성을 가진다.

　　　　ⓐ 자체적으로 복자한 구조를 가지고 있는 모듈

　　　　ⓑ 시스템의 다른 부분 또는 다른 모듈과 복잡한 상호작용을 하는 모듈(복잡한 인터페이스)

　　　　ⓒ 개발 난이도가 높거나 최신 기술을 사용한 모듈

　　　　ⓓ 기존에 개발된 것을 재사용하지 않고 새롭게 개발한 모듈

　　　　ⓔ 크기가 큰 모듈/경험이 미흡한 개발 팀에서 개발한 모듈

⑤ 원리 5 – 살충제 패러독스(Pesticide Paradox)

　　㉠ 동일한 테스트를 반복 수행하면 해당 테스트에 면역이 생겨 새로운 버그를 더 이상 찾지 못한다.

　　㉡ 새로운 결함이나 미처 발견하지 못한 결함을 찾기 위해서는 테스트 케이스 업데이트가 중요하다.

⑥ 원리 6 – 테스트는 정황(Context)에 의존적이다.

　　테스트는 정황에 따라 다르게 진행해야 한다. 예를 들어 안전이 최우선인 소프트웨어는 Web 사이트를 검증할 때와는 다른 방식이 필요하다.

⑦ 원리 7 – 오류 부재의 궤변(Absence of errors fallacy)

　　㉠ 개발한 제품이 사용자의 필요와 기대에 부응하지 못하고 쓸모가 없다면 결함을 찾는 활동은 의미가 없다.

　　㉡ 사용자의 요구를 충족시키지 못하면 결함이 없어도 품질이 높다고 볼 수 없다.

　　㉢ 개발한 제품은 요구사항과 일치하고 사용에 적합해야 한다.

2 테스트 케이스 설계 `중요` ★★★

(1) 개요

① 일반적이고 추상적인 테스트의 목적을 구체적인 상황과 테스트 케이스로 변환하는 단계이다.

② 개발 산출물을 이용하여 테스트 케이스를 식별하고 정의하는 활동이다.

③ 테스트 케이스 정의

소프트웨어 또는 시스템의 성능을 평가하거나 점검하기 위해 여러 가지 점검할 항목을 질문의 형태로 나열한 검사용 점검표를 의미한다. 개발된 프로그램이 요구사항과 일치하는지 여부를 확인하기 위해 예상 입력 값을 입력하고 입력 값에 대한 예상 결과 값을 기술하여 테스트 수행 시 정확하게 일치하는지 확인할 수 있는 문서를 작성하는 것이다.

④ 테스트 케이스 설계

'테스트 케이스 설계 기법 정의 → 테스트 케이스 도출 → 원시 데이터 수집' 순으로 이루어진다.

> ㉠ 테스트 케이스 설계 기법 정의 : 테스트 케이스를 설계하기 위한 기법을 정의
> ㉡ 테스트 케이스 도출 : 정의된 테스트 종류 및 테스트 설계 기법을 이용한 테스트 케이스 도출
> ㉢ 원시 데이터 수집 : 정의된 테스트 케이스를 수행하기 위한 적절한 원시 데이터 작성

⑤ **산출물** : 테스트 설계 명세서, 테스트 케이스 명세서, 테스트 절차 명세서

[그림 9-1] 소프트웨어 테스트 케이스 샘플

(2) 테스트 케이스 작성 순서 중요 ★★

테스트 케이스는 테스트 전략이나 테스트 계획서 등을 기반으로 한다.

① **테스트 계획 검토 및 자료 확보**
  ㉠ 테스트 계획서를 재검토하여 테스트 대상 범위 및 접근 방법 등을 이해한다.
  ㉡ 시스템 요구사항과 기능 명세서를 검토하고 테스트 대상 시스템의 정보를 확보한다.

② **위험 평가 및 우선순위 결정**
  결함의 위험 정도에 따른 우선순위를 결정하고 어느 부분에 초점을 맞춰 테스트할지를 결정한다.

③ **테스트 요구사항 정의**
  시스템에 대한 사용자 요구사항이나 테스트 대상을 재검토하고 테스트 특성, 조건, 기능 등을 분석한다.

④ **테스트 구조 설계 및 테스트 방법 결정**
  ㉠ 테스트 케이스의 형식과 분류 방법을 결정한다.
  ㉡ 테스트 절차, 장비 도구, 테스트 문서화 방법을 결정한다.

⑤ **테스트 케이스 정의**

요구사항에 따라 테스트 케이스를 작성하고 입력 값, 실행조건, 예상 결과 등을 기술한다.

⑥ **테스트 케이스 타당성 확인 및 유지보수**

㉠ 소프트웨어의 기능 또는 환경 변화에 따라 테스트 케이스를 갱신한다.

㉡ 테스트 케이스의 유용성을 검토한다.

(3) 테스트 오라클(Test Oracle) 중요 ★

테스트 오라클은 테스트 결과가 올바른지 판단하기 위해 사전에 정의된 참 값을 대입하여 비교하는 기법 및 활동을 의미한다. 테스트 오라클은 결과를 판단하기 위해 테스트 케이스에 대한 예상 결과를 계산하거나 확인한다.

① **테스트 오라클의 특징**

㉠ 제한된 검증 : 테스트 오라클을 모든 테스트 케이스에 적용할 수 있다.

㉡ 수학적 검증 : 테스트 오라클의 값을 수학적 기법을 이용하여 구할 수 있다.

㉢ 자동화 기능 : 테스트 대상 프로그램의 실행, 결과 비교, 커버리지 측정 등을 자동화할 수 있다.

② **테스트 오라클의 종류**

오라클의 종류에는 참(True), 오라클, 샘플링(Sampling) 오라클, 추정(Heuristic) 오라클, 일관성(Consistent) 검사 오라클이 있다.

㉠ 참(True) 오라클 : 모든 테스트 케이스의 입력 값에 대해 기대하는 결과를 제공하는 오라클로 발생된 모든 오류를 검출할 수 있다.

㉡ 샘플링(Sampling) 오라클 : 특정한 몇몇 테스트 케이스의 입력 값들에 대해서만 기대하는 결과를 제공하는 오라클이다.

㉢ 추정(Heuristic) 오라클 : 샘플링 오라클을 개선한 오라클로 특정 테스트 케이스의 입력 값에 대해 기대하는 결과를 제공하고 나머지 입력 값들에 대해서는 추정으로 처리하는 오라클이다.

㉣ 일관성(Consistent) 검사 오라클 : 애플리케이션의 변경이 있을 때 테스트 케이스의 수행 전과 후의 결과 값이 동일한지를 확인하는 오라클이다.

(4) 테스트 실행 및 측정

① 테스트 실행 및 측정 단계에서는 테스트 환경을 구축하고 테스트 케이스를 이용하여 테스트를 수행하고 해당 결과를 기록하여 결함의 유무를 판별하고 결함이 있을 경우 기록한다.

② 기능 테스트 자동화 도구를 이용하여 작성된 테스트 케이스 중 전체 또는 일부를 선정하여 테스트 자동화 실행을 적용할 경우에 해당하는 활동이다.

③ 계획 및 구현된 테스트 활동을 실제로 실행하는 단계이다.

④ 테스트 실행 및 측정 단계는 '테스트 환경 구축 → 테스트 케이스 실행 및 측정'이다.

㉠ 테스트 환경 구축 : 테스트 계획서에 정의된 환경 및 자원을 설정하여 테스트 실행을 준비한다.

㉡ 테스트 케이스 실행 및 측정 : 정의된 테스트 케이스를 실행하고 실행 결과를 측정한다.

⑤ **산출물** : 테스트 로그, 테스트 결함 보고서, 테스트 요약 보고서

(5) 테스트 결과 분석 및 보고

① 테스트 결과 분석 및 보고는 정의된 테스트 품질 목표가 달성되었는지 평가하고 테스트 결과에 대한 보고서를 작성하는 활동을 의미한다.

② 결과 분석 및 보고의 순서는 '측정 결과 분석 → 테스트 결과 보고' 순으로 진행된다.

　⊙ 측정 결과 분석 : 테스트 케이스 수행 결과의 측정치를 분석한다.

　○ 테스트 결과 보고 : 테스트 측정 결과 분석을 기반으로 테스트 결과 보고서를 작성한다.

③ **산출물** : 테스트 결과 보고서를 통해 평가한다.

(6) 오류 추적 및 수정

① 오류 추적 및 수정 단계는 테스트 수행 시 발견된 결함을 분석하여 의미 있는 정보를 도출하고 오류를 수정하는 단계이다.

② 원인과 결과 분석, 오류 수정 계획 수립, 오류 수정, 수정 후 검토의 과정으로 수행한다.

　⊙ Causal Effect 분석 : 테스트 결과 보고서에 나온 테스트 결과를 확인하여 오류 지점을 분석한다.

　○ 오류 수정 계획 : 오류 분석서를 기반으로 오류 제거 계획을 세운다.

　© 오류 수정 : 제시된 오류 해결 방안 중에서 가장 적합한 오류 해결 방안을 이용하여 수정한다.

　② 수정 후 검토 : 수정된 코드와 오류 수정 결과 보고서를 검토한 후 오류가 제대로 수정되었는지 확인한다.

3 　테스트 프로세스 　중요 ★★★

(1) 개요

테스트 케이스(Test Case)는 소프트웨어나 시스템의 성능을 평가하거나 점검하기 위해 여러 가지 점검할 항목을 질문의 형태로 나열한 검사용 점검표를 의미한다. 테스팅과 관련된 다양한 활동이 체계적으로 진행되어 의도된 테스트 목적과 목표를 달성할 수 있도록 테스팅의 모든 구성요소를 묶어주는 역할을 한다. 테스트 케이스(Test Case)는 테스트를 위한 입력과 기대되는 출력, 무엇을 검사할지에 관한 설명을 포함한다. 일반적인 테스트 프로세스는 테스트 계획, 테스트 분석, 테스트 디자인, 테스트 케이스 및 시나리오 작성, 테스트 수행, 테스트 결과 평가 및 리포팅의 절차로 이루어진다.

(2) 고려사항

① 모든 가능한 실행 경로를 테스트하는 것은 현실적으로 불가능

② 가능한 테스트 케이스들 중 일부만을 실행

③ 오류의 발견 확률이 높은 입력 값을 구해서 테스트해야 함

(3) 테스트 작업의 우선순위

① 전체 시스템을 테스트하는 것이 부품 하나하나를 테스트하는 것보다 중요함

② 오래된 기능을 테스트하는 것이 새로운 기능을 테스트하는 것보다 중요함

③ 일반적인 상황을 테스트하는 것이 예외적인 경우를 테스트하는 것보다 중요함

(4) 테스트 프로세스 단계 중요 ★★

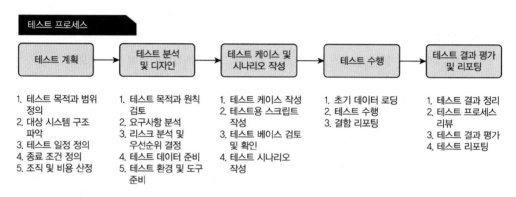

[그림 9-2] 테스트 프로세스

(5) 소프트웨어 테스트 산출물

단계	설명	산출물
테스트 계획	• 테스트 요구사항 수집 • 테스트 계획 작성 • 테스트 계획 검토	• 테스트 요구사항 정의서 • 테스트 계획서
테스트 케이스 설계	• 테스트 케이스 설계 기법 정의 • 테스트 케이스 도출 • 원시 데이터 수집	• 테스트 케이스 설계 기법 명세서 • 테스트 케이스 설계 명세서 • 원시 데이터
테스트 실행 및 측정	• 테스트 환경 구축 • 테스트 케이스 실행 및 측정	테스트 측정 결과
결과분석 및 보고	• 측정 결과 분석 • 테스트 결과 보고	• 테스트 케이스별 결과 분석서 • 소프트웨어 상태 보고서 • 테스트 결과 보고서
오류추적 및 수정	• Causal Effect 분석 • 오류 수정 계획 • 오류 수정 • 수정 후 검토(회기 테스트)	• 오류 보고서, 결함 추적 관리 • 오류 수정 계획서, 결과서 • 오류가 수정된 대상물 • 오류 수정 보고서

4 테스트의 분류

(1) 프로그램 실행 여부에 따른 분류 중요 ★★

애플리케이션을 테스트할 때 프로그램의 실행 여부에 따라 정적 테스트와 동적 테스트로 나눈다.

① 정적 테스트(Static Test)

    ㉠ 실제 제품이 구현되기 전에 기획서, 요구사항 정의서, 설계서, 코드 등의 중간 산출물을 실행 없이 테스트하는 기법으로 결함 원인을 찾기 위한 테스트가 중심이다.

    ㉡ 프로그램을 실행시키지 않고 테스팅을 수행한다(매트릭스 기반, 전문가 기반, 시나리오 기반).

    ㉢ 프로그램 실행 후 실제 발생한 오류 발견 및 문제 해결을 위한 분석 기법이다

    ㉣ 소프트웨어 개발 초기에 결함을 발견할 수 있어 소프트웨어의 개발 비용을 낮추는 데 도움이 된다.

    ㉤ 정적 분석의 도구는 심볼릭 실행과 자료 흐름 분석으로 분류되며 자동화된 도구를 사용하여 산출물을 검증한다.

> **더 알아두기** 🔍
>
> 정적 테스팅 기법이란 런타임(Run-Time) 시 발생할 수 있는 문제점에 대한 원인을 파악하고 프로그램 코드를 분석하는 방법이다. 정적 테스팅 기법에는 동료 검토(워크 스루, 인스펙션), 공식 검토, 정적 분석(심볼릭 실행, 자료 흐름 분석) 등이 있다.

② 동적 테스트(Dynamic Test)

    ㉠ 동적 테스트는 현재 수행되는 프로그램을 실행한 후 실제로 발생한 오류 발견 및 문제 해결을 위한 기법이다.

    ㉡ 동적 분석은 동적 테스팅이라고도 하며 개별적인 프로그램의 실행을 조사한다. 주어진 입력 값에 대해 예상한 결과 값이 출력되는지 확인하는 것이다.

    ㉢ 동적 테스팅은 시간에 의존적인 오류 같은 것은 찾기가 힘들다. 따라서 정적 분석과 동적 분석은 상호 보완적이다.

    ㉣ 동적 분석은 실제 동작 시 수행되므로 동적 분석 도구 연결 인터페이스의 존재가 필요하다(파일, 시리얼 등).

    ㉤ 정적 분석에서 발견하지 못하는 문제점을 발견하여 수정비용을 절감한다.

    ㉥ 동적 분석 기법을 단독으로 사용하는 것보다는 정적 분석 기법과 상호 보완적으로 수행한다.

    ㉦ 동적 테스트의 종류에는 블랙박스 테스트와 화이트박스 테스트가 있다.

항목	정적 테스트	동적 테스트
특징	코딩 규칙 및 가이드 준수 여부를 검사	단독 분석보다는 기법을 병행하여 수행
장점	코드의 실행 전에 사용	오류 탐색의 정확도가 높음
단점	정확도가 상대적 낮음	코드의 전체 수행이 어려움

(2) 테스트 기반(Test Base)에 따른 분류

애플리케이션을 테스트할 때 무엇을 기반으로 수행하느냐에 따라 명세 기반, 구조 기반, 경험 기반 테스트로 나뉜다.

① 명세 기반 테스트

㉠ 명세 기반 테스트(Specification-based Test)는 시스템에서 제공하는 기능 및 메뉴 등의 명세를 기반으로 테스트 케이스를 설계하는 기법이다.

㉡ 주어진 명세를 빠뜨리지 않고 테스트 케이스화한다(일반적으로 모델의 형태).

㉢ 특징
ⓐ 누락 기능 또는 오류 결함의 식별
ⓑ 인터페이스 및 자료 구조 결함 측정
ⓒ 성능 및 시작과 종결 오류 식별

② 구조 기반 테스트

㉠ 구조 기반 테스트(Structure-based Test)는 소프트웨어나 시스템의 구조를 중심으로 테스팅하는 기법이다. 특정 커버리지를 달성하기 위한 테스트를 설계하고 케이스를 도출하기 위해 사용되는 기법이다.

㉡ 구조 기반 테스트 대상
ⓐ 컴포넌트 레벨 : 구문, 결정, 분기문, 코드
ⓑ 통합 레벨 : 콜트리(한 모듈이 다른 모듈을 호출하는 관계)
ⓒ 시스템 레벨 : 메뉴 구조, 비즈니스 프로세스, 웹페이지 구조

③ 경험 기반 테스트

㉠ 이전에 테스터가 다루었던 유사 애플리케이션이나 기술에서의 경험, 직관, 테스터의 기술 능력으로부터 테스트 케이스를 추출하는 기법이다.

㉡ 경험 기반 테스트의 특징
ⓐ 공식적인 기법으로 다루기 어려운 특별한 케이스를 찾아서 실행하는 데 유용하다.
ⓑ 테스터의 경험에 따라 효율성 및 효과성의 정도가 달라질 수 있다.
ⓒ 테스트 대상 소프트웨어에 대한 지식을 필요로 한다.

㉢ 경험 기반 테스트의 장점
ⓐ 테스트 케이스 작성 시간을 줄이고, 테스터 역량을 충분히 발휘하여 적은 테스트 인력으로도 높은 효율성을 가진다.
ⓑ 명세가 불충분하고 시간에 제약을 받는 상황인 경우에 효과적이다.

㉣ 경험 기반 테스트의 단점
ⓐ 테스터의 경험에 따라 효과가 다르기 때문에 일관성이 떨어지면 관리가 어려울 수 있다.
ⓑ 테스트의 유연성을 위해 테스트의 반복도가 감소할 수 있다(잠재적인 버그 존재).

(3) 시각에 따른 분류

애플리케이션을 테스트할 때 누구를 기준으로 하느냐에 따라 검증(verification) 테스트와 확인(validation) 테스트로 나뉜다.

① 검증(verification) 테스트
  ⊙ 소프트웨어가 정확한 요구사항에 부합하여 구현되었음을 보장하는 활동이다.
  ⓛ 올바른 제품을 만들고 있는가?(Are We builidng the right product?; Boehm, 1979)
  ⓒ 소프트웨어가 특정 요구조건을 만족시키는가를 결정하기 위해 개발과정 중 또는 끝에 소프트웨어를 평가하는 과정이다.
  ⓔ 특정 결과물이 명세대로 만들어졌는지 검증하는 과정으로서 리뷰와 같은 정적 테스팅뿐만 아니라 단위, 통합, 시스템 테스트까지도 포함하고 있다.

② 확인(validation) 테스트
  ⊙ 소프트웨어가 고객이 의도한 요구사항에 따라 구현되었음을 보장하는 활동이다.
  ⓛ 제품을 올바르게 만들고 있는가?(Are we building the product right?; Boehm, 1979)
  ⓒ 사용자가 의도한 환경이나 사용 목적에 맞게 제품을 만들고 있다는 것을 보장하는 것이다.
  ⓔ 실제 제품을 검사하고 테스트하는 동적인 과정이며, 대표적인 방법은 테스팅이다.
  ⓜ 테스트 데이터로 실제 프로그램을 실행해서 결함을 찾고, 발견된 결함은 디버깅 활동을 통해 확인 및 수정하게 된다.

(4) 목적에 따른 분류

애플리케이션을 테스트할 때 무엇을 목적으로 테스트를 진행하느냐에 따라 회복(Recovery), 안전(Security), 강도(Stress), 성능(Performance), 구조(Structure), 회귀(Regression), 병행(Parallel), 민감도 테스트로 나뉜다.

구분	테스트 방법
회복 테스트	소프트웨어가 여러 가지 방법으로 실패하도록 만들어 복구가 적절하게 수행되는지 테스트
안전 테스트	시스템에 설치된 시스템 보호 도구가 불법적인 침입으로부터 시스템을 보호할 수 있는지를 확인
보안 테스트	각종 보안 지침 및 기법에 근거하여 불법적인 침입으로부터 시스템이 보호되는지 테스트
강도 테스트	비정상적인 값, 양, 빈도 등의 스트레스를 시스템에 가하여 정상적으로 작동하는지 상태를 검증하는 테스트
성능 테스트	설정한 시스템이 응답시간, 처리량 등 성능 목표를 만족하는지 검증하는 테스트
구조 테스트	소프트웨어 내부의 논리적 경로, 소스 코드의 복잡도 등을 평가
회귀 테스트	소프트웨어의 변경 또는 수정된 코드에 새로운 결함이 없음을 확인
병행 테스트	변경된 소프트웨어와 기존 소프트웨어에 동일한 데이터를 입력하여 결과를 비교
민감도 테스트	다른 시스템과의 문제가 발생하였을 때 복구되는지, 환경 변화의 문제에 얼마나 반응하는지에 대한 테스트

제 **2** 절　**단계별 테스트와 통합**

1　개발 단계에 따른 애플리케이션 테스트

애플리케이션 테스트는 소프트웨어의 개발 단계에 따라 단위 테스트, 통합 테스트, 시스템 테스트, 인수 테스트로 분류된다. 이렇게 분류된 것을 테스트 레벨이라고 한다.

애플리케이션 테스트는 소프트웨어의 개발 단계에서부터 테스트를 수행하므로 단순히 소프트웨어에 포함된 코드 상의 오류뿐만 아니라 요구 분석의 오류, 설계 인터페이스 오류 등도 발견할 수 있다.

애플리케이션 테스트와 소프트웨어 개발 단계를 연결하여 표현한 것을 V-모델이라고 한다.

(1) V-모델 개요 중요 ★★★

① V-모델은 개발 초기부터 사용자에게 인수되는 시점까지 테스트를 진행하는 방법론을 제시한 것이다.

② 여러 가지의 V-모델이 있지만, 일반적인 V-모델은 4단계의 테스트 레벨로 구성되어 있다.

③ 아래 방향으로 선형적으로 내려가면서 요구사항 분석, 설계, 구현으로 진행되는 폭포수 모델에 품질 보증을 위한 일련의 테스트 과정을 추가한 것이다.

④ 소프트웨어 개발의 각 단계마다 이루어진 활동과 각 단계의 활동에 대한 확인 및 검증 작업이 테스트 단계에 어떻게 적용되어야 하는가를 보여주는 모델이다.

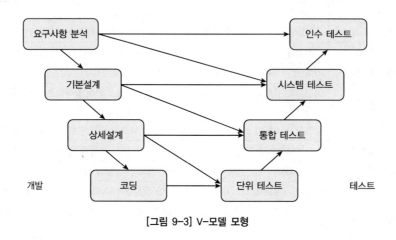

[그림 9-3] V-모델 모형

2　단위 테스트 중요 ★★

단위 테스트(Unit Test)는 프로그램의 기본 단위인 모듈에 대한 테스트를 의미한다. 테스트 프로세스의 첫 단계이며, 오류를 줄이기 위한 의도로 작성된 코드에 대한 분석을 진행한다. 단위 테스트의 목적은 모듈이 제대로 구현되었는지 테스트하는 것으로 모듈이 어떤 작업을 수행하는지를 나타낸 설계 문서를 근거로 작성된 테스트 케이스를 이용한다. 대부분 프로그래머들이 비공식적으로 테스트를 하지만, 공식적으로 할 경우 설계자와 프로그래머가 함께 테스트 케이스를 수행한다. 60% 이상의 오류를 검출한다.

3 통합 테스트(상향식, 하향식, 연쇄식, 빅뱅) 중요 ★★★

(1) 개요

통합 테스트(integration test)는 실제 업무를 수행하기 위한 일련의 프로세스가 소프트웨어로 정확하게 구현되었는지 확인하는 작업이다. 시스템 구성요소나 소프트웨어 프로그램의 인터페이스가 정상적으로 작동하는지를 중점으로 두고 수행하는 테스트이다.

통합 테스트에는 모든 모듈을 동시에 수행하는 동시식 통합(Big-bang integration) 테스트, 단계적으로 테스트하는 상향식(Bottom-up) 테스트 방식과 하향식(Top-down) 테스트 방식이 있으며, 상향식 방식과 하향식 방식을 통합한 방식인 샌드위치형 통합(Sandwich integration) 테스트가 있다.

동시식 통합은 모든 모듈을 한꺼번에 통합하여 테스트하는 것으로 전체 시스템에 대한 테스트를 수행한다. 상향식 통합은 최하위 모듈부터 상위 모듈로 올라가면서 테스트를 수행하는 방식이다. 상위 모듈 테스트 시 다수의 하위 드라이버(Driver)가 필요하다. 하향식 통합은 상위 모듈부터 하위 모듈로 내려가면서 테스트를 수행하는데 시스템 골격을 유지하는 상위 계층의 중요한 모듈을 먼저 테스트하는 방식이며, 하위 모듈을 호출하는 테스트 스터브(stub)가 필요하다. 샌드위치형 통합은 중요 모듈을 우선적으로 통합하여 테스트를 수행하는 방법으로 하향식과 상향식 방식을 절충한 방식이다.

> **더 알아두기 🔍**
>
> • 스터브(stub) : 테스트하려는 모듈이 호출하는 가상 모듈
> • 드라이브(drive) : 테스트하려는 모듈을 호출하는 모듈

(2) 상향식 테스트 방식의 순서

① 낮은 수준의 모듈들을 클러스터로 결합
② 드라이버라는 제어 프로그램의 작성
③ 클러스터의 검사
④ 드라이버를 제거하고 클러스터를 상위로 결합

4 시스템 테스트

시스템 테스트(system test)는 사용자의 신뢰성을 확보하기 위해 컴퓨터, 네트워크 기반 모든 사항에 관계된 테스트를 평가하는 단계이다. 시스템 테스트는 통합 모듈에 대한 시스템을 테스트하는 것을 의미한다. 시스템 기능 및 성능과 관련된 고객의 요구사항이 완벽하게 수행되는지 모든 시스템 구성요소를 통합한 후 평가한다. 즉, 개발된 소프트웨어가 해당 컴퓨터 시스템에서 완벽하게 수행되는가를 검사하는 것이다. 신뢰성, 견고성, 성능, 안전성 등의 비기능적 평가를 한다. 종류로는 회복 테스트(Recovery Test), 보안 테스트(Security Test), 강도 테스트(Stress Test), 성능 테스트(Performance test), 민감도 테스트(Sensitivity Test) 등이 있다.

5 인수 테스트(알파, 베타)

(1) 정의

사용자 측면에서 소프트웨어에 기대하는 요구사항을 충족시키는지를 평가하는 단계이다. 시스템의 인수를 위해 기능적/비기능적 요구사항을 사용자가 직접 테스트하여 개발이 완료되었음을 증명하는 테스트이다. 소프트웨어가 사용자의 요구사항을 충족시키는가에 중점을 두고 검사한다. 만족할 수 있는 제품으로 인수할 의향이 있는지에 대해서 요구사항 명세서를 통하여 테스트하게 된다. 인수 테스트의 주요 목적은 인수 기준을 만족하는가를 테스트하는 것이다. 인수 테스트 기법에는 형상 검사, 알파 검사, 베타 검사 등이 있다.

(2) 인수 테스트의 목적

① **확신** : 시스템이나 시스템의 일부 또는 특정한 비기능적인 특성에 대해 확신을 얻는 것
② **배포 가능성 평가** : 결함을 찾는 것이 아닌, 시스템을 배포하거나 사용할만한 준비가 되었는지에 대한 평가
③ **준수성 확인** : 계약 또는 규정에 대한 준수성 확인
④ **고객 피드백** : 판매 또는 상용(COTS) 소프트웨어는 목표시장의 기존 고객이나 잠재적인 고객으로부터의 피드백을 위해 실시

(3) 알파 테스트

① **개요**
알파 테스트(Alpha Test)는 회사 내의 다른 사용자에게, 또는 실제로 인수받을 사용자에게 개발 환경에서 통제된 상태로 테스트를 진행하도록 하며, 실시간으로 오류와 사용상의 문제를 파악하여, 바로바로 수정할 수 있는 인수 테스트 방식 중 하나이다. 개발자의 장소에서 사용자가 개발자 앞에서 행하는 테스트 기법이다. 통제된 환경에서 오류와 사용상 문제점을 사용자와 개발자가 함께 확인하며 기록한다.

② 특징

    ㉠ 개발자 환경에서 사용자들이 소프트웨어를 사용하며 시험하고 문제점 점검

    ㉡ 사용자가 개발 환경에 와서 테스트 수행

    ㉢ 개발자의 통제 하에서 수행되고, 이때 개발자는 사용자의 어깨 너머로 테스트를 지켜보게 됨

    ㉣ 오류는 사용자 또는 개발자에 의해 기록됨

    ㉤ 알파 테스트를 위한 소프트웨어를 α버전이라 부름

(4) 베타 테스트

① 개요

베타 테스트(Beta Test)는 소프트웨어를 일부 사용자들에게 배포하여 직접 사용하도록 하여, 사용자들로 하여금 피드백을 받아 사용성을 파악하는 테스트 방식이다. 베타 테스트에는 크게 2가지 형태의 방식이 있는데, 클로즈 베타 테스트와 오픈 베타 테스트이다. 클로즈 베타 테스트는 위에 언급한 것과 같이 일부 사용자(베타 테스트를 신청한 사용자)들에게만 제품 출시 전에 사용해볼 수 있는 기회를 주면서 테스트를 진행할 수 있도록 하는 방식이다. 이후 클로즈 베타에서의 피드백을 반영하여 제품을 출시하는 경우도 있지만 한 번 더 피드백을 받고 싶은 경우에 사용하는 방식으로 오픈 베타 테스트 방식이 있다. 이는 사실상 제품 출시라 해도 과언이 아니다. 모든 사용자들에게 시제품을 공개하여 모든 사용자에게 피드백을 얻어 반영하는 방식이며, 보통 온라인 게임에서 많이 쓰이는 방식이다.

베타 테스트(Beta Test)는 선정된 최종 사용자가 여러 명의 사용자 앞에서 행하는 기법이다. 실제 업무를 가지고 사용자가 직접 시험하고 제어되지 않은 상태에서 행해진다. 발견된 오류와 사용상의 문제점을 주기적으로 개발자에게 보고한다.

② 특징

    ㉠ 알파 테스트가 성공적으로 이루어지면 베타 테스트가 이루어짐

    ㉡ 사용자 환경에서 사용자가 일정 기간 직접 사용하면서 문제점을 기록하여 추후 반영될 수 있도록 개발자에게 통보

    ㉢ 개발자 팀이 소프트웨어를 사용자에게 배포하여, 사용자가 자신의 컴퓨터 환경 또는 실제 상황에서 수행하는 테스트

6 회귀 테스트(Regression Test) 중요 ★★

(1) 개요

기존 오류 제거 및 수정에 따른 새로운 오류 발생 여부를 확인하기 위해 수행하는 반복 테스트이다. 테스트 중 발견된 결함의 수정으로 인해 다른 모듈이나 기능과의 문제가 없는지, 코드 수정으로 인한 새로운 결함이 없는지 확인한다.

(2) 회귀 테스트로 인해 검출되는 오류

Side Effect(부작용)	오류 제거 및 수정이 이루어졌으나 고려하지 못한 다른 결과가 발생하는 현상
Ripple Effect(파급효과)	오류 제거 및 수정 부분과 연관된 다른 부분으로 영향이 전파, 변경되는 현상

(3) 회귀 테스트 수행 시기

회귀 테스트는 기능 변경 시, 환경 수정 시에 수행한다.

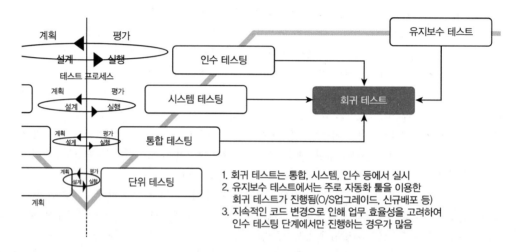

[그림 9-4] 회귀 테스트 수행 시기

(4) 회귀 테스트 절차도

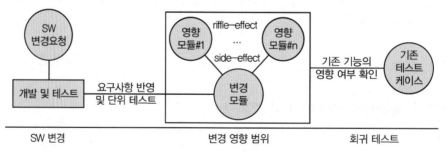

[그림 9-5] 회귀 테스트 절차도

(5) 회귀 테스트의 유형

유형	수행 방법	적용 분야	장점	단점
Retest All	모든 테스트 케이스 수행	금융, 국방, 고위험군	테스트 커버리지	고비용
Selective Test	영향 범위를 결정하여 수행	일반적 산업군	비용대비 효과성	범위선정 어려움
Priority Test	핵심기능 위주로 수행	저위험 시스템	저비용	우선순위 모호성

(6) 효과적인 회귀 테스트를 위한 고려사항

구분	고려사항	설명
테스트 전략	Record & Replay	• 툴 이용 최초 테스트 Recording • 데이터 변경하며 반복 테스트
테스트 설계	유동적 계획 수립	• 테스트 특성상 가변적 시나리오 • 유동적 TC 신규 작성 계획 수립
대상 선정	고결합도 부분 집중	모듈 간 결합도가 높은 부분 집중하여 반복 수행
반복 횟수	최소 3회 횟수 지정	• 사전 반복 횟수 기준 마련 • 결함 발생률도 기준에 참고

제 3 절　화이트박스 테스트 중요 ★★★

1 화이트박스 테스트의 특징

(1) 개요

① 화이트박스 테스트(White Box Test)는 모듈의 원시 코드를 오픈시킨 상태에서 원시 코드의 모든 논리적인 경로를 검사하여 테스트 케이스를 설계하는 방법이다.

② 프로그램 구조 시험과 논리 시험을 위한 테스트이다.

③ 설계된 절차에 초점을 둔 구조적 테스트로, 프로시저(절차) 설계의 제어 구조를 사용하여 테스트 케이스를 설계하며, 테스트 과정의 초기에 적용된다.

④ 모듈 안의 작동을 직접 관찰한다.

⑤ 원시 코드(모듈)의 모든 문장을 한 번 이상 수행하는 방식이다.

⑥ 프로그램의 제어 구조에 따라 선택, 반복 등의 분기점 부분들을 수행함으로써 논리적 경로를 제어한다.

⑦ 각 조건에서의 참과 거짓의 모든 논리적 결정이 적어도 한 번 이상 실행된다.

⑧ 논리 흐름도, 루프 구조, 순환 복잡도에 관한 오류를 찾을 수 있다.

⑨ 화이트박스 테스트는 프로그램 구조 시험과 논리 시험을 위한 테스트이며, 정적 테스트라고도 한다. 프로그램 소스 코드의 구성에 의존적이라고 할 수 있다.

(2) 화이트박스 테스트 구조

① 화이트박스 테스트의 종류

　㉠ 제어 구조 테스트

　　ⓐ 제어 구조 테스트(Control Structure Test)는 프로그램 모듈 내에 있는 논리적 조건을 검사하는 테스트 설계 기법이다.

　　ⓑ McCabe에 의해 제안된 대표적 화이트박스 시험 기법이다.

　　ⓒ 프로그램의 논리적 복잡도를 측정한 후 이 척도에 따라 수행시킬 기본 경로들의 집합을 정의한다.

　　ⓓ 시험 영역(문장 영역, 논리적 경로 영역, 물리적 경로 영역)을 현실적으로 최대화시켜주며 독립 경로들의 발견이 자동화될 수 있다.

　㉡ 기초 경로 검사(Base Path Testing)

　　대표적인 화이트박스 테스트 기법이다. 테스트 케이스 설계자가 절차적 설계의 논리적 복잡성을 측정할 수 있게 해주는 테스트 기법으로 테스트 측정 결과는 실행 경로의 기초를 정의하는 데 지침으로 사용된다.

② 화이트박스 테스트의 검증 기준

　화이트박스 테스트의 검증 기준은 테스트들이 얼마나 적정한지를 판단하는 기준으로 문장 검증 기준, 분기 검증 기준, 조건 검증 기준, 분기/조건 기준이 있다.

　㉠ 문장 검증 기준(Statement Coverage)

　　프로그램을 구성하는 모든 문장들이 최소한 한 번은 실행될 수 있는 입력 받을 테스트 케이스로 선정하는 방법이다. 테스트 케이스 집합이 실행된 구문이 몇 퍼센트인지 측정한다. 커버리지에 대한 달성이 쉽지만 보장성이 낮다.

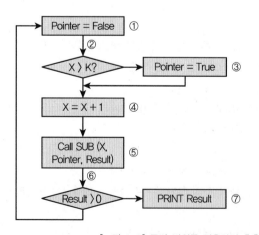

프로그램에 있는 모든 문장이 적어도 한 번씩 수행되는 검증 기준으로 ①-②-③-④-⑤-⑥-⑦까지의 문장을 구동시키면 됨

[그림 9-6] 문장 범위를 적용하여 추출한 테스트 케이스

ⓛ 분기 검증 기준(Branch Coverage)

프로그램에 있는 분기를 최소한 한 번은 실행하게 하는 시험 방법으로, 분기점 조사라고도 한다. 결정 검증 기준(Decision Coverage)라고도 불리며, 소스의 모든 조건에 따라 조건이 참인 경우와 거짓인 경우가 한 번 이상 수행되도록 테스트 케이스를 설계한다.

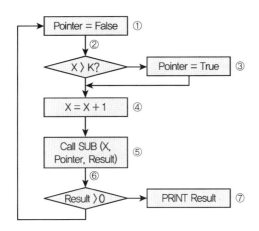

• 프로그램에 있는 선택 분기점을 파악
• 예에서 X값이 K값보다 큰 수인지 판단하는 분기점과 Result 값이 양수인지 비교하는 분기점 두 개의 참과 거짓 조건을 모두 테스트할 수 있는 테스트 케이스는 아래와 같이 두 개임

• X가 K보다 크고 Result가 양수인 경우 : ①-②-③-④-⑤-⑥-⑦

• X가 K보다 작고 Result가 음수인 경우 : ①-②-④-⑤-⑥-①

[그림 9-7] 분기 커버리지를 적용하여 추출한 테스트 케이스

ⓒ 조건 검증 기준(Condition Coverage)

충분한 시험 사례를 설계하여 조건문의 모든 조건식을 만족하는 경우와 만족하지 않는 경우를 검사하는 방법이다. 각 개별 조건식이 참을 한 번, 거짓을 한 번 갖도록 테스트 케이스를 만드는 방법이다.

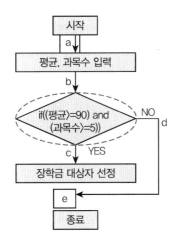

• 조건 커버리지 테스트 케이스

ID	테스트 케이스		
	입력 값	경로	출력 값
1	(95, 4)	(a-b-d-e)	대상자 아님
2	(72, 7)	(a-b-d-e)	대상자 아님
…	…	…	…

• 조건 커버리지 테스트 케이스 진리표

평균	과목수	전체 조건식
95이면 참	4이면 거짓	거짓
72이면 거짓	7이면 참	거짓
…	…	…

[그림 9-8] 조건 검증 기준 예

ⓡ 분기/조건 기준(Branch/Condition Coverage)

소스 코드의 모든 조건문과 각 조건문에 포함된 개별 조건식의 결과가 true와 false인 경우가 각각 한 번 이상 수행되도록 테스트 케이스를 설계하는 방법이다.

(3) 화이트박스 테스트 사례

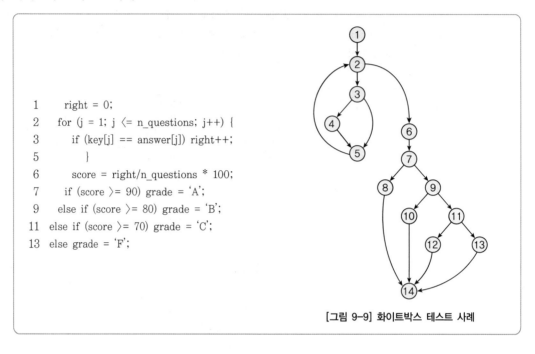

```
1      right = 0;
2    for (j = 1; j <= n_questions; j++) {
3      if (key[j] == answer[j]) right++;
5      }
6      score = right/n_questions * 100;
7    if (score >= 90) grade = 'A';
9    else if (score >= 80) grade = 'B';
11   else if (score >= 70) grade = 'C';
13   else grade = 'F';
```

[그림 9-9] 화이트박스 테스트 사례

2 테스트 커버리지 중요 ★

(1) 개요

테스트 커버리지란 시스템 또는 소프트웨어의 테스트를 논할 때 얼마나 테스트가 충분한가를 나타낸
것이다. 즉, 수행한 테스트가 테스트의 대상을 얼마나 커버했는지를 나타낸다.

테스트가 기능에 대한 테스트부터 점점 작은 단위로 내려오다 보면, 단위 테스트의 경우 클래스, 컴포
넌트 단위의 테스트를 하기 때문에 테스트에 대한 커버 범위로 각각의 클래스 또는 소스 코드의 각 라인
을 척도로 삼을 수 있게 된다. 이렇게 코드가 얼마나 테스트됐는지 나타내는 커버리지를 코드 커버리지
(구조적 커버리지)라고 한다.

① 소스 코드를 기반으로 수행하는 화이트박스 테스트를 통해 측정한다.
② 테스트의 충분함을 측정한다.
③ 테스트 대상의 전체 범위에서 테스트를 수행한 범위로 측정된다.
④ 100%가 달성된다고 해서 완벽한 소프트웨어임을 보장할 수는 없다.

(2) 필요성

① 정량적인 지표 필요

우리는 테스트를 진행할 때 얼마만큼을 테스트를 해야 하고 언제 테스트를 멈출지 정량적인 지표가

필요하다. 그렇지 않으면 불필요한 테스트들에서 비용을 사용하게 되고 의미 없는 테스트만이 진행될 뿐이다.

② **휴먼 에러 방지**

테스트는 발생할 수 있는 모든 시나리오에 대해 작성되어야 하는데 매우 복잡한 로직의 경우 개발자가 놓치기 쉽다. 이러한 휴먼 에러를 최대한 방지를 하는 용도로써 필요하다.

③ **실제로도 많이 사용하는 코드 커버리지**

많은 서비스 기업에서는 테스트 코드의 중요성을 인지하고 코드 커버리지를 최대한 유지 및 지속, 상승시키면서 개발을 하려고 노력한다. 코드 커버리지 도구(java의 경우 Cobertuna, Jacoco, Colver가 있다)와 소나큐브(SonarQube)와 같은 정적 코드 분석 도구를 함께 활용하여 코드 커버리지가 기존보다 떨어지는 경우 커밋(commit)이 불가능하도록 제한하기도 한다.

④ **테스트 커버리지 100%의 함정은 항상 주의**

코드가 실행된다고 해서 모든 버그들이 제어되는 것이 아니기 때문에 테스트 커버리지 100%라는 것이 완벽한 소프트웨어를 나타내지 않는다. 따라서 맹신하면 안 되고 주의가 필요하다. 그렇기에 필요(테스트 커버리지와 실질적으로 테스트할 수 있는 비용)에 맞추어 테스트 커버리지를 설정하고 테스트 중단점을 설정해서 테스트를 해야 한다.

(3) 코드 커버리지 측정 종류 중요 ★★★

코드의 구조를 살펴보면 크게 구문(Statement), 조건(Condition), 결정(Decision)의 구조로 이루어져 있다. 코드 커버리지는 이러한 코드의 구조를 얼마나 커버했느냐에 따라 측정 기준을 나눈다.

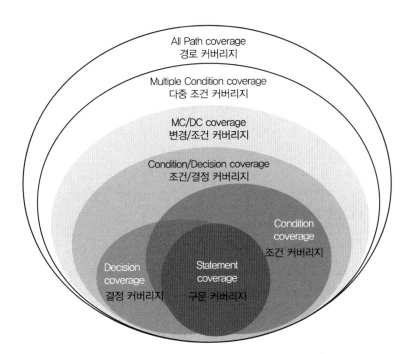

[그림 9-10] 코드 커버리지 범위

① **구문 커버리지**

구문 커버리지(Statement Coverage)는 프로그램 내의 모든 명령문을 적어도 한 번은 수행하도록 테스트 케이스를 설계하는 기법이다. 테스트 케이스 집합이 실행된 구문이 몇 퍼센트인지 측정한다. 커버리지에 대한 달성이 쉽지만 보장성이 낮다.

② **결정 커버리지**

결정 커버리지(Decision Coverage)는 프로그램 내 결정문의 true/false가 적어도 한 번은 수행될 수 있도록 테스트 케이스를 설계하는 기법이다. 개별 조건식과 관계없이 테스트 케이스는 2개의 경우의 수가 있다.

③ **조건 커버리지**

조건 커버리지(Condition Coverage)는 프로그램 내의 결정문을 결정하는 조건의 true/false가 적어도 한 번은 수행될 수 있도록 테스트 케이스를 설계하는 기법이다.

④ **결정/조건 커버리지**

결정/조건 커버리지(Decision/Condition Coverage)는 결정 명령문 및 명령문 내의 각 조건이 적어도 한 번은 true와 false를 가지며, 모든 명령문이 적어도 한 번은 수행되도록 테스트 케이스를 설계하는 기법이다.

⑤ **변경 결정/조건 커버리지**

변경 결정/조건 커버리지(Modified Decision/Condition Coverage)는 각 개별 조건식이 다른 개별 조건식에 영향을 받지 않고 전체 조건식의 결과에 독립적으로 영향을 주도록 함으로써 결정/조건 커버리지를 향상시킨 커버리지 기법이다.

⑥ **다중 조건 커버리지**

다중 조건 커버리지(Multiple Condition Coverage)는 프로그램 내의 결정문을 결정하는 조건의 true/false의 모든 조합이 수행될 수 있도록 테스트 케이스를 설계하는 기법이다.

⑦ **기본 경로 커버리지**

기본 경로 커버리지(Basic Path Coverage)는 변경 결정/조건 커버리지와 유사한 방법으로 프로그램의 실행 흐름을 기준으로 테스트 케이스를 설계하는 기법이다. Tom McCabe가 제안한 것으로 대표적인 화이트박스 테스트 기법이다.

3 기본 경로 테스트 중요 ★

(1) 개요

기본 경로 테스팅(basic path testing)은 Tom MacCabe가 처음으로 제안한 화이트박스 기법이며 논리 흐름을 검사하는 테스트 기법이다. 원시 코드의 독립적인 경로가 한 번은 실행되는 테스트 케이스를 찾아 테스트를 수행하기 위한 기법이다.

기본 경로 테스팅을 그래프로 표현하면 그래프의 시작 노드에서 종료 노드까지의 서로 독립된 경로로 사이클은 최대한 한 번만 허용되는 경로이다.

프로그램의 제어 흐름을 그래프로 나타내어 그래프 상에 존재하는 모든 경로를 테스트하기 위한 데이터를 기본 테스트 집합으로 선정한다.

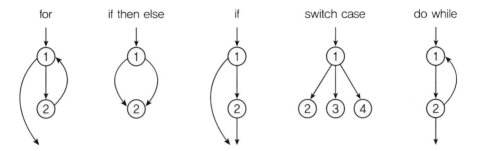

for   if then else   if   switch case   do while

[그림 9-11] 프로그램 제어 구조

(2) 절차

① 설계나 원시 코드를 기초로 해서 흐름도를 작성한다.

② 흐름도의 논리적 복잡도를 측정한다.

③ 독립 경로들의 기초 집합을 결정한다.

④ 기초 집합의 각 경로를 실행시키는 테스트 케이스를 선정한다.

(3) 제어 흐름도 기법

① 제어 흐름을 표현하기 위해 사용되는 그래프로 프로그램 그래프, 흐름 그래프라고도 한다.

② 프로그램 제어 구조를 묘사하는 데 사용하고, 흐름 차트를 흐름도로 사상시켜서 만든다.

③ 모듈 내의 세그먼트를 vertex로, 제어흐름을 edge로 나타낸 그래프이다. 논리 흐름과 관계없는 부분은 생략한다.

④ **제어 흐름도의 기호**

    ㉠ 노드(원) : 절차적 명령문, 프로그램의 한 라인

    ㉡ 화살표 : 제어의 흐름, 화살표는 노드로 종료해야 함

    ㉢ 영역 : 화살표와 노드(원)로 둘러싸인 구역으로, 외부 구역도 하나의 영역으로 포함

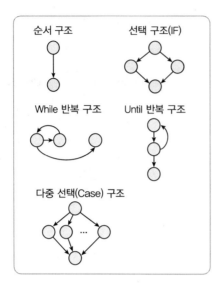
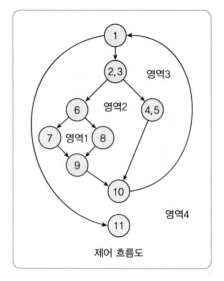

[그림 9-12] 제어 흐름도의 기호

4 사이클로매틱 복잡도

(1) 사이클로매틱 복잡도는 한 프로그램의 논리적인 복잡도를 측정하기 위한 소프트웨어의 척도이다.

(2) 제어 흐름도 이론에 기초를 둔다.

(3) 순환 복잡도를 이용하여 계산된 값은 프로그램의 독립적인 경로의 수를 정의하고, 모든 경로가 한 번 이상 수행되었음을 보장하기 위해 행해지는 테스트 횟수의 상한선을 제공한다.

(4) 사이클로매틱 복잡도는 제어 흐름의 영역 수와 일치하므로 영역 수를 계산한다.

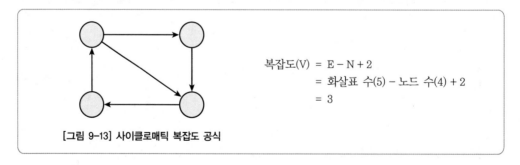

$$복잡도(V) = E - N + 2$$
$$= 화살표 수(5) - 노드 수(4) + 2$$
$$= 3$$

[그림 9-13] 사이클로매틱 복잡도 공식

제 4 절 블랙박스 테스트 종요 ★★★

블랙박스 테스트(Black Box Test)는 소프트웨어가 수행할 특정 기능을 알기 위해서 각 기능이 완전히 작동되는 것을 입증하는 검사로서, 기능 검사라고도 한다. 블랙박스 테스트는 소프트웨어 인터페이스에서 실시되는 검사이다. 부정확하거나 누락된 기능, 인터페이스 오류, 자료 구조나 외부 데이터베이스 접근에 따른 오류, 행위나 성능 오류, 초기화와 종료 오류 등을 발견하기 위해 사용되며 테스트 과정의 후반부에 적용된다. 소프트웨어 산물의 각 기능별로 적절한 정보 영역(입·출력)을 정하여 적합한 입력에 대한 출력의 정확성을 점검한다.

블랙박스 테스트의 종류에는 동치 분할 검사, 경계 값 분석, 원인-효과 그래프 검사, 오류 예측 검사, 비교 검사 등이 있다.

1 블랙박스 테스트의 종류

(1) 동치 분할

동치(균등) 분할(Equivalence Partitioning) 검사는 프로그램의 입력 자료에 초점을 맞춰 테스트 케이스를 만들고 검사하는 방법이다. 다양한 입력 조건들을 갖춘 테스트 케이스의 유형들을 분할하며, 상식적 경험에 의존한다. 각 테스트 케이스 유형마다 최소의 테스트 케이스를 작성한다.

예 입력 데이터가 값의 범위를 나타날 때, x값이 0~100 사이에 있는 시험 사례를 $(x<0)$, $(0 \leq x \leq 100)$, $(x>100)$으로 분할하여 유형을 적용한다.

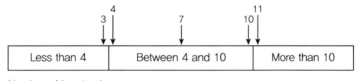

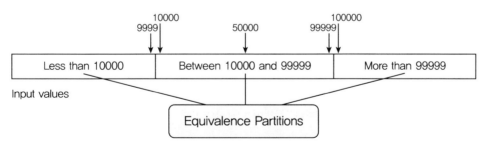

[그림 9-14] 동치 분할 기법

(2) 경계 값 분석

경계 값 분석(Boundary Value Analysis) 기법은 입력 자료에만 치중한 동치 분할 기법을 보완하기 위한 기법이다. 입력 조건의 중간 값에서보다는 경계 값에서 에러가 발생될 확률이 높다는 점을 이용하여 이를 실행하는 테스트 케이스를 만드는 방법이다. 경계치에 치중하며 출력 유형도 고려한다.

예 x값이 0~100 사이여야 한다면 시험 사례는 (x = 0), (x = 100), (x = −0.01), (x = 0.01)을 시험 사례 유형으로 정의한다.

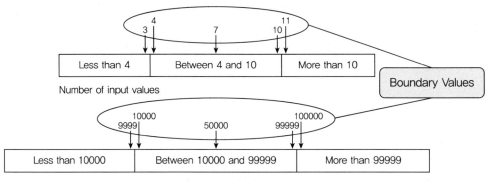

[그림 9-15] 경계 값 분석 기법

(3) 원인-결과 그래프

원인-결과 그래프(Cause-Result Graphing) 기법은 입력 데이터 간의 관계와 출력에 영향을 미치는 상황을 체계적으로 분석하고 효용성 높은 테스트 케이스를 선정하여 검사하는 기법이다. 입력 데이터 간의 관계가 출력에 미치는 영향을 그래프로 표현하여 오류를 발견하도록 검사한다. 작성 순서는 다음과 같다.

① 프로그램의 외부 명세서를 기능적으로 분할한다.
② 입력 조건(원인)과 출력 조건(결과)으로 나누어 열거 후 일련번호를 붙인다.
③ 원인-결과 그래프를 기술한다.

(4) 오류 예측

오류 예측(Error Guessing) 기법은 과거의 경험이나 확인자의 감각으로 검사하는 기법이다. 각 테스트 기법들이 놓치기 쉬운 오류들을 감각 및 경험으로 찾아보는 것이며, 데이터 확인 검사라고도 한다.

예 입력 값 없이 submit을 수행한다, 문법에 어긋난 입력을 시험한다.

(5) 비교 검사(Comparison Testing)

여러 버전의 프로그램에 동일한 테스트 자료를 제공하여 동일한 결과가 출력되는지 테스트하는 기법이다.

(6) 화이트박스 테스트와 블랙박스 테스트의 비교

구분	화이트박스 테스트	블랙박스 테스트
개념	프로그램 내부 로직을 참조하면서 모든 경로를 테스트	프로그램 외부명세(기능, I/F)로부터 직접 테스트 (DATA, I/O) 위주
특징	• 구조 테스트 • Logic-Driven 테스트 • 모듈 테스트	• 기능 테스트 • Data-Driven 테스트 • I/O Driven 테스트
테스트 기법	• 제어 구조 테스트 • 루프 테스트	• 동등 분할 기법 • 경계값 분석 기법 • 오류 예측 기법 • 원인-효과 그래프 기법
관점	개발자 관점	사용자 관점
기준	어떻게 처리되는가?	무엇을 수행하는가?
시점	구조 검사	검사 단계 후반부에 수행

제 5 절 시스템 테스트 중요 ★

1 개요

시스템 테스트는 통합 모듈에 대한 테스트를 의미한다. 시스템 기능 및 성능과 관련된 고객의 요구사항이 완벽하게 수행되는지 모든 시스템 구성요소를 통합한 후 평가한다. 즉, 개발된 소프트웨어가 해당 컴퓨터 시스템에서 완벽하게 수행되는가를 검사하는 것이다. 시스템 테스트의 목적은 다음과 같다.

> • 소프트웨어가 요구사항에 맞게 개발되었는지를 확인
> • 시스템 운영 시 가용성과 안정성 보장 여부를 확인
> • 소프트웨어 및 시스템의 중·장기적 운영을 위해 진행되는 사전 검증

2 시스템 테스트의 종류

- 회복 테스트 : 소프트웨어에 여러 가지 결함을 주어 실패하도록 한 후 올바르게 복구되는지를 확인하는 검사이다.
- 보안 테스트 : 시스템 내에 설치된 보호 도구가 부적당한 침투로부터 시스템을 보호할 수 있는지를 확인하는 검사이다.
- 강도 테스트 : 비정상적인 상황에서 소프트웨어를 실행시키기 위한 검사로 비정상적인 양, 빈도 등의 자원을 요구하는 환경에서 소프트웨어를 실행시킨다.
- 성능 테스트 : 통합된 시스템에서 소프트웨어의 실시간 성능을 검사하기 위한 것으로, 검사 단계의 전 과정에 걸쳐 수행된다.

(1) 회복 테스트

회복 테스트(Recovery Test)는 소프트웨어에서 오류가 발생할 수 있도록 여러 가지 경우의 수를 만들어 복구가 적절하게 수행되는지 테스트하는 기법이다. 각종 보안 지침 및 기법에 근거하여 불법적인 침입으로부터 시스템이 보호되는지 테스트한다.

(2) 보안 테스트

보안 테스트(Security Test)는 시스템 내에 보안 지침 및 기법에 근거하여 시나리오를 만들고 보안 문제 점검 및 디렉토리 인덱스 문제, 패치 취약점 문제 등에 대해서 시스템을 보호할 수 있는지 테스트하는 기법이다.

(3) 강도 테스트

강도 테스트(Stress Test)는 정해진 시스템에 많은 양의 데이터를 보내 처리할 수 있는지 테스트하는 기법이다.

(4) 성능 테스트

성능 테스트(Performance Test)는 시스템의 요소들이 특정 상황에서 어느 정도의 성능을 보여주는지 측정하는 테스트 기법이다. 성능에 대해 정확한 모니터링을 진행해야 한다. 성능 테스트는 검사 단계의 이전 과정이다.

제 6 절 　테스트 자동화 　중요 ★

1 테스트 자동화

(1) 개요

테스트 자동화는 쉽고 효율적인 테스트 수행을 위해 사람이 반복적으로 수행하던 테스트 절차를 스크립트 형태로 구현하는 자동화 도구를 적용하는 것이다. 휴먼 에러를 줄이고 테스트의 정확성을 유지하면서 테스트 품질을 향상시킨다. 휴먼 에러(Human Error)란 사람의 판단이나 조작 실수로 인해 발생하는 에러를 의미한다.

(2) 테스트 자동화 도구의 장점과 단점

① 장점
　　㉠ 테스트 데이터의 재입력, 재구성 등 반복 작업을 자동화함으로써 인력 및 시간 절약
　　㉡ 다중 플랫폼 호환성, SW 구성, 기본 테스트 등 향상된 테스트 품질 보장
　　㉢ 사용자 요구사항에 대한 일관성 있는 검증 가능
　　㉣ 테스트 결과에 대한 객관적 평가 기준 제공 및 그래프 등 다양한 표시 형태로 제공
　　㉤ UI 없는 서비스에 대한 테스트도 정밀하게 가능

② 단점
　　㉠ 테스트 자동화 도구의 사용법에 대한 교육 및 학습 필요
　　㉡ 자동화 도구의 프로세스 단계별 적용을 위한 별도의 시간, 비용, 노력 필요

(3) 테스트 자동화 수행 시 고려사항

① 테스트 절차를 고려하여 재사용 및 측정이 불가능한 테스트 프로그램은 제외한다.
② 모든 테스트 과정을 자동화 할 수 있는 도구는 없으므로 용도에 맞는 적절한 도구를 선택 및 사용한다.
③ 자동화 도구 환경 설정 및 습득 기간을 고려해 프로젝트 일정을 계획한다.
④ 프로젝트 초기에 테스트 엔지니어의 투입 시기를 계획한다.

2 테스트 도구

(1) 개요

테스트 절차를 스크립트 형태로 구현하는 도구는 다음과 같다.

> - 정적 분석 도구 : 프로그램을 실행하지 않고 코드를 확인하는 것
> - 테스트 실행 도구 : 스크립트 언어를 사용하여 테스트를 자동으로 실행
> - 성능 테스트 도구 : 처리량, 응답시간, 경과 시간, 자원 사용률 등 측정하여 목표 달성 여부를 확인
> - 테스트 통제 도구 : 형상 관리 도구, 결함 추적 및 관리 도구
> - 테스트 하네스 도구 : 테스트를 지원하기 위한 코드나 데이터

① **원시 코드 이해를 위한 도구**

원시 코드 이해를 위한 도구는 cross-reference table, 호출 그래프(call graph), 자료 흐름도(data flow graph), 시스템 구조도(system chart), 디버깅 보조기(trap, dump, trace, assertion checking), 동적 분석기(Avalanche, Valgrind)가 있다.

② **테스트를 위한 도구**

테스트를 위한 도구는 소프트웨어를 테스트하기 위한 도구들인데 대부분 자동화 도구들이다. 테스트 도구들은 쉽고 효율적인 소프트웨어 테스트의 수행을 지원한다.

③ **테스트 도구의 장점**

　　㉠ 테스트 데이터의 재입력 같은 반복 작업의 자동화
　　㉡ 요구사항의 일관성과 반복의 가능성
　　㉢ 정적인 측정값 등 객관적인 평가 기준 제공
　　㉣ 성능에 대한 통계와 그래프 등 테스트 정보에 대한 쉬운 접근

④ **테스트 도구의 단점**

　　㉠ 도입 후 프로세스 적용에 대한 시간, 비용, 노력에 대한 추가 투자
　　㉡ 도구의 사용에 필요한 노력과 시간에 대한 추가 투자
　　㉢ 상용 소프트웨어의 경우 고가이며, 유지 관리 비용이 높음

(2) 결함 관리 도구

결함 관리 도구는 소프트웨어에 발생한 결함을 체계적으로 관리할 수 있도록 도와주는 도구이다.

① **Mantis**

결함 및 이슈 관리 도구로, 소프트웨어 설계 시 단위별 작업 내용을 기록할 수 있어 결함 추적이 가능하다.

② **Trac**

결함 추적은 물론 결함을 통합 관리할 수 있는 도구이다.

③ **Redmine**

프로젝트 관리 및 결함 추적이 가능한 도구이다.

④ **Bugzilla**

결함 신고, 확인, 처리 등 결함을 지속적으로 관리할 수 있는 도구로 결함의 심각도와 우선순위 지정이 가능하다.

(3) 애플리케이션 성능 분석 도구

애플리케이션 성능은 사용자가 요구한 기능을 최소한의 자원을 사용하여 최대한 많은 기능을 신속하게 처리하는 정도를 나타낸다.

① 애플리케이션 성능 지표

ㄱ 처리량(throughput) : 일정 시간 내에 애플리케이션이 처리하는 작업의 양

ㄴ 응답 시간(response time) : 애플리케이션에 요청을 전달한 시간부터 응답이 도착할 때까지 걸린 시간

ㄷ 경과 시간(turn around time) : 애플리케이션에 작업을 의뢰한 시간부터 처리가 완료되기까지 걸린 시간

ㄹ 자원 사용률(resource usage) : 애플리케이션이 의뢰한 작업을 처리하는 동안 사용한 자원량 (CPU, 메모리, 네트워크 등)

② 성능 테스트 도구

애플리케이션에 스트레스를 가하면서 성능 지표를 검사하는 도구이다.

ㄱ JMeter : HTTP, FTP 등 다양한 프로토콜을 지원하는 부하 테스트 도구이며, 지원환경은 Cross-Platform이다.

ㄴ LoadUI : 서버 모니터링, Drag & Drop 등 사용자의 편리성이 강화된 부하 테스트 도구이며, 지원환경은 Cross-Plaform이다.

ㄷ OpenSTA : HTTP, HTTPS 프로토콜에 대한 부하 테스트 및 생산품 모니터링 도구이며, 지원환경은 Windows이다.

> **⚡ 더 알아두기 🔍**
>
> • **부하 테스트** : 애플리케이션에 일정 시간 동안 부하를 가하면서 반응을 측정하는 테스트
> • **스트레스 테스트** : 부하 테스트를 확장한 테스트로 애플리케이션이 과부하 상태에서 어떻게 작동하는지 확인하는 테스트

③ 시스템 모니터링 도구

시스템 모니터링 도구는 애플리케이션 실행 시 시스템 자원 사용량을 확인하고 분석하는 도구이다. 시스템 모니터링 도구는 성능 저하의 원인 분석, 시스템 부하량 분석, 사용자 분석 등 시스템을 안정적으로 운영할 수 있는 기능을 제공한다.

ㄱ Zabbix : 단일 뷰 통합/실시간 모티너링, 튜닝에 최적화된 인프라 통합 모니터링 도구, 애플리케이션의 성능을 모니터링/통제하는 도구이며, 지원환경은 Cross-Platform이다.

ㄴ Scouter : 웹 기반 서버, 서비스, 애플리케이션 등의 모니터링 도구이며, 지원환경은 Cross-Platform이다.

ㄷ 테스트 도구
xUnit, STAF, FitNesse, NTAF, Selenium, Watir

④ 버전 관리를 위한 도구

버전 관리는 동일한 소스 코드에 대한 여러 버전을 관리하는 것을 말한다. 공학과 소프트웨어 개발에서 팀 단위로 개발 중인 소스 코드나, 설계도 등의 디지털 문서를 관리하는 데 사용한다. 대표 도구는 CVS, Subversion, SCCS in UNIX이다.

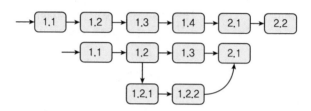

[그림 9-16] SCCS in UNIX

⑤ 형상 관리를 위한 도구

형상 관리 도구는 소프트웨어 프로젝트에서 나오는 결과물을 관리하는 소프트웨어이다. 대표 도구는 깃(git), 서브버전(SVN)이다.

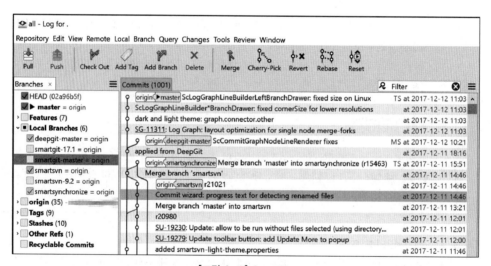

[그림 9-17] SmartGit

도구	분류	제품명
정적 분석 도구	결함 예방 및 발견	pmd(cpd), findbugs, sonar
	코딩 표준	checkstyle, N'SIQ CppStyle, styleCop, cpplint
	코드 복잡도	ccm, eclipsemetrics, cobertura, javancss
동적 분석 도구	Avalanche, Valgrind	
테스트 자동화 프레임워크	xUnit, STAF, FitNesse, NTAF, Selenium, watir	
성능 테스트	JMeter, AB, OpenSTA, LoadUI	
시스템 모니터링 도구	Nagios, Zenoss, Zabbix, HypericHQ	

3 테스트와 디버깅

(1) 디버깅

① 디버깅(Debugging)은 검사 단계에서 오류를 찾은 후 그 오류를 수정하는 과정이다.

② 개발 과정에서 발생하는 활동이다.

③ 디버깅은 성공적인 작업의 결과로 발생할 수 있다.

④ 디버깅은 문제로부터 원인을 찾아내서 수정하는 과정이다.

⑤ 디버깅이 힘든 이유에는 심리적인 요소가 영향을 미친다.

⑥ 목적은 이미 알고 있는 결함을 수정하는 것이다.

방법	테스팅	디버깅
목적	알려지지 않은 오류를 발견	이미 알고 있는 오류를 수정
수행	개발자, 동료 개발자, 테스팅 전문가, 외부의 제3자 등에 의해 수행	개발자
주요 작업	오류의 발견과 수정	• 오류의 위치 파악 • 오류의 타입 식별 • 오류 수정

(2) 디버깅 과정

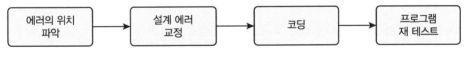

[그림 9-18] 디버깅 과정

디버깅은 컴퓨터 프로그램 상의 오류를 찾아내어 바로잡는 과정을 의미한다. 실행 중인 프로그램의 오류를 찾는 방법은 다음과 같다.

① **디버깅 도구 사용** : 에디터에서 제공하는 디버깅 도구를 이용

② **코드 줄 출력** : 정보를 출력하는 줄을 추가하여 임시적으로 수정

③ **로깅** : 로그의 형태로 프로그램 실행을 언제나 할 수 있는 방법

(3) 디버깅 접근 방법

① **맹목적 강요**

디버깅할 수 있는 모든 방법을 동원하여도 실패하게 된 경우에 사용되는 가장 비효율적인 방법이다.

② **역추적**

역추적(Backtracking)은 오류가 발견된 위치에서 원인이 발견될 때까지의 코딩 부분으로 거슬러 올라가면서 수정하는 가장 일반적인 방법이며, 작은 프로그램에서 성공적으로 사용할 수 있다.

③ **원인 제거**

원인 제거(Cause Elimination) 방법은 오류 가능성이 있는 원인을 제거하여 버그(Bug)를 분리하기 위해 사용한다.

제 7 절　제품 소프트웨어 패키징 중요 ★★★

1　소프트웨어 패키징

(1) 개요

① 소프트웨어 패키징은 모듈별로 생성한 실행 파일들을 묶어 배포용 설치 파일을 만드는 것을 말한다.

② 개발자가 아니라 사용자를 중심으로 진행한다.

③ 소스 코드는 향후 관리를 고려해서 모듈화하여 패키징한다.

④ 사용자가 소프트웨어를 사용하게 될 환경을 이해하여 다양한 환경에서 소프트웨어를 손쉽게 사용할 수 있도록 일반적인 배포 형태로 패키징한다.

(2) 패키징 시 고려사항

① 사용자의 시스템 환경, 즉 운영체제(OS), CPU, 메모리 등에 필요한 최소 환경을 정의한다.

② UI(User Interface)는 사용자가 눈으로 직접 확인할 수 있도록 시각적인 자료와 함께 제공하고 매뉴얼과 일치시켜 패키징한다.

③ 소프트웨어는 단순히 패키징하여 배포하는 것으로 끝나는 것이 아니라 하드웨어와 함께 관리될 수 있도록 Managed Service 형태로 제공하는 것이 좋다.

④ 사용자에게 배포되는 소프트웨어이므로 내부 콘텐츠에 대한 암호화 및 보안을 고려한다.

⑤ 사용자의 편의성을 위한 복잡성 및 비효율성 문제를 고려한다.

⑥ 제품 소프트웨어 종류에 적합한 암호화 알고리즘을 적용한다.

(3) 패키징 작업 순서

① 패키징 작업 방법

㉠ 패키징 주기는 소프트웨어 개발 기법에 따라 달라지는데 짧은 개발 주기를 반복하는 애자일 기법인 경우에는 보통 2~4주 내에서 지정하며 각 주기가 끝날 때마다 패키징을 수행한다.

㉡ 프로젝트 개발 과정에서 주기별로 패키징한 결과물은 테스트 서버에 배포한다.

㉢ 마지막 개발 과정을 거쳐 최종 패키징한 결과물은 고객이 사용할 수 있도록 온라인 또는 오프라인으로 배포한다.

ⓐ 온라인 배포 : 별도로 마련한 운영 서버에 설치 및 사용 매뉴얼과 함께 배포 파일을 등록하여 고객이 직접 다운받아 사용할 수 있도록 한다.

ⓑ 오프라인 배포 : CD-ROM이나 DVD, USB 등에 설치 및 사용 매뉴얼과 함께 배포 파일을 담는다.

② 패키징 작업 순서

㉠ 기능 식별 : 작성된 코드와 기능을 확인한다.

㉡ 모듈화 : 확인된 기능 단위로 코드들을 분류한다.

㉢ 빌드 진행 – 컴파일 : 모듈 단위별로 실행 파일을 만든다.

　　　② 사용자 환경 분석 : 웹, 모바일, PC 등 소프트웨어가 사용될 환경이나 운영체제, CPU, RAM 등의 최소 운영 환경을 정의한다.

　　　⑩ 패키징 적용 시험 : 사용자 환경과 동일한 환경에서 패키징 적용을 시험한다.

　　　⑪ 패키징 변경 개선 : 확인된 불편 사항을 반영하기 위한 패키징의 변경 및 개선을 진행한다.

　　　⊗ 배포 : 배포 수행 시 오류가 발생하면 해당 개발자에게 전달하여 수정을 요청한다.

2 릴리즈 노트 작성

(1) 개요

소프트웨어의 기능, 서비스, 사용 환경 또는 지속적인 업데이트에 대한 정보를 확인할 수 있도록 사용자에게 제공하는 것이 릴리즈 노트이다. 릴리즈(Release)는 개발이 완성되는 소프트웨어를 출시하는 것을 의미한다. 릴리즈 노트는 개발 과정에서 정리된 릴리즈 정보를 소프트웨어의 최종 사용자인 고객과 공유하기 위한 문서이다. 릴리즈 노트를 통해 테스트 진행 방법에 대한 결과와 소프트웨어 사양에 대한 개발팀의 준수 여부를 확인할 수 있다. 릴리즈 노트에 정리된 정보들은 테스트를 거친 것이고, 개발팀에서 제공하는 소프트웨어 사양에 대한 최종 승인을 얻은 후 문서화되어 제공된다. 소프트웨어에 포함된 전체 기능, 서비스의 내용, 개선 사항 등을 사용자와 공유할 수 있고, 소프트웨어의 버전 관리나 릴리즈 정보를 체계적으로 관리할 수 있다. 소프트웨어 초기 배포 시 제공되는 릴리즈 노트에는 소프트웨어에 포함된 기능이나 사용 환경에 대한 내용을 확인할 수 있다. 소프트웨어 출시 후 개선된 작업이 있을 때마다 관련 내용을 릴리즈 노트에 담아 제공한다.

(2) 릴리즈 노트 작성 시 고려사항

① 초기 버전

　　　㉠ 정확하고 완전한 정보를 기반으로 개발팀이 직접 현재 시제로 작성한다.

　　　㉡ 신규 소스, 빌드 등의 이력이 정확하게 관리되어 변경 또는 개선된 항목에 대한 이력 정보들도 작성되어야 한다.

　　　㉢ 릴리즈 노트 작성에 대한 표준 형식은 없지만, 일반적으로 다음 항목이 포함된다.

　　　　ⓐ 머릿말(Header) : 릴리즈 노트 이름, SW 이름, 릴리즈 버전, 릴리즈 날짜, 릴리즈 노트 날짜, 릴리즈 노트 버전 등

　　　　ⓑ 개요 : 소프트웨어 및 변경사항 전체에 대한 간략한 내용

　　　　ⓒ 목적 : 해당 릴리즈 버전에서의 새로운 기능, 수정된 기능의 목록, 릴리즈 노트의 목적에 대한 간략한 개요

　　　　ⓓ 문제 요약 : 수정된 버그에 대한 간략한 설명 또는 릴리즈 추가 항목에 대한 요약

　　　　ⓔ 재현 항목 : 버그 발견에 대한 과정 설명

　　　　ⓕ 수정/개선 내용 : 버그를 수정/개선한 내용을 간단히 설명

　　　　ⓖ 사용자 영향도 : 사용자가 다른 기능들을 사용하는 데 있어 해당 릴리즈 버전에서의 기능 변화가 미칠 수 있는 영향에 대한 설명

　　　　ⓗ SW 지원 영향도 : 해당 릴리즈 버전의 기능 변화가 다른 APP들을 지원하는 프로세스에 미칠
　　　　　　수 있는 영향에 대한 설명
　　　　ⓘ 노트 : SW/HW 설치 항목, 업그레이드, SW 문서화에 대한 참고 항목
　　　　ⓙ 면책 조항 : 회사 및 소프트웨어와 관련하여 참조할 사항(예 프리웨어, 불법 복제 금지 등)
　　　　ⓚ 연락처 : 사용자 지원 및 문의 응대를 위한 연락처 정보

　② **추가 버전**
　　　⊙ 소프트웨어의 테스트 과정에서 베타 버전 출시, 긴급한 버그 수정, 업그레이드 등 자체 기능 향
　　　　상과 사용자 요청에 따라 발생하는 경우 릴리즈 노트를 추가로 작성한다.
　　　ⓒ 중대한 오류가 발생한 경우 릴리즈 버전을 출시하고 버그 번호를 포함한 모든 수정된 내용을 담
　　　　아 릴리즈 노트를 작성한다.
　　　ⓒ 소프트웨어에 대한 기능 업그레이드의 경우 릴리즈 버전을 출시하고 릴리즈 노트를 작성한다.
　　　② 사용자로부터 접수된 요구사항 반영을 위해 추가/수정된 경우 자체 기능 향상과는 다른 별도의
　　　　릴리즈 버전으로 출시하고 릴리즈 노트를 작성한다.

(3) 릴리즈 노트 작성 순서

　① **모듈 식별**
　　모듈별 빌드 수행 후 릴리즈 노트에 작성될 내용 확인
　② **릴리즈 정보 확인**
　　릴리즈 노트 이름, SW 이름, 릴리즈 버전 및 날짜, 노트 날짜 및 버전 등 확인
　③ **릴리즈 노트 개요 작성**
　　소프트웨어 및 변경사항 전체에 대한 간략한 내용 작성
　④ **영향도 체크**
　　버그/이슈 관련 내용 또는 해당 릴리즈 버전에서 기능 변화가 다른 소프트웨어나 기능을 사용하는
　　데 미칠 수 있는 영향에 대해 기술
　⑤ **정식 릴리즈 노트 작성**
　　Header, 개요 영향도 체크 항목을 포함하여 정식 릴리즈 노트 작성
　⑥ **추가 개선 항목 식별**
　　추가 버전 릴리즈 노트 작성이 필요한 경우 작성

3 디지털 저작권 관리(DRM) 중요 ★★

(1) 저작권의 개요

　① 저작권이란 저작물에 대하여 창작자가 가지는 배타적 독점적 권리로, 타인의 침해를 받지 않을 고유
　　한 권한이다.
　② 컴퓨터 프로그램처럼 복제가 쉬운 저작물에 대해 불법 복제 및 배포를 막기 위한 기술적 방법을 통
　　칭해 저작권 보호 기술이라고 한다.

(2) 디지털 저작권 관리(DRM : Digital Right Management)의 개요

① 저작권자가 배포한 디지털 콘텐츠가 저작권자가 의도한 용도로만 사용되도록 콘텐츠의 생성, 유통, 이용까지 전 과정에 걸쳐 사용되는 디지털 콘텐츠 관리 및 보호 기술

② 원본 콘텐츠가 아날로그인 경우, 디지털로 변환해 패키져(Packager)에 의해 DRM 패키징을 수행

③ 콘텐츠의 크기에 따라 크기가 작은 경우(음원, 문서 등) 사용자가 콘텐츠를 요청하는 시점에서 실시간으로 패키징을 수행하고, 크기가 큰 경우에는 미리 패키징 수행 후 배포

④ 패키징을 수행하면서 콘텐츠에는 암호화된 저작권자의 전자서명이 포함, 저작권자가 설정한 라이선스 정보가 클리어링 하우스에 등록

⑤ 사용자가 콘텐츠를 사용하기 위해서 클리어링 하우스에 등록된 라이선스 정보를 통해 사용자 인증과 콘텐츠 사용 권한 소유 여부를 확인

⑥ 종량제 방식을 적용한 SW의 경우 클리어링 하우스를 통해 서비스의 실제 사용량을 측정하여 이용량만큼의 요금을 부과

> **❗ 더 알아두기 ◦**
>
> • **클리어링 하우스(Clearing House)**
> 디지털 저작권 라이선스의 중개 및 발급을 수행하는 곳으로, 디지털 저작물의 이용 내역을 근거로 저작권료의 정산 및 분배가 수행됨
>
> • **종량제 방식**
> 실제 사용한 양에 따라 요금을 차등 적용하는 방식

(3) 디지털 저작권 관리의 흐름도

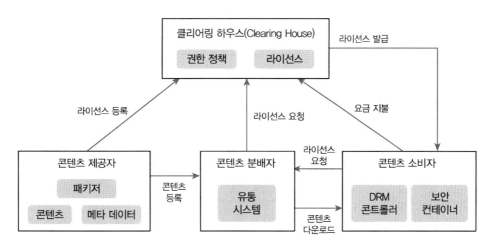

[그림 9-19] 디지털 저작권 관리의 흐름도

① **클리어링 하우스(Clearing Houser)** : 저작권에 대한 사용 권한, 라이선스 발급, 사용량에 따른 결제 관리 등을 수행하는 곳

② **콘텐츠 제공자(Contents Provier)** : 콘텐츠를 제공하는 저작권자

③ **패키저(Packager)** : 콘텐츠를 메타 데이터와 함께 배포 가능한 형태로 묶어 암호화하는 프로그램

④ **콘텐츠 분배자(Contents Distributor)** : 암호화된 콘텐츠를 유통하는 곳이나 사람

⑤ **콘텐츠 소비자(Customer)** : 콘텐츠를 구매해서 사용하는 주체

⑥ **DRM 컨트롤러(DRM Controller)** : 배포된 콘텐츠의 이용 권한을 통제하는 프로그램

⑦ **보안 컨테이너(Security Container)** : 콘텐츠의 원본을 안전하게 유통하기 위한 전자적 보안 장치

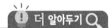

메타 데이터
데이터에 대한 속성 정보 등을 설명하기 위한 데이터

(4) 디지털 저작권 관리의 기술 요소

디지털 저작권 관리를 위해 사용하는 기술은 다음과 같다.

① **암호화(Encryption)** : 콘텐츠 및 라이선스를 암호화하고 전자서명할 수 있는 기술

② **키 관리(Key management)** : 콘텐츠를 암호화한 키에 대한 저장 및 분배 기술

③ **암호화 파일 생성(Packager)** : 콘텐츠를 암호화된 콘텐츠로 생성하기 위한 기술

④ **식별 기술(Identification)** : 콘텐츠에 대한 식별 체계 표현 기술

⑤ **저작권 표현(Right Expression)** : 라이선스의 내용 표현 기술

⑥ **정책 관리(Policy Management)** : 라이선스 발급 및 사용에 대한 정책 표현 및 관리 기술

⑦ **크랙 방지(Tamper Resistance)** : 크랙에 의한 콘텐츠 사용 방지 기술

⑧ **인증(Authentication)** : 라이선스 발급 및 사용 기준이 되는 사용자 인증 기술

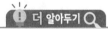

크랙
불법적인 방법으로 SW에 적용된 저작권 보호 기술을 해제 및 무단 사용할 수 있도록 하는 기술이나 도구

4 소프트웨어 설치 매뉴얼 작성 중요 ★

(1) 개요

① 소프트웨어 설치 매뉴얼은 개발 초기에서부터 적용된 기준이나 사용자가 소프트웨어를 설치하는 과정에 필요한 내용을 기록한 설명서와 안내서이다.

② 설치 매뉴얼은 사용자 기준으로 작성하며, 설치 시작부터 완료할 때까지의 전 과정을 빠짐없이 순서대로 설명한다.

③ 설치 과정에서 표시될 수 있는 오류 메시지 및 예외 상황에 관한 내용을 별도로 분류하여 설명한다.

④ 소프트웨어 설치 매뉴얼에는 목차 및 개요, 서문, 기본 사항 등이 기본적으로 포함되어야 한다.

⑤ 소프트웨어 설치 매뉴얼의 목차에는 전체 설치 과정을 순서대로 요약한 후 관련 내용의 시작 페이지를 함께 기술한다.

⑥ 소프트웨어 설치 매뉴얼의 개요에는 설치 매뉴얼의 주요 특징, 구성과 설치 방법, 순서 등의 내용을 기술한다.

(2) 서문

서문은 문서 이력, 설치 매뉴얼의 주석, 설치 도구의 구성, 설치 환경 체크 항목을 기술하는 부분이다.

① 문서 이력

㉠ 설치 매뉴얼의 주석 : 주의 사항과 참고 사항을 기술

ⓐ 주의 사항 : 소프트웨어를 설치할 때 사용자가 반드시 알고 있어야 하는 중요한 내용을 기술

ⓑ 참고 사항 : 설치에 영향을 미칠 수 있는 사용자의 환경이나 상황에 대한 내용을 기술

② 설치 도구의 구성

㉠ exe, dll, ini, chm 등의 설치 관련 파일에 대해 설명

㉡ 폴더 및 설치 프로그램 실행 파일에 대해 설명

㉢ 설치 과정 및 결과가 기록되는 log 폴더에 대해 설명

㉣ 설치 환경 체크 항목

ⓐ 사용자 환경 : CPU, 메모리, OS 등

ⓑ 응용 프로그램 : 설치 전 다른 응용 프로그램 종료

ⓒ 업그레이드 버전 : 업그레이드 이전 버전에 대한 존재 유무 확인

ⓓ 백업 폴더 확인 : 데이터 저장 폴더를 확인하여 설치 시 폴더를 동기화

(3) 기본 사항

소프트웨어와 관련하여 기본적으로 설명되어야 할 항목들은 다음과 같다.

① 소프트웨어 개요

소프트웨어의 주요 기능 및 UI를 설명하는데, UI와 화면상의 버튼, 프레임 등을 그림으로 설명한다.

② 설치 관련 파일

소프트웨어 설치에 필요한 파일 설명, exe, ini 등의 파일을 설명한다.

③ 설치 아이콘

설치 아이콘을 설명한다.

④ 프로그램 삭제

설치된 소프트웨어의 삭제 방법을 설명한다.

⑤ 관련 추가 정보

소프트웨어 이외의 관련 설치 프로그램 정보, 소프트웨어 제작사 등의 추가 정보 기술을 설명한다.

(4) 설치 매뉴얼 작성 방법

설치 매뉴얼은 사용자가 설치 과정을 이해하기 쉽도록 설치 화면을 누락 없이 캡처하고 순서대로 상세히 설명한다. 설치 매뉴얼에는 설치 화면 및 UI, 설치 이상 메시지, 설치 완료 및 결과, FAQ, 설치 시 점검 사항, Network 환경 및 보안, 고객 지원 방법, 준수 정보 및 제한 보증 등에 대한 내용을 기술한다.

① 설치 화면 및 UI

설치 실행과 메인 화면 및 안내창에 대한 내용을 기술한다.

㉠ 설치 실행 : exe 등의 설치 파일을 실행할 수 있도록 관련 실행 화면에 대한 이미지를 첨부하여 설명한다.

㉡ 메인 화면 및 안내창 : 설치 시 나타나는 메인 화면과 각 과정에서의 안내창에 대한 이미지를 첨부하여 설명한다.

② 설치 이상 메시지 설명

설치 방법이나 설치 환경이 잘못된 경우 표시될 수 있는 메시지에 대해 설명한다.

③ 설치 완료 및 결과

설치 완료 화면을 수록하여 설치가 정상적으로 마무리되었음을 사용자에게 최종적으로 알려준다.

④ FAQ

설치 과정에서 사용자가 직면할 수 있는 문제 상황에 대비할 수 있도록 설치 시 발생할 수 있는 다양한 상황을 FAQ로 정리하여 수록한다.

⑤ 설치 시 점검 사항

㉠ 설치 전 사용자의 설치 환경에 따라 점검해야 할 사항들이 무엇인지 설명한다.

㉡ 설치에 필요한 사용자 계정 및 설치 권한에 대해 확인할 수 있도록 설명한다.

㉢ 설치 과정에서 오류가 발생할 경우 점검할 수 있는 사항들에 대해 설명한다.

⑥ Network 환경 및 보안

㉠ 네트워크 오류로 인해 설치 시 문제가 발생하지 않도록 사전에 필요한 네트워크 연결 상태를 점검하도록 안내한다.

㉡ 보안이나 방화벽으로 인해 설치 시 문제가 발생하지 않도록 관련된 내용을 안내한다.

⑦ 고객 지원 방법(Customer Support)

설치와 관련하여 기술적인 지원이나 소프트웨어에 대한 서비스를 원할 경우 국가, 웹 사이트, 전화번호, 이메일 등 문의할 수 있는 연락처를 안내한다.

⑧ **준수 정보 & 제한 보증(Compliance Information & Limited Warranty)**
    ㉠ Serial 보존, 불법 등록 사용 금지 등에 대한 준수 사항을 안내한다.
    ㉡ 저작권자 소유권 정보, SW 허가권 정보, 통신 규격, 개발 언어, 연동 프로그램, 문서 효력, 지적
      소유권 정보 등과 관련되는 내용을 안내한다.

(5) 설치 매뉴얼 작성 순서

① **기능 식별** : 소프트웨어의 개발 목적과 주요 기능을 흐름 순으로 정리하여 기록한다.
② **UI 분류** : 설치 매뉴얼을 작성할 순서대로 UI를 분류한 후 기록한다.
③ **설치 파일/백업 파일 확인** : 폴더 위치, 설치 파일, 백업 파일 등의 개별적인 기능을 확인하여 기록
   한다.
④ **Uninstall 절차 확인** : 직접 Uninstall을 수행하면서 그 순서를 단계별로 자세히 기록한다.
⑤ **이상 Case 확인** : 설치 과정에서 발생할 수 있는 다양한 Case를 만들어 확인하고 해당 Case에 대한
   대처법을 자세히 기록한다.
⑥ **최종 매뉴얼 적용** : 설치가 완료된 화면과 메시지를 캡처하여 추가한다. 완성된 매뉴얼을 검토하고
   고객 지원에 대한 내용을 기록한다.

5 소프트웨어 버전 등록

(1) 소프트웨어의 버전 등록 관련 주요 용어

① **저장소(Repository)** : 최신 버전의 파일들과 변경 내역에 대한 정보들이 저장되어 있는 곳
② **가져오기(Import)** : 버전 관리가 되고 있지 않은, 아무것도 없는 저장소에 처음으로 파일을 복사하
   는 행위
③ **체크아웃(Check-out)** : 프로그램을 수정하기 위해 저장소에서 파일을 받아옴(소스 파일과 함께 버
   전 관리를 위한 파일들도 받아옴)
④ **체크인(Check-in)** : 체크아웃한 파일의 수정을 완료한 후 저장소의 파일을 새로운 버전으로 갱신
⑤ **커밋(Commit)** : 체크인을 수행할 때 이전에 갱신된 내용이 있는 경우에는 충돌을 알리고, diff 도구
   를 이용해 수정한 후 갱신 완료[diff 도구 : 비교 대상이 되는 파일들의 내용(소스 코드)을 비교해
   서로 다른 부분을 찾아 표시해주는 도구]
⑥ **동기화(Update)** : 저장소에 있는 최신 버전으로 자신의 작업 공간을 동기화

(2) 소프트웨어 버전 등록 과정

① **가져오기(import)**
   개발자가 저장소에서 신규로 파일을 추가한다.
② **인출(check-out)**
   수정 작업을 진행할 개발자가 저장소에 추가된 파일을 자신의 작업 공간으로 인출한다.

③ **예치(commit)**

인출할 파일을 수정한 후 설명을 붙여 저장소에 예치한다.

④ **동기화(update)**

예치 후 새로운 개발자가 자신의 작업 공간을 동기화한다. 이때, 기존 개발자가 추가했던 파일이 전달된다.

⑤ **차이(diff)**

새로운 개발자가 추가된 파일의 수정 기록(Change Log)을 확인하면서 이전 개발자가 처음 추가한 파일과 이후 변경된 파일의 차이를 확인한다.

6 소프트웨어 버전 관리 도구

(1) 공유 폴더 방식

① 버전 관리 자료가 로컬 COM의 공유 폴더에 저장되어 관리되는 방식

② 개발자들은 개발이 완료된 파일을 약속된 공유 폴더에 매일 복사

③ 담당자는 공유 폴더의 파일을 자신의 PC로 복사 후 컴파일하여 이상 유무를 확인

④ 파일 오류가 확인되면, 해당 파일을 등록한 개발자에게 수정을 의뢰하고, 파일에 이상이 없다면 각 개발자들이 동작 여부를 다시 확인

⑤ 파일을 잘못 복사하거나 다른 위치로 복사하는 등의 문제를 대비하여 파일의 변경 사항을 데이터베이스에 기록하여 관리

⑥ SCCS, RCS, PVCS, QVCS 등

(2) 클라이언트-서버 방식

① 버전 관리 자료가 중앙 시스템(서버)에 저장되어 관리되는 방식

② 모든 버전 관리는 서버에서 수행

③ 서버의 자료를 개발자별로 자신의 PC(클라이언트)로 복사하여 작업 후 변경 내용을 서버에 반영

④ 하나의 파일을 서로 다른 개발자가 작업할 경우 경고 메시지를 출력

⑤ 서버에 문제가 생기면, 서버가 복귀될 때까지 다른 개발자와의 협업 및 버전 관리 중단

⑥ CVS, SVN, CVSNT, Clear Case, CMVC, Perforce 등

(3) 분산 저장소 방식

① 버전 관리 자료가 하나의 원격 저장소와 분산된 개발자 PC의 로컬 저장소에 함께 저장되어 관리되는 방식

② 개발자별로 원격 저장소의 자료를 자신의 로컬 저장소로 복사하여 작업한 후 변경된 내용을 로컬 저장소에서 우선 반영(버전 관리)한 다음, 이를 원격 저장소에 반영

③ 로컬 저장소에서 버전 관리가 가능하므로 원격 저장소에 문제가 생기더라도 로컬 저장소의 자료를 이용하여 작업할 수 있음

④ Git, GNU arch, DCVS, Bazaar, Mercurial, TeamWare, Bitkeeper, Plastic SCM 등

(4) Subversion(SVN)

① CVS를 개선(파일/디렉터리의 이름 변경, 이동 등)한 것으로, 아파치 SW재단에서 발표했으며 무료 사용 가능

② 클라이언트-서버 구조

③ 서버(저장소, Repository)에는 최신 버전의 파일들과 변경 내역이 관리됨

④ 서버의 자료를 클라이언트로 복사하여 작업 후 변경 내용을 서버에 반영(Commit)

⑤ 클라이언트는 대부분 운영체제에서 사용되지만, 서버는 주로 유닉스를 사용

⑥ 모든 개발 작업은 trunk 디렉터리에서 수행되고, 추가 작업은 branches 디렉터리 안에 별도의 디렉터리를 만들어 작업 후 trunk 디렉터리와 병합(Merge)

⑦ Commit할 때마다 Revision이 1씩 증가

(5) Git

① Git은 리누스 토발즈가 리눅스 커널 개발에 사용할 관리 도구로 개발한 이후, Junio Hamano에 의해 유지보수되고 있음

② 분산 버전 관리 시스템

③ 2개의 저장소(로컬 저장소와 원격 저장소가 존재)

④ 로컬 저장소는 개발자들이 실제 개발을 진행하는 장소로, 버전 관리 수행

⑤ 원격 저장소는 협업을 위한 공간으로 버전 관리를 공동으로 진행. 자신의 버전 내역을 반영하거나, 다른 개발자의 변경 내용을 가져올 때 사용

⑥ 버전 관리가 로컬 저장소에서 진행되므로 버전 관리가 신속하게 처리되고, 원격 저장소나 네트워크 문제가 있어도 작업이 가능

⑦ Branches를 사용하면 기본 버전 관리 틀에 영향을 주지 않으면서 다양한 형태의 기능 테스팅이 가능

⑧ 파일 변화를 Snapshot으로 저장하는데, 스냅샷은 이전 스냅샷의 포인터를 가지고 버전의 흐름을 파악할 수 있게 해줌

7 빌드 자동화 도구

(1) 개요

빌드는 소스 코드 파일들을 컴파일한 후 여러 개의 모듈을 묶어 실행 파일로 만드는 과정이며, 이러한 빌드를 포함하여 테스트 및 배포를 자동화하는 도구를 빌드 자동화 도구라고 한다.

애자일 환경에서는 하나의 작업이 마무리될 때마다 모듈 단위로 나눠서 개발된 코드들이 지속적으로 통합되는데 이러한 지속적인 통합(Continuous Integration) 개발 환경에서 빌드 자동화 도구는 유용하게 활용된다.

빌드 자동화 도구에는 Ant, Make, Maven, Jenkins, Gradle 등이 있으며 이중 Jenkins와 Gradle이 가장 대표적이다.

(2) Jenkins

① 개요

모든 언어의 조합과 소스 코드 레포지토리에 대한 지속적인 통합(Continuous Integration, CI) 및 지속적 배포(Continuous Delivery, CD) 환경을 구축하기 위한 도구이다. 빌드, 테스트, 배포 프로세스를 자동화하여 소프트웨어 품질과 개발 생산성을 높일 수 있다.

원래 허드슨 프로젝트로 개발되었고, 허드슨의 개발은 2004년 여름 썬 마이크로시스템즈에서 시작되었다. 그리고 2005년 2월에 java.net에 처음 출시되었다.

소프트웨어의 버전 충돌을 방지하기 위해 각자 작업한 내용을 공유 영역의 저장소에 지속적으로 업로드하여 CI(지속적인 통합)가 가능하도록 하는 도구이며, Git과 같은 버전 관리 시스템과 연동하여 소스의 커밋을 감지하면 테스트가 포함된 빌드가 작동한다.

② 장점

ⓐ 프로젝트 표준 컴파일 환경에서의 컴파일 오류 검출
ⓑ 자동화 테스트 수행(정적 코드 분석에 의한 코딩 규약 준수 여부 체크)
ⓒ 프로파일링 툴을 이용한 소스 변경에 따른 성능 변화 감시
ⓓ 결함 테스트 환경에 대한 배포 작업
ⓔ 애플리케이션 서버로의 Deploy(배포) 등 간략화

③ 기능

ⓐ 각종 배치 작업의 간략화(DB 셋업, 환경설정, 배포, 라이브러리 릴리즈 등)로 인해 프로젝트 기간 중에 개발자들이 순수한 개발 작업 이외에 DB 셋업이나 환경설정, Deploy 작업과 같은 단순 작업에 시간과 노력을 들이는 것을 줄여준다.

ⓑ 빌드 자동화를 위해 자바에는 maven과 gradle이 자리잡고 있으며, 이미 빌드 관리 툴을 이용해 프로젝트를 진행하고 있다면 젠킨스를 사용하지 않을 이유가 하나도 없다. 젠킨스와 연동하여 빌드 자동화를 통해 프로젝트 진행의 효율성을 높일 수 있다.

ⓒ 자동화 테스트(코드 변경을 감지하고 자동화 테스트 수행)는 젠킨스를 사용해야 하는 가장 큰 이유 중 하나이다. 사실상 자동화 테스트가 포함되지 않은 빌드는 CI 자체가 불가능하다고 봐도 무관하다.

ⓓ 코드 표준 준수 여부 검사를 통해 개인이 미처 실시하지 못한 코드 표준 준수 여부의 검사나 정적 분석을 통한 코드 품질 검사를 빌드 내부에서 수행함으로써 기술적 부채의 감소에도 크게 기여한다.

ⓔ 빌드 파이프라인 구성(여러 모듈로 이루어진 프로젝트에 유용)을 위해 2개 이상의 모듈로 구성되는 레이어드 아키텍처가 적용된 프로젝트에는 그에 따른 빌드 파이프라인 구성이 필요하다.

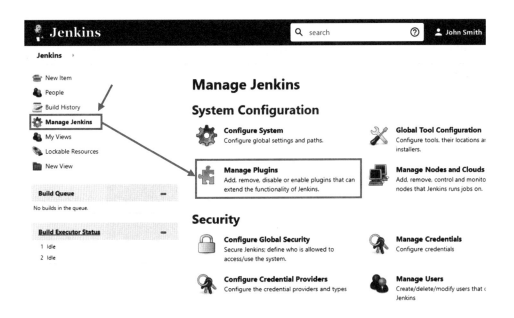

(3) Gradle

① 개요

ㄱ 그래들(Gradle)은 그루비(Groovy)를 기반으로 한 빌드 도구이다. Ant와 Maven과 같은 이전 세대 빌드 도구의 단점을 보완하고 장점을 취합하여 만든 오픈소스로 공개된 빌드 도구이다.

ㄴ Build script로 xml이 아닌 Groovy 기반의 DSL(Domain Specific Language)을 사용한다(설정 파일을 xml 파일로 사용하는 Maven보다 코드가 훨씬 간결하다).

ㄷ 꽤 큰 규모로 예상되는 multi-project 빌드를 지원한다.

ㄹ Gradle 설치 없이 Gradle Wrapper를 이용해 빌드를 지원한다.

② 특징

ㄱ Ant처럼 매우 유연한 범용 빌드 도구

ㄴ Maven과 같이 구조화된 build 프레임워크(구조의 전환이 가능)

ㄷ Maven, Ivy 등의 기존 저장소 인프라 또는 pom.xml 파일과 ivy.xml 파일에 대한 migration의 편이성 제공

ㄹ 멀티 프로젝트 빌드 지원

ㅁ 의존성 관리의 다양한 방법 제공

ㅂ Build Script로 xml이 아닌 Groovy 기반의 DSL(Domain Specific Language)을 사용

ㅅ 기존 Build를 구성하기 위한 풍부한 도메인 모델 제공

ㅇ Gradle 설치 없이 Gradle Wrapper를 이용하여 빌드 지원

③ **장점**

　㉠ Ant, Maven과 같은 기존의 빌드툴은 xml 형식을 이용하여 정적인 설정 정보를 구성했으나,
　　Gradle은 Groovy라는 언어를 이용하여 코드로서 설정 정보를 구성하기 때문에 구조적인 장점이
　　있다.

　㉡ xml의 구조적인 틀을 벗어나 코딩에 의한 간결한 정의가 가능하다.

　㉢ 프로젝트를 설정주입방식으로 정의하기 때문에 maven의 상속 구조보다 재사용에 용이하다.

[그림 9-20] Gradle Project 구성

○×로 점검하자

※ 다음 지문의 내용이 맞으면 ○, 틀리면 ×를 체크하시오. [1 ~ 19]

01 검증은 소프트웨어의 올바른 구현을 보장하기 위해 정적 분석(리뷰, 익스펜션 등)을 비롯한 단위, 통합, 시스템 테스트에서 수행되는 활동이다. ( )

>>>○ 검증은 소프트웨어가 정확한 요구사항에 부합하여 구현되었음을 보장하는 활동이며, 특정 결과물이 명세대로 만들어졌는지 검사하는 과정으로서 리뷰와 같은 정적 테스팅뿐만 아니라 단위, 통합, 시스템 테스트까지도 포함하고 있다.

02 단위 테스트는 코딩이 이루어진 후에 소프트웨어 설계의 최소 단위인 모듈에 초점을 맞추어 검사하는 방법이다. ( )

>>>○ 단위 테스트는 프로그램의 기본 단위인 모듈을 테스트하여 모듈 테스트(module test)라고도 한다. 구현 단계에서 각 모듈의 개발을 완료한 후 개발자가 명세서의 내용대로 정확히 구현되었는지를 테스트한다. 즉 개별 모듈이 제대로 구현되어 정해진 기능을 정확히 수행하는지를 테스트한다. 단위 테스트는 화이트박스 테스트 기법에 주로 사용한다.

03 모듈 테스트는 단위 검사가 완료된 모듈들을 결합하여 하나의 시스템으로 완성시키는 과정에서의 검사를 의미한다. ( )

>>>○ 통합 테스트(Integration Test)는 단위 검사가 완료된 모듈들을 결합하여 하나의 시스템으로 완성시키는 과정에서의 검사를 의미한다.

04 상향식 통합은 프로그램의 하위 모듈에서 상위 모듈 방향으로 통합하면서 검사하는 기법이다. ( )

>>>○ 상향식 통합(Bottom up Integration)은 가장 하위 단계의 모듈부터 통합 및 검사가 수행되므로 스터브(Stub)는 필요하지 않지만, 하나의 주요 제어 모듈과 관련된 종속 모듈의 그룹인 클러스터가 필요하다. 최하위 모듈 통합 후 위층의 모듈을 추가로 테스트한다(Test Driver 필요).

05 연쇄식 통합은 시스템을 구성하는 모듈을 각각 따로 구현하고 전체 시스템을 한 번에 시험하는 기법이다. ( )

>>>○ 빅뱅 통합(BigBang Integration)은 시스템을 구성하는 모듈을 각각 따로 구현하고 전체 시스템을 한 번에 시험하는 기법이다. 연쇄식 통합(Threads Integration)은 특정 기능을 수행하는 모듈 최소 단위부터 시험하는 방법으로 통합하는 기법이다.

정답 **1** ○ **2** ○ **3** × **4** ○ **5** ×

06 스터브는 시험 대상 모듈을 호출하는 간이 소프트웨어이다. (   )

>>>◯ 스터브는 시험 대상 모듈이 호출하는 또 다른 모듈을 의미한다. 드라이버는 시험 대상 모듈을 호출하는 간이 소프트웨어를 의미한다.

07 알파 테스트는 소프트웨어를 일부 사용자들에게 배포하여 직접 사용하도록 하여, 사용자들로 하여금 피드백을 받아 사용성을 파악하는 테스트 방식이다. (   )

>>>◯ 베타 테스트(Beta Test)는 소프트웨어를 일부 사용자들에게 배포하여 직접 사용하도록 하여, 사용자들로 하여금 피드백을 받아 사용성을 파악하는 테스트 방식이다. 알파 테스트(Alpha Test)는 회사 내의 다른 사용자에게, 또는 실제로 인수받을 사용자에게 개발 환경에서 통제된 상태로 테스트를 진행하도록 하며, 실시간으로 오류와 사용상의 문제를 파악하여, 바로바로 수정할 수 있는 인수 테스트 방식 중 하나이다.

08 시스템 테스트(System Test)는 실제로 전체가 컴퓨터로 이루어진 시스템을 움직이게 하는 것(to exercise)이 유일한 목적인 일련의 다른 테스트이다. (   )

>>>◯ 시스템 테스트(System Test)는 소프트웨어 테스팅 중 블랙박스(명세기반) 테스팅 범주에 해당한다. 완벽하게 통합된 시스템에서, 소프트웨어 시스템의 특정 요구사항의 준수 여부를 평가하는 테스트이다. 시스템 테스트의 종류에는 회복 테스트, 보안 테스트, 강도 테스트, 성능 테스트가 있다.

09 디버깅 접근 방법에는 맹목적 강요, 역추적(Backtracking), 원인 제거(Cause Elimination)가 있다.

(   )

>>>◯ 맹목적 강요는 디버깅할 수 있는 모든 방법을 동원하여도 실패하게 된 경우에 사용되는 가장 비효율적인 방법이다. 역추적(Backtracking)은 오류가 발견된 위치에서 원인이 발견될 때까지의 코딩 부분으로 거슬러 올라가면서 수정하는 가장 일반적인 방법이며, 작은 프로그램에서 성공적으로 사용할 수 있다. 원인 제거(Cause Elimination)는 오류 가능성이 있는 원인을 제거하여 버그(Bug)를 분리하기 위해 사용한다.

10 디버깅 과정은 '에러 위치 파악(디버깅 툴 사용) → 설계 에러 교정 → 코딩 → 프로그램 재테스트' 순으로 진행된다. (   )

>>>◯ 디버깅 과정은 증상과 원인을 연결시켜 오류를 수정하는 것이다. 원인이 밝혀지지 않으면 디버깅을 수행하여 문제가 있는 원인을 확인하기 위해 테스트 케이스를 설계하고 반복적인 방법으로 오류를 수정하기 위해 노력한다.

11 명세 기반 테스트(Specification-based Test)는 시스템에서 제공하는 기능 및 메뉴 등의 명세를 기반으로 테스트 케이스를 설계하는 기법이다. (   )

>>>◯ 명세 기반 테스트(Specification-based Test)는 시스템에서 제공하는 기능 및 메뉴 등의 명세를 기반으로 테스트 케이스를 설계하는 기법이다.

정답 **6** × **7** × **8** ○ **9** ○ **10** ○ **11** ○

12 회귀 테스트로 인해 검출되는 오류 중 Side Effect(부작용)는 오류 제거 및 수정 부분과 연관된 다른 부분으로 영향이 전파, 변경되는 현상이다. (　　)

>>>○ 회귀 테스트로 인해 검출되는 오류

Side Effect(부작용)	오류 제거 및 수정이 이루어졌으나 고려하지 못한 다른 결과가 발생하는 현상
Ripple Effect(파급효과)	오류 제거 및 수정 부분과 연관된 다른 부분으로 영향이 전파, 변경되는 현상

13 블랙박스 테스트의 검증 기준은 테스트들이 얼마나 적정한지를 판단하는 기준으로 문장 검증 기준, 분기 검증 기준, 조건 검증 기준, 분기/조건 기준이 있다. (　　)

>>>○ 화이트박스 테스트의 검증 기준은 테스트들이 얼마나 적정한지를 판단하는 기준으로 문장 검증 기준, 분기 검증 기준, 조건 검증 기준, 분기/조건 기준이 있다.

14 분기 검증 기준(Branch Coverage)는 충분한 시험 사례를 설계하여 조건문의 모든 조건식을 만족하는 경우와 만족하지 않는 경우를 검사하는 방법이다. (　　)

>>>○ 조건 검증 기준(Condition Coverage)은 충분한 시험 사례를 설계하여 조건문의 모든 조건식을 만족하는 경우와 만족하지 않는 경우를 검사하는 방법이다.
분기/조건 기준(Branch/Condition Coverage)은 소스 코드의 모든 조건문과 각 조건문에 포함된 개별 조건식의 결과가 true와 false인 경우가 각각 한 번 이상 수행되도록 테스트 케이스를 설계하는 방법이다.

15 블랙박스 테스트의 종류 중 오류 예측 기법(Error Guessing)은 과거의 경험이나 확인자의 감각으로 검사하는 기법이다. (　　)

>>>○ 오류 예측 기법(Error Guessing)은 과거의 경험이나 확인자의 감각으로 검사하는 기법이다. 각 테스트 기법들이 놓치기 쉬운 오류들을 감각 및 경험으로 찾아보는 것이며, 데이터 확인 검사라고도 한다.

16 결함 관리 도구의 종류는 Mantis, Trac, Redmine, JMeter이다. (　　)

>>>○ 결함 관리 도구의 종류는 Mantis, Trac, Redmine, Bugzilla이다. 성능 테스트 도구의 종류로 JMeter, LoadUI, OpenSTA가 있다.

17 소프트웨어 패키징은 모듈로 생성한 실행 파일들을 묶어 배포용 설치 파일을 만드는 것을 말한다. (　　)

>>>○ 소프트웨어 패키징은 모듈로 생성한 실행 파일들을 묶어 배포용 설치 파일을 만드는 것을 말한다. 개발자가 아니라 사용자를 중심으로 진행한다.

정답 **12** X **13** X **14** X **15** O **16** X **17** O

18 디지털 저작권 관리의 흐름도에서 패키저는 저작권에 대한 사용 권한, 라이선스 발급, 사용량에 따른 결제 관리 등을 수행하는 곳을 의미한다. (　　　)

>>>◯ 클리어링 하우스(Clearing Houser)은 저작권에 대한 사용 권한, 라이선스 발급, 사용량에 따른 결제 관리 등을 수행하는 곳을 의미한다. 패키저(packager)는 콘텐츠를 메타 데이터와 함께 배포 가능한 형태로 묶어 암호화하는 프로그램을 의미한다.

19 소프트웨어 버전 관리 도구는 공유 폴더 방식, 클라이언트–서버 방식만 있다. (　　　)

>>>◯ 소프트웨어 버전 관리 도구에는 공유 폴더 방식, 클라이언트–서버 방식, 분산 저장소 방식, Subversion (SVN), Git가 있다.

정답 18 ✕   19 ✕

01 소프트웨어 테스트의 종류 중 소프트웨어가 요구사항에 맞는지를 추적해보는 데 중점을 두고 있는 테스트는 무엇인가?

① 단위 테스트
② 통합 테스트
③ 인수 테스트
④ 시스템 테스트

01 인수 테스트는 시스템의 인수를 위해 기능적/비기능적 요구사항을 사용자가 직접 테스트하여 개발이 완료되었음을 증명하는 테스트이다. 인수 테스트의 주요 목적은 인수 기준을 만족하는가를 테스트하는 것이다.

02 다음 중 디버깅(Debugging)에 관한 설명으로 옳지 <u>않은</u> 것은?

① 디버깅은 성공적인 검사의 결과로 발생한다.
② 디버깅은 징후로부터 원인을 찾아 수정하는 과정이다.
③ 디버깅이 힘든 이유는 심리적인 요소가 많이 관여하기 때문이다.
④ 디버깅에 대한 체계적인 접근은 아직까지 제안되고 있지 않다.

02 디버깅 접근 방법에는 맹목적 강요, 역추적(Backtracking), 원인 제거 (Cause Elimination)가 있다.

03 다음 중 단위 테스트의 장점이 <u>아닌</u> 것은?

① 문제점 발견
② 쉬운 변경
③ 복잡한 통합
④ 디자인에 도움

03 단위 테스트(Unit Test)는 코딩이 이루어진 후에 소프트웨어 설계의 최소 단위인 모듈에 초점을 맞추어 검사하는 방법이다. 단위 테스트 장점으로는 문제점 발견, 쉬운 변경, 간단한 통합을 들 수 있다.

정답 01 ③ 02 ④ 03 ③

04 [문제 하단의 표 참조]

04 다음 중 단위 테스트의 유형과 그 설명이 옳은 것은?

① 인터페이스 테스트 : 다른 모듈과의 데이터 인터페이스에 대한 테스트
② 자료 구조 테스트 : 구조 및 루프 테스트 등에 의한 논리 경로 테스트
③ 오류 처리 테스트 : 오류가 발생하기 쉬운 경계 값들을 테스트 케이스를 만들어 테스트
④ 경계 테스트 : 모듈 내의 자료 구조상 오류가 있는지를 테스트

»»Q

인터페이스 테스트	다른 모듈과의 데이터 인터페이스에 대한 테스트
자료 구조 테스트	모듈 내의 자료 구조상 오류가 있는가를 테스트
수행 경로 테스트	구조 및 루프 테스트 등에 의한 논리 경로 테스트
오류 처리 테스트	각종 오류들이 모듈에 의해 적절하게 처리되는가를 테스트
경계 테스트	오류가 발생하기 쉬운 경계 값들을 테스트 케이스를 만들어 테스트

05 베타 테스트(Beta Test)는 소프트웨어를 일부 사용자들에게 배포하여 직접 사용하도록 하여, 사용자들로 하여금 피드백을 받아 사용성을 파악하는 테스트 방식이다.
통합 테스트는 모듈과 모듈과의 연결에 대한 오류 검출과 프로그램 통합을 위한 방법으로, 하향식 통합과 상향식 통합이 있다.

05 다음 설명에 해당하는 인수 테스트의 유형은 무엇인가?

> 회사 내의 다른 사용자에게, 또는 실제로 인수받을 사용자에게 개발 환경에서 통제된 상태로 테스트를 진행하도록 하며, 실시간으로 오류와 사용상의 문제를 파악하여, 바로바로 수정할 수 있는 인수 테스트 방식 중 하나이다.

① 베타 테스트
② 감마 테스트
③ 통합 테스트
④ 알파 테스트

정답 　04 ①　05 ④

06 다음 중 시스템 테스트의 종류로 옳지 <u>않은</u> 것은?

① 강도 테스트(Stress Test)
② 통합 테스트(Integration Test)
③ 보안 테스트(Security Test)
④ 성능 테스트(Performance Test)

06 시스템 테스트(System Test)는 실제로 전체가 컴퓨터로 이루어진 시스템을 움직이게 하는 것(to exercise)이 유일한 목적인 일련의 다른 테스트이다. 시스템 테스트의 종류에는 회복 테스트, 보안 테스트, 강도 테스트, 성능 테스트가 있다.

07 다음 중 디버깅 접근 방법에 해당하지 <u>않는</u> 것은?

① 회피
② 맹목적 강요
③ 역추적
④ 원인 제거

07 디버깅(Debugging)은 검사 단계에서 오류를 찾은 후 그 오류를 수정하는 과정이다. 디버깅 접근 방법에는 맹목적 강요, 역추적(Backtracking), 원인 제거(Cause Elimination)가 있다.

08 다음 중 단위 테스트의 유형이 <u>아닌</u> 것은?

① 자료 구조 테스트
② 오류 처리 테스트
③ 수행 경로 테스트
④ 강도 테스트

08 단위 테스트 유형에는 인터페이스, 자료 구조, 수행 경로, 오류 처리, 경계 테스트가 있다.

정답 06 ② 07 ① 08 ④

안심Touch

09 블랙박스 테스트(Black Box Test)는 소프트웨어가 수행할 특정 기능을 알기 위해서 각 기능이 완전히 작동되는 것을 입증하는 검사(기능 검사)로, 소프트웨어 인터페이스에서 실시한다. 블랙박스 테스트의 종류로는 동치 분할 검사(Equivalence Partitioning Testing), 경계 값 분석(Boundary Value Analysis), 원인-효과 그래프 검사(cause-effect graphing testing), 오류 예측 검사(Mutation Testing), 비교 검사(Comparison Testing) 등이 있다. 소프트웨어 산출물의 각 기능별로 적절한 정보 영역(입출력)을 정하여 적합한 입력에 대한 출력의 정확성을 검증한다.

09 다음 중 블랙박스 테스트 기법에 해당하는 내용을 모두 고른 것은?

> A. 소프트웨어 인터페이스에서 실시되는 검사로 설계된 모든 기능들이 정상적으로 수행되는지 확인한다.
> B. 소프트웨어의 기능이 의도대로 작동하고 있는지, 입력은 적절하게 받아들였는지, 출력은 정확하게 생성되는지를 보여주는 데 사용된다.
> C. Equivalence Partitioning Testing, Boundary Value Analysis 등이 이 기법에 해당한다.

① A
② A, C
③ B, C
④ A, B, C

10 [문제 하단의 표 참조]

10 다음 중 화이트박스 검사 기법에 해당하는 것으로만 짝지어진 것은?

> ㄱ. 데이터 흐름 검사
> ㄴ. 루프 검사
> ㄷ. 동치 분할 검사
> ㄹ. 경계 값 분석
> ㅁ. 원인-효과 그래픽 기법
> ㅂ. 비교 검사

① ㄱ, ㄴ
② ㄱ, ㄹ, ㅁ, ㅂ
③ ㄴ, ㄹ, ㅁ, ㅂ
④ ㄷ, ㄹ, ㅁ, ㅂ

블랙박스 검사 기법	동치 분할 검사, 경계 값 분석, 원인-효과 그래픽 기법, 비교 기법
화이트박스 검사 기법	데이터 흐름, 자료 흐름, 루프 검사, 조건 검사

정답 09 ④ 10 ①

11 다음 중 저작권 관리 구성요소에 대한 설명이 옳지 <u>않은</u> 것은?

① 콘텐츠 제공자(Contents Provider) : 콘텐츠를 제공하는 저작권자

② 콘텐츠 분배자(Contents Distributor) : 콘텐츠를 메타 데이터와 함께 배포 가능한 단위로 묶는 기능

③ 클리어링 하우스(Clearing House) : 키 관리 및 라이선스 발급 관리

④ DRM 컨트롤러 : 배포된 콘텐츠의 이용 권한을 통제

11 콘텐츠 분배자는 암호화된 콘텐츠를 유동하는 곳이나 사람을 뜻한다.

12 다음 중 디지털 저작권 관리(DRM) 기술 요소가 <u>아닌</u> 것은?

① 크랙 방지 기술

② 정책 관리 기술

③ 암호화 기술

④ 방화벽 기술

12 방화벽 기술은 기업이나 조직 내부의 네트워크와 인터넷 간에 전송되는 정보를 선별하여 수용·거부·수정하는 침입 차단 시스템이다.

13 소프트웨어 사용자 매뉴얼에 대한 설명으로 옳지 <u>않은</u> 것은?

① 사용자 매뉴얼은 사용자가 설치와 사용에 필요한 절차, 환경 등의 제반 사항 모두가 포함되도록 작성한다.

② 사용자가 기술 지원을 받기 위해 소프트웨어를 등록할 때 소프트웨어명, 소프트웨어 모델명, 제품 번호, 구입 날짜 등을 기재할 수 있도록 관련 내용을 사용자 매뉴얼에 포함한다.

③ 개별적으로 동작이 가능한 컴포넌트 단위로 매뉴얼이 작성되어야 한다.

④ 소프트웨어 구동 환경에 대한 내용은 해당 소프트웨어에 가장 최적화된 운영체제만을 대상으로 설명한다.

13 개별적 동작이 가능한 컴포넌트 단위의 매뉴얼 작성이 아닌 소프트웨어 설치 매뉴얼은 사용자가 소프트웨어를 설치하는 과정을 작성하는 것이다.

정답 11 ② 12 ④ 13 ③

14 분산 저장소 방식은 버전 관리 자료를 원격 저장소와 로컬 저장소에 분산하여 저장하는 방식이다. 개발자별로 원격 저장소의 자료를 자신의 로컬 저장소로 복사하여 작업한 후 변경된 내용을 로컬 저장소에서 우선 반영(버전 관리)한 다음, 이를 원격 저장소에 반영한다.

14 다음 설명에 해당하는 소프트웨어 버전 관리 도구 방식은?

> • 버전 관리 자료가 원격 저장소와 로컬 저장소에 함께 저장되어 관리된다.
> • 로컬 저장소에서 버전 관리가 가능하므로 원격 저장소에 문제가 생겨도 로컬 저장소의 자료를 이용하여 작업할 수 있다.
> • 대표적인 버전 관리 도구로 Git이 있다.

① 단일 저장소 방식
② 분산 저장소 방식
③ 공유 폴더 방식
④ 클라이언트 서버 방식

15 모듈화 과정은 확인된 기능 단위로 코드를 분류하는 것이다. 모듈 단위별로 실행 파일을 만드는 과정은 빌드 진행 과정이다.

15 다음 중 패키징 과정에서 수행하는 작업에 대한 설명으로 옳지 않은 것은?

① 모듈화 : 모듈 단위별로 실행 파일을 만든다.
② 기능 식별 : 작성된 코드와 기능을 확인한다.
③ 적용 시험 : 사용자 환경과 동일한 환경에서 패키징 적용을 시험한다.
④ 배포 : 배포 수행 시 오류가 발생하면 해당 개발자에게 전달하여 수정을 요청한다.

정답 14 ② 15 ①

✔ 주관식 문제

01 다음 설명에서 괄호 안에 들어갈 용어를 순서대로 쓰시오.

> • (㉠)은/는 모듈과 모듈과의 연결에 대한 오류 검출과 프로그램 통합을 위한 방법으로, 하향식 통합과 상향식 통합이 있다.
> • (㉡)은/는 프로그램의 하위 모듈에서 상위 모듈 방향으로 통합하면서 검사하는 기법이다.

01 **정답**
㉠ 통합 검사
㉡ 상향식 통합
(Bottom-up Integration)

해설
통합 검사는 모듈과 모듈과의 연결에 대한 오류 검출과 프로그램 통합을 위한 방법으로, 하향식 통합과 상향식 통합이 있다. 상향식 통합(Bottom-up Integration)은 프로그램의 하위 모듈에서 상위 모듈 방향으로 통합하면서 검사하는 기법이다.

02 디버깅 접근 방법에 대한 설명에서 괄호 안에 들어갈 용어를 순서대로 쓰시오.

> • (㉠) : 오류가 발견된 위치에서 원인이 발견될 때까지의 코딩 부분으로 거슬러 올라가면서 수정하는 가장 일반적인 방법이며, 작은 프로그램에서 성공적으로 사용할 수 있다.
> • (㉡) : 디버깅할 수 있는 모든 방법을 동원하여도 실패하게 된 경우에 사용되는 가장 비효율적인 방법이다.
> • (㉢) : 오류 가능성이 있는 원인을 제거하여 버그(Bug)를 분리하기 위해 사용한다.

02 **정답**
㉠ 역추적
㉡ 맹목적 강요
㉢ 원인 제거
해설
역추적(Backtracking)은 오류가 발견된 위치에서 원인이 발견될 때까지의 코딩 부분으로 거슬러 올라가면서 수정하는 가장 일반적인 방법이며, 작은 프로그램에서 성공적으로 사용할 수 있다.
맹목적 강요는 디버깅할 수 있는 모든 방법을 동원하여도 실패하게 된 경우에 사용되는 가장 비효율적인 방법이다.
원인 제거(Cause Elimination) 방법은 오류 가능성이 있는 원인을 제거하여 버그(Bug)를 분리하기 위해 사용한다.

03 **정답**

ㄱ 알파 테스트(Alpha Test)
ㄴ 베타 테스트(Beta Test)

해설

알파 테스트(Alpha Test)는 회사 내의 다른 사용자에게, 또는 실제로 인수받을 사용자에게 개발 환경에서 통제된 상태로 테스트를 진행하도록 하며, 실시간으로 오류와 사용상의 문제를 파악하여, 바로바로 수정할 수 있는 인수 테스트 방식 중 하나이다. 베타 테스트(Beta Test)는 소프트웨어를 일부 사용자들에게 배포하여 직접 사용하도록 하여, 사용자들로 하여금 피드백을 받아 사용성을 파악하는 테스트 방식이다.

03 다음 설명에서 괄호 안에 들어갈 용어를 순서대로 쓰시오.

- (ㄱ)은/는 회사 내의 다른 사용자에게, 또는 실제로 인수 받을 사용자에게 개발 환경에서 통제된 상태로 테스트를 진행하도록 하며, 실시간으로 오류와 사용상의 문제를 파악하여, 바로바로 수정할 수 있는 인수 테스트 방식 중 하나이다.
- (ㄴ)은/는 소프트웨어를 일부 사용자들에게 배포하여 직접 사용하도록 하여, 사용자들로 하여금 피드백을 받아 사용성을 파악하는 테스트 방식이다.

04 **정답**

클라이언트/서버 방식

해설

클라이언트/서버 방식은 버전 관리 자료가 중앙 시스템에 저장되어 관리되는 방식이다. 서버의 자료를 개발자별로 자신의 PC(클라이언트)로 복사하여 작업한 후 변경된 내용을 서버에 반영한다. 모든 버전 관리는 서버에서 수행되며, 하나의 파일을 서로 다른 개발자가 작업할 경우 경고 메시지를 출력한다.

04 다음 설명에 해당하는 버전 관리 방식이 무엇인지 쓰시오.

- 버전 관리 자료가 중앙 시스템에 저장되어 관리되는 방식이다.
- 서버의 자료를 개발자별로 자신의 PC(클라이언트)로 복사하여 작업한 후 변경된 내용을 서버에 반영한다.
- 모든 버전 관리는 서버에서 수행된다.

제10장

소프트웨어 유지보수

I wish you the best of luck!

소프트웨어 유지보수

소프트웨어 유지보수 개요

1 레거시 시스템 중요 ★★★

(1) 개요

기존에 운영하는 구형 소프트웨어 시스템을 레거시 시스템이라고 한다. 수십 년 전에 구축되었지만 지금까지 사용되고 있는 소프트웨어 시스템도 포함된다. 레거시 시스템의 진화를 준비하기 위해서는 시스템을 재공학해야 한다.

(2) 레거시 시스템의 논리적 부분과 그 관계

① **시스템 하드웨어**
② **지원 소프트웨어** : OS, 유틸리티, 컴파일러
③ **애플리케이션 소프트웨어** : 다른 시기에 개발된 여러 개의 프로그램으로 구성
④ **애플리케이션 데이터** : 막대한 양의 데이터가 존재, 일관성 없고 중복된 여러 데이터베이스에 걸침
⑤ **비즈니스 프로세스** : 레거시 시스템의 기능에 의해 제약을 받음

(3) 레거시 시스템을 대체하지 못하는 이유

① 대체하기 위해서는 비용이 많이 들기 때문
② 전문가, 사용자들의 수십 년 동안의 경험과 지능이 녹아 있기 때문
③ 새로운 시스템이 더 좋다는 보장이 없기 때문

(4) 레거시 시스템의 문제점

① **기술자 부족** : cobol 프로그래머 부족
② **보안 취약점** : 인터넷 활용 이전 개발
③ **인터페이스 문제** : 최근 프로그래밍 언어 시스템과의 인터페이스 상호 호환
④ **하드웨어 유지보수 문제** : 유지보수 비용이 증가

(5) 레거시 시스템 교체에 비용이 많이 들고 리스크가 높은 이유

① 완전한 명세서가 없고 시스템의 변경 사항이 반영되어 있지 않음

② 비즈니스 프로세스와 레거시 시스템이 밀접하게 얽혀 동작함

③ 중요한 비즈니스 규칙이 소프트웨어 안에 내장되어 있고 문서화되어 있지 않음

④ 새로운 소프트웨어 시스템 개발은 리스크가 높으며 예상치 못한 문제가 발생 가능함

⑤ 개발이 오래 걸리고 예산을 초과할 수 있음

(6) 레거시 시스템 진화 선택

① 시스템의 완전한 폐기

시스템이 비즈니스 프로세스에 효과적인 기여를 하지 못하는 경우 선택

② 시스템을 변경 없이 놔두고 정기적인 유지보수를 계속

시스템이 요구되지만 비교적 시스템 변경을 요하지 않는 경우 선택

③ 유지보수성을 향상시키기 위해 시스템을 재공학

변경으로 인해 시스템 품질이 나빠지고 변경이 여전히 요구되는 경우 선택

④ 시스템 전체나 일부를 새로운 시스템으로 대체

구형 시스템을 더 이상 운영하지 못하거나 합리적인 가격으로 새로 개발하는 것이 가능할 경우 선택

2 유지보수 정의 중요 ★★★

(1) 개요

① 정의

유지보수(Maintenance)는 개발된 소프트웨어의 품질을 최상의 상태로 유지하기 위한 것으로 소프트웨어 개발 단계 중 가장 많은 노력과 비용이 투입되는 단계를 의미한다. 유지보수는 소프트웨어가 사용자에게 인수되어 설치된 후 발생하는 모든 공학적 작업이다. 소프트웨어 유지보수를 용이하게 하려면 시험 용이성, 이해성, 수정 용이성, 이식성을 고려해야 한다.

IEEE 1219에서는 소프트웨어 유지보수란 납품 후 결함 수정, 성능, 다른 기능들 개선 및 제품이 변경된 환경에 적응시키기 위한 소프트웨어 제품 수정 활동이라고 하였다. IEEE 12207에서는 소프트웨어 유지보수란 소프트웨어 생명주기 프로세스를 기반으로 문제나 개선의 필요성으로 인하여 코드나 관련 문서 수정이 소프트웨어 제품에 대해 수행되는 프로세스라고 하였고, 무결성을 유지하면서 수정해야 한다고 했다.

② 목적

유지보수는 소프트웨어의 성능 개선 및 하자 보수를 위한 것이다. 새로운 환경에서 동작할 수 있도록 이식, 수정 및 일련의 예방적 조치를 취한다.

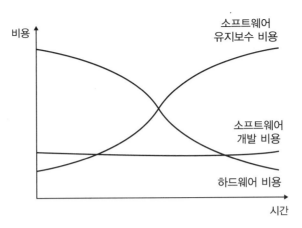

[그림 10-1] 소프트웨어의 비용과 시간과의 관계

(2) 유지보수의 필요성

유지보수는 시간의 변화 및 환경의 변화에 즉각적으로 반응할 수 있도록 사용자 요구사항에 능동적으로 반응하여 수정해줄 수 있도록 해야 한다. 다른 프로그램과의 상호작용, 기존 소프트웨어에서 새로운 버전의 소프트웨어로의 이관이나 폐기 등과 같은 활동을 수행해야 한다.

소프트웨어 예산에서 유지보수 비용은 기존의 개발 비용보다 더 많이 들며 급격히 증가하기도 한다. 소프트웨어의 복잡화에 의해 유지보수가 갈수록 어려워지고 문서화 등의 관리 업무가 증가한다. 소프트웨어 개발 기간에 비해 사용 기간이 길기 때문에 보다 더 관리의 중요성이 강조된다. 용역 개발보다 패키지의 선택 방식이 확산됨에 따라 유지보수 부분이 증가되고 있다.

① Lehman 소프트웨어 진화의 원리의 중요성

Lehman의 진화의 원리는 소프트웨어 변화의 특성을 이해하고 유지보수, 변경 관리, 형상 관리, 품질 통제의 중요 모델로 반영되고 있다. 또한, 소프트웨어 변화의 특성을 반영하여 소프트웨어 조직, 프로세스, 기술에 반영하여 Baseline 유지, CCB 구성, 인력 고도화, 버전 관리 등을 설계하는 중요 원리로 사용하고 있다.

② Lehman 소프트웨어 진화의 원리의 주요 내용

ⓐ 지속적인 변경의 원칙 : 소프트웨어는 다른 시스템으로 대체될 때까지 계속적으로 변경된다.

ⓑ 프로그램 진화의 법칙 : 프로그램별로 변경되는 고유한 추세가 있다.

ⓒ 엔트로피 복잡도 증가의 법칙 : 변경이 가해질수록 구조는 복잡해진다.

ⓓ 안정성 유지의 법칙 : 개발 생산성이 조직 변화에 민감하지 않고 안정화된다.

ⓔ 친근성 유지의 원리 : 소프트웨어 버전의 변화는 일정해진다.

ⓕ 지속적 성장의 법칙 : 시스템 생명주기 전체에 걸쳐 사용자를 만족시키기 위해 기능적 성장을 지속해야 한다.

ⓖ 품질 저하의 법칙 : 시스템의 품질은 운영환경의 변화에 완전히 적응하지 못하는 한 저하된다.

ⓗ 피드백 시스템의 법칙 : 진화 프로세스는 여러 번의 피드백 단계를 반복하고 이해관계자의 피드백으로 구성된다.

(3) 소프트웨어 유지보수의 향상 방안

① 표준화된 개발방법론 및 개발 도구를 적용한다(CASE 등).

② 소프트웨어 재공학 도구를 활용한다(분석, 재구조화, 역공학 등의 활용).

③ 소프트웨어 생명주기 단계 중 각 단계의 TEST 및 품질 관리를 강화한다.

④ 유지보수 발생 요인에 대한 예방 활동을 실시한다(요구사항 통제, 품질 관리, 감리 등).

⑤ 적절한 프로젝트 관리 기법을 도입한다(형상 관리 등).

⑥ 4GL 언어를 활용한다.

⑦ 컴포넌트 개념의 활용으로 재구조화, 재사용화를 도입한다.

---

3 유지보수 전략

모든 소프트웨어 기업은 효과적이고 완전한 방식으로 소프트웨어를 유지보수하는 구체적인 전략을 마련해야 한다. 문서화는 중요한 소프트웨어 개발 전략 중 하나이다. 소프트웨어 기록을 최신 상태로 유지하지 않으면 업그레이드는 불가능한 일처럼 보일 수 있다. 기록은 코드 작동 방식, 잠재적 문제에 대한 솔루션 등을 비롯한 정보를 포함해야 한다.

QA도 소프트웨어 유지보수 계획의 중요한 부분이다. QA는 초기 소프트웨어 출시 전에 중요하지만 프로세스에 훨씬 더 일찍(계획 단계 초기) 통합할 수도 있는데 이 경우, 소프트웨어가 올바르게 개발되도록 하고 변경이 필요할 때 필요한 정보를 제공한다.

소프트웨어를 변경할 때에는 다음과 같이 세 가지 전략이 있다.

> ① 기본 구조를 바꾸지 않고 오류 수정이나 요구사항 변경을 수용하는 것
> ② 아키텍처를 변경하는 것
> ③ 이해와 변경이 용이하도록 수정하는 것

이렇게 변경을 통해 시스템이나 구성 요소들의 여러 버전이 만들어진다.

제 2 절   유지보수 프로세스 중요 ★★★

1   유지보수 유형과 비용

(1) 유지보수의 유형

① **수정 유지보수**

수정 유지보수(Corrective Maintenance)는 발견된 오류의 원인을 찾아 문제를 해결하기 위한 것이다. A/S 개념을 생각하면 된다.

② **적응 유지보수**

적응 유지보수(Adaptive Maintenance)는 외부 환경의 변화에 적응하기 위한 수정이다. 새로운 하드웨어나 새로운 운영체제와 같은 환경 변화를 소프트웨어에 반영하는 것이다. 적응 유지보수는 시스템 기능의 변화와는 관련이 없다.

③ **완전 유지보수**

완전 유지보수(Perfective Maintenance)는 기능이나 성능 향상을 위한 개선을 위해 수정하는 것이다. 주로 사용자가 요구사항을 새로 추가하거나 변경한 사항을 수용하는 것이다. 완전 유지보수는 시스템의 기능을 추가하거나 시스템 성능을 향상시키기 위한 활동을 포함하고 있다. 유지보수 비용 중 가장 큰 업무량과 비용을 차지하고 있다.

④ **예방 유지보수**

예방 유지보수(Preventive Maintenance)는 이해성과 유지보수성의 개선을 위한 수정이다. 문서 갱신, 설명 추가, 시스템 모듈에 대한 구성을 향상시키는 것과 같은 시스템의 유지보수성을 증가시키기 위한 목표를 가지고 있다. 예방 유지보수는 대부분 구조 변경을 말한다.

(2) 유지보수 비용

① **개요**

유지보수는 소프트웨어 생명주기에서 비용이 가장 많이 들어가는 부분이다. 유지보수라 하면 단순히 오류 수정을 생각하는데, 소프트웨어의 유지보수는 오류 수정 및 새로운 기능을 추가하거나 관리하는 목적을 가지고 있다. 최근에는 신규 개발보다는 기존의 시스템을 개선하여 사용하는 데 시간과 노력을 투자하고 있다. 그로 인하여 유지보수의 비용은 개발 비용보다 더 높아질 것이다. 초기에 유지보수성을 고려하여 개발한다면 개발비는 증가하나 유지보수 비용은 크게 감소한다.

② **유지보수 비용의 영향 요인**

㉠ 기술적 측면

모듈의 독립성, 프로그램 언어, 프로그램 스타일, 소프트웨어 품질, 소프트웨어 문서화

㉡ 관리적 측면

시스템 이해도, 담당자의 안전성, 소프트웨어의 수명, 하드웨어의 안전성, 외적 환경 종속도

③ **유지보수 비용 산정 기법**

소프트웨어 유지보수 단계에서 사용되는 비용은 소프트웨어 개발에 필요한 비용 중 약 70%를 차지한다.

⊙ Belady와 Lehman의 기법

소프트웨어를 개발할 때에 얼마나 열심히 공학 기법에 의하여 노력을 하였는지의 정도가 유지보수 비용의 증감에 영향을 준다. 다음은 유지보수 비용 산정을 위한 공식이다.

$M = P + Ke^{(c-d)}$	• M : 유지보수를 위한 노력(인원/월) • c : 복잡도 • P : 생산적인 활동에 드는 비용 • d : 소프트웨어에 대한 지식의 정도 • K : 통계 값에서 구한 상수

ⓛ COCOMO 기법

보헴(Boehm)이 제안한 것으로 원시 프로그램의 규모인 LOC(원시 코드 라인 수)에 의한 비용 산정 기법이다. 완성될 시스템의 규모를 추정하고 준비된 식에 대입하여 '소요 인원/월'을 예측한다. 소프트웨어를 생산하는 데 필요한 총 노력을 개발자 수나 소프트웨어를 개발하는 데 소요되는 기간으로 표현한다.

$M = ACT \times DE \times EAT$	• M : 유지보수를 위한 노력 • ACT : 개발조직이 수행하는 전체 프로젝트 규모에서 유지보수 작업이 차지하는 연평균 비율 • DE : 개발할 때 필요했던 노력 • EAT : COCOMO의 유지보수 작업을 위한 노력 조정 수치

ⓒ SMI

SMI(Software Maturity Index, 소프트웨어 성숙 색인)는 유지보수를 위한 계획을 작성하는 방법으로 사용한다. 제품의 버전별 발생하는 변경사항을 기반으로 소프트웨어의 안정성을 제공한다. SMI의 숫자가 작을수록 안정성을 가지고 있는 것이다. 다음은 SMI의 공식이다.

$SMI = [M_T - (F_a + F_c + F_d)] / M_T$	• M_T : 현재 릴리즈에서 모듈의 수 • F_c : 변경된 현재 릴리즈에서 모듈의 수 • F_a : 추가된 현재 릴리즈에서 모듈의 수 • F_d : 이전 릴리즈(previous release)부터 현재 릴리즈까지 삭제된 모듈의 수

(3) 유지보수의 문제점

① 유지보수에 따른 부작용(Side Effect, 역효과)이 발생(코딩, 자료, 문서화 부작용을 초래)한다.

② 시스템의 신뢰성 저하 가능성이 발생한다.

③ 유지보수 비용 및 인력의 증가가 발생한다.

④ 비체계적인 유지보수로 인해 절차, 조직, 인력 운영 방법 등에 문제가 발생한다.

⑤ 유지보수 요원의 기술 부족(경험이 적은 프로그래머 투입 시 발생)으로 유지보수의 어려움이 발생한다.

⑥ 소프트웨어 자체의 유지보수성이 미약할 수 있다(개발할 때 유지보수에 대한 고려 없이 진행될 경우 발생).

⑦ 소프트웨어 자체의 문제점
  ㉠ 가시성의 결핍
  ㉡ 통제의 어려움
  ㉢ 추적의 어려움
  ㉣ 감시능력의 한계
  ㉤ 무절제한 변경 및 개발자의 의욕
개발 팀과 다른 유지보수 팀은 먼저 시스템을 이해해야 한다. 상대적으로 능력이 부족한 유지보수 팀은 제대로 된 시스템 수정 및 개선을 하지 못한다. 유지보수 계약이 개발 및 계획과 별개로 이루어질 경우 시간이 지나면서 소프트웨어의 구조가 복잡해지며 가독성이 떨어진다.

> **더 알아두기** Q
>
> **외계인 코드**
> 아주 오래 전에 개발되어 유지보수 작업이 매우 어려운 프로그램을 의미한다. 일반적으로 15년 전 또는 그 전에 개발된 프로그램을 의미하며, 문서화(Documentation)를 철저하게 해 두면 외계인 코드를 방지할 수 있다.

2 시스템의 진화 과정

(1) 소프트웨어 진화의 중요성
① 조직의 소프트웨어는 중요한 비즈니스 자산
② 자산의 가치를 유지하기 위해서는 변경이 필요
③ 대규모 기업은 기존 시스템 유지보수에 더 많은 비용을 지출(소프트웨어 비용의 60% 이상이 진화 비용)

(2) 진화 프로세스에 영향을 주는 사항
① 소프트웨어의 유형
② 조직의 소프트웨어 개발 프로세스
③ 관여하는 사람의 기술이나 경험

(3) 시스템 진화 과정
변경 식별 및 진화 프로세스는 시스템의 일생동안 계속된다.

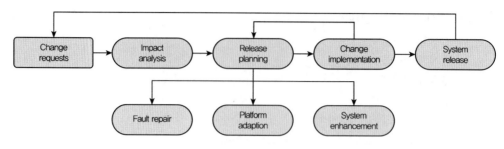

[그림 10-2] 시스템 진화 과정

변경 제안(Change Proposals)이 시스템 진화를 주도한다. 변경 요청(Change Requests)이라고도 한다. 구현되지 않은 기존 요구사항, 새로운 요구사항, 버그 보고, 개선을 위한 새로운 아이디어 등에 기반한다. 변경 제안을 받아들이기 전에 변경해야 하는 컴포넌트를 분석, 변경 비용 및 변경의 영향을 추정할 수 있다.

3 유지보수 프로세스 모델

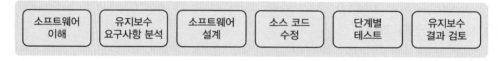

[그림 10-3] 유지보수 프로세스(절차)

① **소프트웨어 이해** : 소프트웨어를 분석한다.
② **유지보수 요구사항 분석** : 사용자가 요구하는 요구사항을 분석하고 필요한 비용을 분석한다.
③ **소프트웨어 설계** : 유지보수 유형을 결정하고 어떤 내용을 변경할지, 새로운 버전을 반영할지 정한다.
④ **소스 코드 수정** : 소프트웨어 설계에서 결정되었던 방향으로 코드를 수정한다.
⑤ **단계별 테스트** : 프로그램 테스트, 문서 수정 및 형상 관리를 한다.
⑥ **유지보수 결과 검토** : 변경이 구현되면 새로운 버전을 공식적으로 릴리즈한다.

제 3 절 재공학

1 순공학과 역공학 중요 ★★

(1) 순공학

① **개요**

　㉠ 높은 추상 수준, 즉 논리적, 구현 독립적 설계에서 시스템의 물리적 구현으로 진행하는 프로세스를 의미한다.

　㉡ 전통적인 소프트웨어 개발 접근 방법에 의해 분석, 설계개발, 테스트 순으로 구축하는 것이며 추상화 개념을 현실화하여 설계에서 구현을 이루는 과정이다.

② **순공학 후보 식별**

　㉠ 프로그램이 몇 년 동안 계속적으로 사용될 것이다.

　㉡ 프로그램이 현재 성공적으로 사용 중이다.

　㉢ 프로그램에 곧 큰 수정이나 보강이 이루어질 것이다.

③ **클라이언트/서버(Client/Server) 아키텍처를 위한 순공학**

　㉠ 개요

　　ⓐ 클라이언트/서버 시스템은 분산 시스템의 가장 대표적인 모델로, 정보를 제공하는 서버와 정보를 요구하는 클라이언트로 구성된 방식이다.

　　ⓑ LAN을 통하여 클라이언트(워크스테이션, PC)와 서버가 하나의 작업을 분산, 협동 처리한다.

　　ⓒ 중대형 컴퓨터보다 훨씬 적은 비용으로 지원 가능하다.

　　ⓓ 처리할 자료가 발생한 그 지역에서 처리 가능하다.

　　ⓔ 고성능 워크스테이션에서 가능한 그래픽 사용자 인터페이스를 쉽게 지원한다.

　　ⓕ 서버는 공유된 다양한 시스템 기능과 자원을 클라이언트에게 제공한다.

　㉡ 서비스 기능에 따른 서버의 종류

종류	내용
파일 서버 (File Server)	클라이언트가 요청한 파일 내의 레코드 제공
데이터베이스 서버 (Database Server)	클라이언트가 요청한 SQL(질의어)을 처리하여 결과 제공
트랜잭션 서버 (Transaction Server)	클라이언트가 요청한 원격 프로시저 실행 후 결과 제공
그룹웨어 서버 (Groupware Server)	서버가 클라이언트와 통신할 수 있도록 하는 응용 소프트웨어 집합 제공

　㉢ 클라이언트/서버 시스템의 소프트웨어 요소

　　ⓐ 애플리케이션(응용 프로그램) 요소 : 응용 프로그램에 의해 정의된 요구사항을 구현하는 것으로, 서버와 클라이언트에 위치 가능

ⓑ 데이터베이스 요소 : 응용 프로그램에서 요구하는 데이터 조작과 관리를 수행하는 것으로 서버에 위치

ⓒ 프레젠테이션/상호작용 요소 : 그래픽 사용자 인터페이스(GUI)와 관련된 모든 기능을 구현하는 것으로, 클라이언트에 위치

ⓒ 미들웨어

ⓐ 미들웨어(Middleware)는 클라이언트가 서버 측에 어떠한 처리를 요구하고, 또 서버가 그 처리한 결과를 클라이언트에게 돌려주는 과정을 효율적으로 수행하도록 도와주는 소프트웨어로 클라이언트와 서버 사이에 존재

ⓑ 미들웨어가 정상적으로 수행되기 위해서는 클라이언트와 서버에 각각 미들웨어가 있어야 함

ⓒ 클라이언트와 서버 간의 데이터 통로 제공, 작업 처리 서비스 검색, 프로그램 보안 및 감시 등의 기능 수행

ⓜ 미들웨어의 종류

종류	내용
통신 미들웨어	NOS(Network Operating System)
데이터베이스 미들웨어	ODBC(Open DataBase Connectivity)
분산 객체 미들웨어	CORBA, DCOM

ⓐ NOS(Network Operating System)

다수의 컴퓨터와 기타 장치들이 하나의 망으로 연결되어 있는 정보 통신망 자원을 효율적으로 관리하여 다중 사용자 환경을 제공하는 운영 체계

ⓑ ODBC(Open DataBase Connectivity)

윈도우즈 응용 프로그램에서 다양한 데이터베이스 관리 시스템(DBMS)에 접근하여 사용할 수 있도록 개발한 표준 개방형 응용 프로그램 인터페이스(API) 규격으로, 1991년 마이크로소프트가 발표한 구조화 조회 언어(SQL) 중심의 규격이며, Access나 dBASE와 같은 초기의 DBMS로부터 Informix, Oracle, SysBase, MSSQL, MySQL 등과 같은 최근에 이르기까지 모든 종류의 데이터베이스는 ODBC에 접속할 수 있는 드라이버를 제공

ⓒ CORBA(Common Object Request Broker Architecture)

가장 많이 사용되는 객체 요청 브로커의 표준이며, OMG(Object Management Group)라는 개발자 연합에서 인가되었다. CORBA가 클라이언트/서버 시스템에서 구현될 때 클라이언트와 서버 간에 정보를 송·수신하는 데 필요한 인터페이스 언어는 IDL(Interface Description Language)이다.

(2) 역공학

① 정의

자동화된 도구(CASE)의 도움으로 물리적 수순의 소프트웨어 정보를 논리적인 소프트웨어 정보의 서술로 추출하는 프로세스이다. 기존 소프트웨어를 분석하여 소프트웨어 개발 과정에 데이터 처리 과정을 설명하는 분석 및 설계 정보를 재발견하거나 다시 만들어내는 작업이다.

② **역공학의 장점**
　　㉠ 재문서화를 통하여 현존하는 시스템의 지식을 재획득한다.
　　㉡ 현존 시스템의 데이터와 논리에 효율적인 분석을 통하여 유지보수를 신속히 수행한다.
　　㉢ 현존하는 시스템의 정보를 Repository에 펼칠 수 있다.
　　㉣ 시스템 개발과 유지보수를 자동화한다.
　　㉤ 현존 시스템 설계를 재사용한다.
　　㉥ 구현과 독립적인 논리적인 레벨에서 작업한다.

③ **소프트웨어 역공학의 종류**
　　㉠ 논리 역공학 : 원시 코드로부터 정보를 뽑아내 물리적이고 논리적인 설계정보를 획득하는
　　　　Repository를 의미한다.
　　㉡ 자료 역공학 : 물리적인 데이터 서술로부터 개념적·논리적인 정보를 추출, 기존 파일시스템에
　　　　서 데이터베이스의 전이 또는 기존 데이터베이스에서 신규 데이터베이스로 전이를 수행한다.

④ **역공학에 사용되는 입력 유형과 그에 따른 출력 유형**

Input	Ouput
• 원시 코드 • 목적 코드 • 작업 제어 절차 • 라이브러리 • 디스크 디렉토리 • 텍스트 자료 • 데이터베이스 구조 • 입출력 형태와 자료 • 각종 문서	• 구조도 • 자료 사전 • 자료 흐름도 • 제어 흐름 그래프 • 객체 관계도 • 자료 흐름 그래프

⑤ **역공학이 필요한 경우**
　　㉠ 이미 가동 중인 시스템의 유지보수가 어려운 경우
　　㉡ 변경이 빈번하여 시스템 효율이 저하된 경우
　　㉢ 파일 시스템으로 개발된 업무를 관계형 데이터베이스로 재구축하려는 경우
　　㉣ 기존 메인프레임을 다운받아 다운사이징하는 경우

⑥ **역공학의 프로세스**

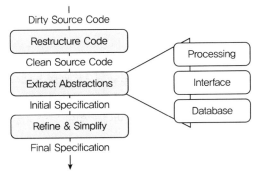

[그림 10-4] 역공학 프로세스

2 재구성 중요★★

(1) 개요

기존 소프트웨어의 구조를 향상시키기 위한 것으로 소프트웨어 기능을 변경하지 않으면서 소프트웨어 형태를 목적에 맞게 수정하는 것이다. 모듈 속 내부 데이터 구조와 개별 모듈의 정의에 대해서 관심을 가지며, 애플리케이션의 기술적 내부사항은 수정이 가능하나 기본 아키텍처는 문제가 없을 때 재구성할 수 있다. 소프트웨어의 중요 부분이 잘 동작하고 전체 모듈과 데이터의 일부분이 대내적으로 수정을 요구할 때 재구성이 시작된다.

(2) 코드 재구성

① 코드 재구성은 기존 프로그램에서 동일한 기능을 가지고 좋은 품질을 개발하기 위한 설계를 생성하고 수행하는 것이다.

② 부울 대수를 사용하여 프로그램 논리에 대한 모델링을 하고 재구성된 논리를 생성하는 일련의 변화 규칙을 적용하는 것이다.

③ 코드 재구성의 목적은 스파게티 코드를 받아들여서 구조적 프로그래밍의 원칙에 맞는 절차적 설계를 찾아내서 적용하는 것이다.

> 💡 더 알아두기 🔍
>
> **스파게티 코드**
> 스파게티 면처럼 얽혀 있는 코드를 말한다.

(3) 데이터 재구성

데이터 재구성은 코드 분석을 위한 역공학 활동을 위한 일부분으로 프로그래밍 언어의 명령어들을 평가한다(데이터 정의, I/O 인터페이스, 파일).

3 재공학 프로세스 중요★★★

(1) 정의

재공학(Re-Engineering)은 소프트웨어 유지보수 및 재사용을 토대로 유지보수와 새로운 시스템을 개발하기 위해 재구성하는 것으로, 역공학·재구조화에 의해 추출된 소프트웨어 부품을 이용하여 다시 순공학을 구현함으로써 재사용 부품으로 만들어내는 핵심 역할 기술이다.

(2) 목적

① 현재 시스템의 유지보수 및 기능을 향상해야 한다.

② 시스템 이해와 변형을 용이하게 하며 유지보수 비용 및 시간을 절감해야 한다.

③ 표준 준수를 통하여 CASE-TOOL 사용이 용이해야 한다.

(3) 재공학 기술

① **분석** : 현재 제품을 분석하여, 재사용 대상을 결정한다.

② **재구성** : 소프트웨어 기능은 유지하면서 소프트웨어 구조를 목적에 맞게 수정한다.

③ **역공학** : 기존 소프트웨어를 분석하여, 세부 내용을 파악하는 과정이다.

④ **이식** : 재사용 대상을 새로운 환경에 옮기는 과정이다.

(4) 재공학 CASE 도구

① 명세 도구에 대한 역공학 도구

② 코드 재생성 및 분석 도구

③ 온라인 시스템 재공학 도구

(5) 소프트웨어 재공학 프로세스 모델

① **소스 코드의 변환**

기존의 언어에서 현재 언어를 사용하여 프로그램을 새로 작업한다.

② **역공학**

자동화된 도구(CASE)의 도움으로 물리적 수준의 소프트웨어 정보를 논리적인 소프트웨어 정보의 서술로 추출하는 프로세스이다.

③ **프로그램 재구조화**

소프트웨어 부품을 라이브러리에 모아놓고 새로운 소프트웨어 개발에 필요한 부품을 찾아내어 결합하는 방법이다.

④ **프로그램 모듈화**

시스템의 모듈 구조를 변화시키는 것으로 시스템 구성요소의 클러스터 분석 및 결합도와 관련이 있다(결합도, 응집도).

4 재구조화, 모듈화, 데이터 재공학 중요 ★★

(1) 재구조화

재구조화는 재공학의 한 유형으로 사용자의 요구사항이나 기술적 설계의 변경 없이 프로그램을 개선하는 것이다. 소프트웨어 구조를 향상시키기 위해 코드를 재구성한다.

재구조화는 기존의 소프트웨어에 수정을 가함으로써 이해하기 쉽고 변경이 용이하며 미래의 변화에 품질상 하자를 유발시킬 가능성을 줄이는 작업이다. 대상 시스템의 외적인 동작이 변경되지 않도록 상대적으로 동일한 추상화 수준에서 하나의 표현 유형으로부터 다른 표현 유형으로 변환하는 것이다. 재구조화는 구조적 설계의 전통적 의미에서 구조를 개선시키기 위하여 코드를 변경하는 것이다. 즉, 비구조적인 복잡한 프로그램을 구조적인 프로그램으로 변경시키는 것이 재구조화의 가장 큰 목적이다. 기존 소프트웨어를 향상시키기 위하여 코드를 재구성하므로 기능과 외적인 동작은 바뀌지 않는다.

(2) 모듈화

① 개요

소프트웨어를 각 기능별로 분할한 것을 모듈이라고 한다. 모듈화는 시스템의 모듈 구조를 변화시키는 것으로 시스템 구성요소의 클러스터 분석 및 결합도와 관련이 있다(결합도, 응집도).

모듈화의 장점은 소프트웨어의 복잡도가 감소하고 변경이 쉬우며 프로그램 구현이 용이하다는 점이다. 모듈의 독립성은 결합도(Coupling)와 응집도(Cohesion)에 의해 특정되며 독립성을 높이려면 모듈의 결합도를 약하게 하고 응집도를 강하게 하며 모듈의 크기를 작게 만들어야 한다.

모듈(Module)은 서브 루틴, 서브 시스템, 소프트웨어 내의 프로그램, 작업 단위 등을 의미한다. 독립적으로 처리할 수 있는 구별 단위(Identifiable unit)이며, 하나 이상의 프로시저들을 포함한다. 모듈은 시스템을 기능 단위로 구분하며 독립적으로 컴파일되고 하나의 입구와 하나의 출구를 가진다. 모듈화는 소프트웨어를 모듈 단위로 나누는 것을 의미하며 수행 가능한 명령어를 잘라서 작은 독립 단위로 나누어서 설계하는 것이다.

② 특징

㉠ 코딩(구현), 컴파일, 설계는 독립적으로 수행된다.

㉡ 실행은 종속적으로 수행된다.

㉢ 모듈은 다른 모듈을 호출할 수 있고 호출당할 수도 있다.

㉣ 모듈 호출 시 매개변수를 전달하거나 전달받을 수 있다.

㉤ 기본 라인 수는 100라인 이내가 적당하다.

㉥ 따로 분리시키기 때문에 모듈을 찾아서 실행하는 시간은 느리다.

③ 모듈의 5가지 평가기준

㉠ 조립성 : 재사용이 가능한 모듈들을 모아서 새로운 소프트웨어를 구현할 수 있어야 한다.

㉡ 이해도 : 하나의 모듈을 독립적인 단위로 분할하기 때문에 작은 단위의 모듈은 이해하기 쉽고 또한 수정하기도 쉬워야 한다.

㉢ 분해성 : 모든 모듈을 작은 단위로 분할하여 모듈의 복잡성을 줄일 수 있어야 한다.

㉣ 보호성 : 모듈에서 발생하는 문제점을 다른 모듈로 전달하지 않도록 해야 한다.

㉤ 연속성 : 요구사항의 변경으로 인해 모듈을 변경할 때에는 최소한으로 변경해야 한다.

(3) 데이터 재공학

데이터 재공학은 새로운 요구에 맞도록 기존 시스템을 이용하여 보다 나은 시스템을 구축하고 새로운 기능을 추가하여 소프트웨어 성능을 향상시키는 것이다. 기존 소프트웨어의 데이터와 기능들의 개조 및 개선을 통해 유지보수성과 품질을 향상한다.

① 재공학의 이점
  ㉠ 소프트웨어 품질 향상
  ㉡ 소프트웨어 생산성 향상
  ㉢ 소프트웨어 수명 연장
  ㉣ 소프트웨어 오류 감소
  ㉤ 유지보수성 향상

② 종류
  ㉠ 분석(Analysis) : 명세서 확인, 동작 확인, 대상 선정
  ㉡ 이식(Migration) : 다른 OS, HW 환경 사용 변환
  ㉢ 재구성(Restructuring)
  ㉣ 역공학(Reverse Eng) : 설계 정보 추출 및 절차 설계 표현, 데이터 구조 정보 추출, 기존 시스템 분석 작업

③ 재공학이 SW 재개발에 비해 갖는 장점
  ㉠ 위험부담 감소
  ㉡ 비용 절감
  ㉢ 시스템 명세의 오류 억제
  ㉣ 개발시간의 감소

④ 재공학의 목표
  ㉠ 복잡한 시스템을 다루는 방법
  ㉡ 다른 뷰의 생성
  ㉢ 잃어버린 정보의 복구 및 제거
  ㉣ 부작용의 발견
  ㉤ 고수준의 추상
  ㉥ 재사용 용이

1 역공학 프로세스

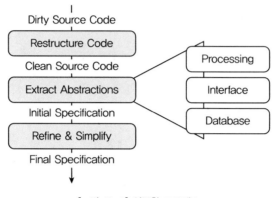

[그림 10-5] 역공학 프로세스

2 설계 복구와 재문서화

역공학의 종류에는 설계 복구와 재문서화(redocumentation)가 있다.

(1) 설계 복구

설계 복구(design recovery)는 시스템을 시험하여 영역 지식, 외부 정보 및 연역/퍼지 추론 등을 직접 획득할 수 있는 유용한 고수준의 추상화를 식별하기 위하여 대상 시스템의 관찰에 추가로 사용되는 역공학의 부분집합이다. 설계 복구를 위해서는 프로그램의 기능, 작동 방법 등 사용자가 완벽하게 이해하는 데 필요한 모든 정보를 재생성해야 한다.

(2) 재문서화

재문서화는 관련되는 추상화 수준으로부터 목표 시스템의 동일한 의미의 설명서를 생성하거나 개조하는 작업이다. 재문서화는 가장 간단하고 가장 오래된 유형의 역공학으로 재문서화된 설명서의 결과를 다른 유형(데이터 흐름, 자료구조, 제어 흐름)으로 표현한다. 재문서화를 위해 사용되는 일반적인 도구로 프린터, 다이어그램 생성기, 상호 참조표 생성기 등을 사용한다. 이 도구들의 주요 목적은 프로그램 구성 요소들 사이의 관계를 쉽게 표현할 수 있는 방법을 제공하기 위함이다. 전형적으로 문서화 도구는 자료 흐름도, 데이터 모델, 구조도 또는 텍스트 기반 프로세스 정의를 생성하기 위하여 기존의 원시 코드를 사용한다.

3 유지보수 부작용(코드, 데이터, 문서)

(1) 코딩 부작용

① 코딩 내용의 변경으로 인하여 발생하는 부작용

② 부 프로그램 삭제, 확인자가 삭제 또는 수정, 파일을 연 후 닫지 않은 경우, 논리 연산자 삭제 또는 수정

③ 설계 수정 후 코드를 변경하지 않았을 경우

(2) 데이터 부작용

① 자료(자료 구조) 변경으로 인하여 발생하는 부작용

② 전역 상수의 재정의, 레코드 구조의 변경, 배열의 크기 변화가 있는 경우, 제어 플래그 변수 수정, 포인터 변수 수정, 부 프로그램의 매개 변수 수정

(3) 문서 부작용

① 자료 코드에 대한 변경이 설계 문서나 사용자가 사용하는 매뉴얼에 적용되지 않을 때 발생하는 부작용

② 원시 코드는 변경하고 문서를 변경하지 않았을 경우

제5절 형상 관리

형상 관리(Configuration Management)는 소프트웨어 개발과정이 끝난 후에 나타나는 소프트웨어 변경 사항을 관리하기 위한 일련의 활동을 말한다. 소프트웨어 생명주기 및 유지보수 과정에서 만들어지는 각 단계별 산출물을 체계적으로 관리하여 소프트웨어에 가시성, 추적성을 부여하여 품질보증 활동을 향상시키는 기법이다.

1 형상 관리의 필요성

개발, 유지보수의 문제점에는 통제의 어려움, 추적의 어려움, 가시성 결핍, 감사의 미비, 무절제한 변경이 있다. 이때 형상 관리를 통하여 개발, 유지보수의 문제점을 해결할 수 있다. 형상 관리에는 **형상 식별**, **형상 통제**, **형상 감시**, **형상 기록**이 있다.

형상 관리 시스템에서 프로젝트 차원의 'Undo' 기능으로 프로젝트 수행 도중 변경한 여러 형상 항목에 결함이 발견될 경우, 언제든지 형상 항목을 변경 이전의 상태로 되돌릴 수 있다. 여기서 변경 이전의 상태라함은 형상 관리를 통해 변경 이력을 잘 저장하고 베이스라인을 잘 설정하였다는 것이 전제 조건이다. 하나

의 형상을 여러 명이 동시에 작업을 해야 할 때도 형상 관리 시스템을 이용하면 사전에 작업 순서를 조정하거나 병행해서 작업한 후 발생하는 충돌을 간단하게 해결할 수 있다. 또한 과거 특정 시점의 작업 내역을 조회할 수도 있다. 형상 관리의 목적은 다음과 같다.

> ① 소프트웨어 개발의 전체 비용을 줄이기 위한 것이다.
> ② 개발 과정의 문제점을 해결하여 문제 요소가 있는 것을 최소화하는 것이다.
> ③ 소프트웨어의 변경을 자유롭게 수용할 수 있는 것이며 변경을 할 때 소요되는 노력의 양을 감소시키는 데 있다.
> ④ 기준선을 정하여 변화를 평가·조정하여 처리를 체계화한다.
> ⑤ 생산성을 최대화하는 것이다.

2 형상 항목과 베이스라인

(1) 형상 항목

형상 항목은 다음과 같다.

① 작업 산출물 또는 작업 산출물들의 집합체
② 문서, 소스 코드, 개발 도구
③ 소프트웨어를 특정 시점에 재현하기 위한 것(언어 버전, 개발 도구)

(2) 베이스라인

① 정의

베이스라인(BaseLine, 기준선)은 **특정 시점에서 소프트웨어 개발에 하나의 완전한 산출물로서 쓰일 수 있는 상태의 집합**이다(각 개발단계에 있어서 한 개발단계의 승인된 산출물). 추후 개발의 기초가 되며, 공식적인 변경 통제 절차에 의해서만 변경될 수 있는 상태이다(공적으로 승인된 상태).
ㄱ 각 형상 항목들의 기술적 통제 시점(Technical Control Point)
ㄴ 개발과정의 각 단계별 산출물의 검토, 평가, 조정, 처리 등 변화를 통제하는 시점의 기준

② 베이스라인의 필요성

ㄱ 산출물 적용과 활용의 판단 제시
ㄴ 고객으로부터 승인된 소프트웨어 생명주기의 산출물
ㄷ 베이스라인을 확정해야 형상 관리가 가능
ㄹ 큰 프로젝트에 있어서 의사소통 문제를 해결하기 위해서는 baseline을 정하고 변경을 철저히 통제해야 함
ㅁ 베이스라인이 설정되면 시스템의 논리적 상태가 잡아지고 이후 변경의 기준이 됨

③ 베이스라인의 분류
　　㉠ 기능적 기준선 : 사용자의 요구 분석 명세서 또는 시스템 기능 요구 정의서를 검토하는 시점
　　㉡ 할당 기준선 : 사용자 요구기능들이 하위 시스템에 어떻게 할당되는가를 정의하는 기본설계 명
　　　　세서를 검토하는 시점
　　㉢ 설계 기준선 : 프로그래밍 전 설계 명세서를 검토하는 시점
　　㉣ 테스트 기준선 : 소프트웨어 성능을 평가할 수 있는 원시 코드, 실행 코드, 시험계획서를 검토하
　　　　는 시점
　　㉤ 제품 기준선 : 하나의 시스템으로 완료된 제품의 품질을 보증하는 시점
　　㉥ 운영 기준선 : 설치, 운용되기 시작한 소프트웨어 품질을 사용자 입장에서 평가하는 시점

3 형상 관리 활동 중요 ★★★

형상 관리에는 형상 식별, 형상 통제, 버전 관리, 배포 관리 등 다양한 활동이 있다. 다양한 형상 관리 활동
중에서도 버전 관리, 배포 관리(빌드 자동화), 변경 관리는 SW 개발을 위한 기초적인 활동이다.

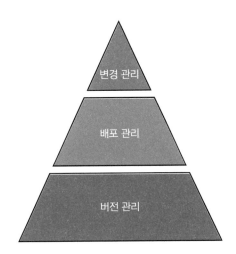

[그림 10-6] 형상 관리 활동

버전 관리에서는 형상 항목의 변경 이력 관리, 동시에 다양한 버전의 형상 항목 관리, 형상 항목 방지 등을
할 수 있다.
배포 관리에서는 배포된 형상 항목 추적성을 관리하고 버전 관리 시스템에 등록된 소스 파일을 연계하여
배포 자동화를 수행한다.
변경 관리에서는 형상 항목 변경 요인 등록, 변경 요인에 대한 변경된 형상 항목 추적 관리, 형상 이력의
분석을 통한 SW 상태 모니터링을 하게 된다.

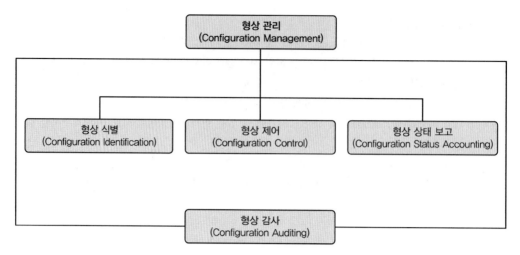

[그림 10-7] 형상 관리 활동 프로세스

(1) 형상 식별

형상 항목 식별(configuration identification)은 형상 항목에 대한 이름과 번호를 부여하여 관리가 용이하도록 지원하고, 트리 형태로 관리하며 형상 항목에 대한 추적과 수정이 용이하도록 지원한다. 소프트웨어 개발과정에서 만들어지는 산출물들을 파악하고 각각의 형상 항목을 유일하게 식별하며 접근 가능하도록 만드는 일이다.

① 형상 항목에 유일한 이름과 번호를 정하고 버전을 부여하는 식별 체계
② 산출물의 파일 이름으로 쓰이며, 일정한 법칙을 가지고 유지됨
③ 장점은 파일명으로 문서의 종류와 버전을 쉽게 알 수 있다는 점

(2) 버전 제어

버전 제어(version control)는 각 버전의 형상 형성 항목에 대해 이력 관리를 수행한다. 소프트웨어는 계속 변경하는 특성을 가지고 있어 소프트웨어의 현재 상황을 정확히 이해하기 어려우며, 버전 제어를 하지 않으면 소프트웨어에 대한 부분을 파악할 수 없다. 즉, 관리자는 현재 소프트웨어에 대해 파악할 수도 없고 관리도 어려워지며 생산성도 떨어진다.

버전 제어는 소프트웨어 처리 시 생성된 다른 버전의 형상 항목을 관리하고 이를 위해 특정 절차와 도구를 결합시키는 작업이다. 버전 관리 툴을 사용해서 형상 관리를 확실하게 할 수 있다.

(3) 변경 제어

변경 제어(configuration control)는 식별된 형상 항목의 변경 요구를 검토하여 현재의 기준선(Base Line)이 잘 반영될 수 있도록 조정하는 작업이다. 고객의 요구사항 변경을 수용할 것인지 평가하고 관련 있는 사람들이 모여 의사를 결정하는 것이다. 기준선이란 정식적으로 검토되고 합의된 명세서나 소프트웨어를 의미하며 소프트웨어 변경 제어에 도움을 준다.

변경 요구는 그 변경의 기술적인 이득, 잠재적인 부작용, 타 형상 객체들과 시스템 기능들에 대한 전반적인 영향 및 투사된 비용을 산정하기 위하여 제기되고 평가된다. 변경 제어 절차는 다음과 같다.

① **변경 요청**

고객이나 개발자가 미리 지정된 양식으로 담당자에게 제출

② **변경 심사**

㉠ 형상 담당자는 변경 요청을 확인하여 소집할 형상 통제 위원회(CCB)의 등급 결정

㉡ CCB는 변경 요청을 평가하여 변경 여부에 대해 결정(평가 요소 : 프로젝트 기간, 예산, 인력 등)

㉢ 변경이 결정되면 변경 실시 단계로, 변경이 거부된 경우에는 변경 요청자에게 통보

③ **변경 실시**

㉠ 변경 대상은 하나의 문서나 관련된 여러 문서 및 코드

㉡ 변경을 실시하기 위해 형상 저장소에서 해당 항목을 체크아웃(Check-out)함

㉢ 체크아웃(Check-out) : 형상 저장소에서 내가 작업할 컴퓨터로 변경할 항목을 가져오는 것

④ **변경 확인**

㉠ 형상 통제 위원회(CCB)는 변경된 내역을 확인

㉡ 변경이 확인되면 변경한 베이스라인은 형상 저장소에 체크인됨

㉢ 변경 항목은 다시 베이스라인으로 수립됨

(4) 형상 감사

형상 감사(configuration auditing)는 기준선의 무결성을 평가하기 위해 확인, 검증, 검열 과정을 통해 공식적으로 승인하는 작업이다. 형상 관리 계획서대로 형상 관리가 진행되고 있는지, 요구사항 문서대로 제품이 제작되었는지 감사하는 활동이다. 형상 감사의 목적은 베이스라인의 무결성을 검증하기 위함이다. 형상 감사는 변경이 있었을 때 품질 유지 여부를 확인하는 것을 도와주는 SQA 활동이다.

① 형상 담당자가 실시

② 형상 관리 계획서에 형상 감사 계획이 수립되어 있어야 함

③ 정기적인 형상 감사 외에 베이스라인이 수립되기 전에도 실시함

④ **검증 내용**

㉠ 모든 승인된 변경의 반영 여부

㉡ 관련된 항목의 갱신 여부

㉢ 승인되지 않은 변경의 반영 여부

㉣ 인도될 항목과 요구사항, 디자인과의 일치 여부

㉤ 모든 알려진 소프트웨어의 문제가 변경 승인에 의해 검토되었는지 여부

㉥ 버전 기술 문서의 준비 여부

⑤ **소프트웨어 변경이 적절하게 시행되었는지 확신하기 위한 2가지 방법**

㉠ 정식 기술 검토

수정 완료된 형상 객체의 기술적인 정확성에 초점을 맞춘다. 검토자들은 SCI를 산정하여 다른 SCI들과의 일관성, 누락 또는 잠재적인 부작용 유무를 결정한다. 가장 사소한 변경들을 제외하고는 모든 변경들에 대해 정식 기술 검토를 한다.

ⓛ 소프트웨어 형상 감사

　검토하는 동안 일반적으로 고려되지 않은 특성들에 대해 형상 객체를 산정함으로써 정식 기술 검토를 보완한다.

(5) 형상 상태 보고

형상 상태 보고(configuration status accounting)는 형상의 식별, 통제, 감사 작업의 결과를 기록 관리하고 보고서를 작성하는 작업을 의미한다. 즉, 베이스라인의 현재 상태 및 변경 항목들이 제대로 반영되는지 여부를 보고하는 절차이다. 형상 감사의 목적인 베이스라인으로 설정된 형상 항목의 구조와 변경 상태를 기록하여 보고함으로써, 형상 항목의 개발 상태에 대한 가시성을 제공하는 것이다.

소프트웨어 형상 및 변경 관리의 식별, 통제, 감사 기능을 수행한 결과를 기록하고 데이터베이스에 의한 관리를 하며 보고서를 작성한다. 즉, 언제 무슨 일이 발생하였나를 상세히 기록하는 것이다. 형상 상태보고서는 알 필요가 있는 각 변경에 관한 정보를 제공한다. 형상 상태의 보고서는 다음과 같다.

① 형상 관리 계획서에서 정한 주기대로(분기를 넘지 않도록) 작성 및 제출
② 형상 담당자가 작성
③ 상위 관리자에게 보고
④ 주요 내용 : 베이스라인의 상태, 변경 제어 상태, 형상 통제 위원회 활동 내역, 변경 요청의 상태 등

제 6 절　유지보수성

1　유지보수성의 제어요인

(1) 유지보수성

> • IEEE 610.12−90 : 유지보수성은 명시된 요구사항을 만족시키기 위해 소프트웨어의 유지, 개선, 적응, 시정에 대한 용이성이라고 한다.
> • ISO 9126−01 : 유지보수성을 품질 특성(Quality Characteristics) 중 하나로 보고 소프트웨어 개발 활동 중 유지보수 비용을 줄이기 위해 유지보수성의 서브−특성을 정의, 검토, 통제해야 한다고 한다.

유지보수성의 하위 특성이 소프트웨어 개발 활동 중에 지정, 검토, 제어되어야 소프트웨어의 유지보수성이 개선될 수 있다. 소프트웨어 개발자는 유지보수 요구사항보다는 타 요소에 더 많은 시간을 투자하거나 집중하기 때문에 유지보수의 결과에 대한 문서가 상대적으로 빈약해진다. 때문에 프로그램의 이해와 분석 능력이 떨어지는 결과가 초래된다. 이러한 문제점을 해결하기 위해 체계적이고 성숙된 프로세스, 기법 및 도구를 갖춘다면 시스템의 유지보수성에 많은 도움을 줄 것이다.

(2) 제어요인

① 변경성(changeability)

변경성(changeability)은 변경된 명세서를 구현할 수 있도록 하는 소프트웨어의 제품 능력을 의미한다. 구현할 때는 코딩, 설계, 문서화 등의 전반적인 부분에 대한 변경을 포괄해야 한다.

② 분석성(analyzability)

분석성(analyzability)은 소프트웨어의 문제점, 즉 결함, 고장의 원인 또는 변경할 부분들의 식별에 대한 진단을 가능하게 하는 소프트웨어의 제품 능력을 의미한다.

③ 순응성(compliance)

순응성(compliance)은 소프트웨어의 유지보수성과 관련한 표준 및 관례를 고수하는 소프트웨어의 제품의 능력을 의미한다.

④ 시험성(testability)

시험성(testability)은 테스트 용이성이라고도 하며, 변경된 소프트웨어를 테스트하는 데 요구되는 노력을 측정하는 소프트웨어 제품 능력을 의미한다.

⑤ 안정성(stability)

안정성(stability)은 소프트웨어 변경으로 인해 발생하는 예상치 않은 결과를 최소화하는 소프트웨어의 제품 능력을 의미한다.

2 유지보수성의 정량적 척도

(1) 복잡도 정의 중요 ★★★

프로그램의 복잡도는 제어 흐름의 복잡도에 따라 결정되며, 복잡도를 싸이클로메틱 수(region 수, 폐구간, 그래프 영역)에 의해서 산정하는 방법이다. 복잡도는 상세 설계가 완료된 후부터 사용이 가능하며, 프로그램의 제어 흐름도를 기반으로 한 분석이다.

순환 복잡도는 한 프로그램의 논리적인 복잡도를 측정하기 위한 소프트웨어의 척도로, 제어 흐름도 이론에 기초를 둔다. 순환 복잡도를 이용하여 계산된 값은 프로그램의 독립적인 경로의 수를 정의하고, 모든 경로가 한 번 이상 수행되었음을 보장하기 위해 행해지는 테스트 횟수의 상한선을 제공한다.

(2) 복잡도 계산 방식

① 복잡도 = 영역 수(폐구간) + 1 (제어 흐름 그래프를 통해 파악)

② 복잡도 = 화살표 수 − 노드 수 + 2 (제어 흐름 그래프를 통해 파악)

③ 복잡도 = 의사결정 수 + 조건 수 + 1 (프로그램 코드 상에서 파악, 제어 흐름도를 그리기 어려운 경우 활용)

※ 제어 흐름도 G에서 순환 복잡도 V(G)는 다음과 같은 방법으로 계산할 수 있다. 순환 복잡도는 제어 흐름도의 영역 수와 일치하므로 영역 수를 계산한다.

$$V(G) = E - N + 2 \rightarrow \text{E는 화살표 수, N은 노드의 수}$$

(3) 복잡도 계산하는 예제

화살표 수(E)는 7개, 노드 수(N)는 6개로 영역 수는 2개, 의사결정 수는 2개로 구성되어 있는 경우라고 가정하는 경우

① 영역 수 2개로 구성된 경우 복잡도를 구하는 방법
   → 복잡도 = 영역 수 + 1 = 2 + 1 = 3
② 화살표 수(E)는 7개, 노드 수(N)는 6개로 구성된 경우 복잡도 구하는 방법
   → 복잡도 = 화살표 수 − 노드 수 + 2 = 7 − 6 + 2 = 3
③ 의사결정 수는 2개, 조건 수 0개로 구성된 경우 복잡도 구하는 방법
   → 복잡도 = 의사결정 수 + 조건 수 + 1 = 2 + 0 + 1 = 3

(4) McCabe의 복잡도 척도 및 활용 방안

① McCabe의 복잡도 척도

척도	내용
5 이하	매우 간단한 프로그램
5~10	매우 안정적이고 구조적인 프로그램
20 이상	문장 자체가 복잡한 구조로, 필요 이상으로 복잡한 프로그램
50 이상	매우 비구조적으로 불안정한 프로그램

② McCabe 복잡도 활용 방안

㉠ 프로젝트 특성(규모, 복잡도, 비즈니스적 위험도), 발주처 환경(인식 정도, 프로젝트 환경) 고려
㉡ 지표값의 지식화를 통한 신뢰성 향상, 생산성 지표 활용을 통한 개발 조직의 생산성 향상

○×로 점검하자

※ 다음 지문의 내용이 맞으면 ○, 틀리면 ×를 체크하시오. [1 ~ 13]

01 유지보수(Maintenance)는 개발된 소프트웨어의 품질을 최상의 상태로 유지하기 위한 것으로 소프트웨어 개발 단계 중 가장 많은 노력과 비용이 투입되는 단계를 의미한다. (   )

> 🔍 유지보수는 소프트웨어가 사용자에게 인수되어 설치된 후 발생하는 모든 공학적 작업이다. 소프트웨어 유지보수를 용이하게 하려면 시험 용이성, 이해성, 수정 용이성, 이식성을 고려해야 한다.

02 재공학은 자동화된 도구의 도움으로 물리적 수준의 소프트웨어 정보를 논리적인 소프트웨어 정보의 서술로 추출하는 프로세스이다. (   )

> 🔍 역공학은 자동화된 도구의 도움으로 물리적 수준의 소프트웨어 정보를 논리적인 소프트웨어 정보의 서술로 추출하는 프로세스이다. 재공학은 자동화된 도구를 현존하는 시스템을 점검 또는 수정하는 프로세스이다. 재사용은 이미 개발되어 그 기능, 성능 및 품질을 인정받았던 소프트웨어의 전체 또는 일부분을 다시 사용하는 프로세스이다.

03 유지보수의 유형에는 수정 유지보수, 적응 유지보수, 완전 유지보수, 예방 유지보수가 있다.

(   )

> 🔍 수정 유지보수(Corrective Maintenance)는 발견된 오류의 원인을 찾아 문제 해결을 하기 위한 것이다. A/S 개념을 생각하면 된다. 적응 유지보수(Adaptive Maintenance)는 외부 환경의 변화에 적응하기 위한 수정이다. 완전 유지보수(Perfective Maintenance)는 기능이나 성능 향상을 위한 개선을 목적으로 하는 수정이다. 주로 사용자가 요구사항을 새로 추가하거나 변경한 사항을 수용하는 것이다. 예방 유지보수(Preventive Maintenance)는 이해성과 유지보수성의 개선을 위한 수정이다.

04 수정 유지보수는 외부 환경의 변화에 적응하기 위한 수정이다. (   )

> 🔍 적응 유지보수는 외부 환경의 변화에 적응하기 위한 수정이며, 수정 유지보수는 발견된 오류의 원인을 찾아 문제 해결을 하기 위한 것이다.

05 예방 유지보수는 이해성과 유지보수성의 개선을 위한 수정이다. (   )

> 🔍 예방 유지보수는 문서 갱신, 설명 추가, 시스템 모듈에 대한 구성을 향상시키는 것과 같은 시스템의 유지보수성을 증가시키기 위한 목표를 가지고 있다. 대부분 구조 변경을 말한다.

정답 **1** ○ **2** × **3** ○ **4** × **5** ○

06 유지보수 프로세스는 '소프트웨어 이해 – 유지보수 요구사항 분석 – 소프트웨어 설계 – 소스 코드 수정 – 단계별 테스트 – 유지보수 결과 검토' 순으로 수행된다. (　　)

>>>🔍 [소프트웨어 유지보수 프로세스]

소프트웨어 이해	소프트웨어를 분석한다.
유지보수 요구사항 분석	사용자가 요구하는 요구사항을 분석하고 필요한 비용을 분석한다.
소프트웨어 설계	유지보수 유형을 결정하고 어떤 내용을 변경할지, 새로운 버전을 반영할지 정한다.
소스 코드 수정	소프트웨어 설계에서 결정되었던 방향으로 코드를 수정한다.
단계별 테스트	프로그램 테스트, 문서 수정 및 형상 관리를 한다
유지보수 결과 검토	변경이 구현되면 새로운 버전을 공식적으로 릴리즈한다.

07 유지보수 비용의 영향 요인에서 관리적 측면의 요인은 모듈의 독립성, 프로그램 언어, 프로그램 스타일, 소프트웨어 품질, 소프트웨어 문서화이다. (　　)

>>>🔍 유지보수 비용의 영향 요인에서 기술적 측면의 요인은 모듈의 독립성, 프로그램 언어, 프로그램 스타일, 소프트웨어 품질, 소프트웨어 문서화이다. 관리적 측면의 요인은 시스템 이해도, 담당자의 안전성, 소프트웨어의 수명, 하드웨어의 안전성, 외적 환경 종속도이다.

08 유지보수 비용 산정 기법은 Belady와 Lehman의 기법, COCOMO 기법, SMI이다. (　　)

>>>🔍 Belady와 Lehman의 기법에서 유지보수에 드는 노력은 생산적인 활동과 실험 활동이다. 생산적인 활동은 분석, 평가, 설계 변경, 코딩이며 실험 활동은 프로그램의 이해, 데이터 구조의 해석, 인터페이스 특성 파악, 성능 측정이다.
COCOMO 기법은 보헴(Boehm)이 제안한 것으로 원시 프로그램의 규모인 LOC(원시 코드 라인 수)에 의한 비용 산정 기법이다. 완성될 시스템의 규모를 추정하고 준비된 식에 대입하여 소요 인원/월을 예측한다.
SMI(Software Maturity Index, 소프트웨어 성숙 색인)는 유지보수를 계획하는 척도(metrics)로 사용한다. 제품의 각 릴리즈에서 발생하는 변경사항을 기반으로 하여 소프트웨어 제품의 안정성(Stability)에 대한 지표(indication)를 제공한다. SMI가 1에 가까울수록 제품이 안정적이다.

09 ISO/IEC(ISO 9126–01)에서는 유지보수성을 명시된 요구사항을 만족시키기 위해 소프트웨어의 유지, 개선, 적응, 시정에 대한 용이성으로 정의한다. (　　)

>>>🔍 IEEE 610.12–90에서는 유지보수성을 명시된 요구사항을 만족시키기 위해 소프트웨어의 유지, 개선, 적응, 시정에 대한 용이성으로 정의한다. ISO/IEC(ISO 9126–01)에서는 유지보수성은 품질 특성(Quality Characteristics) 중 하나로 소프트웨어 개발 활동 중 유지보수 비용을 줄이기 위해 유지보수성의 서브–특성을 정의, 검토, 통제해야 한다고 한다.

10 유지보수의 제어요인은 분석성, 변경성, 안정성, 시험성으로 총 4가지이다. (   )

>>>◯ 유지보수의 제어요인은 분석성, 변경성, 안정성, 시험성, 순응성으로 총 5가지이다.

분석성 (analyzability)	소프트웨어의 결함이나 고장의 원인 또는 변경할 부분들의 식별에 대한 진단을 가능하게 하는 소프트웨어 제품의 능력을 말한다.
변경성 (changeability)	변경 명세가 구현될 수 있도록 하는 소프트웨어 제품의 능력을 말한다. 구현은 코딩, 설계, 문서화 등의 변경을 포함한다. 소프트웨어가 최종 사용자에 의해 변경된다면 변경성은 운영성에 영향을 미칠 수 있다.
안정성 (stability)	소프트웨어 변경으로 인한 예상치 않은 결과를 최소화하는 소프트웨어 능력을 말한다.
시험성 (testability)	변경된 소프트웨어가 확인될 수 있는 소프트웨어 제품의 능력을 말한다.
순응성 (compliance)	유지보수성과 관련한 표준 및 관례를 고수하는 소프트웨어 능력을 말한다.

11 제어 흐름도는 한 프로그램의 논리적인 복잡도를 측정하기 위한 소프트웨어의 척도이다.

(   )

>>>◯ 순환 복잡도는 한 프로그램의 논리적인 복잡도를 측정하기 위한 소프트웨어의 척도로, 제어 흐름도 이론에 기초를 둔다. 제어 흐름도는 제어 흐름을 표현하기 위해 사용되는 그래프이다.

12 순환 복잡도의 공식은 V(G) = E − N + 2이며, E는 화살표 수, N은 노드의 수이다. (   )

>>>◯ 제어 흐름도 G에서 순환 복잡도V(G)는 다음과 같은 방법으로 계산할 수 있다. 순환 복잡도는 제어 흐름도의 영역 수와 일치하므로 영역 수를 계산한다.

$$V(G) = E − N + 2 \rightarrow \text{E는 화살표 수, N은 노드의 수}$$

13 유지보수의 부작용의 종류에는 설계 부작용, 데이터 부작용, 문서 부작용이 있다. (   )

>>>◯ 유지보수의 부작용의 종류에는 코딩 부작용, 데이터 부작용, 문서 부작용이 있다.
코딩 부작용은 코딩 내용의 변경으로 인하여 발생하는 부작용이며, 데이터 부작용 자료(자료 구조) 변경으로 인하여 발생하는 부작용이다. 문서 부작용은 자료 코드에 대한 변경이 설계 문서나 사용자가 사용하는 매뉴얼에 적용되지 않을 때 발생하는 부작용이다.

01 [문제 하단의 표 참조]

01 유지보수의 종류 중 소프트웨어 수명 기간 중에 발생하는 하드웨어, 운영체제 등 환경의 변화를 기존의 소프트웨어에 반영하기 위하여 수행하는 것은?

① Preventive Maintenance
② Perfective Maintenance
③ Corrective Maintenance
④ Adaptive Maintenance

»»O

[유지보수의 종류]

preventive(예방)	신뢰성을 개선, 오류에 대해 미리 예방
perfective(완전화)	성능을 개선하기 위해 확장
corrective(수정)	검사 단계에서 찾지 못한 오류를 찾아 수정
adaptive(적응)	수명 기간 중 환경 변화 등을 소프트웨어에 반영

02 지속적 성장의 법칙 : 시스템 생명주기 전체에 걸쳐 사용자를 만족시키기 위해 기능적 성장을 지속해야 함

02 다음 중 Lehman 소프트웨어 변화 원리의 주요 내용이 <u>아닌</u> 것은?

① 지속적인 변경의 원칙 : 소프트웨어는 다른 시스템으로 대체될 때까지 계속적으로 변경됨
② 엔트로피 복잡도 증가의 법칙 : 변경이 가해질수록 구조는 복잡해짐
③ 품질 저하의 법칙 : 시스템의 품질은 운영환경의 변화에 완전히 적응하지 못하는 한 저하됨
④ 일시적 성장의 법칙 : 시스템 생명주기 전체에 걸쳐 사용자를 만족시키기 위해 일시적인 성장을 해야 함

정답 01④ 02④

03 다음 중 소프트웨어 유지보수의 비용 분포에서 가장 많은 부분을 차지하는 것은?

① 수정 유지보수
② 적응 유지보수
③ 기능 유지보수
④ 예방 유지보수

04 다음 중 소프트웨어 개발 단계에서 가장 많은 비용이 들어가는 단계는?

① 계획 단계
② 분석 단계
③ 구현 단계
④ 유지보수 단계

05 다음 중 소프트웨어 유지보수에 관련된 설명으로 옳지 않은 것은?

① 유지보수는 소프트웨어가 인수, 설치된 후 발생하는 모든 공학적 작업을 말한다.
② 유지보수는 원인에 따라 수리 보수, 적응 보수, 완전화 보수, 예방 보수 등으로 구분한다.
③ 소프트웨어에 가해지는 연결을 제어하고 관리하는 것을 형상 관리라고 한다.
④ 소프트웨어 비용 중 유지보수 비용은 개별 비용보다 적게 든다.

03 기능 개선(완전) 유지보수(perfective) : 보다 나은 기능으로 발전시키는 기능 (가장 많은 비용 소요)
① 수정 유지보수(corrective) : 오류를 발견하고, 수정하는 과정
② 적응 유지보수(adaptive) : 새로운 O/S에 적용될 수 있도록 기존의 소프트웨어 변형
④ 예방 유지보수(preventive) : 앞으로 있을 법한 오류에 대해 미리 준비하고 대처하는 과정

04 유지보수 단계는 소프트웨어가 개발된 후 사용자가 사용하기 시작하면서부터 폐기될 때까지 오류를 수정하거나 새로운 기능을 추가하기 위해 소프트웨어를 변경하는 과정으로 가장 많은 비용이 들어간다.

05 소프트웨어 비용 중 유지보수 비용이 가장 많이 든다.

정답 03 ③ 04 ④ 05 ④

안심Touch

06 문제에서 설명하는 것은 Belady-Lehman 방법이다. 다른 유지보수 비용 산정 방법으로는 COCOMO 방법이 있다.

06 다음 설명에 나오는 항목들을 이용하여 유지보수 비용을 산정하는 공식으로 옳은 것은?

- M : 유지보수를 위한 노력(인원/월)
- P : 생산적인 활동에 드는 비용
- K : 통계값에서 구한 상수
- c : 복잡도
- d : 소프트웨어에 대한 지식의 정도

① $M = P + Ke^{(c-d)}$

② $M = P \times Ke^{(c-d)}$

③ $M = P \times Ke^{(c+d)}$

④ $M = P \times Ke^{(c-d)}$

07 예방 유지보수는 사용자의 요구를 미리 예측하여 준비하는 활동을 의미한다.

07 소프트웨어 유지보수 요원이 유지보수를 하는 과정에서 외계인 코드와 같은 소스 코드를 접했다. 많은 노력을 통하여 유지보수를 한 후에 나중을 위해서 소스 코드의 정보를 기록하였다. 어떤 유지보수 활동에 해당하는가?

① 수정 유지보수(Corrective Maintenance)

② 기능 유지보수(Functional Maintenance)

③ 완전화 유지보수(Perfective Maintenance)

④ 예방 유지보수(Preventive Maintenance)

정답 06 ① 07 ④

08 장래의 유지보수성 또는 신뢰성을 개선하거나 소프트웨어의 오류 발생에 대비하여 미리 예방수단을 강구해 두는 경우의 유지보수 형태는?

① Corrective maintenance
② Perfective maintenance
③ Preventive maintenance
④ Adaptive maintenance

08 • 수정(Corrective) 보수(수리, 교정, 정정, 하자 보수) : 시스템을 운영하면서 검사 단계에서 발견하지 못한 오류를 찾아 수정하는 활동
• 적응(Adaptive) 보수(환경 적응, 조정 보수) : 소프트웨어 산물의 수명 기간 중에 발생하는 환경의 변화를 기존의 소프트웨어 산물에 반영하기 위하여 수행하는 활동
• 완전화(Perfective) 보수(기능 개선, 기능 보수) : 소프트웨어의 본래 기능에 새로운 기능을 추가하거나 성능을 개선하기 위해 소프트웨어를 확장시키는 활동이며 유지보수 활동 중 가장 큰 업무 및 비용을 차지하는 활동

09 유지보수 프로세스 절차의 순서로 올바른 것은?

⊙ 단계별 테스트
ⓒ 유지보수 요구사항 분석
ⓒ 소프트웨어 이해
ⓔ 소스 코드 수정
ⓜ 소프트웨어 설계
ⓗ 유지보수 결과 검토

① ⓒ－ⓒ－⊙－ⓔ－ⓜ－ⓗ
② ⓒ－ⓒ－ⓜ－ⓔ－⊙－ⓗ
③ ⓒ－ⓒ－ⓔ－⊙－ⓜ－ⓗ
④ ⓒ－ⓒ－ⓜ－ⓔ－⊙－ⓗ

09 [문제 하단의 그림 참조]

>>>◯

[유지보수 프로세스(절차)]

소프트웨어 이해	유지보수 요구사항 분석	소프트웨어 설계	소스 코드 수정	단계별 테스트	유지보수 결과 검토

01 정답
적응 유지보수
(Adaptive Maintenance)

해설
적응 유지보수(Adaptive Mainten-ance) : 새로운 O/S에 적용될 수 있도록 기존의 소프트웨어 변형

02 정답
㉠ ACT, ㉡ DE, ㉢ EAT

해설
$M = ACT \times DE \times EAT$
- M : 유지보수를 위한 노력
- ACT : 개발조직이 수행하는 전체 프로젝트 규모에서 유지보수 작업이 차지하는 연평균 비율
- DE : 개발할 때 필요했던 노력
- EAT : COCOMO의 유지보수 작업을 위한 노력 조정 수치

◎ 주관식 문제

01 다음 설명에 해당하는 유지보수의 종류를 쓰시오.

- 외부 환경의 변화에 적응하기 위한 수정이다.
- 새로운 하드웨어나 새로운 운영체제와 같은 환경 변화를 소프트웨어에 반영하는 것이다.
- 시스템의 기능의 변화와는 관련이 없다.

02 COCOMO 산정 기법에서 괄호 안에 들어갈 내용을 순서대로 쓰시오.

$$M = (\ ㉠ \ ) \times (\ ㉡ \ ) \times (\ ㉢ \ )$$
- M : 유지보수를 위한 노력
- (㉠) : 개발조직이 수행하는 전체 프로젝트 규모에서 유지보수 작업이 차지하는 연평균 비율
- (㉡) : 개발할 때 필요했던 노력
- (㉢) : COCOMO의 유지보수 작업을 위한 노력 조정 수치

03 유지보수성의 제어요인에 대한 설명에서 괄호 안에 들어갈 용어를 순서대로 쓰시오.

> • (㉠)은/는 소프트웨어의 결함이나 고장의 원인 또는 변경할 부분들의 식별에 대한 진단을 가능하게 하는 소프트웨어 제품의 능력을 말한다.
> • (㉡)은/는 변경된 명세서를 구현할 수 있도록 소프트웨어의 제품 능력을 의미한다.

03

정답
㉠ 분석성(analyzability)
㉡ 변경성(changeability)

해설
제어의 요인에는 분석성, 변경성(changeability), 안정성(stability), 시험성(testability), 순응성(compliance)이 있다. 분석성(analyzability)은 소프트웨어의 결함이나 고장의 원인 또는 변경할 부분들의 식별에 대한 진단을 가능하게 하는 소프트웨어 제품의 능력을 말한다. 변경성(changeability)은 변경된 명세서를 구현할 수 있도록 소프트웨어의 제품 능력을 의미한다. 구현에는 코딩, 설계, 문서화 등의 전반적인 부분에 대해서 변경을 포괄해야 한다.

04 다음 설명에 해당하는 유지보수의 종류를 쓰시오.

> • 이해성과 유지보수성의 개선을 위한 수정이다.
> • 문서 갱신, 설명 추가, 시스템 모듈에 대한 구성을 향상시키는 것과 같은 시스템의 유지보수성을 증가시키기 위한 목표를 가지고 있다.
> • 대부분 구조 변경을 말한다.

04

정답
예방 유지보수
(Preventive Maintenance)

해설
예방 유지보수(Preventive Maintenance)는 앞으로 있을 법한 오류에 대해 미리 준비하고 대처하는 과정이다.

여기서 멈출 거예요? 끝까지 바로 눈앞에 있어요.
마지막 한 걸음까지 SD에듀가 함께할게요!

제11장

객체지향 개발과 UML

I wish you the best of luck!

제11장 객체지향 개발과 UML

제1절 객체지향 개발 생명주기

1 객체지향 원리 중요 ★★★

(1) 객체지향 분석의 개요

① 객체지향 분석(Object Oriented Analysis)은 시스템을 일련의 상호작용하는 객체들로 모델링하여 개발하는 소프트웨어 공학 접근 방식이다.

② 사용자의 요구사항을 분석하여 요구된 문제와 관련된 모든 클래스(객체), 이와 연관된 속성과 연산, 그들 간의 관계 등을 정의하여 모델링하는 작업이다.

③ 기존의 분석 기법에 비해 실세계의 현상을 보다 정확히 모델링할 수 있도록 어려운 응용분야들에 적용이 가능하다.

④ 구조적 기법의 문제점으로 인한 소프트웨어 위기의 해결책으로 채택되어 사용되고 있다.

⑤ 소프트웨어의 재사용 및 확장을 용이하게 함으로써 고품질의 소프트웨어를 빠르게 개발할 수 있으며 유지보수가 쉽다.

⑥ 복잡한 구조를 단계적·계층적으로 표현하고, 멀티미디어 데이터 및 병렬 처리를 지원한다.

⑦ 현실 세계를 모형화하여 사용자와 개발자가 쉽게 이해할 수 있다.

⑧ 객체지향 기법의 구성요소에는 객체(Object), 클래스(Class), 메시지(Message)가 있다.

(2) 객체지향 관련 용어

① **객체(Object)**

  ㉠ 현실 세계의 개체이며 객체들 간의 상호작용은 메시지를 통해 이루어짐

  ㉡ 데이터 : 객체가 가지고 있는 상태(속성, Attribute, 변수, 자료 구조)

  ㉢ 연산자 : 객체의 데이터를 처리하는 행위(메소드, Method, 동작, Operation, 함수, 프로시저)

② **클래스(Class)**

  ㉠ 하나 이상의 유사한 객체들을 묶어 공통된 특성을 표현한 데이터 추상화(모델링)를 의미

  ㉡ 공통된 속성과 연산을 갖는 객체의 집합(객체의 일반적인 타입)

  ㉢ 인스턴스(Instance) : 클래스에 속한 각각의 객체(객체는 클래스의 인스턴스)

③ **메시지(Message)**

  ㉠ 객체들 간에 상호작용을 하는 데 사용되는 수단

  ㉡ 객체에서 객체로 메시지가 전달되면 메소드(행위)를 시작함

④ **메소드(method)**

㉠ 객체지향 시스템에서 전통적 시스템의 함수(function) 또는 프로시저(procedure)에 해당하는 연산 기능

㉡ 객체지향 개념에서 객체가 메시지를 받아 실행해야 할 객체의 구체적인 연산

(3) 객체지향 분석의 필요성

① 사용자와 정보 교환 가능
② 한 객체와 다른 객체와의 종속성을 최소화함
③ 공통된 속성을 명백히 표현 가능
④ 소프트웨어 생명주기상에서 일관적으로 표현 가능
⑤ 재사용 가능성을 높임

(4) 객체지향 방법론의 정의

현실 세계의 개체(Entity)를 속성(Attribute)과 메소드(Method)가 결합된 형태의 객체(Object)로 표현하는 개념으로 객체 간의 메시지 통신을 통해 시스템을 구현하는 개발 방법이다.

① **객체지향 기술의 장점**

㉠ 규모가 큰 대형 프로젝트에 적합
㉡ 소프트웨어의 재사용률・확장성・유지보수 향상
㉢ 신속하게 개발 가능
㉣ 사용자 타입 중심
㉤ 대화식 프로그램 개발에 용이

② **객체지향 기술의 단점**

㉠ 설계의 어려움
㉡ 규모가 크기 때문에 실행 속도 저하

(5) 통합 프로세스

통합 프로세스는 각각의 생명주기를 가지는 여러 번의 반복을 거쳐 수행되는 모델이며, UP(Unified Process) 모델이 대표적이다.

RUP(Rational Unified Process)는 소프트웨어 개발공정으로서 개발 조직 내에서 작업과 책임을 할당하기 위한 규칙을 제시한다. 그 목적은 예정된 일정과 예산 내에서 고객의 요구를 충족시키는 고품질의 소프트웨어를 생산하는 데 있다.

① 단계별 활동

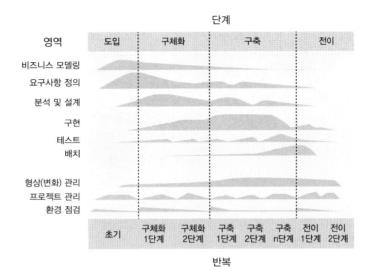

[그림 11-1] 통합 프로세스

㉠ 도입(Inception)
  ⓐ 소프트웨어 개발 주문에 관련된 사람들(고객, 사용자, 재무적 지원자 등)과의 준비적 상호작
     용 단계
  ⓑ 요구사항 분석, 원형에 대한 설계, 구현 단계
  ⓒ 개발 범위 규정
㉡ 구체화(Elaboration)
  ⓐ 어떠한 시스템이 필요한지를 확정하는 단계
  ⓑ 요구사항 분석 및 아키텍처(Architecture) 확정 단계
㉢ 구축(Construction)
  ⓐ 기본 기능만을 가진 제품 산출 단계로 주요 설계 및 구현을 수행
  ⓑ 여전히 릴리즈를 위해서는 기능을 보강해야 함
  ⓒ 설계와 구현
㉣ 전이(Transition)
  ⓐ 제품 릴리즈 완성 단계로서 구현 및 테스트 수행
  ⓑ 사용자에게 제품 인도 및 교육, 지원, 유지보수 계획
  ⓒ 사용자 교육, 시스템 목표 충족도 확인
  ⓓ 각 단계마다 핵심 목표들이 달성되었는지와 프로젝트가 진행되기 위해서 구조조정이 필요한
     지를 평가하고 각 단계마다 마일스톤이 설정되어 있음

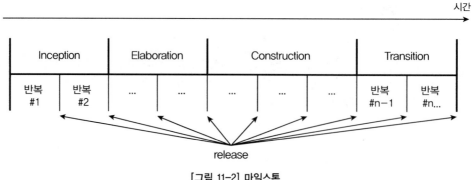

[그림 11-2] 마일스톤

2 소프트웨어 개발과 모델링 중요 ★★★

개발자가 소프트웨어를 개발하는 이유는 고객의 문제를 해결하기 위해서이다. 따라서 소프트웨어 개발에 있어서 가장 우선적으로 해야 할 일은 문제를 이해하는 것인데, 이 때 문제를 잘 이해하기 위해서 하는 것이 모델링이다.

애자일 기법이든 폭포수 모델이든 분석, 설계, 구현, 테스트 과정을 거치며 프로그램 언어를 이용해서 실제로 개발하는 단계는 구현 단계이다. 즉 모델링은 이 구현 단계 전에서 해야 하며 이때 사용하는 언어가 바로 UML이다.

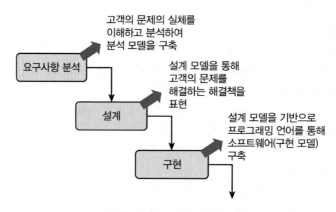

[그림 11-3] 소프트웨어 개발과 모델

(1) 소프트웨어 개발

소프트웨어 개발의 궁극적인 목표는 복잡도 저하, 비용 최소화, 개발기간 단축, 대규모 프로젝트 관리, 고품질 소프트웨어 생산, 효율성 등이다.

① **복잡도 저하**

대규모 소프트웨어는 복잡하며 개발하기가 어렵다. 소프트웨어 공학은 프로젝트의 복잡도를 줄이기 위한 좋은 해결책이며, 큰 프로젝트를 소규모 프로젝트 또는 문제로 나누어 방법을 제공하는 역할을 한다.

② **비용 최소화**

개발자에게 많은 비용을 지불하게 되는데 많은 코드의 작성 시 중복 또는 불필요한 일을 최소화함으로써 개발인력이나 시간 등을 최소화하는 방법을 제공한다.

③ **개발 기간 단축**

개발 기간을 계획하여 불필요한 작업 제거 또는 당일 할당량을 정함으로써 개발기간을 단축하는 방법을 제공한다.

④ **대규모 프로젝트 관리**

대규모 프로젝트의 경우 단기간 내에 구축할 수 없지만 계획, 관리 등 공학적 접근 방법을 제공한다.

⑤ **고품질 소프트웨어**

만들어진 소프트웨어는 모든 동작이 요구사항에 맞게 동작해야 하며, 결함이 있다면 모두 해결하기 위해 품질 시험을 거치게 된다.

⑥ **효율성**

모든 기능을 표준화하여 효율적 작업이 되게 한다.

(2) 모델링

소프트웨어에서도 미리 프로토타입으로 모델링을 해서 제공해야 한다. 모델링을 하는 이유는 다음과 같다.

> • 복잡함을 잘 관리하기 위하여
> • 형체가 없는 소프트웨어의 구조를 시각화하기 위하여
> • 다른 사람과 커뮤니케이션하기 위하여
> • 문제 도메인 및 제품 요구사항을 이해하기 위하여
> • 개발 중인 시스템을 이해하기 위하여
> • 구현하기 전에 잠재적 솔루션을 실험해보기 위하여
> • 기존 시스템을 문서화하기 위하여

모델링의 종류는 다음과 같다.

① **객체 모델링(Object Modeling)**

정보 모델링이라고도 하며, 시스템에서 요구하는 객체를 찾거나 속성, 연산을 식별한다. 또한, 객체들 간의 관계를 규정하며 이를 전체 다이어그램으로 표시한다. 객체 모델링의 순서는 다음과 같다.

ⓐ 객체와 클래스 식별

ⓑ 클래스에 대한 자료 사전 작성

ⓒ 클래스 간의 관계 정의

ⓓ 객체 속성 및 연결 관계 정의

　　　　ⓜ 클래스를 계층화하고 모듈로 정의

　　　　ⓗ 생성된 모형을 반복적으로 검정

　　② **동적 모델링(Dynamic Modeling)**

　　　상태 다이어그램, 상태도를 이용하고 시간의 흐름에 따라서 객체들을 표현하는 기법이다. 동적 모델링에서는 객체나 클래스의 상태, 사건을 중심으로 다룬다. 동적 모델링 순서는 다음과 같다.

　　　　㉠ 사건의 상호작용 순서에 대한 시나리오 작성

　　　　㉡ 사건 시나리오를 역할과 시간에 따라 표기한 후 사건 추적도 작성

　　　　㉢ 사건 추적도를 사건 발생자의 관계로 설명하는 사건 흐름도 작성

　　　　㉣ 사건과 상태를 연결시킨 상태도 작성

　　③ **기능 모델링(Function Modeling)**

　　　자료 흐름도(DFD)를 이용하고 자료 흐름을 중심으로 처리과정을 모델링하는 기법이다. 어떤 데이터를 입력하여 어떤 결과를 구할 것인지를 표현하는 것이다. 기능 모델링 순서는 다음과 같다.

　　　　㉠ 외부와 시스템 간의 입·출력 자료를 정의

　　　　㉡ 자료 흐름도 상세화

　　　　㉢ 프로세스 기능에 대한 정의를 기능 명세서로 작성

　　　　㉣ 제약 조건 파악

　　　　㉤ 최적화 기준 명세화

3 객체지향 개발 프로세스 중요 ★★★

객체지향 기법(Object Oriented Technique)은 현실 세계의 개체(Entity)를 기계의 부품처럼 하나의 객체(Object)로 만들어, 기계적인 부품들을 조립하여 제품을 만들듯이 소프트웨어를 개발할 때에도 객체들을 조립해서 작성할 수 있도록 하는 기법이다.

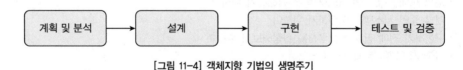

[그림 11-4] 객체지향 기법의 생명주기

(1) 계획 및 분석(객체지향 분석, OOA)

　① 사용자의 요구사항을 분석하여 클래스, 속성, 연산 등을 정의하여 모델링하는 작업이다.

　② 분석에는 객체 모델링, 동적 모델링, 기능 모델링 기법이 있다.

(2) 설계(객체지향 설계, OOD)

　① 분석을 통해 생성한 모델을 설계 모델로 변환하는 작업이다.

　② 문제 정의 → 요구 명세화 → 객체 연산자 정의 → 객체 인터페이스 결정 → 객체 구현

　③ 설계에는 객체 설계와 시스템 설계가 있다.

(3) 구현(객체지향 프로그래밍, OOP)

① 객체라는 단위를 중심으로 프로그램을 개발하는 작업이다.
② 객체 단위로 구현하기 때문에 유지보수가 쉽고 재사용이 가능하다.
③ 객체 단위로 구현하기 때문에 확장성을 제공한다.

(4) 테스트 및 검증

① **클래스 테스트** : 캡슐화된 클래스나 객체를 테스트한다.
② **통합 테스트** : 객체를 결합해 프로그램을 완성시키는 과정에서의 테스트한다.
③ **스레드 기반 테스트** : 각각의 스레드를 개별적으로 테스트한다.
④ **사용 기반 테스트** : 독립 클래스를 테스트한 후 종속 클래스를 테스트한다.
⑤ **확인 테스트** : 사용자 요구사항에 대한 만족 여부를 테스트한다.
⑥ **시스템 테스트** : 모든 요소들이 올바른 기능을 수행하는지 여부를 테스트한다.

4 객체지향 분석의 방법론

객체지향 분석을 위한 여러 방법론이 제시되었으며 각 방법론은 다음과 같다.

(1) 럼바우(Rumbaugh) 방법

가장 일반적으로 사용되는 방법으로 분석 활동을 객체 모델, 동적 모델, 기능 모델로 나누어 수행하는 방법이다.

(2) 부치(Booch) 방법

미시적(Micro) 개발 프로세스와 거시적(Macro) 개발 프로세스를 모두 사용하는 분석 방법으로, 클래스와 객체들을 분석 및 식별하고 클래스의 속성과 연산을 정의한다.

(3) Jacobson 방법

Use-case를 강조하여 사용하는 분석 방법이다.

(4) Coad와 Yourdon 방법

E-R 다이어그램을 사용하여 객체의 행위를 모델링하며 객체 식별, 구조 식별, 주제 정의, 속성과 인스턴스 연결 정의, 연산과 메시지 연결 정의 등의 과정으로 구성하는 기법이다.

(5) Wirfs-Brock 방법

분석과 설계 간의 구분이 없고, 고객 명세서를 평가해서 설계 작업까지 연속적으로 수행하는 기법이다.

5 **객체지향 설계원칙** 중요 ★★★

객체지향 설계원칙은 시스템 변경이나 확장에 유연한 시스템을 설계하기 위해 지켜야 할 5가지 원칙으로 다섯 가지 원칙의 앞 글자를 따 SOLID 원칙이라고도 한다.

단일 책임 원칙 (SRP : Single Responsibility Principle)	• 객체는 단 하나의 책임만 가져야 한다는 원칙이다. • 응집도는 높고 결합도는 낮게 설계하는 것을 의미한다.
개방-폐쇄 원칙 (OCP : Open-Closed Principle)	• 기존의 코드를 변경하지 않고 기능을 추가할 수 있도록 설계해야 한다는 원칙이다. • 공통 인터페이스를 하나의 인터페이스로 묶어 캡슐화하는 방법이 대표적이다.
리스코프 치환 원칙 (LSP : Liskov Substitution Principle)	• 자식 클래스는 최소한 자신의 부모 클래스에서 가능한 행위는 수행할 수 있어야 한다는 설계 원칙이다. • 자식 클래스는 부모 클래스의 책임을 무시하거나 재정의하지 않고 확장만 수행하도록 해야 한다.
인터페이스 분리 원칙 (ISP : Interface Segregation Principle)	• 자신이 사용하지 않는 인터페이스와 의존 관계를 맺거나 영향을 받지 않아야 한다는 원칙이다. • 단일 책임 원칙이 객체가 갖는 하나의 책임이라면 인터페이스 분리 원칙은 인터페이스가 갖는 하나의 책임이다.
의존 역전 원칙 (DIP : Dependency Inversion Principle)	• 각 객체들 간의 의존 관계가 성립될 때 추상성이 낮은 클래스보다 추상성이 높은 클래스와 의존 관계를 맺어야 한다는 원칙이다. • 일반적으로 인터페이스를 활용하면 이 원칙은 준수된다.

제 2 절 **UML의 개념** 중요 ★★★

(1) 정의

① UML(Unified Modeling Language)은 통합 모델링 언어라는 뜻으로, 객체지향 소프트웨어 엔지니어링 분야의 표준화된 범용 모델링 언어를 말한다.

② UML은 시스템의 모든 것을 문서화, 지정, 구축하는 데 사용되는 표준 언어이다.

③ UML은 객체지향 문제 해결에 적용할 수 있으며, 아홉 종류의 UML 다이어그램을 가지고 있다.

④ UML을 사용하는 목적은 사용자, 분석가, 설계자, 개발자 등의 개발을 위한 의사소통이다.

(2) 특징

① **가시화 언어**

소프트웨어의 개념모델을 가시적인 그래픽 형태로 작성하여, 참여자들로 하여금 오류 없고 원활한 의사소통이 이루어지게 하는 언어이다.

② **명세화 언어**

소프트웨어 개발과정인 분석, 설계, 구현 단계의 각 과정에서 필요한 모델을 정확하고 완전하게 명세할 수 있게 하는 언어이다.

③ **구축 언어**

UML은 다양한 객체지향 프로그래밍 언어로 변환 가능하며 UML로 명세된 설계 모델은 구축하려는 프로그램 코드로 순변환하여(순공학) 구축에 사용이 가능하고, 이미 구축된 코드를 UML 모델로 역변환(역공학)하여 분석도 가능하다.

④ **문서화 언어**

UML은 여러 개발자들 간의 통제, 평가 및 의사소통에 필요한 문서화를 할 수 있는 언어이다.

(3) 사용하는 이유

① 소프트웨어 시스템을 구축하기 전에 모델을 설계하는 것은 건물을 지을 때 청사진을 그리는 것과 마찬가지로 필수적인 일이다.

② 좋은 모델은 아키텍처를 건전하게 하고 프로젝트 팀의 의사소통을 원활히 하는 데 있어서 필수적이다.

③ 한 번에 이해하기 힘든 복잡한 시스템이 늘어나면서 시각적 모델링은 필수가 되고 있다.

제 3 절 유스케이스 모델링

유스케이스 기법이란 시스템을 블랙박스로 보고 행위자 입장에서 시스템을 어떻게 사용하는지 분석하는 것을 말한다.

1 유스케이스 분석

(1) 유스케이스 분석의 필요성

프로젝트 초기 단계에서 목표 시스템을 정확히 이해하고 세부 기능을 파악해야 한다. 사용자와의 의견 차이를 좁히고 변경의 여지를 줄이는 것이다. 유스케이스 분석의 결과는 다이어그램과 유스케이스 명세로 표현한다.

(2) 장점

① 작업을 유스케이스로 구분하여 팀에 할당한다.
② 시스템의 기능에 관한 시나리오를 이해하면 관리에 도움을 준다.
③ 테스트 케이스 작성을 위한 기준을 제시한다.

(3) 요구사항 분석

유스케이스 분석 전에 자연어로 된 사용자 요구사항을 분석한다. 구조화보다는 정확성, 완정성, 일관성 등을 검토한다. 유스케이스 분석의 첫 단계는 목표시스템과 상호작용하는 개체를 찾는 일이다. 액터는 요구사항에 명사로 표현되어야 한다.

2 액터와 유스케이스 중요 ★★★

Use-case 다이어그램의 구성요소는 시스템(System), 액터(Actor), 유스케이스(Use-case), 관계(Relation)로 구성되어 있다.

(1) 시스템(System)

① 만들고자 하는 프로그램을 나타냄
② 전체 시스템의 영역을 표현
③ 특별한 의미를 가지지 못함
④ **표기**

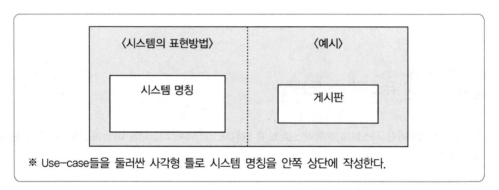

(2) 액터(Actor)

① 시스템의 외부에 있고 시스템과 상호작용을 하는 사람(시스템의 기능을 사용하는 사람), 시스템(시스템에 정보를 제공하는 또 다른 시스템)을 의미
② 시스템과 상호작용하는 사람 또는 사물을 의미
③ 액터명은 위나 아래에 표시하며 액터의 역할을 작성

④ 표기

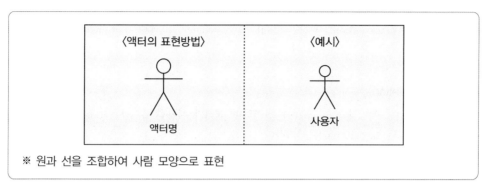

(3) 유스케이스(Use-case)

① 사용자 입장에서 바라본 시스템의 기능

② 시스템이 액터에게 제공해야 하는 기능으로 시스템의 요구사항을 나타냄

③ 시스템이 제공해야 하는 서비스

④ 액터가 시스템을 통한 일련의 행위

⑤ 표기

　　㉠ 타원으로 표시하고 안쪽에 Use-case명을 작성한다.

　　㉡ Use-case명은 '~한다'와 같이 동사로 표현한다.

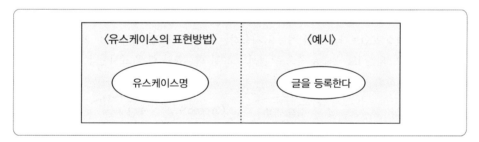

(4) 관계(Relation)

관계는 액터와 Use-case, Use-case와 Use-case 사이에서 나타날 수 있으며 서로 상호작용을 한다는 의미로 해석해주면 된다. 유형은 연관(Association), 확장(Extend), 포함(Include), 일반화(Generalization), 그룹화(Grouping)가 있다.

3 유스케이스 관계

관계의 유형은 연관(Association), 확장(Extend), 포함(Include), 일반화(Generalization), 그룹화(Grouping)가 있다.

(1) 연관(Association)

서로 관련 있는 액터와 Use-case를 연결하며 액터가 사용할 수 있는 Use-case를 표현한다. 단, Use-case 간의 Association은 불가하다.

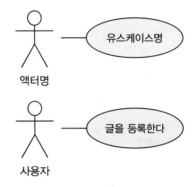

(2) 확장(Extend)

기능 수행 절차 중 조건에 따라 선택적으로 수행되며 확장하는 Use-case에는 확장 포인트를 기술할 수 있다. 확장 포인트란 확장한 기능을 사용하는 특정 포인트를 지칭하며, 확장 기능의 Use-case에서 확장 대상이 되는 Use-case 쪽으로 점선으로 된 화살표와 함께 표시한다.

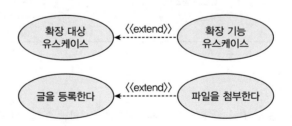

(3) 포함(Include)

시스템의 기능이 별도의 기능을 포함하며 표기법은 화살표 점선으로 표기한다.

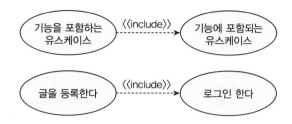

(4) 일반화(Generalization)

하위 Use-case-액터가 상위 Use-case-액터에게 기능, 역할을 상속받는다.

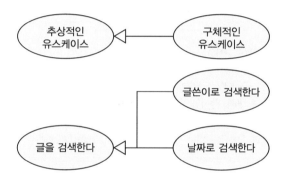

(5) 그룹화(Grouping)

여러 개의 Use-case를 단순화하는 방법이다.

4 유스케이스 명세

(1) Use-case의 작성절차

① 문제 설명서 작성

액터가 해당 Use-case의 목적을 달성하기 위하여 시스템과 상호작용하는 과정을 구체적으로 기술한 것으로, Use-case 다이어그램에 있는 각 Use-case에 대해 작성해야 한다.

유스케이스명	액터가 시스템을 통해 달성할 목적을 명확하게 하나의 문장으로 표현한다.
액터명	실제 사람의 이름이나 시스템의 이름을 사용하지 않고 시스템에서 수행하는 역할이름을 사용한다.
개요	유스케이스를 수행하는 개요를 기술한다.
사전조건	유스케이스의 기본 흐름이 올바르게 동작되기 위하여 사전에 충족되어야 하는 조건을 기술한다.
사후조건	유스케이스가 실행된 후에 만족해야 하는 조건을 기술한다.
기본흐름	시스템과 액터 사이에 목적을 달성하기 위한 기본적인 상호작용 흐름을 기술한다. 기본흐름을 수행할 때에는 어떠한 오류나 예외가 발생하지 않고 모든 것이 완전하게 수행되는 것을 전제로 한다. 기본흐름의 첫 번째 단계는 해당 유스케이스를 시작하는 사건을 기술한다. 이를 트리거 (trigger)라고 한다.
대체흐름	기본흐름으로부터 경우에 따라 선택적으로 실행되고 다시 기본흐름으로 돌아오는 흐름이나 오류, 예외가 발생한 경우에 이를 처리하는 흐름을 기술한다.

② **액터 식별**

해당 Use-case를 사용하는 업무 담당자를 식별한다.

> **액터를 식별하기 위한 질문**
> - 누가 정보를 제공하고, 사용하고, 삭제하는가?
> - 누가 또는 어떤 조직에서 개발될 시스템을 사용할 것인가?
> - 누가 요구사항에 대해 관심을 가지고, 시스템이 만들어낸 결과에 관심이 있는가?
> - 누가 시스템이 잘 운영될 수 있도록 유지보수 및 관리를 하는가?
> - 개발될 시스템과 상호작용하는 하드웨어나 소프트웨어 시스템은 무엇인가?

③ **Use-case 도출**

업무 시나리오 기반으로 시스템에서 액터에게 제공해야 하는 기능을 식별한다.

> **Use-case를 식별하기 위한 질문**
> - 액터가 원하는 시스템 제공 기능은 무엇인가?
> - 액터는 시스템에 어떤 정보를 생성, 수정, 조회, 삭제하고 싶어하는가?
> - 모든 기능 요구사항들을 만족할 수 있도록 Use-case가 모두 식별되었는가?

④ **액터 관계 도출**

㉠ 액터와 액터 간의 일반화 관계를 도출한다.

㉡ 액터와 Use-case 간의 관계를 연결한다.

㉢ Use-case와 액터의 연결에 따라 액터의 권한이 정해진다.

⑤ **Use-case 관계 도출**

Use-case 명세서 작업 또는 업무 요건 상세화를 통해 크게 묶인 Use-case를 분리 및 작게 세분화된 Use-case를 통합한다.

관계를 식별하기 위한 질문
- 연관 관계 : 액터와 Use-case 간에 상호작용이 존재하는가?
- 포함 관계 : Use-case를 실행하기 위하여 반드시 실행되어야 하는 Use-case가 존재하는가?
- 확장 관계 : Use-case를 실행함으로써 선택적으로 실행되는 Use-case가 존재하는가?
- 일반화 관계 : 액터 또는 Use-case가 구체화된 다른 액터 또는 Use-case를 가지고 있는가?

명세서 작성 시 포함 내용
- Use-case 이름
- Use-case 수행하는 행위자
- Use-case 내용
- 선행 및 후행 조건
- 이벤트 흐름(기본 흐름, 제어 흐름, 대안 흐름)

(2) 예시

① 문제 설명서

알림 기능은 과제제출 시스템을 통해 학생들에게 제공한다. 각 수업 알림 사항(수업별 공지사항, 수업 자료 업로드 및 수정, 신규 과제 등록, 과제 제출 임박)이 발생할 시 해당 수업의 수강생들에게 SMS를 통해 공지한다.

② 액터 도출 및 식별
- ㉠ 수강생
- ㉡ 과제제출 시스템

③ Use-case 도출

기능 범주	사용자	기능
알림 기능	수강생 과제제출 시스템	과목 공지사항 알림
		수업자료 등록 및 수정 알림
		신규 과제 정보 알림
		• 과제제출 마감 알림 • 과제제출 마감일자 초과 알림

④ Use-case 관계 도출

> • Use-case명 : 수업자료 등록 및 수정 알림
> • 액터명 : 수강생, 과제제출 시스템
> • Use-case 개요 및 설명
>   – 과제제출 시스템이 강의실 강의 목록 게시판에 신규 게시물이 등록될 경우, 과제 제출 시스템에 등록된 수강생 계정의 휴대전화로 해당 내용을 SMS로 발송
>   – 동일한 주차에 속하는 게시물들은 개별 알림이 아닌 1회만 알림
>   – 게시물이 수정될 경우, 각 수정 사항에 대해서는 개별 알림
> • 제반 조건
>   강의 자료가 업로드되는 게시판은 여타 게시판이 아닌 강의 목록 게시판에 한해야 한다.

⑤ Use-case 다이어그램

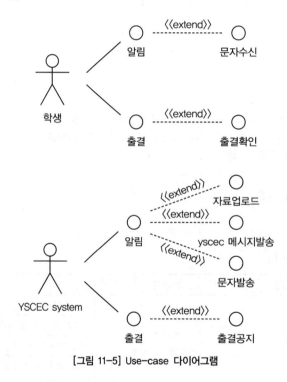

[그림 11-5] Use-case 다이어그램

제 4 절 클래스 모델링

1 객체와 클래스

(1) 클래스 다이어그램(Class Diagram)의 정의
① 객체 타입을 정의하고 정적인 관계를 표현하는 다이어그램이다.
② 시간에 따라 변하지 않는 시스템의 정적인 면을 보여주는 대표적인 UML 구조 다이어그램이다.
③ 목적은 시스템을 구성하는 클래스들 사이의 관계를 표현한다.

(2) 객체와 클래스의 관계
① 클래스는 객체의 설계도라고 할 수 있다.
② 객체는 설계에 해당하는 클래스와는 달리 실체가 있는 형상화(Instance)이다.
③ 인스턴스는 설계도를 바탕으로 소프트웨어 세계에 구현된 구체적인 실체이며, 객체를 소프트웨어에 실체화하면 그것을 '인스턴스'라고 부른다.
④ 실체화된 인스턴스는 메모리에 할당된다.
⑤ 객체는 클래스를 데이터형으로 가지며, 객체들은 사람이 태어나서 죽을 때까지의 생명주기처럼 생성되어 소멸되기 전까지의 과정을 말하며, 객체와 객체는 메시지를 주고받으며 정보를 전달한다.
⑥ 객체는 상태(state)와 동작(behavior)으로 구성된다.
⑦ 상태는 객체가 가지고 있는 정보들에 대한 특징, 특성이며, 다른 말로 속성(attribute)이라고 한다.
　예 학생의 경우 학생의 상태는 학번, 이름, 학년, 학과 등이다.
⑧ 동작은 객체가 할 수 있는 기능 또는 동작이며, 프로그램 상으로는 메소드(Method)라고 한다.
⑨ 동작을 통해 상태가 변하기도 한다.
　예 학생의 경우 학생의 동작은 '공부하다, 땡땡이치다, 수업을 듣다' 등이다.

(3) 객체
① 정의
　㉠ 소프트웨어 세계에 구현할 대상
　㉡ 클래스에 선언된 모양 그대로 생성된 실체
② 특징
　㉠ 클래스의 인스턴스(instance)라고도 부른다.
　㉡ 객체는 모든 인스턴스를 대표하는 포괄적인 의미를 갖는다.
　㉢ 객체지향 프로그래밍(OOP)의 관점에서 클래스의 타입으로 선언되었을 때 '객체'라고 부른다.
　㉣ 객체는 독립적으로 식별 가능한 이름을 가지고 있다.
　　예 학생은 학번으로 다른 학생들과 구별된다.

ⓜ 객체가 가질 수 있는 조건을 상태(State)라고 하는데, 일반적으로 상태는 시간에 따라 변한다.

　　예 자동차는 '정지', '이동' 등의 상태가 존재하며, 이러한 '정지'와 '이동'의 상태는 고정된 것이 아니라 시간에 따라 변한다.

ⓗ 객체와 객체는 상호 연관성에 의한 관계가 형성된다.

　　예 화재 발생 시 소방차, 구급차, 경찰차는 긴밀하게 협조하여 화재를 진압하고 환자를 이송하며, 교통을 정리하는 관계가 형성된다.

ⓢ 객체가 반응할 수 있는 메시지(Message)의 집합을 행위라고 하며, 객체는 행위의 특징을 나타낼 수 있다.

　　예 자동차란 객체는 '가속 페달을 밟는' 행위를 하면 '가속'하는 특징을 나타내고, '브레이크를 밟는' 행위를 하면 '감속'하는 특징을 나타낸다.

ⓞ 객체는 일정한 기억장소를 가지고 있다.

　　예 자동차는 주차장에 있거나 도로 위에 있거나, 일정한 물리적 공간을 점유한다.

ⓩ 객체의 메소드는 다른 객체로부터 메시지를 받았을 때 수행하게 된다.

(4) 클래스

① 클래스는 객체를 만들어 내기 위한 설계도 혹은 틀이며 연관되어 있는 변수와 메소드의 집합이다.

② 클래스는 공통된 속성과 연산(행위)을 갖는 객체의 집합으로 객체의 일반적인 타입(Type)을 의미한다.

③ 클래스에 속한 각각의 객체를 인스턴스(Instance)라 하며, 클래스로부터 새로운 객체를 생성하는 것을 인스턴스화(Instantiation)라고 한다.

④ 동일 클래스에 속한 각각의 객체(인스턴스)들은 공통된 속성과 행위를 가지고 있으면서, 그 속성에 대한 정보가 서로 달라서 동일 기능을 하는 여러 가지 개체를 나타내게 된다.

⑤ 최상위 클래스는 상위 클래스를 갖지 않는 유일한 클래스를 의미한다.

⑥ 슈퍼 클래스(Super-class)는 특정 클래스의 상위(부모) 클래스이고, 서브 클래스는(Sub-class)는 특정 클래스의 하위(자식) 클래스를 의미한다.

2 연산 타입

(1) 클래스 다이어그램 접근 방법

접근제어	표기	설명
public	+	어떤 클래스의 객체에서든 접근 가능
protected	#	이 클래스와 동일 패키지에 있거나 상속 관계에 있는 하위 클래스의 객체들만 접근 가능
package	~	동일 패키지에 있는 클래스의 객체들만 접근 가능
private	−	이 클래스에서 생성된 객체들만 접근 가능

(2) 클래스의 속성

① 클래스 내부에 정의되어 프로퍼티(properties)를 설명한다.
② 클래스가 가지는 메모리에 데이터를 쓸 수 있는 필드를 의미한다.

> 필드 = 인스턴스 필드 = 멤버변수 = 인스턴스 멤버변수

③ 클래스의 속성 형식은 다음과 같다.

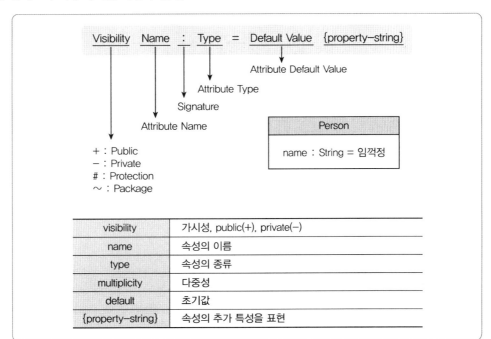

visibility	가시성, public(+), private(−)
name	속성의 이름
type	속성의 종류
multiplicity	다중성
default	초기값
{property−string}	속성의 추가 특성을 표현

(3) 클래스의 오퍼레이션

클래스가 수행할 행위이다.

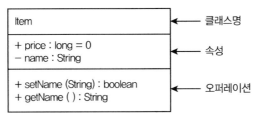

[그림 11-6] 클래스 표기법

3 클래스의 표현

(1) 연관성 표현

① 연관 관계에 추가할 속성이나 행위가 있을 때 사용한다.

② 연관 클래스를 일반 클래스로 변환한다.

③ 연관 클래스는 연관 관계가 있는 두 클래스 사이에 위치하며, 점선을 사용해 연결한다.

④ 연관 클래스를 일반 클래스로 변환하여 다대다에서 일대다 연관 관계로 변환한다.

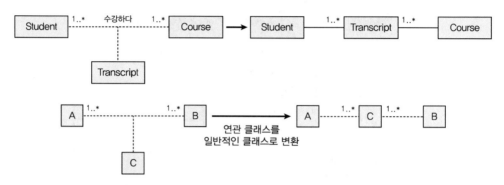

[그림 11-7] 연관 클래스의 표현

(2) 다중성 표시 방법

다중성 표기	의미
1	엄밀하게 1
* 혹은 0..*	0 또는 그 이상
1..*	1 또는 그 이상
0..1	0 또는 1
1, 2, 6	1 또는 2 또는 6

✿ 선에 아무런 숫자가 없으면 일대일 관계

4 연관(association) 관계

(1) 연관

① 한 클래스가 다른 클래스와 연관 관계를 가지면 각 클래스의 객체는 해당 연관 관계에서 어떤 역할을 수행하게 된다.

② 두 클래스 사이의 연관 관계가 명확한 경우에는 연관 관계 이름을 사용하지 않아도 된다.

③ 역할 이름은 실제 프로그램을 구현할 때 연관된 클래스의 객체들이 서로를 참조할 수 있는 속성의 이름으로 활용할 수 있다.

④ 연관 관계는 방향성을 가질 수 있다. 양방향은 실선으로, 단방향은 화살표로 표시한다.

　⊙ 화살표(단방향 연관 관계) : 한 쪽은 알지만 다른 쪽은 상대방의 존재를 모른다.

　ⓛ 실선(양방향 연관 관계)

　　ⓐ 두 클래스의 객체들이 서로의 존재를 인식한다.

　　ⓑ 개체 관계도(ERD : Entity Relationship Diagram)에서 말하는 Cardinality와 Modality 개념을 의미한다.

　　ⓒ 연관 관계의 양쪽 끝에 각각의 클래스가 해당 연관 관계에서 지니는 역할명을 표현하는 것이 가능하다.

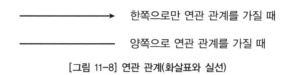

[그림 11-8] 연관 관계(화살표와 실선)

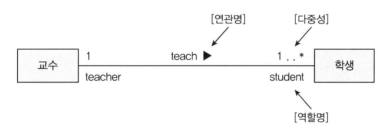

[그림 11-9] 연관 관계의 예

(2) 집합 연관(Aggregation)

① 'part-of' 관계로서, 한 사물이 또 다른 사물을 포함하는 전체와 부분간의 구조적 관계를 의미한다.

② 포함되는 사물(부분)이 없이는 포함하는 사물(전체)의 객체가 완성되지 않는 것이다.

　예 자동차와 바퀴의 관계

(3) 복합 연관(Composition)

집합 연관 관계와 같이 부분과 전체의 관계이나 전체 클래스 소멸 시 부분 클래스도 함께 소멸하는 관계이다.

(4) 의존

① 하나의 클래스가 다른 클래스를 사용하는 관계이다.

② 하나의 클래스의 변화가 다른 클래스에 영향을 미치는 관계이다.

(5) 연관과 의존 관계의 차이점

① **일반적으로 한 클래스가 다른 클래스를 사용하는 경우(연관 관계)**

　　㉠ 클래스의 속성('멤버 변수')에서 참조할 때(의존 관계)

　　㉡ 연산의 '인자'(참조 값)로 사용될 때(의존 관계)

　　㉢ 메소드 내부의 '지역 객체'로 참조될 때(연관 관계)

　　㉣ 연관 관계와 의존 관계의 차이

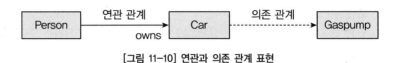

[그림 11-10] 연관과 의존 관계 표현

② **연관 관계**

　　㉠ 오랜 시간 동안 같이할 객체와의 관계이다.

　　㉡ 예를 들어, 자동차(Car)와 소유한 사람(Person)의 관계이다.

```java
public class Person {
    // 클래스의 속성('멤버 변수')에서 참조
    private Car owns;
    // getter, setter
    public void setCar(Car car) {
        this.owns = car;
    }
    public Car getCar() {
        return this.owns;
    }
}
```

③ **의존 관계**

　　㉠ 짧은 시간 동안 이용하는 관계이다.

　　㉡ UML에서는 점선으로 나타낸다.

　　㉢ 예를 들어, 자동차(Car)와 주유기(Gas Pump)의 관계이다.

```java
public class Car {
    ...
    // 연산의 "인자"(참조값)로 사용
    public void fillGas(GasPump p) {
        p.getGas(amount);
    }
}
```

5 파생 속성, 파생 연관성, 파생 역할의 표현

(1) 파생 속성

① 파생 속성은 다른 속성에 영향을 받아 발생하는 속성으로 보통 계산된 값들이 이에 속한다.

② 다른 속성에 영향을 받기 때문에 프로세스 설계 시 데이터 정합성을 유지하기 위해 유의해야 할 점이 많으며 가급적 파생 속성을 적게 정의하는 것이 좋다.

　예 통계자료, 배치로 생성된 엔티티

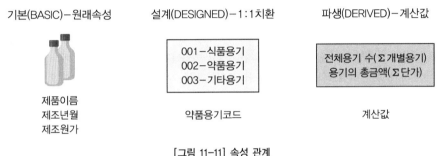

[그림 11-11] 속성 관계

③ 파생 속성은 2가지로 표현한다.

　　㉠ 계산된 값(calculated value) : length, 즉, 길이 값이다.

　　㉡ 저장된 값(stored value) : star와 end, 즉, 시작과 종료 값이다.

(2) 파생 연관성

① 파생 연관 표기법을 사용하여 속성을 적용한다.

② 연관 관계 이름 앞에 '/'를 추가한다.

(3) 파생 역할

최대값의 범위를 지정하기 위해서 시작 값과 종료 값을 표현하고, 길이에 대한 타입을 설정한다.

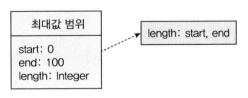

[그림 11-12] 파생 역할

6 추상 클래스와 인터페이스

(1) 추상 클래스

① 추상 클래스는 추상 메소드를 하나 이상 가지는 클래스이다.

② 일반 메소드나 속성(필드)도 포함될 수 있다.

③ 추상 클래스는 다른 일반적인 클래스와는 달리 객체를 생성할 수 없다.

④ **추상 메소드**

　㉠ 부모 클래스에서 구현되지 않은 빈 껍데기만 있는 연산이다.

　㉡ 메소드의 원형만 존재한다.

⑤ 예를 들어, 다음 그림에서 turnOn과 turnOff는 자식 클래스마다 다르기 때문에 부모 클래스인 가전제품에서 해당 연산에 대한 정의를 하지 않고 빈껍데기만 있는 연산(추상 메소드)을 제공한다. UML에서의 추상 클래스와 추상 메소드를 표현할 때는 이탤릭체로 한다[스테레오 타입('《', '》' 기호 안에 원하는 이름을 넣음)].

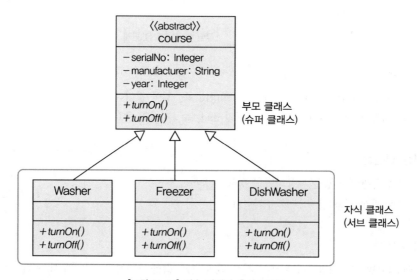

[그림 11-13] 상속 관계와 추상 클래스

> **💡 더 알아두기 🔍**
>
> • 부모 클래스 : 추상적 개념
> • 자식 클래스 : 구체적인 개념
> • 추상 클래스 : 추상 메소드를 하나 이상 가지는 클래스
> • 추상 메소드 : 부모 클래스에서 구현되지 않은 빈 껍데기만 있는 연산

(2) 인터페이스(Interface)

① 클래스나 컴포넌트가 제공하는 서비스들을 나타내는 오퍼레이션들의 집합을 나타내는 클래스의 일종이다.

② 인터페이스에는 함수들의 시그네처(Signature)만 명세할 뿐 함수 구현은 전혀 존재하지 않는다.

③ 상태 값도 존재할 수 없으며, 인터페이스의 구현은 인터페이스를 실현할 클래스에서 구현해야 한다.

④ 추상 클래스처럼 객체를 생성할 수 없으며, 인터페이스는 추상 클래스와 달리 속성이나 함수 구현은 전혀 가질 수 없다.

⑤ 인터페이스와 인터페이스 간에는 일반화 관계가 이루어지나, 인터페이스와 클래스 간에는 일반화 관계가 이루어질 수 없다.

⑥ 클래스와 인터페이스 간에는 실현(Realization) 관계로 표현해야 한다.

⑦ 외부적으로 가시화되는 요소의 행동 표현이다.

7 상속

"자식 클래스가 부모 클래스로부터 상속을 받다." 또는 "자식 클래스가 부모 클래스를 확장한다."라고 표현한다. 자식 클래스는 부모 클래스가 가지고 있는 public, protected 접근 제한자가 붙어 있는 속성이나 메소드를 상속받는 개념이다. 부모 클래스로부터 상속받은 자식 클래스는 부모 클래스의 모든 멤버(인스턴스 변수와 메소드)를 포함한다(따로 선언하지 않아도 갖고 있다).

(1) 자식 클래스에서 메소드의 상세내역을 변경하거나(오버라이딩), 새로운 인스턴스 변수나 메소드를 추가할 수 있다. 부모 클래스에서 선언된 내용을 자식 클래스에서 상속받아 사용함으로써 불필요한 코드를 줄일 수 있고 중복을 줄일 수 있다.

(2) 오버라이딩(Overriding)

① 오버라이딩은 부모 클래스의 메소드와 이름과 형태가 같은 함수를 하위 클래스에 재정의하는 것을 말한다.

② 상속 관계에 있는 클래스 간에 같은 이름의 메소드를 정의하는 것이다.

③ **오버라이딩의 특징**

㉠ 부모 클래스의 메소드 이름과 동일해야 한다.

㉡ 매개 변수 개수도 동일해야 한다.

㉢ 데이터 타입도 동일해야 한다.

㉣ 접근제한 범위도 동일하거나 더 넓은 범위여야 한다.

```
public abstract class Shape {
    public void printMe() { System.out.println("Shape"); }
    public abstract double computeArea();
}
public class Circle extends Shape {
    private double rad = 5;
    @Override
    public void printMe() { System.out.println("Circle"); }
    public double computeArea() { return rad * rad * 3.15; }
}
public class Ambiguous extends Shape {
    private double area = 10;
    public double computeArea() { return area; }
}
```

8 다중 상속성 표현

(1) 개요

① 다중 상속은 자식 클래스에서 부모 클래스를 2개 이상 상속받는 개념이다.

② 다중 상속할 때 부모 클래스가 서로 다른 의미를 가지는 경우는 상관없지만, 동일한 속성이나 메소드를 가지고 있을 경우 문제가 발생하고 소프트웨어 설계 시 심각한 문제를 발생시킨다.

③ 객체지향 프로그램에서는 다중 상속을 권장하지 않고, 자바의 경우는 다중 상속 개념이 없으며 단순히 단일 상속을 원한다.

④ 자바는 다중 상속이 불가하지만, 다중 상속을 대신하는 인터페이스가 있다.

⑤ 인터페이스를 통한 다중 상속을 지원한다.

(2) 다중 상속성 표현 예

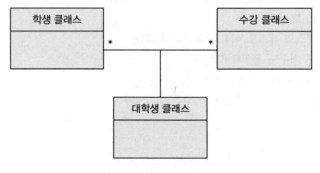

[그림 11-14] 다중 상속 표현

9 클래스 다이어그램의 코딩

코딩은 프로그래밍을 의미하며 분리할 수 있는 작은 작업 단위를 의미하기도 한다. 객체지향 방법은 분석 및 설계 단계에서도 상당한 부분의 코딩 작업을 할 수 있고, 구현 단계에서도 작업 단위로 코딩을 할 수 있다.

(1) 코딩의 원리

① 코딩의 정의

코딩은 분리하여 구현할 수 있는 작은 단위를 프로그래밍하는 작업으로 절차적 방법은 모듈 안의 함수를 작성하고 객체지향 방법은 개별 메소드의 프로그래밍을 코딩하는 것이다.

② 코딩의 목표

설계 명세서에 나타난 요구사항들을 만족시키기 위해 요구 분석서, 아키텍처 설계서를 참조하여 프로그램을 작성하고, 가이드를 준수하여 오류가 적은 품질 좋은 프로그램을 작성하는 것이다.

③ 코딩 작업

각 모듈에 대한 원시 코드를 작성하고 모듈 안에 포함된 오류를 검출하는 단계를 거친다.

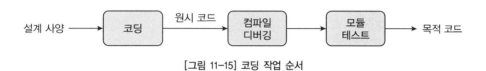

[그림 11-15] 코딩 작업 순서

④ 코딩의 원칙

> - 추상화의 원칙 : 프로그램에서 각각의 중요한 기능은 소스 코드의 한 곳에서만 구현한다.
> - KISS(Keep it Short and Simple) : 간결하게 코딩 작업을 한다.
> - YAGNI(You aren't going to need it) 피하기 : 필요 없는 기능을 지금 추가하려 하지 말고, 작동 가능한 가장 간단한 형태로 만들어야 한다.
> - 코드를 읽는 이를 생각하게 만들지 말라 : 읽고 이해하기 어려운 코드는 간결하게 바꾸어야 한다.
> - 개방/폐쇄(Open/Closed)의 원칙 : 모듈, 클래스, 함수 등은 확장에는 열려있고, 수정에는 닫혀 있어야 한다. 예를 들면, 클래스를 만들 때 클래스 사용자가 클래스 소스를 수정하게 만들지 말고, 클래스를 상속(확장)해서 쓸 수 있게 만들어야 한다.
> - 유지보수하는 사람을 위한 코드를 만들라 : 먼 훗날 자신 또는 다른 사람이 유지보수할 때 문제가 없는 코드를 만들어야 한다.
> - 최소 놀람의 원칙 : 코드가 읽는 사람을 놀라게 해서는 안 된다. 표준 코딩 컨벤션을 따르고 주석과 명명이 의미 전달을 잘 해야 하며, 잠재적인 문제점을 최소화해야 한다.
> - 단일 책임(Single Responsibility) 원칙 : 하나의 컴포넌트는 잘 정의된 하나의 작업만 수행해야 한다.
> - 결합도(Coupling)를 낮춘다 : 코드의 한 부분(코드 블록, 함수, 클래스 등)은 다른 코드에 의존하는 것을 최소화해야 한다. 즉, 변수 공유를 최소화해야 한다.
> - 응집도(Cohesion)를 높인다 : 비슷한 기능을 하는 코드는 동일한 위치에 배치해야 한다.

- 상세한 구현은 숨겨야 한다 : 구현을 숨길수록 해당 컴포넌트를 사용하는 코드에 영향을 최소한으로 주고 수정을 할 수 있게 된다.
- 디미터의 법칙(Law of Demeter) : 직접적으로 관련이 있는 코드만 호출해서 사용해야 한다.
- 관심사의 분리(Separation of Concerns) : 서로 다른 기능들이 섞이는 것을 최소화해야 한다.
- 변화를 포용해야 한다 : 애자일의 원칙 중에 하나이며, 위에 나온 많은 원칙들이 코드의 변화를 쉽게 하기 위한 것들이다.
- 코드를 재사용해야 한다 : 기존에 입증된 코드를 사용하면 좀 더 빠르게 결과를 얻어낼 수 있다.

⑤ **코딩 오류**

코딩 오류는 모든 프로그래머가 고민해야 할 부분으로 소프트웨어를 개발할 때 프로그래머는 많은 시간을 오류를 찾는 데 소비한다.

㉠ 메모리 누수(leak)

메모리 누수는 메모리를 프리(free)시키지 않고 새로 계속 할당을 요구하여 메모리가 고갈되는 현상이다.

```
ArrayList array = new ArrayList();
SomeObject obj = new SomeObject();
array.add(obj);
.... // something to work
```

안드로이드 코드는 ArrayList형 변수 array에 SomeObject라는 객체를 추가했으나, 작업 후 array 내부의 객체를 제거하지 않음으로써 메모리 누수가 발생하는 코드이다. 이 경우 obj는 Loitering Object가 되서 obj가 할당한 메모리가 시스템으로 반환되지 않고 계속 메모리를 점유하게 된다.

㉡ 중복된 프리 선언

이미 프리로 소멸된 자원을 또다시 프리로 선언하는 경우이다. 그러나 이미 free 선언된 자원을 다시 free로 선언할 때는 오류가 생기게 된다.

```
main()
{
    char *str;
    str = (char*) malloc (10);
    if (global == 0)
        free(str);
    free(str); /* str is already freed
}
```

ⓒ NULL의 사용을 줄이고 별칭 사용

NULL을 포인트하고 있는 곳의 콘텐츠에 접근하려고 하면 오류가 발생한다. 이때 별칭(Alias)을
사용하면 유용하다.

```
char *ch = NULL;
if (x > 0)
{
    ch = 'c';
}
printf("₩%c", *ch); // ch may be NULL
*ch = malloc(size);
ch = 'c'; // ch will be NULL if malloc returns NULL
```

NULL 접근 오류와 유사하게 초기화되지 않은 메모리를 접근하면 오류가 발생한다.

```
switch(i){
    case 0:
    s = OBJECT_1;
        break;
    case 1:
    s = OBJECT_2;
        break;
}

return(s); // i가 0 또는 1이 아니면 s는 초기화되지 않는다.
```

ⓔ 별칭의 남용

똑같은 주소를 다른 주소라고 인식하고 두 개의 별칭을 선언하여 사용하는 경우이다. 서로 다른
주소 값을 예상하고 사용한 두 개의 변수의 값이 별칭 선언으로 인하여 같은 값이 되었을 때 발생
한다.

ⓜ 배열 인덱스 오류

배열의 인덱스 범위를 벗어나면 예외 오류가 발생한다.

```
dataArray[80];
for (i = 0; i <= 80; i++)
    dataArray[i] = 0;
```

ⓗ 수식 예외 오류

0으로 나누는 오류, 변동 소수점 예외 오류이다.

ⓢ 하나 차이에 의한 오류

　0으로 시작해야 하는 곳에서 1로 시작하는 경우, '〈='를 써야할 곳에서 '〈'를 사용하는 경우 등 컴파일러나 테스트 도구에 의해서 검출되지 않지만 사용자의 의도에 맞게 실행되지 않을 때이다.

ⓞ 사용자 정의 자료형 오류

　사용자 정의 자료형을 사용자가 선언할 때 잘못된 선언을 하는 경우의 오류이다.

```
typedef enum{A, B, C, D} grade;
void foo(grade x)
{
  int l, m;
  l = GLOBAL_ARRAY[x - 1];  // Underflow possible
  m = GLOBAL_ARRAY[x + 1]; // Overflow possible
}
```

ⓩ 스트링 처리 오류

　ⓐ C언어 중 문자열과 관련된 strcpy, sprintf 등 많은 문자열 처리 함수의 오류이다.

　ⓑ 매개 변수가 NULL이거나 스트링이 '₩0'이 아닐 때이다.

　ⓒ 스트링이 NULL로 끝나지 않을 때, destination 매개 변수의 크기가 충분히 크지 않을 때, overrun 오류가 발생할 때이다.

ⓩ 버퍼 오류

　프로그램이 버퍼에 복사하여 입력받으려 할 때 입력 값을 고의로 아주 크게 주면 스택의 버퍼에 오버플로가 발생한다. 버퍼 오류 시 리턴 주소가 반환되는 것을 이용하여 해킹에 이용될 수 있다.

```
void mygets(char *str) {
  int ch;
  while (ch = getchar() != '\n' && ch != '\0')
    *(str++) = ch;
  *str = '\0';
}
main() {
  char s2[4];
  mygets(s2);
}
```

ⓚ 동기화 오류

　다수의 스레드가 있는 병렬 프로그램에서의 오류이다. 예를 들어 A와 B가 공동 명의로 만든 통장에 10만 원이 있다. 여기서 A와 B가 동시에 통장에서 10만 원을 인출한다고 한다면, 둘다 10만 원을 인출하게 될 경우 잔고는 -10만 원이 된다. 이때 실시간으로 동기화를 해주어야 동시에 인출되는 상황을 막을 수 있다.

ⓔ 데드락(DeadLock)

다수의 스레드가 서로 자원을 점유하고 릴리즈하지 않는 상태나 다수의 스레드가 동시에 자원을 점유할 때 무한루프에 빠진 상태를 말한다.

ⓟ 레이스 컨디션

두 개의 스레드가 같은 자원을 접근하려고 하여 수행 경로가 스레드들의 실행 순서에 따라 다르게 되는 경우이다.

ⓗ 모순 있는 동기화

공유하는 변수에 접근할 때, 로킹과 언로킹을 번갈아가며 해야 할 때 일어나는 현상이다.

(2) 코딩 표준

좋은 코딩 스타일을 판별하는 대표적인 기준은 다음과 같다.

> • 간결함 : 복잡하지 않고 명확하여 이해하기 쉬워야 한다.
> • 읽기 쉬움 : 프로그램을 대출 읽어보거나 이해하기 쉬워야 한다.

설계에서 모듈화의 목표, 높은 응집력, 낮은 결합도를 달성하였다면 모듈은 간단해야 한다.

① 명명 규칙

㉠ 카멜 케이스

ⓐ JAVA 클래스, 필드, 메소드 및 변수 이름은 카멜 케이스 형태로 작성한다.

ⓑ 여러 단어를 함께 붙여 쓰되 각 단어의 첫 글자는 대문자로 쓴다.

예 thisIsAnExample(메소드의 첫 글자는 소문자)

ⓒ 예시에서 볼 수 있듯이 단어의 윗 모양이 낙타의 등과 같이 구불구불하기에 카멜 케이스라고 한다.

ⓓ 예외 : 상수(final 키워드를 가질 것)는 모두 대문자로 표시한다(단어는 밑줄로 구분).

예 SPEED_OF_LIGHT

ⓔ 상수는 일반적으로 static으로 선언한다.

㉡ 클래스와 인터페이스 이름

일반적으로 명사 또는 명사구이며 대문자로 시작함

예 AqueousHabitat { ... }

㉢ 메소드 이름

ⓐ 일반적으로 소문자로 시작

ⓑ 프로시저 이름은 일반적으로 동사구

예 public void setTitle(String t) { ... }

ⓒ 함수 이름은 일반적으로 값을 설명하는 명사구

예 public double areaOfTriangle(int b, int c, int d) { ... }

ⓓ 값에 접근하여 리턴하는 함수는 get으로 시작

예 public String getTitle() { ... }

ⓔ 조건을 묻는 부울 함수의 이름은 대개 is로 시작하는 동사구

　　例 public boolean isEqual(int a, int b) { … }

ⓔ 변수 이름

　ⓐ 일반적으로 소문자로 시작

　ⓑ 용도에 대한 힌트를 제공

　ⓒ 모호한 이름을 사용하지 않아야 함

　ⓓ 이름을 길게

　　용도를 쉽게 기억 가능하지만, 전체 프로그램이 길고 복잡해 보일 수 있음

　ⓔ 이름을 짧게

　　의미를 이해하기 어려울 수 있지만, 프로그램을 짧게 만들 수 있음

　ⓕ 매개 변수는 짧게

　　선언과 사용하는 곳의 거리가 가깝기 때문임

　ⓖ 필드 변수는 가능한 길고 의미가 담겨 있어야 함

　　선언과 사용하는 곳의 거리가 멀기 때문임

ⓜ 패키지 이름

　ⓐ 일반적으로 모두 소문자, 명사(헝가리안 표기법)

　ⓑ 변수의 이름 앞에 타입의 구별이 나옴(논리 데이터 형식에서도 적용 가능)

　　例

　　　• strName – 스트링을 가진 변수

　　　• rwPosition – 행("rw")을 나타내는 변수

② **형식**

　㉠ 들여쓰기와 괄호

　　ⓐ 문장의 일부와 선언문은 들여쓰기를 해야 함

　　ⓑ IDE(통합개발환경)에서는 문장 선택 후 control + i를 누르면 일괄적으로 들여쓰기를 진행

　　ⓒ 줄 끝에 여는 중괄호 '{'를 사용하는 것이 좋음

```
if (x < y) {
    x = y;
    y = 0;
} else {
    x = 0;
    y = y / 2;
}
```

　　ⓓ 위와 같은 규칙을 따르지 않으면 코드가 길어지게 되어 자원의 낭비가 일어나게 된다.

　㉡ 블록은 항상 괄호를 사용

　　ⓐ 블록에 괄호를 사용하지 않으면 버그를 유발할 수 있다.

```
if (flag) validate(); update();
```

ⓑ 다음과 같이 블록은 괄호를 사용하여 묶어 주어야 한다.

```
if (flag) {
    validate();
    update();
}
```

ⓒ 키워드와 시작 괄호를 띄워서 사용하여 메소드 호출이랑 구분해야 한다.

```
keyword (m == 1) {…}
keyword(m == 3) {…}
```

③ 문장과 수식

⊙ 블록 문장

블록 문장을 사용해야 혼란을 줄일 수 있다.

```
if (x >= 0) {
    if (x > 0) {
    positiveX();
} else {
    negativeX();
}
```

ⓒ 수식

ⓐ 괄호를 사용해서 연산자들의 순서를 명확하게 해야 한다(작성자 입장에서 분명해도 읽는 사람을 위해 명확히 할 것).

ⓑ Java에서 객체의 동일성을 테스트할 때는 equals()를 사용해야 한다.

④ 오류 처리

프로그래밍을 할 때 오류 처리에 대한 체계적인 접근 방법은 필수이다.

⊙ 매개 변수 오류

원하지 않는 매개 변수가 들어오는 것을 방지해야 한다. 예를 들어 'car', 'truck', 'bus'만을 받아들이도록 설계한다면 String 타입을 받아들이도록 설계해야 하며, 다른 String들이 들어오는 것에 대한 오류 처리 파트를 만들어야 할 것이다. 따라서 아래와 같이 클래스 타입으로 정의하여 사용하는 것이 좋을 것이다.

```
SpecializedVechicle createACar();
SpecializedVechicle createATruck();
SpecializedVechicle createABus();
evaluate( String VehicleP )    // 다른 String이 들어가게 되면 오류가 생긴다.

evaluate( SpecializedVechicle vehicleP )
```

ⓛ 입력 오류

입력 값들에 대한 모든 오류 처리를 하기는 쉽지 않다. 따라서 파라미터의 안전한 디폴트 값을 지정 후, 예외 처리를 활용해 주어야 한다(throw).

⑤ **주석**

㉠ 주석을 다는 두 가지 이유

ⓐ 프로그램 작성, 디버깅에 도움을 얻기 위하여

ⓑ 다른 사람이 프로그램을 이해하기 쉽게 하기 위하여

㉡ 과도한 주석은 피할 것

거의 모든 줄에 '//' 주석을 넣게 되면 사람들이 프로그램을 읽기가 어려워진다.

㉢ 클래스 불변조건

ⓐ 클래스의 속성에 대한 의미와 제약의 모음을 주석으로 입력해야 한다.

ⓑ 개별 필드 선언에 대한 주석을 배치하거나 필드 앞에 단일 주석으로 배치한다.

```
/** The hour of the day, in 0..23. */
private int hr;
/** temps[0..numRecorded-1] are the recorded temperatures */
private double[] temps;
/** number of temperatures recorded */
private int numRecorded;
```

주석에 /**를 달게 되면 IDE(통합개발환경)에서 javadoc가 자동 문서화하여 변수가 사용될 때 선언문을 팝업으로 보여 준다.

㉣ 메소드 주석

ⓐ 모든 메소드 앞에는 빈 줄을 넣고 그 다음에 메소드가 하는 일을 설명하는 Javadoc 스펙을 선행 조건과 함께 쓰는 것이 좋다.

ⓑ Java에서는 매개 변수 및 메소드 결과 값을 설명하기 위한 규칙이 존재한다.

```
@param b one of the sides of the triangle
@return The area of the triangle
// 매개 변수 b와 결과 값을 설명하기 위함
```

ⓒ 메소드 주석을 다는 규칙은 메소드가 무언가를 수행한다는 문장으로 작성하여 관련된 모든 매개 변수를 언급하는 것이다.

```
/**Print the sum of a and b. */
public static void printSum(int a,int b) { ... }
```

ⓓ 함수에 대한 주석은 일반적으로 반환 대상을 표시하기 위해 작성한다.

```
/** Return area of triangle whose side lengths are a, b, and c. */
public static double area(double a,double b,double c) {...}

or

/** = area of triangle whose side lengths are a, b, and c. */
public static double area(double a,double b,double c) {...}
```

ⓜ 클래스 주석

ⓐ public 클래스는 별도의 파일에 저장한다(파일의 시작 부분에 클래스의 용도를 포함하는 주석이 포함되어야 함).

ⓑ 저자, 마지막 수정 날짜 등에 관한 정보를 넣는다.

```
/** An object of class Auto represents a car.
Author : Eun Man Choi
Date of last modification : 25 November 2019 */
public class Auto { ... }
```

ⓗ 문장 주석

ⓐ 메소드 본문의 문장 순서는 논리적 단위로 그룹화되어야 한다.

ⓑ 문장 주석은 논리 구조 앞에서 의미를 설명하는 주석으로 선행되어야 명확성이 향상된다.

ⓒ 문장 주석은 논리 단위에 대한 주석이다.

```
// Truthify x >= y by swapping x and y if needed.
if (x < y) {
    int tmp = x;
    x = y;
    y = tmp;
}
```

(3) 설계에서 코드 생성

객체지향 패러다임은 '분석 → 설계', '설계 → 프로그래밍'으로의 연결이 매우 자연스럽다. IDE(통합개발환경) 도구는 UML 다이어그램으로부터 원시 코드 골격을 자동 생성한다. IDE 도구를 사용하지 않으면 설계를 보고 직접 코딩하여야 한다.

① 연관 코딩

㉠ 1대1 연관

클래스 A와 B 사이에 1대1 연관 관계가 있다면 A에서 B의 함수를 호출할 수 있고, A가 B에 대한 참조를 갖도록 구현한다. 반대로 B에서 A의 함수를 호출할 필요가 있다면 B가 A에 대한 참조를 갖도록 구현한다.

ⓒ 1대다 연관

A와 B 사이에 1대N의 연관 관계가 있고 클래스 A에서 인스턴스 B의 메소드를 호출할 것이 있다면 클래스 A(Schedule)가 클래스 B(CourseOffering)의 참조를 모음(배열)으로 가지고 있도록 구현한다.

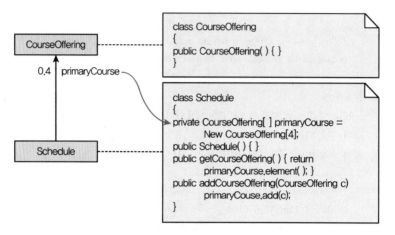

ⓒ N대M 연관

N대M의 연관 관계는 중간에 연관 클래스를 도입하여 1대N의 관계로 바꾸어 설계하기도 한다. N대M의 연관 관계를 직접 구현하기 위해서는 B 객체에 대한 참조 모음을 A 객체가 갖게 하고 A 객체에 대한 참조 모음을 B 객체가 갖도록 한다.

ⓔ 연관을 나타내는 새로운 클래스 도입

예를 들어 클래스 A와 B 사이의 연관을 AssocAB라는 클래스를 만들어 정의한다고 해 보자. 이경우 양쪽 클래스에 상대 인스턴스의 모임을 갖는 참조를 배치시킨다.

```
public class AssocAB {
    private static Collection instance;
    private A a;
    private B b;

    public AssocAB(A a,B b) {
        this.a =a; this.b = b;
    }

    public void add(AssocAB ab) {...}
    public void add(A a,B b) {...}
    public void remove(AssocAB ab) {...}
    ...
}
```

(4) 소프트웨어 리팩토링 중요 ★★★

① 정의

소프트웨어 리팩토링(Software Refactoring)은 소프트웨어 시스템의 원래 기능은 그대로 두면서 내부의 구조를 개선하는 기법이다. 소프트웨어를 보다 쉽게 이해할 수 있고 적은 비용으로 수정할 수 있도록 겉으로 보이는 동작의 변화 없이 내부 구조를 변경하는 것이다. 소프트웨어의 리팩토링을 수행하면 소스 코드를 이해하기 쉽게 만들고, 버그를 보다 빠르게 찾을 수 있도록 도와주며, 보다 적은 비용으로 유지보수할 수 있다.

코드 스멜은 읽기 어려운 프로그램, 중복된 로직을 가진 프로그램, 실행 중인 코드를 변경해야 하는 프로그램, 복잡한 조건이 포함된 프로그램을 의미한다.

② 목적

소프트웨어 리팩토링의 목적은 소프트웨어를 보다 이해하기 쉽고 수정하기 쉽도록 만드는 것이다. 소프트웨어 리팩토링을 통해 오류를 쉽게 찾을 수 있고, 코딩을 좀 더 빠르게 할 수 있다. 리팩토링은 코딩의 이해도를 높이기 위해 수행한다.

③ 코드 스멜과 리팩토링의 관계

코드 스멜	리팩토링
중복된 코드	중복 제거
긴 메소드	메소드 크기 조정
큰 클래스	클래스 몸집 줄이기
긴 매개 변수 리스트	매개 변수 줄이기
두 가지 이유로 수정되는 클래스	한 가지 이유만으로 수정되도록 변경
여러 클래스를 동시에 수정	유사한 클래스를 하나의 클래스로 통합
다른 클래스를 지나치게 활용	메소드를 그들을 사용하는 클래스로 이전
유사 클래스들의 그룹 중복	해당 데이터들을 독립된 클래스로 정의
기본 데이터 타입 선호	같은 작업을 수행하는 기본 데이터의 그룹을 별도의 클래스로 생성
switch, if	다형성을 변경
병렬 상속 계층도	호출하는 쪽의 계층도는 그대로 유지하고 호출당하는 쪽을 변경
게으른 클래스	제거 또는 다른 클래스에 병합
지나친 일반화	상속 제거
임시 속성	속성을 메소드 내부로 옮김
메시지 체인	메시지 체인을 거치지 않고 직접 사용
미들맨	미들맨 역할의 객체를 제거
부적절한 친밀성	데이터 정보 은닉 처리
미완성 라이브러리 클래스	랩핑 클래스 처리
데이터 클래스	데이터를 주로 사용하는 class 내부 메소드로 이관
상속 거부	상위 클래스와 하위 클래스를 확장
주석	주석 없이도 코드를 이해할 수 있도록 코딩

④ **리팩토링 과정**

ㄱ 소규모의 변경(단일 리팩토링)

ㄴ 코드가 전부 잘 작동되는지 테스트

ㄷ 전체가 잘 작동하면 다음 리팩토링 단계로 전진

ㄹ 작동하지 않으면 문제를 해결하기 위해 리팩토링한 것을 undo하여 시스템이 작동되도록 유지

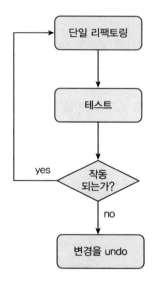

[그림 11-16] 리팩토링 과정

(5) 코딩 스타일

① **R. Fairley의 효율적 코딩 스타일**

ㄱ 표준화된 제어구조를 사용한다(순차, 선택, 반복).

ㄴ 사용자 정의의 데이터형을 도입한다.

ㄷ 일관성 있는 GOTO문을 사용한다(구조적 프로그램에 사용).

ㄹ 함수 안에 사용된 데이터 구조는 사용자에게 정보은닉을 해야 한다.

ㅁ 컴파일 단위로 표준 문서를 작성한다.

ㅂ 원시 코드를 이해하기 쉽도록 구조를 효과적으로 구성한다.

ㅅ 코드의 판독성을 높이기 위해서 주석문을 효과적으로 사용한다.

② **코딩 시 주의사항**

ㄱ 불필요한 문장은 배제한다.

ㄴ then-if 대신에 if-else를 사용한다.

ㄷ 복잡한 중첩 구조는 배제한다.

ㄹ 모호한 코딩은 사용하지 말고 명확한 코딩만 작성한다.

ㅁ 모듈에 매개 변수 5개 이상은 자제한다.

ㅂ 똑같은 문장 반복은 최소화한다.

ㅅ 변수는 단일 목적으로 사용한다.

(6) UML 2.0

① 개요

웹 기반 애플리케이션과 SOA 등 신기술들이 등장함에 따라 MDD 툴과 Method들을 잘 지원하고 전통적인 CASE 툴보다 한층 더 수준 높은 자동화를 지원한다.

② 특징

특징	내용
정확한 언어 구조	• MDD에 필요한 고급 자동화를 지원 • 모델의 모호함과 부정확성을 없애고 프로그램이 모델을 변형 및 조작을 가능케 함
향상된 언어 구조	사용자가 언어에 보다 쉽게 접근할 수 있고 툴들 간 내부 작동을 활성화할 수 있는 모듈식 구조
규모가 큰 시스템의 모델링 향상	현대 시스템은 더욱 더 복잡해지고 있는 추세로 이를 지원하기 위해 유연한 새로운 계층 기능이 언어에 추가되어 소프트웨어 모델링을 지원
도메인 스펙의 특성화 지원 향상	• 확장 매커니즘 이용 • 기본적인 언어가 보다 정확하고 단순해지도록 정리
다양한 모델링 개념들의 정리, 개념화, 정의	• 보다 단순하고 일관성 있는 언어 • 중복된 개념을 제거하고 많은 정의들을 정리하고 텍스트 정의와 예제를 추가

제 5 절 동적 모델링

1 시퀀스 다이어그램 중요 ★★★

(1) 정의

시퀀스 다이어그램은 문제 해결을 위한 객체를 정의하고 객체 간의 상호작용 메시지 시퀀스를 시간의 흐름에 따라 나타내는 다이어그램이다. Use-case 시나리오를 시간과 순서에 따라서 묘사 및 도식화하기 위해 사용하고 객체 간 동적 상호작용을 시간적 개념을 중시하여 모델링한다. 복잡한 시나리오나 실시간 명세를 표현하거나 메시지의 명시적인 순서를 나타내는 데 유용하다.

(2) 특징

① Use-case 시나리오를 시간과 순서에 따라서 묘사 및 도식화
② 객체 간 동적 상호작용을 시간적 개념을 중시하여 모델링
③ 객체의 오퍼레이션과 속성을 상세히 정의
④ 프로그래밍 사양 정의
⑤ 여러 개의 객체들 사이의 동적인 협력사항 표현

⑥ 객체들 간의 관계성은 표현하지 않음

⑦ 복잡한 시나리오나 실시간 명세 표현, 메시지의 명시적인 순서를 나타내기에 좋음

(3) 구성요소

① 활성 객체

시스템의 행위자 혹은 시스템 내의 유효한 객체로 라이프라인(Life Line)을 가진다. 라이프라인은 상호작용에 참여하는 오브젝트를 의미한다.

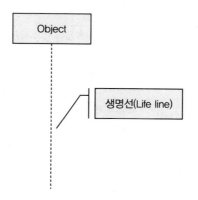

② 메시지

⊙ 개요

서로 다른 객체 간의 상호작용 혹은 의사소통 통신을 정의하는 요소로 하나의 객체 라이프라인으로부터 다른 객체 라이프라인까지 '선 + 화살표'로 표시되며 메시지는 그 선 위에 표시한다.

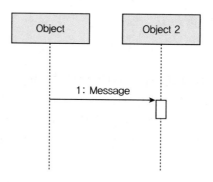

ⓛ 메시지 유형

유형	의미
동기 메시지 (Synchronous Message)	• 프로그램 내 일반적인 함수 호출과 동일한 동작 방식의 메시지 • 안이 채워진 화살표와 실선으로 모형화

비동기 메시지 (ASYNC Message)	• 전송 객체의 호출만을 표시 • 보통 개별 스레드 간의 통신 및 새 스레드의 생성에 사용 • 반이 열린 화살표와 굵은 선으로 모형화
자체 메시지 (Self Message)	• 자신에게 보낸 메시지 • 결과로 생성된 실행 발생이 전송 실행 위에 나타남 • 열린 화살표와 굵은 선으로 모형화
반환 메시지 (Reply/Return Message)	• 이전 호출의 반환을 기다리는 개체에게 다시 반환하는 메시지 • 열려진 화살표와 점선으로 모형화

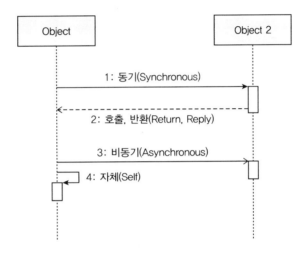

③ **활성 박스(Activation Box)**

객체 라이프라인 위에 그려지는 박스로 이 박스 위에서 객체의 호출이 이루어진다. 객체의 특성 메소드 실행 혹은 정보 처리가 실행되고 있거나 다른 객체의 메소드가 종료되기를 기다린다는 것을 나타낸다.

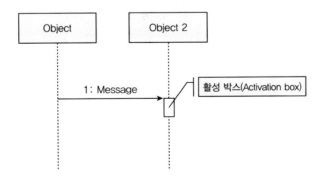

(4) 시퀀스 다이어그램 작성 순서

① Use-case를 선정하고 Use-case 정의서를 분석한다.

② 액터를 위치시키며, 액터는 좌측부터 위치한다.

③ 수평선상에는 서로 다른 객체를 나타내고 수직선상에는 시간이 지나가는 것에 따라 객체들 사이에 메시지 교환을 나타낸다.

④ 시간 순서대로 객체 간 메시지를 정의한다.

⑤ 요구사항 처리를 위해 필요한 객체가 정의되지 않았으면 추가로 정의한다.

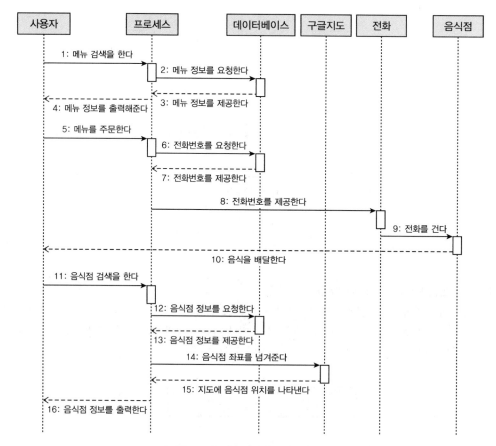

[그림 11-17] 시퀀스 다이어그램 작성 예

2 상태 다이어그램 중요 ★★

(1) 정의

상태 다이어그램은 클래스의 객체가 가질 수 있는 모든 가능한 상태를 보여 주며 특정 객체에 대하여 사전 발생에 따른 상태 전이 과정을 묘사하는 다이어그램이다.

(2) 특징

진입 조건, 탈출 조건, 상태 전이에 필요한 사건 등 자세한 사항이 기술되어 있고 설계 단계에서 클래스 객체의 동적인 행동 방식을 표현하는 데 사용된다.

(3) 구성요소

① **상태** : 객체가 존재할 수 있는 조건 중 하나이다.
② **확장된 상태 아이콘 표기법**
   ㉠ 상태 아이콘을 클래스 아이콘처럼 두 영역으로 나누어 정보를 넣을 수 있다.
   ㉡ 가장 위에는 상태 이름(필수)이다.
   ㉢ 가장 아래 부분에는 활동(선택적)이다.
③ **시작 상태** : 객체의 시작 상태이다.
④ **종료 상태** : 객체의 종료 상태이다.
⑤ **전이**
   ㉠ 객체의 상태가 다른 상태로 변경된다.
   ㉡ 상태 사이의 전이 : 실선으로 표기한다.
⑥ **이벤트**
   ㉠ 객체의 전이를 유발하는 자극이다.
   ㉡ 전이가 일어나는 원인을 제공하는 이벤트와 실제로 수행되어 상태 변화를 일으키는 동작으로 표현한다.
   ㉢ '/'를 사용하여 사건과 동작을 구분한다.

3 통신 다이어그램(Communication Diagram) 중요 ★★

하나의 시스템을 구성하는 요소들이 다른 요소들과 손발을 맞추면서 시스템 전체의 목적을 이루어 나가는 것을 표현하기 위해 사용된다. 서로 다른 요소와 역할들이 모여 있는 것이다.

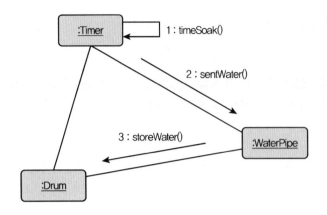

4 액티비티(활동) 다이어그램 중요 ★★

(1) 정의

활동 다이어그램은 오퍼레이션이나 처리 과정이 수행되는 동안 일어나는 일들을 단계적으로 표현하고자 할 때 사용하는 다이어그램으로 절차적 논리, 비즈니스 프로세스, 작업 흐름을 기술하는 데 사용하는 기법이다. State Diagram을 확장한 것으로 볼 수 있다.

(2) 특징

활동 상태 및 전이, 분기, 동기화 막대, 신호 구획면 등으로 표현하여 활동에 중점을 둔 Diagram으로, 업무처리 과정을 나타내거나 분석할 때 유용하다. 플로우 차트와 유사한 특징을 가지고 있어 화면의 흐름을 표현한다.

(3) 상태요소

① **Activity state/Acitivy(활동)** : 행위나 작업(내부적으로 구조를 가지는 단위) 등 무언가를 하고 있는 상태이다.

② **시작 상태(Initial State)** : 처리 흐름이 시작되는 곳을 의미한다.

●

③ **종료 상태(Final State)** : 처리 흐름이 종료되는 곳을 의미한다.

◉

④ **선택점(Decision)** : 논리식의 결과에 따라 분기가 일어나는 곳이다.

⑤ **전이(Transition)**

    ㉠ 하나의 상태에서 다른 상태로의 제어 흐름을 보여주는 데 사용한다.

    ㉡ 상태에서 활동 상태의 흐름이나 상태들 사이의 흐름을 보여준다.

⑥ **구획면(Swim lane)** : 업무조직이나 개인의 역할에 따른 처리구분, 구분영역

(4) 활동 다이어그램 작성 순서

① **작성 대상 선정** : 업무 프로세스 모델링, 오퍼레이션 사양 정의

② **Swim Lane 정의** : 대상 영역에 명확한 역할을 정의해야 할 때

③ **처리 절차 모델링** : 시작점, 끝점을 반드시 표현

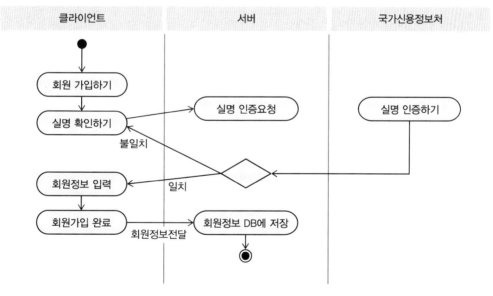

[그림 11-18] 활동 다이어그램

제 **6** 절   구조 모델링

1 컴포넌트 다이어그램

(1) 정의

① 컴포넌트 다이어그램은 시스템을 구성하는 소프트웨어의 조각, 임베디드 컨트롤러 등 그들의 조직
과 종속성을 보여준다.

② 컴포넌트 다이어그램은 클래스 다이어그램보다 높은 수준의 추상화를 가진다.

③ 일반적으로 컴포넌트는 실행 시에 하나 이상의 클래스에 의해 구현된다.

④ 성분은 시스템의 많은 부분을 포함할 수 있도록 구축 블록을 구축한다.

⑤ 도구 상자의 구성요소 페이지에 구성요소 다이어그램 요소 및 커넥터를 생성한다.

(2) 컴포넌트 다이어그램 예시

다음 그림은 구성요소와 상호 관계의 수를 보여준다.

어셈블리 커넥터는 주문에 의해 지정된 필요한 인터페이스 제품과 고객이 제공하는 인터페이스를 연결
한다. 종속 관계는 주문에 의해 지정된 필수 인터페이스 지불에 고객의 관련 계좌 정보를 매핑한다.

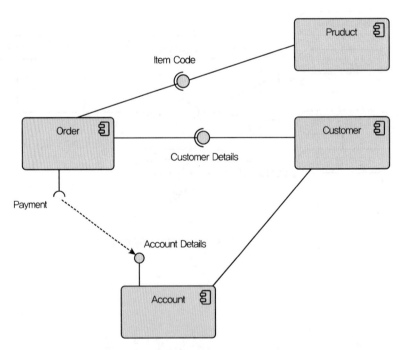

[그림 11-19] 컴포넌트 다이어그램 예제

[Component Diagram Element Icons]

Icon	Description
Package	패키지는 사업 내용을 구성하는 데 사용되지만, 도면상에 첨가할 때 또는 구조적 관계 묘사를 위해 사용될 수 있다.
Packaging Component	패키징 구성요소는 다이어그램의 구성요소와 매우 유사하게 나타나지만 프로젝트 탐색기에서 패키지로 동작하는 요소이다.
Component	구성요소는 행동의 제공과 필요한 인터페이스에 의해 정의되는 시스템의 모듈 부분이다.
Class	클래스는 시스템 내의 구조와 같은 개체의 동작을 반영하는 개체 유형의 표시이다.
Interface	인터페이스는 구현자가 충족하기로 동의하는 동작(또는 계약)의 사양이다.
Object	객체는 실행 시에 클래스의 특정 인스턴스이다.
Port	포트는 분류와 환경 사이의 상호작용을 정의한다.
Expose Interface	노출 인터페이스 요소는 성분 또는 복합 구조 다이어그램, 컴포넌트 클래스 또는 부품에 요구하거나 제공된 인터페이스를 나타낸다.
Artifact	아티팩트는 시스템에 의해 사용되거나 생성된 정보의 물리적인 작업이다.
Document	문서 이슈는 《《문서》》의 정해진 내용을 가지는 이슈이다.

2 배포 다이어그램 중요 ★★

(1) 정의

컴퓨터를 기반으로 하는 시스템의 물리적 구조를 나타낸 다이어그램이다. 소프트웨어, 하드웨어, 네트워크를 포함한 실행 시스템의 물리 구조를 표현한다. 컴퓨터와 부가장치, 각각의 연결 관계뿐만 아니라, 각각의 기계에 설치된 소프트웨어까지 표시한다.

(2) 특징

① 실행 상황의 아키텍처를 보여주는 물리적 뷰이다.
② 실행 파일이나 라이브러리 파일과 같은 소프트웨어 요소와 이것을 실행하는 하드웨어를 시각적으로 보여준다.
③ 소프트웨어 요소의 물리적 배치를 모델링하기 위해 사용된다.
④ 시스템 설계 단계에서는 물리적 배치를 결정하기 어려우나 개략적인 구조를 고려해준다.
⑤ 노드
　㉠ 구성요소들을 동작시키기 위해 필요한 환경을 제공하는 하드웨어 또는 소프트웨어이다.

ⓛ 노드는 실행 시간에 존재하는 물리적 요소로 실행에 필요한 자원을 표현한다.

ⓒ 대부분의 경우 노드는 하드웨어지만 운영체제, 웹 서버, 응용 서버 등은 실행 환경을 제공하는 노드가 될 수 있다.

(3) 표기법

① 육면체로 표시하며 하드웨어의 경우 《device》 스테레오 타입을 사용한다.

② 《computer》, 《server》, 《printer》 등을 사용할 수 있다.

③ 적당한 아이콘을 우상단에 표시할 수 있다.

ⓔ ApplicationServer라는 실행 환경이 MyServer 노드에 배치된 상태

ⓔ 동일 유형의 노드들을 표현하는 경우. 노드 인스턴스를 나타내려면 밑줄을 그어줌

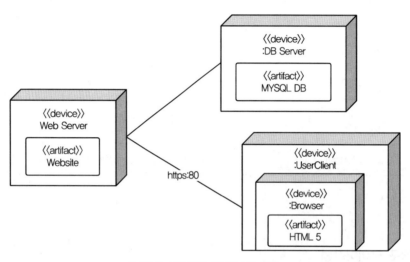

[그림 11-20] 배포 다이어그램 예제

위 그림은 Lucidchart에 필요한 기본 배치 다이어그램을 보여준다. Web Server, UserClient, DB Server를 통한 웹사이트를 보여주는 시스템 다이어그램이다. 웹 서버의 다양한 부분과 UserClient 에서 Javascript가 작동하는 방식을 보여줌으로써 복잡성을 추가할 수 있지만, 이 예시에서는 배치 가 UML 표기법에서 어떻게 표시되는지를 알 수 있다.

3 패키지 다이어그램 중요★

(1) 정의

요소들을 그룹으로 조직하기 위한 매커니즘이다. 계층, 서브시스템, 패키지(in Java) 등 시스템의 논리 적 아키텍처를 표현하는 데 사용된다.

패키지는 클래스와 같은 여러 모델 요소들을 그룹화하여 표현하기 위한 수단이며 패키지 다이어그램은 시스템의 서로 다른 패키지들 사이의 의존 관계를 표현하기 위한 다이어그램이다. 다이어그램의 요소를 조직화하여 패키지 형태로 나타낸다.

클래스와 클래스가 가지는 속성 및 클래스 사이의 관계 표현 시스템 구조 파악과 구조상의 문제점을 도출하는 것이 가능하다.

(2) 표기법

아이콘 안에 패키지 이름만을 표기한 단순 표기법과 패키지에 포함된 내부 패키지 또는 클래스까지 표현한 확장 표기법이 있다.

> • 패키지 : 여러 클래스들로 구성된 묶음
> • 의존 관계 : 하나의 패키지가 다른 패키지를 사용하는 관계

[그림 11-21] 패키지 단순 표기법

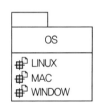

[그림 11-22] 패키지 확장 표기법

① 패키지 확장 표기법

㉠ 패키지와 함께 그 속에 있는 클래스 표현

㉡ 패키지 안에 있는 클래스를 이름만 나타내고 이름 앞에는 가시성(visibility) 표시

㉢ 패키지 안에 패키지 포함 가능

② 패키지의 표준 스테레오타입 종류

㉠ ⟪facade⟫ : 다른 패키지에 뷰를 제공해주는 패키지

㉡ ⟪framework⟫ : 주로 패턴으로 구성된 패키지

㉢ ⟪sub⟫ : 다른 패키지의 공용 내용물에 대한 대리자 역할을 수행

㉣ ⟪subsystem⟫ : 전체 시스템의 독립된 일부분을 나타내는 패키지

㉤ ⟪system⟫ : 전체 시스템을 나타내는 패키지

③ **관계**

　　㉠ 패키지 사이에 있을 수 있는 관계(일반화, 의존)이다.

　　㉡ 일반화 관계는 패키지들 간의 상속을 나타내고 클래스들 사이의 일반화와 유사하다.

　　㉢ 의존 관계는 수입과 접근 관계로 한쪽이 수출한 것을 다른 한쪽의 패키지 요소가 수입하는 데
　　　 사용, 어떤 패키지에서 다른 패키지에 있는 최소한 하나의 클래스를 이용해야 하는 것이다.

④ **중첩된 패키지**

　　㉠ 패키지는 패키지를 포함할 수 있다.

　　㉡ 패키지 내부 요소를 참조하기 위해서는 패키지 내부 요소를 표현할 수 있는 이름으로 설정한다.

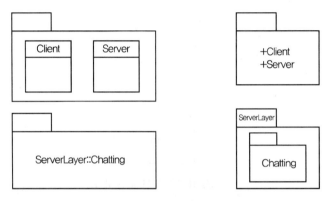

[그림 11-23] 중첩된 패키지 예시

⑤ **패키지 합병**

　　㉠ 합병 관계는 합병하는 패키지와 합병되는 패키지 사이에 이루어지는 의존 관계의 일종이다.

　　㉡ 합병의 결과로 원래의 패키지가 변형된다.

　　㉢ 다음은 인터넷 서점과 인터넷 의류 패키지가 합병되는 패키지, 쇼핑몰 합병하는 패키지 예시이다.

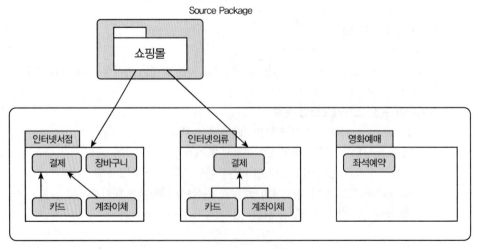

[그림 11-24] 패키지의 병합

더 알아두기

• 구조적 다이어그램 종류

다이어그램	• 클래스와 클래스가 가지는 속성 • 클래스 사이의 관계 표현 시스템 구조 파악 • 구조상의 문제점 도출 가능
객체 다이어그램	• 클래스에 속한 사물들, 즉 인스턴스를 특정 시점의 객체와 객체 사이의 관계로 표현 • 럼바우(Rumbaugh) 객체지향 분석 기법에서 객체 모델링에 활용
컴포넌트 다이어그램	실제 구현 모듈인 컴포넌트 간의 관계나 인터페이스 표현 구현 단계에서 활용
배치 다이어그램	• 결과물, 프로세스, 컴포넌트 등 물리적 요소들의 위치를 표현 • 노드와 의사소통(통신) 경로로 표현 구현 단계에서 활용
복합체 구조 다이어그램	클래스나 컴포넌트가 복합 구조를 갖는 경우 내부 표현
패키지 다이어그램	유스케이스나 클래스 등의 모델 요소들을 그룹화한 패키지들의 관계

• 행위(Behavioral) 다이어그램 종류

유스케이스 다이어그램	• 사용자의 요구 분석 및 기능 모델링 작업에 사용 • 사용자(Actor)와 사용 사례(Use Case)로 구성 • 사례 간 여러 형태의 관계 이룸
시퀀스 다이어그램	상호작용하는 시스템이나 객체들이 주고받는 메시지
커뮤니케이션 다이어그램	• 시퀀스 다이어그램과 같이 동작에 참여하는 객체들이 주고받는 메시지 표현 • 메시지뿐만 아니라 객체들 간 연관까지 표현
상태 다이어그램	• 하나의 객체가 자신이 속한 클래스의 상태변화 혹은 다른 객체와의 상호작용에 따라 상태가 어떻게 변화하는지 표현 • 럼바우(Rumbaugh) 객체지향 분석 기법에서 동적 모델링에 활용
활동 다이어그램	시스템이 어떤 기능을 수행하는지 객체의 처리 로직이나 조건에 따른 처리의 흐름을 순서에 따라 표현
상호작용 개요 다이어그램	상호작용 다이어그램 간 제어흐름 표현
타이밍 다이어그램	객체 상태 변화와 시간 제약을 명시적으로 표현

안심Touch

제 7 절   디자인 패턴

1   개요

디자인 패턴은 유사한 문제를 해결하기 위해 설계들을 분류하고 각 문제 유형별로 가장 적합한 설계를 일반화하여 체계적으로 정리해 놓은 것으로 소프트웨어 개발에서 효율성과 재사용성을 높일 수 있다.

2   디자인 패턴 종류

(1) 생성 패턴

객체의 생성과 참조 과정을 캡슐화하여 객체가 생성되거나 변경되어도 프로그램 구조에 영향을 크게 받지 않도록 하여 프로그램에 유연성을 더해주는 패턴이다.

(2) 구조 패턴

구조 패턴은 클래스나 객체를 조합해 더 큰 구조를 만드는 패턴으로, 서로 다른 인터페이스를 지닌 2개의 객체를 묶어 단일 인터페이스를 제공하거나 객체들을 서로 묶어 새로운 기능을 제공하는 패턴이다.

(3) 행위 패턴

행위 패턴은 객체나 클래스 사이의 알고리즘이나 책임 분배에 관련된 패턴이다. 한 객체가 혼자 수행할 수 없는 작업을 여러 개의 객체로 어떻게 분배하는지, 또 그렇게 하면서도 객체 사이의 결합도를 최소화하는 것에 중점을 둔다.

객체 생성을 위한 패턴 (생성 패턴)	구조 개선을 위한 패턴 (구조 패턴)	행위 개선을 위한 패턴 (행위 패턴)
• 팩토리 메소드(Factory Method) • 추상 팩토리(Abstract Factory) • 싱글턴(Singleton) • 프로토타입(Prototype) • 빌더(Builder)	• 어댑터(Adapter) • 퍼사드(Facade) • 브리지(Bridge) • 컴퍼지트(Composite) • 데커레이터(Decorator) • 플라이웨이트(Flyweight) • 프록시(Proxy)	• 인터프리터(Interpreter) • 템플릿 메소드(Template Method) • 커멘드(Command) • 이터레이터(Iterator) • 메디에이터(Mediator) • 메멘토(Memento) • 옵서버(Observer) • 스테이트(State) • 스트래티지(Strategy) • 비지터(Visitor) • 책임 연쇄(Chain of Responsibility)

> **참고**
> 디자인 패턴 관련 세부내용은 제7장 제4절을 참고하시기 바랍니다.

○×로 점검하자

※ 다음 지문의 내용이 맞으면 ○, 틀리면 ×를 체크하시오. [1 ~ 17]

01 객체지향 분석(Object Oriented Analysis)은 시스템을 일련의 상호작용하는 객체들로 모델링하여 개발하는 소프트웨어 공학 접근 방식이다. (　　)

>>>○ 객체지향 분석(Object Oriented Analysis)은 시스템을 일련의 상호작용하는 객체들로 모델링하여 개발하는 소프트웨어 공학 접근 방식으로 사용자의 요구사항을 분석하여 요구 문제와 관련된 모든 클래스(객체), 이와 연관된 속성과 연산, 그들 간의 관계 등을 정의하여 모델링하는 작업이다. 기존의 분석 기법에 비해 실세계의 현상을 보다 정확히 모델링할 수 있도록 어려운 응용 분야에 적용이 가능하다.

02 속성은 객체지향 시스템에서 전통적 시스템의 함수(function) 또는 프로시저(procedure)에 해당하는 연산기능이다. (　　)

>>>○ 메소드는 객체지향 시스템에서 전통적 시스템의 함수(function) 또는 프로시저(procedure)에 해당하는 연산기능이다. 속성은 객체가 가지고 있는 상태이다.

03 통합 프로세스는 각각의 생명주기를 가지는 여러 번의 반복을 거쳐 수행되는 모델이며, UP(Unified Process)모델이 대표적이다. (　　)

>>>○ 통합 프로세스는 각각의 생명주기를 가지는 여러 번의 반복을 거쳐 수행되는 모델이며, UP(Unified Process)모델이 대표적이다. RUP(Rational Unified Process)는 소프트웨어 개발공정으로서 개발 조직 내에서 작업과 책임을 할당하기 위한 규칙을 제시한다. 그 목적은 예정된 일정과 예산 내에서 고객의 요구를 충족시키는 고품질의 소프트웨어를 생산하는 데 있다.

04 구조 기법은 현실 세계의 개체(Entity)를 기계의 부품처럼 하나의 객체(Object)로 만들어, 기계적인 부품들을 조립하여 제품을 만들듯 소프트웨어를 개발할 때에도 객체들을 조립해서 작성할 수 있도록 하는 기법이다. (　　)

>>>○ 객체지향 기법(Object Oriented Technique)은 현실 세계의 개체(Entity)를 기계의 부품처럼 하나의 객체(Object)로 만들어, 기계적인 부품들을 조립하여 제품을 만들듯 소프트웨어를 개발할 때에도 객체들을 조립해서 작성할 수 있도록 하는 기법이다.

05 객체지향 기법의 구조는 '계획 및 분석 → 구현 → 설계 → 테스트 및 검증' 순이다. (　　)

>>>○ 객체지향 기법의 구조는 '계획 및 분석 → 설계 → 구현 → 테스트 및 검증' 순이다.

정답 **1** ○ **2** × **3** ○ **4** × **5** ×

06 유스케이스 다이어그램(Use-Case Diagram)은 시스템 기능에 대한 사용자 입장을 표현한 다이어그램이다. (　　)

>>>◯ 유스케이스 다이어그램(Use-Case Diagram)은 시스템 기능에 대한 사용자 입장을 표현한 다이어그램이며, 구조 모델링에 사용되는 다이어그램이다.

07 한 클래스가 다른 클래스를 포함하는 상위 개념일 때 두 클래스 사이에 상속성이 존재한다.

(　　)

>>>◯ 한 클래스가 다른 클래스를 포함하는 상위 개념일 때 두 클래스 사이에는 일반화 관계가 존재한다. 상속성은 "자식 클래스가 부모 클래스로부터 상속을 받는다." 또는 "자식 클래스가 부모 클래스를 확장한다."라고 표현한다.

08 시퀀스 다이어그램은 문제 해결을 위한 객체를 정의하고 객체 간의 상호작용 메시지 시퀀스를 시간의 흐름에 따라 나타내는 다이어그램이다. (　　)

>>>◯

시퀀스 다이어 그램	• 단일 Use-case에서 객체들의 상호작용을 표현 • 개별 클래스에 책임을 할당 • 하나의 클래스는 소스 코드 상에서 하나 이상의 구현 클래스에 대응됨

09 활동 다이어그램은 시스템을 구성하는 소프트웨어의 조각, 임베디드 컨트롤러 등 그들의 조직과 종속성을 보여준다. (　　)

>>>◯ 활동 다이어그램은 오퍼레이션이나 처리 과정이 수행되는 동안 일어나는 일들을 단계적으로 표현하고자 할 때 사용하는 다이어그램이다. 절차적 논리, 비즈니스 프로세스, 작업 흐름을 기술하는 데 사용하는 기법이다. 컴포넌트 다이어그램은 시스템을 구성하는 소프트웨어의 조각, 임베디드 컨트롤러 등 그들의 조직과 종속성을 보여준다.

10 동적 모델링은 정보 모델링이라고도 하며 시스템에서 요구되는 객체를 찾아내어 객체들의 특성과 객체들 사이의 관계를 규명하는 것이다. (　　)

>>>◯

분석 객체 모델링	정보 모델링이라고도 하며 시스템에서 요구되는 객체를 찾아내어 객체들의 특성과 객체들 사이의 관계를 규명하는 것
동적 모델링	객체 모델링에서 규명된 객체들의 행위와 객체들의 상태를 포함하는 라이프 사이클을 보여줌

정답　**6** ◯　**7** ×　**8** ◯　**9** ×　**10** ×

11 기능 모델링은 객체 모델링에서 규명된 객체와 동적 모델링에서 밝혀진 각 객체의 형태 변화에서 새로운 상태로 들어갔을 때 수행되는 동작들을 기술하는 데 사용한다. (   )

>>>◯ 기능 모델링은 객체 모델링으로 각 객체의 형태 변화에서 새로운 상태로 들어갈 때 수행되는 동작들을 기술하는 것이며 USE-CASE나 시나리오 작성을 통해 표현한다.

12 디자인 패턴은 이미 만들어져서 잘 되는 것은 처음부터 다시 만들 필요가 없다는 의미이다.
(   )

>>>◯ 디자인 패턴은 이미 만들어져서 잘 되는 것은 처음부터 다시 만들 필요가 없다는 의미이다. 소프트웨어를 설계할 때 특정 상황에서 자주 사용하는 패턴을 정형화한 것이며 좋은 소프트웨어 설계를 위한 개발자들의 경험적 산물이라 할 수 있다.

13 디자인 패턴은 생성(Creational), 구조(Structural), 상태(State) 3가지로 분류한다. (   )

>>>◯ 디자인 패턴은 생성(Creational), 구조(Structural), 행위(Behavioral) 3가지로 분류한다.

14 생성 패턴은 클래스나 객체를 조합해 더 큰 구조를 만드는 패턴이다. (   )

>>>◯ 클래스나 객체를 조합해 더 큰 구조를 만드는 패턴은 구조 패턴이다. 생성 패턴은 인스턴스를 만드는 절차를 추상화하는 패턴이다.

15 행위 패턴은 객체나 클래스 사이의 알고리즘이나 책임 분배에 관련된 패턴이다. (   )

>>>◯ 행위 패턴은 객체나 클래스 사이의 알고리즘이나 책임 분배에 관련된 패턴이다. 행위 패턴에서는 한 객체가 혼자 수행할 수 없는 작업을 여러 개의 객체로 어떻게 분배하는지, 객체 사이의 결합도를 최소화하는 것에 중점을 둔다.

16 소프트웨어 리팩토링(Software Refactoring)은 소프트웨어 시스템의 원래 기능은 그대로 두면서 내부의 구조를 개선하는 기법이다. (   )

>>>◯ 소프트웨어 리팩토링(Software Refactoring)은 소프트웨어를 보다 쉽게 이해할 수 있고 적은 비용으로 수정할 수 있도록 겉으로 보이는 동작의 변화 없이 내부 구조를 변경하는 것이다. 소프트웨어의 리팩토링을 수행하면 소스 코드를 이해하기 쉽게 만들고, 버그를 보다 빠르게 찾을 수 있도록 도와주며, 보다 적은 비용으로 유지보수할 수 있다.

17 단일 책임 원칙(SRP : Single Responsibility Principle)에서 객체는 단 하나의 책임만 가져야 한다는 원칙이다. (   )

>>>◯ 단일 책임 원칙(SRP : Single Responsibility Principle)은 객체는 단 하나의 책임만 가져야 한다는 원칙이다. 응집도는 높고 결합도는 낮게 설계하는 것을 의미한다.

정답 **11** ◯ **12** ◯ **13** ✕ **14** ✕ **15** ◯ **16** ◯ **17** ◯

01 [문제 하단의 표 참조]

01 다음 중 통합 프로세스 단계별 활동에 대한 설명으로 **잘못된** 것은?

① 도입(Inception) : 소프트웨어 개발 주문에 관련된 사람들(고객, 사용자, 재무적 지원자 등)과의 준비적 상호작용 단계
② 구체(Elaboration) : 기본 기능만을 가진 제품 산출 단계
③ 구현(Construction) : 주요 설계 및 구현을 수행
④ 전이(Transition) : 제품 릴리즈 완성 단계로서 구현 및 테스트 수행

>>>◯

[통합 프로세스 단계별 활동]

도입 (Inception)	소프트웨어 개발 주문에 관련된 사람들(고객, 사용자, 재무적 지원자 등)과의 준비적 상호작용 단계
구체 (Elaboration)	어떠한 시스템이 필요한지를 확정하는 단계
구현 (Construction)	기본 기능만을 가진 제품 산출 단계로 주요 설계 및 구현을 수행
전이 (Transition)	제품 릴리즈 완성 단계로서 구현 및 테스트 수행

정답 01 ②

02 객체지향 개념 중 하나 이상의 유사한 객체들을 묶어 공통된 특성을 표현한 데이터 추상화를 의미하는 것은?

① 메소드(method)
② 클래스(class)
③ 상속성(inheritance)
④ 추상화(abstraction)

03 객체지향의 캡슐화(encapsulation) 개념이 갖는 장점이 <u>아닌</u> 것은?

① 재사용이 용이하다.
② 연산방법이 단순하다.
③ 인터페이스를 단순화시킨다.
④ 변경이 발생할 때 오류의 파급효과가 적다.

04 객체지향 시스템에서 자료 부분과 연산(또는 함수) 부분 등 정보 처리에 필요한 기능을 한 테두리로 묶는 것을 무엇이라고 하는가?

① 정보은닉(information hiding)
② 클래스(class)
③ 캡슐화(encapsulation)
④ 통합(integration)

02 ① 메소드는 객체지향 시스템에서 전통적 시스템의 함수(function) 또는 프로시저(procedure)에 해당하는 연산기능이다.
③ 상속성(inheritance)은 "자식 클래스가 부모 클래스로부터 상속을 받는다." 또는 "자식 클래스가 부모 클래스를 확장한다"라고 표현한다.
④ 추상화는 다른 객체와 구분되는 속성이며, 이 속성은 객체가 수행하는 기능을 의미한다.

03 객체지향 분석(Object Oriented Analysis)은 시스템을 일련의 상호작용하는 객체들로 모델링하여 개발하는 소프트웨어 공학 접근 방식으로 연산방법이 복잡하다.

04 캡슐화는 데이터와 이에 대한 연산을 합한 것을 의미하며, 캡슐화의 장점은 정보은닉(information hidden)이다.

정답 02② 03② 04③

05 메소드는 객체지향 시스템에서 전통적 시스템의 함수(function) 또는 프로시저(procedure)에 해당하는 연산기능이다. 메소드가 실행되는 시점은 사용자가 명령어를 입력할 때 운영체제에 의해 인터럽트가 발생될 때, 특별한 데이터 값을 만날 때이다.

05 객체지향 기법에서 메소드의 시작점이 아닌 것은?

① 사용자 명령어가 입력될 때
② OS에 의하여 인터럽트가 감지될 때
③ 특별한 데이터 값을 만날 때
④ 오브젝트로부터 메시지를 받을 때

06 다형성은 동일한 명령이라도 경우에 따라 다른 의미의 연산으로 사용될 수 있음을 의미한다.

06 객체지향 시스템의 다형성(polymorphism)에 대하여 바르게 기술한 것은?

① 한 객체가 가지고 있는 데이터의 여러 속성들
② 한 객체가 가지고 있는 여러 가지 연산기능들
③ 한 클래스에서 여러 개의 객체를 생성하는 것
④ 한 메시지가 객체에 따라 다른 방법으로 응답할 수 있는 것

07 정보은폐란 캡슐화에서 가장 중요한 개념으로 다른 객체에게 자신의 정보를 숨기고 연산만을 통하여 접근을 허용하는 것을 말한다. 목적은 다른 코드에 직접적인 영향을 받지 않기 위해서이다.

07 객체지향 설계에 있어서 정보은폐(information hiding)의 근본적인 목적은?

① 코드를 개선하기 위하여
② 프로그램의 길이를 짧게 하기 위하여
③ 고려되지 않은 영향(side effect)들을 최소화하기 위하여
④ 인터페이스를 최소화하기 위하여

정답 05 ④ 06 ④ 07 ③

08 객체지향 기법에서 상속(inheritance)의 결과로서 얻을 수 있는 가장 주요한 이점은?

① 모듈 라이브러리의 재이용
② 객체지향 DB를 사용할 수 있는 능력
③ 클래스와 오브젝트들을 재사용할 수 있는 능력
④ 프로젝트들을 보다 효과적으로 관리할 수 있는 능력

08 이미 정의된 상위 클래스의 모든 속성과 연산을 하위 클래스가 물려받는 것을 상속이라 한다. 상속의 결과로 얻을 수 있는 가장 큰 이점은 클래스와 오브젝트들을 재사용할 수 있는 능력이다.

09 객체지향 패러다임에 관련된 개념으로 거리가 먼 것은?

① 상속성
② 캡슐화
③ 다형화
④ 동적 바인딩

09 객체지향의 3가지 특징에는 상속, 캡슐화, 다형성이 있다.

10 객체지향 개념에 관한 설명으로 옳지 않은 것은?

① 객체들 간의 상호작용은 메시지를 통해 이루어진다.
② 클래스는 인스턴스(instance)들이 갖는 변수들과 인스턴스들이 사용할 메소드(method)를 갖는다.
③ 객체지향은 다중 상속을 원칙으로 한다.
④ 객체가 갖는 데이터를 처리하는 알고리즘을 연산(operation) 또는 메소드(method)라 한다.

10 객체지향은 단일 상속을 원칙으로 한다.

정답 08 ③ 09 ④ 10 ③

11 객체지향 분석(Object Oriented An-alysis)은 시스템을 일련의 상호작용하는 객체들로 모델링하여 개발하는 소프트웨어 공학 접근 방식으로 주로 ERD를 사용한다.

12 Rumbaugh의 객체지향 분석법은 가장 일반적으로 사용되며, 구성요소를 그래픽 표기법으로 모델링하는 기법으로, '객체 모델링 → 동적 모델링 → 기능 모델링'의 순으로 분석활동을 한다.

13 객체지향 분석 기법은 시스템의 요구사항을 분석하기 위해 3가지 모델링 기법을 단계적으로 적용한다. '객체와 연관된 자료 구조의 표현 → 객체 행위 모형의 생성 → 객체 관계 모형의 생성'이 그것이다. '클래스와 클래스 계층의 명시'는 3가지 기법에 활용되지 않는다.

정답 11 ④ 12 ① 13 ③

11 **객체지향 분석에 대한 설명으로 옳지 <u>않은</u> 것은?**

① 분석가에게 주요한 모델링 구성요소인 클래스, 객체, 속성, 연산들을 표현해서 문제를 모형화시킬 수 있게 해 준다.

② 객체지향 관점은 모형화 표기법의 전후 관계에서 객체의 분류, 속성들의 상속, 그리고 메시지의 통신 등을 결합한 것이다.

③ 객체는 클래스로부터 인스턴스화되고, 이 클래스를 식별하는 것이 객체지향 분석의 주요한 목적이다.

④ E-R 다이어그램은 객체지향 분석의 표기법으로는 적합하지 않다.

12 **객체 모형(object method), 동적 모형(dynamic model), 기능 모형(functional model)의 3개 모형으로 구성되어 있는 객체지향 분석 기법은?**

① Rumbaugh method

② Wirf-Brock method

③ Jacobson method

④ Coad & Yourdon method

13 **객체지향 분석 과정에 해당되지 <u>않는</u> 것은?**

① 객체 관계 모형의 생성

② 객체 행위 모형의 생성

③ 클래스와 클래스 계층의 명시

④ 객체와 연관된 자료 구조의 표현

14 객체지향 기술에 관한 설명 중 옳지 <u>않은</u> 것은?

① 객체지향적인 S/W 개발기술은 1960년대 후반 처음 제기되었다.

② 객체지향 기술은 S/W의 재사용에 관련된다.

③ 객체(Object)들을 Class로 정의하는 단계는 분석 단계이다.

④ 캡슐화가 되어 있는 객체들 간에도 정보 교환이 가능하다.

14 객체지향 프로그램은 상속을 통한 재사용이 용이하고, 생산성이 향상되며, 유지보수가 용이하고, 시스템의 확장성이 높으며, 정보은폐가 자연스럽게 이루어진다는 특징이 있다. 객체지향적인 S/W 개발기술은 1970년대 후반에서 1980년대 초 사이에 제기되었다.

15 다음 중 UML에서 사용하지 <u>않는</u> 것은?

① 클래스 다이어그램

② 활동 다이어그램

③ 시퀀스 다이어그램

④ 자료 흐름도

15 구조적 분석은 기존의 소프트웨어를 분석하여, 좀 더 효율적인 소프트웨어를 개발하기 위한 분석 기법을 뜻한다. 자료 흐름도(Data Flow Diagram)는 시간이 경과함에 따라 자료가 흐르는 관점에 맞게 처리되는 작업 절차를 흐름 중심으로 그린 것으로 구조적 분석 기법에 해당한다.

16 다음 중 Use-case의 특징이 <u>아닌</u> 것은?

① Use-case의 기능과 목적이 아닌 이벤트 흐름이 기술된다.

② 간접적인 어휘가 사용된다.

③ 복합문은 최대한 피해서 작성된다.

④ 부사는 사용되지 않는다.

16 간접적인 어휘가 아닌 직접적인 어휘가 사용된다.

정답 14 ① 15 ④ 16 ②

안심Touch

17 디자인 패턴은 생성, 구조, 행위로 분류된다.

17 GoF 디자인 패턴의 분류가 <u>아닌</u> 것은?

① 수정 패턴
② 생성 패턴
③ 구조 패턴
④ 행위 패턴

18 리스코프 치환 원칙(LSP : Liskov Substitution)은 자식 클래스는 최소한 자신의 부모 클래스에서 가능한 행위는 수행할 수 있어야 한다는 설계 원칙이다. 자식 클래스는 부모 클래스의 책임을 무시하거나 재정의하지 않고 확장만 수행하도록 해야 한다.

18 객체지향 설계 원칙 중 서브 타입(상속받은 하위 클래스)은 어디에서나 자신의 기반타입(상위 클래스)으로 교체할 수 있어야 함을 의미하는 원칙은?

① ISP(Interface Segregation Principle)
② DIP(Dependency Inversion Principle)
③ LSP(Liskov Substitution Principle)
④ SRP(Single Responsibility Principle)

19 전략 패턴은 동일한 계열의 알고리즘들을 개별적으로 캡슐화하여 상호 교환할 수 있게 정의하는 행위 패턴이다. 인스턴스를 복제하여 사용하는 패턴은 프로토타입 패턴이다.

19 GoF(Gang of Four) 디자인 패턴과 관련한 설명으로 옳지 <u>않은</u> 것은?

① 디자인 패턴을 목적(purpose)으로 분류할 때 생성, 구조, 행위로 분류할 수 있다.
② Strategy 패턴은 대표적인 구조 패턴으로 인스턴스를 복제하여 사용하는 구조를 말한다.
③ 행위 패턴은 클래스나 객체들이 상호작용하는 방법과 책임을 분산하는 방법을 정의한다.
④ Singleton 패턴은 특정 클래스의 인스턴스가 오직 하나임을 보장하고 이 인스턴스에 대한 접근 방법을 제공한다.

정답 17 ① 18 ③ 19 ②

✅ 주관식 문제

01 USE-CASE의 구성요소의 4가지 종류 중 괄호 안에 들어갈 용어를 순서대로 쓰시오.

> 시스템(System), (㉠), 유스케이스(Use-case), (㉡)

02 시스템 동작을 정형화하고 객체들 간의 메시지 교환을 시각화하여 나타내는 UML 다이어그램의 종류가 무엇인지 쓰시오.

01 【정답】
㉠ 액터(Actor), ㉡ 관계(Relation)
【해설】
USE-CASE의 구성요소는 시스템(System), 액터(Actor), 유스케이스(Use-case), 관계(Relation)이다.

02 【정답】
시퀀스 다이어그램
【해설】
시퀀스 다이어그램
(Sequence Diagram)
- 인스턴스 간의 상호작용을 구조 중심으로 표현
- 객체와 객체 간의 관계와 객체들 간에 주고받는 메시지 교환을 나타냄
- 콜래보레이션 다이어그램과 유사하지만 시퀀스 다이어그램은 객체들 사이의 주고받는 메시지의 순서를 강조한 다이어그램임

03 **정답**

인터페이스 분리 원칙

해설

인터페이스 분리 원칙(ISP : Interface Segregation Principle)은 자신이 사용하지 않는 인터페이스와 의존 관계를 맺거나 영향을 받지 않아야 한다는 원칙이다. 단일 책임 원칙이 객체가 갖는 하나의 책임이라면 인터페이스 분리 원칙은 인터페이스가 갖는 하나의 책임이다.

03 다음 설명에 해당하는 객체지향 설계원칙이 무엇인지 쓰시오.

- 클라이언트는 자신이 사용하지 않는 메소드와 의존 관계를 맺으면 안 된다.
- 클라이언트가 사용하지 않는 인터페이스 때문에 영향을 받아서는 안 된다.

제12장

소프트웨어 공학의 최근동향

I wish you the best of luck!

제12장 소프트웨어 공학의 최근동향

제 1 절 CASE

CASE(Computer Aided Software Engineering)는 소프트웨어 개발 과정에서 사용되는 요구 분석, 설계, 구현, 검사 및 디버깅 과정 전체 또는 일부를 컴퓨터와 전용 소프트웨어 도구를 사용하여 자동화하는 것이다. 소프트웨어 공학에서 개발된 방법론들을 컴퓨터를 이용하여 구현함으로써 수작업으로 이루어지던 소프트웨어 개발의 전 과정을 자동화하여 소프트웨어 개발 및 유지보수에 대한 생산성 및 개발된 소프트웨어에 대한 신뢰성을 향상시키고자 하는 것이다.

1 CASE 도구의 분류 중요 ★★★

CASE는 소프트웨어 생명주기의 어느 부분을 지원하느냐에 따라 상위 케이스, 중위 케이스, 하위 케이스, 통합 케이스로 분류한다.

(1) CASE의 분류

① **상위(Upper) CASE**
   - ㉠ 소프트웨어 생명주기의 전반부에서 사용되는 것으로, 문제를 기술(Description)하고 계획하며 요구 분석과 설계 단계를 지원하는 CASE
   - ㉡ 여러 가지 명세와 문서를 작성하는 데 사용
   - ㉢ 상위 CASE 도구(Tool)에는 SREM, PSL/PSA, SERA, FOUNDATION 등이 있음

② **중위(Medium) CASE**
   사용자 요구사항에 대해 분석을 하고 문제점을 찾아 다이어그램과 사전(Dictionary) 구성요소로 구성

③ **하위(Lower) CASE**
   - ㉠ 소프트웨어 생명주기의 하반부에서 사용되는 것으로 코드의 작성과 테스트, 문서화하는 과정을 지원하는 CASE
   - ㉡ 하위 CASE 도구에는 구문 중심 편집기, 코드 생성기 등이 있음

④ **통합(Integrate) CASE**
   - ㉠ 소프트웨어 생명주기에 포함되는 전체 과정을 지원하기 위한 CASE로, 공통의 정보 저장 장소와 통일된 사용자 인터페이스를 사용하여 도구들을 통합
   - ㉡ 통합 CASE 도구에는 IEF, POWERTOOLS, TAGS/IORL, TEAMWORK 등이 있음

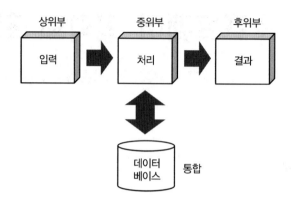

[그림 12-1] CASE의 4가지 구성요소

(2) CASE 도구의 등장 배경

① 소프트웨어 산업 측면에서 소프트웨어 위기의 극복을 위한 방안이다.

   CASE 도구를 사용함으로서 생산성 향상을 가져온다.

② 정보시스템 관리 측면에 유용하다.

   ㉠ 사용자의 요구사항과 실제 시스템 간의 차이가 발생하면 극복이 필요하다.

   ㉡ 시스템의 재사용성, 생산성 및 유지보수의 어려움을 극복하는 것이 필요하다.

   ㉢ 소프트웨어의 대규모화, 통합화, 다양화 및 복잡화에 따른 효율적인 관리가 필요하다.

(3) CASE 도구의 발전 배경

연도	내용	CASE
1970년대	• 고급 언어 컴파일러 • 구조적 프로그래밍	• Computer-Aided Documentation • Computer-Aided Diagramming • Analysis And Design Tools
1980년대	• 4GL • ISP, Prototype • 통합 프로젝트 관리 • 정보공학	• Automatic Design Analysis And Checking • Automatic System Information Repository
1990년대	• 역공학, 지능적 CASE • 객체지향 방법 • 인터넷 환경	• Linking Design Automation And Program Automation • Habitable User Interface
1990년대 말	통합 CASE 및 방법론	Reusable As A Development Methodology

(4) CASE의 필요성

① 소프트웨어 개발 전 단계에 걸친 표준을 자동화된 내부 통제기능으로 관리가 필요하다.

② 사용자의 참여도 증가를 관리하기 위해 요구사항에 대한 신속한 변경 및 관리를 실행한다.

③ 표준화된 소프트웨어 모듈을 재사용하는 방안과 자동코드 생성으로 생산성을 증대시킨다.

④ 문서 관리의 용이성 및 시스템 수정과 유지보수를 간결하게 향상시키기 위한 방안이다.

(5) CASE의 특징

① CASE의 툴(Tool)은 가격은 비싸지만 개발 비용은 절감된다.

　　CASE를 도입함으로써 프로그램 개발 비용이 절감된다.

② CASE는 스스로 동작하는 것이 아니므로 분석가의 지원이 필요하다.

　　데이터가 있어서 자동으로 되는 것이 아니라 명령어나 문법이 필요하다.

③ 수정이 용이하며 정확하다.

④ 개발을 신속하게 할 수 있어 개발 기간이 단축된다.

⑤ 생산성이 좋아진다.

⑥ 재사용성이 높아진다.

⑦ 자동화된 검사를 통해 품질이 향상된다.

⑧ CASE 툴(Tool) 간의 호환성이 없다.

(6) CASE의 장단점

① 장점

　　㉠ SDLC 전단계의 개발 표준화 작업을 한다.

　　㉡ 개발 시 사용자 참여를 증대시킨다.

　　㉢ 소프트웨어의 재사용을 증대시킨다.

　　㉣ 유지보수성을 향상시킨다.

　　㉤ 문서화에 용이(자동화 포함)하다.

② 단점

　　㉠ 고가의 비용을 사용한다.

　　㉡ TOOL 사용에 어려움이 따른다.

　　　숙달된 TOOL이 아닌 이상 처음 접하게 된다.

　　㉢ 완벽한 코딩을 생성하지 못한다.

　　　완벽히 정형화된 코드가 아니기 때문에 불필요한 코드가 생성된다.

(7) CASE 도구와 4GL의 비교

CASE 도구	4GL
• 사용자 중심 • SDLC 전과정에 사용 • 그래픽 표현 중심 • 개발방법론 사용 중심	• 개발자 중심 • 코딩(coding) 위주로 사용 • 메뉴 중심 • DBMS 연결 중심

(8) CASE 도구 시스템의 구성

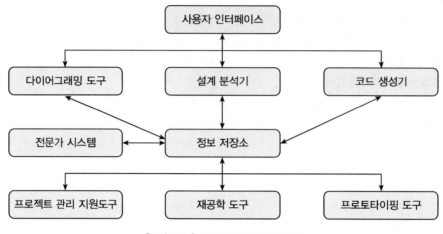

[그림 12-2] CASE 도구 시스템 구성

① **Diagram 작성 도구** : 사용자 요구 명세서 정의, 설계 결과를 다이어그램으로 생성한다.

② **설계 분석기** : 설계 명세서의 정확성, 일치성, 모호성에 대해 검사한다.

③ **코드 생성기** : 명세서로부터 프로그래밍 언어로 된 모듈의 코드를 생성한다.

④ **정보 저장소(Repository)** : 라이프사이클 동안 생성된 모든 시스템의 정보를 관리하고 저장한다 (CASE 도구의 중심, SDLC 동안 정보 저장).

⑤ **프로젝트 관리 지원 도구** : 프로젝트 관리자를 위한 정보 지원 도구이다.

⑥ **재공학 도구** : 기존 시스템의 설계 명세서 작성을 지원한다.

⑦ **Prototyping 도구** : 초기 UI 작성을 지원한다.

(9) CASE 도구의 효과

① 표준화된 환경 구축 및 문서과정의 자동화와 표현성을 확보한다.

② 소프트웨어 재사용성 및 안정된 소프트웨어 품질 확보가 가능하다.

③ 전 과정의 신속성, 통합성을 제공한다.

　㉠ 자동화된 내부 통제 기능으로 소프트웨어 품질 향상 및 프로젝트 관리의 원활화를 추구한다.

　㉡ 시스템 개발 시 사용자 참여도가 증대된다.

　㉢ 자동 코드 생성, 다이어그램 기능 등으로 시스템 개발 기간의 단축 및 개발 속도의 증진을 가져 온다.

　㉣ CASE 도구를 이용하여 문서화시키는 것이 용이하다.

(10) CASE 도입 시 고려 사항

① **CASE 도입의 목적 명확화**

㉠ CASE를 도입하여 해결해야 하는 업무 영역에 대한 명확한 정의를 선행해서 도입 목적을 명확히 해야 한다.

㉡ 도입의 목적이 불분명한 경우에는 도입 전과 도입 이후의 효과에 대한 측정 방법이 없다.

② **시스템 개발에 적용할 방법론 고려**

㉠ 프로젝트를 추진 시 적용해야 하는 개발방법론에 따라 CASE를 선정한다.

㉡ 사용하고자 하는 방법론을 지원하는 CASE를 선정해야 프로젝트 진행이 원활하다.

③ **조직 및 구성원에 대한 고려**

㉠ CASE 적용에 필요한 인적 수준에 대한 고려가 필요하다.

㉡ CASE 사용에 필요한 교육시간, 프로젝트 종료 후 인원에 대한 재배치 등의 사항을 고려해야 한다.

2 CASE 저장소 ★★★

(1) 정보 저장소의 개요

정보 저장소(Repository)는 소프트웨어를 개발하는 과정 동안에 모아진 정보를 보관하여 관리하는 곳으로 CASE 정보 저장소, CASE 데이터베이스, 요구사항 사전, 저장소라고도 한다. 일반적으로 정보 저장소는 도구들과 생명주기 활동, 사용자들, 응용 소프트웨어들 사이의 통신과 소프트웨어 시스템 정보의 공유를 향상시킨다. 초기의 소프트웨어 개발 환경에서는 사람이 정보 저장소 역할을 하였지만 오늘날에는 데이터베이스가 정보 저장소 역할을 담당한다. 도구들의 통합, 소프트웨어 시스템의 표준화, 소프트웨어 시스템 정보의 공유, 소프트웨어 재사용성의 기본이 된다. 소프트웨어 시스템 구성요소들과 시스템 정보가 정보 저장소에 의해 관리되므로 유지보수성이 향상된다.

(2) 정보 저장소 사용의 이점

① 도구들과 생명주기 활동, 사용자들, 응용 소프트웨어들 사이의 통신과 소프트웨어 시스템의 정보 공유를 향상시킨다.

② 소프트웨어 시스템 구성요소들과 시스템 정보가 정보 저장소에 의해 관리되므로 유지보수성이 향상된다.

③ CASE 도구들 간에 정보를 쉽게 교환하고, 사용자가 쉽게 새로운 도구를 추가할 수 있도록 해줄 수 있다.

④ CASE 도구들을 통합하여 통합 CASE 도구 사용을 가능하게 한다.

⑤ 중복된 공통 정보를 통합하며 불필요한 정보를 제거할 수 있다.

⑥ 생명주기 정보를 재사용할 수 있도록 한다.

⑦ 소프트웨어 시스템의 이식과 변환을 용이하게 한다.

(3) CASE 저장소의 기능
① 데이터 통합
② 정보 공유
③ 데이터 툴 통합
④ 데이터 간 통합

3 도구와 통합

CASE 도구는 정보 시스템 개발주기 내내 프로젝트 관리, 비즈니스 요구사항 분석, 시스템 분석 및 설계, 프로그래밍 및 품질 보증 등 다양한 영역에서 사용할 수 있다. CASE 도구는 모든 개발 단계에서 사용할 수 있지만 시스템 설계 및 컴퓨터 프로그래밍 단계에서 가장 일반적으로 사용된다. 이러한 CASE 도구는 1970년대에 개발되어 하드웨어 제조 프로세스의 트렌드를 구축했다. 당시 소프트웨어 개발 방법론은 잘 정의되지 않았으며 CASE 도구는 소프트웨어 개발 프로세스에 구조와 엄격성을 추가했다.

(1) 도구
① **다이어그래밍 도구** : 시스템 프로세스, 데이터, 통제 도구들이 도식적으로 표현될 수 있도록 해준다.
② **컴퓨터 화면 및 리포트 생성기** : 사용자들을 위한 시스템의 '외관과 느낌'을 개발하는 데 도움을 준다. 또한 화면(또는 양식) 및 리포트 생성기들은 시스템 분석가가 데이터 요구사항들과 관계성들을 보다 쉽게 식별할 수 있도록 해준다.
③ **분석 도구** : 다이어그램, 양식, 리포트들에 있어 불완전 또는 불일치하거나, 부정확한 세부 내역들을 자동으로 체크해준다.
④ **중앙 리파지토리** : 세부 내역들, 다이어그램들, 리포트들, 프로젝트 관리 정보들을 통합적으로 저장할 수 있도록 해준다.
⑤ **문서 생성기** : 기술 문서 및 사용자 문서들을 표준 포맷으로 생성할 수 있도록 도와준다.
⑥ **코드 생성기** : 설계와 관련된 문서, 다이어그램, 양식, 리포트 등으로 직접 프로그램 코드 및 데이터베이스 정의 코드를 자동으로 생성시켜준다.

(2) 통합
① **자료 교환** : 자동 변환 장치에 의한 자료 변환
② **공통 도구** : 동일한 사용자 인터페이스
③ **자료 통합** : 공통 자료 저장소 사용
④ **완전 통합** : 메타 자료 관리, 구동 장치

4 모델링 도구

(1) 모델링 기초

모델(Model)은 대상을 특정 관점을 기준으로 표현하는 것이다. 모델링(Modeling)은 복잡한 시스템을 다루는 모든 분야에서 중요한 부분이다.

소프트웨어 개발에서도 모델링이 필요하다. 유지보수 프로그래머는 얽히고 섞인 복잡한 전선과 같은 코드를 사용한다. 복잡한 소프트웨어 시스템의 논리적 설계는 구현 단계의 세부 사항으로 인해 흐려지며 논리적 설계에 대한 명확한 이해가 없으면 복잡한 소프트웨어 시스템을 변경하는 것이 어렵고 위험하다.

(2) 모델링을 하는 이유

① 복잡함을 잘 관리하기 위하여
② 형체가 없는 소프트웨어의 구조를 시각화하기 위하여
③ 다른 사람과 커뮤니케이션하기 위하여
④ 문제 도메인 및 제품 요구사항을 이해하기 위하여
⑤ 개발 중인 시스템을 이해하기 위하여
⑥ 구현하기 전에 잠재적 솔루션을 실험해보기 위하여
⑦ 기존 시스템을 문서화하기 위하여

5 프로젝트 관리 도구

(1) 프로젝트 관리의 개념

① 프로젝트 관리는 주어진 기간 내에 최소의 비용으로 사용자를 만족시키는 시스템을 개발하기 위한 전반적인 활동
② 프로젝트 관리는 소프트웨어 개발 계획을 세우고 분석, 설계, 구현 등의 작업을 통제하는 것으로 소프트웨어 생명주기의 전 과정에 걸쳐 진행됨
③ 소프트웨어 프로젝트를 성공적으로 수행하기 위해서는 수행할 작업의 범위, 필요한 자원, 수행 업무, 이정표, 비용 추진 일정들을 알아야 함

(2) 프로젝트 관리 대상

① **계획 관리** : 프로젝트 계획, 비용 산정, 일정 계획, 조직 계획
② **품질 관리** : 품질 통제, 품질 보증
③ **위험 관리** : 위험 식별, 위험 분석 및 평가, 위험 관리 계획, 위험 감시 및 조치

> **！ 더 알아두기 Q**
>
> **효과적인 프로젝트 관리를 위한 3P(3대 요소)**
> • **사람(People)** : 프로젝트 관리에서 가장 기본이 되는 인적 자원
> • **문제(Problem)** : 사용자 입장에서 문제를 분석하여 인식함
> • **프로세스(Process)** : 소프트웨어 개발에 필요한 전체적인 작업 계획 및 구조(Framework)

(3) 프로젝트 관리의 구성 단계 중요 ★★★

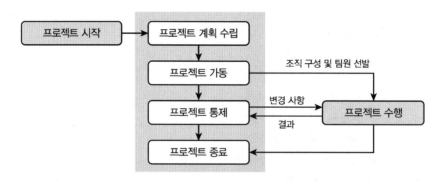

[그림 12-3] 프로젝트 관리의 구성 단계

① **프로젝트 계획 수립**

　　㉠ 프로젝트의 목적을 기술하고, 이를 달성하기 위해 필요한 업무와 성취해야 할 일들을 결정

　　㉡ 프로젝트를 정의, 프로젝트 일정 계획, 소요 자원 예측, 위험 평가, 프로젝트에 대한 승인

② **프로젝트 가동**

　　㉠ 프로젝트가 수행될 환경을 구성하고 프로젝트에 참여할 인력을 교육시킴

　　㉡ 프로젝트를 진행할 조직을 구성하고 각 팀원을 선발함

③ **프로젝트 통제**

　　㉠ 계획 대비 프로젝트의 척도를 점검하고, 변경 사항을 승인하는 등의 작업 수행[척도 : 시스템, 컴포넌트(구성요소) 또는 프로세스가 요구된 속성을 어느 정도 만족하는가에 대한 수량적인 측정치]

　　㉡ 프로젝트 전 기간 동안 수행됨

④ **프로젝트 종료**

　　수행 결과의 완전성을 점검하고 프로젝트 종료

6 버전 관리 도구

버전 관리는 동일한 소스 코드에 대한 여러 버전을 관리하는 것을 말한다. 공학과 소프트웨어 개발에서 팀 단위로 개발 중인 소스 코드나, 설계도 등의 디지털 문서를 관리하는 데 사용한다. 대표 도구는 CVS, Subversion, SCCS in UNIX이다.

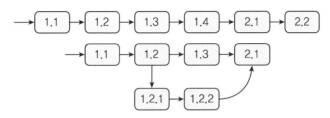

[그림 12-4] SCCS in UNIX

(1) CVS

CVS(Concurrent Versions System, 동시 버전 시스템)는 버전 관리 시스템을 구현한다. 소프트웨어 프로젝트를 진행할 때 파일로 이루어진 모든 작업과 변화를 추적하고 지역적으로 서로 떨어진 개발자가 협력하여 프로젝트를 작업할 수 있게 한다.

클라이언트-서버 구조로 이루어지는데, 서버는 프로젝트의 현재 버전과 수정사항 등을 처리하고 클라이언트는 서버에 접속하여 프로젝트의 완전한 복사본을 얻을 수 있다. 여러 클라이언트가 프로젝트의 복사본을 동시에 작업할 수 있다. 만약 클라이언트가 동시에 수정했을 경우에는 충돌이 일어났음을 클라이언트에 알리고 두 번째 작업은 무시한다. 충돌을 일으킨 클라이언트는 해당 문제를 수동으로 해결해야 한다.

CVS는 오픈 소스 프로젝트에 널리 사용되었는데, CVS 저장소의 파일들은 이름을 바꿀 수 없어서 삭제 후에 새로 추가해야 하는 번거로움과 아스키코드로 된 파일 이름이 아닌 유니코드 파일만을 지원한다는 한계를 대체하는 서브 버전이 개발되었다.

(2) Subversion(서브 버전)

Subversion은 자유 소프트웨어 버전 관리 시스템이다. 명령줄 인터페이스에서 사용하는 명령어를 따서 SVN이라고 줄여서 부른다. 제약사항이 있던 CVS를 대체하기 위해 개발되었고 현재는 아파치 최상위 프로젝트로서 전 세계 개발자 커뮤니티와 함께 개발되고 있다.

(3) Git

깃(Git)은 프로그램 등의 소스 코드 관리를 위한 분산 버전 관리 시스템이다. 컴퓨터 파일의 변경 사항을 추적하고 여러 명의 사용자 간에 해당 파일들의 작업을 조율하기 위해 개발된 시스템이다. 빠른 수행 속도에 중점을 두고 있는 것이 특징이다. 깃의 작업 폴더는 모두 전체 기록과 각 기록을 추적할 수 있는 정보를 포함하고 있으며 완전한 형태의 저장소이다. 대부분의 분산 버전 관리 시스템처럼 클라이언트-서버 관계가 아니라, 모든 깃 디렉터리는 네트워크 접속이나 중앙 서버와는 독립적인 성숙한 저장소이기 때문이다. 따라서 네트워크에 접근하거나 중앙 서버에 의존하지 않는다.

제 **2** 절   소프트웨어 재사용

재사용(ReUse)은 이미 개발되어 인정받은 소프트웨어의 전체 혹은 일부분을 다른 소프트웨어 개발이나 유지보수에 사용하는 것이다.

1 재사용의 장점

① 생산성 증가 및 품질이 향상된다.
② 개발 시간 단축, 비용 절감이 된다.
③ 시스템 구축에 관한 기술 공유가 된다.

2 재사용 도입의 문제점

① 재사용하는 소프트웨어의 소스 코드를 사용하는 것이 불가능할 경우 후에 유지보수가 힘들어진다.
② 재사용하는 것이 개발자로서 자존심에 문제가 된다.
③ 소프트웨어 재사용을 위해 생성하고 유지해야 하는 라이브러리가 필요하다. 이 라이브러리는 더 큰 비용을 쓰게 할 가능성이 높다.
④ 재사용할 소프트웨어를 찾기 어렵다.
⑤ 지원해주는 툴이 부족하다.

3 재사용 프로세스

① **합성 중심(Composition-Based)**
   전자 칩과 같은 소프트웨어 부품, 즉 블록(모듈)을 만들어서 끼워 맞추어 소프트웨어를 완성시키는 방법으로 블록 구성 방법이라고 한다.
② **생성 중심(Generation-Based)**
   추상화 형태로 쓰인 명세를 구체화하여 프로그램을 만드는 방법으로 패턴 구성 방법이라고 한다.
③ 특정 플러그인을 가져다 쓰는 것과 같아 프레임워크를 가져다 쓰는 것을 생각하면 이해하기 쉽다.
④ 홈페이지를 만들 때 로그인 플러그인, 게시판 플러그인 등 각각의 조합을 통해 작업을 하면 합성 중심이고, 코드를 이용하여 작업을 하면 즉, 워드프레스를 사용하여 작업하면 생성 중심이다.
⑤ 국내 금융권에선 재사용보다 재공학을 중심으로 시스템을 구축 및 운영하고 있다.

4 도메인 공학

(1) 개요

도메인(Domain)은 소프트웨어로 해결하고자 하는 문제 영역을 의미하며, 사용자가 소프트웨어를 사용하는 대상 영역이다. 또한, 소프트웨어는 도메인의 문제를 해결하는 수단이다. 도메인 공학은 지식의 분야나 일련의 개념 또는 현장 종사자들이 이해하고 있는 용어에 의해 특성화되는 행위, 공통된 특성을 공유하는 현재와 미래의 애플리케이션 집합이다(애플리케이션 관점).

도메인 내의 관련된 시스템들의 공통성과 가변성을 분석하기 위하여 도메인 분석 기법이 사용될 수 있다. 1990년대 초 SEI(the Software Engineering Insitute)의 Feature Oriented Domain Analysis (FODA) 방법론의 시작으로, 시스템의 집합 중에서 주도적인 또는 독특한 피쳐(feature)를 인식하는 것에 기초하여 도메인을 분석하는 방법들이 나왔다. 피쳐(feature)라는 것은 구현되고 테스트되며 배포, 유지되어야 하는 기능적 추상화를 뜻한다. 피쳐 모델을 만드는 활동과 병행하여 유스케이스 모델을 만든다.

(2) 도메인 생명주기

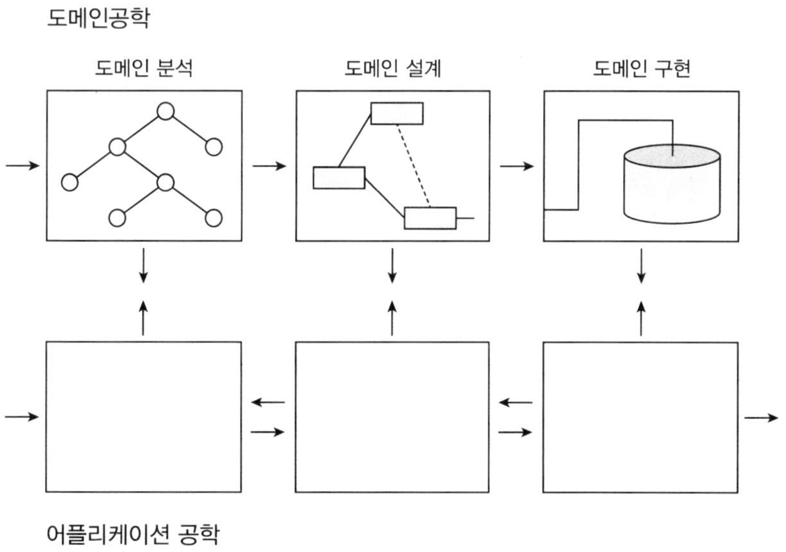

[그림 12-5] 도메인 생명주기

① **도메인 분석**

도메인 분석(Domain Analysis)은 새로운 응용 시 손쉽게 재사용할 수 있도록 유사 시스템의 공통점을 식별하는 활동이다. 공통되는 부분과 변동적인 부분을 찾기 위해 도메인 안의 관련 소프트웨어 시스템을 분석하는 프로세스이다. 도메인 분석은 공통성과 가변성(Commonality and Variability : C & V)을 식별하며, 가변성이 일어날 수 있는 부분을 지적한다.

② **도메인 설계**

도메인 설계(domain design)는 도메인 분석 결과와 요구사항 및 설계를 재사용하여 얻어진 내용을 바탕으로 설계를 하는 것을 의미한다.

③ **도메인 구현**

도메인 구현(domain implementation)은 요구사항 명세서를 재사용하도록 컴포넌트들로부터 프로그램으로 가져오는 과정을 의미한다. 가변될 수 있는 부분은 특정 프로덕트에 따라 확장되고, 인스턴스되며, 채워질 수 있도록 상징적인 대체자(symbolic placeholder)를 명세서에 포함한다.

5 재사용 가능 컴포넌트 구축

(1) Component 개요

① **Component의 정의**

특정한 기능을 수행하기 위해 독립적으로 개발, 보급하고 잘 정의된 인터페이스를 가지며 다른 부품과 조립되어 응용 시스템을 구축하기 위해 사용되는 소프트웨어 단위이다. 잘 정의된 하나 또는 그 이상의 인터페이스를 가지는 소프트웨어의 단위 조각이다.

② **Component의 특징**

ㄱ 실행 환경에서 독립적으로 개발, 배포될 수 있음

ㄴ 개발 생산성을 획기적으로 향상시킬 수 있으며 품질의 증대를 도모할 수 있음

ㄷ 컴포넌트 구조를 사용한다면 환경 및 사용자의 요구사항에 적응 가능한 시스템을 쉽게 개발할 수 있음

ㄹ 인터페이스를 이용하여 구현 이전에 컴포넌트를 이용한 분석 작업이 가능함

ㅁ 하나 이상의 클래스로 구성될 수 있으면 다음 4가지로 구분할 수 있음

컴포넌트	내용
분산 컴포넌트	EJB, CORBA, COM+ 등 분산 객체 환경 지원 컴포넌트
비즈니스 컴포넌트	물리적으로 배포할 수 있는 독립된 하나의 비즈니스 개념을 구현한 컴포넌트
확장 비즈니스 컴포넌트	확장을 고려하여 설계된 비즈니스 컴포넌트의 집합으로 그룹 형태로 재사용이 가능한 항목의 집합체
시스템 컴포넌트	비즈니스 가치를 제공하기 위해 같은 일을 하는 시스템 수준의 컴포넌트들의 집합

③ Component 재사용의 장점

　　㉠ 소프트웨어 개발 기간 단축, 개발 비용 감소, 생산성 증대 효과

　　㉡ 테스트된 컴포넌트 사용으로 리스크 감소, 비즈니스 규칙을 적용한 일관성 확대

(2) CBD(Component Based Development)의 개요 　중요 ★★★

① CBD의 정의

　　㉠ 하드웨어의 조립생산 개념을 소프트웨어 개발에 적용하여 Software IC 개념을 구현한 개발방법론(S/W IC 조립식)이다.

　　㉡ 테스트가 완료된 소프트웨어 컴포넌트를 조립하여 사용자의 요구에 맞는 응용 소프트웨어를 만드는 방법으로 전통적인 개발방법론 개념을 수용하면서 새로운 웹 기반 개방형 아키텍처를 수용하려는 소프트웨어이다.

　　㉢ 공학적인 접근 개발 방법, 기존의 객체지향 분석・설계에서 상속을 제외하고 인터페이스 중심의 접근을 강화한 재사용 프레임워크를 수용하는 방법론이다.

　　㉣ 컴포넌트의 생산, 선택, 평가 및 통합으로 구성되는 새로운 개발 패러다임이다.

　　㉤ CBD = CD + CBSD(컴포넌트 개발 + 컴포넌트 적용 응용 개발)

② CBD의 등장 배경

　　㉠ 기업 환경 변화에 따른 소프트웨어 대형화, 복잡화로 인하여 CBD가 등장하였다.

　　㉡ 복잡성과 유지보수 비용의 증가 : 70% 이상의 유지보수 비용이 증가되었다.

　　㉢ 개발 생산성 향상과 높은 질의 소프트웨어를 요구하였다.

　　㉣ 객체지향 방법은 단일 언어로 개발하고 수시로 모듈을 수정하여 재컴파일해야 하는 불편함이 있다.

③ CBD의 특징

　　㉠ 개발 시 처음부터 컴포넌트 재사용 기술을 통하여 잘 정의되고 검증된 컴포넌트를 활용함으로써 개발기간을 단축한다.

　　㉡ 자원에 대한 재사용성 확대 및 시장 환경 변화에 능동적으로 대처해야 한다.

　　㉢ 테스트와 디버깅 단계에서 시간을 절약한다.

　　㉣ 컴포넌트 명세서를 통하여 소프트웨어 품질 관리를 위한 프로세스를 지원한다.

　　㉤ 인터페이스 기반의 접근 방법을 통해 조직 내 복잡한 시스템 구성 속에서 일관성을 유지하기 쉽다.

④ CBD의 장점

　　㉠ 재사용을 통한 생산성을 향상한다.

　　㉡ 반복적 활용에 의한 수익성 제고 및 개발 기간 단축, 개발 비용이 감소된다.

　　㉢ 검증된 component 사용으로 소프트웨어 품질 수준을 향상한다.

　　㉣ 지적 자산의 재활용 범위가 확대된다.

　　㉤ 소프트웨어 개발, 유지보수 부문의 생산성 극대화가 가능하다.

⑤ CBD의 단점

　　㉠ 패러다임 변화에 따른 시행착오를 겪는다.

　　㉡ component 선정, 제작, 검증, 활용 능력이 부족하면 정확하게 사용하기 어렵다.

ⓒ CBD가 고가여서 사용하기 부담스럽다.

ⓔ 잦은 프로젝트 범위 변경 요청 및 지적재산권이 문제된다.

ⓜ 초기 선행 투자비용이 많이 든다.

ⓗ 조립식 정보시스템 구축에 따른 책임 소재가 불분명하다.

⑥ CBD 공정 및 활동

작업 단계	공정의 흐름
요구사항 분석	• 현황 평가 및 도메인 분석 • 요구사항 정의, 시스템 구조 정의, 개발 계획 수립
분석	• 반복 계획 수립 • 유스케이스 모델링, UI 프로토타이핑, 유스케이스 분석(정적, 동적 모델)
설계	• UI 설계, 컴포넌트 정의 • 컴포넌트 설계, 구현 모델 설계, 컨버전 설계
개발	코딩 및 디버깅
구현	• 배치 계획 • 테스트 계획/실시, 시스템 릴리즈, 사용자 교육

㉠ 분석 단계

ⓐ 해당 반복에 대한 상세 계획을 수립한다.

ⓑ 구현할 시스템에서 제공해야 할 기능을 고객 관점에서 정의한다.

ⓒ 핵심 기능 UI 프로토타이핑을 통해 고객 측에서 검증한다.

ⓓ 비즈니스 엔티티와 사용자 및 시스템 간의 상호작용 체계를 정의하고 이들의 일관성을 검증한다.

㉡ 설계 단계

ⓐ 시스템에 구현될 화면 레이아웃을 정의한다.

ⓑ 화면 간의 Navigation 및 파라미터 전달 Signature를 정의한다.

ⓒ 컴포넌트 추출 기법을 사용한 컴포넌트 식별하고 컴포넌트 간 연관 관계를 정의하며 컴포넌트의 재사용 가능성을 본다.

ⓓ 상세 클래스 및 시퀀스 다이어그램 작성을 통해 객체의 속성 및 오퍼레이션과 객체 간 메시지를 설계한다.

ⓔ 전달 흐름을 상세 설계한다.

ⓕ 기존 컴포넌트를 재사용하기 위한 명세와 재사용에 필요한 Adaptor, Wrapper를 명세화한다.

㉢ 개발 및 구현 단계 활동

ⓐ 설계를 통해 프로그래밍한다.

ⓑ 컴포넌트 명세, 인터페이스 명세, DB 설계 내용을 플랫폼에 매칭시키고, 배포 단위를 정의하여 물리적으로 구현한다.

제 **3** 절 **웹서비스와 SOA**

1 SOA의 개요 중요 ★

(1) SOA(Service Oriented Architecture)의 정의

① 기존 애플리케이션의 서비스를 조합함으로써, 새로운 애플리케이션을 구현할 수 있도록 한 통합 기술 및 아키텍처 모델이다.

② 서비스 간의 약결합(Loosely Coupled)으로 시스템 통합을 가능하게 해주는 소프트웨어 아키텍처이다.

(2) SOA의 목적

① 모든 서비스와 프로세스의 블록화를 통해 전산실의 서비스를 창고화한다.

② 블록화된 서비스의 재사용으로 인한 비즈니스 역량을 증가시킨다.

③ 현업 실무자가 프로그래머의 도움 없이 서비스 모듈을 조립 및 재사용할 수 있는 환경을 마련한다.

④ 기업 간 서비스 모듈 공유로 기업 비즈니스를 촉진시킨다.

(3) SOA의 특징

특징	내용
프로세스 중심	• 비즈니스 프로세스를 별도의 독립된 구성요소로 보고, 이를 설계 시에 분리 • 비즈니스 로직은 비즈니스 서비스에 두고, 프로세스 서비스는 각 비즈니스 서비스를 통합
플랫폼 독립적 애플리케이션 통합	• 구현 기술에 관계없는 연결 보장 • 성능 요구, 보안 수준, 신뢰성 보장
Loosely Coupled	서비스 간 종속성을 줄이고, 프로세스를 단순화
메시지 및 프로세스 상태 관리	• 메시지 상태 관리 : 중복된 메시지, 비동기 메시지 관리 • 서비스가 전체 프로세스 상에서 어떤 상태인지를 관리
협업과 재사용	서로 모듈을 공유하면서 새로운 서비스를 제공, 협업

2 웹서비스와 SOA의 구현

(1) 웹서비스

① 정의

웹서비스(Web Service)는 네트워크상에 서로 다른 종류의 컴퓨터들 간에 상호작용을 위한 소프트웨어 시스템이다. 사전적 의미의 웹서비스는 서비스 지향적 분산 컴퓨팅 기술의 일종으로 SOAP, WSDL, UDDI 등의 주요 표준 기술로 이루어진다. 웹서비스의 모든 메시징에는 주로 XML이 사용된다.

② 구성도

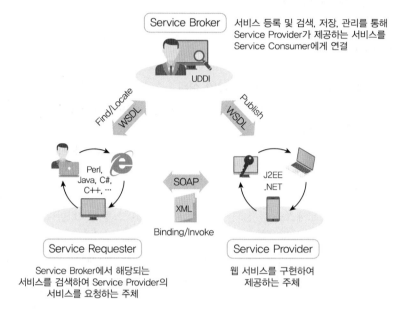

[그림 12-6] 웹서비스 구성도

웹서비스(Web Services)는 3가지 역할(Service Provider, Service Broker, Service Consumer)의
아키텍처 모델에 따라 구현된 기술이다.

③ 웹서비스의 구성요소

Service Broker	• 특정 서비스 스펙을 구현하여 서비스를 제공 • 서비스 등록 및 검색, 저장, 관리를 통해 Service Provider가 제공하는 서비스를 Service Consumer에게 연결
Service Provider	웹서비스를 구현하여 제공하는 주체
Service Requester	• Service Broker에서 해당되는 서비스를 검색하여 Service Provider의 서비스를 요청하는 주체 • Service Broker를 통해 특정 서비스를 찾아서 Service Provider의 서비스를 요청하고 사용

(2) SOA의 개념도

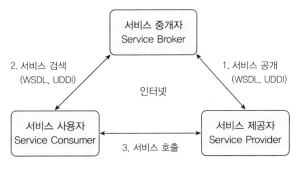

[그림 12-7] SOA 개념도

① SOA

ㄱ 개요

SOA(Service Oriented Architecture)는 대규모 컴퓨터 시스템을 구축할 때의 개념으로 업무상
의 일 처리에 해당하는 App 기능을 서비스로 판단하고 그 서비스를 네트워크상에 연동하여 시스
템 전체를 구축해 나가는 방법론이다. 기존 시스템을 최대로 활용하는 아키텍처이며 비즈니스적
용어이다. SOA는 소프트웨어 기능을 서비스로 판단하며, 업무처리 변화를 시스템에 빠르게 반
영한다.

ㄴ 특징

ⓐ 소프트웨어의 재사용성이 강조된다.

ⓑ 비즈니스 환경의 변화에 빠르게 대응할 수 있다.

ⓒ 각 서비스는 의존성이 최소화(Loosely Coupled)되어 있어야 한다(약결합 방식 : 이용 시 내
부 자료구조나 지식의 불필요).

ⓓ 플랫폼의 독립성 : 서비스 호출 매커니즘의 표준화

ⓔ 위치 투명성 : UDDI를 이용한 위치의 검색 및 호출 가능

ㄷ 종류

아키텍처 모델에는 시스템 통합을 위한 Fundamental SOA, 버스를 통해 유연성과 통제를 추가
한 Networked SOA 등이 있다.

ⓐ Fundamental SOA

기존의 독립된 시스템을 각각 서비스화하고 이를 통합하여 하나의 시스템으로 운영한다. EAI
가 대표적인 Fundamental SOA 방식이다.

ⓑ Networked SOA

SOA 시스템의 유지보수성을 높여준다. 하나의 버스를 통해 모든 서비스를 관리하여 다른 시
스템 사이의 연결의 복잡도를 해결한다. ESB가 대표적인 Networked SOA 기술이다.

ㄹ 접근방법

ⓐ Top-Down 방식은 비즈니스 요구사항에 최적화된 형태로 효율성에 중점을 준다(stakeholder
주도).

ⓑ Bottom-Up 방식은 서비스 가상화, 비용 최소화, 유연성 강화에 중점을 둔다(IT 기업 주도).

      ⓜ 장점

         ⓐ 외부 제공자에게 서비스를 아웃소싱 가능

         ⓑ 서비스는 언어 독립적

         ⓒ 단순화된 정보 교환을 통해 조직 간의 컴퓨팅이 가능

② **WSDL(Web Service Description Language)**

    ㉠ Web Service를 정의하고 서비스에 대한 접근방식을 기술한 XML 기반 언어

    ㉡ 웹 서비스 기술 언어

    ㉢ XML 기반 언어

    ㉣ 서비스 인터페이스 정의를 위한 표준(서비스 오퍼레이션과 서비스 바인딩이 정의되는 방식을 결정)

③ **UDDI(Universal Description Discover and Integration)**

    ㉠ 필요한 서비스를 찾을 수 있는 웹서비스 레지스트리(서비스 등록, 검색)

    ㉡ 웹서비스와 비즈니스를 발행(publish)/검색(find)하기 위한 기술적인 스펙

    ㉢ UDDI 데이터 범주

White 페이지	회사에 대한 일반적인 정보(비즈니스 이름, 세부내용, 주소)
Yellow 페이지	회사나 서비스가 제공하는 분류된 데이터(표준 분류법을 토대로 산업별, 제품별, 지리적 코드별로 나뉜 데이터)
Green 페이지	웹서비스에 대한 기술적인 정보(외부 스펙을 가리키거나 웹서비스 호출에 대한 주소)

④ **SOAP**

    ㉠ Simple Object Access Protocol

    ㉡ 웹서비스에서 사용되는 보편적이며 확장성 있는 메시지 프로토콜(데이터 통신 프로토콜)

    ㉢ 분산 컴퓨터 환경에서 정보를 교환하기 위한 XML 기반 프로토콜

    ㉣ 객체의 수요자와 제공자 사이의 메시징 프로토콜을 정의

    ㉤ 플랫폼에 독립적인 단순한 XML 기반 포맷

    ㉥ SOAP 메시지는 웹의 기본 프로토콜인 HTTP를 통하여 전송되는데, 웹 서버의 default port인 80포트를 이용하여 모든 서버에 접근 가능

3 SOA의 구조

(1) 펀더멘털 SOA(Fundamental SOA)

가장 기본적인 형태의 SOA로 비즈니스 서비스와 애플리케이션 서비스만 존재하며 이 서비스들의 조합들은 애플리케이션 프론트엔드에서 이루어진다. 가장 큰 목적은 기존의 시스템을 각각 서비스화하는 것과 독립되었던 시스템들을 통합하여 하나의 시스템으로 운영한다는 데 있다.

(2) 네트워크 SOA(Networked SOA)

서비스화하여 통합된 SOA 시스템은 시간이 갈수록 크기가 커지게 되고 서비스 간의 호출 관계는 날이 갈수록 복잡해진다. 또한 서비스의 내용이 변경 또는 보완되어 의존성에 의해 서비스 간의 수정이 필요한 경우가 발생한다. 이러한 문제들로 모든 서비스를 하나의 중앙 버스를 통해 관리하여 서비스 간 연결의 복잡도를 해결하고 중재 서비스를 추가함으로써 서비스의 내용이 변경되었을 때 그 차이를 보강해줄 수 있어야 한다. 다음 그림에서 중앙 버스 역할을 하는 것이 Enterprise Service Bus(ESB)이다.

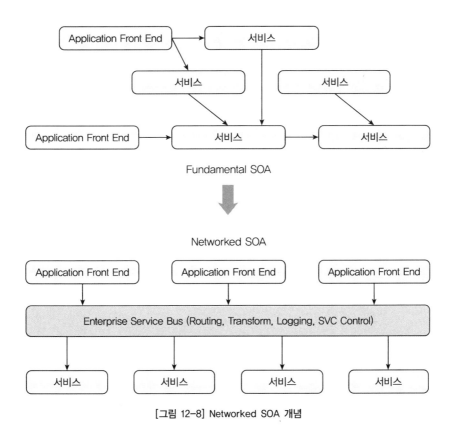

[그림 12-8] Networked SOA 개념

(3) 프로세스 지향 SOA(Process Oriented SOA)

기업의 업무 프로세스가 자주 변화하고 IT 시스템이 이에 민첩하게 반응해야 하거나 SOA로 구현해야 하는 기업 업무들에 복잡한 업무 프로세스가 있을 때 이 업무 프로세스들을 BPM(Business Process Management : 비즈니스 프로세스 관리) 기반으로 구현하는 SOA로 고려해볼 수 있다. BPM과 함께 생각할 수 있는 것이 BPA(Business Process Analysis : 비즈니스 프로세스 분석)와 BAM(Business Activity Monitoring : 비즈니스 행태 모니터링)이다. BPA는 실제 업무 프로세스를 BPM으로 구현하기 전에 업무팀에서 해당 업무 프로세스에 대한 설계를 하고 이에 대해 시뮬레이션을 할 수 있는 비즈니스 프로세스 분석 설계 도구이다. BPA를 통해서 더욱 완성된 업무 프로세스를 얻을 수 있으며, IT 개발팀에 의해 BPM으로 변환된다.

BPM으로 변환된 업무는 SOA 시스템에 반영되어 실제 운영이 되고 BAM이라는 비즈니스 프로세스 모니터링 도구를 이용하여 반영된 BPM에 대한 평가가 이루어지게 된다. 이 평가를 기반으로 다시 BPA를 이용하여 해당 업무의 최적화를 수행하고 이는 다시 BPM으로 구현된다. 이러한 반복을 통해 업무의 개선과 SOA 시스템이 최적화를 이룰 수 있다.

계층	설명	대표기술
Presentation	표현 계층	X-Internet, Portal 솔루션
Biz-Process	업무 프로세스 계층	BPM
Service Intermediary	서비스 중간 계층	EBS,Web Service
Application	애플리케이션 계층	EAI(Adapter)
Presidency	데이터 저장 계층	

O×로 점검하자

※ 다음 지문의 내용이 맞으면 O, 틀리면 ×를 체크하시오. [1 ~ 15]

01 CASE(Computer Aided Software Engineering)는 소프트웨어 개발 과정에서 사용되는 요구 분석, 설계, 구현, 검사 및 디버깅 과정 전체 또는 일부를 컴퓨터와 전용 소프트웨어 도구를 사용하여 자동화하는 것이다. (　　)

>>>◯ CASE(Computer Aided Software Engineering)는 소프트웨어 개발 과정에서 사용되는 요구 분석, 설계, 구현, 검사 및 디버깅 과정 전체 또는 일부를 컴퓨터와 전용 소프트웨어 도구를 사용하여 자동화하는 것이다.

02 CASE 도구의 분류는 상위 케이스, 하위 케이스, 개별 케이스로 분류된다. (　　)

>>>◯ CASE 도구의 분류는 상위 케이스, 중위 케이스, 하위 케이스, 통합 케이스로 분류된다.

03 상위 CASE는 사용자가 정보에 따른 문제점을 분석하고 이들에 대한 해결책을 찾도록 다이어그램과 사전(Dictionary) 구성요소로 이루어진다. (　　)

>>>◯ 중위 CASE는 사용자가 정보에 따른 문제점을 분석하고 이들에 대한 해결책을 찾도록 다이어그램과 사전(Dictionary) 구성요소로 이루어진다. 상위 CASE는 소프트웨어 생명주기의 전반부에서 사용되는 것으로, 문제를 기술(Description)하고 계획하며 요구 분석과 설계 단계를 지원하는 CASE이다.

04 정보 저장소(Repository)는 소프트웨어를 개발하는 과정 동안에 모아진 정보를 보관하며 관리하는 곳으로 CASE 정보 저장소, CASE 데이터베이스, 요구사항 사전, 저장소라고도 한다.

(　　)

>>>◯ 정보 저장소(Repository)는 소프트웨어를 개발하는 과정 동안에 모아진 정보를 보관하며 관리하는 곳으로 CASE 정보 저장소, CASE 데이터베이스, 요구사항 사전, 저장소라고도 한다. 초기의 소프트웨어 개발 환경에서는 사람이 정보 저장소 역할을 하였지만 오늘날에는 데이터베이스가 정보 저장소 역할을 담당한다. 도구들의 통합, 소프트웨어 시스템의 표준화, 소프트웨어 시스템 정보의 공유, 소프트웨어 재사용성의 기본이 된다.

05 역공학은 소프트웨어 유지보수 및 재사용을 토대로 유지보수와 새로운 시스템을 개발하기 위해 재구성하는 것이다. (　　)

>>>◯ 재공학은 소프트웨어 유지보수 및 재사용을 토대로 유지보수와 새로운 시스템을 개발하기 위해 재구성하는 것이다. 역공학(Reverse Engineering)은 자동화된 도구(CASE)의 도움으로 물리적 수순의 소프트웨어 정보를 논리적인 소프트웨어 정보의 서술로 추출하는 프로세스이다.

정답 ❶ O ❷ × ❸ × ❹ O ❺ ×

06 재사용(Reuse)은 이미 개발되어 인정받은 소프트웨어의 전체 혹은 일부분을 다른 소프트웨어 개발이나 유지보수에 사용하는 것이다. (   )

≫≫◯ 재사용(ReUse)은 이미 개발되어 인정받은 소프트웨어의 전체 혹은 일부분을 다른 소프트웨어 개발이나 유지보수에 사용하는 것이다.

재사용의 장점	• 생산성 증가, 품질 향상 • 개발 시간 단축, 비용 절감 • 시스템 구축에 관한 기술 공유

07 도메인 분석(domain analysis)은 하나 이상의 도메인을 식별하고 도메인 내의 변화량을 포착(capturing)한다. (   )

≫≫◯ 도메인 분석(domain analysis)은 하나 이상의 도메인을 식별하고 도메인 내의 변화량을 포착(capturing)한다. 도메인에 관련된 정보를 식별(identifying), 수집(collecting), 편성(organizing), 표현(representing)하기 위한 절차로, 현행 시스템과 그 당시 개발 히스토리에 대한 연구, 도메인 전문가로부터 얻은 지식, 기초 이론, 도메인에 관한 신생 기술을 바탕으로 한다.

08 도메인 설계(Domain Design)는 요구사항을 재사용 가능한 컴포넌트로부터 생성된 시스템으로 옮기기 위한 메커니즘을 정의한다. (   )

≫≫◯ 도메인 구현(domain implementation)은 요구사항을 재사용이 가능한 컴포넌트로부터 생성된 시스템으로 옮기기 위한 메커니즘을 정의한다. 도메인 설계(domain design)는 도메인 분석 산출물과 소프트웨어 요구사항/설계 재사용과 일반 아키텍처(generic architecture) 연구로부터 얻은 지식으로 설계 모델을 개발하는 절차이다.

09 Component는 특정한 기능을 수행하기 위해 독립적으로 개발, 보급하고 잘 정의된 인터페이스를 가지며 다른 부품과 조립되어 응용 시스템을 구축하기 위해 사용되는 S/W 단위이다.

(   )

≫≫◯ Component는 잘 정의된 하나 또는 그 이상의 인터페이스를 가지는 소프트웨어의 단위 조각으로 특정한 기능을 수행하기 위해 독립적으로 개발, 보급하고 잘 정의된 인터페이스를 가지며 다른 부품과 조립되어 응용 시스템을 구축하기 위해 사용되는 S/W 단위이다.

10 CBD는 테스트가 완료된 소프트웨어 컴포넌트를 조립하여 사용자의 요구에 맞는 응용 소프트웨어를 만드는 방법으로 전통적인 개발방법론 개념을 수용하면서 새로운 웹 기반 개방형 아키텍처를 수용하려는 소프트웨어이다. (   )

CBD	• 하드웨어의 조립생산 개념을 소프트웨어 개발에 적용하여 Software IC개념을 구현한 개발방법론(S/W IC 조립식) • 테스트가 완료된 소프트웨어 컴포넌트를 조립하여 사용자의 요구에 맞는 응용 소프트웨어를 만드는 방법으로 전통적인 개발방법론 개념을 수용하면서 새로운 웹 기반 개방형 아키텍처를 수용하려는 소프트웨어 • 공학적인 접근 개발 방법, 기존 객체지향 분석/설계에서 상속을 제외하고 인터페이스 중심의 접근을 강화한 재사용 프레임워크를 수용하는 방법론 • 컴포넌트의 생산, 선택, 평가 및 통합으로 구성되는 새로운 개발 패러다임 • CBD = CD + CBSD(컴포넌트 개발+컴포넌트 적용 응용 개발)

11 클라이언트/서버 시스템은 분산 시스템의 가장 대표적인 모델로, 정보를 제공하는 서버와 정보를 요구하는 클라이언트로 구성된 방식이다. (   )

>>>O 클라이언트/서버 시스템은 분산 시스템의 가장 대표적인 모델로, 정보를 제공하는 서버와 정보를 요구하는 클라이언트로 구성된 방식이며, LAN을 통하여 클라이언트(워크스테이션, PC)와 서버가 하나의 작업을 분산, 협동 처리하며, 중대형 컴퓨터보다 훨씬 적은 비용으로 지원 가능하다.

12 WSDL(Web Services Description Language)은 기존 애플리케이션의 서비스를 조합함으로써, 새로운 애플리케이션을 구현할 수 있도록 한 통합 기술 및 아키텍처 모델이다. (   )

>>>O SOA(Service Oriented Architecture)는 기존 애플리케이션의 서비스를 조합함으로써, 새로운 애플리케이션을 구현할 수 있도록 한 통합 기술 및 아키텍처 모델이고 WSDL(Web Services Description Language)은 웹서비스를 표현하고 기술하는 언어이다.

13 UDDI(Universal Description, Discover and Integration)는 필요한 서비스를 찾을 수 있는 웹서비스 레지스트리(서비스 등록, 검색)이다. (   )

>>>O UDDI(Universal Description, Discover and Integration)는 웹서비스를 등록하고 검색하기 위한 저장소이며 웹서비스를 등록하고 검색할 수 있는 일종의 웹서비스 전용 검색엔진이라고 할 수 있다.

정답 10 ○ 11 ○ 12 ✕ 13 ○

안심Touch

14 SOAP(Simple Object Access Protocol)는 웹서비스에서 사용되는 보편적이며 확장성 있는 메시지 프로토콜(데이터 통신 프로토콜)이다. (   )

>>>◯ SOAP는 웹서비스에서 사용되는 보편적이며 확장성 있는 메시지 프로토콜(데이터 통신 프로토콜)이며, 분산 컴퓨터 환경에서 정보를 교환하기 위한 XML 기반 프로토콜이다.

15 SOA 기반 애플리케이션은 표현 층, 애플리케이션 층, 데이터베이스 층을 가진 분산 멀티 층의 애플리케이션이라 할 수 있다. (   )

>>>◯ SOA 기반 애플리케이션은 표현 층, 비즈니스 로직 층, 데이터베이스 층을 가진 분산 멀티 층의 애플리케이션이라 할 수 있다.

01 다음 중 소프트웨어를 재사용함으로써 얻는 이점이 <u>아닌</u> 것은?

① 개발시간과 비용을 단축시킨다.
② 소프트웨어 개발의 생산성을 높인다.
③ 프로젝트 실패의 위험을 줄여 준다.
④ 새로운 개발 방법론의 도입이 쉽다.

01 소프트웨어 재사용은 이미 개발된 소프트웨어를 반복 사용함으로써, 소프트웨어의 품질 및 생산성을 향상시키려는 방법으로 새로운 개발 방법론을 도입하기는 어렵다.

02 다음 중 소프트웨어의 재사용에 대한 효과와 거리가 <u>먼</u> 것은?

① 사용자의 책임과 권한 부여
② 소프트웨어의 품질 향상
③ 생산성 향상
④ 구축 방법에 대한 지식의 공유

02 재사용의 효과로는 개발 시간과 비용 감소, 소프트웨어 품질 향상, 생산성 증대, 프로그램 생성 지식 공유, 프로젝트 문서 공유가 있다.

03 다음 중 소프트웨어 재공학의 필요성이 대두된 주된 이유는 무엇인가?

① 요구사항 분석의 문제
② 설계의 문제
③ 구현의 문제
④ 유지보수의 문제

03 소프트웨어 재공학은 유지보수 측면에서 소프트웨어의 위기를 해결하려고 한 방법이다. 이 방법은 유지보수 비용이 시스템의 분석, 설계, 구현, 테스트 비용에 비해 상당히 많은 부분을 차지하고 있는 것을 고려하여 유지보수의 생산성을 높인다.

정답　01 ④　02 ①　03 ④

04 소프트웨어 역공학은 '기존의 소프트웨어'를 분석하여 소프트웨어의 개발과정과 처리과정을 설명하는 정보를 재발견하거나 다시 만드는 작업이므로 역공학을 위한 대상 소프트웨어가 필요하다.

04 다음 중 **소프트웨어 역공학**(Software reverse engineering)에 대한 설명으로 옳지 **않은** 것은?

① 기존 소프트웨어의 구성요소와 그 관계를 파악하여 설계도를 추출한다.
② 역공학의 가장 간단하고 오래된 형태는 재문서화라고 할 수 있다.
③ 일반적인 개발 단계와는 반대 방향으로 기존 코드를 복구하는 방법이다.
④ 대상 시스템 없이 새로운 시스템으로 개선하는 변경 작업이다.

05 ① 재공학은 소프트웨어 유지보수 및 재사용을 토대로 유지보수와 새로운 시스템을 개발하기 위해 재구성하는 것이다.
③ 순공학이란 높은 추상 수준, 즉, 논리적, 구현 독립적 설계에서 시스템의 물리적 구현으로 진행하는 프로세스를 의미한다.
④ 재사용은 이미 개발된 소프트웨어를 반복 사용함으로써, 소프트웨어의 품질 및 생산성을 향상시키려는 방법이다.

05 현재 프로그램으로부터 데이터, 아키텍처, 그리고 절차에 관한 분석 및 설계 정보를 추출하는 과정을 무엇이라 하는가?

① 재공학
② 역공학
③ 순공학
④ 재사용

06 도메인이란 어떤 특정 분야의 실무자들이 이해할 수 있는 개념과 용어들로 표현될 수 있는 지식과 행동의 범위를 말한다. 도메인 공학은 재사용 가능한 컴포넌트를 만들기 위한 활동으로, 조직이 도메인 공학을 성공적으로 수행하기 위해서는 소프트웨어 애플리케이션을 만드는 데 사용되는 컴포넌트 간의 유사점(similarities)과 차이점(differences)이 해석되어야 한다.

06 다음 중 **도메인**과 관련된 설명으로 옳지 **않은** 것은?

① 도메인 분석(domain analysis)은 하나 이상의 도메인을 식별하고 도메인 내의 변화량을 포착(capturing)한다.
② 도메인 설계(domain design)는 도메인 분석 산출물과 소프트웨어 요구사항/설계 재사용과 일반 아키텍처(generic architecture) 연구로부터 얻은 지식으로 설계 모델을 개발하는 절차이다.
③ 도메인 구현(domain implementation)은 요구사항을 재사용 가능한 컴포넌트로부터 생성된 시스템으로 옮기기 위한 메커니즘을 정의한다.
④ 도메인은 재사용 가능한 컴포넌트를 만들기 위한 활동이다.

정답 04 ④ 05 ② 06 ④

07 다음 중 컴포넌트의 종류가 <u>아닌</u> 것은?

① 분산 컴포넌트
② 확장 비즈니스 컴포넌트
③ 서브시스템 컴포넌트
④ 비즈니스 컴포넌트

>>> Q

컴포넌트	내용
분산 컴포넌트	EJB, CORBA, COM+ 등 분산 객체 환경 지원 컴포넌트
비즈니스 컴포넌트	물리적으로 배포할 수 있는 독립된 하나의 비즈니스 개념을 구현한 컴포넌트
확장 비즈니스 컴포넌트	확장을 고려하여 설계된 비즈니스 컴포넌트의 집합으로 그룹 형태로 재사용이 가능한 항목의 집합체
시스템 컴포넌트	비즈니스 가치를 제공하기 위해 같은 일을 하는 시스템 수준의 컴포넌트들의 집합

07 서브시스템 컴포넌트가 아닌 시스템 컴포넌트이다.
[문제 하단의 표 참조]

08 다음 중 SOA의 특징이 <u>아닌</u> 것은?

① 비즈니스 중심
② 플랫폼 독립적 애플리케이션 통합
③ 메시지 및 프로세스 상태 관리
④ 협업과 재사용

08 비즈니스 중심이 아닌 프로세스 중심이다. SOA 기반 애플리케이션은 표현층, 비즈니스 로직층, 데이터베이스층을 가진 분산 멀티층의 애플리케이션이라 할 수 있다.

정답 07 ③ 08 ①

안심Touch

✅ 주관식 문제

01 다음 설명에서 괄호 안에 들어갈 용어를 순서대로 쓰시오.

> • (㉠)은/는 기존의 소프트웨어를 사용하여 새로운 소프트웨어를 작성함으로써 개발의 수고를 줄이고, 소프트웨어의 생산성을 향상시키는 방법이다.
> • (㉡)은/는 기존의 소프트웨어를 분석 및 이해하는 과정을 통해 소프트웨어 개발 과정과 데이터 처리과정을 설명하는 분석 및 설계정보를 재발견하거나 다시 만들어내는 방법이다.

01 **정답**
㉠ 재공학, ㉡ 역공학

해설
• 재공학 : 소프트웨어 유지보수 및 재사용을 토대로 유지보수와 새로운 시스템을 개발하기 위해 재구성하는 것이다. 현재 시스템의 유지보수 및 소프트웨어 생산성을 향상시킨다.
• 역공학 : '기존의 소프트웨어'를 분석하여 소프트웨어의 개발과정과 데이터 처리과정을 설명하는 정보를 재발견하거나 다시 만드는 작업이므로 역공학을 위한 대상 소프트웨어가 필요하다.

02 소프트웨어 역공학의 종류를 모두 나열하시오.

02 **정답**
논리 역공학, 자료 역공학

해설
• 논리 역공학 : 원시 코드로부터 정보를 뽑아내 물리적이고 논리적인 설계정보를 획득하는 Repository를 정의한다.
• 자료 역공학 : 물리적인 데이터 서술로부터 개념적, 논리적인 정보를 추출하고 기존 파일 시스템에서 데이터베이스의 전이 또는 기존 데이터베이스에서 신규 데이터베이스로 전이를 수행한다.

03 SOA의 특징에 대한 설명에서 괄호 안에 들어갈 용어를 순서대로 쓰시오.

특징	내용
(㉠)	• 비즈니스 프로세스를 별도의 독립된 구성요소로 보고, 이를 설계 시에 분리 • 비즈니스 로직은 비즈니스 서비스에 두고, 프로세스 서비스는 각 비즈니스 서비스를 통합
(㉡)	• 구현 기술에 관계없는 연결 보장 • 성능 요구, 보안 수준, 신뢰성 보장
Loosely Coupled	서비스 간 종속성을 줄이고, 프로세스를 단순화
메시지 및 프로세스 상태 관리	• 메시지 상태 관리 : 중복된 메시지, 비동기 메시지 관리 • 서비스가 전체 프로세스 상에서 어떤 상태인지를 관리
(㉢)	서로 모듈을 공유하면서 새로운 서비스를 제공, 협업

03 **정답**
㉠ 프로세스 중심
㉡ 플랫폼 독립적 애플리케이션 통합
㉢ 협업과 재사용
해설
[문제 하단의 표 참조]

≫🔍

특징	내용
프로세스 중심	• 비즈니스 프로세스를 별도의 독립된 구성요소로 보고, 이를 설계 시에 분리 • 비즈니스 로직은 비즈니스 서비스에 두고, 프로세스 서비스는 각 비즈니스 서비스를 통합
플랫폼 독립적 애플리케이션 통합	• 구현 기술에 관계없는 연결 보장 • 성능 요구, 보안 수준, 신뢰성 보장
Loosely Coupled	서비스 간 종속성을 줄이고, 프로세스를 단순화
메시지 및 프로세스 상태 관리	• 메시지 상태 관리 : 중복된 메시지, 비동기 메시지 관리 • 서비스가 전체 프로세스 상에서 어떤 상태인지를 관리
협업과 재사용	서로 모듈을 공유하면서 새로운 서비스를 제공, 협업

04 **정답**
ㄱ 현황 평가 및 도메인 분석
ㄴ UI 설계, 컴포넌트 정의
해설
[문제 하단의 표 참조]

04 CBD 공정 및 활동에 대한 설명에서 괄호 안에 들어갈 용어를 순서대로 쓰시오.

작업 단계	공정의 흐름
요구사항 분석	• (ㄱ) • 요구사항 정의, 시스템 구조 정의, 개발 계획 수립
분석	• 반복 계획 수립 • 유스케이스 모델링, UI 프로토타이핑, 유스케이스 분석(정적/동적 모델)
설계	• (ㄴ) • 컴포넌트 설계, 구현 모델 설계, 컨버전 설계
개발	코딩 및 디버깅
구현	• 배치 계획 • 테스트 계획·실시, 시스템 릴리즈, 사용자 교육

작업 단계	공정의 흐름
요구사항 분석	• 현황 평가 및 도메인 분석 • 요구사항 정의, 시스템 구조 정의, 개발 계획 수립
분석	• 반복 계획 수립 • 유스케이스 모델링, UI 프로토타이핑, 유스케이스 분석(정적, 동적 모델)
설계	• UI 설계, 컴포넌트 정의 • 컴포넌트 설계, 구현 모델 설계, 컨버전 설계
개발	• 코딩 및 디버깅
구현	• 배치 계획 • 테스트 계획/실시, 시스템 릴리즈, 사용자 교육

부록

최종모의고사

I wish you the best of luck!

혼자 공부하기 힘드시다면 방법이 있습니다.
SD에듀의 동영상강의를 이용하시면 됩니다.
www.sdedu.co.kr ➜ 회원가입(로그인) ➜ 강의 살펴보기

제한시간: 50분 | 시작 ___시 ___분 − 종료 ___시 ___분

정답 및 해설 579p

01 다음 중 객체지향 프로그램에서 데이터를 추상화하는 단위는?

① 메소드
② 클래스
③ 상속성
④ 메시지

02 소프트웨어 설계 시 구축된 플랫폼의 성능 특성 분석에 사용되는 측정 항목이 <u>아닌</u> 것은?

① 응답시간(Response Time)
② 처리량(Throughput)
③ 사용률(Utilization)
④ 서버튜닝(Server Tuning)

03 UML 확장 모델에서 스테레오 타입 객체를 표현할 때 사용하는 기호는 무엇인가?

① 《 》
② (( ))
③ {{ }}
④ [[ ]]

04 GoF(Gang of Four)의 디자인 패턴에서 행위 패턴에 속하는 것은?

① Builder
② Visitor
③ Prototype
④ Bridge

05 다음 중 자료 사전에서 자료의 생략을 의미하는 기호는?

① { }
② **
③ =
④ ( )

06 UI 설계 원칙에서 누구나 쉽게 이해하고 사용할 수 있어야 한다는 특성은 무엇인가?

① 유효성
② 직관성
③ 학습성
④ 유연성

안심Touch

07 다음 중 XP(eXtreme Programming)의 5가지 가치에 해당하지 <u>않는</u> 것은?

① 용기
② 의사소통
③ 정형분석
④ 피드백

08 소프트웨어 개발 방법 중 요구사항 분석 (requirements analysis)과 거리가 <u>먼</u> 것은?

① 비용과 일정에 대한 제약 설정
② 타당성 조사
③ 요구사항 정의 문서화
④ 설계 명세서 작성

09 럼바우(Rumbaugh)의 객체지향 분석 절차를 순서대로 나열한 것은?

① 객체 모형 → 동적 모형 → 기능 모형
② 객체 모형 → 기능 모형 → 동적 모형
③ 기능 모형 → 동적 모형 → 객체 모형
④ 기능 모형 → 객체 모형 → 동적 모형

10 공통 모듈에 대한 명세 기법 중 해당 기능에 대해 일관되게 이해하고 한 가지로 해석될 수 있도록 작성하는 원칙은?

① 상호작용성
② 명확성
③ 독립성
④ 내용성

11 객체지향 기법에서 클래스들 사이의 '부분-전체(part-whole)' 관계 또는 '부분(is-a-part-of)'의 관계로 설명되는 연관성을 나타내는 용어는?

① 일반화
② 추상화
③ 캡슐화
④ 집단화

12 다음 중 CASE가 갖고 있는 주요 기능이 <u>아닌</u> 것은?

① 그래픽 지원
② 소프트웨어 생명주기 전 단계의 연결
③ 언어 번역
④ 다양한 소프트웨어 개발 모형 지원

13 객체지향 분석 방법론 중 E-R 다이어그램을 사용하여 객체의 행위를 모델링하며, 객체 식별, 구조 식별, 주체 정의, 속성 및 관계 정의, 서비스 정의 등의 과정으로 구성되는 것은?

① Coad와 Yourdon 방법
② Booch 방법
③ Jacobson 방법
④ Wirfs-Brocks 방법

14 소프트웨어 품질 측정을 위해 개발자 관점에서 고려해야 할 항목으로 거리가 <u>먼</u> 것은?

① 정확성   ② 무결성
③ 사용성   ④ 유연성

15 다음 중 소프트웨어 형상 관리의 의미로 적절한 것은?

① 비용에 관한 사항을 효율적으로 관리하는 것
② 개발 과정의 변경사항을 관리하는 것
③ 테스트 과정에서 소프트웨어를 통합하는 것
④ 개발 인력을 관리하는 것

16 소스 코드 품질 분석 도구 중 정적 분석 도구가 <u>아닌</u> 것은?

① pmd
② cppcheck
③ valmeter
④ checkstyle

17 검증 검사 기법 중 개발자의 장소에서 사용자가 개발자 앞에서 행하는 기법이며, 일반적으로 통제된 환경에서 사용자와 개발자가 함께 확인하면서 수행되는 검사는?

① 동치 분할 검사
② 형상 검사
③ 알파 검사
④ 베타 검사

18 다음 중 SW 패키징 도구 활용 시 고려할 사항으로 거리가 <u>먼</u> 것은?

① 패키징 시 사용자에게 배포되는 SW이므로 보안을 고려한다.
② 사용자 편의성을 위한 복합성 및 비효율성 문제를 고려한다.
③ 보안상 단일 기종에서만 사용할 수 있도록 해야 한다.
④ 제품 SW 종류에 적합한 암호화 알고리즘을 적용한다.

19 다음 중 CMM(Capability Maturity Model) 모델의 레벨에 해당하지 <u>않는</u> 것은?

① 최적 단계
② 관리 단계
③ 정의 단계
④ 계획 단계

20 웹과 컴퓨터 프로그램에서 용량이 적은 데이터를 교환하기 위해 데이터 객체를 속성·값의 쌍 형태로 표현하는 형식으로 자바스크립트(JavaScript)를 토대로 개발된 것은?

① Python
② XML
③ JSON
④ Web Sever

21 소프트웨어 개발 프레임워크를 적용할 경우의 기대 효과에 해당하지 <u>않는</u> 것은?

① 품질 보증
② 시스템 복잡도 증가
③ 개발 용이성
④ 변경 용이성

23 White Box Testing에 대한 설명으로 옳지 <u>않은</u> 것은?

① Base Path Testing, Boundary Value Analysis가 대표적인 기법이다.
② Source Code의 모든 문장을 한 번 이상 수행함으로써 진행된다.
③ 모듈 안의 작동을 직접 관찰할 수 있다.
④ 산출물의 각 기능별로 적절한 프로그램의 제어구조에 따라 선택, 반복 등의 부분들을 수행함으로써 논리적 경로를 점검한다.

22 COCOMO model 중 기관 내부에서 개발된 중소 규모의 소프트웨어로 일괄 자료 처리나 과학기술 계산용, 비즈니스 자료 처리용으로 5만 라인 이하의 소프트웨어를 개발하는 유형은?

① Embeded
② Organic
③ Semi-detached
④ Semi-embeded

24 LOC 기법에 의하여 예측된 총 라인 수가 50,000라인, 프로그래머의 월 평균 생산성이 200라인, 개발에 참여할 프로그래머가 10인일 때, 개발소요기간은?

① 25개월
② 50개월
③ 75개월
④ 100개월

✔ **주관식 문제**

01 아키텍처 설계에서 품질 속성 중 시스템 측면에 대한 설명에서 괄호 안에 들어갈 용어를 순서대로 쓰시오.

> • (㉠) : 사용자의 요청과 같은 이벤트가 발생했을 경우, 이를 적절하고 신속하게 처리하는 것이 중요하다.
> • (㉡) : 문제 없이 정상적으로 서비스를 제공하는 것이다.
> • (㉢) : 소프트웨어가 처음 설계목표와 다른 하드웨어나 플랫폼에서도 동작이 가능하도록 구현
> • (㉣) : 시스템의 용량, 처리 능력 등을 확장시켰을 때 이를 효과적으로 활용할 수 있도록 구현

02 미들웨어의 종류 중 3가지를 쓰고, 각각에 대해 간략히 설명하시오.

03 디지털 저작권 관리의 기술 요소에 대한 설명에서 괄호 안에 들어갈 요소와 그에 대해 간략한 설명을 쓰시오.

> • (㉠)
> • 키 관리(Key management) : 콘텐츠를 암호화한 키에 대한 저장 및 분배 기술
> • 암호화 파일 생성(Packager) : 콘텐츠를 암호화된 콘텐츠로 생성하기 위한 기술
> • (㉡)
> • 저작권 표현(Right Expression) : 라이선스의 내용 표현 기술
> • (㉢)
> • 크랙 방지(Tamper Resistance) : 크랙에 의한 콘텐츠 사용 방지 기술
> • 인증(Authentication) : 라이선스 발급 및 사용 기준이 되는 사용자 인증 기술

04 CMMI 모델의 4가지 프로세스 범주가 무엇인지 쓰시오.

제한시간: 50분 | 시작 ___시 ___분 - 종료 ___시 ___분

➔ 정답 및 해설 584p

01 객체지향 개념에서 연관된 데이터와 함수를 함께 묶어 외부와 경계를 만들고 필요한 인터페이스만을 밖으로 드러내는 과정은?

① 메시지(Message)
② 캡슐화(Encapsulation)
③ 다형성(Polymorphism)
④ 상속(Inheritance)

02 GoF(Gangs of Four) 디자인 패턴의 생성 패턴에 속하지 않는 것은?

① 추상 팩토리(Abstract Factory)
② 빌더(Builder)
③ 어댑터(Adapter)
④ 싱글턴(Singleton)

03 다음 중 바람직한 소프트웨어 설계 지침이 아닌 것은?

① 모듈의 기능을 예측할 수 있도록 정의한다.
② 이식성을 고려한다.
③ 적당한 모듈의 크기를 유지한다.
④ 가능한 한 모듈을 독립적으로 생성하고 결합도를 최대화한다.

04 객체지향 분석 방법론 중 Coad-Yourdon 방법에 해당하는 것은?

① E-R 다이어그램을 사용하여 객체의 행위를 데이터 모델링하는 데 초점을 둔 방법이다.
② 객체, 동적, 기능 모델로 나누어 수행하는 방법이다.
③ 미시적 개발 프로세스와 거시적 개발 프로세스를 모두 사용하는 방법이다.
④ Use-Case를 강조하여 사용하는 방법이다.

05 다음 중 소프트웨어 품질 요소의 특징이 다른 하나는?

① 정확성(Correctness)
② 유지보수성(Maintainability)
③ 효율성(Efficiency)
④ 무결성(Integrity)

06 Rayleigh-Norden 곡선의 노력 분포도를 이용한 프로젝트 비용 산정기법은?

① Putnam 모형
② 델파이 모형
③ COCOMO 모형
④ 기능점수 모형

07 다음은 어떤 프로그램 구조를 나타낸다. 모듈 F에서의 fan-in과 fan-out의 수는 얼마인가?

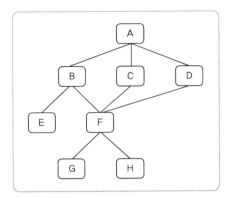

① fan-in : 2, fan-out : 3
② fan-in : 3, fan-out : 2
③ fan-in : 1, fan-out : 2
④ fan-in : 2, fan-out : 1

08 다음 중 현행 시스템 분석에서 고려하지 <u>않아도</u> 되는 항목은?

① DBMS 분석
② 네트워크 분석
③ 운영체제 분석
④ 인적 자원 분석

09 CASE(Computer Aided Software Engin-eering)에 대한 설명으로 <u>틀린</u> 것은?

① 소프트웨어 모듈의 재사용성이 향상된다.
② 자동화된 기법을 통해 소프트웨어 품질이 향상된다.
③ 소프트웨어 사용자들에게 사용 방법을 신속히 숙지시키기 위해 사용된다.
④ 소프트웨어 유지보수를 간편하게 수행할 수 있다.

10 UML(Unified Modeling Language)에 대한 설명으로 옳지 <u>않은</u> 것은?

① 기능적 모델은 사용자 측면에서 본 시스템 기능이며, UML에서는 Use-case Diagram 을 사용한다.
② 정적 모델은 객체, 속성, 연관관계, 오퍼레이션의 시스템의 구조를 나타내며, UML에서는 Class Diagram을 사용한다.
③ 동적 모델은 시스템의 내부 동작을 말하며, UML에서는 Sequence Diagram, State Diagram, Activity Diagram을 사용한다.
④ State Diagram은 객체들 사이의 메시지 교환을 나타내며, Sequence Diagram은 하나의 객체가 가진 상태와 그 상태의 변화에 의한 동작순서를 나타낸다.

11 기본 유스케이스 수행 시 특별한 조건을 만족할 때 수행하는 유스케이스는?

① 연관
② 확장
③ 선택
④ 특화

12 다음 중 요구사항 모델링에 활용되지 <u>않는</u> 것은?

① 애자일(Agile) 방법
② 유스케이스 다이어그램(Use-case Diagram)
③ 시컨스 다이어그램(Sequence Diagram)
④ 단계 다이어그램(Phase Diagram)

13 디자인 패턴을 이용한 소프트웨어 재사용으로 얻어지는 장점이 <u>아닌</u> 것은?

① 소프트웨어 코드의 품질을 향상시킬 수 있다.
② 개발 프로세스를 무시할 수 있다.
③ 개발자들 사이의 의사소통을 원활하게 할 수 있다.
④ 소프트웨어의 품질과 생산성을 향상시킬 수 있다.

14 럼바우(Rumbaugh) 분석기법에서 정보 모델링이라고도 하며, 시스템에서 요구되는 객체를 찾아내어 속성과 연산 식별 및 객체들 간의 관계를 규정하여 다이어그램을 표시하는 모델링은?

① Object
② Dynamic
③ Functional
④ Static

15 소프트웨어를 개발하기 위한 비즈니스(업무)를 객체와 속성, 클래스와 멤버, 전체와 부분 등으로 나누어서 분석해내는 기법은?

① 객체지향 분석
② 구조적 분석
③ 기능적 분석
④ 실시간 분석

16 애자일 소프트웨어 개발 기법의 가치가 <u>아닌</u> 것은?

① 프로세스의 도구보다는 개인과 상호작용에 더 가치를 둔다.
② 계약 협상보다는 고객과의 협업에 더 가치를 둔다.
③ 실제 작동하는 소프트웨어보다는 이해하기 좋은 문서에 더 가치를 둔다.
④ 계획을 따르기보다는 변화에 대응하는 것에 더 가치를 둔다.

17 UML 다이어그램 중 시스템 내 클래스의 정적 구조를 표현하고 클래스와 클래스, 클래스의 속성 사이의 관계를 나타내는 것은?

① Activity Diagram
② Model Diagram
③ State Diagram
④ Class Diagram

18 소프트웨어 설계 시 제일 상위에 있는 main user function에서 시작하여 기능을 하위 기능들로 분할해가면서 설계하는 방식은?

① 객체지향 설계
② 데이터 흐름 설계
③ 상향식 설계
④ 하향식 설계

19 구현 단계에서의 작업 절차를 순서에 맞게 나열한 것은?

> ㉠ 코딩한다.
> ㉡ 코딩 작업을 계획한다.
> ㉢ 코드를 테스트한다.
> ㉣ 컴파일한다.

① ㉠-㉡-㉢-㉣
② ㉡-㉠-㉣-㉢
③ ㉢-㉠-㉡-㉣
④ ㉣-㉡-㉠-㉢

20 하향식 통합 시험을 위해 일시적으로 필요한 조건만을 가지고 임시로 제공되는 시험용 모듈은?

① Stub
② Driver
③ Procedure
④ Function

21 여러 개의 선택 항목 중 하나의 선택만 가능한 경우 사용하는 사용자 인터페이스(UI) 요소는?

① 토글 버튼
② 텍스트 박스
③ 라디오 버튼
④ 체크 박스

22 테일러링(Tailoring) 개발 방법론의 내부 기준에 해당하지 않는 것은?

① 납기/비용
② 기술 환경
③ 구성원 능력
④ 국제표준 품질기준

23 다음 중 폭포수 모형의 특징으로 거리가 먼 것은?

① 개발 중 발생한 요구사항을 쉽게 반영할 수 있다.
② 순차적인 접근방법을 이용한다.
③ 단계적 정의와 산출물이 명확하다.
④ 모형의 적용 경험과 성공 사례가 많다.

24 디지털 저작권 관리(DRM)에 대한 설명으로 옳지 않은 것은?

① DRM 분배자(DRM Distributor) : 배포된 콘텐츠의 이용 권한을 통제하는 프로그램
② 클리어링 하우스(Clearing Houser) : 저작권에 대한 사용 권한, 라이선스 발급, 사용량에 따른 결제 관리 등을 수행하는 곳
③ 콘텐츠 분배자(Contents Distributor) : 암호화된 콘텐츠를 유통하는 곳이나 사람
④ 콘텐츠 소비자(Customer) : 콘텐츠를 구매해서 사용하는 주체

✅ **주관식** 문제

01 패키징 작업 순서에 대한 설명에서 괄호 안에 들어갈 용어를 순서대로 쓰시오.

> 기능 식별 – (㉠) – 빌드 진행 –
> (㉡) – 패키징 적용 시험 – (㉢)
> – 배포

02 럼바우(Rumbaugh)의 객체지향 분석 절차를 순서대로 쓰시오.

03 결합도의 단계에 대한 설명에서 괄호 안에 들어갈 결합도를 순서대로 적고 그에 대해 간략히 설명하시오.

> 내용 결합도 – (㉠) – 외부 결합도
> – (㉡) – 스탬프 결합도 – (㉢)

04 위험의 분류 3가지를 열거하고 그에 대해 간략히 기술하시오.

정답 및 해설 | 소프트웨어공학

제1회

01	02	03	04	05	06	07	08	09	10	11	12
②	④	①	②	④	②	③	④	①	②	④	③

13	14	15	16	17	18	19	20	21	22	23	24
①	③	②	③	③	③	④	③	②	②	①	①

	주관식 정답		
01	㉠ 성능 ㉡ 가용성 ㉢ 변경 용이성 ㉣ 확장성	03	㉠ 암호화(Encryption) : 콘텐츠 및 라이선스를 암호화하고 전자서명할 수 있는 기술 ㉡ 식별 기술(Identification) : 콘텐츠에 대한 식별 체계 표현 기술 ㉢ 정책 관리(Policy Management) : 라이선스 발급 및 사용에 대한 정책 표현 및 관리 기술
02	• DB(Database)는 데이터베이스 벤더에서 제공하는 클라이언트에서 원격의 데이터베이스와 연결하기 위한 미들웨어이다. • RPC(원격 프로시저 호출)는 응용 프로그램의 프로시저를 사용하여 원격 프로시저를 마치 로컬 프로시저처럼 호출하는 방식의 미들웨어이다. • MOM(메시지 지향 미들웨어)은 메시지 기반의 비동기형 메시지를 전달하는 방식의 미들웨어이다.	04	㉠ 프로젝트 관리 ㉡ 엔지니어링 ㉢ 프로세스 관리 ㉣ 자원

01 **정답** ②

해설
① 메소드 : 객체의 행위
③ 상속성 : 객체의 데이터
④ 메시지 : 객체 간의 통신

02 **정답** ④

해설
애플리케이션 성능 측정 항목은 응답시간, 처리량, 자원 사용률, 경과 시간이다. 서버 튜닝은 측정 항목이 아니다.

03 **정답** ①

해설
UML 확장 모델에서 스테레오 타입 객체를 표현하는 기호는 《 》이다.

04 **정답** ②

해설
② Visitor : 각 클래스들의 데이터 구조에서 처리 기능을 분리하여 별도의 클래스로 구성한다(행위 패턴).
① Builder : 작게 분리된 인스턴스를 건축하듯이 조합하여 객체를 생성한다(생성 패턴).

③ Prototype : 원본 객체를 복제하는 방법으로 객체를 생성한다(생성 패턴).

④ Bridge : 구현부에서 추상층을 분리하여, 서로가 독립적으로 확장할 수 있도록 구성한다(구조 패턴).

05 정답 ④

해설

① { } : 반복

② ** : 주석

③ = : 정의

06 정답 ②

해설

① 유효성 : 정확하고 완벽하게 사용자의 목표가 달성될 수 있도록 제작

③ 학습성 : 초보와 숙련자 모두가 쉽게 배우고 사용할 수 있게 제작

④ 유연성 : 사용자의 인터랙션을 최대한 포용하고, 실수를 방지할 수 있도록 제작

07 정답 ③

해설

XP(eXtreme Programming)의 5가지 가치

• 용기(Courage) : 고객의 요구사항 변화에 능동적인 대처

• 단순성(Simplicity) : 부가적 기능, 사용되지 않는 구조와 알고리즘 배제

• 커뮤니케이션(Communication) : 개발자, 관리자, 고객 간의 원활한 의사소통

• 피드백(Feedback) : 지속적인 테스트와 반복적 결함 수정, 빠른 피드백

• 존중(Respect) : 모든 프로젝트 관리자는 팀원의 기여를 존중

08 정답 ④

해설

요구사항 분석(requirements analysis)

• 비용과 일정에 대한 제약 설정

• 타당성 조사

• 요구사항 정의 문서화

09 정답 ①

해설

럼바우 객체지향 분석 절차 : 객체 모형 → 동적모형 → 기능 모형

• 객체 모델링

객체 다이어그램(객체 관계)으로 표시하며, 가장 중요하며 선행되어야 함

• 동적 모델링

상태 다이어그램(상태도)를 이용해 시간의 흐름에 따른 객체들 간의 제어흐름, 상호작용, 동작순서 등의 동적인 행위를 표현하는 모델링

• 기능 모델링

자료 흐름도(DFD)를 이용하여 다수의 프로세스들 간의 자료 흐름을 중심으로 처리

10 정답 ②

해설

공통 모듈 원칙

• 정확성 : 해당 기능이 실제 시스템 구현 시 필요한지 아닌지를 알 수 있도록 정확하게 작성

• 명확성 : 해당 기능에 대해 일관되게 이해하고 한가지로 해석될 수 있도록 작성

• 완전성 : 시스템이 구현될 때 필요하고 요구되는 모든 것을 기술

• 일관성 : 공통 기능 간에 상호 충돌이 없도록 작성

• 추적성 : 공통 기능에 대한 요구사항 출처와 관련 시스템 등의 유기적 관계에 대한 식별이 가능하도록 작성

11 **정답** ④

해설

④ 집단화 is part of(part가 들어가면 집단화 생각) : 클래스 간의 구조적인 집약 관계(클래스 A는 클래스 B와 클래스 C로 구성된다)

① 일반화 is a :클래스들 간의 개념적인 포함 관계(자식 클래스 A는 부모 클래스 B의 일종이다)

② 추상화 : 공통 성질을 추출하여 슈퍼 클래스로 구성한다. 또한 객체 중심의 안정된 모델을 구축 가능하며 현실 세계를 자연스럽게 표현한다. 분석의 초점이 명확해진다.

③ 캡슐화 : 속성 (데이터)과 메소드(연산)을 하나로 묶어서 객체로 구성한다.

12 **정답** ③

해설

Case가 가지는 주요 기능
- S/W의 생명주기 전(모든) 단계의 연결
- 모델들 사이의 모순 검사
- 오류 검증
- 자료 흐름도 등 다이어그램 작성
- 다양한 소프트웨어 개발 모형 지원
- 시스템 문서화 및 명세화를 위한 그래픽 지원

13 **정답** ①

해설

② Booch 방법 : 미시적(Micro) 개발 프로세스와 거시적(Macro) 개발 프로세스를 모두 사용하는 분석 방법으로, 클래스와 객체들을 분석 및 식별하고 클래스의 속성과 연산을 정의한다.

③ Jacobson 방법 : Use-case를 강조하여 사용하는 분석 방법이다.

④ Wirfs-Brock 방법 : 분석과 설계 간의 구분이 없고, 고객 명세서를 평가해서 설계 작업까지 연속적으로 수행하는 기법이다.

14 **정답** ③

해설

소프트웨어 품질 측정에서 개발자 관점에서 고려해야 할 항목은 정확성, 신뢰성, 효율성, 무결성, 유연성, 이식성, 재사용성, 상호운용성이다. 즉, 사용성이 아닌 재사용성이다.

15 **정답** ②

해설

소프트웨어 형상 관리는 개발 과정에서 소프트웨어의 변경사항을 관리하기 위해 개발된 일련의 활동을 의미한다. 즉, 개발 과정에서 변화되는 사항을 관리하는 것이다.

16 **정답** ③

해설

정적 분석 도구	• pmd : 소스 코드에 대한 미사용 변수 최적화되지 않은 코드 등 결함을 유발할 수 있는 코드 검사 • cppcheck : C/C++ 코드에 대한 메모리 누수 오버플로우 등 분석 • SonarQube : 중복 코드 복잡도 코딩 설계 등을 분석하는 소스 분석 통합 플랫폼 • checkstyle : 자바 코드에 대해 소스 코드 표준을 따르고 있는지 검사 • ccm : 다양한 언어의 코드 복잡도를 분석 • cobertura : 자바 언어의 소스코드 복잡도 분석 및 테스트 커버리지 측정
동적 분석 도구	• Avalanche : Valgrind 프레임워크 및 STP 기반이며 프로그램 결함 및 취약점 분석 • valgrind : 프로그램 내에 존재하는 메모리 및 스레드 결함 분석

17 정답 ③

해설

③ 알파 테스트 : 개발자의 장소에서 사용자가 개발자 앞에서 행하는 테스트 기법(인수 테스트 종류)

① 동치 분할 검사 : 입력 자료에 초점을 맞춰 케이스를 만들고 검사하는 방법(블랙박스 테스트 종류)

② 형상 검사(구성 검토, 검사) : 구성 요소, 목록, 유지보수를 위한 모든 사항이 표현되었는가를 검사

④ 베타 테스트 : 선정된 최종 사용자가 여러 명의 사용자 앞에서 행하는 테스트 기법(인수 테스트 종류)

18 정답 ③

해설

패키징 고려사항

• 사용자의 운영체제, CPU, 메모리 등에 필요한 최소 환경 정의

• UI는 편의성, 직관성을 고려해야 하고 매뉴얼과 일치시켜 패키징

• 소프트웨어와 하드웨어가 함께 관리될 수 있도록 Managed Service 형태로 제공

• 암호화, 모듈화하여 배포(다양한 기종에서 사용이 가능해야 함)

19 정답 ④

해설

CMM 모델의 레벨 : 초기 단계/관리 단계/정의 단계/정량적 관리 단계/최적화 단계

20 정답 ③

해설

JSON : 용량이 적은 데이터를 교환하기 위해 데이터의 객체를 속성·값의 쌍 형태로 표현하는 형식, 즉 데이터 객체를 전달하기 위해 사람이 읽을 수 있는 텍스트를 사용하는 것이다.

21 정답 ②

해설

프레임워크란 특정 기능을 수행하기 위해 필요한 클래스 또는 인터페이스 등을 모아둔 집합체이다. 프레임워크를 적용할 경우의 기대효과는 품질 보증, 개발 용이성, 변경 용이성이다.

22 정답 ②

해설

유형별 COCOMO

• Organic : 조직형/소규모 소프트웨어 일괄 자료 처리/5만 라인 이하

• Semi-detached : 반분리형/트랜잭션 처리 시스템이나 운영체제, DB/30만 라인 이하

• Embedded : 내장형/최대형 규모 트랜잭션 처리 시스템이나 운영체제/30만 라인 이상

23 정답 ①

해설

• White Box Testing 종류 : Condition Testing, Loop Testing, Data Flow Testing

• Black Box Testing 종류 : Equivalence Partitioning Testing, Boundary Value Testing, Cause-Effect Graphing Testing, Error Guessing, Comparison Testing

24 정답 ①

해설

• 개발소요기간 = (예측 총 라인 수 / 월 평균생산성) / 프로그래머 수

• X = (50,000 / 200) / 10 = 25(개월)

주관식 해설

01 정답

㉠ 성능, ㉡ 가용성, ㉢ 변경 용이성, ㉣ 확장성

해설

아키텍처 설계에서 품질 속성 중 시스템 측면

품질 속성	내용
성능	사용자의 요청과 같은 이벤트가 발생했을 경우, 이를 적절하고 신속하게 처리하는 것이 중요하다.
보안	허용되지 않은 접근을 통제하고, 허용된 접근에는 적절한 서비스를 제공한다.
가용성	문제 없이 정상적으로 서비스를 제공하는 것이다.
기능성	사용자가 요구하는 것을 만족스럽게 처리
사용성	사용자가 소프트웨어를 사용하는 데 있어서 헤매지 않고 빠르고 정확하게 구현
변경 용이성	소프트웨어가 처음 설계목표와 다른 하드웨어나 플랫폼에서도 동작이 가능하도록 구현
확장성	시스템의 용량, 처리 능력 등을 확장시켰을 때 이를 효과적으로 활용할 수 있도록 구현
기타 속성	테스트 용이성, 배치, 안정성 등

02 정답

- DB(Database)는 데이터베이스 벤더에서 제공하는 클라이언트에서 원격의 데이터베이스와 연결하기 위한 미들웨어이다.
- RPC(원격 프로시저 호출)는 응용 프로그램의 프로시저를 사용하여 원격 프로시저를 마치 로컬 프로시저처럼 호출하는 방식의 미들웨어이다.
- MOM(메시지 지향 미들웨어)은 메시지 기반의 비동기형 메시지를 전달하는 방식의 미들웨어이다.

해설

- TP-Monitor(트랜잭션 처리 모니터)는 항공기나 철도 예약 업무 등과 같은 온라인 트랜잭션 업무에서 트랜잭션을 처리 및 감시하는 미들웨어이다.
- ORB(객체 요청 브로커)는 객체 지향 미들웨어로 코바(CORBA, 네트워크에서 분산 프로그램 객체를 생성, 배포, 관리하기 위한 규격) 표준 스펙을 구현한 미들웨어이다.
- WAS(앱 애플리케이션 서버)는 정적인 콘텐츠를 처리하는 웹 서버와 달리 사용자의 요구에 따라 변하는 동적인 콘텐츠를 처리하기 위해 사용되는 미들웨어이다.

03 정답

㉠ 암호화(Encryption) : 콘텐츠 및 라이선스를 암호화하고 전자서명할 수 있는 기술
㉡ 식별 기술(Identification) : 콘텐츠에 대한 식별 체계 표현 기술
㉢ 정책 관리(Policy Management) : 라이선스 발급 및 사용에 대한 정책 표현 및 관리 기술

04 정답

㉠ 프로젝트 관리, ㉡ 엔지니어링, ㉢ 프로세스 관리, ㉣ 자원

해설

CMMI 모델은 개발된 소프트웨어의 품질의 일관성을 유지하기 위한 프로세스 개선 성숙도 모델이다. CMM 모델 구성 요소는 다음과 같다.

프로젝트 관리	엔지니어링
• 프로젝트 계획 수립 • 프로젝트 모니터링 및 통제 • 협력 업체 관리 • 통합 프로젝트 관리 • 위험관리 • 정량적 프로젝트 관리	• 요구사항 관리 • 요구사항 개발 • 기술적 솔루션 • 제품 통합 • 검증 • 확인
프로세스 관리	**지원**
• 조직 차원의 프로세스 개선 • 조직 차원의 프로세스 정립 • 조직 차원의 교육 훈련 • 조직 차원의 프로세스 성과 관리 • 조직 차원의 혁신 활동 전개	• 형상관리 • 프로세스/제품 품질 보증 • 측정 및 분석 • 의사결정 분석 및 해결 • 근본 원인 분석 및 해결

제2회

01	02	03	04	05	06	07	08	09	10	11	12
②	③	④	①	②	①	②	④	④	④	②	④

13	14	15	16	17	18	19	20	21	22	23	24
②	①	①	③	④	④	②	①	③	④	①	①

	주관식 정답		
01	㉠ 모듈화 ㉡ 사용자 환경 분석 ㉢ 패키징 변경 개선	03	㉠ 공통 결합도 : 공유되는 공통 데이터 영역을 여러 모듈이 사용할 때의 결합도이다. ㉡ 제어 결합도 : 한 모듈에서 다른 모듈로 논리적인 흐름을 제어하는 데 사용하는 제어 요소를 전달(Switch, Tag, Flag)할 경우의 결합도이다. ㉢ 자료 결합도 : 모듈 간의 인터페이스가 자료 요소로만 구성될 때의 결합도이다
02	객체 모형 → 동적 모형 → 기능 모형	04	• 프로젝트 위험 : 프로젝트 계획을 위협하는 것으로 일정이 지연되고 비용이 증가하게 된다. • 기술 위험 : 소프트웨어의 품질이나 시기를 위협하는 것으로 구현이 어려워지거나 불가능하게 된다. • 비즈니스 위험 : 소프트웨어 생존 가능성을 위협하는 것으로 원치 않는 제품이나 전략에 맞지 않는 제품 등을 개발하게 된다.

01 정답 ②

해설

② 캡슐화(Encapsulation) : 추상화된 객체의 구현을 은닉, 시스템의 한 컴포넌트의 내부 구현이 다른 컴포넌트에 의존하지 않는 것
① 메시지(Message) : 객체의 행위를 표현
③ 다형성(Polymorphism) : 파생된 클래스와 관련되면서 또 다른 행위를 요구하는 것
④ 상속(Inheritance) : 하나의 클래스가 다른 클래스로부터 애트리뷰트나 메소드를 물려받는 것

02 정답 ③

해설

생성 패턴에는 추상 팩토리 패턴, 빌더 패턴, 싱글턴 패턴이 있다. 어댑터 패턴은 구조 패턴에 속한다.

생성 패턴	• 추상 팩토리 패턴 : 동일한 주제의 다른 팩토리를 묶어 준다. • 빌더 패턴 : 생성(construction)과 표기(representation)를 분리해 복잡한 객체를 생성한다. • 싱글턴 패턴 : 한 클래스에 한 객체만 존재하도록 제한한다.
구조 패턴	어댑터 패턴 : 인터페이스가 호환되지 않는 클래스들을 함께 이용할 수 있도록, 타 클래스의 인터페이스를 기존 인터페이스에 덧씌운다.

03 정답 ④

해설

결합도는 최소화해야 한다.

04 정답 ①

해설

② Rumbaugh(럼바우) 방법

③ Booch(부치) 방법

④ Jacobson(제이콥슨) 방법

05 정답 ②

해설

소프트웨어 품질 요소에는 크게 운용 특성, 변경 특성, 적응 특성이 있다.

- 운용 특성 : 정확성(Correctness), 효율성(Efficiency), 무결성(Integrity), 사용 용이성 Usability)
- 변경 특성 : 유지보수성(Maintainability), 유연성(Flexibility), 시험 역량(Testability)
- 적응 특성 : 이식성(Portability), 재사용성(Reusability), 상호운용성(Interoperability)

06 정답 ①

해설

② 델파이 기법 : 전문가 감정 기법의 주관적 편견을 보완하기 위해 많은 전문가의 의견을 종합

③ COCOMO 기법 : 보헴이 제안한 것으로 LOC에 의한 비용 산정 기법

④ 기능점수 기법 : 사용자의 관점에서 소프트웨어가 제공하는 기능을 측정하는 방법이며 주로 논리적 설계를 기초로 사용자에게 제공되는 소프트웨어의 기능을 정량화하여 소프트웨어의 규모를 산정하는 방법

07 정답 ②

해설

- fan-in : 모듈 F를 제어하는 수는 B, C, D(총 3개)
- fan-out : 모듈 F가 제어하는 수는 G, H(총 2개)

08 정답 ④

해설

현행 시스템 분석에는 플랫폼 기능 분석, 플랫폼 성능 특성 분석, 운영체제 분석, 네트워크 분석, DBMS 분석, 비즈니스 융합 분석이 있다.

09 정답 ④

해설

CASE(Computer Aided Software Engineering) 도구를 활용하는 목적은 일관성 분석을 통해 요구사항 변경사항의 추적 및 분석, 관리, 표준 준수여부를 확인하기 위함이다. CASE의 특징은 소프트웨어 모듈의 재사용성, 자동화된 기법을 통한 소프트웨어 품질 향상, 소프트웨어 사용자들에게 사용 방법을 신속히 숙지시킴 등이다.

10 정답 ④

해설

- State Diagram : 객체가 가진 상태와 상태 변화를 나타냄
- Sequence Diagram : 객체 사이에 오가는 메시지를 시간 순으로 나타냄

11 정답 ②

해설

Use-case 구성요소와의 관계
- 연관 : use-case와 actor의 관계
- 확장 : 기본 use-case 수행 시 특별한 조건을 만족할 때 수행할 use-case
- 포함 : 시스템의 기능이 별도의 기능을 포함
- 일반화 : 하위 use-case/action이 상위 use-case/actor에게 기능/역할을 상속받음
- 그룹화 : 여러 개의 use-case를 단순화하는 방법

12 정답 ④

해설

단계 다이어그램(Phase Diagram)은 물리 화학 등에서 사용하는 다이어그램으로 요구사항 모델링과 관계가 없다.

13 정답 ②

해설

디자인 패턴
- 정의 : 각 모듈의 세분화된 역할이나 모듈들 간의 인터페이스와 같은 코드를 작성하는 수준의 세부적인 구현 방안을 설계할 때 참조할 수 있는 전형적인 해결 방식 또는 예제
- 장점 : 시스템 개발 시 공통 언어 사용(의사소통 원활), 코드의 품질 향상, 향후 변화에 대한 대비 가능, 유지보수 용이

14 정답 ①

해설

럼바우 모델링(객체, 동적, 기능)
- 객체(Object) 모델링 : 정보모델링, 시스템에서 요구되는 객체를 찾아내어 속성과 연산 식별 및 객체들 간의 관계를 규정, 객체 다이어그램으로 표시

- 동적(Dynamic) 모델링 : 상태도(상태 다이어그램)을 이용하여 시스템의 행위를 기술
- 기능(Functional) 모델링 : 자료 흐름도를 이용하여 다수의 프로세스들 간의 자료 흐름을 중심으로 처리 과정 표현

15 정답 ①

해설

업무(비즈니스)를 객체, 속성 등의 개별요소로 추상화하는 기법을 객체지향 분석이라고 한다.

16 정답 ③

해설

애자일 방법론
- 공정과 도구보다 개인과 상호작용에 더 가치를 둠
- 계획을 따르기보다 변화에 대응
- 포괄적인 문서보다 동작하는 소프트웨어에 더 중점을 둠
- 계약 협상보다 고객과의 협업에 더 가치를 둠

17 정답 ④

해설

④ 클래스 다이어그램(Class Diagram) : 클래스와 클래스가 가지는 속성, 클래스 사이의 관계를 표현한다. 시스템의 구조를 파악하고 구조상의 문제점을 도출할 수 있다.
① 활동 다이어그램(Activity Diagram) : 시스템이 어떤 기능을 수행하는지 객체의 처리 로직이나 조건에 따른 처리의 흐름을 순서에 따라 표현한다.
③ 상태 다이어그램(State Diagram) : 하나의 객체가 자신이 속한 클래스의 상태 변화 혹은 다른 객체와의 상호작용에 따라 상태가 어떻게 변화하는지를 표현한다.

18 정답 ④

해설

- 상향식 설계 : 최하위 수준에서 각각의 모듈들을 설계하고, 모듈이 완성되면 이들은 결합하여 검사
- 하향식 설계 : 주어진 문제를 분석하여 모듈의 전체적인 구조와 데이터를 개괄적으로 설계하고 이를 기반으로 하위 레벨에서 점차 세부적인 기능을 중심으로 모듈을 설계

19 정답 ②

해설

구현 단계에서의 작업 절차 : 작업 계획 → 코딩 → 컴파일(사람의 언어를 컴퓨터가 이해할 수 있도록 언어 바꾸는 과정) → 테스트

20 정답 ①

해설

하향식 통합 방법의 절차에서 주요 제어 모듈은 작성된 프로그램을 사용하고, 주요 제어 모듈의 종속 모듈들은 스텁(Stub)으로 대체한다. 테스트 스텁(Test Stub)이란 제어 모듈이 호출하는 타 모듈의 기능을 단순히 수행하는 도구로, 일시적으로 필요한 조건만을 가지고 있는 시험용 모듈이다.

21 정답 ③

해설

② 텍스트 박스 : 사용자가 데이터를 입력하고 수정할 수 있는 상자
④ 체크 박스 : 여러 개의 선택 상황에서 1개 이상의 값을 선택할 수 있는 버튼

22 정답 ④

해설

테일러링(Tailoring) 개발 방법론

- 프로젝트 상황 특성에 맞게 정의된 소프트웨어 개발 방법론 절차, 사용기법 등을 수정 및 보완하는 작업
- 내부적 요건 : 목표환경, 요구사항, 프로젝트 규모, 보유기술
- 외부적 요건 : 법적 제약사항, 표준 품질 기준

23 정답 ①

해설

폭포수 모형의 특징

- 선형 순차적
- 매뉴얼 작성
- 각 단계가 끝난 뒤 다음 단계로 넘어감
- 가장 오래됐고 가장 폭넓게 사용된 전통적인 모형
- 타당성 검토 – 계획 – 요구분석 – 설계 – 구현 – 시험 – 유지보수

24 정답 ①

해설

① DRM 컨트롤러(DRM Controller) : 배포된 콘텐츠의 이용 권한을 통제하는 프로그램

주관식 해설

01 **정답**

ⓐ 모듈화
ⓑ 사용자 환경 분석
ⓒ 패키징 변경 개선

해설

패키징 작업 순서

① 기능 식별 : 작성된 코드와 기능을 확인한다.

② 모듈화 : 확인된 기능 단위로 코드들을 분류한다.

③ 빌드 진행(컴파일) : 모듈 단위별로 실행 파일을 만든다.

④ 사용자 환경 분석 : 웹, 모바일, PC 등 소프트웨어가 사용될 환경이나 운영체제, CPU, RAM 등의 최소 운영 환경을 정의한다.

⑤ 패키징 적용 시험 : 사용자 환경과 동일한 환경에서 패키징 적용을 시험한다.

⑥ 패키징 변경 개선 : 확인된 불편 사항을 반영하기 위한 패키징의 변경 및 개선을 진행한다.

⑦ 배포 : 배포 수행 시 오류가 발생하면 해당 개발자에게 전달하여 수정을 요청한다.

02 **정답**

객체 모형 → 동적 모형 → 기능 모형

해설

럼바우 객체지향 분석 절차는 다음과 같다.

① 객체 모형 : 객체 다이어그램(객체 관계)으로 표시하고, 가장 중요하며 선행되어야 함

② 동적 모형 : 상태 다이어그램(상태도)을 이용해 시간의 흐름에 따른 객체들 간의 제어흐름, 상호작용, 동작순서 등의 동적인 행위를 표현하는 모델링

③ 기능 모형 : 자료 흐름도(DFD)를 이용하여 다수의 프로세스들 간의 자료 흐름을 중심으로 처리

03 **정답**

ⓐ 공통 결합도 : 공유되는 공통 데이터 영역을 여러 모듈이 사용할 때의 결합도이다.

ⓑ 제어 결합도 : 한 모듈에서 다른 모듈로 논리적인 흐름을 제어하는 데 사용하는 제어 요소를 전달(Switch, Tag, Flag)할 경우의 결합도이다.

ⓒ 자료 결합도 : 모듈 간의 인터페이스가 자료 요소로만 구성될 때의 결합도이다.

해설

결합도는 모듈 간에 상호 의존하는 정도 또는 두 모듈 사이의 연관 관계를 의미한다. 결합도는 '내용 〉 공통 〉 외부 〉 제어 〉 스탬프 〉 자료' 순으로 결합도가 강한 것부터 순서대로 약해진다.

내용 결합도	한 모듈이 다른 모듈의 내부 기능 및 그 내부 자료를 직접 참조하거나 수정할 때의 결합도이다.
공통 결합도	공유되는 공통 데이터 영역을 여러 모듈이 사용할 때의 결합도이다.
외부 결합도	어떤 모듈에서 외부로 선언한 데이터(변수)를 다른 모듈에서 참조할 경우의 결합도이다.
제어 결합도	한 모듈에서 다른 모듈로 논리적인 흐름을 제어하는 데 사용하는 제어 요소를 전달(Switch, Tag, Flag)할 경우의 결합도이다.
스탬프 결합도	모듈 간의 인터페이스로 배열이나 레코드 등의 자료구조가 전달될 때의 결합도이다.
자료 결합도	모듈 간의 인터페이스가 자료 요소로만 구성될 때의 결합도이다

04 [정답]

- 프로젝트 위험 : 프로젝트 계획을 위협하는 것
으로 일정이 지연되고 비용이 증가하게 된다.
- 기술 위험 : 소프트웨어의 품질이나 시기를 위
협하는 것으로 구현이 어려워지거나 불가능하
게 된다.
- 비즈니스 위험 : 소프트웨어 생존 가능성을 위
협하는 것으로 원치 않는 제품이나 전략에 맞
지 않는 제품 등을 개발하게 된다.

[해설]

위험 관리는 프로젝트 추진 과정에서 예상되는
위험을 미리 예상하고 이에 대한 적절한 대책을
수립하는 일련의 활동을 의미한다. 위험의 분류
는 다음과 같다.

종류	내용
프로젝트 위험 (Project Risk)	프로젝트 계획을 위협하는 것으로 일정이 지연되고 비용이 증가하게 된다.
기술 위험 (Technical Risk)	소프트웨어의 품질이나 시기를 위협하는 것으로 구현이 어려워지거나 불가능하게 된다.
비즈니스 위험 (Business Risk)	소프트웨어 생존 가능성을 위협하는 것으로 원치 않는 제품이나 전략에 맞지 않는 제품 등을 개발하게 된다.

인력 부족, 예산 관리, 일정 관리, 사용자 요구사항
변경

여기서 멈출 거예요? 고지가 바로 눈앞에 있어요.
마지막 한 걸음까지 SD에듀가 함께할게요!

시·도 전공심화과정인정시험 답안지(객관식)

컴퓨터용 사인펜만 사용

★ 수험생은 수험번호의 응시과목 코드번호를 표기(마킹)한 후 일치여부를 반드시 확인할 것.

전공분야

성명

(1)

(2)

수 험 번 호

※ 감독관 확인란

(인)

관 리 번 호

(연번)

(응시자수)

교시코드		응시과목
① ② ③		

응시과목		
1 ① ② ③ ④	14 ① ② ③ ④	
2 ① ② ③ ④	15 ① ② ③ ④	
3 ① ② ③ ④	16 ① ② ③ ④	
4 ① ② ③ ④	17 ① ② ③ ④	
5 ① ② ③ ④	18 ① ② ③ ④	
6 ① ② ③ ④	19 ① ② ③ ④	
7 ① ② ③ ④	20 ① ② ③ ④	
8 ① ② ③ ④	21 ① ② ③ ④	
9 ① ② ③ ④	22 ① ② ③ ④	
10 ① ② ③ ④	23 ① ② ③ ④	
11 ① ② ③ ④	24 ① ② ③ ④	
12 ① ② ③ ④		
13 ① ② ③ ④		

과목코드		응시과목
1 ① ② ③ ④	14 ① ② ③ ④	
2 ① ② ③ ④	15 ① ② ③ ④	
3 ① ② ③ ④	16 ① ② ③ ④	
4 ① ② ③ ④	17 ① ② ③ ④	
5 ① ② ③ ④	18 ① ② ③ ④	
6 ① ② ③ ④	19 ① ② ③ ④	
7 ① ② ③ ④	20 ① ② ③ ④	
8 ① ② ③ ④	21 ① ② ③ ④	
9 ① ② ③ ④	22 ① ② ③ ④	
10 ① ② ③ ④	23 ① ② ③ ④	
11 ① ② ③ ④	24 ① ② ③ ④	
12 ① ② ③ ④		
13 ① ② ③ ④		

답안지 작성시 유의사항

답안지는 반드시 컴퓨터용 사인펜을 사용하여 다음 **보기**와 같이 표기할 것.

보기 잘된 표기: ●

잘못된 표기: ⊗ ⊙ ◑ ◐ ○

1. 수험번호 (1)에는 아라비아 숫자로 쓰고, (2)에는 "●"와 같이 표기할 것.
2. 수험번호 (1)에는 아라비아 숫자로 쓰고, (2)에는 "●"와 같이 표기할 것.
3. 과목코드는 뒷면 "과목코드번호"를 보고 해당과목의 코드번호를 찾아 표기하고,
4. 응시과목란에는 응시과목명을 한글로 기재할 것.
5. 교시코드는 문제지 전면 의 교시를 해당란에 "●"와 같이 표기할 것.
   한번 표기한 답은 긁거나 수정액 및 스티커 등 어떠한 방법으로도 고쳐서는 안되며, 고친 문항은 "0"점 처리됨.

[이 답안지는 마킹연습용 모의답안지입니다.]

년도 전공심화과정
인정시험 답안지(주관식)

전공분야

성0

편0

★ 수험생은 수험번호와 응시과목 코드번호를 표기(마킹)한 후 일치여부를 반드시 확인할 것.

과목코드

교시코드 ① ② ③ ④

수험번호

※ 감독관 확인란

(인)

번호	※ 1차 점수	※ 1차 채점	※1차확인	응 시 과 목	※2차확인	※ 2차 채점	※ 2차 점수
1	⓪①②③④⑤ ⑥⑦⑧⑨⑩						⓪①②③④⑤ ⑥⑦⑧⑨⑩
2	⓪①②③④⑤ ⑥⑦⑧⑨⑩						⓪①②③④⑤ ⑥⑦⑧⑨⑩
3	⓪①②③④⑤ ⑥⑦⑧⑨⑩						⓪①②③④⑤ ⑥⑦⑧⑨⑩
4	⓪①②③④⑤ ⑥⑦⑧⑨⑩						⓪①②③④⑤ ⑥⑦⑧⑨⑩
5	⓪①②③④⑤ ⑥⑦⑧⑨⑩						⓪①②③④⑤ ⑥⑦⑧⑨⑩

절취선

년도 전공심화과정인정시험 답안지(객관식)

★ 수험생은 수험번호와 응시과목 코드번호를 표기(마킹)한 후 일치여부를 반드시 확인할 것.

전공분야

성 명

3

(1) 수험번호

(2) ① ② ● ④

※ 감독관 확인란

(서명)

인

관리번호
(응시자수)
(연번)

답안지 작성 시 유의사항

1. 답안지는 반드시 컴퓨터용 사인펜을 사용하여 다음 보기와 같이 표기할 것.
   보기 잘된표기: ●
   잘못된 표기: ⊘ ⊗ ◑ ◐ ○●

2. 수험번호 (1)에는 아라비아 숫자로 쓰고, (2)에는 " ● "와 같이 표기할 것.

3. 과목코드는 뒷면 "과목코드번호"를 보고 해당과목의 코드번호를 찾아 표기하고,
   응시과목란에는 응시과목명을 한글로 기재할 것.

4. 교시코드는 문제지 전면 의 교시를 해당란에 " ● "와 같이 표기할 것.

5. 한번 표기한 답은 긁거나 수정액 및 스티커 등 어떠한 방법으로도 고쳐서는
   아니되고, 고친 문항은 "0"점 처리함.

과목코드

교시코드 ① ② ③ ④

응시과목

1	① ② ③ ④	14	① ② ③ ④
2	① ② ③ ④	15	① ② ③ ④
3	① ② ③ ④	16	① ② ③ ④
4	① ② ③ ④	17	① ② ③ ④
5	① ② ③ ④	18	① ② ③ ④
6	① ② ③ ④	19	① ② ③ ④
7	① ② ③ ④	20	① ② ③ ④
8	① ② ③ ④	21	① ② ③ ④
9	① ② ③ ④	22	① ② ③ ④
10	① ② ③ ④	23	① ② ③ ④
11	① ② ③ ④	24	① ② ③ ④
12	① ② ③ ④		
13	① ② ③ ④		

과목코드

응시과목

1	① ② ③ ④	14	① ② ③ ④
2	① ② ③ ④	15	① ② ③ ④
3	① ② ③ ④	16	① ② ③ ④
4	① ② ③ ④	17	① ② ③ ④
5	① ② ③ ④	18	① ② ③ ④
6	① ② ③ ④	19	① ② ③ ④
7	① ② ③ ④	20	① ② ③ ④
8	① ② ③ ④	21	① ② ③ ④
9	① ② ③ ④	22	① ② ③ ④
10	① ② ③ ④	23	① ② ③ ④
11	① ② ③ ④	24	① ② ③ ④
12	① ② ③ ④		
13	① ② ③ ④		

[이 답안지는 마킹연습용 모의답안지입니다.]

년도 전공심화과정
인정시험 답안지(주관식)

★ 수험생은 수험번호와 응시과목 코드번호를 표기(마킹)한 후 일치 여부를 반드시 확인할 것.

전공분야	
성명	

과목코드

① ② ③ ④ ⑤ ⑥ ⑦ ⑧ ⑨ ⑩	
① ② ③ ④ ⑤ ⑥ ⑦ ⑧ ⑨ ⑩	
① ② ③ ④ ⑤ ⑥ ⑦ ⑧ ⑨ ⑩	
① ② ③ ④ ⑤ ⑥ ⑦ ⑧ ⑨ ⑩	
① ② ③ ④ ⑤ ⑥ ⑦ ⑧ ⑨ ⑩	

교시코드

① ② ③ ④

수험번호

응	시	번	호

① ② ③ ④ ⑤ ⑥ ⑦ ⑧ ⑨ ⑩
① ② ③ ④ ⑤ ⑥ ⑦ ⑧ ⑨ ⑩
① ② ③ ④ ⑤ ⑥ ⑦ ⑧ ⑨ ⑩
① ② ③ ④ ⑤ ⑥ ⑦ ⑧ ⑨ ⑩
① ② ③ ④ ⑤ ⑥ ⑦ ⑧ ⑨ ⑩
① ② ③ ④ ⑤ ⑥ ⑦ ⑧ ⑨ ⑩
① ② ③ ④ ⑤ ⑥ ⑦ ⑧ ⑨ ⑩

(1) 3 ─ ① ② ● ④

(2)

답안지 작성시 유의사항

1. ※란은 표기하지 말 것.
2. 수험번호 (2)란, 과목코드, 교시코드 표기는 반드시 컴퓨터용 싸인펜으로 표기할 것.
3. 교시코드는 문제지 전면 의 교시를 해당란에 컴퓨터용 싸인펜으로 표기할 것.
4. 답란은 반드시 흑·청색 볼펜 또는 만년필을 사용할 것.
   (연필 또는 적색 필기구 사용불가)
5. 답안을 수정할 때에는 두줄(=)을 긋고 수정할 것.
6. 답란이 부족하면 해당답란에 "뒷면기재"라고 쓰고 뒷면 추가답란에 문제번호를 기재한 후 답안을 작성할 것.
7. 기타 유의사항은 객관식 답안지의 유의사항과 동일함.

※ 감독관 확인란	
㉞	

[이 답안지는 마킹연습용 모의답안지입니다.]

※1차확인 ___ / 응시과목 / ※1차채점 / ※ 1차 점수 ___ ※ 2차 채점 / ※2차확인 ___ / ※ 2 차 점 수

번호	※ 1차 점수	※1차확인	응 시 과 목	※2차확인	※ 2 차 채점	※ 2 차 점 수
1	⓪ ① ② ③ ④ ⑤ ⑥ ⑦ ⑧ ⑨ ⑩					⓪ ① ② ③ ④ ⑤ ⑥ ⑦ ⑧ ⑨ ⑩
2	⓪ ① ② ③ ④ ⑤ ⑥ ⑦ ⑧ ⑨ ⑩					⓪ ① ② ③ ④ ⑤ ⑥ ⑦ ⑧ ⑨ ⑩
3	⓪ ① ② ③ ④ ⑤ ⑥ ⑦ ⑧ ⑨ ⑩					⓪ ① ② ③ ④ ⑤ ⑥ ⑦ ⑧ ⑨ ⑩
4	⓪ ① ② ③ ④ ⑤ ⑥ ⑦ ⑧ ⑨ ⑩					⓪ ① ② ③ ④ ⑤ ⑥ ⑦ ⑧ ⑨ ⑩
5	⓪ ① ② ③ ④ ⑤ ⑥ ⑦ ⑧ ⑨ ⑩					⓪ ① ② ③ ④ ⑤ ⑥ ⑦ ⑧ ⑨ ⑩

절취선

남도 전공심화과정인정시험 답안지(객관식)

★ 수험생은 수험번호와 응시과목 코드번호를 표기(마킹)한 후 일치여부를 반드시 확인할 것.

전공분야

성명

수험번호

과목코드	응시과목

교시코드

	응시과목
1	① ② ③ ④
2	① ② ③ ④
3	① ② ③ ④
4	① ② ③ ④
5	① ② ③ ④
6	① ② ③ ④
7	① ② ③ ④
8	① ② ③ ④
9	① ② ③ ④
10	① ② ③ ④
11	① ② ③ ④
12	① ② ③ ④
13	① ② ③ ④

	응시과목
14	① ② ③ ④
15	① ② ③ ④
16	① ② ③ ④
17	① ② ③ ④
18	① ② ③ ④
19	① ② ③ ④
20	① ② ③ ④
21	① ② ③ ④
22	① ② ③ ④
23	① ② ③ ④
24	① ② ③ ④

답안지 작성시 유의사항

1. 답안지는 반드시 컴퓨터용 사인펜을 사용하여 다음 [보기]와 같이 표기할 것.
   [보기] 잘된 표기: ● 잘못된 표기: ⊗ ⊙ ○ ◑ ◐
2. 수험번호 (1)에는 아라비아 숫자로 쓰고, (2)에는 "●"와 같이 표기할 것.
3. 과목코드는 뒷면 "과목코드번호"를 보고 해당과목의 코드번호를 찾아 표기하고,
   응시과목란에는 응시과목명을 한글로 기재할 것.
4. 교시코드는 문제지 전면의 교시를 해당란에 "●"와 같이 표기할 것.
5. 한번 표기한 답은 긁거나 수정액 및 스티커 등 어떠한 방법으로도 고쳐서는
   아니되고, 고친 문항은 "0"점 처리함.

[이 답안지는 마킹연습용 모의답안지입니다.]

감독관 확인란

(확인)

관리번호

(응시자수)

(연번)

년도 전공심화과정
인정시험 답안지(주관식)

★ 수험생은 수험번호와 응시과목 코드번호를 표기(마킹)한 후 일치 여부를 반드시 확인할 것.

전공분야

성명

과목코드

①	①	①	①	①
②	②	②	②	②
③	③	③	③	③
④	④	④	④	④
⑤	⑤	⑤	⑤	⑤
⑥	⑥	⑥	⑥	⑥
⑦	⑦	⑦	⑦	⑦
⑧	⑧	⑧	⑧	⑧
⑨	⑨	⑨	⑨	⑨
⓪	⓪	⓪	⓪	⓪

교시코드

① ② ③ ④

수험번호

3 | | | | - | | | | - | |

①	①	①	①	①	①	①	①	①	①
②	②	②	②	②	②	②	②	②	②
③	③	③	③	③	③	③	③	③	③
④	④	④	④	④	④	④	④	④	④
⑤	⑤	⑤	⑤	⑤	⑤	⑤	⑤	⑤	⑤
⑥	⑥	⑥	⑥	⑥	⑥	⑥	⑥	⑥	⑥
⑦	⑦	⑦	⑦	⑦	⑦	⑦	⑦	⑦	⑦
⑧	⑧	⑧	⑧	⑧	⑧	⑧	⑧	⑧	⑧
⑨	⑨	⑨	⑨	⑨	⑨	⑨	⑨	⑨	⑨
⓪	⓪	⓪	⓪	⓪	⓪	⓪	⓪	⓪	⓪

(1) ① ② ● ④

(2)

답안지 작성시 유의사항

1. ※란은 표기하지 말 것.
2. 수험번호 (2)란, 과목코드, 교시코드 표기는 반드시 컴퓨터용 싸인펜으로 표기할 것
3. 교시코드는 문제지 전면 의 교시를 해당란에 컴퓨터용 싸인펜으로 표기할 것.
4. 답란은 반드시 흑·청색 볼펜 또는 만년필을 사용할 것. (연필 또는 적색 필기구 사용불가)
5. 답안을 수정할 때에는 두줄(=)을 긋고 수정할 것.
6. 답란이 부족하면 해당답란에 "뒷면기재"라고 쓰고 뒷면 '추가답란'에 문제번호를 기재한 후 답안을 작성할 것.
7. 기타 유의사항은 객관식 답안지의 유의사항과 동일함.

번호	※1차 점수		※1차확인	응 시 과 목	※2차확인	※2차 채점	※2차 점수
1	⓪ ① ② ③ ④ ⑤	⑥ ⑦ ⑧ ⑨ ⑩					⓪ ① ② ③ ④ ⑤ ⑥ ⑦ ⑧ ⑨ ⑩
2	⓪ ① ② ③ ④ ⑤	⑥ ⑦ ⑧ ⑨ ⑩					⓪ ① ② ③ ④ ⑤ ⑥ ⑦ ⑧ ⑨ ⑩
3	⓪ ① ② ③ ④ ⑤	⑥ ⑦ ⑧ ⑨ ⑩					⓪ ① ② ③ ④ ⑤ ⑥ ⑦ ⑧ ⑨ ⑩
4	⓪ ① ② ③ ④ ⑤	⑥ ⑦ ⑧ ⑨ ⑩					⓪ ① ② ③ ④ ⑤ ⑥ ⑦ ⑧ ⑨ ⑩
5	⓪ ① ② ③ ④ ⑤	⑥ ⑦ ⑧ ⑨ ⑩					⓪ ① ② ③ ④ ⑤ ⑥ ⑦ ⑧ ⑨ ⑩

※ 감독관 확인란

(인)

1. 양회석, 이낙선 외 3명, 『Practical Software Engineering(소프트웨어공학)』, 이한미디어.

2. 최은만, 『새로 쓴 소프트웨어 공학』, 정익사.

3. 윤청, 『소프트웨어 공학 에센셜(이해하기 쉬운)』, 생능출판사.

4. 김정준, 강윤석, 김용갑, 김우경, 『시나공 정보처리기사 필기』, 길벗.

5. 김치수, 『한빛아카데미 쉽게 배우는 소프트웨어 공학』, 한빛아카데미.

6. 최은만, 『객체지향 소프트웨어공학』, 한빛출판사.

7. 조병욱(조대협), 『대용량 아키텍처와 성능 튜닝』, 프리렉 출판.

8. 김희영, 『실무에서 바로 활용하는 소프트웨어공학』, 21세기사.

9. 권영식, 『정보관리기술사 & 컴퓨터시스템응용기술사』 Vol. 5 소프트웨어 공학, 성안당.

10. 『정보처리기사 요약집』, 기사퍼스트.

11. 안재성, 『프로젝트 관리실무』, 제이에스팩토리.

12. 행정안전부, 『정보시스템 감리기준』.

13. 〈CBD SW개발 표준 산출물 관리 가이드 소개〉(한국정보화진흥원).

14. IEEE Std for Software Maintenance, IEEE.

15. 『ISO/IEC 25010 Abstract』, ISO.

16. 〈SW공학 표준 쿼리큘럼〉(정보통신산업진흥원 부설 SW공학센터).

17. 〈SW아키텍처 설계 지침〉(정보통신산업진흥원 부설 SW공학센터).

18. 〈SW아키텍처 설계〉(NCS 학습모듈) – LM2001020112_16v3.

19. 〈SW개발〉(NCS 학습모듈) – 15_Ver.2.0.

20. 〈SW아키텍처〉(NCS 학습모듈) – LM2001020112_16v4, LM2001020110_16v4.

여기서 멈출 거예요? 근거가 바로 눈앞에 있어요.
마지막 한 걸음까지 SD에듀가 함께할게요!

좋은 책을 만드는 길
독자님과 함께하겠습니다.

도서나 동영상에 궁금한 점, 아쉬운 점, 만족스러운 점이
있으시다면 어떤 의견이라도 말씀해 주세요.
SD에듀는 독자님의 의견을 모아 더 좋은 책으로 보답하겠습니다.

www.sdedu.co.kr

시대에듀 독학사 컴퓨터공학과 3단계 소프트웨어공학

개정2판1쇄 발행	2022년 09월 07일 (인쇄 2022년 07월 06일)
초 판 발 행	2019년 10월 21일 (인쇄 2019년 10월 04일)
발 행 인	박영일
책 임 편 집	이해욱
편 저	방진숙
편 집 진 행	송영진 · 양희정
표 지 디 자 인	박종우
편 집 디 자 인	차성미 · 박서희
발 행 처	(주)시대고시기획
출 판 등 록	제10-1521호
주 소	서울시 마포구 큰우물로 75 [도화동 538 성지 B/D] 9F
전 화	1600-3600
팩 스	02-701-8823
홈 페 이 지	www.sdedu.co.kr
I S B N	979-11-383-2632-2 (13000)
정 가	30,000원

시대에듀 독학사

컴퓨터공학과

왜? 독학사 컴퓨터공학과인가? *why*

4년제 컴퓨터공학 학위를 최소 시간과 비용으로 단 1년 만에 초고속 합격 가능!

1 독학사 학과 중 거의 유일한 공과 계열 학과

2 컴퓨터 관련 취업에 가장 유용한 학과

3 전산팀, 서버관리실, R&D, 프로그래머, 빅데이터·데이터베이스 전문가, 시스템·임베디드 엔지니어
등 각종 IT 관련 연구소 등 분야 진출

컴퓨터공학과 과정별 시험과목(2 ~ 4과정)

1~2과정 교양 및 전공기초 과정은 객관식 40문제 구성

3~4과정 전공심화 및 학위취득 과정은 객관식 24문제 + **주관식 4문제** 구성

2과정(전공기초)	3과정(전공심화)	4과정(학위취득)
논리회로	컴퓨터네트워크	알고리즘
C프로그래밍	인공지능	데이터베이스
자료구조	소프트웨어공학	통합프로그래밍(근간)
컴퓨터구조	프로그래밍언어론	통합컴퓨터시스템(근간)
이산수학	임베디드시스템	
운영체제	정보보호	

시대에듀 컴퓨터공학과 학습 커리큘럼

기본이론부터 실전 문제풀이 훈련까지!
시대에듀가 제시하는 각 과정별 최적화된 커리큘럼에 따라 학습해보세요.

기본이론
핵심 이론 분석으로
확실한 개념 이해
Step 01

문제풀이
실제예상문제를 통해
실전 문제에 적용
Step 02

모의고사
최종모의고사로
실전 감각 키우기
Step 03

독학사 2~4과정 컴퓨터공학과 교재

독학학위제 출제영역을 반영한 내용과 문제로 구성된 완벽한 최신 기본서 라인업!

2과정
- 전공 기본서 [전 6종]
  - 논리회로 / C프로그래밍 /
  자료구조 / 컴퓨터구조 /
  이산수학 / 운영체제

3과정
- 전공 기본서 [전 6종]
  - 컴퓨터네트워크 / 인공지능 /
  소프트웨어공학 / 프로그래밍언어론 /
  임베디드시스템 / 정보보호

4과정
- 전공 기본서 [전 4종]
  - 알고리즘 / 데이터베이스 /
  통합프로그래밍(근간) /
  통합컴퓨터시스템(근간)

독학사 컴퓨터공학과 최고의 교수진

독학사 수험생 여러분의 합격을 책임질 최고의 독학사 컴퓨터공학과 전문 교수진과 함께!

이은주 교수	류금한 교수	김동욱 교수	최성운 교수	장희수 교수
이산수학	자료구조 알고리즘	논리회로 C프로그래밍 운영체제	컴퓨터구조 컴퓨터네트워크 인공지능	소프트웨어공학 데이터베이스

➕ 컴퓨터공학과 동영상 패키지 강의 수강생을 위한 특별 혜택

최신강의 제공		기간 내 무제한 수강		모바일 강의 무료 제공		온라인 모의고사 제공		신용카드 부분 무이자
	✕		✕		✕		✕	

나는 이렇게 합격했다

여러분의 힘든 노력이 기억될 수 있도록
당신의 합격 스토리를 들려주세요.

합격생 인터뷰
상품권 증정

추첨을 통해
선물 증정

베스트 리뷰자 1등
아이패드 증정

베스트 리뷰자 2등
에어팟 증정

SD에듀 합격생이 전하는 합격 노하우

**"기초 없는 저도 합격했어요
여러분도 가능해요."**

검정고시 합격생 이*주

**"불안하시다고요?
시대에듀와 나 자신을 믿으세요."**

소방직 합격생 이*화

**"강의를 듣다 보니
자연스럽게 합격했어요."**

사회복지직 합격생 곽*수

**"선생님 감사합니다.
제 인생의 최고의 선생님입니다."**

G-TELP 합격생 김*진

**"시험에 꼭 필요한 것만 딱딱!
시대에듀 인강 추천합니다."**

물류관리사 합격생 이*환

**"시작과 끝은 시대에듀와 함께!
시대에듀를 선택한 건 최고의 선택"**

경비지도사 합격생 박*익

합격을 진심으로 축하드립니다!

합격수기 작성 / 인터뷰 신청

QR코드 스캔하고 ▷ ▷ ▷
이벤트 참여하여 푸짐한 경품받자!

합격의 공식 시대에듀
SD에듀